죽은 불 다시 살아나

현대성에 저항하는 현대성

死火重溫 by 汪暉

Copyright ⓒ 2000 by 汪暉
Korean translation copyright ⓒ 2005 by Samin publishing Co.

이 책의 한국어판 저작권은 저작권자와 독점 계약한 (주)도서출판 삼인에 있습니다.
저작권법에 의해 한국 내에서 보호를 받는 저작물이므로 무단 전재와 무단 복제를 금합니다.

죽은 불 다시 살아나
현대성에 저항하는 현대성

2005년 3월 28일 초판 1쇄 발행
2014년 5월 20일 초판 2쇄 발행

펴낸곳 (주)도서출판 **삼인**

지은이 왕후이
옮긴이 김택규
펴낸이 신길순
부사장 홍승권
편집 김종진 김하얀
미술제작 강미혜
마케팅 한광영
총무 정상희

등록 1996.9.16. 제 10-1338호
주소 120-828 서울시 서대문구 연희동 220-5 북산빌딩 1층
      (서울시 서대문구 성산로 312)
전화 (02) 322-1845
팩스 (02) 322-1846
전자우편 saminbooks@naver.com

표지디자인 (주)끄레어소시에이츠
제판 문형사
인쇄 대정인쇄
제본 성문제책

ⓒ 왕후이, 2005

ISBN 89-91097-20-0 03100

값 29,000원

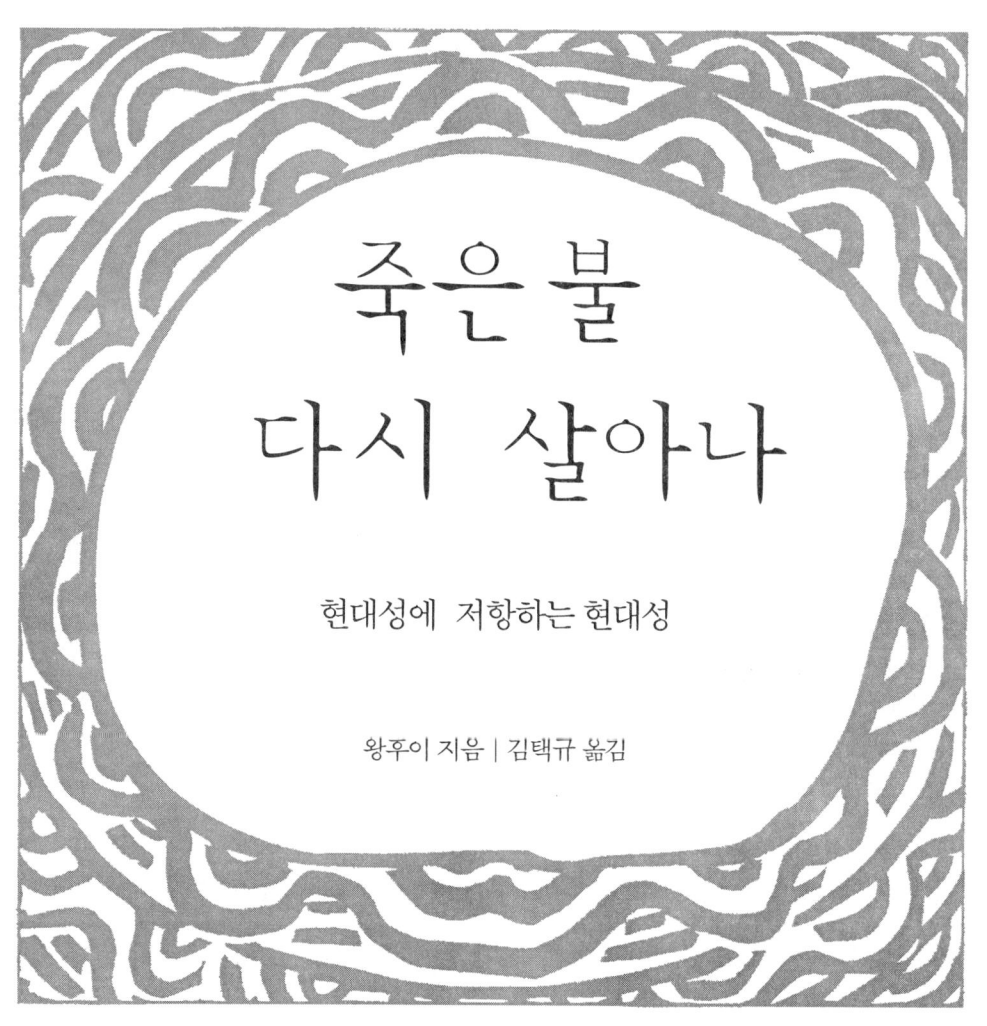

죽은 불 다시 살아나

현대성에 저항하는 현대성

왕후이 지음 | 김택규 옮김

삼인

한국어판을 펴내며

나는 2000년 여름 서울에서 열린 세계 문학 포럼에 참석하는 행운을 누렸다. 그 기간 동안 조경란 선생, 백승욱 선생의 소개로 『당대비평』 편집진을 만나게 되었다. 『당대비평』에는 이 책에도 수록된 논문인 「오늘날 중국의 사상 동향과 현대성 문제」(當代中國的思想狀況與現代性問題)가 실리기도 했다.〔『당내비평』 제10~11호, 2000년 봄~여름호에 "세계화 속의 중국, 자기 변혁의 추구"라는 제목으로 실림.—옮긴이〕 그래서 함께 이야기를 나누던 중 『당대비평』에서 『죽은 불 다시 살아나』의 한국어판 출간을 제안했고, 나는 그 자리에서 흔쾌히 승낙했다. 번역자의 힘든 노력 끝에 이제야 이 책의 한국 출판을 눈앞에 두게 되었고, 아주 영광스럽다. 나는 1990년대 이래 중국과 한국, 그리고 다른 지역에서도 많은 한국 지식인들과 사귈 기회가 있었다. 문제를 관찰하는 시각과 한국 및 아시아의 문제에 대한 관심에서 내게 많은 자극과 도움을 주었다. 파란 많은 전 지구화 시대에 우리는 눈앞에 닥친 도전을 함께 느끼고 있으며, 양국 사회의 문제들 가운데 서로 연관된 많은 단서들을 찾아냈다. 바로 이러한 이유로 우리는 양국 사회의 문제들에서 역사적, 현실적 사유를 전개하여 언제나 자극을 주고받을 수 있는 것이다.

이 책은 중국의 역사와 오늘날의 문제에 대한 사유에서 탄생했다. 1989년부터 나는 줄곧 중국 사상사 연구에 매달려 왔다. 그 주제들 중 하나는 중국 현대사상 속의 과학 개념과 과학적 세계관, 그리고 지식의 계보의 재구축이었다. 나는 초기의 연구에서 과학 개념, 과학적 세계관, 지식의 계보가, 천리(天理) 중심의 유가적 세계관 및 그 격물치지(格物致知) 개념과 갖는 관계를 추적했고, 바로 그 시각으로 중국 근대사상의 의의를 총괄하고자 시도했다.

그런데 중국 근대사상의 몇몇 주요 명제들은 유럽 사상의 충격에 대응해 탄생했고, 식민주의, 공업 혁명, 농업 사회의 해체, 그리고 다양한 형식의 사회운동은 근대사상의 발전을 가능케 한 중요한 역사적 조건들이었다. 중국 근대사상의 명제를 중국의 전통과의 관계 속에서 관찰하는 것은 최근 근대사상 연구의 중요한 동향이었지만, 여기에만 그친다면 전술한 세계적 변동 및 그것과 중국 역사의 관계를 한층 깊고도 전면적으로 설명할 수 없다. 그래서 나는 중국 사상을 연구하는 동시에 연구와 관련된 서양 이론 및 서양사를 폭넓게 탐독하고, 그 이론 및 역사에 대해 사상사적으로 정리하고 연구했다. 내 목적은 구체적인 역사적 관계 속에서 비교 사상사적 시각을 수립하는 것이었다. 이 책 안의 몇 가지 주요 논문들은 바로 그러한 과정의 산물이다.

그런 이론적인 정리와 연구 작업을 하면서, 나는 오늘날 중국의 변화와 지식인 문제에 대해서도 줄곧 논의했다. 1989년 천안문(天安門) 사건의 실패는 공적인 논의의 일시적인 중단을 불러왔지만, 1990년대 중반에 이르러 중국의 발전 노선과 전 지구화에 관한 논의가 중국 지식인들 사이에 형성되었다. 우리는 1990년대 전반에 걸쳐 중국 지식인의 역사적 처지를 세 가지 서로 다른 차원으로 설명했다. 그것은 첫 번째, 민주화 운동이 실패하고 정치적 민주화가 철저히 좌절된 후 지식인들은 그런 정치적 국면을 개선할 사회 세력을 형성하지 못하고, 변혁의 희망을 시장 개혁과 전 지구화의 진전에 거는 쪽으로 전환했다. 두 번째, 국가가 추진하는 시장화 개혁이 경제 발전을 촉진하고 새로운 사회 분화를 조성함에 따라, 시장화의 진전에 긍정적 태도를 취한 지식인 집단은 국가가 추진하는 시장화 과정 및 그 결과를 어떻게 볼 것인지에 대해 모순과 곤혹감을 느끼게 되었다. 세 번째, 국내 개혁의 희망을 전 지구화 과정에 걸었던 지식인 집단은 아시아 금융위기, 코소보 전쟁, 아프가니스탄 전쟁, 한반도의 핵 위기 등 일련의 전 지구적 사건 및 권력관계 속에서 자신들의 비판적 입장을 확립하는 데 어려움을 느끼게 되었다. 이렇게 복잡한 역사적 처지와 밀접한 관련을 갖는 것이 곧 현대화 이데올로기가 낳은 사상적 위기이다. 중국/서양, 계획경제/시장경제, 국가/사회, 그리고 전통/현대 등 이항 대립적 틀의 속박 아래 많은 지식인들은 강력하게 전통 사회주의를 비판해 왔지만, 반면에 1989년 이래 발생해 온 새로운 사회 현실과 사회 위기의 역사적 조건에 대해서는 명쾌한 설명을 제시하지 못했다. 예컨대 시장경제를 통해 사회주의 계획경제를 비판하기는 했지만, 현실 속에서 전개되는 시장화 개혁과 국가의 관계는 설명하지 못했다. 또한 새로운 독점, 권력과 시장의 결합과 상호 작용뿐만 아니라, 중국이 직면한 도전 및 위기와 전 지구화 조건 사이의 내재적, 역사적 조건 등도 설명할 수 없었다. 이러한 배경 아래 1990년대 중반부터 일부 민감한 중국 지식인들이 그들 자신의 사유 방식을 검토하기 시작했으며, 새롭게 비판적 관점을 만들어 가기 시작했다.

1997년, 나는 홍콩 중원 대학(中文大學) 중국문화연구소의 연구원으로 있으면서, 주로 중국 근대사상사를 연구했다. 이 책의 일부 논문들은 바로 이 시기에 쓰였다. 같은 해 10월에 아시아 전체를 뒤흔든 금융 위기가 폭발했고, 홍콩, 한국, 동남아시아 지역이 제일 먼저 그 충격을 맞았다. 그 당시 한 한국인 친구가 홍콩을 떠나면서 출국 전날 밤, 나와 다른 호주 친구 한 명을 한국 식당에 데려갔다. 일종의 이별 의식이었던 셈이다. 내 기억으로 평소 장사가 잘 되던 그 식당에 그날따라 손님이 몇 되지 않았다. 금융 위기 이후 홍콩에 머물던 한국인들은 바로 한국에 돌아가거나, 혹은 금은 장신구와 다른 돈 되는 물건을 팔아 본국의 통화를 유지하는 데 보탰다. 나는 한국인들의 사회적 책임감에 깊이 감동했다. 그 극심했던 금융 위기는 중국, 한국 및 다른 아시아 국가들의 운명을 하나로 연결했고, 그 운명에 대한 공동의 탐색 역시 우리의 운명이었다. 냉전의 어두운 그림자는 아시아에서 사라지지 않았다. 하지만 우리는 새로운 사유 공간과 역시 새로운 아이덴티티의 창출을 위해 노력하고 있다. 과거 여러 해 동안 나는 한국 지식인들과의 교제를 통해 많은 성과를 얻었다. 그 교제는 내가 한국을 이해하는 데 도움이 되었고, 또한 내가 중국을 새롭게 인식하는 데에도 도움이 되었다. 이 책의 한국 출판은 앞으로 한국 친구들과 논의하고 교류할 수 있는 더 많은 기회를 가져다 줄 것이라 믿는다. 여기에서 다시 한 번 이 책의 번역자인 김택규 선생과 삼인 출판사, 그리고 이 책의 출판을 위해 애써 준 조경란 선생, 백승욱 선생 등 여러 친구들에게 감사한 마음을 전한다.

나는 언젠가 이런 교류들을 통해 나온 새로운 사유를 한국 독자들 앞에 선보일 수 있길 희망한다.

2004년 겨울
왕후이

차례

한국어판을 펴내며 · 5
서문 · 13

1부 현대성의 배리

1장 현대성 문제에 관한 대담 · 35

2장 오늘날 중국의 사상 동향과 현대성 문제 · 83
역사는 이미 끝났는가? · 83   세 가지 마르크스주의 · 90   중국의 신계몽주의 · 99
전 지구적 자본주의 시대의 비판사상 · 127

3장 '과학주의'와 사회이론의 몇 가지 문제 · 135
사상사적 명제로서의 '과학주의' · 135   하이에크의 과학주의 개념 · 151
사회적 관계로서의 과학: 주체/객체, 시장/계획, 사회/국가의 이원론 · 166
기술 통치와 계몽 이데올로기 · 202

4장 세계 산출과 정당화의 지식 과학기술 · 209
통제의 지식과 세계 산출 · 209   '합리성' 개념과 그 비판 · 219   정당화의 지식과 그 해체: '상호 이해'와 '이견' · 234   서사적 절차·직업윤리·훈육제도 · 251   이론과 역사: 현대성 문제의 총체성 · 270   문화와 통제의 여러 형식들 · 278

5장 승인의 정치, 만민법, 자유주의의 위기 · 295
전 지구화와 차이의 정치 · 298   승인의 정치와 권리 자유주의 · 308   문명의 충돌과 만민법 · 326   문화, 시장 사회와 공공성 문제 · 339

6장 중국의 인문 담론 · 351
　　인문주의와 계몽: 두 가지 현대적 주제 · 351　　Humanism의 세 가지 번역과 초문화
　　적 실천 · 355　　오늘날 중국의 인문 담론과 마르크스주의 · 362　　맺음말 · 369

7장 1990년대 문화 연구와 문화 비평 · 371

8장 현대사상의 배리 · 381
　　문화적 정체성과 사회적 실천 · 381　　현대의 세계관과 번역 문제 · 384
　　배리적 사상의 사회적 조건 · 386

9장 개인 연구, 작업 등에 관한 대담 · 391
　　『학인』에 대해 · 391　　개인적인 연구에 관해 · 398　　전통과 근대성 문제에 관해 · 400

2부 죽은 불 다시 살아나

1장 죽은 불 다시 살아나 · 415

2장 경계 없는 글쓰기 · 441

3장 절망 이후 · 463
　　서둘러 진실을 추구하다 · 463　　루쉰의 배리 · 466　　예언과 위기 · 478

부록

『절망에 대한 반항』 신판 서문 · 489
『상하이: 도시 · 사회 · 문화』 서문 · 494
『1990년대 포스트학 논쟁』 서문 · 497
학술과 사회에 대한 재검토 · 500
『유학의 지역화』에 대한 서평 · 511

지은이 주 · 523
원문 출처 · 595
옮긴이의 말 · 599
해제 | 죽은 불씨를 되지펴 현대성과 대결하기 · 603
찾아보기 · 613

일러두기

1. 이 책은 汪暉의 『死火重溫』(北京: 人民文學出版社, 2000)을 완역한 것이다.
2. 본문에서 일련번호가 붙은 주는 지은이의 주이며, 모두 후주로 했다. 옮긴이 주는 본문의 해당 부분에 〔—옮긴이〕라고 표시했다.
3. 이 책에서 쓰인 현대(現代), 현대성(現代性)은 modern, modernity의 중국어 번역을 그대로 따랐다. 한국에서는 보통 근대, 근대성이라고 번역한다.
4. 중국어 인명·지명은 한글 맞춤법의 외래어 표기법에 따라 표기했으며, 해당 고유명사가 처음 나올 때 괄호 안에 한자를 병기했다. 단, 나라 이름, 왕조명, 건축물, 잡지, 단체의 이름은 우리 한자음대로 표기했다.
5. 그밖에 모든 외래어 고유명사는 한글 외래어 표기법에 따라 표기했다.

서문

서기 2000년도 며칠 남지 않은 지금, 나는 다시 먼 길을 떠나려 한다. 독자들 앞에 바치는 이 글들은 지난 십 년 동안 써 온 얼마 안 되는 수상록이다. 화려한 문장도 아니고 심오한 사상도 없지만 어쨌든 내 생명의 흔적이다. 지난 글들을 들춰 보면서 몇 번이고 두 구절의 시구를 떠올렸다. "제 신념대로 죽지도 못 하고, 유유히 사십 세가 넘었네."〔作法不自斃, 悠然過四十. 교수 네 명을 풍자해서 쓴 루쉰의 1932년 작, 『교수잡영』(敎授雜詠) 4수 중 제2수의 1, 2행. 이 두 행은 첸셴퉁(錢玄同)을 풍자하였다. 한때 5·4운동의 역군이었지만 베이징 대학 내에 마르크스주의 교과목을 신설하지 못하게 하는 등 보수파로 돌아선 첸셴퉁은 평소 40세가 넘은 사람은 총살돼야 한다는 농담을 즐겼다고 한다.—옮긴이〕 점잖은 군자(君子)들을 불쾌하게 만든 글들이 오래 전부터 계획한 책으로 엮여 벌써 인쇄 중에 있다. 정말 어찌할 수 없는 일이다.

십여 년간 나는 줄곧 사상사 연구에 매달려 왔다. 송명(宋明) 이학(理

學)에서 청(淸)나라 말기와 중화민국(中華民國) 초기에 이르기까지 차례차례 점검해 온 셈이다. 발표된 글들의 대부분은 나와 친구들이 공동으로 편집하고 있는 『학인』(學人)에 게재되었다. 이 간행물은 본래 부수가 많지 않고, 더욱이 내 글은 분량이 많고 주석이 번잡하며 내용이 광범위하면서도 요점이 적은 까닭에 힘들인 만큼 효과를 거두지 못한 편이다. 그래서 사람들의 눈길을 끌지 못했을 뿐만 아니라, 아무도 비판을 하려는 사람이 없을 정도였다. 그리고 1996년, 나는 베이징(北京) 서쪽 근교의 옛 시가지로 거처를 옮겼다. 유명한 바바오(八寶) 산 서쪽에 위치한 그곳은 문만 나서면 흙먼지가 날리고, 도심지로 들어가려면 꽤나 시간을 들여야 했다. 게다가 지하철을 타고 땅 밑으로 다녀야만 해서 두더지처럼 햇빛을 볼 수가 없었는데, 나는 그것이 정말 싫었다. 그래서 아주 먼 길을 가야 할 경우가 아니면 아예 고서적 속에 얼굴을 파묻고 조용한 시간을 보냈다. 본래 내 천명이 그렇다고 생각하니 어떻게 글을 써야 하느냐는 문제도 생기지 않았고, 더 이상 뭔가를 쓰고 싶은 마음도 들지 않았다. 열기는 이미 사그라졌고, 비장함은 옛일이 되었으며, 잔인함은 화려한 시장 속에 파묻혀 버렸다. 과거의 영웅들은 매일 명예와 이익을 좇느라 분주했다. 어떤 친구는 "엉덩이가 대뇌를 지배하고 있다."라고 개괄하였다.

이런 세계에서 침묵보다 더 귀한 것이 있을까?

하지만 세상일이란 예측하기 어렵고 사람의 본성도 바꾸기 어려운 법이다. 내 마음에도 회의가 고개를 들기 시작했다. 그 성과가 바로 이 책에 수록된 두 번째 논문이다. 1993년 말, 한국의 중문학자 이욱연이 찬바람을 맞으며 반나절을 헤맨 끝에 우리 집에 왔다. 그는 오는 길이 너무 멀었다며 한숨을 돌리고는, 내게 한국의 한 잡지에 원고를 실어 달라고 의뢰했다. 『창작과비평』이라는 그 잡지는 박정희 시대에 독재를 비판했다는 이유로 한 차례 정간되기도 한, 한국의 진보적 지식인들의 상징이었다. 나는 감동했다. 그 당시, 매일 격물치지(格物致知)를 한답시고 고증에만 매달리던 내가 어째서 그에게 감동을 받았을까? 이래서 사람의 마음은 믿을 수 없는 것이냐.

한 친구가 간곡하게 나를 타일렀다. 발표를 하면 안 된다고. 그게 무엇이든 절대로 안 된다고! 처음에는 그저 내 자신의 사상을 정리하려 했을 뿐 발표할 계획은 없었다. 순순히 친구의 충고를 따를 생각이었다. 하지만 그 논문의 초고는 1994년에 『창작과비평』('동아시아의 근대와 탈근대의 과제' 특집, 제86호)에 발표되었다. 하지만 중국어로는 세상에 선보이지 않았다. 그 뒤로 나는 그 논문을 수정해 한두 친구에게 훑어봐 줄 것을 부탁했다. 내 자신을 반성하고 복잡하게 변화하는 현실을 인식하는 데 약간의 근거를 제시하기 위해서였다. 그리고 어느 날, 한국 방문을 마치고 베이징에 돌아온 첸리췬(錢理群) 선생이 도시 남쪽의 자택에서 서쪽 교외의 우리 집까지 달려왔다. 당시 온종일 바닥에 앉아 이야기한 화제는 바로 그 논문과 관련된 것이었다. 나는 아직도 그런 글에 흥미를 느끼는 사람이 있음을 알게 되었다.

세월은 조용히 흘러갔고, 나는 거의 그 글을 잊고 있었다. 1996년, 내 생활에 변화가 일어났다. 싼롄 서점(三聯書店)의 요청으로 잡지 『독서』(讀書)의 편집을 맡게 된 것이다. 이때부터 평안한 서재 생활과 지식계의 각종 논쟁이 한데 뒤엉키기 시작했다. 그 시절, 샤오젠치우〔蕭澗秋, 영화 『초봄 2월』(早春二月, 1963년)에 등장하는 겁 많고 소심한 쁘띠부르주아 지식인.—옮긴이〕처럼 강가를 거닐다 옷이 젖을까 두려워하는 것은 내게 이미 사치였다. 아무리 입을 다물고 있어도 늘 시기의 눈빛이 따라다니곤 했다. 나는 냉정하게 관찰할 필요가 있었다. 좀 더 자세히 살피고 생활의 편리를 위해 바바오 산 서쪽에서 도심지 안으로 이사했다. 매일 창안가(長安街)의 인파를 볼 수 있었고, 명절마다 거리에 가득한 불빛들이 줄줄이 밤의 대기 속에서 반짝이는 광경을 볼 수 있었다. 천하는 태평했고 군자들은 즐거워했다. 내 마음속에서는 조금씩 불만이 자라났다. 하지만 끝내 서재에만 죽치고 앉아 있었다. 오랜 비바람을 겪은 이의 인내심이 필요했다. 그리고 늘 근심해야만 했다. 자칫 스스로를 억제하지 못해 누군가에게 뼈아픈 말을 뱉어 낼까 봐. 그렇게 되면 후회해도 소용없는 일인 것이다.

  나는 조금 일찍 떠나는 편이 낫겠다고 속으로 생각했다.

  1996년 말, 나는 최후의 식민지 홍콩으로 몸을 피했고, 그곳과 함께 중국에 반환되기를 기다리고 있었다. '나의 1997년'은 꽤나 떠들썩한 해였지만 애석하게도 나는 그렇지 않았다. 홍콩에서의 생활은 평온하기만 했다. 닭 울음소리와 함께 일어나고 개 짖는 소리를 들으며 잠자리에 누웠다. 시대의 조류에서 완전히 벗어나 있었다. 숙소·사무실·도서관, 이 세 곳을 오가며 수영과 등산을 낙으로 삼았다. 날이 맑거나 흐리거나 나는 자유형·평영·배영·접영 등 거의 모든 자세로 수영했다. 그리고 조용한 밤에는 늘 산에 올랐다. 정상에서 먼 곳의 등불을 바라보며 어둠에 잠겨 고요한 만(灣)을 응시하고 있노라면 내 마음은 그 평화롭고 적막한 가운데 차분히 가라앉았다. 나의 불만들도 축축한 밤 속에 파묻혔다.

  나는 세상이 어떻게 돌아가는지 개의치 않았다.

  그 쓸쓸함 속에서 북쪽의 생활이 그립지 않을 수 없었다. 잡지『천애』(天涯)에서 편지로 원고가 없는지 문의했지만, 나는 없다고 답했다. 물론 그 묵은 글 한 편이 있기는 했지만 친구들에게 돌려 보게 했을 뿐, 여전히 발표할 계획은 없었다. 얼마 지나지 않아 편집자의 답신을 받았다. 그 글에 대한 자신의 의견과, 약간 수정을 해서『천애』에 발표하고 싶다는 희망을 밝혀 왔다. 발표라고? 그래, 발표하라고 하자. 나는 이토록 먼 곳에 와 있는 몸이니 아무도 눈여겨보지 않을 것이다. 모든 일은 편집부가 알아서 해 주겠지. 머나먼 곳의 등불, 그리고 맑디맑은 물줄기가 나를 흥분시켜 모든 걸 잊어버리게 했다. 친구의 그 충고마저 까맣게 잊고 말았다. 사실, 문제의 씨앗은 꼭 이때 뿌려진 것만은 아니리라. 그것은 일찍부터 내 마음속에 숨어 있었다. 정말로 나는 사물의 이치나 계속 연구하면서 자신을 연마해야만 했다. 왜 사람들의 순진한 꿈을 어지럽혔을까? 글을 쓴 지 4년이 다된 1997년 가을, 『천애』와 『홍콩사회과학학보』(香港社會科學學報)에 각기 그 수정 본이 실렸다. 그리고 1998년에는 미국의 『사회 텍스트』(Social Text), 일본의 『세카이』(世界) 잡지, 동북 지역의 『문예쟁명』(文藝爭鳴, 1998년, 제6기)에 연이어 영어·일본어·중국어로 발표되었다. 대륙·홍콩·타이완·미국·일본 등지의 일부 지식인들이 그 사상의 편린에 대해 논하기 시작했고, 그들의 견해는 각기 달랐다.

내 논문은 '사건'이 되었지만 진정한 논적은 없었다. 왜냐 하면 사람들은 그것을 글로 취급하지 않고 어떤 상징으로 보았기 때문이다. 논쟁은 논쟁이긴 했지만 발신자와 수신자 사이에서 마치 '무물의 신'〔無物之陣, 루쉰의 산문시 「이러한 전사」(這樣的戰士)에 쓰인 모티프. 루쉰은 세상의 반향을 못 얻으면서도 맹목적인 투쟁을 지속하는 선구자를 '전사'로, 무관심과 비웃음으로 가득한 그 투쟁의 공간을 '무물의 진'에 비유했다.—옮긴이〕에 빠져 있는 듯했다. 그것은 애초에 예상치 못했던 일이었다. 나는 그것이 행운인지 불행인지 가늠할 수 없었다.

홍콩에서 베이징으로 돌아올 즈음에 이미 나는 한바탕 사상 논쟁에 휘말려 들 것을 예감하고 있었다. 글쓰기의 목적은 세계를 인식하는 것이며, 또한 자신의 의혹을 해명하는 것이기도 하다. 논쟁과 비판을 일으킬 수 있다면 당연히 좋은 일이다. 1993년 이후로 지식계에는 많은 논쟁들이 벌어지기 시작했지만, 많은 중요한 문제들이 지나치게 감정적인 비판들 때문에 가려지고 있었다. 이런 이유로 인해 나는 문제를 대하는 어떤 시각을 구상하여 가치 있는 논의를 이끌어 내려 했다. 그 시각 자체가 과연 유효했는지는 역사의 검증이 필요하다. 오늘날 세계의 변화는 너무나 풍부하고 복잡해서 맹목적으로 갖가지 새로운 사조나 우상을 추종하기보다는, 차라리 목전의 논의에서부터 시작하는 편이 낫다. "도를 보는 것은 물을 보는 것과 같은데 늪을 보는 데 그치지 않고 개천으로, 강으로, 바다로 나아가니 말하건대 '물은 지극하도다!' 그런데 자신의 진액과 침, 눈물이 다 물임은 알지 못한다."(觀道者如觀水. 以觀沼爲未止, 則之河, 之江, 之海, 曰: '水至也!' 殊不知我之津, 液, 涎, 淚皆水,『관윤자』〔關尹子〕,「일우」〔一宇〕)라는 말도 있지 않은가. 왜 먼저 가까운 일들을 분석해 오늘날 중국의 현실과 우리들 자신의 역사, 우리 시각의 한계를 이해할 수 있는 적절한 실마리를 제시하지 않고 있는가?

　논문이 발표된 이후 지식계에서는 얼마간 토론이 벌어지기도 했지만, 이와 관련해서 공개적으로 발표된 글은 많지 않았다. 그나마 성실하게 논의를 수행한 글은 극히 드물었고, 입장을 밝히는 식의 글이 거의 대부분이었다. 나는 그 의견이 옳건 그르건, 공개적으로 발표된 논쟁적 글에 대해서는 존중하는 편이다. 하지만 어떤 것들은 나의 상상을 훨씬 뛰어넘기도 했다. 그리고 많은 명사들의 입에서 귀로 전해지는 사이에 내 논문은 신속하게 갖가지 평가를 부여받았으며, 재차 몇 가지 유언비어와 짝 지어진 끝에 결국 어떤 결론이 지어져 '역사'가 돼 버린 듯했다. 논쟁의 방식은 토론이 아니라 냉전인 것처럼 보였다. 남북이 서로 호응하고 안팎에 각기 차이가 있었다. 1998년, 그 재난과 위기의 해는 진지한 성찰이 필요한 시기였지만, 상하이(上海) 명사들의 글에 의해 이른바 '자유주의'가 수면으로 떠오른 시점이기도 했다. 그리고 '신좌파'(新左派)는 그 영웅들의 옷깃에 매달려 덩달아 수면 위로 떠오른, 센 강의 냄새를 풍기는 부평초에 불과했다. 나는 이 '신좌파'가 혹시 우리의 영웅들이 미리 엮어서 자기들 옷깃에 걸어 놓은 허수아비가 아니었을까 의심이 든다. 그렇지 않았다면 벌써 용솟음치는 홍수와 함께 진흙·부대·각종 오물 따위에 휘말려 바다 속에 빠졌으리라. 그래서 물고기의 먹이가 되었을 것이다. 위대한 1998년이여! 도도한 홍수도 재난에 대한 영웅들의 경계심을 일깨우지 못했으며, 단지 앞 다퉈 수면 위로 나오려는 열정만을 자극했다. 이 선생들은 정말 헤엄에 능숙했다! 믿기지는 않지만 바다는 죽은 시체를 잠재우지 않았고, 등용문(登龍門)도 이마를 다친 물고기를 내치지 않았다.〔본래 용문(龍門)은 물살이 빠르기로 유명한 협곡이라 물고기가 이곳에 오르는 것을 난관을 극복하고 약진의 기회로 삼는 것에 비유하지만, 반대로 물고기가 용문에 오르다 바위에 이마를 다쳐 하류로 떠밀리는 것을 실패자에 비유하기도 한다. 따라서 이 문장은 시대착오적 사상, 인물의 건재를 꼬집고 있는 듯하다.―옮긴이〕

하지만 논쟁은 점차 확대되었고, 참여자들은 그것을 '신좌파'와 '자유주의'의 논쟁이라고 불렀다. 나는 '신좌파'와 '자유주의'의 대립으로 중국 지식계를 묘사하는 방식은 옳지 않다고 본다. 이 문제에 관한 내 의견은 이 책에 수록된 「현대성 문제에 관한 대담」(關于現代性問題答問)에서 상세하게 피력하였다. 물론 지식계에 첨예한 사상적 불일치가 없었다는 것은 아니다. 단지 그 사상적 불일치들을 더욱 정확히 개괄해야 할 필요가 있다고 생각한다. 지식계의 불일치는 일련의 구체적인 사회·정치적 문제의 불일치에서 나온다. 그들이 어떤 사상적 자원을 동원하는가는 중요하지 않다. 물론 사상적 자원의 선택은 흔히 어떤 학자나 지식인의 사상적 경향을 반영하지만, 문제는 이보다 훨씬 더 복잡하다. 만약 '신좌파' 라고 하는 것이 정말로 존재한다면, 그 반대편은 '신우익' 이지 어떤 자유주의 따위가 아닐 것이다. 여기에서 가장 중요한 것은 불일치의 초점이 과연 무엇인지 밝히는 일이다. 이 초점은 자유주의 이론이 아니라 사회적 평등과 사회적 공정성의 문제이며 국내적 평등과 국제적 평등을 모두 포괄한다. 왜 때마침 평등과 공정성의 문제가 불일치의 초점이 되었을까? 그것은 대다수 지식인들이 모두 정치적 자유 문제에 관심이 있었지만, 비판적 지식인 집단은 정치적 자유를 사회적 평등과 분리될 수 없는 것으로 인식한 반면, '시장주의자들' 은 정치적 자유를 고립적인 목표로만 보았기 때문이다. 개인의 정치적 권리, 즉 개인의 자유 문제는 오늘날 중국 사회의 중대한 과제이다. 지금까지 비판적 지식인들은 이 문제의 중요성을 절대로 소홀히 보거나 부정하지 않았고, 또한 그래서도 안 되었다. 하지만 이 문제는 훨씬 복잡한 측면이 있다. 만약 후자처럼 정치적 자유를 고립된 과정으로 간주하거나 정치개혁을 단지 경제개혁의 성과를 보장하기 위한 것으로 인식해 정치와 경제의 관계를 무시한다면, 그것은 사실상 경제와 기타 사회 방면을 정치를 초월한 영역으로 보고, 그것들이 단지 '자생적 시장질서' 로만 조절된다고 생각하는 것이다. 이 지점에서 나는 이렇게 묻지 않을 수 없다. 그 질서는 과연 어떠한 의미에서 자생적인가? 만일 그 질서가 자생적 질서가 아니라면, 우리는 그 질서와 권력관계에 대해, 그리고 어떤 사회 세력을 통해야만 그 질서의 형성 과정이 공정하고 민주적으로 진행될 수 있는지를 진지하게 연구해 볼 필요가 있다.

자유주의는 장구한 역사적 전통과 각기 다른 이론적 방향과 정치적 관점을 갖고 있으므로, 그중 어느 한 이론가와 이론적 관점을 들어 그 지식 전통 전체를 판단하는 것은 불가능하다. 예를 들어 롤스(John Rawls)의 이론은 평등의 지향과 '분배의 정의'에 특히 관심을 갖는다. 이 측면들에 대한 그의 관점은 사회주의와 사회민주주의와 깊은 역사적·이론적 관련성이 있다. 따라서 우리는 각종 사회주의와 마르크스주의를 구분한 것처럼 자유주의에 대해서도 한층 자세한 분석을 할 필요가 있다. 결코 총체적인 판단에만 머물러서는 안 된다. 그렇다면 많은 이론들이 여전히 '자유주의'에 대한 문제에 집중하고 있는 까닭은 무엇인가? 그것은 '자유주의'가 강단에서 논의되는 한 이론일 뿐만 아니라, 특정한 사회 사조를 가리키기 때문이다. '자유주의'의 기치를 내세우는 일부 지식인들은 시장의 과정을 추상화해 시장제도의 형성과 권력관계를 지우고, 의식적이든 그렇지 않든 간에 독점 이익집단 혹은 특수 이익집단의 편에서 중국의 문제들을 논의하고 있다. 그들의 추상적인 '시장' 개념은 중국 사회와 세계의 심각한 사회적 불평등과, 그 사회·경제 과정이 정치와 맺고 있는 불가분의 내적 관계를 은폐하고 있다. 많은 이론가들이 '신자유주의'라고 부르는 이 광범위한 사회 사조는 보편적이며 추상적인 맹목적 시장주의로 평등의 가치를 거세하는 것이 그 특징이다. 추상적인 경쟁과 효율성을 기치로 삼아 한 사회 내부와 전 지구적 범위에서 극심한 빈부 격차를 조성하고 있다. 그리고 자유무역이라는 미명 아래 낙후된 지역에 대해 약탈적인 개발과 무역을 일삼으면서도 그런 불평등 구조 그 자체가 정치적 안배의 일부임을 부인하고 있다. 중국 개혁 과정에서 이 주의는 권력으로 국유 자본을 나눠 갖고 독점으로 초과이윤을 획득한, 그리고 권력과 국제 자본 혹은 국내 자본의 연합으로 시장 자원을 독차지한 이익집단을 대변한다. 이것은 명목상 '자유주의'에 호소하면서도 자유와 민주주의에 대해(심지어 반부패에 대해서도) 과연 일말의 성의라도 있는지 자신을 전혀 입증하지 못했다. 그리고 이론적으로는 '시장경제'의 관념에 호소하지만, 시장의 자유와 공정한 거래에 대해 과연 성실한 믿음을 갖고 있는지도 입증하지 못했다. 이러한 '자유주의'는 민주주의와 무관하며, 또한 이러한 '시장' 개념은 사실상 반(反)시장적이다. 극단적인 '시장주의자'는 궁극적으로 정치 변혁의 필요성과 사회적 공정성에 대한 기본적인 호소를 희석화하는 경향이 있다. 나는 이 논쟁에 관심을 갖고 있는 모든 지식인들이 응당 이 문제에 대해 기본적인 생각을 갖기를 바란다. 단순히 신좌파와 자유주의의 명목 아래 말다툼만 벌여서는 안 된다.

지식인의 태도는 단지 그들이 의존하는 이론에만 의거해 판단해서는 안 된다. 그들과 권력 체제의 관계를 검증하는 것이 더욱 중요하다. 이론의 불일치는 심원한 역사적 배경과 사상적 맥락이 있으므로, 비판적 지식인들 내부에도 매우 복잡한 요소들이 존재한다. 그들 중에는 좌익 이론을 사용하는 지식인도, 계몽주의적 입장을 고수하는 지식인도 있다. 그리고 자신이 자유주의자라고 말하는 이들도 있다. 내 생각으로는 비판적 지식인 집단은 하나의 광범위한 사회운동이다. 그것은 종파주의적인 소집단이 아니다. 정치적 자유와 사회적 공정성과 평등한 권리를 자신들의 사회적 목표로 삼는 모든 지식인들이라면 모두 이 집단의 유기적인 부분으로 간주될 수 있다. 이 사상 집단 내부에는 중요한 불일치와 충돌이 포함되며, 그들 각자의 이론적 배경, 역사에 대한 이해와 최종적인 사회적 목표에도 차이가 존재한다. 그런데도 왜 나는 이렇게 큰 차이들이 존재하는 사상 집단을 통틀어 비판적 지식인으로 보고 있는가? 이것은 내가 불일치의 초점을 어떤 이론이 아니라, 사회적 공정성과 평등 문제에 대한 지식인의 태도에서 보기 때문이다. 비판적 사상 집단은 경제와 정치의 관계, 지식인 집단이 습관적으로 보이는 사유 방식과 관념이 불평등한 발전 과정과 갖는 내적 관계를 밝히는 것을 공통된 특징으로 삼는다. 또한 민주정치를 경제와 기타 사회 영역으로 확장하고, 더욱 공평하고 민주적인 변혁 노선을 찾아내는 것 역시 그들의 특징이다. '신자유주의자들'이 '신좌파'의 주문(呪文)을 사용해 비판적 지식인들이 제기한 각종 사회문제의 합리성을 무효화하고, 또한 '자유주의'의 기치로 그 이름 아래 있는 심각한 불일치를 덮어 버렸을 때, 그들은 오늘날의 중국과 세계가 직면한 가장 중대한 위기를 건드릴 만한 능력이 거의 없었다. 누구든 이 기본적인 사실을 부정할 수는 없을 것이다.

오늘날 지식계의 다양한 불일치는 사회주의의 역사와 그 역사 과정에서 나타난 좌절과 비극, 사회적 전제(專制)의 문제에 대한 이해 방식과 관련이 있다. 나는 이 지면에서 중국 사회주의 운동의 성취와 실패의 역사를 전면적으로 평가할 수는 없다. 하지만 분명한 것은, 동시대적 문제에 관한 지식계의 모호한 주장들이 부분적으로는 아직 이 역사 과정을 제대로 연구·분석하지 않은 데서 연유한다는 사실이다. 몇몇 '자유주의자'들은 중국의 사회적 전제의 기원이 사회적 평등이라고 생각한다. 나아가 '문화대혁명'도 평등의 가치가 승리를 거둔 까닭에 발발하였다고 주장한다. 이것은 정말 터무니없는 생각이다. 그들의 태도는 일견 '정확'한 듯싶지만, 실제로는 '문화대혁명'을 포함하는 역사적 실천들과 그 복잡한 요소들에 대한 역사적 분석을 기피하고 있다. 일단 그러한 역사적 실천들이 별개의 층위에서 금기가 되면, 그 사건들에 관한 서술은 필연적으로 현재 일어나고 있는 사건들을 정당화해서 역사 과정의 복잡성을 기억의 총체로 전환해 버린다. 우리에게는 그 역사 과정이 남긴 숱한 비극적 교훈들을 소홀히 할 권리가 없으며, 오늘날에 중국이 당면하고 있는 문제도 그 과정과 긴밀한 관계가 있다. 그런데 또한 우리에게는 그 과정을 단순화하는 태도를 취해 그 복잡한 역사적 조건과 많은 영역에서 거둔 성취를 무시할 수 있는 권리도 없다. 역사 과정에 대해 분석적 태도를 취할 수 없으면 어떠한 추상적 비판도 힘을 갖지 못한다. '시장주의자'는 다른 이들이 자신들을 비판할 때, 비판에만 주력할 뿐 건설적인 면이 부족하다고 말하곤 한다. 그렇다면 과연 그들은 현대 중국사를 얼마나 건설적으로 분석해 보았을까? 이 사람들은, 늘 '신좌파'라고 하는 이들이 과거의 극좌 노선으로 돌아가려 한다고 암시하지만, 내 좁은 소견으로는 그들은 그 의견을 뒷받침할 수 있는 근거를 전혀 제시해 본 적이 없다.

누군가 과거 반세기 동안의 역사적 교훈을 평등의 문제로 귀결지었다는 소식을 들었을 때, 내 마음속에 떠오른 첫 번째 의문은 이것이다. 그들은 마오쩌둥(毛澤東) 본인도 인정한 3대 차별〔공업과 농업, 도시와 농촌, 정신노동과 육체노동의 차별.―옮긴이〕을 어떻게 생각하고 있을까? 도시와 농촌은 공업화 혹은 현대화라는 국가 목표를 위해 그 차별이 제도화되었다. 이것이 평등이란 말인가? '문혁'의 발생을 전후로 해서 사람들은 관료제와 새로운 사회 신분제에 주목하게 되었으며, 사회적 동원의 원동력도 부분적으로 여기에서 비롯되었다. 그러한 사회 현실이 사회적 평등이란 말인가? 위뤄커〔遇羅克, 문화대혁명 시기인 1970년, 출신 성분에 의거해 연좌제적 탄압을 가하던 당국의 '혈통론'에 반대하다 총살된 인물.―옮긴이〕가 비판한 혈통론은 '문혁'의 유산 중에 하나이며, 그것이 일으킨 비극은 누구나 목도한 바 있다. 그렇다면 혈통론은 사회적 평등의 추구인가, 신분제적 이데올로기인가? 중국의 사회주의는 심각한 교훈을 남겼다. 하지만 그 교훈은 중국 사회주의가 평등을 실현했기 때문이 아니라, 평등의 목표가 진정으로 실현될 수 없었기에 얻어진 것이다. 달리 말해서 비판해야만 할 것은 사회주의 운동이 평등의 차원에서 이룬 성취가 아니라, 그 과정에서 야기된 새로운 신분제이다. 각종 정치운동 과정에서 일어난 인간 존엄성에 대한 유린, 인간의 자유와 권리에 대한 경시가 정말로 평등한 사회에서 일어났단 말인가? 내가 보기에 진정한 문제는 대수롭지 않게 평등을 부정한 가치나 사회적 실천이 아니다. 그것은 평등을 목표로 한 사회운동 자체가 왜 새로운 신분제를 낳았으며, 그 역사적 메커니즘은 무엇이었는지 하는 데 있다. 실제로 중국 사회의 곤경을 평등 탓으로 돌리는 관점은 중국 사회주의 역사의 진정한 성취와 혹독한 교훈을 덮어 버렸을 뿐만 아니라, 개혁의 성취와 그 우려할 만한 발전 동향을 부정하기도 했다. 오늘날 중국의 이익 분화와 불평등한 과분(瓜分) 과정의 역사적 기초는 바로 고도의 국가 독점과 공유제의 명목 아래 존재하는 시장 관계이다. 개혁 초기의 성과도 단순한 시장 개방이 아니라 농촌 개혁을 통해 도시, 농촌 간의 불평등을 완화시킨 데 있다. 이는 새로운 역사적 조건 아래 어떻게 개혁의 성취와 교훈을 바라보느냐가 이론적 불일치의 초점이며 앞으로 역사 발전 과정에 어떤 영향을 끼칠 것인지를 의미한다.

상술한 사상적 불일치와 밀접한 관련이 있는 또 다른 문제는 정치·경제와 기타 사회 발전 과정에 대한 민중의 참여를 어떻게 바라보느냐 하는 문제이다. 자칭 어떤 '자유주의자'는 근대 중국사[중국사에서는 근대를 아편전쟁의 결과인 난징조약 체결(1842) 시점부터 1911년 신해혁명까지를 가리킨다. 그리고 '현대'는 신해혁명부터 중화인민공화국 수립(1949)까지이며 그 이후를 '당대'라고 부른다.—옮긴이]의 양대 병소(病巢)로서 '민족주의'(nationalism)와 '인민주의'를 꼽았지만, 각종 사회운동의 복잡한 요소들에 대해서는 전혀 역사적 분석을 하지 않았다. 만약 헤게모니와 폭력에 대한 민중의 반항과 국가 중심주의를 이론적으로 구분하지 못한다면, 그리고 각종 사회사상이나 사회운동이 일어난 역사적 조건을 전혀 건드리지 않고 '민족주의'와 '인민주의' 같은 추상적 개념으로만 문제를 논의한다면, 우리는 다음과 같은 의문을 품을 수 있다. "이 사람이 노리는 건 대체 무엇인가?"라고. 근대 중국이 직면했던 내우외환과 현대 중국의 부패와 불평등한 사회 과정, 그리고 사회운동을 향한 통치 제도의 분화·진압·파괴·이용은 뒷전에 둔 채 추상적으로만 '병소'로서의 '주의'들을 논의한다면, 헤게모니에 대한 사회와 민중의 반항과 자유·평등·공정성의 추구를 지워 버리는 것 외에 어떤 목적을 이룰 수 있단 말인가? 이러한 논의 방식의 핵심적인 내용은 사회 발전 과정에 대한 민중의 참여와 요구의 전통을 '인민주의', '민족주의' 혹은 '급진주의'로 규정해 제도 개혁 바깥으로 몰아내는 것이다. 그 고명한 선생은 중국 현대사에서 추구한 민주주의가 그런 사회운동들을 통해 제기되었으며, 아울러 학생·노동자·지식인, 기타 사회계층의 민주주의의 추구가 '애국'의 기치 아래 그들이 표현한 주체 의식과 직접적으로 관련되었음을 망각하고 있다. 이것은 20세기 사회운동 전체를 관통하는 주요한 특징이다. 나는 결코 사회운동의 복잡한 성격을 부인하지 않는다. 또한 사회운동이 그 최초의 목표에서 괴리될 수 있다는 사실 역시 부인하지 않는다. 그러나 헤게모니와 폭력을 향한 모든 반항들을 '극단적 민족주의'라고 한다면, 그리고 평등을 향한 모든 추구를 '인민주의'로 보고 민중의 정치 참여권을 쟁취한 사회운동을 모두 의화단(義和團)적 배타주의〔의화단은 의화권이라는 무술을 신봉하는 비밀결사로, 1898년 화북(華北) 지방의 흉년으로 유민이 증가하자 이들을 모아 큰 세력을 형성하였다. 의화단은 반크리스트교 운동으로 출발해서 부청멸양(扶淸滅洋)을 외치며 교회를 파괴하고 선교사와 외교관을 살해했다.—옮긴이〕라고 말한다면, 나는 이렇게 묻지 않을 수 없다. 시민의 정치 참여를 배제하고, 또한 많은 사회집단 및 사회계층이 추구하는 평등을 배제한 채 우리는 과연 어디에서 민주주의의 원동력과 목표를 찾을 수 있단 말인가?

근대 중국의 민족해방운동은 식민주의 시대의 산물이었다. 외세의 침략에 항거하고 국내 통치 질서에 반대하는 와중에서 중국의 많은 지식인들과 식견 있는 지사들은 스스로를 단순히 민족주의자로만 보지는 않았다. 이것은 약소민족의 사회해방운동이 근본적으로 나른 약소 사회들의 저항과 밀접한 관계가 있기 때문이었다. 현대 중국의 민족주의는 초기부터 세계주의 혹은 국제주의의 특징을 띠고 있었다. 오늘날 많은 철학자, 현자들이 탐탁지 않아 하는 루쉰(魯迅) 같은 지식인은 「자화상에 부치는 시」(自題小像)라는 시를 쓰면서도 동시에 마치 자기 일처럼 폴란드·인도·그리스와 다른 약소국가들에 대한 관심을 표명했다. 시인 바이런(George Gordon Byron)을 존경하는 심정을 나타내기도 했는데, 왜냐 하면 이 영국 시인이 약소국의 해방을 위해 자기 몸을 희생했기 때문이다. 그리고 헝가리 시인 페퇴피(Sándor Petőfi)도 빼놓을 수 없는 인물이다. 루쉰은 "만약 자유를 위해서라면 두 가지를 다 버릴 수 있다."라는 시구를 좋아하였다. 이것은 그가 줄곧 자유에 대한 추구와 사회 해방에 대한 관심을 서로 분리하지 않았음을 보여 준다. 또한 근대 중국의 민족주의가 일종의 자기부정의 논리 속에 있었고, 민족 중심주의를 이용해 약소사회, 약소민족, 인민의 권리를 억압하려는 어떠한 시도도 반대했음을 보여 준다. 이와 비교해 코소보 사태를 둘러싸고 일어난 현상은 우리들을 슬프게 한다. 과연 몇 사람이나 코소보 알바니아계와 세르비아계 사람들 자신의 목소리에 유심히 귀 기울이고자 했는가? 또한 몇 사람이나 그 수난자들의 목소리를 가리는 힘이 무엇인지 물어보았는가? 우연히 그들의 모습과 목소리가 드러날 때, 대체 어떠한 메커니즘과 힘이 그들의 드러남과 은폐를 통제하고 있을까? 추상적으로 '민족주의'나 '인민주의'를 논하는 것은 민중운동이 발생한 구체적인 정황과 이에 대응하는 구체적 사건을 논의하는 것이 아니다. 그리고 민족국가와 민족국가 체제의 역사적 기초에 대한 진지한 분석도 아니다. 그러한 문제 논의 방식은 이 세계에서 가장 강대하고 가장 기본적인 역사적 조건을 방기한다. 민족주의는 하나의 사조일 뿐만 아니라, 지배적 지위에 있는 세계적 관계이다. 글로벌리즘(globalism)의 명목으로 세계를 석권한 힘들(전쟁과 기타 형식들을 포함하는)이야말로 곧 최대의 민족주의이다. 그리고 이 글로벌리즘이 따르는 기본 논리는 식민주의와 결코 다르지 않다. 절대적 지배권을 쥔 이러한 민족주의 혹은 가짜 세계주의의 관점에서 보면 국내적 헤게모니와 국제적 헤게모니에 대한 민중의 반항이란 그저 '비이성적' 망동일 뿐이다. 이런 의미에서 지식인은 헤게모니에 대한 민중의 반항과 주체 의식을 자민족 중심주의와 구분할 필요가 있다. 모든 반항의 목소리를 '병소'로 간주하고 진정한 헤게모니를 전혀 언급하지 않는 방식은 사람들을 납득시킬 수 없으며, 민중의 사회적 항의를 '비이성적'인 것으로 돌리는 '이성'(理性)은 이 세계에서 가장 거대한 비이성적 힘의 '이성적' 표현일 따름이다.

 루쉰에서 보았듯이 국가주의자와 비교해 민족해방운동에 투신했던 많은 지식인들은 동시에 국제주의자이기도 했다. 그들은 (대내외적) 약소사회에 대해 깊은 동정심을 품었으며, 이 점은 사회 내부에서 자유·평등을 쟁취했던 그들의 입장과 완전히 일치했다. 다시 말해서 민족주의가 주로 헤게모니와 폭력에 대한 항거로 표현되던 시점에서 그것은 민족주의 자체에 대한 부정을 포함하였으며, 아울러 내부적 민주주의에 대한 호소도 함께 포함하였다. 5·4 신문화운동의 문화적 지향이 이 점을 명확히 증명해 준다. 민족해방을 기본 동력으로 삼은 이 문화운동은 서양을 본받고 민족적 자아를 비판하는 태도를 취했으며, 동시에 세계주의적 경향과 민주적 변혁에 대한 요구를 표현했다. 20세기의 가장 중요한 역사적 사건들 가운데 하나는 바로 업신여김을 받던 식민지 민중의 해방운동이다. 이 해방운동들은 국가수립운동으로 전환되는 과정에서 심오하고 다각적인 원인으로 수많은 좌절과 심각한 재난을 당했다. 그런데 만약 오늘날 세계의 기본 관계에 대한 비판을 포기하고 단지 약소국가와 민중의 사회적 항거만을 문제 삼는다면, 그 문제 제기가 어떤 '정치적 정확성'을 표명하건 간에 그것은 이 세계 속의 지배와 헤게모니 관계를 위한 변호가 될 것이다. 식민주의의 역사적 유산과 여러 지역의 어려움 사이에 존재하는 연관성은 결코 소홀히 다뤄져서는 안 된다. 왜냐 하면 이 세계의 정치적 형식 자체가 바로 식민주의의 역사 속에서 형성되었기 때문이다. 그것은 과거의 역사가 아니라 지금도 이어지고 있는 현실이다. 하지만 이 연관성은 현재의 지식 논쟁에서 늘 거부되거나 소홀히 여겨지고 있다. 마치 한 사회 내부의 정치적 변혁은 국제적인 민주주의와 어떠한 관계도 없는 것처럼 생각되고 있다. 사람들은 식민주의의 유산이 단순한 외부적 유산이 아닐 뿐더러 이미 우리 자신 속에 내화(內化)된 사회적 유산임을 의식하지 못하고 있다. 그리고 전 지구화를 포용하고 민족주의에 찬성하면서도 20세기의 가장 중요한 역사적 유산들 중에 하나인 국제주의는 모두 잊고 있는 듯하다. 내가 말하는 국제주의란 루쉰처럼 다른 민족과 사회에 관심을 갖는 국제주의와 제2차세계대전 이후, 특히 반둥회의 이후에 제삼세계 소국들과 비동맹운동이 연합해서 세계적 범위의 민주주의를 쟁취하려 했던 국제주의를 뜻한다. 우리는 이 역사적 유산을 너무 빨리 망각한 반면에 너무나 다급하게 '주류'를 받아들이고 있는 듯하다.

   오늘날 중국 지식계에 횡행하는 논쟁들은 필연적인 추세로서 일리가 없지 않다. 왜냐 하면 그것은 의미심장한 역사적 전환과 관련이 있기 때문이다. 그 명명(命名)과 유언비어, 유행하는 비방의 방식들 배후에 감춰진 것은 이 불평등한 세계를 영원히 존속시키려는 몽상에 지나지 않는다. 또한 이 불평등한 세계에 대한 모든 비판과 도전을 거세하려는 노력에 지나지 않는다. 최근 3년간, 나는 비판적 사상의 성장과 발전을 목도했지만, 그 영웅들이 오늘날의 세계를 강력하게 설명하고 분석하는 것은 보지 못했다. 그들은 우쭐대며 명명 행위를 일삼거나 몇 가지 도그마를 되풀이 말하는 것 외에는 아무 일도 제대로 하지 못했다. 『춘추번로』(春秋繁露)의 「심찰명호」(深察名號) 편을 보면 "울음으로 사물을 명명한 것을 이름이라 한다. 이름이 말이 되는 것은 울음과 명명에 의해서이다."(鳴而施命謂之名; 名之爲言, 鳴與命也)라는 말이 있다. 명명 행위의 의미심장함을 알 수 있는 대목이다. 솔직히 말해서 나는 온갖 명명을 다 거부한다. 이것은 내가 '신좌파'니 '포스트모던'이니 하는 이름들에 반감을 느껴서가 아니다. 단지 그 명명 행위들이 조장한, 모든 것을 괴상하고 주술적인 것으로 보고 떠들썩하게 그것들을 좇는 사상적 분위기가 혐오스럽고, 또한 각종 우상숭배로 인해 생겨난 봉건적 심리에 염증을 느끼기 때문이다. 자유를 논한다는 사람들이 이토록 이견을 수용하지 못하고 이른바 학자라는 사람들이 이토록 무고를 일삼는다. 그리고 많은 명사와 석학이 근거 없는 풍문에 익숙해져 있다. 사실, 이 모든 것들은 그리 새로운 일은 아니다. 만약 '국정'(國情)과 '현실'을 논하고자 한다면 바로 이런 현상들이 곧 국정과 현실 중에 하나이다. 사실, 나는 이미 여러 번 내 자신을 억제했고, 아울러 그런 나를 증오했다. 하지만 아직은 내 친구들에게 자신들의 마음속의 어둠을 보게 하고 싶지 않다. 여기에 약간의 목소리를 남기는 것도 다른 이들의 판단을 돕기 위해서라기보다는, 지나간 시간에 대한 기념이라고 말하는 편이 옳을 것이다. 나는 진정한 문제가 명확해질 때에만 비로소 논의가 심화될 수 있다고 믿는다. 그리고 그 논의는 비록 사회에는 별 소용이 없다 해도 반드시 사회·역사·문화에 대한 우리의 이해와 우리 마음속의 성실함에 유익한 것이어야 한다고 믿는다.

"온유함에 머물고 아래에 처하니 위선자가 아니다. 널리 사랑하고 많은 이를 포용하는 것이 참된 평등이다."〔居柔處下, 非鄕愿也; 泛愛容衆, 眞平等也. 명나라 말의 반역적 사상가, 이지(李贄)의 『분서』(焚書) 제3권에서 인용.—옮긴이〕 이것은 내가 도달할 수 없다 하더라도 진실로 동경하는 경지이다. 위에 적은 내 논의들은 아마 그리 너그럽게 보이지는 않을 것이다. 하지만 몇 번이고 헤아려 봐도 역시 그대로 놔두는 편이 좋을 듯하다. 그렇게 해서 이 무물의 진(無物之陣)에 얼마간 흔적을 남겨 둔다면, 나중에 이곳에 다다를 사람들이 어리둥절할 일은 없지 않겠는가. 몇 년간 보고 들은 일 가운데 실로 개탄할 만한 것들이 적지 않았다. 그것들은 마치 귀신처럼 잠시 동안, 혹은 영원토록 어둠 속에 남겨 두는 편이 낫다. 내 친구들 중에는 마르크스주의자도, 자유주의자도 있다. 그리고 포스트모더니즘 이론가와 전통 학문 연구자도 있으며, 다른 '주의'자들도 허다하다. 하지만 그들 모두가 내 의견과 어긋나지는 않으며, 또한 오직 자유주의자만 내 의견과 어긋나지도 않는다. 어떤 친구들은 내 의견에 다 동의하지는 않지만, 그래도 성실하고 너그러운 태도를 보인다. 혹시 논쟁을 하더라도 먼저 진지하게 글을 읽으며 절대로 정상적인 의사소통을 방해하는 일은 없다. 구름은 용을 따르고 바람은 범을 따른다는 말처럼 각자 자신들의 부류를 좇고 있지만, 적어도 이 친구들은 여론을 조종하거나 파벌 행위를 일삼지 않는다. 나는 자신만의 사상적 취향이 있긴 하지만, 사람을 판단하는 기준만은 '자유주의'나 '신좌파'에 얽매이지 않는다. 또한 앞에서 서술한 내 말들은 하찮은 원한에 대한 보복을 목적으로 하지 않는다. 나는 도저히 저 군자들의 수완을 배울 능력이 없다. 그들은 다른 사람의 뒤통수를 치고서도 짐짓 결백한 척하며 "좋게 좋게 이야기하자."고 지껄이지 않는가.

독자들에게 바치는 이 책은 이 시대에 관한 나의 어쭙잖은 사고를 기록하고 있다. 엄중한 비판과 진지한 토론을 기대한다. 하지만 내가 마음속으로 더욱 바라는 것은, 이런 글이 시간과 더불어 쇠퇴해 되도록 일찍 어둠 속에 버려지는 것이다. 그리하여 우리 모두 밝은 세상에서 안심하고 살게 된다면, 푸른 매화나무 아래 술을 데우며 기쁜 얼굴로 도(道)를 논하고 사방의 부는 바람과 그 빈 그림자가 산을 흔들고 한밤의 파도 소리가 노래처럼 들려온다면, 그 얼마나 좋은 일이겠는가!

하지만 여전히 내 자신은 "아아, 나는 원치 않으니 아무것도 없는 곳에서 방황하는 편이 낫다!"〔루쉰의 1924년 산문시, 「그림자의 고별」(影的告別)의 한 행.—옮긴이〕

1부

현대성의 배리

1장 현대성 문제에 관한 대담

| **질문** | 최근 몇 년 동안 신문 등의 각종 간행물에서 현대성(modernity)이란 개념을 늘 발견할 수 있었습니다. '포스트모더니즘' 비평가도, '계몽주의' 비평가도 모두 이 개념을 사용했지만, 사용할 때 어떤 정의를 내리는 경우는 거의 없었습니다. 말하는 사람이 명확한 표현을 하지 않으니 비판하는 사람도 마찬가지로 주장이 불분명한 것 같습니다. 이번에 저희 신문에서도 지면을 마련해 전 지구화 과정을 논의하려고 하는데, 먼저 선생님께서 현대성의 개념을 이야기해 주시지요.

| **답변** | 전 지구화 과정은 내용이 매우 광범위합니다. 많은 이론가들과 역사학자들이 각기 다른 차원에서 이 문제를 검토했지요. 마르크스의 자본주의적 생산방식과 그 전파에 대한 문제나 베버(Max Weber)의 합리성 문제도 모두 이 문제에 대한 답변이라고 말할 수 있습니다. 그들이 직접 이 개념을 사용하지 않은 것처럼 보여도 역시 마찬가지입니다. 하지만 현대

성을 간단히 정의하거나 그 규범적 개념을 찾는 것은 대단히 어렵습니다. 저로서는 현대성 연구가 적어도 서로 관련된 두 측면을 포함한다고 생각합니다. 첫 번째는 현대성의 지식에 대한 검토이며, 두 번째는 현대의 사회 과정에 대한 검토입니다. 이 두 가지 측면을 완전히 분리해서 관찰하는 것은 불가능합니다.

현대성에 관한 각종 논의들을 종합적으로 서술해 보면 이 개념의 중요한 용법들을 이해할 수 있을 겁니다. 먼저, 현대성 개념은 유럽에서 발생했으며, 그것은 무엇보다도 일종의 시간 관념입니다. 직선으로 전진하며 반복되지 않는 역사적 시간에 대한 의식이지요. 칼리니스쿠(Matei Calinescu)는 『현대성의 다섯 얼굴』(*Five Faces of Modernity*)이라는 책에서 아주 자세하게 '현대' 개념의 기원을 서술했습니다. 그는 현대성의 개념이 유럽사의 세속화 과정과 관련이 있기는 하지만, 그 기원은 기독교의 종말론적 세계관이라고 주장합니다. 왜냐 하면 그 세계관에 함축된 시간 의식에 바로 반복 불가능이라는 특징이 있기 때문이지요. 한편 르네상스 시기에 현대 개념은 항상 고대 개념과 짝지어져 사용되었으며, 18세기에는 당대의 건축·복식·언어의 유행을 뜻했습니다. 기본적으로 폄하하는 뜻으로 쓰였지요. 19세기, 특히 20세기에 와서야 이 개념은 폄하의 의미에서 벗어나게 됩니다.

시간 개념으로서의 현대성은 19세기에, 현재까지도 여전히 유행하고 있는 어떤 단어와 연결되기 시작합니다. 그것은 바로 '시대' 혹은 '새로운 시대'(new age)입니다. 헤겔의 역사관이 바로 이 시간 관념(시간 개념)의 가장 완전한 표현입니다. 하버마스(Jurgen Habermas)는 『현대성의 철학적 담론』(*The Philosophical Discourse of Modernity*)에서 헤겔에 의해 현대성 개념이 비로소 하나의 시대 개념이 되었다고 말했습니다. 즉, 현대는 '새로운 시대'를 가리키게 되었으며, '신세계'의 발견, 르네상스, 종교개혁 등, 15세기 전후에 일어난 역사적 사건들이 현대와 중세를 구분하는 이 정표가 되었습니다. 이런 의미에서 '현대' 개념은 중세, 고대와의 차별화로 의미를 나타냅니다. 그리고 미래가 이미 시작되었다는 신념을 구현하고 있지요. 그것은 미래를 위해 살아가는 시대이며, 미래지향석인 '새로움'이 열어 가는 시대입니다. 이처럼 진화하고 진보적이며 역전될 수 없는 시간관은 우리에게 역사와 현실을 대하는 방식을 제공할 뿐만 아니라, 우리 자신의 생존과 노력의 의미를 한꺼번에 그 시간의 궤도와 시대의 위치, 그리고 미래에 대한 목표에 편입시킵니다.

| 질문 | 우리는 지금도 "무엇이 시대에 뒤떨어졌다."라는 말을 즐겨합니다. 어떤 사람은 현재의 문제를 논의하면서 "세계의 조류는 기세등등하니 그것에 순응하는 자는 번영하고 그것을 거스르는 자는 망한다." 등의 말을 사용하지요. 그렇다면 그 시간 관념은 우리의 일상생활에서 사물을 판단하는 기준이 될 수도 있습니까?

| 답변 | 그렇습니다. 푸코(Michel Foucault)는 『계몽이란 무엇인가』(*What is enlightment?*)에서 현대성이 일종의 태도라고 결론지었습니다. 즉, 자기 자신을 시대와 미래에 관련시키는 태도라는 거죠. 예를 들어 어떤 모더니즘 예술가는 괴상한 옷을 즐겨 입고 장발을 합니다. 다른 사람이 보기에는 무척 이상하지만, 그 자신에게는 그것이 일종의 '시대의 요구'이며 미래의 예술적인 진리로 통하는 방식인 거죠. 그래서 그런 형식이 의의를 갖습니다. 우리의 일상생활과 역사 속에서 시대와 미래에 호소해 우리 자신의 행위를 긍정하는 방식은 헤아릴 수 없이 많습니다. 그 행위의 장엄함과 언어의 웅장함, 그리고 어조의 독단성은 19세기의 데카당스들조차 미치지 못합니다.

세속적 유행에 대한 예술가들의 추구 역시 한낱 개인적 행위가 아니지요. 더욱 중요한 것은 각종 집단적인 운동과 사회적 실천이 모두 시대와 미래의 감화 아래 전개된다는 사실입니다. 중세인들은 신에게서 생존의 이유와 인생의 의의를 찾았습니다. 그런데 '신이 죽은' 시대의 각종 역사적인 변혁은 오로지 밝고 자유로운 해방의 미래를 허용함으로써 스스로의 정당성을 논증할 수 있습니다. 우리의 일상생활과 학습, 그리고 과업은 모두 미래로 향하는 이 시간의 흐름 속에서 조직되며, 우리는 이 목적론적 시간의 서사가 없이는 생활과 학습, 일의 의의를 알지 못합니다. 그러나 현대에는 거대한 비극이 연이어 일어났고, 자유의 허용은 곧 자유의 무덤이 되었습니다. 바로 이러한 관찰에 근거해서 어떤 이론가들은 리오타르(Jean-Francois Lyotard)처럼 현대성을 하나의 거대 서사로 간주하기 시작했지요. 이 서사는 자유와 해방의 이름을 표방하면서도 실제로는 항상 특수한 권력자들에 의해 구축됩니다. 이것이 바로 서사와 권력의 관계입니다. 이러한 서사의 도움을 받아 권력과 부합되지 않는 모든 사물과 방법, 인간은 배제됩니다. 이른바 "그것에 순응하는 자는 번영하고, 그것을 거스르는 자는 망한다."라는 말은 바로 그런 뜻이지요. 이 거대 서사는 독점과 강제의 경향을 띠며 현대적 독재의 정당성을 논증해 줍니다. 담론적 실천이라는 측면에서 보면, 현대성의 가치들은 거대 서사의 수행 과정과 연계됩니다. 따라서 자유·해방도 일종의 실천이라고 구체적으로 해석될 수 있습니다. 푸코가 쓴 『감시와 처벌』, 『광기의 역사』, 『성의 역사』 등은 인간 해방, 휴머니즘(Humanism, 人道主義), 그리고 자유의 허용 뒤에 숨겨진 권력관계와 배제·감시·훈육의 메커니즘을 파헤칩니다. 니체의 말을 빈다면 도덕은 선이 아니라 악에서 기원합니다. 그렇다면 지식의 고고학의 입장이나 혹은 계보학의 입장에서 볼 때, 그 거대 서사들은 결국 '선'에서 기원한 것일까요, 아니면 '악'에서 기원한 것일까요? 해답은 역시 후자입니다.

| 질문 | 신문, 잡지에서 리오타르의 저서에 대한 비판 글을 종종 본 것 같습니다. 왜 그런 비판들이 나온다고 생각하십니까?

| 답변 | 일부 비판적 이론가들은 리오타르의 '포스트모던' 개념 역시 새로운 '거대 서사'를 만들어 냈다고 비판합니다. 이 견해는 많은 사람들의 동감을 얻었지요. '거대 서사'란 일종의 세계 인식의 틀입니다. 많은 사람들은 이 틀이 없으면 우리의 인생과 세계를 조직할 수 없으며, 사회생활 전체가 불가능해질 거라고 생각합니다. 하지만 훨씬 더 중요한 문제는 그것이 아니고, 오히려 어떻게 계몽의 전통에 대처하고, 또한 어떻게 현대성의 위기를 이해하느냐에 있습니다. 하버마스는 「현대성, 미완의 기획」(Modernity: An incomplete Project)이라는 논문에서 현대성이 하나의 '기획'이라고 정의했습니다. 이 기획은 18세기에 비로소 삶의 중심에 진입한 계몽의 기획입니다. 데이비드 하비(David Harvey)는 『포스트모더니티의 조건』(The Condition of Post-modernity)에서 하버마스의 소위 '현대성의 기획'에 대하여 결론을 내렸습니다. 하버마스는 계몽사상가들에게 그 기획은 비범한 지적 노력, 즉 객관적 세계를 발전시키는 과학과 보편적 도덕, 법률, 그리고 내적 논리를 지닌 자율적 예술이었다고 말합니다. 그 기획은 지식의 목적이 단지 우리의 일상생활을 풍부하게 하는 것일 뿐만 아니라, 인류의 해방을 위한 것임을 알려 줍니다. 다시 말하자면 그 기획은 일종의 긍정을 포함하고 있습니다. 자연을 지배하는 과학은 궁핍과 필요를 충족시켜 주고, 자연재해에서 자유롭게 해 주며, 사회 조직의 합리화와 사상의 이성적 모델은 신화 · 종교 · 미신 등 비이성에서 인류를 해방시켜

줍니다. 오직 이 기획을 통해서만 인간성 전체의 보편적·영구적·불변적 소질이 나타날 수 있었습니다. 하버마스는 '주체의 자유'를 실현하는 것이 현대성 기획의 지표라고 보았지요. 이 '주체의 자유'는 사회생활의 몇 가지 측면에서 표현됩니다. 예컨대 사회 영역에서는 민법의 보장 아래 자신의 합리적 이익을 추구하는 공간으로 표현되며, 정치 영역에서는 정치 참여 의지로 형성되어 공공정책이 제정하는 평등권으로 표현됩니다. 또한 개인 영역에서는 윤리적 자주성과 자아실현으로, 공공 영역에서는 사회·정치적 권력의 합리화 과정으로 표현됩니다. 계몽의 기획은 기본적으로 민족국가의 범주 안에서 관철됩니다. 따라서 하버마스의 소위 '주체의 자유'는 민족국가의 주권 형식의 확립으로 표현되기도 합니다. 이런 의미에서의 현대성 기획은 결코 시간 의식만이 아닙니다. 그것은 실현을 요청받는 일종의 사회적 상태를 지향하기도 합니다.

하버마스가 그것을 '미완의 기획'이라고 말한 까닭은 그 기획과 현대의 역사 과정을 구별하기 위해서였습니다. 현대의 역사 과정은 그 기획의 완전한 실현이라고 볼 수 없습니다. 오히려 그 기획을 왜곡하고 소외시키고 억압하는 일이 일어났습니다. 하버마스의 이러한 문제의식은 베버와 칸트에게서 나온 것입니다. 간략하게 개괄한다면 도구적 이성이 모든 것을 압도하여 지식(과학)·실천(도덕)·감정(심미)의 합리적 분화의 자리를 빼앗았고, 순수이성이 삶의 영역 전체를 뒤덮어, 더 이상 실천이성과 심미적 판단력이 문제가 생기지 않게 되었다는 거죠. 이것은 정말 단순한 개괄이고, 내용적으로 더 분석이 필요하지요. 아무튼 이런 점을 제기했다는 것은 하버마스가 현대성의 가치를 인정하면서도 현대의 과정에 대해서는 비판적 입장이라는 것을 보여 줍니다. 하버마스는 베버의 현대성 개념을 여과 없이 받아들였습니다. 그것은 가치 영역의 형식적 분화라고 할 수 있습니다. 그런데 일찍이 베버가 보기에도 현대성 기획은 그 자체로 내적 모순을 갖고 있었습니다. 그 기획은 시장과 관료체제의 침식과 제약에서 생활 세계를 보호해 줄 수 있는 능력이 없었던 것이죠. 그래서 그는 가치 영역의 분화 결과에 대해 아주 회의적이었습니다. 나시 말하면 현대성 기획의 '미완의 성격' 자체가 아주 의심스럽다는 겁니다. 왜냐 하면 그 과정에 두 가지 상호 대립적인 원칙, 즉 전문화와 세속화의 원칙이 포함되어 있기 때문입니다. 베버는 이 두 가지 원칙 사이에 조화되기 어려운 모순이 있음을 알고 있었습니다. 그렇다면 우리는 온전한 현대성 기획의 '완성'을 어떻게 기대할 수 있을까요? 혹은 내적 대립을 지닌 기획의 '완성'을 어떤 의미에서 논할 수 있을까요?

하지만 하버마스는 '현대화'를 옹호하는 우리의 많은 이론가들과 다릅니다. 현대성과 현대화 과정을 혼동해서 이야기하는 그들은 꼭 구시대 도덕의 수호자 같은 양태를 보이고 있습니다. 현대성 문제를 논하기만 하면, 그들은 상대방이 '구시대'로, 혹은 '문화대혁명'으로 되돌아가려 한다고 의심합니다. 그들은 현대성을 내적 모순을 포함하는 구조로 인식하고 성찰하려 하지 않습니다. 단지 그것(현대성)을 총체적인 목표로 긍정하면서 이 시대의 헤게모니를 쥔 이데올로기를 방어합니다.

| **질문** | 현대성 관념이 중국에 전파된 상황에 대해 간단히 말씀해 주십시오.

| **답변** | 중국에 현대성 관념이 전파된 것이 아주 늦었다고는 할 수 없습니다. 초기에는 노인/소년 같은 단어로 진보 의식을 표현하였습니다. 량치차오(梁啓超)의 「소년중국설」(少年中國說)이 한 예가 될 수 있겠군요. 1898년에 옌푸(嚴復)가 『천연론』(天演論)을 발표하면서 진화론, 자연선택, 적

자생존의 관념이 중국사에 들어왔습니다. 옌푸의 천연(天演) 개념은 꽤나 복잡합니다. 그 속에는 『주역』(周易)·『사기』(史記) 등 여러 전통적 요소들이 혼합되어 있지요. 시간관도 그리 단순하지 않습니다. 이 점은 제가 「옌푸와 세 가지 세계」(嚴復的三個世界, 『학인』 제12기)에서 자세히 분석했습니다. 하지만 루쉰과 다른 몇몇 사람들이 『천연론』을 접했을 때의 심경을 회고한 글들을 살펴보면 그 책이 당시 젊은 세대에게 얼마나 큰 충격을 주었는지 알 수 있습니다. 아무튼 청나라 말기부터 '새로움'(新)이라는 개념이 유행하기 시작합니다. '5·4운동'의 주요 간행물인 『신청년』(新靑年)·『신조』(新潮)는 모두 '새로움'을 앞에 내세웠습니다. 그리고 나중에 '현대'와 모던 개념 등이 나타나게 됩니다. 이 개념들이 나타나면서 전통/현대, 중국/서양은 이분법으로 사고됩니다. 물론 당시에도 그러한 시간관과 진보관을 비판하는 사람들이 있기는 했습니다. 『학형』(學衡)과 『갑인』(甲寅) 등에 가담했던 지식인들이 그 예입니다. 하지만 그들 역시 그 이분법들을 견지했다는 점에서는 별다른 차이가 없습니다. 또한 '5·4'를 전후해 베르그송(Henri Bergson)의 창조적 진화론이 중국에 유입되었는데, 그것은 원래 역사·정치·경제적 진화 개념이 정신의 영역으로 발전한 것입니다. 역사를 도덕이 인도하는 목적론적인 것으로 바라보지요. 좀 더 나중에 마르크스주의자들이 자본주의의 각종 기획을 비판하게 됩니다만, 그들 또한 '새로움'을 자처하면서 역사의 진보가 정해진 미래를 향해 발전한다고 믿었습니다. 마르크스주의는 현대성을 비판하는 현대성의 기획입니다. 왜냐 하면 그것도 역사 목적론의 논리 위에 자신을 세우고 있기 때문입니다. 마르크스의 역사관은 헤겔의 영향을 받아 심각한 유럽 중심주의의 경향을 띠고 있습니다. 유럽사의 역전 불가능한 시간관은 유럽사의 모델을 기초로 구축되었습니다. 최근 연구들 가운데 에드워드 사이드

(Edward Said)의 『오리엔탈리즘』(Orientalism)을 보면 서양의 그런 자아상도 동양의 상에 대한 묘사를 통해 구축되었다고 이야기됩니다. 중국의 역사 속에서 새로움·현대·현대화와 유럽화·서구화 등의 개념들은 서로 불분명한 관계로 뒤엉켜 버렸습니다.

| 질문 | 그렇다면 현대성은 곧 부정적인 개념입니까?

| 답변 | 그렇지는 않습니다. 현대성 개념 자체는 하나의 배리적 개념입니다.〔이 책에서 '배리', 혹은 '배리적'이라는 단어는 '추구와 비판이 공존하는' 상태, 하지만 그런 상호 모순이 오히려 발전의 원동력이 되는 상태를 뜻함.—옮긴이〕현대성은 그 안에 내적 긴장과 모순을 포함하고 있습니다. 유럽의 현대성은 세속화 과정과 밀접한 상관성이 있습니다. 따라서 그것은 주로 이성에 대한 숭배, 경제 발전 및 시장 체제, 법률/행정 체제에 대한 믿음, 그리고 합리화된 질서에 대한 신념으로 표현되었습니다. 그 신념들은 일종의 현대화의 이데올로기라고 할 수 있습니다. 그런데 동일한 발전 과정에서 탄생한 모더니즘 문학은 뜻밖에도 자본주의적 세속화에 격렬하게 반대하는 경향을 띠었습니다. 실제로 독일 낭만주의의 주된 특징은 부르주아 계급의 속물근성을 미학적으로 비판하는 것이었습니다. 19세기 유럽의 리얼리즘 문학과 20세기 모더니즘 문학도 모두 현대 그 자체에 대해 비판적 시야를 구축했습니다. 마르크스·베버 등의 사상 체계 안에도 현대의 과정에 대한 심각한 반성과 비판이 포함되어 있지요. 비록 그들 자신도 똑같이 현대성의 역사관과 약간의 방법들을 이어받기는 했지만 말입니다. 이밖에도 사람들이 늘 언급하는 현대의 과학주의와 휴머니즘, 그리고 이성주의와 비이성주의의 논쟁에서도 현대성의 내적 모순이 연출되었습니다. 그러므로 어떤 의미에

서 현대성은 멕시코의 시인 옥타비오 빠스(Octavio Paz)가 말했듯 "스스로가 스스로에게 반대하는 전통"입니다.

19세기 중엽, 마르크스와 엥겔스는 독일 낭만주의의 그러한 미학적 비판을 이데올로기 비판과 정치경제 비판으로 전환시켰습니다. 그렇게 해서 '혁명적' 전형과 '속물적' 전형을 선명하게 구분했습니다. '혁명적' 역사관은 엘리트주의의 비판적 현대성을 대표하지요. 그리고 '속물적' 생활 방식은 부르주아 계급의 생활 준칙을 대표합니다. 자본주의를 가장 격렬하고 심도 있게 비판하는 이는 어김없이 현대성 관념에 대한 가장 강력한 주석가이기도 합니다. 이런 까닭에 오늘날 일부 이론들은 현대성 문제를 검토하면서 그 비판의 초점을 현대성의 비판자들에게 돌리곤 합니다. 그런데 최근에는 상황이 역전되었습니다. 시류에 영합하는 현대성으로 세련된 현대성에 대항하는 것이 현대성의 문화적 특징인 것처럼 보입니다. 우리는 시류에 영합하는 현대성을 일상생활과 동일시해서는 안 됩니다. 그것은 다른 선택의 여지가 없는 일상생활에 대한 형상화입니다. 나날이 번창하는 신문·잡지의 '새로운 시대의 생활 방식'에 관한 소개와 고취, 각양각색의 광고들, 아니면 극장에서 상영 중인 '블록버스터' 영화와 텔레비전의 각종 프로그램들만 보아도 알 수 있습니다. 이미 신문·잡지는 정치가 주도하는 단순한 영역이 아닙니다. 돈과 이윤, 권력이 협력해 주도하는 영역으로 바뀌었습니다. 누군가는 그것을 권력의 퇴조로 이해하기도 하지만, 사실은 권력의 새로운 조합이라고 보아야 옳을 것입니다. 사상해방운동을 통해 획득한 귀중한 비판의 공간이 대중의 이름을 빈 상업화의 사상 통제로 탈바꿈한 것입니다. 과거의 몇몇 엘리트들은 마치 물을 만난 고기처럼 날뛰며 예전의 동지들을 비웃고 있습니다. 너희가 얼마나 우스꽝스러운지 아느냐고 말이죠.

따라서 현대성은 엘리트적 현대성과 대중적 현대성으로도 나누어질 수 있습니다. 이런 이분법 역시 현대성의 지표 중 하나라고 말할 수 있습니다. 그래서 엘리트주의의 시각에서 대중성에 반대하는 것과 대중성의 시각에서 엘리트주의에 반내하는 것은 모두 현대성의 기본 논리 안에 있습니다. 하지만 이 점을 지적하는 것만으로는 이 두 가지 태도의 역사적 의미를 설명하기에 부족합니다. 중요한 것은 이른바 엘리트적 이상이 과연 어떤 이상인지, 그리고 세속적인 생활이 실제로 어떤 내용과 방식을 갖고 있느냐는 점입니다. 어디에나 엘리트적 이상이 고양되어 있는 사회에서는 그 이상이 억압의 도구가 될 수 있습니다. 하지만 세속화된 권력이 만연한 사회에서는 시류에 영합하는 취미가 그 권력과 결탁해 권력 체제에 도전하는 모든 비판의 잠재력을 말살합니다. 전통적 독재 사회에서는 국가권력이 이상이라는 미명 아래 민중사회의 존재 기초를 제거했지만, 시장 사회에서는 이른바 '시민사회' 조차 대중이라는 미명 아래 진정한 비판의 공간을 파괴합니다. 그런데 제3의 경우는 더욱 복잡합니다. 즉, '시민사회'와 독재국가가 공존하는 경우이지요. 전자는 자신의 '반(反)엘리트적' 엘리트를 동원하여 '대중의 독재'에 대한 비판을 저지하며, 후자는 이상주의를 표방하는 세속적 현대화를 통해 모든 사회적 반발을 잠재웁니다. 엘리트들의 현대성은 주로 끊임없이 현대성을 창조하는 위대한 서사로 표현되어 역사적 영웅들의 역할을 연기하며, 대중적 현대성은 갖가지 '모던한' 시대 풍조와 결합하여 각 방면에서 일상생활과 물질문명 속에 침투합니다. 그래서 칼리니스쿠는 현대성을 모더니즘·아방가르드(Avant-garde)·데카당스(decadence)·키치(kitsch)·포스트모더니즘의 다섯 가지로 개괄했습니다. 고도의 모더니즘과 대중주의는 모두 현대성의 문화적 특징입니다. 이 두 영역은 때로는 서로 모순을 이루고 때로는 서로 어울리지만 중요한 부분에서는 공통의 전제가 있습니다.

저는「오늘날 중국의 사상 동향과 현대성 문제」(當代中國的思想狀況與現代性問題)라는 논문에서 중국의 현대사상은 '반(反)현대성의 현대성'이 특징이라고 말했습니다. 이것 역시 예증이 될 수 있을 것입니다. 중국은 식민주의 시대라는 조건 속에서 현대성을 추구하기 시작했습니다. 그 추구 안에는 식민주의에 대한 저항과 자본주의 비판의 역사적 함의가 포함되어 있었지요. 하지만 그 저항과 비판이 후발 민족국가들을 현대성의 논리에서 벗어나도록 하지는 못했습니다. 이런 사실은 어느 정도 현대성이 전 지구적 현상임을 증명해 줍니다. 그리고 고립된 컨텍스트 안에서 현대성이 초래한 위기를 벗어나기란 불가능하다는 것을 보여 주지요. 그러나 그렇다고 해서 또 다른 결론을 내리고 현대성 문제를 성찰하는 것이 불필요하다고 판단해서는 안 됩니다. 더욱 중요한 것은 제가 언급한 비판적 사상과 사상가들이 '현대'에 기반을 두면서 '현대'를 비판했다는 사실입니다. 예컨대 청나라 말기의 옌푸는 현대성 기획의 중요한 창안자였지만, 그의 사상 내부에는 각종 사상적 요소가 어우러져 있었습니다. 그의 '천연' 개념에는 진화와 순환, 운동과 정지의 모순이 포함되어 있지요. 또한 장타이옌(章太炎)은 1907년에 일련의 중요한 논문들을 발표했는데,「구분진화론」(俱分進化論)에서는 진화의 역사관과 헤겔의 목적론을 신랄하게 비판했습니다. 그리고 같은 해, 그의 학생이었던 루쉰은「문화편향론」(文化偏至論)을 써서 각종 현대성의 기획을 비판하는 한편, 프랑스 대혁명과 그 자유·평등의 원칙까지 공박했습니다.「파악성론」(破惡聲論)에서는 "위선적인 지식인을 몰아내고 미신을 보존해야 한다."(僞士當去, 迷信可存)와 같은, 시대의 주류에 맞지 않는 견해들을 제시했습니다. 량치차오도 1920년대에 현대적 교육제도와 국가 제도를 비판했습니다. 그는 진화론과 환경결정론을 토대로 하는 현대 역사학의 폐단을 반성하기도 했지요. 그뿐만이 아닙니다. 쑨원(孫文)의 민생주의〔民生主義, 민족주의, 민권주의와 함께 쑨원의 삼민주의 중 하나. 지권 균등과 자본의 제한을 통해 중국 민중의 경제생활을 보호해야 한다는 내용을 담고 있다. 자본주의의 결함을 극복하려 했다는 점에서 다분히 사회주의적 속성을 지니고 있지만, 집단이 아닌 개인을, 그리고 프롤레타리아 계급만이 아니라 전 민중의 경제생활을 강조한다는 점에서 사회주의와는 다르다.—옮긴이〕는 사회주의적 기획이면서, 동시에 자본주의적 현대성에 대한 비판이기도 합니다. 마오쩌둥의 많은 사상 방식들은 비록 현대성의 논리 위에서 수립되기는 했지만, 그 역시 현대성의 폐단을 어떻게 피할 수 있느냐 하는 문제에서 자유롭지 못했습니다. 중국의 현대화 과정과 현대성 기획은 제국주의 시대에 출현했습니다. 그것 자체에 반항의 가능성을 지닐 수밖에 없었지요. 하지만 우리는 다음과 같은 문제를 생각해 봐야만 합니다. 현대사에서 빚어진 비극은 현대성을 추구한 결과일까요, 현대성에 반대한 결과일까요? 아니면 반(反)현대성의 방식으로 현대성을 추구한 결과일까요? 그 어느 것도 아니라면 혹시 이것들이 모두 해당되는 건 아닐까요?

　우리는 유럽과 미국의 일부 역사를 참고 자료로 연구해 보아도 무방할 것입니다. 예를 든다면 유럽과 미국의 각종 사회보장운동—노동운동, 여성운동, 정치적·경제적 권리를 쟁취하기 위한 소수민족운동 등—과 현대의 사회제도 개혁 사이의 관계를 연구하거나 민족해방운동과 서구 사회 내부의 개혁 간의 관계를 연구하는 것입니다. 그러한 사회운동들이 없었다면 유럽의 민주주의 제도는 성취되지 못했을 겁니다. 이것 또한 하나의 예증으로 현대성 내부에 자기 개선의 메커니즘들이 있으며 현대성의 내적 상충 구조야말로 현대성이 아직까지도 활력을 잃지 않은 원인임을 설명해 줍니다. 그리고 그런 내적 활력은 현대성에 대한 비판과 충격 그 자체에서 비롯된 것입니다. 이런 의미에서 우리는 미국·유럽·호주의 제도를 단순히 자본주의 제도로만 보아서는 안 됩니다. 오히려 그 안에는 많은 사회주의적 요소들이 포함되어 있습니다. 다시 말해서 자본주의적 현대성에 대한 끈질긴 비판과 반항이 없었다면, 오늘날 그곳의 많은 사람들이 지향하는 제도의 개혁과 발전도 없었을 것입니다. 마찬가지로 경제적·정치적·문화적 권리를 쟁취하기 위한 하부 계층의 사회적 투쟁이 없었다면 현대민주주의의 성취 역시 있을 수 없었으며, 민족해방운동이 없었다면 오늘날의 세계는 철두철미한 식민주의와 제국주의의 세계가 되었을 겁니다.

현대성은 내적 충돌의 구조를 갖고 있습니다. 저는 이 점을 매우 중요하게 생각합니다. 이것은 한편으로 현대성에 대한 성찰과 비판이 현대성 내부에서 배태되어 나왔음을 설명해 주며, 다른 한편으로 어떤 단선적(單線的) 시간 축 위에서 현대성을 비판하는 것은 거의 효과를 기대할 수 없음을 입증합니다. 중국의 포스트모더니스트들과 포스트모더니즘을 비판하는 이들은 근본적인 문제를 이해하지 못하고 있습니다. 현대성의 내적 모순과 충돌을 인정하지 않으면서, 현대성에 대해서 총체주의적 태도만을 취하고 있습니다. 문제는 그들이 현대성의 내적 긴장과 모순을 보지 못하는 데 있습니다. 중국의 '포스트모더니스트들'은 늘 자신들이 역사 밖에 위치하며, 현대성의 외부에서 현대성을 비판할 수 있다고 생각합니다. 그래서 '현대성에서 중화성(中華性)으로', 혹은 '현대에서 탈현대로'라는 구호가 나오게 된 거죠. 저는 '계몽주의자들'도 현대성 자체의 내적 긴장을 이해하지 못한다고 생각합니다. 그들의 머릿속에는 온통 현대성에 대한 생각이 꽉 차 있지만, 그들은 최소한의 성찰 능력조차 잃어버린 상태입니다. 중국의 '포스트모더니스트'와 '계몽주의자'는 사상적 방법에서는 날카롭게 대립되지만 사실, 그들은 똑같이 현대성을 하나의 총체로 이해하며 단선적 시간 축 위에서 논쟁하고 있습니다. 중국의 '포스트모더니스트들'은 역사를 현대성에서 중화성으로 가는 직선적 발전이라고 보며, '현대성'의 수호자들은 중국의 국가 상황이 아직 서구의 수준에 미치지 못했으므로 아직 현대성 문제를 논의하고, 연구해서는 안 된다고 생각합니다. 그들은 현대성의 내적 모순을 이해하지 못합니다. 그리고 현대성의 기획이 상호 대립적이며 통약(通約) 불가능한 원칙을 포함하고 있다는 것도, 현대성을 추구하는 과정과 현대성에 대한 비판이 동시에 발생했다는 것도 이해하지 못합니다. 옌푸·쑨원·장타이옌·루쉰 등은 모두 현대성을 탐구하는 과정에서 현대성을 비판했습니다. 따라서 현대성에 대한 비판과 성찰은 중국 현대성 사상의 가장 중요한 특징들 가운데 하나입니다. 그런데 바로 그런 이유로 인해 그들의 현대성 비판은 항상 현대성의 기본 전제들을 수락했습니다. 오늘날의 맥락에서 그런 전제들 자체를 성찰하는 것은 이미 피할 수 없는 일입니다. 사실상, 반현대성의 현대성은 중국 사상가들 특유의 표현일 뿐만 아니라 현대성 자체의 모순 구조를 표현하는 것입니다. 이 모순 구조는 현대성의 자기 개선의 원천이면서, 또한 자기 자신을 극복하지 못하게 하는 내적 모순의 근원이기도 합니다. 현대성의 기획은 그 자체로 배리적 형식을 갖고 있습니다. 따라서 철저하게 완성되기 어렵습니다. 저는 현대성 성찰의 필요성과 출발점이 바로 여기에 숨어 있다고 생각합니다.

| 질문 | 그러면 오늘날에 현대성 문제를 검토하는 것은 어떤 의의가 있습니까? 먼저 역사적·사상적 측면에서 이야기해 주실 수 있는지요?

| 답변 | 현대성에 대해 어떤 규범적 정의를 추구하기보다는 현대성을 하나

의 역사적·사회적 산물로 취급하면서, 그것의 진보적 작용들이 어떻게 현대 세계의 역사적 관계와 억압의 형식을 은폐했는지 연구해야 합니다. 역사적·사상적 측면에서 볼 때, 우리는 현대성이 일원적인지, 다원적인지, 아니면 상호 작용의 성격을 지녔는지 탐구해야 합니다. 유럽의 현대사에서는 독특한 역사 모델들이 탄생했습니다. 예를 든다면 민족국가와 그 주권 형식, 시장 사회와 그 삶의 가치, 법률 구조와 그 보장 메커니즘, 그리고 엄밀한 노동 분업과 그 직업화 경향 등이 그것입니다. 유럽의 자본주의는 식민주의의 정치·경제·무역의 형식을 이용해 그 특수한 사회 모델들을 전 세계로 파급시켰습니다. 동시에 민족주의·세계주의를 비롯한 상응하는 각종 이데올로기들을 각각의 '현대사회'에 전파했습니다. 하지만 정말로 민족국가, 시장 메커니즘, 노동 분업, 심지어 법률 메커니즘까지 모든 것들이 다 유럽 역사에서만 기원한 것일까요? 다른 지역들은 자체의 '역사'가 없다는 말입니까? 그렇다면 유럽의 자본주의는 대체 어디에서 나온 것입니까? 자본주의의 헤게모니는 역사학적 차원에서의 유럽 중심론과 이데올로기적인 유럽 중심주의로 표현됩니다. 이 유럽 중심론은 결코 유럽적 현상만이 아닙니다. 예컨대 현대성의 시간 관념은 기본적으로 유럽 중심의 역사 서사인데도 현대 역사학 전체의 기본 관념이 되었습니다. 이 시간 관념을 떠나서는 역사에 발을 들일 수 없는 것처럼 여겨집니다.

1930년대 이래로 많은 중국 역사학자들은 비록 그 현대적 관념의 영향을 받긴 했지만, 주로 중국사 내부에 시장·관료제도·노동 분업 등의 역사적 요소가 있었음을 밝히는 데 힘을 기울였습니다. 시간적으로 본다면 그 요소들과 발달 과정은 아마 유럽보다 앞설 것입니다. 이런 의미에서 그 고유한 요소들은 '서구적' 혹은 서구 자본주의적인 것으로 귀결되지 않습니다. 몇 년 전, 류허(劉禾) 여사가 『독서』에 「검은 피부의 아테나」(黑色的

雅典娜)라는 글을 실은 적이 있습니다. 그녀는 그리스 문명과 아프리카 문명의 관계에 대한 미국 학자 버널(Martin Bernal)이 연구를 소개하면서 서구 역사학의 유럽 중심주의를 비판했지요. 저는 1995년에 그리스를 방문했는데, 당시 아테네 국립박물관에서 고대 이집트 유적 전시회가 열리고 있었지요. 저는 고대 아테네 문물 앞에 진열된 이집트의 한 관 속에서 버널이 이야기한 아프리카 문명과 아테네 문명의 계승 관계를 분명히 보았습니다. 같은 해, 저는 미국에서 열린 어느 회의에 참석했습니다. 회의 석상에서 일본 학자 가라타니 고진(柄谷行人)은 데리다(Jacques Derrida)의 음성 중심주의를 비판했습니다. 그는 데리다가 음성 중심주의를 고대 그리스 사상에까지 소급시킨 반면, 다른 지역에서의 그 현상의 기원과 표현 형식은 무시했다고 지적했습니다. 예를 들어 일본 민족주의의 맹아는 제일 먼저 일본어를 바탕으로 한자를 표기하자는 문화운동으로 표출되었습니다. 18세기 일본 국학자들의 구어음(口語音) 중심주의는 중국의 '문화적' 통치에 반대하는 정치적 투쟁, 혹은 무사도에 대한 부르주아 계급의 비판을 포함하고 있었죠. 왜냐 하면 중국 철학은 토쿠가와(德川) 막부(幕府)의 관변 이데올로기였기 때문입니다. 이런 의미에서 일본 민족주의의 발생은 아마도 애초에는 '서양'과 무관했을 겁니다. 그것은 중국을 중심으로 하는 동아시아 세계체제 속에서 나왔습니다.

물론 현대 세계 전체에 대한 유럽 자본주의의 영향력이 그저 허구였다는 말은 아닙니다. 유럽의 산업혁명과 과학기술의 발전, 그리고 현대적 민주정치는 현대 세계에 큰 영향을 끼쳤습니다. 모든 국가의 역사를 거의 바꿔 놓았죠. 식민주의와 노동 분업을 통하여 현대 세계의 각 지역들은 월러스틴(Immanuel Wallerstein)이 말한 '세계체제' 안에 조직되었습니다.(『근대세계체제』〔The Modern World System I, II, III〕) 하지만 영향은 상호적인 것이었지, 일방적인 것은 아니었습니다. 1998년 『독서』 제8기에 발표된 허웨이야(何偉亞)의 글은 1980년대 이후에 이루어진 서구의 제국주의 연구를 다루고 있습니다. 그는 그 연구들이 경제 문제를 논했을 뿐만 아니라, 경제 문제를 식민지 계획의 많은 측면과 연결시켜 논의했다고 개괄했지요. 예컨대 건축과 도시의 발전, 문서 보관과 인구조사, 인구 통제와 가족 정체성, 성과 성별, 교통, 교육, 오락, 의료, 군사 조직 및 기술 등과 피식민지인들과 관련된 지식 생산 문제(대학·박물관·국제박람회 등)는 식민주의가 일방적인 것이 아닌 쌍방향적 영향력을 행사했음을 입증해 줍니다. 식민지 지역만 변화한 것이 아니라 유럽 종주국에도 변화가 일어난 것입니다. 이것은 곧 고정된 역사 단계설이나 역사 발전의 전 지구적 궤적 등이 모두 수정되고 폐기되어야만 한다는 사실을 보여 줍니다.

사실, 일찍이 1940년대에(더 이를지도 모릅니다) 송나라의 광범위한 교류 관계를 통해서 그 '자본주의적' 요소를 검토한 일본인 학자들도 있었습니다. 그들은 송나라 이후 중국 근세사의 발전이 서구 근세사 이해를 위한 배경을 제공한다고 생각했습니다. 그 학자들은 유럽 역사의 시각과 개념으로 중국과 동아시아사를 서술하였기 때문에 약간의 결함도 없지는 않았습니다. 하지만 그들은 일종의 교류사의 관점에서 유럽 자본주의 발생의 역사적 시야를 다뤘습니다. 그들은 이렇게 질문을 던졌습니다. 남중국해에서 생산된 향료가 어떻게 유럽인의 기호를 사로잡아 그들을 모험적인 해상 활동에 나서게 했는가? 그리고 중국차에 매료된 북방의 유목민족들은 어떻게 서로 연합해 중국을 위협하였는가? 심지어 그들은 대운하 건설의 역사를 다루면서, 그것을 중국의 입장에서만 평가해서는 안 된다고 강조했습니다. 대운하가 중국 내부의 교통을 촉진했을 뿐만 아니라, 아시아를 가로지르는 남북 해륙(海陸) 두 간선(幹線)의 동쪽 끝을 이었음을 주목해야 한다는 겁니다. 이로 인해 중국은 더 이상 동서 교통의 종점에 있는 막다른 골목이 아니라, 세계를 순환하는 교통로의 한 고리가 되었다는 거죠. 이런 의미에서 본다면 대운하 건설은 세계사적 의미를 갖는 대사업이었던 셈입니다. 한편 18세기 유럽의 산업혁명과 프랑스 중심의 정치혁명을 논하면서 미야자키 이치사다(宮崎市定)라는 뛰어난 역사학자는 남다른 주장을 제시했습니다. 그는 동양, 특히 중국이 산업혁명을 위해 시장과 원료를 제공했을 뿐만 아니라, 프랑스혁명의 휴머니즘에도 자양분을 공급했다고 생각했습니다. 그래서 다음과 같은 논리적인 결론을 도출했습니다.

> 유럽의 역사가 없었다면 유럽의 산업혁명은 일어나지 않았을 것이다. 그것은 단순히 기계의 문제가 아니라 전체 사회구조의 문제였기 때문이다. 산업혁명에서 쁘띠부르주아의 성장과 동아시아 무역에서 획득한 자본의 누적은 중요한 배경이 되었다. 기계를 돌리기 위해서는 동력과 원료인 면화가 있어야 했으며 상품 시장이 필요했다. 그런데 실제로 원료와 시장을 제공하는 곳은 동양이었다. 동양과의 교류가 없었다면 아마도 산업혁명은 일어나지 않았을 것이다.

이러한 교류의 의미는 두 세계를 견고하게 묶어준 데 있었다기보다는 미야자키 이치사다의 비유처럼 가죽 끈으로 연결된 두 톱니바퀴가 한쪽이 돌면 다른 한쪽도 동시에 돌아갈 수 있도록 해준 데 있었습니다. 따라서 저는 상호 작용의 관계 속에서 현대성을 이해하는 방식에 찬성합니다. 그런데 유럽 중심주의는 지식 면에서 일종의 보편주의적 일원론인 반면, 다원론적 문명관은 본질주의의 함정에 빠질 가능성이 있습니다. 문명들, 특히 현대의 문명들을 각각의 상호 독립적인, 자신들만의 고유한 본질을 지닌 체제들로 간주합니다. 청나라 말기 이후 계속된 동양/서양의 이원론은 몇 세대의 지식인들—보수주의든 급진주의든, 전통이든 현대이든 간에—이 공유해 온 관념이지요. 문화적 다원주의는 각 문화·문명의 특징과 역사적 조건을 주목하게 하지만 그 특징과 조건들은 경직된 것들이 아닙니다. 심지어 독자적으로 형성된 것들도 아닙니다. 아시아와 유럽의 현대화 과정도 역시 마찬가지입니다. 이러한 역사적 시야 속에서 우리는 유럽 중심주의에 대한 비판이 극도로 복잡한 지식과 역사의 문제들과 관계된다는 것을 확인할 수 있습니다. 몇몇 사람들이 고의로 단순화하는 것처럼 절대로 무슨 '반(反)서구' 따위가 아닙니다.

얼마 전에 프랑크(Andre Gunder Frank)의 『리오리엔트: 아시아 시대의 전 지구적 경제』(*Reorient: Global Economy in the Asian Age*, 1998)를 읽었습니다. 프랑크는 유럽 자본주의의 발생에 대해 한층 체계적으로 서술했습니다. 그는 1400년 이후의 세계경제와 인구에서 유럽 자본주의의 발전이 때마침 1800년 전후의 동양의 몰락과 일치한다고 지적합니다. 유럽 국가들은 아메리카 식민지에서 얻은 은을 이용하여, 막 확장 일로에 있던 아시아 시장으로의 진출을 매수하였습니다. 세계경제에서 유럽의 아시아 시장은 매우 특수하면서도 효과적인 상업적·제도적 메커니즘을 통해 발달하기 시작했습니다. 그리고 아시아가 막 쇠퇴기에 접어들었을 때, 서양의 국가들은 세계경제의 수출입 메커니즘을 통해 신흥 산업 경제를 이루었지요. 이런 의미에서 유럽의 근대 자본주의는 유럽 사회의 내부적 생산관계의 결과라기보다는 아시아와의 관계 속에서 탄생했다고 보는 편이 맞습니다. 바로 이러한 세계적 지평 속에서 프랑크와 미야자키는 유럽 현대사에 대한 공통된 관점을 이끌어 냈습니다. 즉, 르네상스 이후의 유럽사를 일반적으로 근세사라고 하지만, 산업혁명 이후의 유럽과 이전의 유럽 사이에는 중요한 차이점이 존재한다는 겁니다.

    제가 언급한 이러한 예들은 모두 전문적인 학술 연구입니다. 그 안의 관점과 자료, 방법은 다 논쟁의 여지가 있지요. 하지만 이 저서들은 역사 연구의 중요한 지평을 열었으며, 역사 연구에서 서구 중심적 주류 서사를 타파했고, 우리의 역사 인식을 위해 유익한 시사점을 제시해 주었습니다. 이미 말씀드린 것 같은데 보편주의적 역사 서사는 각종 이론들의 전제였습니다. 계몽주의의 서사, 자유주의의 서사, 그리고 마르크스주의 서사와 신유가(新儒家)의 서사까지 모두 마찬가지입니다. 하지만 다원적인 상호 작용의 시각에서 본다면, 후대인들이 자본주의적 요소로 지목한 시장·무역·화폐 유통·노동 분업 등은 단순히 사회 내부의 생산방식에서만 나온 것들이 아닙니다. 그것들은 장거리 무역과 교통에서 발생한 다양한 지역들의 상호 작용의 결과입니다. 이런 시각은 현대성을 보편적이며 통일적인 발전 과정으로 보는 관점을 뒤집어 버립니다. 그리고 지식의 계보상으로 본다면 위의 서술은 브로델(Fernad Braudel), 월러스틴, 종속이론과 어느 정도 친연(親緣) 관계를 갖습니다. 물론 종속이론 같은 경우는 아직 유럽 중심론의 서사에서 완전히 벗어나지는 못한 듯합니다. 브로델의 『15~18세기, 물질문명·경제·자본주의』와 『펠리페 2세의 지중해와 지중해 세계』가 각기 싼롄 서점(三聯書店)과 상우인서관(商務印書館)에서 출판되었는데, 진지하게 읽는 사람이 많지 않은 듯해서 안타깝습니다.

| **질문** | 선생님께서는 역사적 자본주의의 발생과 전 지구적 구조의 관계에 대해 말씀하셨습니다. 이것은 또한 전 지구화가 완전히 새로운 과정이 아니며, 심지어는 자본주의의 현상도 아님을 시사하고 있습니다. 만약 앞서 말씀하신 그런 교류들이 역사적으로 이미 존재했다고 한다면, 선생님은

전 지구화의 문제를 어떻게 바라보고 계십니까?

|답변| 저는 전 지구화 과정에 역사적 단계들이 있었다고 봅니다. 그 과정에서 산업혁명과 자본주의 발전에 따라 발전 속도와 규모가 크게 빨라졌습니다. 정보화 시대의 도래, 국제 금융 체제의 형성, 교통과 여행업 등은 의심할 여지없이 세계 각지의 사람들이 더욱 긴밀한 관계를 맺도록 해주었습니다. 하지만 이런 것들은 중국의 역사 목적론자들을 위한 어떠한 증거자료도 될 수 없습니다. 그들은 전 지구화를 역사의 최종 목적으로 보고 있습니다. 그들은 지난 300년간—정확히 말하면 계몽주의 운동 이후겠지요—인류가 공동의 길을 걸어왔으며, 지금은 전 지구화의 역사를 향해 매진하고 있다고 생각합니다. 하지만 과거 300년간의 식민주의의 역사는 무엇입니까? 과거 300년간의 전쟁과 약탈, 독점과 강제, 그리고 노예제도는 무엇이란 말입니까? 300년간의 식민주의와 불평등 무역, 그리고 과학기술의 발전으로 인해 확실히 인류는 나날이 좀더 밀접해지기는 했습니다. 하지만 식민주의자와 피식민지인 사이에, 그리고 아프리카와 미국, 중국과 열강 사이에 어떤 공동의 노선은 존재하지 않았습니다. 존재한 것이 있다면 그것은 공동의, 허구의 역사일 뿐입니다. 이 허구는 바로 일 억 명에 달하는 사망자와 일상적인 노예, 그리고 전통 가정의 상실 등을 대가로 한 것이었습니다. 300년간 서양과 제삼세계 국가들을 포함하는 많은 국가들이 정치·경제·문화적으로 중요한 진보를 이루었는데, 그것은 300년 전에 위대한 기획이 마련되었기 때문이 아니라, 그 후 전 세계 민중들이 다 함께 실천하고 완성한 결과물입니다. 그 진보는 끊임없는 사회 투쟁과 사회보장운동을 통해서 이루어졌으며, 여기에는 정치적 민주주의와 사회적 권리·평등을 쟁취한 사회주의와 사회민주주의 운동, 민족 해방을 쟁취한

독립운동, 그리고 소수민족과 여성의 권리를 쟁취한 자유민권운동 및 여성해방운동이 모두 포함됩니다. 이처럼 광범위한 사회운동의 역사를 이해하지 못한다면 민주주의의 역사도 이해할 수 없습니다. 전 지구화를 논하고자 한다면, 지배 관계로 가득한 저 세계적 관계를 현대성의 시간 논리에 의거하여 미화해서는 안 됩니다. 전 지구화가 사실상 '지역화'로 변질된 까닭과 그 과정 속에 존재하는 각양각색의 지배 관계를 사람들이 이해할 수 있도록 제기해야 합니다.

저는 「오늘날 중국의 사상 동향과 현대성 문제」라는 글에서 전 지구화 문제에 대해 그리 낙관적이지 않은 견해를 밝혔습니다. 이 자리에서는 자세히 논의하기 힘들겠군요. 하지만 몇 가지 문제만은 짚고 넘어가려고 합니다. 제 견해들은 1994년부터 1995년 사이에 국내 정기간행물들에 실린 논의들을 통하여 형성되었습니다. 예를 들어 어떤 학자들은 전 지구화를 대동(大同)의 이상을 실현하는 것으로 보았고, 또 다른 학자들은 그것을 칸트의 '영구 평화'의 이상에 이르는 경로로 간주했습니다. 그리고 '아시아적 가치'가 전 지구적 가치에 적응할 수 있는지에 주목한 이도 있었습니다. 누군가는 이렇게 경고하더군요. 만약 우리가 분발하지 않으면 전 지구화의 발전 과정에서 도태될 거라고 말이죠. 저는 그들이 계몽의 목표를 실제적인 과정으로 보고 있다고 생각합니다. 따라서 그들이 설명하는 전 지구화 개념은 정확한 듯하면서도 차이가 있습니다. 그들은 모두 현대성의 목적론적 입장에서 전 지구화를 바라봅니다. 전 지구화를 역사의 종점 혹은 목표로 간주하면서 기존의 역사 모델을 이용해 자신들의 역사를 빚어냅니다. 하지만 그들은 우리가 원하든 원하지 않든, 우리가 진작부터 전 지구적 역사의 관계 속에 처해 있었음을 모르고 있습니다. 저와 천옌구(陳燕谷) 선생이 편집한 『문화와 공공성』(文化與公共性)이라는 책에 전 지구화 문제에 관련된 중요한 논문 몇 편이 수록되어 있습니다. 그중에서 애퍼듀라이(Arjun Appadurai)의 「전 지구적 문화 경제의 균열과 차이」(Disjuncture and difference in the global cultural economy)는 인종·미디어·과학기술·금융·이데올로기 등 다섯 가지 영역의 변동과 균열을 통해 전 지구화를 묘사하고 있지요. 이 다섯 가지 영역의 변동 속에서 민족국가·다국적기업·이민 공동체·아(亞)국가 집단과 그 운동, 심지어 촌락·이웃·가정 등은 모두 변화하고 있거나 변화를 촉진하는 주체들입니다. 아시아의 금융 위기를 통해서 우리는 금융의 유동성과 그 파괴적인 결과에 대해 이해할 수 있었습니다. 그리고 개혁·개방 과정에서 국가와 시장 관계의 변화 역시 분명하게 드러났습니다. 기술·이민·초국적 기업도 오늘날의 중국 사회, 특히 도시 생활에서는 이미 기본적인 현실이 되었거나 현실화되는 과정에 있습니다. 저는 생산·무역·소비의 초국가적·초지역적 특징이 이른바 '전 지구화'의 기본 구조라고 생각합니다.

제가 전 지구화의 시각만 지나치게 강조하고 지역적 시각은 소홀히 하는 듯 보일 수도 있지만, 저는 그렇게 보지 않습니다. 왜냐 하면 전 지구화와 지역은 바깥과 안의 관계가 아니기 때문이지요. 양자는 동일한 과정입니다. 영국의 어떤 학자가 기업을 예로 들어 말했지요. 어떤 기업이 미국·영국·일본에 속해 있다고 해서 그 기업의 성질과 행위가 국가의 행위와 성질처럼 전 지구화의 영향을 받지 않는 건 아니라고 말입니다. 하지만 이 견해 역시 여전히 편협합니다. 왜냐 하면 민족국가 체제 자체가 바로 전 지구적 생산과 무역 체제의 정치적 형식이기 때문입니다. 오늘날 국가는 전례 없이 적극적으로 시장 활동에 뛰어들고 있으며, 그 기능에도 중대한 변화가 일어났습니다. 어떤 사람은 전 지구화를 국가의 쇠퇴와 관련해 이야기하는데, 저는 반드시 그렇다고는 생각지 않습니다. 기능이 바뀌었을 뿐이지 꼭 쇠퇴라고는 볼 수 없습니다. 또 다른 사람은 쇠퇴한 부분도, 강화된 부분도 있다고 주장합니다. 아무튼 전 지구화의 현실을 이해하지 못하면 국가의 변화도 이해할 수 없습니다. 중앙과 지방, 심지어 도시와 농촌도 마찬가지입니다. 물론 중국 사회의 문제는 전 지구화가 아니라 전통의 유산이라고 생각하는 사람도 있습니다. 하지만 전 지구화를 기나긴 역사 과정이라고 본다면, 우리는 전통의 유산이 전 지구화 구조와 연관되어 변화하고 있다고 말할 수 있습니다. 오늘날의 부패 현상은 항상 국제적인 금융과 무역 영역에서 표출되고 있으며, 자신들의 자원을 팔아먹는 행태도 새로운 경제 관계 속에서만 이해될 수 있습니다. 민주주의의 추구도 국가·정치제도의 개선 외에 자원과 부에 대한 사회의 민주적 통제가 매우 중요합니다. 오늘날의 맥락 속에서 전 지구화의 경제구조를 도외시한 채 자원과 부의 문제를 논의할 수 있을까요? 오늘날의 관료주의와 정치적 독점의 의미 역시 과거와는 사뭇 달라졌습니다.

중국 사회의 정치·경제적 모델은 시기마다 다양한 형식으로 나타났습니다. 다른 국가, 혹은 지역과의 관계 역시 한결같지는 않았죠. 하지만 그 차이들이 어떤 시기가 전 지구적 역사 밖의 시기이며, 또 어떤 시기가 전 지구적 역사 안의 시기임을 증명해 주지는 않습니다. 이처럼 안팎을 나누는 식의 전 지구화 개념은 폐기되어야만 합니다. 우리는 눈을 크게 뜨고 오늘날 세계의 발전과 중국 사회가 당면하고 있는 경제적 위기·사회적 부패·정치적 변화를 바라보아야 합니다. 그리고 그것들의 사회적 배경과 조건들이 과연 무엇인지 확인해야만 합니다. 오늘날 세계의 지배와 피지배 관계는 국가 간의 관계에서뿐만 아니라, 민족국가 내부의 사회관계, 그리고 국내 경제의 지배적 모델 속에서도 표현되고 있습니다. 전 지구화 과정의 부정적 영향에 대한 비판은 결코 국내 정치 관계와 경제 관계에 대한 비판을 약화시키지 않습니다. 정반대로 그런 시각이야말로 국내적 관계들을 분석하는 데 꼭 필요한 조건을 제공해 줍니다. 바로 이런 까닭으로 저는 전 지구화 과정이 하나의 장구한 역사 과정이라고 봅니다. 그것은 새로운 돌발적 현상이 아니며 어떤 가치로서의 목표는 더더욱 아닙니다. 이른바 전 지구화의 역사는 각각의 지역·사회·개인을 계층적이며 불평등한 구조 안에 조직화하는 과정이기도 합니다. 따라서 전 지구화의 과정은 기술 혁명에만 의지해 달성할 수 있는 평온한 과정이 아닙니다. 만약 계몽의 가치와 전 지구화의 몽상을 수호하기 위하여(계몽의 가치 수호란 말은 일리가 없지는 않습니다. 하지만 어떻게 수호할 것이며 무엇을 수호할 것인지 살펴봐야 하겠죠) 식민주의의 역사를 지속시키고 세계 각지가 그로 인해 당한 고통을 은폐한다면, 그것은 실로 계몽의 가치에 대한 가장 기본적인 배반이 될 것입니다.

그런데 전 지구화 자체의 내적 모순을 깨달은 어떤 학자들은 이 전 지구화라는 개념을 근본적으로 부인하고, 지역화야말로 세계의 진정한 상황이라고 생각합니다. 누군가는 다음과 같은 사실을 일깨웁니다. 첫 번째, 현재의 무역과 자본의 유동 규모, 그리고 금융 개방의 정도는 실제로 1913년의 수준을 넘어서지 못하고 있습니다. 두 번째, 제2차세계대전 이후, 특히 1960년대의 무역 일체화의 추세는 이미 약화되었습니다. 여기에는 전 지구화를 어떻게 바라보아야만 하며, 무엇을 표준으로 전 지구화를 서술해야 하느냐 하는 문제가 있습니다. 그래도 이 학자들은 전 지구화의 가치 목표를 실제 현실과 혼동하는 학자들에 비해 훨씬 진지하고 깊이가 있습니다.

하지만 저 자신은 역사적 시각을 바탕으로 방향을 전환하여 그것을 전 지구화의 독점 구조로 간주합니다. 식민주의 시대에 제삼세계 국가들은

'자유무역' 원칙을 따르도록 강요받았습니다. 하지만 정작 식민주의자 자신들은 보호무역주의로 일관했지요. 오늘날 세계의 정치 형식은 민족국가 체제입니다. 이 체제는 독립국가의 형식으로 전 지구적 체제의 정치 형식이 되었지만 여전히 그 독립된 형식을 유지하고 있습니다. 이런 의미에서 볼 때, 계속 전 지구화 개념으로 오늘날 역사의 진전 과정을 서술하고자 한다면, 반드시 전 지구화 과정 속의 지배/피지배 관계에 주의해야만 합니다. 또한 동일한 의미에서 저는 시장 메커니즘과 전 지구적 자본주의를 구분할 필요가 있다고 생각합니다. 역사적 자본주의에 대한 브로델의 연구에 따르면, 자본주의는 일종의 독점 형식으로서 기나긴 역사를 갖고 있습니다. 시장 메커니즘 역시 마찬가지이지만 자본주의와 동일시될 수는 없습니다. 그것은 이러한 자본주의를 반대합니다. 자본주의는 자유 시장도, 시장 규칙도 아닙니다. 그것은 반(反)시장적인 힘입니다. 이런 의미에서 권력의 시장화와 시장의 권력화는 비록 현대적인 현상은 아닐지라도 일종의 전형적인 자본주의적 현상입니다. 또한 이런 의미에서 우리는 새롭게 사회주의를 정의해야만 합니다. 왜냐 하면 지금까지 국가의 형태로 출현한 사회주의 역시 독점의 형식이자 반시장적인 힘이었기 때문입니다. 이것은 '두 세계'가 여태껏 진정으로 구별 가능한 세계들이 아니었음을 시사해 줍니다. 바로 이런 까닭으로 우리는 그 두 가지 역사 형식을 뛰어넘어(단순히 포기하자는 뜻은 아닙니다) 진정으로 창조적인 작업을 수행해야 합니다.

이곳의 몇몇 친구들은 하이에크(Friedrich A. Von Hayek)의 이론을 응용하여 시장질서의 합리성을 논증하면서도, 경제인에 대한 비판과 개인의 의사소통의 성격에 대한 그의 이론적 서술은 도외시하더군요. 단지 한쪽 측면만을 무비판적으로 강화하고 있습니다. 예컨대 그들은 '자생적 질서'의 개념으로 현실 사회와 시장을 설명하면서도, 오늘날 중국의 시장제도와 사회관계가 국가 행위를 통해 형성되고 있음을 무시합니다. 어떤 사람은 개인 지식의 불완전성, 혹은 정보의 불완전성에 관한 하이에크의 이론에 근거하여 왜 하이에크의 중앙은행 폐지론을 구상하거나 재천명할 수 없는지 묻더군요. 물론 경제 과정이 이미 '자생적 질서'라고 한다면 중앙은행의 폐지도 가능하겠지요. 현재의 경제 과정에 다양한 견제 세력들이 존재한다면, 중앙은행을 폐지하는 것이 무슨 문제가 되겠습니까. 더군다나 '정보의 불완전성'은 이론적으로 중앙은행의 조절 기능에 의문을 제기합니다. 예컨대 정보에 대한 사람들의 불완전한 이해를 이용해서 근거 없는 소문으로 은행의 인출 사태를 조장합니다. 사실상, 대부분의 사람들은 국가의 간섭을 반대하면서도 그 간섭의 필요성이 시장 활동 내부에서 생겨난다는 사실을 전혀 이해하지 못합니다. 또 어떤 이들은 누진세 문제에 관한 하이에크의 견해에 따라 현재 조건에서 꼭 필요한 사회보장제도를 실시하는 것에 반대합니다. 확실히 오늘날 중국의 조건에서 서양의 복지제도를 그대로 답습하는 것은 비현실적입니다. 게다가 지금의 복지제도 자체에 이미 심각한 위기 상황이 벌어지고 있지요. 하지만 복지제도에 대한 반대 의견을 그대로 실제 생활에 적용한다면 어떤 일들이 벌어지겠습니까? 많은 노동자들이 일거리를 잃고 사회보장제도마저 불완전한 상황에서, 세제의 개혁과 적절한 사회보장제도가 설치되지 않는다면 분명 심각한 사회적 불평등과 대혼란이 생길 것입니다. 우리는 레이건-대처주의(Reagan-Thatcherism)가 서구 사회에 끼친 파괴적인 작용을 명심해야만 합니다. 만약 어떤 사람이 자유 시장 이론으로 금융 투기의 정당성이나 합리성을 논증한다면, 그것은 기껏해야 그 자신이 천박한 '자유주의자'임을 드러낼 뿐이라고 생각합니다. 왜냐 하면 그가 옹호하는 것은 시장의 자유가 아니라 시장의 독점이기 때문이지요. 이 시점에서 한마디 더 보충해야 할 말이 있습니다. 그것은 바로 이 모든 것들이 결코 국가와 금융 산업의 부패와 무능함, 그리고 정경 유착의 구실이 되어서는 안 된다는 겁니다. 동남아의 금융 위기는 외부적 요인이 내부적 요인을 통해 작용한다는 교훈을 우리에게 가르쳐 주었습니다. 여기에서 우리는 현실을 기반으로 해 국가의 민주화와 시장제도의 개혁을 국가 해체와 구분할 필요가 있습니다.

오늘날 중국의 주류 지식인들은 전 지구화 과정에 대한 비판을 거부하고 있습니다. 어떤 친구들은 전 지구화가 곧 시장의 자유라고 오인하고 있지요. 만약 그들이 일부러 오도하는 것이 아니라면, 그것은 정말 중대한 오해입니다. 얼마 전 『참고소식』(參考消息)에 일본 잡지 『세카이』의 논문이 독점 게재되었습니다. 「인류의 빈곤화를 초래하는 전 지구적 자본주의」(全球化資本主義導致人類日益貧困)라는 제목의 그 논문은 상술한 주제를 명확히 논술하고 있습니다. 여기에서 몇 문장을 인용해도 무방하겠지요. 그 논문의 필자는 다음과 같이 말하고 있습니다.

"어떤 사람들은 전 지구적 자본주의가 모든 이들의 기능을 충분히 발휘될 수 있도록 한다고 믿는다. 그들은 다음과 같은 이론을 굳게 믿는다. 즉, 시장 메커니즘이 사회의 각종 자원을 공정하고 유효적절하게 분배할 수 있다는 것이다. 하지만 불행하게도 시장경제와 새로운 전 지구적 자본주의는 서로 일치하지 않는다. 게다가 이 전 지구적 자본주의는 시장 이론의 기초를 이루는 전제들을 대부분 훼손했다. 새로운 자본주의의 특징은 경제의 전 지구화와 규제 완화, 그리고 금융을 하나로 융합하는 것이다. 이것은 시장이 사회적 이익을 보장하는 자본주의와 현격한 차이를 보인다. 이밖에도 새로운 자본주의의 발전은 대중적 혹은 민주적으로 선출된 정부의 경제적·정치적 권력을 나날이 약화시키고 있다.

권력은 전 지구적 금융이라는 약탈적 성격을 지닌 불안한 체제를 향해 전이되고 있다."

저는 『문화와 공공성』의 서론에서 한나 아렌트(Hannah Arendt)의 이론을 빌어 현대사회에서 재화와 재산의 차이점을 분석한 바 있습니다. 위 논문의 필자는 비슷한 논리를 사용하여 전 지구적 자본주의의 어두운 면을 분석하였습니다. 그것은 바로 돈과 재화를 혼동하는 것이지요. 이 새로운 자본주의는 오로지 돈을 창출하는 능력에만 관심을 쏟습니다. 세계의 진정한 재화(자연 재화와 인력 자본)는 빠른 속도로 파괴되어 가고 있지요. 급격하게 변화하는 아시아 사회에서 권력과 돈의 관계는 이런 새로운 자본주의에 더욱 특수한 조건을 마련해 주었습니다.

자유주의가 열띤 화제로 대두되고 있는 지금, '자유주의'와 '신좌파'의 대립으로 오늘날 중국의 사상적 충돌을 묘사하는 사람들도 있습니다. 하지만 이 대립은 이론적 허구입니다. 현실 속에서 비쳐지는 것들은 그저 파벌적인 심리 상태와 첨예하고 복잡한 현실 문제와 이론 문제의 도피에 불과합니다. 저는 지금 자유주의에 관한 진지한 검토가 너무 적다고 생각합니다. 대부분은 자유주의에 대한 우상숭배일 뿐입니다. 오늘날 민주주의(언론의 자유, 사상의 자유, 공평한 참여와 경제 및 정치 과정의 법률적 보장)에 대한 사회적 열망과 전통적 계획 체제의 파산, 그리고 개혁의 각종 성과와 관련된 특정 사회계층의 정당화 요구가 모두 자유주의에 관한 논의 속에 투사되고 있습니다. 다시 말해서 오늘날 자유주의 담론의 사회적 원동력은 대단히 복잡합니다. 자유주의의 추상적인 논의 속에서는 사실 다 표현되기 어렵지요. 한편 정치적 민주주의와 자유권이 1970년대 말 이래 사상·문화 운동의 주요 기치이자 목표였으며, 그것이 단순히 자유주의의 문제로만 환원될 수 없다는 사실도 언급할 필요가 있습니다. 오늘날의 사회에서 정치적 민주주의와 자유권의 문제는 광범위한 공감을 얻고 있습니다. 이 공감은 다양한 사상 조류와 지향 사이에서 형성되었습니다. 1970년대 말부터 1980년대 후반까지 대다수 지식인들은 자유주의 이론에 그리 밝지 못했습니다. 그들이 신봉한 것은 마르크스주의적 휴머니즘과 '5·4운동'의 민주주의·과학·자유의 전통(이 전통의 복잡성과 다원성은 매우 명백하지만 결코 자유주의의 전통이라고 단순화시킬 수 없습니다), 서구 마르크스주의, 북유럽 사회주의, 계몽주의 운동의 역사적 유산(이 유산은 현대 자유주의의 모태가 되었지만 역시 자유주의로 환원될 수 없습니다. 그것은 다른 현대사상들의 기원이기도 합니다), 실존주의, 심지어 모더니즘 등이었지요. 따라서 파벌적 관점에서 벗어나 좀더 객관적인 시각으로 관찰한다면, 중국의 사회 개혁의 성취는 각종 사회적·사상적 힘들의 부단한 투쟁의 결과입니다. 특정한 '주의'의 결과라고는 볼 수 없습니다. 오늘날 사상적 불일치들은 전술한 광범위한 조류의 발전과 대립 속에서 형성되었습니다. 이러한 불일치는 개혁 자체가 일종의 이익 분배 과정이라는 사실에서 비롯됩니다. 이 분배 과정에 대해 다양한 견해가 존재하고 있지요. 다음과 같은 문제들을 예로 들어 봅시다. 사회적 재화의 불공정한 분배(자발적인 사유화와 사회의 급격한 계급화)를 정치적 민주주의의 전제로 보아야만 할까요? 정치적 민주주의와 경제적 민주주의, 그리고 경제적 전 지구화와 민족국가 사이에는 어떤 관계가 있을까요? 또한 발전주의의 이론과 그 실천을 비판해야만 할까요? 이러한 문제는 갖가지 서로 다른 배경의 비판적 지식인들이 제기한 주요 문제들입니다. 바로 이런 이유 때문에 저는 이런 논의들을 자유주의의 문제로 환원시키는 방식이 아주 모호하다고 생각합니다. 그것은 이미 일종의 개념의 유희로 변질되었습니다. 그런 논쟁 끝에 사람들은 자신의 논적에게 괴상한 낙인을 찍는 습관에 물들었으며, 나아가 자신만이 절대적 권리를 지녔다고 선언해 놓고 문제에 대한 구체적 분석은 뒤로 미뤄 놓게 되었습니다. 이것은 자유주의의 전통과는 전혀 관계가 없습니다.

사회주의(사회민주주의를 포함하는)와 마찬가지로 자유주의는 일종의 전통입니다. 추상적인 도그마가 아니지요. 우리는 자유주의 혹은 사회주의를 단순히 옳거나 그르다고 말해서는 안 됩니다. 그것들은 각기 고유한 장점과 한계가 있습니다. 특정한 역사적 실천과 구체적 맥락을 무시한 채 그 '주의'들의 옳고 그름을 논할 수는 없지요. 그것들은 자연적인 정당성과 합리성을 갖고 있지 않습니다. 20세기 역사는 사람들이 보편적으로 관심을 갖는 자유권이 직면한 위험을 증명해 주었습니다. 그 위험은 1940년대의 독일·이탈리아, 파시즘의 위성국가들과 중국 국민당, 그리고 이후의 매카시즘과 라틴아메리카의 독재자들 같은 '우익적' 경향에서 비롯됨과 동시에, 스탈린주의와 오늘날 중국인들이 결코 잊지 못하는 역사적 비극과 같이 '좌익적인' 경향에서도 유래했습니다. 이 두 가지 경향은 서로 상대방이 자유권을 침해한다는 핑계를 댔습니다. 이런 사유 방식은 지금도 우리가 그러한 문제들을 내적·역사적 관련성의 차원에서 인식하고 총괄하는 것을 방해합니다. 이론으로서의 자유주의와 사회주의는 모두 아주 복잡한 논제입니다. 그 안에는 서로 다른 수많은 경향과 분파가 포함되어 있어서 '자유주의'나 '사회주의' 같은 큰 주제 아래 논의를 수행하기란 대단히 어려운 일입니다. 이런 의미에서 어떤 사람이 '자유주의자' 혹은 '사회주의자'라고 자칭하려면 먼저 어떠한 자유주의자 혹은 사회주의자인지 설명해야만 합니다. 자유주의에 관한 진지한 검토도 많지 않으며, 사회주의에 관한 진지한 연구도 거의 전무하지요. 이와 같은 조건에서는 그들이 말하는 '자유주의'가 과연 무엇인지 확인하는 것조차 매우 어려울 듯합니다. 그리고 몇몇 이론가들이 발표한 거창한 선언을 보면, 중국 지식인들이 추구한 민주주의의 역사가 포함된 중국 역사에 대해 얼마나 무지한지 알 수 있습니다. 이것은 그들의 개별적인 책임이기도 하고, 또한 우리처럼 관련 영역을 연구하는 이들이 제대로 성찰의 토대를 제공하지 못한 결과이기도 합니다. 하지만 그렇다고 해서 이것이 책임을 회피하려는 궤변가들의 핑계 거리가 되어서는 안 될 것입니다. 왜냐 하면 1930년대 이래로 이미 여러 역사서들이 관련 문제에 대하여 충분하지는 않지만 꽤 풍부한 설명을 내놓았기 때문입니다.

상이한 이론들의 불일치는 중요한 의미가 있습니다. 저는 이 자리에서 그 불일치의 의미를 평가절하할 의도는 없습니다. 우리는 이론에서는 좌와 우, 이런저런 '주의'들의 갈래를 벗어나 이야기할 수 있습니다. 그러나 현실 속에서는 누구나 선택의 압력에 직면합니다. 이론적 입장의 선택을 포함해서 말이죠. 하지만 저는 다음과 같은 점을 강조합니다. 역사적 연관성과 현실적 관계에 대한 통찰이 없다면, 또한 이론과 실천의 관계를 포괄하는 통찰이 없다면, 자유주의와 사회주의, 혹은 다른 여러 주의들 간의 논쟁은 진정한 성과를 거두기 어렵습니다. 심지어 진정한 토론을 하는 것조차 어렵습니다. 왜냐 하면 그것은 단지 물신숭배들 간의 논쟁이기 때문입니다. 따라서 저는 이 자리에서 자유주의 자체의 문제에 대해서는 잠시 의견을 보류하겠습니다. 국가와 시장의 복잡한 관계에 대해서도 논의하지 않겠습니다. 저는 우선 한 발 뒤로 물러나 주장하고자 합니다. 만약 누군가가 시장의 원칙 같은 자유주의의 원칙을 정말 철저하게 고수한다면, 그 혹은 그녀는 반드시 자본주의와 그 지배 아래 있는 시장 관계를 비판해야만 합니다. 절대로 자본주의의 대변자가 되어서는 안 됩니다. 그리고 역시 누군가가 진정 개인의 권리를 견지하고 그 권리의 사회성을 인정한다면 그는 원자론적 개인 개념을 포기함으로써 필연적으로 사회주의적 경향을 지녀야만 합니다. 롤스의 저서는 오늘날 자유주의 논의에서 빠지지 않는 책으로, 우리도 살펴보려고 합니다. 그러나 저는 결코 롤스주의자는 아닙니다.

여기까지 얘기하고 보니 몇 년 전, 러시아혁명과 중국의 개혁 모델에 대해 벌인 토론이 떠오르는군요. 저는 중국 지식계가 다시금 이 문제로 돌아가 감정을 배제하고 진지하게 당시의 논쟁을 검토했으면 합니다. 저는 그 논쟁의 핵심이 개혁이나 시장, 혹은 민주화의 실행 여부가 아니었다고 생각합니다. 그것은 다음과 같은 문제였습니다. 우리는 과두집단과 과두정치의 개혁 노선을 밟기를 바라는 게 아닌가? 혹시 종속적인 경제 관계를 개혁의 목표로 간주하고 있는 건 아닌가? 또한 우리는 정치적 민주화가 반드시 계급 분화의 재연과 새로운 사회 신분제의 형성을 전제로 해야 한다고 생각하고 있지 않은가? '자발적인 사유화' 문제는 그 토론에서 가장 먼저 제기된 것이면서도 결국 갖가지 어지러운 논쟁 속에 묻히고 말았습니다. 자기 자신을 특정한 '주의자'로 내세운다 해도 구체적인 사회문제들을 회피하기란 거의 불가능합니다. 그리고 사회에 관한 구체적인 구상과 그것을 수행할 임무를 제기하지 않으려는 것 역시 불가능합니다. 이상의 문제들에 대한 토론은 '주의'들 간의 논쟁이 조장하는 짙은 안개를 뚫고, 공동의 전제와 실질적인 견해차를 확인하는 데에서 힘을 얻습니다. 또한 동일한 '주의'를 신봉하는 사람들 간에도 차이가 존재할 수 있음을 깨닫고, 현실 속에서 우리 자신의 진정한 위치를 찾도록 이바지하는 것도 필요합니다. '결성된 파벌의 오만함'으로 스스로의 심적 균형을 유지하거나 다른 이들을 저주하고 격하시켜 자기 이론의 취약함을 감추는 것은 도움이 되지 않습니다.

오래 전, 헤르첸(A. J. Herzen)은 다음과 같은 의미심장한 말을 남겼습니다. "우리는 의사가 아니라 질병이다." 저는 우리 모두가 진지하게 이 말을 음미해 볼 필요가 있다고 생각합니다.

| **질문** | 선생님께서는 현대성 문제를 논의하는 것이 어떤 현실적 의의가 있다고 생각하십니까?

| **답변** | 현대성 문제에 대한 논의는 다양한 차원을 포함합니다. 오늘날의 민족주의와 현대성의 관계, 전 지구화 문제, 소비주의와 현대화 이론, 그리고 서구 중심주의 등을 예로 들 수 있겠습니다. 하지만 더욱 직접적인 현실적 의의를 말한다면, 저는 발전주의에 대한 비판을 꼽고 싶습니다. 오늘날 발전주의는 훨씬 더 절박한 검토 대상이 되었습니다. 저보다 황핑(黃平) 선생을 찾아가 보십시오. 그는 벌써 몇 년간 발전의 문제를 사유하고 조사·연구해 왔습니다. 하지만 제 덜 익은 견해라도 한번 피력해 보겠습니다.

　레이먼드 윌리엄스(Raymond Williams)는 명저 『핵심어』(*Keywords*)의 '현대' 항목의 끝에 세 가지 관련 단어들, 즉 개선 혹은 개량(improve)·진보(progress)·전통(tradition)을 수록해 '현대'라는 단어를 파악하기 위한 중요한 경로를 암시했습니다. 즉, 현대는 진보의 시간 축 위에서 발현되며 과거와의 대비를 통해 스스로를 나타내지요. 그래서 진보의 내포 의미에 발전의 의미가 포함되는 겁니다. 만약 우리가 개량이라는 단어의 근원을 다시 찾아본다면, 18세기에 이 단어가 이윤 획득을 목적으로 하는 경제활동과 서로 중복되는 단어였음을 확인할 수 있습니다. 관련 단어들인 발전(development)·개발(exploitation)·이익(interest) 등은 나중에 경제학의 개념어가 되었지요. 그리고 발전의 개념은 효율의 문제와 서로 밀접하게 관련되는데, 양자는 모두 현대성의 시간 관념, 특히 직선적인 진화 혹은 진보의 이념에서 나왔습니다. 이 단어들은 '현대화' 개념에 토대

를 제공하였지요. 우리는 발전주의가 세계대전 이후 현대화 이론의 중요한 내용이 되었으며, 현대사회의 보편적 이데올로기임을 알고 있습니다. 그것은 오늘날의 세계를 선진국과 발전도상국가로 구분하는 한편, 시간의 축에서 전자가 후자의 미래임을 암시해 양자가 사실상 중심과 주변, 지배와 종속의 불평등 관계에 있음을 은폐해 왔습니다. 미국의 현대화 이론, 예를 들어 파슨즈(Talcot Parsons)의 사회이론은 스펜서주의에서 큰 영향을 받았습니다. 스펜서(Herbert Spencer)의 사회이론은 사회적 다윈주의(Social Darwinism)의 전형적인 표본이지요. 현대화 이론에는 지금까지도 사회적 다윈주의의 흔적이 남아 있습니다. 단지 이론적 형식만 많이 개선되었을 따름입니다.

지금 중국과 많은 제삼세계 국가들 중에 발전을 회피하는 국가가 어디 있겠습니까? 사회·국가·개인은 말할 것도 없고 경제 역시 당연히 발전을 필요로 합니다. 발전은 정당성을 보유하고 있습니다. 발전주의에 대한 비판은 발전을 부정한다기보다는 발전이 어떻게 정당성을 요구할 수 있는지를 요구합니다. 발전주의의 독점성과 강제성, 근시안적이며 불평등한 성격을 비판하는 것입니다. 따라서 우리는 다음과 같은 문제 제기를 해야 합니다. 첫 번째, 어떤 사회가 발전을 모든 것을 압도하는 목표로 설정할 때, 혹시 인간생활의 다른 측면들이 억압되지는 않는가? 두 번째, 한 국가나 지역의 경제 발전과 다른 국가나 지역의 발전은 어떤 관계가 있는가? 세 번째, 한 사회 성원 혹은 일부 사회 성원들의 발전과 다른 사회 성원들의 그것은 또 어떤 관계가 있는가? 네 번째, 한 시기의 발전과 장기적인 발전은 역시 어떤 관계가 있는가?

먼저 첫 번째 문제를 이야기해 봅시다. 오늘날의 세계는 민족국가를 정치적 형식으로 삼는 경쟁 시대입니다. 생존경쟁 속에서 한 자리를 차지하기 위하여 국가의 지도자와 지식인 모두가 발전을 급선무로 추구하지 않을 수 없습니다. 청나라 말기부터 시작된 '부국강병' 운동이 바로 그 증거입니다. 부국강병을 지표로 삼은 현대화 운동도 식민주의의 산물이면서 동시에 민족국가 형식의 산물이었습니다. 달리 보면 현대성의 결과 중 하나라고도 볼 수 있겠지요. 하지만 또 다른 시기에 발전은 과연 어떤 의미를 갖고 있을까요? '발전'의 임무는 균형이나, 각 방면의 고른 발전, 인간 생활을 위한 발전이 아닙니다. 가볍게 이야기한다면 발전은 한 사회에 대해서건 한 개인에 대해서건 모두 발전을 위한 발전이 될 가능성이 있습니다. 발전은 사회생활의 유일한 목표이자 모든 힘이 집중되는 지점이 되었습니다. 그리고 좀 더 무겁게 얘기하면 통치자는 늘 발전에 방해가 된다는 것을 구실로 삼아 정치·경제·문화 개혁에 대한 사회적 요구를 거부합니다. 민주적인 사회 통제 역시 똑같은 이유로 거부하지요. 인도네시아와 많은 제삼세계 국가들이 분명한 예가 될 수 있습니다. 이 점은 우리가 중국 사회의 몇몇 문제들을 성찰하는 데에 의의가 있을 것입니다.

두 번째, 발전주의의 또 하나의 특징은 성공한 발전 모델(미국·유럽·일본 등)을 보편적인 발전 모델로 취급하고, 그 모델들을 모든 지역에 적용하는 것입니다. 이것은 전형적인 현대성의 서사입니다. 그리고 국가나 지역의 발전을 일직선의 시간 축에 놓고 고립적으로 인식합니다. 어떤 국가나 지역의 발전을 다른 국가나 지역의 발전과 관련시켜 보려 하지 않습니다. 이 서사는 서구 사회의 발전이 식민지에 의존해 왔고, 또한 그 발전이 동시에 다른 지역 및 그 지역 민중들의 발전의 권리와 심지어 생존권의 박탈을 의미했다는 사실도 은폐합니다. 오늘날 식민주의는 역사의 무대에서 물러났으며, 군사적 점령도 이미 다른 지역을 침탈하는 형식은 아닙니다. 하지만 정치적·군사적 헤게모니, 특히 불평등한 무역과 경제 관계를 통하여 오늘날 세계의 발전 모델은 아직도 불평등한 성격을 유지하고 있습니다. 이에 대한 저서가 중국어 사용권에서도 여러 권 번역된 바 있습니다. 먼저 상우인 서관이 몇 년 전, 제삼세계 국가의 발전 문제에 대한 몇 권의 연구서를 번역·출간하였습니다. 예를 들어 라울 프레비쉬(Raul Prebisch)의 『주변부 자본주의』, 사미르 아민(Samir Amin)의 『불평등 발전』 등이 있습니다. 그리고 타이완의 렌징 서점(聯經書店)에서 이안 록스버러(Ian Roxborough)의 『발전 이론』 등이 출판되었습니다. 모두 이 문제에 대한 중요한 해석을 담고 있는 책입니다. 타이완의 몇몇 학자들도 타이완의 발전과 주변부 지역의 관계를 성찰하기 시작했습니다. 불평등한 발전은 제삼세계와 선진국들 사이에서 존재할 뿐만 아니라, 지역적인 관계에서도 존재합니다. 즉, 제삼세계 국가들 중에서도 비교적 발달된 국가와 그렇지 못한 국가들 사이에서 불평등한 발전을 확인할 수 있습니다. 저는 항상 무슨 '주의자'들의 고담준론(高談峻論)을 들어 왔습니다. 그들은 특정 선진국의 문화나 형식이 보편적이라는 식으로 이야기하지요. 그런데 몇몇 선진국들은 그리 인구가 많은 편이 아닌데도 전 세계 총 자원의 3분의 1을 점유하고 있습니다. 만약 우리도 그렇게 자원을 낭비하여 발전을 도모하고 소비주의를 제창한다면, 우리에게는 대대적으로 자원을 파괴하거나, 심지어 다른 국가의 자원을 침탈하는 것 말고는 다른 길이 없을 것입니다. 발전주의 안에는 일종의 제국주의적인, 혹은 식민주의적인 논리가 숨어 있습니다.

세 번째, 불균형한 발전은 국가들 사이에만 있는 것이 아니라 지역들 간에도 존재합니다. 세계대전 이후 세계는 더 이상 식민주의의 방식을 채택하지 않게 되었습니다. 하지만 현대화 운동 및 그 발전주의는 변함없이 독점과 박탈에 의존하였습니다. 이런 까닭에 한 사회 공동체 내부에 내부적 식민성의 문제가 출현하게 되었습니다. 이것은 곧 그 사회 내부에 중심부와 주변부 관계를 재창출하거나 복제하는 것이며, 노동·시장·자원을 독점하여 특정 지역의 발전에만 토대를 제공하는 것입니다. 이미 많은 학자들이 초국적 자본의 자원 독점을 지적했는데, 한 사회 내부에 유사한 문제가 일어나는 것에 주목한 사람은 비교적 드뭅니다. 우리는 항상 어떤 지역은 '발전'을 이루는 반면 다른 지역은 자원의 파괴를 겪는 현상을 목격하곤 합니다. 초지역적인 생산과 무역은 오늘날의 세계와 사회의 중요하고도 거의 역전될 수 없는 추세입니다. 하지만 지금까지 우리 세계는 그런 초지역적 발전에 적응할 수 있는 효과적이며 공정한 사회, 정치 구조를 만들어 내지 못했습니다. 그리고 초지역적 발전의 주체들은 보통 그 소재지에 대한 책임을 감당하지 않습니다. 그래서 자기들 맘대로 개발을 일삼다가 결국 그 지역 경제 발전의 가능성을 꺾어 버릴 가능성이 있습니다. 사실상, 불공평한 발전이 어느 정도에 이르면 결국 심각한 사회적 충돌과 모순을 낳게 됩니다. 칼 폴라니(Karl Polanyi)의 위대한 저서『거대한 변환: 오늘날의 정치와 경제의 기원』(*The Great Transformation: the political and economic origins of our time*)에서 제1차세계대전의 발발 원인에 관한 연구를 찾아보면 이 점이 잘 설명되어 있습니다.

네 번째는 바로 파괴적 성격의 발전과 개발입니다. 제 친구 한 사람은 "발전만 원할 뿐 생존을 원하지 않는다."라고 요약하더군요. 최근 양쯔강(揚子江), 넌강(嫩江)의 홍수로 인한 범람은 역사상 최고 수치를 넘어섰습니다. 이런 현상을 낳은 원인은 물론 아주 복잡합니다. 자연적인 요소도 포함되어 있지요. 하지만 그것은 동시에 공업화와 무제한적인 생태 파괴의 결과이기도 합니다. 효율성을 위해서 대규모로 삼림을 채벌하고 광업 자원과 토지 자원을 파괴하면서도, 하천과 호소(湖沼)를 전혀 정비하지 않았기에 결국 엄청난 재난을 키운 것입니다. 이것 역시 오로지 발전만을 추구한 결과입니다. 바로 몇 개월 전에 열린 어떤 회의에서 누군가 이 문제들이 중국적인 문제가 아니라, '포스트모던'의 문제에 속하며 '포스트모던'은 동시대적 문제라고 하는 말을 들었습니다. 하지만 그들은 발전주의와 정치적 현실 사이에는 전혀 간격이 없음을 보지 못합니다. 양자가 밀접한 관련이 있다는 사실을 이해하지 못하고 있죠. 며칠 전, 저는 텔레비전에서 세 명의 경제학자들이 현재 중국의 경제 상황을 분석하는 프로그램을 보았습니다. 저는, 그들이 홍수가 일으킨 재난을 기뻐하고 있다고 느꼈습니다. 그들은 홍수가 수요와 투자를 자극할 것이며, 국가의 거시적 통제에도 편리한 점이 있다고 하더군요. 그 경제학자들은 홍수로 인해 생긴 해당 지역 생산력의 파괴나 구호 과정에서 사용한 부대와 강바닥에 침몰한 동력선이 양쯔 강 연안에 미칠 장기적 오염에 대해서는 언급하지 않았습니다. 그뿐만이 아닙니다. 이번 재난의 희생자들과 재난의 배경이 된 생산 방식과 제도적 요소에 대해서도 전혀 언급이 없더군요. 우리는 이렇게 묻지 않을 수 없습니다. 왜 우리에게는 노동자의 경제학이나 농민의 경제학, 그리고 보통 사람의 경제학과 생태의 경제학이 없는 걸까? 그리고 왜 그런 상투적인 토론들은 늘 '전체'나 '전체 국면'의 입장에서 중국의 경제를 가름하고, 그런 '전체'를 유일한 평가 기준으로 삼는 것일까? 도대체 이 유일한 기준과 가치가 내포하고 있는 사회상은 어떤 시각에서 본 사회상이란 말인가? 그래도 반가운 것은 일부 기자들과 학자들이 이미 "누가 홍수의 공모자인가?"라는 문제를 논의하기 시작했다는 점입니다.

발전 문제에 내포된 사회적 내용은 상당히 복잡해서 이 자리에서 충분히 논의할 시간은 없을 듯합니다. 아마도 누군가는 말하겠지요. 이미 이렇게 된 현실에서 우리에게 무슨 방법이 있느냐고 말입니다. 저는 우선 문제를 인식하고, 이전의 경험 속에서 다른 선택의 가능성이 없는지 관찰한 다음 우리의 대책을 선택해야 한다고 생각합니다. 아는 것은 어렵고 행동하기는 쉽다는 쑨원의 교훈은 어느 정도 일리가 있습니다. 사실상, 발전의 문제는 현대성 문제와 마찬가지로 구체적인 분과 학문의 종합적 문제를 초월합니다. 이 문제를 연구하기 위해서는 전문적인 분과 학문 지식의 훈련과 조사도 필요하지만, 분과 학문의 범위를 넘어서는 성찰도 필요합니다. 저와 친구들은 항상 이야기하곤 하지요. 우리는 족쇄를 차고 춤을 출 수밖에 없다고 말입니다. 이 말의 의미는 다음과 같습니다. 현존하는 분과 학문들의 메커니즘은 이 문제들을 깊이 있게 연구하기에 부족합니다. 어떤 의미에서 그 메커니즘 자체가 곧 현대성의 산물이기 때문입니다. 하지만 그 분과 학문들을 떠나서는 문제에 대한 심도 있는 연구 자체가 불가능하지요.

| **질문** | 발전주의에 대한 선생님의 비판은 주로 경제 영역에 집중되어 있습니다. 그렇다면 정치 영역에 대해서는 어떻게 생각하십니까?

| **답변** | 아닙니다. 저의 비판은 경제 영역에만 국한되지 않습니다. 이 문제들은 경제 문제이면서 심각한 정치 문제입니다. 하버마스의 주장에 따르면, 현대성의 기획은 여러 영역들이 자율성을 획득하는 과정입니다. 예를 들어 경제는 정치와 점차적으로 분리되어 자율적인 발전 영역이 되었습니다. 자유주의 이론가들과 마르크스주의 이론가들은 몇 가지 점에서 서로 대립하기는 하지만 이 점에서만큼은 일치하는 듯합니다. 고전 경제학이 바로 경제가 하나의 자율적 영역이라는 전제 위에 수립되지 않았습니까? 그들은 경제 과정을 자율적인 영역으로 간주했습니다. 하지만 제가 보기에 '경제와 정치의 분리'는 이 두 합리화의 영역이 진정한 자율적 영역으로 발전했음을 결코 증명해 주지 못합니다. 그것은 단지 이 두 영역의 관계에 중대한 변화가

일어났음을 설명할 뿐입니다. 하지만 이 변화도 여태껏 철저히 두 영역을 분리시키는 데까지는 발전하지 못했습니다. 따라서 우리는 이론과 실천에서 오늘날 각 분파들의 사회이론을 총괄할 필요가 있습니다. 그 사회이론들은 모두 기본적으로 정치와 경제, 국가와 시장의 분리라는 전제 위에 수립되었지요. 그것은 '자유무역'의 역사만 훑어보아도 알 수 있습니다. 왜냐 하면 지금까지의 '자유무역'은 모두 강권과 지배를 수반했으니까요. 우리는 오늘날 권력적 시장화의 문제를 논의하곤 합니다. 권력적 시장화가 무엇입니까? 그것은 바로 정치 자본이 경제 자본으로, 다시 경제 자본이 정치 자본으로 전환되는 것이며, 시장의 조건 아래에서 수행됩니다. 이런 의미에서 시장의 조건은 지금까지 불완전한 것이었습니다. 발전의 불균형은 정치적 시각으로 관찰해야만 합니다. 왜냐 하면 불균형한 발전은 지금껏 단순한 경제 문제만이 아니었으며, 중대한 사회·정치 문제였기 때문입니다. 민족국가 체제는 세계 시장의 정치 형식이고, 그 어떤 시기보다도 우리 시대에 적극적으로 경제활동에 참여하고 있습니다. 현대의 경제학이 부단히 각종 모형을 고안하면서도, 갈수록 실질적인 경제 과정에 대한 설명력을 잃고 있는 까닭은 바로 앞서 언급한 여러 이론들의 전제와 관련이 있습니다. 물론 저의 이런 발언은 결코 단순히 경제학에 대한 비판이 아닙니다. 제게는 그럴 만한 자격이 없습니다. 사실, 현대의 각종 분과 학문들은 현대성의 기획에 따라 전개되었습니다. 바로 이런 의미에서 현대성에 대한 성찰은 기존의 지식의 계보와 그 분과 원칙에 대한 검토 없이는 불가능합니다.

이 대담의 초입에서 저는 현대성 기획의 몇 가지 특징을 언급하였습니다. 그것은 바로 과학·도덕·심미 등의 영역을 자율적인 영역으로 분화시키는 것이었습니다. 실제로 이 과정은 경제·정치·법률의 자율성 수립과 민족국가의 주권 형식의 확립 등을 포괄합니다. 자율성의 발전은 중요한 진보적 의미가 있습니다. 하지만 자율성 개념 역시 그 영역들 사이의 실질적인 상호 의존을 은폐하고 있습니다. 이러한 현실에서 우리는 어떤 일을 해야만 할까요? 이론적인 측면에서 볼 때 시장의 부자유는 아마도 두 가지 상반된 결론에 이르게 됩니다. 하나는 간섭이며 다른 하나는 그런 간섭의 철저한 제거입니다. 하지만 이 두 가지 방안은 모두 추상적입니다. 간섭주의 개념은 어떤 이론적 가설에서 나왔습니다. 즉, 완전히 자족적이며 자유로운 시장이 존재한다는 가설이지요. 하지만 고금을 통틀어 그런 완전히 자족적이며 자유로운 시장은 출현한 적이 없습니다. 과거에 시장은 종교·정치·문화와 결부되어 있었으며, 지금도 여전히 새로운 신념·정치·문화와 밀접한 관련이 있습니다. 현실의 시장 조건에서 경제활동 과정에 대한 다양한 요소들의 영향력을 철저히 제거하는 것은 거의 불가능합니다. 따라서 훨씬 현실적이며 의미 있는 문제는 차라리 다음과 같은 것입니다. 어떤 요소를 이용하여 경제 과정에 대한 다른 요소들의 영향력을 배제하거나 혹은 그것에 대항해야만 하는가? 아시아 금융 위기를 검토하면서 스티글리츠(Joseph E. Stiglitz)는 이렇게 주장했습니다. "국제 자본시장에 대한 정부의 간섭에 반대하자는 것으로 이 논의를 시작하는 것은 부적절하다. 동아시아에 1,100억 달러를 원조하는 것은 분명히 자유시장에 대한 간섭이다. 국제 조직이 이처럼 지원을 아끼지 않는 까닭은 그들이 이런 종류의 위기 속에 잠재된 구조적 위험을 우려하고 있기 때문이다." 간섭은 현대의 조건에서 거의 불가피한 것이기는 하지만, 그것은 또한 확실히 독점과 권력이 작용할 수 있는 절호의 기회입니다. 바로 이런 이유로 간섭주의에 대한 비판이 반세기 가깝게 지속되었고, 한편으로 독점 집단들은 그러한 비판을 자신들의 특수한 목적을 이루기 위한 이데올로기로 이용했습니다. 최근에 미국에서 일어난 마이크로소프트사의 독점

여부에 관한 소송이 바로 이 문제와 관련이 있는데, 하지만 현시대의 간섭 문제와 19세기의 간섭 문제가 완전히 일치하지는 않습니다. 애덤 스미스(Adam Smith)의 간섭주의 비판은 주로 중소기업에 대한 국가의 간섭을 대상으로 삼았습니다. 하지만 지금은 초국적 자본주의의 시대입니다. 한국의 학자들은 IMF 시대라고 하더군요. 그런 국내적·초국적 자본의 힘은 많은 민족국가들의 힘을 능가합니다. 그것들은 '시장 활동 내부'에서 독점과 간섭, 조종을 조장하고 있습니다. 이러한 조건의 경제활동에서 국가의 작용을 어떻게 평가하느냐 하는 문제는 19세기의 스미스주의의 문제와는 다릅니다. 국가/시장 이원론은 국가 자체가 바로 시장 사회의 내적 요소임을 은폐합니다. 또한 현실의 경제활동 자체가 곧 반(反)시장의 힘을 낳고 있다는 사실도 은폐하지요. 그 힘이란 예컨대 시장에 대한 독점 집단들의 조종과 금융 과두제의 간섭, 그리고 정부의 각종 통제를 뜻합니다. 간섭 문제에 관한 논의의 정치적인 의의는 현재 조건에서 우리가 추구하는 것이 국가의 민주화이지 국가의 해체가 아니라는 데 있습니다. 이 점을 지적하는 것은 간섭에 찬성하기 때문이 아니라, 시장 활동이 초경제적 세력에 의존한다는 것을 이론적으로 설명하기 위해서입니다. 그렇게 많은 자유 시장 옹호론자들은 동시에 간섭 정책의 입안자이자 찬동자입니다. 그리고 '자유주의자'임을 자칭하는 많은 이들이 기술 관료제 국가의 위대한 진보를 찬양하고 있습니다. 기술 통치에 대한 찬양이야말로 또 다른 국가주의가 아니고 무엇이겠습니까?

여기에는 경제문제뿐만 아니라 사회·정치문제도 존재합니다. 그리고 재화와 생산과정에 대한 사회의 민주적 통제의 문제도 전 지구적 범위 안에서 고려될 수 있습니다. 한 철학자의 주장을 빌어 말한다면, 국내 영역에서 계획 모델과 국가 독점의 해체 이후 그 유일한 해결책은 사실상 고용 노동자의 종속적 지위를 변화시키는 데 있습니다. 그래서 그들이 사회와 정치에 참여할 수 있는 권리를 갖도록 해서 진정으로 안전하고 정의로우며 행복한 사회에서 생활할 수 있게 하는 겁니다. 더욱 공정하게 재화를 분배하는 방법으로 자본주의 사회의 불평등한 생활 조건을 균형 있게 만들어야만 합니다. 이것이 곧 현재 세계의 민주적 사상이며 이 사상은 반드시 국제적 차원으로 확산되어야만 합니다. 그리하여 훨씬 공정하고 민주적인 경제 관계와 그 정치적 보장을 수립하고 평화와 발전을 촉진하며 지구 생태의 균형을 유지하는 한편, 민족의 고유성을 형성하고 민족국가 체제의 새로운 세계체제를 초월해야만 합니다.

만약 경제·정치·문화 영역을 서로 연관된 문제로 보지 않는다면, 이론적으로 볼 때 현대사회의 정치적 목표를 정치적 민주화뿐만 아니라, 경제적 민주화와 문화적 민주화도 포함하는 것으로 설정해야 합니다. 예를 들어 사유화 과정에서 재산 획득을 위해 재산권 보호의 강화만을 정부에 요구하고 각종 인권 보호를 뒷전으로 미루게 된다면, 단호한 개인권 수호의 목소리는 변질되고 말 것입니다. 어떤 이들은 경제 영역에서는 자유만을 논할 수 있을 뿐, 민주주의는 논할 수 없다고 주장합니다. 그들은 사실상 경제 영역을 안전히 자율적인 범주로 가정하고 있습니다. 경제적 불평등이 단지 사회적 불평등의 복사판이라는 것을 모르고 있습니다. 이것 역시 제가 「오늘날 중국의 사상 동향과 현대성 문제」에서 일부 지식인들의 편견을 비판한 이유입니다. 민주주의의 여러 측면들이 결코 고립되어 실현될 수 없다는 사실은 이미 많은 국가들의 개혁 작업을 통해 증명되었습니다. 오늘날 러시아의 현실과 인도 민주주의의 역사가 모두 이 점을 증명하고 있습니다. 이런 의미에서 우리는 편협한 민주주의 개념에 대하여 새로운 논증을 할 필요가 있습니다. 민주주의의 실질적인 핵심은 인간의 기본권과 정치·경제·문화 과정에 대한 국민의 공적인 참여에 있습니다.

만약 헌법에 규정된 정치적 권리가 국민의 민주적 참여를 위해 효과적으로 길을 열어 주지 못한다면, 또한 그 정치적 권리들이 종족·성별·계급의 불평등에 대해 실질적인 제어 작용을 하지 못하며, 자체적으로 독점·강권·지배를 억제하고 권력적 시장화와 시장적 권력화를 제한할 능력이 없다면, 우리는 더욱 광범위하고 전면적인 민주주의의 구상을 고려해야만 합니다. 또한 오늘날의 조건에서 민주적 사상은 약소사회도 민족국가의 테두리에서 벗어나 전 지구적인 사회 속에서 대화에 참여할 수 있도록 이론적 기초를 제공할 수 있습니다. 사실, 현대의 민주적 실천은 헌법 정치의 실천을 포함하여 여러 방면에서 계몽주의의 구상들을 이미 뛰어넘었습니다. 단순히 개인주의의 권리이론만으로는 완전하게 설명할 수 없습니다. 현대의 헌법 정치는 갖가지 차별 현상에 반대하고 있으며 법률로 제정된 민주적 형식으로 사회·정치·경제·문화 과정을 조절하고 있습니다. 하지만 이 과정은 아직 성숙하지 않은 불균형한 과정입니다. 1920년대에 중국 최초로 헌정 민주주의를 추구한 인물들은 진지하게 서구 사회의 민족적·계급적 충돌을 분석하여 가장 광범위한 정치 참여를 지향하였습니다. 비록 그들은 직접민주주의가 기술적으로 당면할 수 있는 문제를 의식하지 못하긴 했지만, 그래도 헌법 제정 과정에서 광범위하게 직접민주주의의 성과를 흡수하는 한편, 하층사회와 피압박 집단의 이익을 반영할 수 있는 제도를 기획해야 한다고 생각했습니다. 우리는 유럽의 헌정사를 살펴 본 뒤, 장쥔리(張君勵) 같은 선구자들의 헌정 연구를 이해해 볼 필요가 있습니다. 이해하기에 그리 어려운 문제들은 아닙니다. 공공성의 요지는 공공정책과 공공사업에 대한 민주적 통제에 있습니다. 그런데 이것을 이루기 위해서는 기층 사회 공동체의 민주화와 지역적 공공 영역의 형성이 필수적이라고 생각합니다. 국가의 공공정책과 공공사업은 정치·경제·

문화 등 각 사회생활의 영역들을 포괄하지 않을 수 없습니다.

바로 이러한 의미에서 현대성에 대한 성찰 그 자체는 그것의 실제적인 생활 과정과 동떨어져서는 안 되며, 현대성의 기획과 그것이 실행되는 과정이 밀접해야만 합니다. 또한 현대성에 대한 성찰은 현대적인 생활 과성 전체에 대한 부정이 아니며 현대적 가치의 전면적인 포기는 더더욱 아닙니다. 현대성에 대한 성찰이 갖는 중요한 의의는 바로 다음과 같습니다. 그것은 현대적 가치와 현대사회 사이의 복잡한 관계를 설명할 수 있으며, 중심주의의 역사 서사들을 와해시킬 수 있습니다. 그리고 현대사회의 내적인 곤경과 위기를 드러낼 수 있습니다. 그리하여 더욱 광범위한 민주주의와 건전한 자유를 위해 이론적인 자원을 제공해 줄 수 있습니다.

2장 오늘날 중국의 사상 동향과 현대성 문제

역사는 이미 끝났는가?

1989년은 역사적인 이정표였다. 백 년 가까운 사회주의의 실천이 일단락을 고했고, 두 세계가 하나의 세계, 즉 전 지구적 자본주의 세계로 변화하였다. 중국은 소련이나 동구 사회주의 국가들처럼 무너지지는 않았지만, 경제 영역에서는 전 지구화된 생산·무역 과정에 신속히 진입하는 것을 피할 수 없었다. 중국 정부는 사회주의를 견지하려 했지만, 경제·정치·문화 행위와 심지어 정부 행위까지 포괄하는 중국 사회의 모든 행위들이 자본과 시장의 활동에 의해 심각하게 제약되는 결론에 이르는 것을 막지 못했다. 만약 우리가 20세기 마지막 10년간 중국의 사상·문화 동향을 이해하고자 한다면, 반드시 이러한 변화와 그에 따른 사회 변화를 이해해야만 한다.[1]

오늘날 중국 지식계의 사상 동향을 분석하기 전에, 우선 1990년대 중국 지식계의 사고와 밀접한 관련이 있는 몇 가지 전제들을 언급할 필요가 있다.

첫째, 1989년의 사건은 1970년대 말 이후 전개된 중국의 개혁 노선에 전혀 영향을 주지 않았다. 오히려 국가의 추진 아래, 개혁(주로 시장경제화에 적응하기 위해 진행된 경제체제와 입법 부문의 개혁)의 발걸음은 1980년대 가장 개방적이던 시기와 비교해도 한층 가속도가 붙었다. 생산·무역·금융 체제에서 개혁의 진전을 통하여 중국은 나날이 세계 시장의 경쟁 속에 깊이 참여하였고, 그래서 내부적인 생산과 사회 메커니즘의 개조 역시 현대 시장제도의 규율 아래 진행되었다. 다른 한편으로 상업화와 이에 따른 소비주의 문화가 사회생활 각 부문에 파고들었으며, 국가와 기업의 세심한 시장 창출 작업이 단지 평범한 경제적 사건이 아님이 확실해졌다. 오히려 이 사회 과정은 궁극적으로 시장 법칙을 이용하여 사회생활 전체를 규제할 것을 요구하였다. 이러한 역사적 상황에서 지식인 본래의 사회적 역할과 작업 방식에도 심각한 변화가 일어났다. 그리고 국가, 특히 각 지방정부의 사회·경제 생활에서의 역할도 그에 상응하여 변화했으며, 지방정부와 경제 자본의 관계도 날로 밀접해졌다.

두 번째는 1990년대 중국 지식계는 국내뿐만 아니라, 국외에서도 목소리를 냈다. 1989년의 사건으로 주류 지식인들은 대규모로 서양으로 이주했다. 많은 학자와 지식인들이 다양한 이유로 출국하여 외국을 방문, 체류하거나 망명 생활을 선택했다. 또 1970년대 말에 추진된 국가의 유학정책이 1990년대 들어 그 영향력을 나타냈다. 당시에 구미와 일본에 유학해 학위를 딴 많은 학생들 중, 그 일부만 국내로 돌아오고 상당수가 유학하던 국가에 정착했다. 이 두 세대의 중국 지식인들은 다양한 경험을 하면서 깊이 있게 서양 사회와 학문을 이해할 수 있는 기회를 얻었다. 그리고 중국 문제에 대한 사고에 서양 사회에 대한 자신들의 경험과 관찰을 끌어들여 국내 지식인들과는 사뭇 다르게 문제에 접근해 갔다. 지식제도의 차원에서 볼 때, 현대의 교육·학술제도는 점차 초국가적 체제로 변하고 있으며, 지식 생산과 학술 활동은 이미 전 지구화 과정의 일부가 되었다.

세 번째로 1989년 이후 국내 지식인들은 그들이 경험한 역사적 사건들을 새롭게 사고해야만 했다. 대부분 인문·사회과학 영역의 지식인들은 외부의 압력이나 자발적인 선택으로 1980년대 계몽적 지식인들의 방식을 포기하였다. 그들은 지식 규범의 문제를 논의하고 더욱 전문화된 학문 연구에 매달리면서 직업화된 지식 응용 방식으로 전환하였다. 『문화: 중국과 세계』 등 서양 학문 소개에 주력한 지식인 집단이 해체되고, 『학인』 등 중국사와 중국 사상 연구에 중점을 둔 간행물들이 출현했기 때문에, 사람들은 1990년대 지식의 전환을 '국학'(國學)의 부흥으로 해석하였다. 그러나 이러한 개괄은 그 어떠한 의미에서도 적절하지 않다. 우선 1989년의 사건은 지식인들에게 1980년대 사상운동의 함의를 새롭게 사유하게 했고, 자신들이 참여하는 문화운동과 중국사 사이의 관계를 반성하게 하였다. 그러므로 중국사 쪽으로 연구의 시선이 옮겨진 것은 현실의 내적 요청에 의해서였다. 단순히 특정 학문의 부흥이 아닌 것이다. 또한 일단 학술사 연구가 지식계의 화두로 떠오르기는 했지만, 새로운 세대의 학술 연구를 '국학'의 범주 속에 놓고 개괄하는 것은 곤란한 일이다.

한편 당시의 이러한 지식의 전환은 '서양'에서 '중국'으로 지적 관심이 변화하는 것을 보여 주었지만, 사실은 이런 자기 변화의 노력이 '직업으로서의 학문'이라는 베버의 이론을 근거로 삼았다는 점에 주목해야만 한다. 각종 지식의 흐름이 변화하는 와중에서도 학문의 직업화는 매우 뚜렷한 추세인 듯했다. 1992년 이후 시장화와 함께 사회 분화의 속도가 더욱 가속화됐는데, 이런 추세는 학문 직업화의 내적 요청에 자연스레 부합되었다. 직업화가 진전되고 학교가 활성화되면서, 점차 지식인의 사회적 역할이 변화했다. 1980년대의 지식인 계층은 전문가 · 학자 · 직업인으로 점차 탈바꿈하였다.

우리는 아직도 몇 가지 중요한 현상들을 더 열거할 수 있다. 그러나 개괄적으로 본다면 이러한 세 가지 사실들이 공동으로 1980년대 중국 지식계와는 사뭇 다른 문화 공간을 창조하였다. 또한 이로 인해 지식인과 국가의 관계가 크게 변했을 뿐만 아니라, 지식계 자체의 동일성을 다시는 찾아볼 수 없게 되었다. 전통적 가치를 추구하는 것에서 인문 정신에 대한 호소까지, 그리고 직업적 책무에 대한 의식적 부담에서 사회적 사명감에 대한 새로운 요청에 이르기까지 오늘날 중국 지식인들의 상호 교차되는 다양한 노력은 동시대의 사회적 변천에 대한 비판적 · 도덕적 양태들이다. 다른 한편으로는 이런 행위를 통해 새롭게 확인해 가는 사회적 행위이기도 하다. 1980년대 지식인들은 자신들을 문화 영웅 혹은 선지자로 파악했지만, 1990년대의 지식인들은 애써 새로운 적응 방식을 탐구하였다. 그리고 물밀듯이 밀려오는 상업 문화에 직면해 자신들은 이제 더 이상 문화 영웅도, 가치의 창조자도 아님을 고통스럽게 인식하였다.

현재 중국 사회의 흐름은 매우 복잡한 역사적 시기로 접어들었으며, 사회문제에 대한 지식인 집단의 관점도 혼란스럽다. 근대 이후 중국 지식계의 역사적 성찰은 주로 중국 현대화의 방법과 중국이 성공적으로 현대화될 수 없었던 원인에 집중되었다. 그리고 1980년대에는 줄곧 중국 사회주의를 성찰하는 문제를 집중적으로 논의했는데, 사회주의적 방식은 항상 현대화에 반대되는 것으로 간주되었다. 사실 그처럼 사상 동향이 명료했던 것은 곧 사회문제가 확실했기 때문이다. 중국 지식인이 보는 현대화란 국가의 부를 추구해 현대 민족국가를 건설하는 방식이면서, 아울러 서양 현대사회와 그 문화·가치를 규범으로 하여 자국 사회와 그 전통을 비판하는 과정이었다. 그래서 중국 현대성 담론의 가장 주된 특징 중 하나는 바로 '중국/서양', '전통/현대' 라는 이원 대립적 공식으로 중국 문제를 분석하는 것이었다.

그러나 서양(특히 미국)에 거주하며 서양 비판사상의 영향을 받은 젊은 지식인들은 이른바 '서양의 길'이 중국의 모범이 될 수 있는지에 대해서 회의하게 되었다. 그리고 '중국 특유의 시장' 속에 자리한 지식인들도 개혁의 목표가 과연 무엇인지에 대해 혼란을 느끼게 되었다. 1980년대에 중국의 계몽사상이 상정한 '좋은 사회'는 시장경제화에 맞춰 도래하지 않았다. 오히려 시장 사회 자체가, 어떤 의미에서 한층 극복하기 어려운 새로운 모순을 드러냈다.[2] 자본주의의 전 지구화는 경제·문화, 심지어 정치 영역에서도 민족국가의 한계를 타파하는 것을 의미한다. 아울러 전 지구화된 경제 관계와 국내 경제 관계 속에서 자신들의 이익이 어떻게 존재하고 있는지에 대해 개인들이 더욱 확연히 알게 되었음을 의미하기도 한다. 하지만 전 지구화의 경제 흐름이 여전히 민족국가 체제를 정치적 보루로 삼고 있다는 사실은 주목할 만하다. 민족국가는 그 기능이 변화하기는 했지만 전 지구화의 경제 흐름 속에서 이익 단위로서의 의의는 오히려 훨씬 강화되었다. 어떤 의미에서 국제 경제체제 속에서 이익 관계가 대두한 것은 민족국가들의 내부적 질서화에 도움이 되었다. 이런 맥락에서 중국의 경우에도 1989년의 사건으로 빚어진 국가와 사회의 긴장 관계가 어느 정도 완화되었다.

1990년대 중국 지식인들이 직면한 문제들은 사상사적 측면에서도 대단히 복잡해졌다. 먼저 오늘날 중국 사회의 문화적·도덕적 위기를 더 이상 단순히 부패한 중국 전통의 탓으로 돌릴 수 없게 되었다.(어떤 이들은 오히려 그 문제들이 전통이 몰락한 결과라고 이해한다.) 공교롭게도 현대화 과정에서 많은 문제들이 발생했기 때문이다. 또한 경제개혁으로 이미 시장 사회의 기본 틀이 형성되었기 때문에, 중국 사회문제의 원인을 사회주의에 물을 수도 없게 되었다. 그리고 소련과 동구 사회주의 체제가 붕괴된 이후 자본주의의 전 지구화 과정은 새로운 역사 단계에 들어섰고, 중국은 사회주의를 개혁하여 자국 경제와 문화의 생산과정을 세계시장 속에 편입시켰다. 이러한 역사적 조건 아래, 정부 행위를 포함하는 중국의 사회·문화적 문제들은 모두 단일한 중국적 맥락에서만 분석할 수 없게 되었다. 즉, 중국 사회의 문제를 성찰할 때 늘 비판하는 대상들만으로는 이제 오늘날의 사회적 위기를 설명할 수 없는 것이다. 따라서 전통은 아시아 자본주의 발전의 맥락 속에서 더 이상 부정적 의미의 명사로 당연시되지 않을 것이다.

무역 및 생산과정이 초국가화 혹은 전 지구화의 성격을 띠게 된 시점에서 민족국가 역시 이미 자명한 분석 단위가 아니다.(물론 오늘날의 세계가 민족국가를 초월하는 새로운 정치체제를 갖췄다는 의미는 아니다. 반대로 생산·무역의 초국가화는 기존의 민족국가 체제를 정치적 보루로 삼고 있는데, 문제는 민족국가 체제가 전 지구화된 생산·문화 과정에 날이 갈수록 적응하기 힘들어지리라는 사실이다. 따라서 민족국가 체제와 민족국가의 사회적·정치적 기능은 심각한 변화에 직면해 있다.) 자본의 활동이 사회생활의 각 영역에 침투해 있는 역사적 상황에서 정부와 국가기구의 행위와 권력 작용은 이미 시장과 자본의 활동에 밀접하게 연관되어 있다. 따라서 단순히 정치적 각도에서만 분석할 수도 없게 되었다.(그렇다고 해서 정치적 분석이 전혀 무가치하다는 것은 아니다.) 그렇다면 중국의 문제는 과연 어떤 문제란 말인가. 중국의 문제는 어떤 방법 혹은 어떤 언어로 분석해야만 하는가. 현대의 다원주의·상대주의 사상과 허무주의적인 각종 이론들은 새롭게 통일을 꾀하던 다양한 가치·규범들을 무너뜨렸다. 그리고 비판적인 여러 이론들은 격렬한 비판 과정 속에서 비판성 자체의 활력을 상실하고 있었다. 그래서 비판의 전제를 새롭게 확인하는 작업이 요청되었다. 그러나 개혁/보수, 서양/중국, 자본주의/사회주의, 시장/계획이라는 이원론은 여전히 지배적인 사유 방식이며, 이런 사유 방식으로는 위에서 제기한 문제들을 전혀 풀어 낼 수 없다.

오늘날 중국 사상계는 자본 활동 과정(정치 자본·경제 자본·문화 자본의 복잡한 관계를 포함하는)에 대한 분석을 포기하고 있으며, 시장·사회·국가의 상호 침투와 충돌 관계에 대한 연구 역시 포기하고 있다. 단지 도덕이나 현대화 이데올로기의 틀 속에 시야가 갇혀 있는데 이것이야말로 특별히 주목해야만 할 현상이다. 그리고 오늘날 중국 사회의 문화 문제는 중국 현대성 문제와 복잡하게 관련되어 있는데, 내가 생각하는 문제는 다음과 같다. 중국 사회주의의 역사적 실천이 바로 중국 현대성의 특수한 형태라면 베버나 다른 이론을 통한 계몽적 지식인들의 중국 사회주의에 대한 비판은 왜 중국 현대성 문제에 관한 성찰이 되지 못했는가? 오늘날 세계의 변화 속에서 중국 사회의 개혁 작업은 우선 자국 사회의 기본 구조를 재구성하였고(지식인들이 어쩔 수 없이 자아를 확인해야만 한 사실은 사회 문화의 주체였던 그들의 위치가 중심부에서 주변부로 바뀌었음을 보여 준다. 특정 사회계층의 위치 변동은 의심할 여지없이 중국 사회의 구조 재편의 특징들 가운데 하나이다), 아울러 현재까지도 해결되지 못한 의문을 세계 자본주의의 발전 방향에 던져 주었다.(중국의 독특한 노선에 대한 논의는 최종적으로는 '자본주의의 역사적 형식과 무관하게 성립된, 현대사회 혹은 현대화에 대해 성찰적 의의를 갖는 현대화 과정이 존재하는가?'라는 문제를 제시했다.) 나는 위에서 제기한 모든 문제들이 오늘날 지식인들의 도덕적 태도 뒤에 숨어 있는 훨씬 심각한 문제라고 생각한다. 이 문제들 자체가 오늘날 중국 사상의 불명확한 상태를 낳은 역사적 원인이다.

세 가지 마르크스주의

오늘날 비판성을 상실한 중국 사상에 대해 논의하자면 먼저 중국 마르크스주의와 현대화 사이의 역사적 관계를 이해할 필요가 있다. 현대화 이론을 바탕으로 중국 문제를 연구한 서양 학자들은 단순히 과학기술 발전이나 전통 농업 사회가 도시화·공업화되는 거대한 변화 정도로 중국의 현대화를 인식하였다.[3] 사실 현대화 이론은 유럽 자본주의의 발전을 통해 현대화의 기본 규칙을 이해한 것이다. 그래서 현대화 과정 역시 늘 자본주의화 과정과 동일시되어 왔다. 마르크스도 현대화란 자본주의 생산방식을 의미한다고 주장했다. 하지만 중국의 상황은 조금 다르다. 오늘날 중국의 현대화 문제는 중국의 마르크스주의자들이 제기하였고, 또한 중국의 마르크스주의는 그 자체가 일종의 현대화 이데올로기였기 때문이다. 즉, 중국의 사회주의 운동은 현대화의 실현을 기본 목표로 삼았고, 또한 그것 자체가 바로 중국 현대성의 주된 특징이었다. 오늘날 중국에서 유행하는 현대화 개념은 주로 정치·군사·과학기술 등이 낙후된 상태를 벗어나 선진적인 단계로 발전하는 것을 가리킨다. 그러나 이 개념은 결코 기술성의 지표만이 아니며, 중국의 민족국가와 현대적 관료제도를 형성하는 것에만 그치지도 않는다. 이 개념은 일종의 목적론적 역사관과 세계관을 의미하기도 하며, 인간 자신의 사회적 실천을 어떤 궁극적 목표에 이르는 길로 이해하는 사유 방식이기도 하다. 그리고 자신의 존재 의의와 자신이 속한 특정 시대를 서로 관련시키는 어떤 태도라고도 할 수도 있다. 바로 이러한 이유 때문에 사회주의적 현대화 개념은 중국 현대화의 제도적 형식과 자본주의적 현대화 사이의 차이를 분명하게 지시할 뿐만 아니라, 하나의 체계적인 가치관까지 제공한다.

중국적 맥락에서의 현대화 개념과 현대화 이론에서의 현대화 개념은 다소 차이가 있다. 이는 중국의 현대화 개념이 사회주의 이데올로기를 지향하기 때문이다. 마오쩌둥 같은 마르크스주의자는 역사의 진보를 믿고, 중국 사회가 현대화의 목표를 향해 나아가도록 혁명, 혹은 '대약진'〔大躍進, 1957년 9월 중국공산당 8기 3중전회(三中全會) 이후, 농업에서 공업에 이르기까지 단기간 내에 생산력 및 생산력을 획기적으로 증가시키려던 운동. 15년 안에 영국을 따라잡는다는 야심 아래 대규모 생산 조직 설립, 소유제의 집단화 제고, 수리 시설 및 중공업 설비 확충 등의 사업을 밀어붙였지만, 지나친 공산화 및 무리한 경제지표 설정으로 인해 오히려 생산량이 저하되는 실패를 맛보았다.—옮긴이〕의 방식으로 이를 촉구하였다. 그가 실행한 사회주의 소유제는 한편으로는 부강한 현대 민족국가 건립을 목표로 하였지만, 다른 한편으로는 노동자와 농민, 도시와 농촌, 정신노동과 육체노동이라는 '3대 차별'을 일소하고 평등을 실현하는 것을 주요 목표로 삼았다. 마오쩌둥은 공유화 운동, 특히 '인민공사'〔人民公社, 1958년 8월 29일 공산당 중앙위원회의 결의에 의해 채택되고 전국적으로 실시된 대규모 농촌 조직체 형식. 생산의 증대를 위해 대규모의 협력 · 조직의 군사화 · 행동의 전투화 · 생활의 집단화를 표방하였음.—옮긴이〕를 설립해서 농업 중심의 국가에서 사회적 동원이 원활하게 이루어지도록 하였고, 나아가 국가의 주요 목표를 위해 사회 전체를 재조직하였다. 국내적으로는 청나라 말과 민국(民國) 정부 시기에 해결하지 못했던 국가 세수(稅收) 문제를 해결하고, 농촌의 생산·소비를 착취하여 도시 공업화의 자원으로 축적하려 하였다. 그래서 사회주의의 원리에 따라 농촌 사회를 재조직한 것이다. 이런 점에서 농촌 공유제의 전제는 도시와 농촌 간의 더욱 심화된 불평등이었다.[4] 한편 대외적으로는 국가 목표에 맞게 효과적으로 사회를 조직해서 낙후된 중국 사회를 하나의 통일된 힘으로 응집시키고 민족주의의 임무를 완성하였다. 마오쩌둥 본인은 자신이 이끈 사회주의 혁명이 쑨원의 민주주의 혁명을 계승·발전시킨 것이라고 여러 차례 언급했는데, 실제로 그 혁명은 19세기부터 이어진 전체 중국 현대화 운동의 기본 문제들을 모두 해결하고, 그 후로 계속될 현대화 운동의 방향까지 제시했다.[5]

마오쩌둥의 사회주의는 현대화 이데올로기이면서 동시에 유럽과 미국의 자본주의적 현대화에 대한 비판이었다. 그러나 그 비판은 현대화 자체에 대한 비판은 아니었다. 혁명 이데올로기와 민족주의적 입장을 바탕으로 한, 현대화된 자본주의 형식이나 단계에 대한 비판이었다. 따라서 가치관과 역사관의 측면에서 마오쩌둥의 사회주의 사상은 자본주의적 현대성에 반하는 현대성 이론이었다. 그리고 3대 차별을 없애려던 그의 사회적 실천은 정치적 결과에서 본다면, 사회가 국가에서 독립해 존재할 수 있는 모든 가능성을 소멸시켰다. 또한 모든 것을 지배하는 미증유의 방대한 국가 체제를 성립시키고, 그 주변에 공산당을 중심으로 한 사회생활의 각 부문들을 배치하였다.

'현대성에 반대하는 현대화론'이라는 속성은 결코 마오쩌둥 사상만의 특징이 아니라, 청 말 이후 중국 사상의 주요한 특징 중의 하나이다. 그리고 '반현대' 경향은 전통적 요소에서 비롯된 것만도 아니다. 오히려 제국주의의 확장과 자본주의 현대사회의 위기가 중국 현대성의 역사적 맥락을 구성했다는 사실이 더욱 중요하다. 중국의 현대화 운동을 추진한 지식인들과 국가기구에 속했던 식자(識者)들은 모두 중국의 현대화 운동이 어떻게 서양의 자본주의적 현대성의 병폐들을 피할 수 있을까 고민하지 않을 수 없었다. 캉유웨이(康有爲)의 대동사상[大同思想, 캉유웨이는 『대동서』(大同書)에서 유사 이래의 인류 사회를 각종 고통이 충만한 사회라고 선포하였다. 또 인류의 고통을 조성하는 원인은 세계에 존재하는 각종 경계와 차별—그런 차별 속에는 국가 간의 차별, 종족 간의 차별, 신분적 차별, 남녀 간의 차별, 가족 간의 차별, 빈부의 차별, 심지어 인간과 동물 간의 차별이 포함된다—이라고 생각했다. 그래서 이런 차별과 경계를 제거하면 어떤 고통도 없는 극락세계인 대동세계를 실현할 수 있다고 보았다.—옮긴이], 장타이옌의 평등 관념, 쑨원의 민생주의와 각양각색의 사회주의자들의 자본주의 비판이 정치·경제·군사·문화 등 각 영역에 마련된 여러 현대적 방안들(현대적인 국가 정치제도와 경제 형태, 문화적 가치 등을 포함하는)과 함께 제시되었다. 심지어 현대성에 대한 회의와 비판 그 자체가 중국 현대성 사상의 가장 기본적인 특징을 만들어 냈다고까지 말할 수 있다. 따라서 중국의 현대성 사상과 가장 중요한 사상가들은 배리적인 방식으로 현대성의 논리와 사회적 실천을 전개한 것이다. 중국의 현대성 사상은 현대성에 대한 비판적 성찰을 포함하였다. 그런데 현대화 과정에서 이처럼 특수한 맥락 속에서 형성된 심오한 사상들은 다른 한편으로 관료제 국가에 대한 두려움, 형식화된 법률에 대한 경시, 절대 평등에 대한 존중 등의 반현대적인 사회적 실천과 유토피아주의를 낳았다. 중국의 역사적 상황에서 현대화는 '합리화' 과정에 대한 거부를 동반함으로써 심각한 역사적 모순을 표출하였다. 마오쩌둥의 경우를 보면, 그는 집권 이후 현대적 국가 제도를 설립하고도 '문화대혁명'이라는 방식으로 이 제도를 파괴하였다. 그리고 공사제(公社制)와 집단 경제를 이용해 경제 발전을 추진하면서도, 한편으로는 자본주의적 현대화가 초래한 사회적 불평등을 피하려 하였다. 또한 공유제 방식으로 사회조직 전체를 국가의 현대화 목표 속에 편입시켜 개인의 정치적 자주권을 박탈했지만, 한편으로 국가기구가 인민 주권을 억압하는 것에 대해 크게 우려하였다. 이렇게 중국 사회주의의 현대화 작업은 반현대성을 특징으로 하는 역사적 내용을 포함하였다. 그리고 분명한 문화적 근원이 있는 이러한 배리적 방식은 중국 현대화 운동의 이중적인 역사적 맥락(현대화의 추구와 서양 현대화의 여러 결과들에 대한 성찰) 속에서 해석되어야 한다.

'문화대혁명'을 끝으로 부단한 혁명과 자본주의 비판을 특징으로 하는 사회주의는 종결을 선언하였다. 그리고 1978년에 시작되어 지금까지도 계속되고 있는 사회주의 개혁운동은 이전의 사회주의에 대해서 다음과 같이 비판했다. 첫째, 이상주의적 공유제와 그것의 평균적 분배제도가 효율성의 저하를 낳았다. 둘째, 파시즘적 행태가 전국적 범위의 정치 탄압을 불러 일으켰다. 그래서 중국의 사회주의 개혁은 과거사를 청산하고 총결하는 동시에 효율성 추구를 핵심으로 하는 운동을 전개해 나갔다. 농촌 공사제를 해체하고 토지청부제도〔承包制, 토지의 사용권을 농민에게 임대하고 수확물 중 국가 소유분을 초과하는 잉여물을 사유하게 한 제도.—옮긴이〕 실시를 시작으로 하여 점차 도시 공업의 청부제도와 주식제도의 실행으로 발전해 나갔다. 그리고 대외적 개방정책을 실천하여 점진적으로 중국을 세계 자본주의 시장 속에 진입시켰다.[6]

개혁의 진전으로 확실히 경제 발전이 가속화되었고, 본래의 사회구조를 뒤바꿔 놓았다. 그러나 그 개혁은 단지 마오쩌둥의 이상주의적 현대화 방식을 포기하고 현대화라는 목표 자체만을 계승한 것은 아니다. 현재의 개혁적 사회주의도 현대화 이데올로기로서의 마르크스주의이며, 또한 실용주의적 마르크스주의라고 말할 수 있다. 개혁 이전의 현대화와는 달리, 중국이 현재 수행하고 있는 사회주의 개혁의 주된 특징은 바로 경제 부문의 시장화이다. 중국의 경제·사회·문화와 현대 자본주의 경제체제를 연결해시 진 지구적인 시장 사회 속에 중국 사회를 편입시켰다. 개혁 전의 사회주의와 비교해 볼 때 현재의 사회주의는 비록 현대화 이데올로기로서의 마르크스주의이기는 하지만, 이미 기본적으로 이전의 반현대적 경향을 띠고 있지 않다.

오늘날 중국 사회의 개혁이 창조해 낸 놀랄 만한 성취는 경제의 범위를 넘어서 심각한 정치적 의미까지 담아냈다. 경제 발전을 통한 중국의 사회주의 개혁은 중국의 근대 민족주의의 역사적 임무를 더욱 완전하게 수행했으며, 과학기술의 발전과 자본주의 시장을 향한 경제 형태의 전환이야말로 역사의 거대한 진보임을 확신하였다. 그런데 "일부 사람들이라도 먼저 부자가 되게 하라"는 구호에서도 엿볼 수 있듯이, 중국의 사회주의 개혁가들은 "일부 사람들이라도 먼저 부자가 되는" 것이 임시방편일 뿐이며 생산관계의 변화와 사회적 자원의 공평한 분배와는 아무 관련이 없다고 생각했다. 사람들은 항상 농촌 개혁에서 '가정청부제'[家庭聯産承包制, 집단 소유의 토지를 생산대의 농가에 임대하고 국가에 대한 책임량을 넘어서는 산출량을 농가가 소유하도록 한 방식.—옮긴이]의 성공이 '경쟁 메커니즘'의 형성 혹은 '효율성 제고(提高)'의 결과라고 설명해 온 반면에 토지 재분배 과정에서 기능한 평등의 원칙이나 그 과정에서 점차적으로 형성된 도시와 농촌의 상대적 평등 관계는 무시하기 일쑤였다. 사실, 공정성과 평등이야말로 중국 농촌의 생산 효율성을 높인 기본적인 요소였다.

농업경제 전문가의 연구에 따르면, 도시와 농촌의 수입 격차는 1978년~1985년 사이에 줄어들다가 1985년부터 커지기 시작했다. 그리고 1989

년부터 1991년까지 농민 수입의 증가 추세는 기본적으로 정체 현상을 보였으며, 도시와 농촌의 수입 격차도 1978년 이전의 수준으로 돌아갔다. 그리고 1993년 이후부터 국가의 식량 가격 인상과 향진(鄕鎭)기업〔주로 농촌 지역의 자본과 노동력을 기초로 해서 해당 지방정부나 개인, 또는 다양한 합작 형태로 설립되고 운영되는 집단 및 개인 기업.―옮긴이〕의 빠른 성장, 수출입 관련 노동자들의 수입 증대 등으로 농촌 수입은 빠르게 증가하였다. 그런데 이런 상황은 현재 도시 노동력의 대규모 잉여 현상으로 인해 변화를 겪고 있는 중이다.[7] 농촌의 경제 발전 상황과 이에 상응하는 사회적 평등(특히 도시·농촌 경제 관계의 평등)은 직접적인 관계가 있다. 한편 농촌 개혁과 비교하여 도시의 시장 개혁과 사유화(私有化) 과정에서 사회적 재화(특히 국유 재산)를 재분배하는데 있어서는, 심지어 절대적 평등 상태에서 '최초 소유자'를 찾아내고 상대적 평등 상태에서 '최종 소유자'를 찾아내는 시장의 규칙조차 준수되지 못했다.[8] 사람들은 바로 이 점을 소홀히 하고 있는데, 효율성을 최고 가치로 삼는 이러한 실용주의가 새로운 사회적 불평등의 조건을 낳았고, 또한 정치적 민주화를 막는 장애 요소를 만들어 낸 것이다. 충분히 공개적이며 민주적인 절차에 따라 사회적 재화가 재분배되었다면, 국유 재산이 이처럼 심각하게 임의적으로 분할되지는 않았을 것이다. 이제 사람들은 사유재산권이 합법화되어 당면한 사회 모순이 해결되는 데 희망을 걸고 있다. 그러나 공정하고 민주적인 조건 속에서 사유화가 진행되지 않는다면, 합법적 과정도 단지 비합법적인 분배 과정을 비호하는 데에 이용될 것이다. 1987년부터 개혁을 둘러싼 일련의 논쟁들이 일어났는데 그 논쟁들의 핵심 쟁점은 결코 현대화의 실행 여부가 아니라 바로 현대화의 방식이었다. 나는 그것을 반현대적 현대화의 마르크스주의 이데올로기와 현대화의 마르크스주의 이데올로기 사이의 투쟁이라고 개괄한다. 이러한 논쟁은 이미 오늘날의 경제적 · 정치적 투쟁의 특징을 해명할 수 없게 되었다.

현대화 이데올로기로서 세 번째 마르크스주의는 공상적 사회주의의 특징을 띠고 있다. 1978년부터 중국 공산당 내부와 일부 마르크스주의자들 사이에서 나타난 '진정한 사회주의'라는 사조이다. 이 사조의 중요한 특징은 휴머니즘으로써 마르크스주의를 개조하고, 그 개조된 마르크스주의로 개혁 전의 주류 이데올로기를 비판해서 현대 사회주의 개혁운동의 이론적 근거를 마련하려는 것이었다. 이 사조는 당시 중국의 '사상해방운동'의 한 부분이기도 했다. 그런데 휴머니즘적 마르크스주의는 국가사회주의가 마르크스의 인간의 자유와 해방에 관한 학설을 망각했다고 비판했다. 그래서 '프롤레타리아 민주 독재'라는 미명 아래 잔혹한 사회적 독재를 자행했다는 것이다. 그리고 이 사조는 사회주의 개혁 사상과도 모순 관계를 이루었는데, 이 모순은 공상적 사회주의와 실용주의적 사회주의 사이의 충돌로 보인다.

중국의 휴머니즘적 마르크스주의가 주로 주목한 이론적 문제는 마르크스가 『1844년의 경제학 · 철학 초고』에서 논의한 '소외' 문제이다. 청년 마르크스는 포이에르바하(Ludwig Feuerbach) 등의 인본주의 철학에서 소외 개념을 계승해 자본주의적 생산관계를 분석하는 데 활용하였다. 특히 가장 중점을 둔 부분은 자본주의 생산과정에서의 노동에 대한 분석과 그 과정에서 일어나는 노동의 소외였다. 중국의 휴머니즘적 마르크스주의는 자본주의적 현대성의 역사적 맥락에서 마르크스의 소외 개념을 분리해 내어 전통 사회주의 비판에 전용(轉用)하였다. 특히, 마오쩌둥의 사회주의의 그 독재적 성격은 전통 봉건주의의 역사적 유물이며, 또한 사회주의 사회 자체의 소외 문제와 연관되었다고 비판하였다. 그러나 사회주의에 대한 이런 성찰은 현대성 문제를 성찰하는 데까지는 이어지지 못했다.

르네상스 이후 서구 휴머니즘의 종교 비판과 마찬가지로 전통 사회주의에 대한 중국의 휴머니즘적 마르크스주의의 비판은 중국 사회의 '세속화' 운동, 즉 자본주의 시장의 발전을 촉진하였다. 이와 같은 특수한 맥락에서 서양의 자본주의적 현대성에 대한 마르크스의 비판은 일종의 현대화 이데올로기로 전환되었고, 아울러 오늘날 중국의 '신계몽주의' 사상의 중요한 구성 요소가 되었다. 중국의 휴머니즘적 마르크스주의의 주된 임무는 마오쩌둥의 반현대적인 현대화 이데올로기와 그 역사적 실천을 분석, 비판하는 것이었다. 그리고 자본주의에 문호를 연 사회주의 개혁 속에서 휴머니즘적 마르크스주의의 추상적인 인간의 자유와 해방의 이념은 결국 현대성의 가치관으로 전환되었다. 즉, 이 사조는 그 자체로 현대화 이데올로기로서의 마르크스주의인 것이다. 따라서 이 사조가 현대화와 자본주의 시장이 낳은 사회적 위기를 분석하거나 비판하는 것은 거의 불가능하다. 시장 사회와 그 규칙이 날로 주도적인 위치를 차지하고 있는 중국의 상황에서 전통 사회주의의 역사적 실천을 비판하는 데 주요 목표를 두었던 비판적 사회주의는 이미 몰락하였다.[9] 중국의 휴머니즘적 마르크스주의가 그 자체의 비판 능력을 새롭게 활성화하고자 한다면, 먼저 인본주의적 지향에서 벗어나 시대적 특수성을 확보한 정치경제학의 기초 위에서 인간에 대해 관심을 가져야 할 것이다.

중국의 신계몽주의

1980년대 중국 사상계에서 가장 활력이 넘쳤던 사조는 '신계몽주의'였다. 처음에 '신계몽주의'는 마르크스주의적 휴머니즘이라는 명세 아래 전개되었다. 그러나 1980년대 초, "정신적 오염을 제거하자"는 운동이 마르크스주의적 휴머니즘을 대상으로 일어난 뒤부터 '신계몽주의'의 사상운동은 점차 지식인들의 급진적인 사회개혁운동으로 바뀌어 갔다. 아울러 민중적·반정통적·서구 지향적 경향을 띠게 되었다. 그런데 '신계몽주의' 사조는 결코 통일적인 운동이 아니었으며, 이 사조에 속한 문학과 철학의 성과는 당시의 정치적 문제와 직접적인 관계가 없었다. 사실 내가 지적하고 싶은 것은 다음과 같은 측면인데, 오늘날 중국의 '계몽사상'이 국가의 목표와 대립되는 사조였고, '계몽적 지식인들'이 국가에 대항하는 정치 세력이었다고 단정한다면, 문화대혁명 종결 이후에 전개된 중국 사상의 기본 맥락을 결코 이해할 수 없다는 것이다. '신계몽주의'는 본래 복잡하게 뒤얽힌 것이고 1980년대 후반에 심각한 분화를 겪기는 했지만, 역사적으로 볼 때 이 사조의 기본 입장과 역사적 의의는 국가 전체의 개혁 작업에 이데올로기적 기초를 제공하는 것이었다. 그런데 중국 정부가 설정한 국가 목표와 중국의 '신계몽주의적 지식인들' 사이의 긴밀한 관계는 점차 서로 어긋나기 시작했다. 오늘날 중국의 계몽사상은 서양의(주로 자유주의와 현대화 이론의) 경제학·정치학·법학과 기타 지식 영역에서 사상적 영감을 얻어 정통 마르크스주의 이데올로기에 맞섰다. 왜냐하면 국가가 추진하던 사회변혁이 시장화 과정을 경유하는 전 지구화의 역사적 행보를 지향하고 있었기 때문이다. 이런 의미에서 '신계몽주의적 지식인들'과 정통파의 대립은 단순히 민간 분야 지식인들과 국가의 대립이라고 볼 수 없다. 오히려 총체적으로 볼 때 그들의 사상적 노력은 국가의 목표와 대체로 일치하였다. 1980년대 중국 사상계와 문화계에서 활약했던 지식인들(이들 중 일부가 1989년 이후 외국으로 도피했다)은 대부분 국가 연구기관이나 대학의 지도자로 중용된 이들이었다. 그들 중 일부는 1990년대 국가 입법기관의 중요한 고급 관료가 되기도 했다.[10]

문제의 복잡성은 더욱이 다음과 같은 점에도 있다. 즉, 개혁은 사회뿐만 아니라 국가도 개조하였고, 아울러 국가 내부에 구조적 분열을 일으키고, 나아가 다양한 정치 집단을 만들어 냈다. 일부 지식인 집단과 국가 간의 대립은 실제적으로 국가 의지 내부의 충돌을 반영하였다. 그리고 이런 모든 복잡한 상황들은 1989년 이후의 중국의 정치 상황과 망명 지식인들의 신분이 변화하면서 가려졌다. 사실상 '신계몽주의적 지식인들'의 사상적 활동과 국가 사이의 내부적 분열의 복잡한 관계는 의식적·무의식적으로 은폐되었으며, 이러한 사실은 1980년대 중국의 사상적 동향을 인식하는 데 있어 중대한 걸림돌이 되었다.

중국의 '신계몽주의'는 더 이상 사회주의의 기본 원칙에 얽매이지 않았다. 프랑스 초기 계몽주의와 영미 자유주의에서 직접 사상적 영감을 받았고, 당시의 중국 사회주의에 대한 비판을 전통과 봉건주의에 대한 것으로 이해하였다. 그런데 '신계몽주의자들'이 의식했든 못했든 간에 '신계몽주의' 사상이 추구한 것은 바로 서양 자본주의의 현대성이었다. 달리 말하면 '신계몽주의'는 정치(국가)를 은유적인 방식으로 비판했는데, 예컨대 개혁 이전에 벌어진 중국 사회주의의 현대화 실천을 봉건주의적 전통에 비유하였다. 그럼으로써 그 역사적 실천의 현대적 내용을 외면하였다. 한편 그 은유적 방식의 결론은 중국의 현대성(사회주의적 방식을 특징으로 하는)에 대한 성찰을 전통/현대의 이분법 속에 놓고, 다시금 현대성의 가치를 분명히 하는 것이었다. 1980년대 사상해방운동에서 중국 지식인들은 '반봉건'의 구호 아래 사회주의에 대해 성찰했다. 그럼으로써 그들은 중국 사회주의의 위기 역시 전체 '현대성 위기'의 일부임을 외면했다. 결국 '신계몽주의'는 전통/현대의 이분법 속에서 자기 정체성을 모색한 까닭에 현대 국가 체제·정당정치·공업화 과정과 이로 인해 생겨난 독재와 불평등의 현상 등이 대부분 '현대적' 현상이라는 것을 돌아보지 못했다.

여러 각도에서 볼 때 중국의 '신계몽주의'와 개혁적 사회주의는 자국을 세계 자본주의 경제체제에 편입시키려는 현실적인 목표에서 많은 공통점이 있다. 전통 사회주의를 봉건주의의 역사적 전통으로 이해한 것은 중국 '신계몽주의'의 단순한 투쟁 전략만이 아니었다. 신계몽주의는 그 속에서 정체성까지 획득했는데, 스스로를 종교적 전제주의와 봉건귀족에 맞섰던 유럽 부르주아 계급의 사회운동과 유사하게 인식하였다. 그리고 이런 자기 인식 속에서 현대화 이데올로기로서의 '신계몽주의'와 마르크스주의의 공통된 가치 지향과 역사 이해 방식이 은폐된 것이다. 그것은 구체적으로 진보에 대한 믿음, 현대화에 대한 동의, 민족주의의 역사적 사명, 그리고 자유·평등이 실현된 이상향이었다. 물론 미래를 향한 과도기로서의 현재 시점에 자신들의 노력과 존재 의의를 연결시키려는 현대적 태도 역시 빼놓을 수 없다.

'신계몽주의'와 개혁적 사회주의의 연관성을 지적하는 것은 결코 이들 사이에 점점 노골화되었던 역사적 모순을 지워 버리기 위해서가 아니다. 또한 특정한 사회집단으로서 '국가'와 구별되는 신계몽주의적 지식인들의 차별성을 부인하기 위해서도 아니며, 지식인들의 독립적 정신이라는 어떤 가치를 부정하려는 건 더더욱 아니다. 나는 여기서 실제의 역사적 관계를 논하려고 한다. 만약 지식인들이 일종의 허구적인 관계 위에서 정체성을 수립했다면, 그들이 어떤 식으로 자신들의 독립성을 옹호하건 간에 그 독립성은 미심쩍은 것이다. 자기 자신조차 정확하게 인식하지 못하는 사람이 정확하게 현실을 파악할 수 있다고는 생각할 수 없는 것이다.

중국의 '신계몽주의' 사상은 총체적인 통일성을 갖추지 못했고, 중국의 마르크스주의에 비해서도 그 사상적 체계성이 훨씬 떨어진다. 사실상 중국의 '신계몽주의'는 번잡하고 광범위한 사회 사조로서 다양한 사상적 요소들로 이루어져 있었다. 그 사상적 요소들은 단지 전통 사회주의를 비판하고, '개혁'을 추구하는 과정에서 결합한 것이었다. 따라서 우리는 이 사회 사조의 기본 측면에 대해 다소 불완전한 귀납을 감행할 수 있다. 왜냐하면 이 사상들은 서로 이질적이면서도 서로 관련되어 중국 현대성의 기획을 모색하고 실천하는 역할을 했는데, 우리는 이를 통해 이 사상들의 기본적 측면을 불완전하게나마 귀납적으로 추론해 볼 수 있다. 그리고 그 현대성의 기획은 경제·정치·법률·문화 등의 영역에서 '자율성' 혹은 주체의 자유를 확립하는 것을 주요 목표로 삼았다. 먼저 경제 부문에서는 전통적인 사회주의 계획경제를 비판하면서, 새롭게 시장경제의 정당한 지위와 상품 유통 과정에서의 가치법칙을 확인하였다. 그리하여 시장과 사유제를 현대 경제의 보편적 형태로 파악함으로써 결국 세계 시장의 목표(경제적 자유로 이해되는)에 중국 경제를 귀속시켰다.[11] 경제개혁 사상은 처음에는 가치법칙 등 고전 경제학(특히 마르크스주의 경제학) 이론에서 영감을 얻었지만, 고전 마르크스주의의 가치법칙 이론 속에 숨겨진 자본주의 비판의 요소는 점차 소실되었다. 그리고 이데올로기적 측면에서는 가치법칙을 현실의 자본주의 시장과 점차 동일시함으로써 지배 형식에 대한 이 개념의 비판적 기능을 잃어버리고 말았다. 정치 부문에서는 새로운 법률 형식과 현대적 관료제도의 확립을 요청하였다. 아울러 언론 자유의 확대를 통하여 인권을 보장하고 통치자의 권력을 제한하는 의회제도(정치적 자유로 이해되는)가 설립되어야만 했다.[12] 그러나 마오쩌둥 시대의 군중운동에 대한 무서운 기억 때문에 많은 사람들은 정치적 민주주의를 주로 '형식적 민주주의', 특히 법제도의 확충으로 이해하였다. 그래서 '민주주의'라는 이 광범위한 사회문제는 상층부의 사회 개혁 방안 내에 삽입되거나, 아니면 법률 조항에 대한 전문가의 수정이나 건의에 그치고 말았다. 결국 민주주의의 필수적 내용이 곧, 대중의 정치 참여라는 사실을 소홀히 하고, 아울러 그러한 정치 참여와 입법 과정상의 상호 관계가 바로 현대 민주주의의 기본 특징임을 완전히 무시한 것이다. 더욱 놀라운 것은 어떤 학자들은 현대 입헌 민주주의 속에 포함된 직접민주주의와 간접민주주의의 의미(이것들이 어떤 형식을 취하든지 간에)를 무시하고 민주적 실천 속에서 직접민주주의가 갖는 의의를 완전히 배척했다는 사실이다. 심지어 민중의 보편적인 참여가 독재정치의 온상이라고 보기도 하였다. 이러한 '민주주의관'은 어떤 의미에서건 민주주의 정신과 배치될 수밖에 없다. 마지막으로 문화 부문을 살펴보자. 어떤 학자들은 과학 정신과 가치관으로 세계사와 중국사의 새 지평을 세우고, 중국 봉건주의 역사 전체를 체계적으로 연구하고 비판해, 이를 바탕으로 전통 사회주의의 실천을 비판하였다.[13] 또 다른 학자들은 철학이나 문학 등의 영역에서 주체성 개념을 논의하여 인간의 자유와 해방을 호소하였으며, 개인주의의 사회적 윤리와 가치 규준(개인의 자유로 이해되는)을 확립하려고 시도하기도 했다. 그들의 주체성 개념은 현대화 과정과 그 이데올로기에 대한 어느 정도의 우려를 포함하기는 했지만, 당시의 맥락에서 그 개념은 주로 개인주의적 특성과 인간의 주체성을 가리켰다. 개인주의적 특성에 대립되는 것은 독재 국가와 그 이데올로기이며 인간의 주체성에 대립되는 것은 자연계 전체인데, 주체성 개념은 중국의 새로운 사회주의 시대를 사는 인간에게 정치적 기본권의 철학적 기초를 제공해 주었다는 데 의의가 있다. 이러한 주체성 개념은 주·객체의 이원론을 기초로 하며, 18~19세기 유럽 계몽주의의 낙관주의적 성향을 짙게 드러낸다.[14] 더욱 주목해야만 할 것은 '신계몽주의'가 개인의 자율성을 모색하는 과정에서 서양의 종교개혁과 고전 철학(특히 칸트의 학설)의 영향을 받았으며, 또한 니체·사르트르 등의 사상가들에게서 영감을 얻었다는 사실이다. 그러나 서양의 현대성에 대한 니체·사르트르의 비판은 중국적 맥락 속에서 생략되고 말았다. 그들은 단지 개인주의와 반권위주의의 상징으로만 여겨졌다.[15] 한편 중국 계몽주의 사상 내부의 충돌은 보통 고전적인 자유주의 윤리와 급진적·극단적인 개인주의 윤리 사이의 이원 대립으로 표현되었다. 주체성 개념은 오늘날에도 내적 가능성을 갖고 있긴 하지만, 만약 이 개념을 이러한 이원적 대립에서 해방시켜 새로운 역사적 조건 속에 자리 매김하지 못한다면, 곧바로 경직되어 비판적 가능성을 잃고 말 것이다. 결과적으로 신계몽주의 사상이 포함하는 비판적 가능성은 1980년대에 활짝 꽃을 피웠지만, 현대화 이데올로기의 틀 속으로 편제되는 과정에서 점차 활력을 잃어갔다. 심지어 중국의 계몽주의 사상 내부에 많은 충돌이 있었고 중국의 계몽주의자들이 어느 정도 계몽주의의 사회적 기능을 의식하고 있었다 하더라도, 비판적 열정이 가득했던 이 사상은 짧은 역사적 시기에 중국 자본주의 문화의 전위로 변모하고 만 것이 아닌가 생각된다.

 1980년대 후반에 사회 통제력이 실질적으로 약화되면서부터 중국의 '신계몽주의'는 점차 내부적인 분화 현상을 드러냈다. 그리고 1989년의 대변화 이후 중국 '신계몽주의' 운동의 내적 동일성은 더 이상 존재하지 않게 되었다. '신계몽주의' 운동과 사회주의 개혁이 추구한 목표의 부분적 일치 덕분에 이 운동의 보수성을 대표했던 인물들은 체제 내 개혁파나 기술 관료, 역시 현대화 이데올로기인 신보수주의의 관변 이론가로 변신하였다. 그리고 급진적이던 이들은 정치적 반대파로 성장하였다. 그들은 자유주의적 입장에서 중국의 인권운동을 주진하고, 정부가 경제개혁뿐만 아니라 정치 영역에서도 서구적인 민주화 개혁을 실행해야 한다고 촉구하였다. 한편 문화 영역에서 '신계몽주의'의 급진파(문화적 전통에 대한 태도를 기준으로 분류되는)는 '현대화'라는 사회적 목표가 초래할 수 있는(벌써 초래했을 수도 있는) 가치상의 위기를 느끼기 시작했다. 그중에서도 예민한 청년 학자들은 기독교 윤리를 근거로 하여 중국 현대 사회사상 속의 가치 문제와 신앙 문제를 제기하였다.[16] 그중에서 가장 분명한 논리는 만약 자본주의가 프로테스탄티즘의 윤리와 관련해 발생했다면, 중국의 현대화 실천은 문화 영역에서 더욱 철저한 변혁을 이뤄야만 한다는 것이다. 이 문제 제기도 베버의 『프로테스탄티즘과 자본주의 정신』이 중국 지식계에 전파된 시기와 맞아떨어진다. 일반적으로 1980년대의 중국의 계몽적 지식인들은 서구적 근대화의 길을 믿었지만, 그들의 가설은 추상적인 개인 혹은 주체성 개념과 보편주의의 입장 위에 구축되었다.

 다만 계몽주의가 분화되어 가는 과정에서 이 보편주의에 대한 의문이 점차 나타났다. 그 최초의 표현은 상대주의적 문화 이론의 등장이었다. 예컨대 1990년대 초기, 일부 선구적 계몽주의자들이 전통의 가치, 특히 유교의 가치를 호소하기 시작했다. 그들은 서구 사회의 각종 발전 모델이 중국의 사회·문화에 적합한 것인가 회의했다. 이런 사상 경향은 특히 일본과 '아시아의 네 마리 용'이라는 한국·싱가포르·타이완·홍콩 등의 사례로 고취되었다. 이들 국가와 지역의 성공적인 현대화를 곧 유교 자본주의의 승리로 간주한 것이다. 그러나 유교 자본주의라는 개념은 세 가지 기본 문제들을 은폐하였다. 먼저 첫 번째, 유교 자본주의는 동아시아 각국이 걸어온 전혀 다른 발전 노선과 유교 문화권 내부의 사회적·역사적 차이를 은폐하였다. 예를 들어 일본·한국·베트남은 모두 유교 문화권이면서도 각기 걸어온 노선은 왜 그토록 다른 것일까? 두 번째, 유교 자본주의는 사실상 자본주의를 유일한 현대화 모델로 간주한다. 유교와 자본주의를 연계시킴으로써 유교적 전통이 현대화를 방해하는 역사적 장애물이 아니라, 현대화 추진의 역사적 원동력이라고 암시한다. 다시 말해 유교적 가치에 대한 향수는 전통주의도 아니고, 자본주의를 억압하는 문화적 힘도 아니라는 것이다. 이 학자들의 눈으로 보면, 유교가 중국의 현대화 과정에서 수행한 역할은 베버가 말한 서구 현대 자본주의에서의 프로테스탄티즘의 역할과 같다. 세 번째, 유교 자본주의는 현대라는 과정 전체와 식민주의 역사 간의 불가분의 관계를 은폐한다. 만약 유교 자본주의를 규범적 모델로 상정한다면, 그것은 현대사를 형성한 기본 동력을 은폐하는 것이 된다. 세계 시장과 그 규칙이 민족국가 내부의 경제 관계에 대해 지니는 구속력이나 규범성은 다른 어떤 힘보다도 근본적이다. '유교 자본주의'도 역시 현대화 이데올로기이다. 서구적 가치를 거부하면서 '유교 자본주의'가 도달하는 곳은 자본주의적 생산양식과 전 지구적 자본주의라는, 곧 그 기원을 서구에 둔 역사 형태에 대한 철저한 긍정이다. 다만 여기에 문화적 민족주의의 기호가 붙어 있을 뿐이다. 중국의 맥락에서 '유교 자본주의'와 현대 중국의 개혁을 추진하고 있는 사회주의는 동일한 문제의 두 가지 다른 표현일 뿐이다.

이러한 '유교 자본주의'와 유사한 입장에서 다른 일부 학자들은 중국 고유의 종족과 지연(地緣)의 힘이 오늘날의 중국 경제 생활에서 지니는 의미를 논증하는 데 주력했다. 그들은 '공동체'나 '집단'을 특징으로 하는 중국의 향진기업이 중국을 자본주의도, 사회주의도 아닌 현대화의 길을 걷게 하는 데에 큰 역할을 한다고 믿었다.[17] 이 '향진기업 현대화론'은 중요한 현실적 근거를 갖고 있다. 지연과 혈연을 핵심으로 하는 집단 소유제가 많은 지역에서 경제 기적을 실현했기 때문이다. 중국의 수정 계몽주의자는 이 향진기업을 일종의 독특한 현대화 모델로 간주하려 했다. 그 이유는 이론적으로 자본주의와 사회주의의 충돌을 피하고, 자본주의의 전 지구화라는 맥락에서 서구의 현대화와는 다른 길을 찾을 수 있기 때문이라는 것이다. 1993년부터 1995년까지 사회 연구에 종사한 일부 연구자는 이에 대한 면밀한 조사를 통해 두드러진 성과를 얻었다. 이 연구자들이 주목한 기본 문제들은 다음과 같다. 인민공사가 해체된 이후 농민들은 조직되지 않은 완전히 자유로운 사회적 개체(개인주의자)가 될 것인가? 개체·사영 경제의 발전은 사유화의 시작을 의미하는가? 시장경제가 발전해도 인민공사 시대의 3급 합작 조직(공사-생산대대-생산대라는 세 수준의 합작 조직.—옮긴이)은 여전히 존속할 것인가? 그렇지 않다면 어떠한 변화가 일어날 것인가? 향촌 사회의 각종 조직 요소 사이에 무질서한 발전 상태가 나타날 것인가, 아니면 질서를 갖춘 통합 상태가 나타날 것인가? 향촌 사회의 조직 통합에는 어떤 특징이 있는가? 연구자들은 면밀한 조사를 통해 공사 해체 이후의 집단·개인 관계의 변화, 농민 개개인과 사회화된 농업 생산 간의 관계, 향촌 조직과 그 네트워크의 변화를 상세히 분석하고 향촌 사회 발전의 사회조직화 추세를 부각시켜 '신집단주의'라는 신개념을 제시했다. 이들의 견해에 의하면 '신집단주의'의 조직 방법은 현대 시장경제의 경쟁 원리를 구현한 동시에 기존의 사회제도와 집단적 부유화의 목표에도 부합된다고 한다. 더구나 전통적인 가족 문화의 정수도 계승하고 '집단(群) 사회'라는 중국 사회의 본질까지 구현하고 있으므로 이것이야말로 중국적 특색을 지닌 사회 발전의 길 그 자체라는 것이다.[18] '향진기업 현대화론'과 '신집단주의' 개념은 모두 인민공사 시대의 역사적 교훈을 잊지 않고 있다. 그런데 그들의 '집단' 소유제 연구는 중국 사회주의의 역사적 실천 과정에서의 집단주의와는 엄격히 구분된다. 그중에서 가장 중요한 차이는 '개인 이익'의 강조일 것이다. 즉 '신집단'이란 개인 이익을 기초로 한 자발적 협력의 산물이다. 그리고 집단과 개인이 공동의 이익·지연·동향 의식을 매개로 유대 관계를 맺는 이 '합작'은 시장경제 추세에 적응해 더욱 효율적으로 경제적 이익을 추구하는 것을 목적으로 삼는다.

향진기업 현대화론과 신집단주의론의 제기는 모두 전 지구적 자본주의라는 역사적 맥락 안에서 이론과 제도를 쇄신하려는 노력이다. '집단'·'합작'·'지연'·'동향 의식' 등의 개념을 새롭게 사용하면서 사회의 생산과 분배 과정에서의 '공평성'과 '평등'의 문제를 명확히 강조하였다. 신집단주의의 이론적 지평에서 보면 중국 농민은 표면상 전통으로 회귀하는 듯하면서도 실제로는 농촌 공업이 급성장하고, 현대적 기업제도가 신속히 발전하는 틈을 타 몇 세기에 걸쳐 폐쇄적이었던 농촌 지역에서 벗어나 시장을 발전시키고 도시화(비국가 자본을 투입한 농촌의 도시화)를 촉진하고 있다. 그 결과 농촌은 중국의 경제개혁을 지속적으로 심화·발전시키는 중요한 추진력이자, 도시의 국유기업 개혁을 위한 안정된 후방 기지로 간주된다. 그리하여 중국 농민이 처음으로 경제개혁의 선두에 서서 중국의 현대화를 추진하고 있는 것으로 설명된다.[19] 그러나 향진기업 현대화론과 신집단주의의 사례 연구는 모두 특수한 사례를 일반화하고 이상화하는 경향이 있다. 이런 이론화의 노력은 성급하게 '비서구적 현대화의 길'을 제시하려고 한 나머지 결국 현대화 이론과 마찬가지로 현대화를 중립적인 기술화의 지표로 이해하였다. 그것이 향진기업의 생산방식과 자본주의 국내시장 및 국제시장 사이의 관계, 그리고 향진기업과 시장화에 주력하는 국가 목표 사이의 관계를 무시하도록 만들었다. 또한 기술적 측면에서 보더라도 향진기업 현대화론과 신집단주의론은 향진기업을 일종의 독특한 현대적 생산 및 사회조직의 모델로 그려 냈는데 이것은 중국 여러 지역의 향진기업과 촌락 조직의 지극히 다양한 발전 방식을 충분히 고려하지 않은 결과이다.[20] 더욱이 '효율' 추구를 주된 목표로 삼는 향진기업의 자원 낭비와 환경 파괴, 노동 보호에 대한 무관심 등과 같은 '현대성의 후유증'도 소홀히 했다.

'향진기업 현대화론'은 향진기업을 이상화하고 생산관계의 내적 모순을 경시함으로써 전통적 사회관계에 대한 계몽주의의 비판을 지양하려 했다. 또한 사회주의 공유제를 대체할 수 있는 유일한 방식이 사적 소유의 자본주의만이 아니라며, 마치 제3의 현대화의 길을 개척한 것처럼 선전했다. 사실 향진기업의 실천을 토대로 하여 중국의 현대성 문제를 이해하는 것은 중요한 근거가 있다. 그러나 이 이론은 중국 경제가 이미 세계 자본주의 시장의 활발한 부분이 되었다는 사실을 전혀 고려하지 않고, 현대성을 그저 중립적인 기술적 지표로 환원해 버렸다. 따라서 이 이론은 현대성 혹은 현대화 그 자체의 문제에 상응하는 진단을 내릴 수 없다. 우리는 다음과 같은 문제를 제기해도 좋을 것이다. 즉, 독특한 사회 모델로서의 향진기업의 활동은 시장에 진입한 이후에도 그 성격을 유지할 수 있을까? 향진기업의 내부적 특징을 이용하여 전 지구적 자본주의에 저항할 수 있다는 사회적 예언은 이해 가능한 하나의 지적 작업이었다. 이 지적 작업은 문화적·통계적 방식으로 중국 현대화 노선의 독자성을 드러내 주었다. 그러나 이 예언의 창조자는 그(그녀)가 언급한 독특성(나는 이 독특성의 존재를 부인하지는 않는다. 중국과 일본, 혹은 미국과 영국 간에 차이가 존재함을 부인하지 않는 것처럼)이 지금 전 지구적 자본주의의 시장 관계 위에서만 수립될 수 있다는 사실을 망각하였다. 그것은 다만 '중국적 특색을 지닌 현대화론'에 불과하고, 그것은 모두 현대화의 목적론적 틀 안에서 논증되어 수립되었다. 최근 몇 년간의 사회 발전 과정에서 쟝쑤(江蘇)·저쟝(浙江)·광둥(廣東)을 비롯한 많은 지역에 있는 향진기업의 구조에 중요한 변화들이 생기고 있다. 그중 하나는 집단 기업이 사유화되는 것이고, 나머지 하나는 합자화, 즉 초국적 자본과 새로운 경제체제를 결성하는 것이다. 따라서 향진기업이 과연 현대화의 또 다른 길인지, 아니면 현대화의 한 모델일 뿐인지는 지속적으로 깊이 관찰할 필요가 있다. 그리고 한 발 더 나아가 나는 향진기업의 형식이 분명 중국의 현대화, 특히 공업화의 길과 서구 등 다른 국가들이 걸어왔던 길 사이의 중요한 차이를 보여 주는 것이라고 본다. 이를 근거로 제기된 향진기업 현대화론은 서구 자본주의를 유일한 모델로 보는 견해를 비판했고, 이런 점은 이론적·실천적으로 중요한 의미가 있다. 그러나 이 이론 역시 여전히 효율성을 기준으로 삼았기 때문에 다음과 같은 문제들을 언급하지는 못했다. 즉 향진기업의 생산과 분배 제도가 경제적 민주주의를 확대할 수 있는가? 향진기업의 문화는 경제적 민주주의를 보장하는 정치적 민주주의와 그 제도를 수립하는 데 유리한가? 향진기업의 생산방식은 자연 생태계를 보호할 수 있는가? 향진기업의 조직 방식은 사회의 정치 참여 능력을 높이는 데 유리한가? 향진기업은 전 지구적 자본주의의 맥락에서 (국내적이며 국제적인) 경제적 평등을 위한 제도적·윤리적 기초를 창조할 수 있는가? 이런 물음 앞에서 이 이론의 비판적 성격은 커다란 한계가 있다. 즉, 향진기업 현대화론은 향진기업의 경제구조와 경영 원리를 통해 현대의 사회경제와 정치활동 과정을 결코 비판하지 못한다.

1980년대의 계몽 사조는 중국 사회 개혁을 위한 강력한 해방의 힘이 되었다. 이것은 당시나 지금이나 중국 지식계를 지배하는 주된 사상 경향이다. 그러나 중국에서 가장 활력 있는 사상 자원이었던 계몽주의는 급속히 변화하는 역사적 맥락 속에서 점차 애매모호한 상태에 빠지면서 나날이 현대 중국 사회를 비판하고 진단하는 능력을 잃어 가고 있다. 하지만 그렇다고 해서 중국 신계몽주의의 사상적 명제가 완전히 그 의의를 상실했다는 것은 아니다. 또한 1980년대의 사상운동이 이미 그 목적을 달성했다고도 보지 않는다. 나는 단지 중국의 계몽주의가 이미 자본화된 사회에 직면했다는 사실을 말하고 싶다. 즉 시장경제가 이미 주된 경제 형태가 되었고, 중국의 사회주의 경제개혁은 중국을 전 지구적 자본주의의 생산관계 속으로 끌어들였으며, 이러한 자본주의화 과정에서 국가와 그 기능도 비록 철저하지는 않지만 매우 중요한 변화를 겪고 있다. 자본주의적 생산관계는 이미 자신의 대변자를 만들었기 때문에 가치 창조자로서의 계몽 지식인의 역할은 심각한 도전에 직면해 있다. 더욱 중요한 것은, 계몽적 지식인이 한편으로는 상업 사회가 만들어 낸 배금주의·도덕적 부패·사회적 무질서에 분개하면서도, 다른 한편으로는 목표로 삼았던 현대화 과정에 이미 자신이 위치해 있음을 인정할 수밖에 없다는 사실이다. 중국의 현대화 혹은 자본주의 시장화는 계몽주의를 자신의 이데올로기적 기초와 문화적 전위로 삼았다. 계몽주의의 추상적 주체성 개념과 인간의 자유·해방이라는 명제는 마오쩌둥의 사회주의 실험을 비판할 때는 강력한 역사적 능동성을 발휘하였다. 그러나 자본주의 시장과 현대화 과정 자체의 사회적 위기에 직면하게 되자 그만 무력함을 드러내고 말았다.

계몽주의의 자세를 견지하려는 일부 인문학자들은 현실의 자본주의화 과정이 만들어 낸 사회문제를 추상적인 '인문 정신의 몰락'으로 결론지었다.[21] 그들은 새롭게 서양과 중국의 고전 철학으로 돌아가 궁극적 관심과 윤리 규범을 탐구함으로써 결국 안심입명(安心立命)을 목적으로 하는 개인적 도덕 실천으로 문제를 구체화하였다. 이러한 역사적 맥락에서 보면 계몽주의는 다만 신성한 도덕적 자세에 지나지 않는 듯하다.(그런데 그것은 일찍이 반도덕을 특징으로 하였다.) 계몽주의의 추상적이고도 모호한 범주들은 곳곳에 있는 자본의 활동과 현실적인 경제 관계를 분석하는 데 무력하기 때문에 이미 전 지구적 자본주의의 일부가 된 중국의 현대성 문제를 진단하고 비판할 능력을 상실하였다.

더욱 중요한 것은 이른바 '인문 정신'이란 무엇인가 하는 점이다. 만약 그것이 진정 상실되었다면 어떠한 힘 때문인가? 계몽주의 사상가들은 '합리화' 과정이 자연에 대한 통제를 강화할 뿐만 아니라 인간의 주체적 자유, 도덕과 정의의 진보, 인류의 행복도 촉진해 줄 거라고 과신했다. 그러나 그러한 신념은 심각한 의문에 직면하고 있다. 따라서 만약 '인문 정신의 몰락'을 논의하고자 한다면, 먼저 그러한 몰락과 중국의 '신계몽주의'가 힘을 쏟은 현대화 운동 간의 역사적 관계를 분명히 해야 한다.

'인문 정신'을 둘러싼 논쟁은 1994년 초에 시작되어 일 년 이상 계속되었다. 그런데 많은 이들 중에서도 다음과 같은 문제를 언급한 사람은 없었다. 만약 '인문 정신'이 1980년대 지식인의 사상과 운동에 직접 관련되어 있었다면, 1989년 이후의 급격한 사회변동은 어떻게 독특한 집단으로서의 '지식인들'을 해체했는가? 중국 '지식인'의 사회적 신분을 변화시킨 그러한 사회변동에는 현대사회에서 날로 분업화되어 가는 직업 과정, 현대 기업과 회사 내부의 관료화의 진전, 국가 체제 내부의 기술 관료화, 그리고 사회적 가치 정향의 전이가 포함된다. 본래의 지식인 계층은 전문가·학자·경영 관리자·기술 관료 등으로 분화되어 날로 발전하는 중국 사회의 관료제도 안에 조직되고 있다. 지식인 계층의 변화를 불러온 사회적 조건을 회피하는 원인 가운데 하나는 바로 오늘날의 지식인이 변화한 원인을 어떤 '정신' 몰락의 결과로 보는 등, 사회 과정 자체에 대한 '계몽주의' 지식인들의 모호하면서도 모순된 태도이다.

바로 그러한 모호성에 대해서 중국의 '포스트모더니즘'은 서구의 포스트모더니즘을 곧바로 받아들여 중국의 '신계몽주의'를 비판하기 위한 무기로 삼았다. 그런데 '중국 포스트모더니즘'은 중국의 '계몽주의'보다도 더 모호하다. 중국의 '포스트학'(後學) 논의에는 수없이 많은 잡다한 요소가 혼재되어 있기 때문에 이 지면에서 그것을 전면적으로 분석하는 것은 불가능하다. 여기서는 '포스트학'의 중심인물들이 쓴 대표적 문장을 분석해 보려 한다. '중국 포스트모더니즘'은 서구, 특히 미국의 포스트모더니즘의 영향을 받아 형성되었으나 그 이론적·역사적 함의는 크게 다르다. 나는 여전히 '중국 포스트모더니즘'을 현대화 이데올로기의 보완 형식으로 보고 있다. '중국 포스트모더니즘'의 주된 이론적 원천은 포스트구조주의·제삼세계론·포스트콜로니얼리즘이다. 그런데 '중국 포스트모더니즘'은 중국의 현대성을 역사적으로 분석하지 않았고, 중국과 서양 현대 문화의 역사적 관계를 세밀하게 분석하지도 않았다. 문학 영역에서의 해체 작업은 과거에 계몽주의가 한 역사 비판과 마찬가지로 역사적 대상이 모두 중국 근·현대 혁명과 그 역사적 원인이었다. 다소 다른 점이 있다면, 그들은 계몽주의의 주체성 개념을 비웃으면서 그 개념을 특정한 역사적 맥락에서 분석하지 않았다. 중국의 포스트모더니스트가 '계몽주의'의 역사적 태도를 비웃을 때, 그들은 다만 하나의 역사 과정이자 사회운동이었던 '계몽주의'가 어떻게 시의에 맞지 않게 되었는가를 지적할 뿐이다.

왜냐 하면 그들은 이미 상업화된 매체가 지배하는 소비주의의 '포스트모던' 사회에 살고 있기 때문이다.

포스트콜로니얼리즘은 서구(주로 미국)의 문화제도 내부의 자기비판으로 이해될 수 있다. 이것은 주변 문화의 입장에서 서구 중심주의 문화를 비판한 것이며, 문화와 지식의 영역에서 식민주의의 표현 형식을 폭로한 것이다.(포스트콜로니얼리즘 그 자체에 대한 검토는 이 글의 임무가 아니다.) 이 안에는 식민지 민중이 식민주의자에게 저항하기 위해 서구의 민족국가론을 차용한 복잡한 과정도 포함되어 있다. 그런데 '중국 포스트모더니즘'의 문화 비판에서는 포스트콜로니얼리즘 이론이 뜻밖에 민족주의 담론과 동일시되어, 중국 현대성 담론 특유의 '중국 대 서양'의 이원 대립적 담론 모델을 강화하기도 했다. 예컨대 중국의 포스트콜로니얼리즘 비평가이면서 주변부의 입장에서 중국의 한족(漢族) 중심주의를 분석한 논자는 한 사람도 없다. 하지만 포스트콜로니얼리즘의 논리에서 본다면 이런 실천이야말로 의미 있는 것이다. 중국의 일부 포스트모더니스트들이 포스트모던 이론을 이용하여 서구 중심주의를 비판할 때, 실제로 그들의 논증이 중국이 다시 중심의 지위에 복귀할 가능성과 이른바 '중화성'(中華性)을 구축하기 위한 것이었다는 사실은 풍자적이다. 이러한 전형적인 모더니즘의 서사(비록 포스트모던의 깃발을 걸고는 있으나)에서 중국의 포스트모더니스트들이 말하는 이른바 '중화성'에 대한 미래 예언은 '전 지구화' 과정에서 중국의 위치 변화를 언급하지 않았을 뿐만 아니라, 21세기에 관한 전통주의자들의 예언이나 기대와 완전히 일치하였다.[22] 이것은 결코 놀랄 만한 일이 아니다.

중국 포스트모더니즘의 또 다른 특징 가운데 하나는 대중문화의 이름 아래 욕망의 생산과 재생산이라는 허구를 대중이 필요로 한다고 보면서,

시장화 과정에서 자본의 제약을 받는 사회형태를 중립적이며 이데올로기의 지배를 받지 않는 '새로운 상태'(新狀態)라고 해석하는 점이다.[23] 이 이론적 분석은 대중문화 내부의 다양한 수준과 영역에 대한 조사와 분석을 결여하고 있을 뿐만 아니라, 상업적인 소비주의 이데올로기를 적절하게 해석하고 비판하지 않았다. 중립화된 욕망과 상태, 그리고 인민과 대중문화라는 이름으로 지식인이 그 자신이 속한 집단을 공격할 때, 소비주의를 주요 내용으로 하는 시장 이데올로기는 포스트모더니즘 이론을 끌어들여 자신을 정당화할 것이다.

'중국의 포스트모더니즘'이 부정한 것은 '신계몽주의'의 엄격한 사회·정치 비판이었다. 그들은 모든 가치의 구조를 해체한다고 하면서도 현대 생활의 주요 특징을 구성하는 자본의 활동은 분석하지 않았고, 또한 자본의 활동과 중국 사회주의 개혁운동의 관계에 대해서도 평가하지 않았다. 그들이 통상 지칭하는 '관변 또는 주류 문화 대 대중문화'라는 이원 대립적 도식으로는 자본의 활동을 통해 형성되는 양자 간의 복잡한 관계 역시 그러내기 힘들다. 그런데 그 관계야말로 현대 중국의 사회·문화의 주된 특징 중 하나이다.

사실상 중국 포스트모더니스트들은 바로 '시장화'에 희망을 걸었다. "시장화는 '타자화'에 대한 우려를 누그러뜨리며 민족문화가 자기 위치를 정립할 수 있게 하는 새로운 가능성을 의미한다." "시장화의 결과로 반드시 낡은 '위대한 서사'가 만들어 낸 불균형 상태가 극복되고, 이 불균형이 만들어 낸 사회적 동요와 문화 상실이 통합될 가능성이 생길 것이며", "또한 새로운 선택 가능성과 민족의 자기 확인, 그리고 자기 발견의 새로운 길이 제공될 것이다."[24] 이른바 '시장화'란 시장에 대한 일반적인 찬성이 아니라 전체 사회의 작동 원리를 시장의 궤도에 진입시키는 것이다. 따라서 시장화는 경제학의 한 범주가 아니라 정치·사회·문화·경제를 포괄하는 범주이다. 1990년대의 역사적 상황에서 중국 소비문화의 발흥은 단순히 경제적 사건이 아니라 정치적 사건이었다. 왜냐 하면 이 소비주의 문화가 대중의 일상생활에 침투해 실제로 현대 이데올로기의 재정체성 과정을 완성했기 때문이다. 이 과정에서 대중문화는 체제 이데올로기와의 상호 침투를 거쳐 오늘날의 중국 이데올로기에서 지배적 지위를 차지하였는데, 반대로 지식인의 비판적 이데올로기는 배제되고 희화화되고 말았다. 일부 포스트모더니스트들이 채용한 강단 정치식의 비판 방식 속에는 그들의 문화 정치적 전략이 숨어 있다. 즉 대중문화(대중의 허구적 욕망과 시장화된 문화 형태)를 옹호하고 엘리트 문화를 배제하는 그들의 자세는 다시금 중심, 즉 중국 특색의 사회주의 시장으로 회귀한다. 중국의 포스트모더니즘 문화 비평의 일부는 이미 중국 대륙 특유의 시장 이데올로기의 효과적인 부분이 되었다.

현대 중국의 상황에서 사상계나 지식계는 앞서 말한 문제를 해결하는 데 매우 무력하다. 단지 중국 대륙에서 구미로 유학 간 젊은 중국인 연구자들과 그들의 중국 내 협력자들 중에서 분석적 마르크스주의 등 서구 이론을 이용해 문제를 제기하려는 사람들이 나타났다. 비록 많은 학자들은 중국 현대사를 이해하는 그들의 방식에 대해 불만을 느끼고 있지만, 나로서는 그들의 문제의식이 날카로운 현실 감각을 갖추고 있다고 생각한다. 이 젊은 학자들은 방법론에서도 중국 대 서양이라는 이원론적 도식으로 중국 문제를 논의한 계몽주의의 방식을 어느 정도 뛰어넘고 있다. 그들이 생각한 문제는 냉전의 종식과 밀접하게 관련되어 있는데, 그 주된 출발점은 다음과 같다. 냉전 시대의 낡은 개념적 범주로는 더 이상 중국과 세계의 수요를 만족시킬 수 없으며, 시대는 제도의 쇄신과 이론의 쇄신을 요구하고 있다는 것이다. 이들의 대표자들은 '신진화론'(New Evolutionary Theory)·'분석적 마르크스주의'(Analytical Marxism)·'비판 법학'(Critical Legal Studies)에서 유익한 점을 받아들였다. 그리고 중국의 두터운 도양을 기반으로 하여 이미 중국에 출현한 제도와 이론석 쇄신의 맹아를 가꿔 나가고자 하였다. 이른바 '신진화론'은 '사회주의 대 자본주의'라는 전통적 이분법을 뛰어넘어 향진기업이나 농촌 조직 형태 같은, 중국 사회주의 경제제도가 남겨 놓은 요소들을 제도 쇄신을 통해 발전시키자고 주장하였다. 그리고 로머(John Roemer)·세보르스키(Adam Przeworski) 등 미국 학자들이 제기한 '분석적 마르크스주의'를 중국에 도입한 목적은 마르크스의 학설을 엄격히 해석해 오늘날의 조건에서 인류의 전면적 해방과 개인의 전면적 발전이라는 이상을 실현하기 위해서였다. 이 중에서 가장 핵심적인 사상은, 사회주의 사상이 줄곧 수많은 인민의 '경제적 민주주의'를 통해 사회 자원에 대한 소수 경제·정치 엘리트의 지배를 대체해 왔다는 것이다. 사실 이 이론이 제기된 것은 과거의 러시아와 현재 중국이 실시하고 있는 국유 자산의 주식화 혹은 사유화 운동을 비판하기 위해서였다. 따라서 이들의 관점은 정치적 민주화야말로 공유 자산을 소수가 '자동적으로 사유화' 하지 못하게 하는 필요조건이며, 만약 '자본주의적 민주주의'가 '자본주의'와 '민주주의'의 타협이라면 사회주의는 곧 경제적·정치적 민주주의의 동의어라고 주장하는 것이다.

한편 '비판 법학'이 이뤄 낸 중요한 이론적 성과는, 18세기 이후 서구 민법의 핵심 내용인 절대적 재산권, 즉 재산의 '최종 소유자'가 갖는 재산에 대한 배타적 처분권이 이미 해체되고 있다는 것을 보여 준 점이다. 이 이론이 중국적 맥락에서 지니는 의의는 경제적 민주주의를 어떻게 확대하고 대규모 사유화 운동을 어떻게 억제할 것이냐는 것과 관련된다. 그들 자신의 관점에서 본다면 그것은 곧 개념적 수준에서 '사유제와 국유제'의 이분법을 넘어 '집중된 재산과 권력의 분리와 재편'을 통해 어떻게 경제적 민주주의를 확대하고, 나아가 생명과 자유의 권리를 어떻게 재산권보다 중요한 헌법적 지위에 둘 것이냐는 점이다. 결국 '신진화론'·'분석적 마르크스주의'·'비판 법학'을 이론적 기초로 삼는 중국 학자들은 경제적 민주주의와 정치적 민주주의를 지도 사상으로 삼아, 이것이 아니면 저것이라는 이분법을 초월하여 다양한 제도 쇄신의 기회를 모색하고 있는 것이다.[25]

앞으로도 사회주의나 자본주의 개념을 계속 사용할지 그 여부는 중요하지 않다. 오늘날 중국 사회가 직면하고 있는 문제들도 자본주의나 사회주의 같은 개념들을 사용해 간단히 설명하기 힘들다. 문제는 현대 중국 사회가 직면하고 있는 문제를 진정 언급할 수 있는지, 그리고 구체적 상황 속에서 신중하고 깊은 분석을 수행할 수 있을까 하는 점이다. 중국에서 새로운 마르크스주의의 출현은 미국 대학의 경제학·사회학·법학 분야의 마르크스주의 사조와 깊은 관계가 있는데, 이것 역시 이른바 전 지구화의 조건 아래 있는 '이론적 여정'이라고 볼 수 있다. 그런데 구체적 역사 과정을 무시한 채 간단히 서구 이론을 들여온 것은 차치하고라도, 이들의 연구는 지나치게 경제 영역에만 관심을 두고[26] 상대적으로 문화 영역에 대한 관심이 취약한 것이 주된 결점 중 하나이다. 중국의 새로운 마르크스주의는 경제적 민주주의 문제를 제기했지만, 아직 문화적 민주주의의 문제는 논의하지 못하고 있다. 시장이라는 조건에서 문화 자본의 활동은 전체 사회 활동의 중요한 일부이다. 그리고 문화 자본의 통제와 미디어의 장악은 사회의 기본적인 문화 경향과 주류 이데올로기의 지향을 결정한다. 예컨대 오늘날 가장 중요한 미디어는 텔레비전 시스템이다. 미디어가 국가의 통제를 받고 있으면서 텔레비전 드라마 제작은 시장화되고 있는데, 대중문화와 국가 사이에 형성된 이러한 결합은 문화적 민주주의의 내재적 메커니즘을 만들 수 있을까? 많은 중국 지식인들은 '시장화'가 자연스레 중국 사회의 민주주의 문제를 해결해 줄 수 있으리라 낙관하고 있다. 이것은 실로 순진한 환상이 아닐 수 없다. 미디어와 대중문화가 상당히 발전한 오늘날 중국의 환경, 특히 문화 생산과 국내외 자본의 활동이 긴밀해진 이 시대에 문화 생산 및 문화 자본에 대한 분석을 생략한다면, 그 사회와 문화의 복잡성을 진정으로 이해하지 못한다. 새로운 마르크스주의는 특별히 경제적 민주주의를 중점적으로 분석하는 반면 문화적 민주주의 문제에 대해서는 기본적으로 무관심한 듯하다. 이것은 중국의 현대화라는 목표와 현대화 이론이 그들에게 잠재적으로 영향을 주고 있기 때문이다. 중국적 맥락에서 국가기구와 시장의 관계는 서로 복잡하게 얽혀 있다. 문화의 생산은 한편으로는 국가기구의 제약을 받고, 다른 한편으로는 경제 자본과 시장의 활동에 의해 제약된다. 그러나 경제와 시장 그 자체는 지금까지 국가 영역에서 분리되어 있지 않았다. 그런데 오늘날에 문화 생산은 전체 사회 재생산의 일부이다. 따라서 문화 문제를 분석하려면, '경제적 토대'와 '상부구조'라는 마르크스의 이분법을 뛰어넘어 문화를 전체 사회의 생산과 소비 과정의 유기적 부분으로 이해할 필요가 있다. 다시 말해 중국 연구자의 문화 비판은 사회·정치·경제 과정의 분석과 연관될 필요가 있고, 방법론에서도 문화 분석과 정치·경제 과정이 결합될 수 있는 지점을 찾을 필요가 있다. 그런데 이에 대해 체계적인 이론과 관점을 제기하는 연구자는 아직 거의 없다. 왜냐 하면 진정한 이론적 창조에는 수많은 경험적 분석과 역사 연구가 필요한데, 후자와 관련된 작업이 아직 상당히 부족하기 때문이다. 하지만 그렇다고 해도 경제적 민주주의나 정치적 민주주의를 쟁취하려는 투쟁과 문화적 민주주의를 쟁취하려는 투쟁이 사실상 동일하다는 기본적 결론은 변함이 없다.

중국 사회에서 경제적 민주주의에 관한 논의는 곧 사회 전체의 분배제도와 생산양식과 관련되어 있으므로 정치적 민주주의와의 관련 역시 피할 수 없는 문제이다. 이러한 의미에서 경제적 민주주의와 문화적 민주주의에 대한 논의는 정치적 민주주의를 논하는 데에 그 실질적인 내용을 제공한다. 1990년대 이후 정치적 민주주의에 관한 논의는 두드러지게 감소했다. 왜냐 하면 이 주제는 여전히 금기로 가득 차 있기 때문이다. 이밖에도 냉전 종식 이후의 상황에서 어떻게 민주주의를 정의하고, 현실에 적합한 사회적 실천의 목표를 설정해 나아갈 것인가도 숙고해야 할 문제이다. 정치적 민주주의에 대한 해석은 서로 다른 문화적 가치관에서 영향을 받을 뿐만 아니라, 다른 한편으로는 국제 경제 · 정치 관계와도 밀접하게 관련된다. 그리고 중국의 독특한 시장 사회 형식 안에서 경제적 민주주의, 문화적 민주주의와 무관한 정치적 민주주의의 문제는 존재하지 않는다. 따라서 우리는 1990년대의 민주화 문제에 새로운 사회적 내용이 더해졌으며, 경제적 민주주의를 논의할 경우 정치적 민주주의 문제를 피해 갈 수 없다고 말할 수 있다.

중국의 민주화를 둘러싼 토론은 어떻게 하면 개인의 자주성과 정치 참여 능력을 보장할 것인가 하는 점에 집중되었다. 중국 지식계는 서로 다르지만 상호 관련성을 갖는 두 측면에서 이 문제에 접근하였다. 첫 번째 측면은 경제적 자유주의에 대한 논의이다. 사유화 운동과 향진기업의 발전, 외국 자본의 활동으로 인해 중국 사회의 경제구조는 매우 복잡해졌다. 그러나 여전히 많은 경제학자들은 시장과 시장의 활동이 일종의 '자연적 과정'이므로 자동적으로 민주주의의 실현으로 나아가리라 믿고 있다. 그들은 "시장의 논리란 개인 권리의 자유로운 거래이고, 국가 관념이란 공공 권력의 강제적 행사이다.…… 전자는 개인의 자유권 확립과 보장을 기초로 하고 있고, 후자는 공공 선택의 결과를 전제로 하고 있다. 따라서 시장 자체의 빌진은 개인에게 충분한 사유권을 보상할 것이다."[27]라고 주장한다. 이러한 경제적 자유주의의 논의에 의하면, 개인의 권리는 시장의 논리를 통해 보장되고 시장은 비록 국가와 복잡한 관계를 갖지만 기능적으로는 국가권력의 과도한 확장을 제한할 수 있다고 여겨진다. 이와 같은 이상주의적 논의는 국가가 시장과 사회에 간섭하는 것을 반대한다. 그러나 만약 국가가 완전히 시장 바깥의 존재이며 개인에 대한 직접적 대립물이라면, 우리는 어떤 범주로 시장 내부에 존재하는 지배력을 설명할 수 있단 말일까? 경제적 자유주의의 논의는 중국의 시장 형성과 국가의 개혁 계획 사이의 관계를 은폐하고 자연적 범주인 '시장' 개념을 만들었지만, 반면에 시장 관계 내부의 지배-피지배 권력관계를 분석할 수 있는 능력을 상실하였다. 이러한 권력관계는 사회적 부패와 불평등한 사회적 자원 분배의 주된 원천이다.

계획/시장의 이원론에서 '시장' 개념은 '자유'의 원천으로 상정되었다. 그러나 이 개념은 시장과 시장 사회의 구별을 모호하게 만들었다. 만약 시장이 투명하고 가치법칙대로 작동하는 교환의 장소라면, 시장 사회는 시장의 법칙을 이용해 정치·문화와 우리의 모든 생활 영역을 지배하려 한다. 시장 사회의 활동은 독점적인 상부구조와 분리될 수 없다. 이러한 의미에서 '시장' 개념은 현대사회의 불평등 관계와 그 권력 구조를 은폐하고 있다. 월러스틴이 브로델의 학문적 공헌을 총괄하면서 지적한 것처럼, "어떤 정치적 보장 없이 경제를 지배한다는 건 영원히 불가능한 일이다.…… 국가의 지원이 없거나 심지어 국가에 반대하고 있는 상황에서

(브로델이 정의하고 있는 의미에서의) 자본가가 될 수 있다고 생각하는 것도 완전히 허황된 생각이다."[28] 만약 자본주의를 작동하게 하는 구성 요소 중 하나로 국가를 인정한다면, 현대 중국 지식계의 정치적 상상력을 지배하고 있는 경제적 자유에 대해 다시 그 경계를 정해야 하지 않을까? 그리고 국가가 경제에 관여하는 정도에 따라 경제적·정치적 민주주의를 설명하려는 시도는 대체 누가 국가 행위의 수익자인가 하는 문제를 다시 논증하는 것일 뿐이지 않을까?

두 번째 측면은 시민사회와 공공 영역에 관한 논의이다. 점점 더 많은 사람들이 느끼고 있듯이 시장은 결코 국가 밖의 모든 것을 가리키지는 않는다. 시장-국가의 관계에서도 중개자로서의 '사회'의 역할이 있어야만 힘의 균형이 유지될 수 있다. 하버마스 등의 영향으로 많은 이들이 시민사회와 공공 영역의 범주에 주의를 기울이고 있다. 그들은 중국 사회에 시민사회가 출현하고 있다고 생각하거나, 혹은 중국에도 서구식 시민사회가 형성되어야 한다고 호소한다. 이때 그들이 생각하는 시민사회의 역할은 개인의 자유권을 보장하고 국가의 과도한 간섭을 억제하는 것이다. 만약 이러한 논의를 규범적 형식을 이용한 정치적 민주주의를 추구하는 것이라고 파악한다면, 우리는 어느 정도 이 논의에 동감하고 이해할 수 있다. 하지만 이런 규범적 연구를 일종의 구체적이며 현실적인 경로 혹은 경험으로 간주한다면, 이 이론은 불가피하게 자기모순의 곤경에 빠지고 말 것이다. 중국의 시장화 개혁은 줄곧 강력한 국가의 존재와 관련되어 왔다. 과연 국가 주도로 형성된 이른바 '시민사회'가 국가/사회의 양극 구조 안에서 많은 사람들이 기대한 것 같은 역할을 발휘할 수 있을지 의심스럽다.[29] 예컨대 정치 엘리트와 그 자제들 중에는 경제활동에 직접 종사하는 사람이 많다. 심지어 큰 회사와 기업의 대리인인 경우도 많다. 우리는 이들을

'시민사회'의 대표자로 볼 수 있을까? 이것은 이미 중국이 경제 엘리트와 정치 엘리트가 결합된 사회구조로 형성되어 있음을 보여 준다. 그들은 또한 국제적 경제활동에도 직접 참여하고 있다. 중국에서 이미 드러나고 있는 심각한 부패 스캔들은 모두 고급 정치 관료나 그 자제가 국내외의 경제 활동을 하는 과정에서 일어난 불법 행위이다. 그런데 더욱 중요한 것은, 이러한 논의가 '사회'의 기능에 더욱 주목하면서도 사회 범주의 대립적 측면인 '국가' 범주에 대해서는 거의 연구하지 않는다는 사실이 무엇을 의미하는가이다. '국가' 범주는 철저하게 '사회'의 바깥이나 상부에 존재하는가 아니면 '사회'와 상호 침투적인가? 또한 '국가'는 내부적으로 특정한 공간을 포함하고 있는가? 그런 공간들은 특정한 조건에서 어떠한 비판적 공간으로 불릴 수 있는 가능성이 있는가?

　이 문제도 사회와 정치의 비판적 공간을 어떻게 형성할 것이냐 하는 문제와 연관되어 있다. 그리고 이 측면에서 일부 연구자는 미디어나 인쇄 문화와 같은 문화 생산 영역에 관심을 보인다. 왜냐 하면 오늘날 이 영역에서 '민간' 잡지나 '독립' 영화의 제작자와 그들의 문화적 생산물이 출현하고 있기 때문이다. 1989년 이후 『학인』(천핑위엔〔陳平原〕·왕서우창〔王守常〕·왕후이 주편)[30]을 시작으로 하여 『중국 사회과학계간』(中國社會科學季刊, 주간 덩정라이〔鄧正來〕)[31]·『원도』(原道, 주간 천밍〔陳明〕)[32]·『공공논총』(公共論叢, 편집자 류쥔닝〔劉軍寧〕·왕옌〔王焱〕·허웨이팡〔賀衛方〕)[33] 등 일련의 '비관변' 학술 잡지와 『전략과 관리』(戰略與管理, 주간 친자오잉〔秦朝英〕, 공동 주간 양핑〔楊平〕·리수레이〔李書磊〕)[34]·『동방』(東方, 주간 종페이장〔鐘沛璋〕, 부주간 주정린〔朱正琳〕)[35] 등 '관변'과 '비관변' 사이의 중간 성격의 잡지도 등장하였다. 중앙 텔레비전 방송국의 특집 프로그램인 '동방시공'(東方時空)도 민간 제작자가 방송국에 초빙되어 제작에 참여한다.

이 모든 것들은 확실히 새로운 문화적 풍경을 만들어 내고 있다. 하지만 '민간 잡지'에 대해서는 다음 두 가지 점에 주의해야 한다. 첫째, 중국에는 민간 출판사라는 체제가 존재하지 않으므로 '비관변' 잡지도 관변 출판사가 출판한다는 점이다. 두 번째, 이들 '민간 잡지'는 정식 잡지 코드가 없기 때문에(잡지가 아니라 서적이다) 합법과 불법 사이에 처해 있다는 점이다. 더 중요한 것은 체제 내부의 공간이라는 보호를 받고 있기 때문에 정식 잡지(관변 잡지라 불러도 좋다)가 민간 잡지보다 오히려 대담한 비판적 의견을 발표할 수도 있다는 점이다. 예컨대 오늘날 중국에서 가장 영향력 있는 『독서』는 중국 사상 해방의 상징으로 받아들여지고 있다. 그런데 지식인들의 폭넓은 지지를 얻고 있는 이 잡지는 '민간 잡지'가 아니라 국영 출판사가 발행하고 신문 출판국에 소속되어 있는 간행물이다. 이런 문화 생산품들은 중국의 사회·문화적 공간을 개척하는 데 커다란 의의가 있다. 하지만 이것들은 국가와 사회 사이의 공간이면서 국가 내부의 공간이기도 하다. 당연히 국가의 정치적 간섭을 거절할 만한 진정한 힘은 없다. '동방시공' 같은 텔레비전의 특집 방송물은 독립 제작자와 국가의 이데올로기적 장치, 그리고 거액의 광고 수입으로 공동 제작되고 있다. 민간 부문의 힘이 반영되면서 그 영상이나 언어 표현, 등장인물의 성격은 '관변' 뉴스 방송의 판에 박힌 전통적 모습과는 판이하게 달라졌다. 그리고 기존의 방송이 건드리지 못했던 사회적 내용에도 어느 정도 접근할 수 있게 되었다. 그러나 그것은 동시에 체제 이데올로기를 산출하고 선전하는 임무도 맡고 있으며, 국가의 엄격한 통제 아래 놓여 있다. 이러한 점에서 중국의 '공공 공간'은 국가와 사회 사이에 개입하여 조절할 만한 힘을 갖고 있지 않다. 그것은 국가의 내부 공간과 사회의 상호 침투 결과이다.

1990년대 이후 미국·대만·홍콩과 중국 대륙의 많은 학자들은 하버마스의 공공 영역 이론을 통해 중국 문제를 검토했다. 하버마스 이론에 의하면 초기 자유주의의 공공 영역은 시민사회와 밀접한 관계가 있었고, 시민사회와 국가 사이에 개입해 양자를 감독하고 비판했다고 한다. 하버마스가 구축한 것은 일종의 규범적 형식의 이념형이며, 그는 특히 이러한 이념형이 근·현대사 속에서 어떻게 변형되고 전화되었는가에 주목하였다. 그것은 바로 그가 말하는 공공 영역의 '재봉건화', 즉 미디어와 공공 영역이 국가·정당·시장에 의해 좌우되는 상황이다. 우리는 이 이론의 기본 논리에 근거해 다음과 같이 추론할 수 있다. 우선 중국 대륙의 공공 공간은 미성숙한 시민사회를 전제로 형성되었으며, 여러 상황 속에서 급기야 국가 체제 내부에 존재하게 되었다. 그런데 그것이 국가 체제 내부에 존재할 수 있는 것은 한편으로는 국내외 시장의 경제적 자금 지원 덕분이며, 다른 한편으로는 국가 이익을 위한 필요와 국가 내부 공간의 형성 때문이다. 따라서 공공 공간의 형성에서 하버마스가 말한 것과 같은 초기 부르주아적 공공 영역의 특징은 여태껏 드러나지 못했다. 중국의 전체 사회체제에서 미디어가 차지하는 지위는 중국의 공공 공간과 하버마스가 말한 서구의 공공 영역 사이의 차이가 무엇인지 분명히 설명해 줄 뿐만 아니라, 이런 맥락에서 중국의 미디어가 자유로운 토론과 여론을 형성하는 역할을 해 오지 못했음을 보여 준다. 오히려 미디어는 각종 지배적 힘들의 각축장이었다. 이러한 의미에서 현대 중국의 국가/사회의 복잡한 관계를 재검토할 필요가 있다. 복잡하게 뒤엉켜 있는 관계에서는 시장이건 '사회' 건 모두 국가의 과도한 간섭을 막아 낼 힘이 없다. 이것은 곧 경제적·문화적 민주주의가 정치적 민주주의와 밀접하게 관련된 문제라는 것을 말해 준다. 아울러 이것은 시장을 통해 자연스럽게 국내외 영역에서의 공정함·정의·민주주의에 이른다는 것이 또 하나의 유토피아에 불과함을 보여 준다.[36]

오늘날 중국 사상의 가장 최근 단계는 '신계몽주의' 사조의 역사적 몰락을 그 지표로 삼았다. 하지만 우리는 그것이 현대화 이데올로기로서의 사회주의와 '계몽주의'의 역사적 승리였다고 바꿔 말할 수 있다. 상호 대립적인 이 두 사상은 공동으로 중국 현대화의 합리성과 정당성을 증명해 주었고, 전 지구적 시장과 전 지구적 체제를 지향하는 중국 사회의 개혁을 위해 길을 개척해 주었다. 초국적 자본주의 시대에 '신계몽주의'의 비판의 시야는 민족국가 내부의 사회·정치적인 사건, 특히 국가 행위에 한정되어 있었다. 대내적으로는 국가의 전제적 지배에 대한 비판에만 머물러 자본주의 시장의 형성에 따라 복잡해진 국가와 사회의 관계를 신속히 분석하지 못했기 때문에 결국 시장의 조건에 따라 변화된 국가 행위를 깊이 분석할 수 없었다. 그리고 대외적으로는 중국의 문제가 동시에 세계 자본주의 시장의 문제가 되었고, 따라서 중국 문제의 진단은 동시에 전 지구화된 자본주의에 대한 진단이 되어야 한다는 것, 그리고 중국의 정치·사회·문화를 비판하기 위해 이전처럼 서구를 원용하는 것은 더 이상 불가능하게 되었다는 점을 깊이 이해하지 못했다. 중국 계몽주의 담론은 민족국가의 현대화라는 기본 목표 위에 구축되었는데, 그 목표는 유럽에 기원을 둔, 그리고 지금은 전 세계로 파급된 자본주의화 과정에 의해 규정된 것이었다. 그런데 중국의 신계몽주의가 직면한 새로운 문제는 본래의 목표를 뛰어넘어 전 지구적 자본주의 시대의 중국에서 어떻게 현대성 문제를 진단하고 비판하느냐 하는 것이었다. 신계몽주의 사조의 역사적 몰락 이후 우리는 사상의 폐허를 목도하였다. 이 폐허 위에 국경을 초월하는 거대한 자본주의 시장이 자리를 잡았다. 심지어 계몽사상의 비판 대상이었던 국가 행위도 지금은 상당히 이 거대 시장의 제약을 받고 있다. 그리고 20세기가 끝나가는 시기에 "역사는 끝났다."라고 선언하는 사람도 나타났다.

전 지구적 자본주의 시대의 비판사상

20세기 말의 가장 중요한 사건은 동유럽 사회주의의 실패와 전 지구적 시장을 향한 중국의 '사회주의 개혁'이었다. 이 사건들은 이데올로기적 대립이 특징이던 냉전 시대를 종결지었고, 여전히 종결짓고 있는 중이다. 이러한 역사적 전환점에서 많은 학자들이 21세기에 대해 비관적이거나 낙관적으로 예언하고 있다. 21세기는 새로운 산업혁명의 시대이며 인구와 생태 문제가 해결될 수 있는 시대라는 의견도 있고, 문예 혹은 종교 부흥의 시대이며 경제의 중심이 태평양권으로 이동하는 시대라고도 한다. 그런데 하버드 대학 교수인 새뮤얼 헌팅턴(Samuel P. Huntington)은 『문명의 충돌』(The Clash of Civilizations: Remakinng of World Order)에서 새로운 세계에서 충돌을 빚는 주요한 원인은 더 이상 이데올로기나 경제적 요인이 아니라고 단언했다. 인류의 중대한 분열과 충돌의 근원은 문화적 요인이라는 것이다. 그는 세계적 사건의 가장 강력한 수행자는 여전히 민족국가이지만 세계 정치의 주요한 충돌은 다양한 문명의 민족과 국가 사이에서 일어나리라고 보았다. 문명의 충돌이 세계 정치를 주도하리라는 주장이다.

나는 여기서 헌팅턴과 다른 학자들의 예측을 이론적으로 분석하고 질의할 준비는 되어 있지 않다.(이미 어떤 학자는 국제정치 행위 속에서 민족국가가 문화적 가치를 경제·정치적 이익보다 중시하겠는가라는 문제를 제기했다.) 단지 몇 가지 문제만은 지적하고자 한다. 냉전 종식 이후에 중국을 포함한 사회주의 국가들은 이미 세계 자본주의 시장에서 중요하면서도, 아마도 가장 활력이 넘치는 지역이 되었다. 그리고 동아시아 지역도 자본주의 경제체제의 주변부에서 새로운 자본주의 경제의 중심 중 하나로 부각될 것이다. 그런데 자본주의적 생산방식이 보편화되는 역사적 상황에서 이 생산방식 자체가 갖는 모순은 21세기에 어떤 모습으로 나타날 것인가. 예컨대 중국의 시장화 과정에서 국가 자본·민간 자본·외국 자본의 관계는 어떻게 될 것인가. 농민과 도시 인구의 관계는 어떻게 될 것이며 발달된 해안 지역과 낙후된 내륙 지역의 관계는 어떻게 될 것인가. 모든 사회적 관계들은 새로운 생산관계, 특히 시장 관계 속에서 관찰되어야만 하는데 근본적인 문제는 이 관계들의 변화가 전체 중국 사회 혹은 전체 세계 자본주의 시장에 어떠한 영향을 끼칠 것이냐 하는 데 있다. 초국적 자본주의 시대에 이런 '국내 관계'들은 더 이상 거론할 필요가 없는 것일까? 아직까지도 나는 자유주의 이론의 거장 막스 베버의 불길한 예감을 떠올린다. 그는 합리화를 특징으로 하는 현대 자본주의의 발전이 필연적으로 인간에 대한 인간의 지배 재도를 낳을 것이라고 생각했다. 심지어 어떤 수단을 동원한다 해도 사회주의에 대한 신념과 희망의 뿌리를 뽑을 수 없으리라고 단언하였다. 전통적 사회주의 운동이 심각한 사회 위기를 초래하고 냉전 과정에서 결정적인 실패를 맛본 지금, 베버의 문제의식은 더 이상 유효하지 않은 것일까?

문제의 복잡성은 다음과 같은 사실에도 있다. 즉 현대화 실현의 방법으로서, 혹은 중국 현대성의 주요 형식으로서 중국의 사회주의도 사회조직, 특히 국가에 의한 전제적 지배를 초래하였다. 그것은 심지어 자본주의보다도 더욱 가혹하였다. 현대성에 대한 베버와 마르크스의 성찰은 모두 자본주의에 대한 고찰을 토대로 이뤄졌다. 그러나 오늘날 우리는 중국 사회주의에 대한 역사적 성찰을 동시에 현대성 문제에 대한 성찰로 간주할 필요가 있다. 이 현대성 문제는 유럽의 근대 자본주의 문화에서 비롯된 것이었다. 시장 사회의 확대와 사회적 자원에 대한 독점은 필연적으로 자발적이면서도 비계획적인 사회보장운동을 수반했다. 19세기~20세기의 가장 심각한 사회적 위기(두 차례의 세계대전을 포함하는)는 이 두 측면의 충돌에서 비롯되었고, 다른 한편으로 이 충돌은 현대의 사회체제가 스스로를 개혁해 나아갈 수 있는 기본 동력으로 작용하였다. 그리고 자본주의의 내재적 모순에 대한 이해와 이 모순을 극복하려는 역사적 전망 속에서 현대 사회주의는 성장했다. 그러나 지금까지 사회주의의 실천은 이 역사적 임무를 완성하지 못했고, 결과적으로는 전 지구적 자본주의 시장 속에 흡수되어 그 체제의 내적 요소가 되고 말았다. 이와 동시에 자본주의는 사회주의 운동과 각종 사회보장운동에서 자기비판과 개혁의 기회를 얻었다. 그래서 오늘날 우리는 더 이상 본래의 의미대로 민족국가를 단위로 하여 사회주의와 자본주의 문제를 구분할 수 없게 되었다. 바로 이런 의미에서 우리가 전 지구화나 전 지구적 자본주의 같은 개념으로 오늘날 세계의 변화를 설명한다고 할 때, 그것은 결코 자본주의의 독점 구조나 수행 메커니즘이 세계의 모든 측면을 대표함을 의미하지 않는다. 왜냐 하면 미국과 유럽의 사회체제와 공공정책 안에는 이미 사회주의나 다른 사회의 각종 메커니즘이 포함되어 있기 때문이다. 제도적 실천 속에 포함된 사회주의나 사회보장의 요소 외에도, 우리는 브로델이 말한 '물질문명'의 한 측면인 생활의 저변에서 진행되고, 오랜 역사 속에서 형성된 교류 관계를 발견할 수 있다. 이런 점에서 중국 사회주의에 대한 성찰은 과거를 검토하는 것일 뿐만 아니라 현재와 미래에 대한 예언이기도 하다. 왜냐 하면 우리는 여전히 현대화를 목표로 하는 동일한 역사 과정에 있기 때문이다. 전통적 사회주의로는 현대성의 내재적 위기를 해결할 수 없다. 현대화 이데올로기로서의 마르크스주의와 '신계몽주의'도 현대 세계의 발전을 적절하게 해석하고 대응할 힘을 잃었다. 바로 여기에 "중국 문제를 다시 생각해야 할" 필요성이 숨어 있는 것이다.

　중국 사상계는 지금 이른바 '전 지구화' 문제를 논의하고 있다. 그런데 이와 대조적으로 서구의 매체들은 중국의 민족주의를 거론하고 있다. 대다수 중국 지식인들은 '전 지구화'를 유가의 대동(大同, 국가도 계급도 없는 평등한 이상 사회)인 양 이상화하고 있다. 그러나 이러한 '대동'적 세상에 대한 이상은 20세기 이래 끊임없이 반복되어 온, "세계를 향하여 가자"라는 현대성에 관한 몽상에 불과하다. 우리는 그 속에서 '유교화된 세계의 미래상'을 어렴풋이 읽을 수 있을 것이다. 또 다른 젊은 지식인들은 강매의 형식으로 『No!라고 말할 수 있는 중국』 같은 베스트셀러를 만들어, 이미 불안이 고조되고 있는 서구 사회에 중국 민족주의에 대한 의심과 과장된 '중국 위협론'을 불러 일으켰다. 어떤 의미에서 이러한 강매는 성공하였다. 이 책의 출판과 발행 과정의 상업적 성격은 잊은 채 해외의 많은 매체들은 중국의 민족주의가 과격한 배외적 성격을 갖고 있다고 받아들였다. 민족국가 체제가 철저히 붕괴되고 재조직되지 않는다면, 민족국가 정체성의 기반이 되는 민족주의는 소멸하지 않을 것이다. 그런데 더욱 중요한 것은 오늘날 민족주의 정치와 전통적 민족주의 사이에 존재하는 중요한 차이이다. 전자는 전 지구화의 대립물이라기보다는 오히려 그 부산물이다. 민족주의 문제를 논의하기 위해서는 그것만을 고립적으로 설명해서는 안 된다. 반드시 전 지구적 정치·경제체제와 연관해 논의해야 한다. 21세기에 중국은 발달된 시장 사회가 될 수 있을지는 모르지만 새로운 전 지구적 패권 국가가 될 가능성은 없다. 미국과 구소련의 경제·정치·군사적 지위는 냉전 과정에서 형성된 것으로, 구소련 붕괴 이후에는 나토(NATO)가 전 세계의 압도적인 군사 세력이 되었다. 얼마 동안은 어떠한 국가도 그러한 군사적 패권을 지닐 수 없을 것이다. 만약 전 지구적 정치 · 경제 · 군사 구조와 관련하여 오늘날의 민족주의 문제를 사고하지 못한다면 그들이 적극적으로 민족주의 운동을 지지하든, 혹은 반대하든 결국 문제의 본질을 놓치고 말 것이다.

진 지구화를 현대 세계의 최신의 발전 단계라고 보는 학자들은 전 지구화 과정이 자본주의의 성장에 따라 발전해 온 오랜 세계사의 과정임을 잊고 있다. 그것은 이미 서로 다른 역사적 단계 혹은 시기를 거쳐 왔다. 예컨대 종속이론의 중요한 이론가인 사미르 아민에 의하면, 산업혁명 이전의 중상주의 시대(1500~1800년)에는 대서양을 중심으로 한 상업자본이 지배적 지위로 그 주변부(아메리카 대륙)를 개척했다. 그리고 산업혁명에 의해 생겨난 이른바 자본주의의 고전 시대(1800~1945년)에는 서구 자본주의의 발전에 따라 아시아(일본 제외) · 아프리카 · 라틴아메리카가 서구 자본주의의 주변부가 되었다. 이들 지역은 농업과 광업 생산을 통해 전 지구적인 노동 분업 안에 편입되었다. 이와 동시에 부르주아 민족국가 체제 틀 속에서 공업 체제가 형성되면서 민족해방운동도 이 지역에서 발전하게 되었다. 민족해방운동의 이데올로기적 특징은 공업화를 해방 · 진보의 동의어로 보고 선진국을 '따라잡고 뛰어넘기' 위한 수단으로 삼아, 자본주의 중심 국가들을 모델로 부강한 민족국가를 수립하는 것이었다. 제2차세계대전의 종결 이후 지금까지 주변부 지역들은 불평등한 조건에서 공업화를 추진해 왔다. 이 시기 중국을 비롯한 아시아와 라틴아메리카의 많은 국가들이 새롭게 국가주권을 획득하였다. 하지만 자본주의의 전 지구화 과정에 따라 자족적인 국민 공업 체제가 점차 무너지고 결국 일체화된 생산 · 무역 체제의 구성 요소로 재조직되고 말았다.[37] 전 지구화 과정은 우리가 직면하고 있는 여러 가지 사회문제를 해결해 주지 못한다. 현대 세계의 발전 과정을 보면 생산과 무역 과정의 전 지구화는 민족국가를 초월하여 그것에 적응하는 정치-사회 조직의 새로운 형식을 자발적으로 만들어 내지 못했다. 또한 아시아나 라틴아메리카 등 주변부 지역이 부흥하기에 적합한 정치·경제 관계를 발전시키거나, 더욱이 남북 차이나 불평등을 해결하지도 못했다. 마찬가지로 분명한 것은, 민족국가의 지위가 약화되었다고는 하지만 정치·경제·군사적 측면에서의 그 독점적 성격은 변화하지 않았다. 따라서 민족주의가 만들어 낸 부정적인 효과를 제거하려 한다면, 반드시 광범위한 전 지구적 관계 안에서 한층 공정하고 평화로운 정치·경제 관계를 구축할 수 있는 가능성을 찾아내야만 한다.

중국의 상황을 보면 생산과 무역의 전 지구화 과정에 갈수록 깊숙이 참여하면서 국제 자본과 국민국가 내부의 자본의 지배자(중국을 포함한 제삼세계에서 자본의 지배자는 정치권력의 지배자이다) 사이의 상호 침투와 충돌로 인해 국내의 경제 관계가 점차 복잡해지고 체제의 부패도 불가피하게 나타나고 있다. 이와 같은 부패는 이미 정치 생활·경제 생활·도덕 생활 등 각 방면에 침투하여 심각한 사회적 불공정을 만들어 내고 있다. 효율의 측면에서 보아도 제도 쇄신을 통해 이를 저지할 수 있는 사회적 메커니즘을 만들어 낼 수 없다면, 이 체제적 부패는 경제 발전에 중대한 장애가 될 것이다. 그리고 이 부패에 수반되는 맹목적 소비주의는 자연 자원과 사회 자원을 급속하게 고갈시키게 될 것이다.

이 모든 것은 다음과 같은 내용을 드러낸다. 19세기 이후 중국 사상계에 널리 유행했던 현대화의 목적론적 세계관은 현재 도전에 직면해 있다. 우리는 우리 자신에게 익숙한 그 사상적 전제를 새롭게 사고해야만 한다. 비록 우리가 직면하고 있는 복잡하고 상호 모순된 문제들을 해결해 줄 어떤 이론이 없다 해도, 중국 지식인들에게 습관화된 중국/서양, 전통/현대의 이분법을 뛰어넘어 현대의 사회적 실천 안에 있는 제도 쇄신의 요소나 민간 사회의 재생 능력에 주목해야 할 것이다. 나아가 중국의 현대성 모색의 역사적 조건과 방법을 재검토하고, 전 지구화의 역사적 관점에서 중국 문제를 사고하는 것이야말로 절박한 이론적 과제이다. 전통 사회주의의 역사적 실천은 이미 과거가 되었지만, 전 지구적 자본주의의 미래상 역시 베버가 말한 현대성의 위기를 피해 갈 수 없다. 역사적 단계로서의 현대는 여전히 계속되고 있다. 이것이 바로 사회 비판사상이 계속 생존하고 발전할 수 있는 원동력이며, 또한 중국 지식계가 이론과 제도의 쇄신을 수행할 수 있는 역사적 기회이다.

3장 '과학주의'와 사회이론의 몇 가지 문제

사상사적 명제로서의 '과학주의'

과학주의에 대한 오늘날 중국 사상의 고찰은 1980년대 후반의 문화적 분위기와 긴밀한 관계가 있었다. 그것은 '지식'에 관한 검토가 아니라 주로 문화·정치·이데올로기에 관한 반성이었다. 서양 사상이 나치즘과 스탈린주의에 대한 비판을 전체 현대사에 대한 비판적 사고와 연관시킬 수 없다면 아마도 그 비판은 현존 정치·경제제도의 옹호로 바뀌어 현대사회에 일어나는 독재의 진정한 기원을 은폐할 것이다.

과학 개념의 광범위한 활용은 20세기 중국 사상의 중요한 특징 중 하나이다. 청 말 이후 중국 사상에서 과학은 해방을 상징하고 소환하는 역할을 담당했을 뿐만 아니라, 각종 사회·문화 사업에 객관적인 근거를 제공했다. 그것은 신문화의 선구자들이 기대한 변혁의 필요성을 증명했고, 또한 그 변혁의 목표와 모델까지 제시했다. 예를 들어 실용주의의 영향을 받은 후스(胡適)는 과학을 방법론과 동일시하였다. 그런데 그는 그 방법론을 정치·도덕·인문학에 적용할 때, 그 속에 이미 세계 인식의 틀이 포함된 것을 의식하지 못했다. 천두슈(陳獨秀)·후스·우즈후이(吳稚暉)·딩원쟝(丁文江) 등은 당시 지식인들 중에서도 급진파에 속했으며, 그들의 '과학 취향'은 정치·경제·사회·문화에 대한 관심에서 비롯되었다. '과학' 개념을 통한 객관적 진리에 대한 이해는 신문화운동〔1915년 진독수가 창간한 『신청년』에서 민주와 과학을 표방해 전통 중국의 봉건사상을 비판한 데에서 비롯되었다. 신문화운동은 유교를 부정하고 전통을 타파하는 사상적, 사회적 개혁을 통해 신중국을 건설하려는 근대화 운동이었고, 5·4운동의 사상적 기반이 되었다.—옮긴이〕의 역사적·사회적 변혁에 '필연성'을 제공했는데 우리는 그 객관적 진리가 사실상의 진리였는지, 아니면 가치상의 진리였는지[1] 확언할 수는 없다. 아무튼 바로 이러한 분위기 속에서 '과학' 개념은 '반전통'을 특징으로 하는 문화운동의 이데올로기적 지주들 중 하나가 되었다.

 1980년대 중반 이전에는 아무도 과학과 그 가치관이 현대 중국 역사에 해방의 기능을 하였음을 회의하지 않았다. 그러나 조셉 벤-데이비드(Joseph Ben-David)의 『과학자의 사회적 역할』(*The Scientist's Role in Society*)과 궈잉이(郭穎頤, D. W. Kwok)의 『중국 현대사상 속의 과학 지상주의』(*Scientism in Chinese Thought 1900~1905*)가 1988년과 1989년에 연이어 중국어로 번역되면서 상황이 달라졌다. '과학주의'와 그 사회적 특징에 관한 그들의 서술은 근대 이후, 특히 '5·4' 이래 과학을 제창한 사회·문화운동에 대한 사람들의 견해에 큰 영향을 미쳤다. 새로운

'과학주의'의 시각으로 사람들은 중국 현대사상과, 유럽사에서 일어난 '과학주의 운동' 사이의 유사한 특징을 인식하기 시작했다. 과학 개념의 사회적인 활용은 더 이상 해방의 힘으로 해석되지 않았다. 오히려 독재정치의 원천으로 해석되었다.

과학주의 개념은 영미 자유주의의 특색을 강하게 띠고 있다. 그것은 어느 정도 계몽주의 운동의 이성 중심주의 전통에 대한 비판이었다. 그러나 이 개념은 동시에 과학사를 연구하는 학자들에게 받아들여졌다. 예를 들어 데이비드는 17세기 프랑스 과학주의 운동(Scientistic Movement)에 관한 연구에서 'Scientistic Movement'와 'Scienic Movement'를 비교하여 과학주의 운동의 본질 및 그것과 전문 과학자의 활동 사이의 차별성을 더욱 정확하게 지적했다. 그 운동은 "일반적인 의미로, 과학과 관련된 인간들의 행위였다."

> 과학주의 운동에 참가한 사람들은 비록 과학을 이해하고 있지 못하더라도, 그것이 진리를 획득할 뿐만 아니라 효과적으로 자연계를 통제하고 개인 및 그가 소속된 사회의 문제들에 답해 주는 정확한 수단이라고 믿었다. 이러한 관점 속에서 경험과학과 수학은 보편적인 문제들을 해결하는 모델이자 세계의 무한성과 완벽성의 상징이었다. '운동'이라는 단어는 특정 집단이 자체의 견해를 전파해 그 성원들을 하나의 총체로 사회에 편입시키는 것을 의미한다. 운동의 목표가 달성되고 사회가 실제로 그 집단의 가치관을 채택하자 곧바로 체제화되었다.[2]

위의 서술은 사회 과정과 무관한 '과학'의 실천을 염두에 두면서 이론적으로 과학주의와 과학을 구분한다. 그러나 데이비드의 이런 통속적인 표현은 한 시대를 풍미한 '과학주의' 이론의 좀더 깊은 역사적 의미를 다 드러내지는 못한다. 그것은 신칸트주의가 촉발한 자연과학과 사회과학의 방법론적 차이에 관한 서양 지식계의 논의와 그 방법론의 논의 속에 숨은 정치적 의미이다.[3] 데이비드는 과학사적 시각에서 과학주의 운동과 과학의 차이를 제시했지만, 특정한 역사적 분위기와 사회적 조건, 과학의 발견 사이의 복잡한 관계를 깊이 있게 분석하지는 못했다.

현대 중국 사상과 데이비드가 서술한 과학주의 운동 사이에는 유사성이 존재한다. 그러나 이 유사성만으로는 근대 중국 사회에서의 '과학' 개념의 복잡한 함의를 설명하기에 부족하다. 과학주의의 범주로도 역시 현대 사상가들의 각기 다른 정치 이념을 설명할 수 없다. 현대 중국 사상은 과학과 그 방법을 정치·도덕 등의 영역에 적용해 아주 중요한 해방의 기능을 발휘했다. 비록 마지막에는 과학에 대한 정반대의 역사적 결과를 낳긴 했지만, 이로 인해 과학 방법의 사회적 적용이 곧 독재정치의 기원이었다고 간주해서는 안 된다. 그렇지 않으면 우리는 과학과 과학 정신, 과학의 방법이 역사 과정 속에서 수행한 해방의 역할을 설명할 수 없다. 사상사적 시각으로 볼 때, 중국 사상은 구체적인 역사적 상황과는 아주 다른 문화적 배경에 근거하여 과학 개념과 그 방법을 널리 활용하였다. 이것은 결코 단순히 실증주의적 방법론을 추종한 결과는 아니었다.[4] 현대 중국 사상과 정치·경제적 실천은 당연히 '과학적 역사관'과 관련되어 있었다. 그러나 복잡하고 중층적인 역사적 상황을 배경으로 그 역사적 실천을 해석하지 않는다면, 역사 기술은 또 다른 목적론의 늪에 빠져 들고 말 것이다.

1980년대는 이원론적 세계관의 부흥기였다. 당시 중국에서 현대 신유학과 칸트 철학이 유행한 것은 바로 이러한 사상 조류가 반영된 결과였다. 민감한 지식인들은 독재정치의 원인으로 일원론적 세계관을 지목하였고,

나아가 이론적으로 실제와 당위, 주체와 객체를 경계 지어 세계에 대한 이원론적 도식을 만들어 냈다. 바로 이러한 이원론의 관점에서 보면, 근대 중국 사상 속의 과학 개념과 그 활용은 일원론적 특징을 나타냈다. 그리고 인지와 규범을 엄격히 구분하지 않았으며, 항상 자연과학의 방법을 사회·문화 영역에 적용하였다. 이런 현상은 '과학주의' 개념으로 잘 설명될 수 있다. 그러나 사상사적 시각으로 볼 때 현대 중국 사상에서 과학 개념은 지속적으로 사실과 가치, 묘사와 판단, 과학과 비판, 이론과 실천 사이의 엄밀한 경계를 초월해 역사적 문제에 몰두하였다. 반면에 인지와 법칙의 관계라는 데이비드 흄(David Hume)식의 철학적 문제에 대해서는 관심이 없었다. 따라서 근대 중국 사상의 진정한 문제는 인지와 법칙의 관계를 어떻게 다루었는지 하는 것이 아니라, 어떠한 역사적 조건과 이유로 인지와 법칙의 관계가 문제시되지 않았고, 문제로서 부각되지 않았는가 하는 것이다. 다시 말해서 우리가 다루어야 하는 것은 흄과 칸트의 보편명제가 아니라, 이 명제와 그 배경을 이루는 조건 사이의 관계이다.

과학주의 범주는 결코 어떤 인식론적 원인으로 인해 유행한 것이 아니다. 오히려 이 범주에 포함된 정치·경제·문화적 함의야말로 이 개념이 사용되게 한 근본적인 원인이다. 먼저, 과학주의는 항상 국가의 절대 권력과 총체적 계획경제 모델을 낳은 사유 방법의 근원으로 이해되었는데, 이것은 자유주의자와 일부 좌파 이론가들의 공통적인 견해이다. 따라서 우리는 이 개념을 낳은 사회적 조건과 기본적인 이론적 근원을 추적하지 않을 수 없다. 단순히 자유주의와 반자유주의의 관계 속에서 이 문제를 논해서는 안 된다. 하이에크(Friedrich A. Von Hayek) 등은 과학주의와 전체주의 사상을 밀접하게 관련시켰고, 이로 인해 중국의 사상 연구에서도 전체주의 사상을 비판하는 운동이 거세게 일어났다. 어떤 이들은 중국 사상의 전체주의적 특징을 스펜서(Herbert Spencer), 애덤 스미스 등 현대 중국 사상의 '서양적 원천'과 비교하기도 했다. 그들은 중국 사상이 서양 사상가들의 경제적 자유 개념과 사회·국가 이론을 제대로 이해하지 못해 결국 국가 지상론을 도출했다고 결론지었다. 그리고 그 전체주의적 인식론은 바로 과학주의의 표현이라는 것이다. 하지만 그들은 스펜서와 애덤 스미스가 언급한 '사회'(society)가 주로 그 두 사람에게 익숙한 민족-국가 사회였으며, 따라서 사회(society)·민족(nation)·국가(country)라는 단어들이 서로 대체될 수 있었음을 망각했다.[5] 근대 중국 사상가들은 국가나 사회 등의 범주를 다룰 때, 자신들이 몸담고 있는 익숙한 사회에 대해서는 논하지 않았다. 그들은 그 개념들로 현대적인 민족-국가, 현대사회 및 시장의 형성을 촉구하려 했다. 즉, 그들에게 '민족-국가'·'사회'·'시장'은 친숙한 자연적 존재가 아니며, 이미 경계가 분명히 정의된 실체도 아니었다. 그것들은 사회 변혁의 주요 목표였으며, 분명하게 정의되지 않은 외부적 힘과의 관계 속에서만 파악될 수 있었다. 따라서 근대 중국 사상의 전체주의적, 목적론적 특징은 근대사의 특수한 정치·경제·군사·문화적 상황 속에서 형성된 것이다. 결코 어떤 사상의 결과로 단순화되어서는 안 된다. 나는 과학주의 범주로 근대사상의 역사 해석 방식을 비판하기보다는 차라리 '민족-국가'와, '시장 사회' 및 그 원동력으로 문제의식을 전환하는 편이 낫다고 본다. 예를 들면 그것들이 자연적인 진화의 산물인가 아니면 외부적인 압력 아래 어떤 사회 세력들이 주도하고 구성한 결과인가 하는 것이다.

다시 말하자면 문제는 명제의 배후에 숨어 있다. 여러 이론가들이 시민사회·자유 시장·개인의 권리를 '국가' 및 그 독재정치와 대립되는 범주로 사용했지만, '사회'·'시장'·'개인' 역시 '국가'와 마찬가지로 '과학적 기획'의 결과가 아닌지에 대해서는 의문을 던지지 않았다. 그리고 이와 관련해 '국가 건립'과 '사회 건립'(society building)·'시장 건립'(market building)·'개인 건립'(individual building)이 상호 지탱하는 연속적 관계인지 아닌지도 고려하지 않았으며, '국가'가 다양한 측면에서 기능하는 존재인지, 정말 사람들의 상상처럼 견고한 존재인지에 대해서도 연구하지 않았다. 그 이론가들은 근대 중국 사상 속의 '과학주의'를 비판해 고전 자유주의의 국가/사회, 계획/시장의 이원론(즉, 국가는 기획의 결과이며 사회와 개인은 자연적 존재라는 사고)을 재천명했다. 하지만 그들은 자신들이 그토록 즐겨 원용하는 하이에크가 자유는 "자연적 상태가 아니라 문명의 창조물이다."[6]라고 한 말을 이해하지 못했다.

하이에크의 과학주의 개념에 대해서는 다음 글에서 자세히 분석할 것이다. 여기에서는 단지 하이에크 사회이론의 주요 목표가 사회적 세계에 존재하는 각종 자생적 질서를 재구성하는 데 있음을 지적하고자 한다. 그런데 이 자생적 질서는 비록 사회적 사건들 속에서 존재하지만 결코 사회적 사건 혹은 사회적 세계와 동일하지는 않다.[7] 그리고 하이에크가 반대한 '기획'(design) 개념은 과학주의 인식론의 오류로 귀결될 수 있지만, 그것을 각종 의식적 행위와 제도 수립에 대한 부정으로 이해해서는 안 된다. 이런 의미에서 자생적 질서와 사회조직에 대한 구별은 반드시 엄격한 이론적 의미를 토대로 이해되어야 한다. 왜냐하면 실제 사회운동 속에서 자생적 질서와 사회조직의 질서를 분명히 구분하는 것이 아주 어렵기 때문이다. 하이에크는 자생적 질서와 조직 질서를 구별하는 데 특히 관심을 기울였고, 그런 측면에서 국가·법률과 자생적 질서의 관계를 검토했다. 하지만 '자생적 질서'와 '시장' 범주, '사회' 범주의 차이를 분명히 구분한 경우는 드물었다. 이것은 그가 대체로 규범적 측면에서 가격체계 운동을 자생적 질서를 논증하는 착안점으로 삼았고, 아울러 현대 가격체계의 형성을 역사적으로 분석하지 않았기 때문이다. 하이에크 이론의 이러한 특징으로 인해 그의 추종자들은 '시장' 범주와 '사회' 범주를 자생적 질서와 동일시했으며, 역사적으로 변화해 온 범주인 '자유'와 근대의 '사회' 범주는 반드시 서로 이론적으로 구분되어야 한다는 것을 의식하지 못했다.[8] 사실, 시장과 사회 범주가 '자생적 질서'와 동일시될 수 있다면, 그런 모호한 개념은 만들 필요조차 없는 것이다. 그리고 '자생적 질서'가 어떤 특정한 사회형태와 동일시될 수 있다면, '자생적'이라는 의미는 아주 의심스러워진다.

이러한 이론상의 애매함은 명백히 통속화된 이데올로기적 결과를 낳았다. 현실이나 역사 속의 '시장'·'사회' 범주는 '국가' 범주와는 완전히 대립되는 자유롭고 자발적인 범주로 간주되었고, 그 결과 근대의 '시장'·'사회'가 근대 '국가'와 같은 시기에 발생하고 성장한 상호 교착적 과정이라는 사실이 은폐되었다. 일반적인 과학주의 개념 역시 같은 원인으로 사상·방법상의 오류를 지적받았고, 또한 '국가'적 실천의 결과인 것처럼 제한되었다. 그래서 과학주의 개념은 '시장'과 '사회' 활동을 분석하는 데에는 거의 사용되지 않았다. 하지만 현대의 시장질서와 사회질서는 결코 자연적인 진화의 결과가 아니라 의식적인 창조물이다. 현대의 시장 사회 역시 '자생적 질서'라고 자명하게 간주될 수 없다. 오히려 그것은 '자생적 질서'(시장과 사회의 전통적 관계를 포함하는)에 대한 규약이자 통제이며, 심지어 농단이라고 할 수 있다. 따라서 '시장'과 '사회' 그 자체에 모두 독재의 근원이 숨어 있다.

다음으로, 서양 사상계의 과학주의에 대한 비판은 흄이 사실과 가치, 서술과 평가, 과학과 비판을 분명히 구분한 전통과 직접 관련이 있다. 경험주의 철학과 사회사상의 전통은 이 구분을 첫 번째 원칙으로 삼았다. 그런데 인식론적 측면에서 실증주의적 오류로 여겨지는 과학주의는 이 원칙을 위반했다. 즉, 사실에 관한 진술을 곧바로 가치판단으로 전환했다. 그런데 사실 속에서 가치가 파생될 수 없다는 이런 판단은 과연 보편적인 명제인가 아니면 역사적인 명제인가? 이 물음을 해결할 수 있는 가장 좋은 방법은 '사실' 개념의 역사적 계보를 새롭게 분석하는 것이다. 본래 '사실' 개념은 오랜 연원이 있지만 고전 시대에 이 개념은 그 자체로 평가의 함의를 갖고 있었다. 그래서 맥킨타이어(Alasdair MacIntyre)는 이 개념을 낳은 배경 조건을 배제해야만 비로소 '사실'과 '가치'의 분리가 '보편적인' 철학 명제가 된다고 단정하였다.[9] 이런 단정은 근대사상이 모든 평가에서 사실을 분리해 중성적·객관적 영역으로 재구성했음을 암시한다. 이로 인해 이 개념이 자명한 객관적 존재가 아니라, '객관'에 대한 실증주의의 현대적 구성물이 되었다는 것이다. 이것이 바로 19세기 유럽 철학에서의 '인식론'의 기원이다. 이 시대의 합리주의와 경험주의는 모두 형이상학으로부터 객관적 영역의 한계를 정하고, 자연과학의 가치에 논리-심리학적 기초를 제공하고자 했다. 후설(Edmund Husserl) 이래로 철학과 사회이론의 기본 특징들 중 하나는 바로 실증주의적 기초 위에 세워진 이런 사실/가치의 분열을 성찰하고, 나아가 경험/규범의 간극과 여기에서 파생된 이론과 실천의 분리를 극복하는 것이었다. 그리고 이러한 노력이 철학 영역에 집중되어 다양한 형식과 방향이 나타났지만 모두 핵심적인 문제의식만은 동일했다. 즉, 새롭게 이론적 진리의 개념을 구상해 진리와 자유 사이에 내적인 관계를 수립하려 했다.[10] 그리고 최근 서구 사회이론가들이 현대성 문제를 성찰하는 과정에서는 줄곧 인지·규칙·판단 사이의 배리적 관계가 관심의 초점이 되었다. 그들이 새롭게 인지와 규칙, 이론과 실천을 서로 소통시키려 한 목적들 중 하나는 바로 과학주의와 그 사회적 결과의 극복이었다. 그런데 유감스럽게도 그런 이론적 실천은 주로 이론 영역에만 머물러 상세한 역사적 연구가 부족했다. 한편 중국 지식계는 이 문제가 서양 사상 속에서 어떤 연원과 맥락, 역사적 함의가 있는지 때맞춰 연구하지 못했으며, 근대 중국 사상과 그 문화적 연원이 현대에 어떤 의미가 있는지도 고려하지 못했다. 또한 중국 사상과 경험주의 전통의 차이에 근거해 현대 중국 사상에 대해 역사적인 비판을 하지도 못했다. 대신 중국 학술계는 '과학주의'에 관한 서양 사상의 논쟁을 접했고, 거기에서부터 일부 민감한 학자들이 '과학'의 이데올로기적 기능을 검토하기 시작했다.[1] 과학주의는 곧 중국의 지식계가 새롭게 중국사를 서술하는 데 사용되는 가장 중요한 이론적 시각들 중 하나가 되었다.

오늘날의 중국 사상이 과학주의를 분석하게 된 것은 1980년대 후반의 문화적 분위기와 관련이 있는데, 그것은 '지식'에 대한 검토라기보다는 문화·정치·이데올로기에 대한 성찰이었다. 거대한 역사적 변동이 준비되던 그 시기에는 현대화 문제에 대한 사유와 국가사회주의 및 그 체제 형식에 대한 성찰이 긴밀하게 연결되곤 했다. 만약 사상해방운동 초기에 '과학'의 원칙과 그 사회적 활용이 독재주의를 비판하는 강력한 무기가 되지 않았다면, 지금 그 원칙과 사회적 활용은 독재주의의 근원으로 이해되고 있을 것이다. 그리고 그 시기에 문학·사상 영역 안에서는 현대화 이데올로기에 대한 새로운 사고의 흔적이 나타나기 시작했다. 예를 들어 일련의 '뿌리 찾기 문학'〔尋根文學, 1980년대 후반, 중국 문단에 크게 성행한 일종의 향토 문학적 성격의 문학 조류. 작가들이 자기 고향의 뿌리, 즉 향토 문화의 뿌리라고 할 수 있는 고향의 풍속과 풍습·전설 등에서 소재를 찾아 작품화했다.─옮긴이]의 텍스트들 안에서 '전통'은 더 이상 배격의 대상이 아닌 중국인들 자신의 행위와 가치의 근거가 되었다. 또한 '자연'도 더 이상 생명이 없는 객체가 아니라 생명 있는 존재가 되어, '문명'(자연 정복의 결과와 형식인)에 맞서는 저항 속에 도입되었다. 한편 사상 영역에서는 영향력 있는 당대의 지식인들이 현대 '신유가'의 이론에 주목하기 시작했고, 현대화 과정에서의 윤리·도덕 문제가 사유의 주제가 되었다. 그리고 한 시기를 뒤흔든 주체성 논쟁에서는 칸트식의 이원론이 유물론적 자연관과 역사관에 도전했으며, 과학과 도덕, 이성과 비이성의 이원 대립적 모델이 은연중에 나타났다. 주체성 개념은 추상적 진술을 통해 정치적 자유와 자연 정복의 염원을 표현했고, 1978년 이후의 주도적인 사상 틀 안에서 전체주의의 역사적 실천(총체성의 경제·정치·이데올로기 모델)을 비판하는 데 힘을 기울였다. 그리고 전 지구적 자본주의를 지향하는 개혁 이데올로기에 철학적 기초를 제공했다. 그러나 다른 관점에서 보면 현대성의 성찰을 통한 국가사회주의 비판이 당시 제도 개혁의 배경 아래 행해진 탓에 계몽주의 운동 이후의 현대사와 그 결과를 성찰하는 데까지 이르지는 못했다고 할 수 있다. 다음으로 과학주의에 대한 검토는 한편으로 '현대성의 결과'를 비판하고 현대적 가치를 향한 심리적 열망을 유지시켰으며, 다른 한편으로는 일종의 정치 이데올로기 비판(과학/도덕의 이원론으로 과학 일원론에 대항하는)의 기능을 하기도 했다. 이러한 사상적 분위기에서 '과학주의'와 관련된 이론적 해석은 자연스럽게 중국 사회주의의 역사적 실천과 그 이데올로기에 관한 성찰의 일부가 되었다. 하지만 전체 현대사에 대한 성찰은 이끌어 내지 못했다. 그러나 어쨌든 이로 인해 '과학'을 향한 현대 중국 사상의 미련 역시 중국 사회주의의 역사적 실천과 이데올로기를 낳은 인식론적 기초로 이해되었다.

 과학주의를 대상으로 하는 서구 사상계의 이론적 사유는 제2차세계대전과 전후의 정치·경제·문화적 분위기 속에서 태어났다. 그 역시 파시즘과 스탈린주의에 대한 서구 지식계의 성찰로 볼 수 있다.[12] '과학주의'에 관한 이론적 사유의 임무는 계몽주의 운동 이후 서구의 사회이론과 지식 틀을 분석하는 것이었지만, 그 역사적 함의는 주로 계획경제 모델과 전체주의 정치에 대한 비판이었다. 따라서 과학주의에 관한 사유는 자연스럽게 자유주의, 특히 하이에크식의 자유주의로 기울어졌다. 우리는 하이에크의 『과학의 반혁명』(*The Counter-Revolution of Science*)과 『노예의 길』(*The Road to Serfdom*)[13], 『개인주의와 경제 질서』(*Individualism and Economic Order*)[14]를 따로 떼어서 이해할 수 없다. 우리는 심지어 자유주의의 결론과 사회주의에 대한 비판이 과학주의와 관계된 이론적 사유보다 더 심각하게 '과학' 문제를 둘러싼 중국 사상계와 미국 중국학계를 지배했다고 추론할 수 있다. 그런데 이 논리는 매우 강력해서 근대 중국 사상에 내재된 정치적 대립조차 도외시하였다. 후스 같은 자유주의자나 우즈후이 같은 무정부주의자, 그리고 천두슈 같은 마르크스주의자들 모두가 과학주의의 신도로 여겨졌다. '과학주의'는 곧 전체주의의 사상적 근거로 여겨졌다. 이러한 조건에서 나는 현대사상과 그 정치적 결과 속에서 '과학주의'라는 범주가 지나치게 추상적이고 설명력이 결핍된 것이 아닌지 살펴보지 않을 수 없다.

이처럼 모호한 추론 방식은 단지 중국 연구 영역에서만 그런 것은 아니다. 하이에크는 과학에서의 인식 방식을 사회 영역에 아낌없이 활용했다. 포퍼(Karl Raimund Popper)도 과학 문제에서의 사유를 자연스럽게 사회·정치 영역에 적용했다. 이들은 모두 전체주의와 총체적 계획을 혐오하였다. 또한 동시대의 독일 사상가 야스퍼스는 『역사의 기원과 목표』라는 명저를 통해 훨씬 폭넓은 역사적 지평에서 현대의 과학기술을 성찰했다.

그 또한 사회주의 및 총체적 계획에 대한 부정과 '자유로운 시장경제' 및 불간섭주의를 향한 은근한 집착을 나타냈다.[15] 1989년, 야스퍼스의 『역사의 기원과 목표』와 하이에크의 『개인주의와 경제 질서』가 거의 동시에 출판된 후, 중국에서 이 책들은 나치 독일의 국가주의와 전후 유럽의 복지주의, 스탈린주의에 대한 반성으로 읽혔다. 그러나 이론들 간의 상충되는 논리(예컨대 하이에크·포퍼·야스퍼스 사이의)는 대립적인 것으로 인식되지 않았는데, 이것은 과학주의에 대한 이론적 성찰이 '이론적'이면서 '이데올로기적'이었음을 보여 준다. 아무튼, 전후 유럽 지식계와 1980년대 중국 지식계에서 '과학주의 설명 모델'은 모두 전체주의의 국가 체제·경제 체제·이데올로기의 이론적 취지에 관한 새로운 사유를 반영했다.

그러나 같은 전체주의에 대한 사유 중에서 마르쿠제(Herbert Marcuse)와 폴라니(Karl Polanyi)의 이론적 실천과 역사 연구는 앞서 말한 이론가들과는 확연히 달랐다. 그들은 자유주의와 전체주의, 자율적 시장과 파시즘 사이의 관계가 대립적이지 않다고 생각했다. 마르쿠제는 세계가 전체주의로 진입한 지표로 현상학과 경험론을 지목했고, 폴라니는 영국 자본주의의 역사에서 자유방임주의(Laissez-faire)가 호전적인 도그마였음을 밝혔다.[16] 즉, 계획경제와 시장경제는 모두 전체주의로 이행될 가능성이 있다는 것인데, 이처럼 전체주의에 관한 성찰을 특정 종류, 심지어 특정 학파의 이론적 특권으로 취급하는 방식, 특히 전체주의를 다룬 이론들을 전체주의에 귀속시키는 방식은 마치 시장화를 내세우면서도 독점을 자행하는 자본주의와 다를 바가 없다. 이것은 성찰 능력의 부재, 혹은 정교한 구조의 사상적 파시즘에 의해 빚어지는 결과다. 여기에서 문제의 핵심은 결코 계획경제와 전체주의의 청산 여부에 있지 않다. 그보다는 계획경제와 전체주의의 기원을 어떻게 이해해야 하느냐는 것이 더 중요하다. 또한 계획경제와 전체주의에 대한 부정이 현재 사라지고 있는 어떤 사회형태를 단지 논리적으로 지적함으로써 불평등하고 독단적이며 현실적인 또 다른 사회질서에 정당성을 제공하고 있는 것은 아닌가 규명하는 것이 더 중요하다. 따라서 내 이론적 입장은 사회이론과 사회 비판의 내적 총체성을 견지하는 것이다. 현실 사회주의나 현실 자본주의에 대한 비판은 단순히 각각의 대립 면을 긍정하는 쪽으로 나아가서는 안 된다. 또한 마르크주의와 자유주의가 명시한 다양한 사회형태의 내재적 모순을 반드시 내적 연관성을 지닌 영역으로 간주해야만 한다. 어떤 이론의 관점은 특정한 사회적·역사적 배경 속에서만 비로소 이해될 수 있다. 그러나 만약 철학 이론과 사회구조 유형, 이 양자의 관계 속에서 더욱 일반적인 관점을 도출하려 한다면, 반드시 그 이론이 제기하고 활용하는 구체적 컨텍스트를 파고들어야만 한다. 결코 관념론적 측면에서 일반적인 추론만을 일삼아서는 안 된다.

현대 중국의 사상 영역에서 초기 과학 사상에 대한 검토는 신속하게 사회·정치·경제적 실천에 대한 비판으로 전환되었고, '과학주의 설명 모델'은 여기에 확실한 해석의 방향을 제공했다. 그런데 나는 이러한 사상적 분위기 속에서 과학주의에 대한 검토가 단지 내부적 시각에만 치우쳐 지난 50년간 일어난 중국의 정치·경제적 실천(계획경제와 프롤레타리아트 독재를 특징으로 하는)을 관찰했다는 점을 지적하고 싶다. 그 결과, 과학 및 그 방법론의 광범위한 사용과 전체 현대사(자본주의 발생 이후의 역사) 사이의 내적 관계를 소홀히 하였다. 서양 사상의 측면에서 본다면, 나치즘과 스탈린주의에 대한 비판이 만약 현대성 문제 전체에 대한 사유와 연관되지 못할 경우, 그 비판은 현존 정치·경제제도에 대한 변호로 바뀌어 독재주의의 진정한 기원을 은폐하고 만다. 나치즘과 스탈린주의는 서로 다른 정치·경제적 기초와 사회·문화적 조건에서 탄생했다. 이들의 중요한 차이를 혼동하면서 이루어지는 논의는 중요한 역사적 차이를 은폐하게 마련이다. 중국의 근·현대사를 회고하고 반성할 때, 사람들은 늘 습관적으로 어떤 역사 시기 혹은 역사 과정(예를 들어 중국 혁명 같은)을 총체적으로 부정하거나 긍정한다. 이러한 총체주의적 역사관은 복잡한 역사석 상황을 덮어 둘 뿐만 아니라, 흔히 과거의 부정 혹은 긍정을 현재 사회에 대한 긍정이나 부정에 도입한다. 하지만 우리는 자본주의 비판으로서의 사회주의 운동이 왜 끝내 민족-국가의 형태를 채택했는지, 그리고 국가 형태와 현대 자본주의 경제 및 정치 구조 사이에 어떤 역사적 관계가 있는지 물어볼 필요가 있다. 현대 중국사와 오늘날 중국 사회의 기술 발전 및 사회 변화는 제도적 형식이야 어떻든 동·서양 사회 모두가 '독재적 복지국가'나 '계획 통제 사회'가 될 가능성이 있음을 보여 준다. 만약 현대사회—자본주의와 사회주의, 동양과 서양을 막론하고—가 단순한 총체가 아니고 내적 모순과 긴장을 지닌 복잡한 사회라면, 과연 지나간 역사적 실천이 새로운 선택의 가능성을 제시해 줄 수 있을까? 이미 지식이 지배적 자원이 된 역사적 상황에서 '과학주의 설명 모델'은 오늘날의 사회 변화를 이해할 수 있는 역사적 지평을 마련해 줄 수 없다.

중국의 현대사상 연구에서 '과학주의 설명 모델'이 낳은 교조주의적 오류는 매우 분명하다. 이 오류는 그 자체의 반역사적 방법과 과학 자체에 대한 방어와 과학 이데올로기를 향한 비역사적 비판에서 비롯되었다. 중국 현대사에서 '과학'은 일종의 통제의 힘이었지만 동시에 해방의 힘이기도 했다. 청 말 이래로, 특히 5·4 시기의 '과학' 이데올로기는 새로운 세대에게 각종 상상의 가능성과 실제적인 해방의 힘을 주었다. 당대 역사의 어떤 시점(예를 들어 1970년대 말과 1980년대 초)에서 '과학'은 거의 통제와 해방의 이중적인 기능을 하기도 했다. 그런데 표면적으로 과학의 '해방'과 '통제'의 기능은 주로 인간과 자연의 관계 변화로 표현되지만, 더 근본적인 함의는 인간과 인간의 관계, 즉 사회적 관계의 변화에서 나타난다. 또한 과학의 해방과 통제 기능의 발휘는 구체적인 사회적 조건과 누가, 어떻게 과학의 권위적인 힘을 활용하느냐 하는 것에 의존한다. 과학 이데올로기에 대한 '과학주의 설명 모델'의 비판은 특정한 역사적 상황들에서 나타나는 과학 이데올로기의 기능적 차이점들을 구분하지 못했다. 파이어아벤트(Paul Feyerabed)의 아래의 설명은 역사 연구에서 나타난 '과학주의 설명 모델'의 근본적인 오류를 보여 준다.

> 이런 태도〔'과학주의적 태도'라고 이름 붙일 수 있는—인용자〕는 17~18세기, 심지어 19세기에 와서 완전한 의미를 획득하였다. 그 당시 과학은 경쟁하는 많은 이데올로기들 중 하나일 뿐이었고, 아직 국가의 공개적인 지지를 얻지도 못했다. 또한 과학 연구에 대한 열의는 다른 관점들과 조직들에 의해 적지 않게 상쇄되었다. 당시 과학이 해방의 힘이었던 것은 진리나 정확한 방법을 발견했기 때문이 아니라,(과학의 옹호자들이 이렇게 가정하기는 하지만) 다른 이데올로기들의 영향력을 제한하여 개인들에게 사유할 수 있는 여지를 부여했기 때문이다. 또한 당시에는 문제 B를 계속 고려할 필요도 없었다. 당시 과학에 반대하던 만만치 않은 세력들은 과학의 방향이 옳지 않다고 표명했다. 과학의 중요성을 폄하하는 그들에 맞서 과학자들은 답을 해야만 했다. 과학의 방법과 성취는 곧 비판적 논쟁을 겪게 되었다. 이러한 상황에서 어떤 사람이 과학 사업에 헌신하는 것은 이해할 만한 일이다. 그리고 그런 헌신적인 정신을 낳은 환경이 과학을 해방의 힘으로 바꿔 놓은 것이다.[17]

위 인용문의 마지막 주장은 그 헌신적인 정신이 필연적으로 해방의 기능을 했음을 의미하지는 않는다. 과학이나 다른 이데올로기 안에는, 그것들이 생겨남과 동시에 해방의 힘을 가질 수 있게 하는 것이 아무것도 없다. 이데올로기는 퇴화할 수도 있고, 독단적인 종교가 될 수도 있다. 따라서 '해방'과 '통제'는 하나의 변동하는 과정이다. 해방의 힘이든 통제의 힘이든 간에 여기서의 '과학'은 모두 그 자신의 이데올로기적 기능을 가리킨다. '해방'과 '통제' 사이의 관계는 과학주의 해석가들이 그랬듯이 분리해서 각각 '과학 자체'와 '과학 이데올로기'에 귀속시킬 수 없다. 현대 중국 사상의 과학 문제에 대한 평가는 결코 '과학의 본질'이나 '과학 이데올로기의 본질'에 관한 우리의 이해에 의해서가 아니라, 오히려 끊임없이 변동하는 이데올로기적 상황이나 사회 정세에 대한 우리의 이해에 의해 결정된다.

하이에크의 과학주의 개념

하이에크의 과학주의 비판은 그의 독특한 자유 질서관을 바탕으로 수립되었다. 따라서 과학의 발전 및 과학과 사회의 관계에 대한 역사적 분석을 기초로 하지는 않았다. 만약 과학에 관한 사회 이론과 역사 연구를 무시한 채 '과학주의의 사회적 실천'을 과학의 범주 밖으로 배제한다면 과학주의 비판은 곧 과학과 그 역사의 자율성을 옹호하는 쪽으로 변질될 가능성이 있다. 일종의 방법론적 개인주의에 근거해, 하이에크는 인식론의 객관주의 · 집단주의 · 역사주의가 직접 정치적 전체주의와 경제적 집단주의, 역사목적론을 초래했다고 생각했다. 하이에크의 과학주의는 자연/사회의 이원론을 비판했지만, 그 비판은 방법론적 측면에 국한되었기 때문에 진정으로 자연/사회의 이원론을 청산하지는 못했다. 그런데 이 이원론이 정치 · 경제 · 사회에 통속적으로 활용되면서 사회/국가, 시장/계획의 이원론이 진정한 사회이론의 가능성을 무너뜨렸고, 하이에크의 자생적 질서에 관한 논점을 왜곡했다. 또한 자연/사회의 이원론은 자연 통제 활동 자체의 사회적 성질을 은폐했고, 자유 자본주의의 사회계획에 인식론적 기초를 제공했다.

1970년대 말에 브루노 라투어(Bruno latour)와 스티브 울가(Steve Woolgar) 등은 과학 인류학적 방법을 발전시켰다. 그들은 토착민 사회를 연구하는 인류학자들처럼 과학자 집단의 연구 과정을 대상으로 근거리 관찰을 했다. 이런 인류학적 분석의 가장 중요한 특징은 '사회적 요소'와 '기술적 요소'로 과학 활동을 구분하는 이원론을 탈피하는 데 있었다. 전통적인 과학사회학은 바로 그런 이원론을 기초로 수립되었다. "이런 구분〔과학 활동의 사회적 요소와 기술적 요소의 구분—인용자〕은 매우 위험하다. 왜냐 하면 기술적 문제 자체를 전혀 검증할 수 없을 뿐더러 뚜렷한 외부의 방해가 있을 때만 사회적 영향이 드러나기 때문이다. 더욱 중요한 것은 이런 구분법을 사용할 때 과학 활동의 원천으로서의 사회적 영향의 중요성을 검토할 수 없다는 데 있다."[18] 라투어 등은 과학 서적 · 실험실 활동 · 과학의 제도적 맥락 그리고 발명과 발견을 인정하게 하는 수단 등을 통해, 과학의 실천으로만 비로소 과학을 이해할 수 있음을 논증했다. 또한 과학

활동을 이해하기 위해서는 사회적 맥락과 기술의 내용을 참고해야 한다고 표명했다.

결국 그들이 주목한 것은 '과학적 사실의 사회적 구성'(the social construction)과 '사회를 통해 과학자와 기술자를 이해하는 방법'(how to follow scientists and engineers through society)이었다.[19] 그러나 이른바 '사회적 구성'은 과학 연구의 어떤 비기술적 요소들, 즉 규범이나 경쟁 등을 가리키는 것이 아니다. 그것은 지식의 사회적 구성 과정, 즉 과학자들이 관찰을 의미 있게 하는 과정을 가리킨다. 예를 들어 과학자는 반드시 무질서한 관찰을 정리해 질서를 이끌어 내야 한다. 그렇게 해서 어떤 관찰이 표현을 얻게 하고(받아들여지게 하고) 자신의 해석에 정당성을 부여한다. 또한 자체의 언어와 개념에서 '사회적' 요소를 배제하는 한편, '기술적 과정' 속에서 공동체의 검증을 받아야 한다. 라투어는 과학자가 자신의 언어와 개념에서 '사회적 요소'를 배제하는 과정 자체가 바로 사회적 현상이라고 생각했다.[20] 우리는 또한 과학이 사회적 실천이기도 하다는 페미니즘의 주장에서도 비슷한 증명을 확인할 수 있다.[21] 그러나 과학 인류학의 이러한 발견은 결코 과학 문제에 대한 사회이론의 관찰 방식을 진정으로 변화시키지는 못했다. 오늘날 이론계에서의 과학주의 개념의 유행이 바로 그 증거이다. 왜냐하면 이 개념은 바로 라투어 등이 애써 탈피하고자 한 사회(social)/기술(technical)의 이원론을 기초로 하기 때문이다. 이러한 의미에서 과학주의 개념은 사회현상에 대한 잘못된 관찰에서 나왔을 뿐만 아니라, 과학의 실천을 오해한 데서 비롯되었다고 말할 수 있다. 그런데 만약 사회/기술의 구분이 과학 활동의 중요한 원천이라면, 우리는 이 이원론이 사회적 실천 속에서는 어떤 함의를 갖는지 탐구해야만 한다.

여기에서 나는 하이에크의 초기 저작인 『과학의 반혁명』에 대해(특히 이 책의 이론 부분에 대해) 간단히 분석하겠다. 이 책이 처음 발표된 해는 1952년이지만 그 주요 사상은 1940년대에 형성되었다. 이 책은 지식 이론을 사용하여 하이에크 자신의 사회철학을 구성했다. 비록 1950~1960년 사이에 하이에크의 지식관과 사회이론은 변화를 겪게 되지만, 지식 이론에서 사회철학을 추론하는 방식만은 계속 일관되었다고 말할 수 있다.[22] 『과학의 반혁명』이란 책의 목표는 사회이론의 방법론적 문제를 사고하는 것이다. 이 책이 '과학주의 설명 모델'의 중요한 이론적 자원이 될 수 있었던 까닭은, 바로 개념사적 관점으로 유럽 사상의 합리주의와 실증주의 전통을 정리하고, 과학주의와 사회주의가 만나게 된 이론적 논리를 제공했기 때문이다.[23] 그런데 하이에크는 근대 과학의 발전과 사회·역사의 관계를 분석하지는 않았다. 그는 프랑스의 백과전서파·생시몽(Duc de Saint-Simon)에서 콩트(A. Conte)·헤겔에 이르는 사회이론의 발전과 그 인식론적인 오류를 다뤘다. 하이에크는 과학의 결론과 방법이 인간의 일상적인 사상과 가치에 미치는 영향이나 그 영향의 유효성과 정확성보다는 사회과학의 무제한적인 과학 방법의 활용과 그 사회적 결과에 집중했다. 과학주의 분석으로 그는 자신이 신봉해 온 실증주의(특히 실증주의 경제학)를 인식론적으로 부정했으며, 그의 저서는 실증주의와 이성 중심주의를 반성한 현대의 고전이 되었다.

하이에크의 실증주의 비판은 자연과 사회라는 이원론 위에서 성립되었다. 이 이원론의 핵심적 관점은, 자연과학적 방법의 내적 합리성은 결코 대상에 부재하는 질서를 대상(사회)에 강요할 수 있음을 의미하지 않는다는 것이다. 따라서 내가 여기에서 말하는 자연/사회의 이원론은 주로 하이에크가 연구 대상을 자연 연구와 사회 연구로 구분한 방법론적 차이를 가리킨다. 그는 경제학의 실증주의적 경향을 비판하면서, "나는 경제 이론과 경제정책에 대한 현재의 많은 논쟁들이 모두 사회문제의 본질을 오해한 데서 빚어졌다고 생각한다. 또한 이런 오해는 우리가 자연현상을 다루면서 얻은 사고를 사회현상에 잘못 전용한 데서 비롯되었다."[24]라고 주장했다. 하이에크는 과학이 자연 그 자체에 대한 인식이 아니라 주체·객체 관계의 구성임을 명시했다. 그리고 아직 조직화를 거치지 않은 많은 중요한 지식들이 존재하므로 과학 지식은 결코 전체 지식의 개괄이 될 수 없음을 정확히 지적했다. "즉, 특정한 시간, 장소와 관련된 지식들은 일반적인 의미에서 심지어 과학 지식의 축에도 들지 못한다."[25] 그러나 과학 지식의 한계에 관한 이러한 통찰은 자연 인식 활동 그 자체의 사회성을 검토하는 데까지는 발전하지 못했다. 그런데 하이에크가 과학의 인식 대상이 자연 그 자체가 아니라 자연현상에 대한 인간들의 주관적 구성물이라고 생각했다면 자연 인식과 자연 통제는 왜 단지 과학의 업무이고 광범위한 사회적 임무가 아니란 말인가?[26] 이러한 맥락에서 기술이 과학과는 거리가 먼 역할을 담당하는 것은 그것이 인간 욕구의 영역, 사회적 관계의 영역, 권력의 영역과 더 밀접한 관계에 있기 때문이다. 이런 의미에서 하이에크의 실증주의 비판에 대한 나의 비판은 두 가지 측면에서 성립된다. 첫 번째, 라투어 등의 인류학적 연구에 의하면 과학의 인식 과정에서 사회성의 배제는 그 자체로 사회적 현상이다. 그러므로 과학적 지식과 사회적 지식의 이원론적 구분은 원천적으로 불가능하다. 두 번째, 구성주의적 인식론〔핵심은, 제도와 구조는 물론이고 행위자와 행위자의 여러 속성들을 포함한 사회적 현실이 '외생적으로 주어진'(exogenously given) 것이 아니라 '내생적으로'(endogenously) 형성된다고 보는 시각이다. 구성주의는 사회적 현실들을 미리 주어지거나 고정된 것으로 받아들이지 않고, 사회적 현실들이 어떻게 형성되고 재형성되는지 살펴본다.—옮긴이〕의 틀 속에서 자연 연구를 해석해도 역시 과학주의의 오류를 설명하기는 부족하다. 그것은 사회에 대한 통제와 자연에 대한 통제가 서로 역사적으로 관련되기 때문이다.

그런데 하이에크는 일찍이 그리스 사상에서 기원한 '자연적인'(natural) 것과 '인위적인(artificial) 것의 이원론을 분명히 비판한 바 있다. 그는 "'자연적인 것'과 '인위적인 것'이라는 그리스인들의 이분법적 관점은 이후 이론 영역에서 심각한 장애가 되었다. 그 양자는 반드시 다른 한쪽에 대해 배타적인 이분법적 관점을 취하는데 이 관점은 모호할 뿐만 아니라 정확히 말하면 잘못된 것이다."[27]라고 주장했다. 이 이원론이 바로 현대의 이성 중심주의 혹은 '사이비 개인주의'의 사상적 원천이다. 이미 어떤 학자는 바로 이 이원론의 비판에서 출발하여 하이에크가 자신의 사회이론과 법 이론을 삼분법적 관점 위에 세웠다고 지적했다. "그는 자연적인 현상들(인간의 행동에서 완전히 독립된 현상들)과 인위적인……현상들(인간이 기획한 산물들) 사이에 독특한 중간 범주를 설정했다. 그것은 인간이 자신의 행동과 외부 현상의 상호 작용 과정에서 분명하게 부각시키는, 인간 행동에서 나왔지만 인간의 기획과는 무관한 모든 제도나 모델들이다." 하이에크가 주목한 중요 문제는 자연/인위의 이원론이 자연/사회의 이원론 모델 속에서 '일원론적 사회관' 및 "인간 이성이 기획한 입법을 유일한 법률로 삼는 '사회질서 규칙의 일원론적 관점'"을 형성할 가능성이 있느냐는 것이었다. 그의 이론은 계획경제 혹은 복지국가에 대한 비판이었으며, 아울러 자연법 이론, 법률 실증주의, 다수결 민주주의식의 '의회 지상론'에 대한 비판이기도 했다.[28] 이런 의미에서 하이에크의 실증주의 비판은 확실히 포퍼 같은 사상가들보다 더 철저했다.

그러나 하이에크는 자연/사회 이원론의 영향력에서 완전히 벗어나지는 못했다. 그것은 그가 자연/사회 이원론에 대해 우호적이었기 때문이 아니다. 오히려 그의 과학주의 비판이 과학 관련 사회이론으로 발전하지 못하고, 뜻밖에도 '과학주의의 사회적 실천'을 과학 범주 밖으로 배제했기 때문이다. 결국 그의 과학주의 비판은 과학과 그 역사의 자율성을 위한 변호로 바뀌어 버렸다. 하이에크는 다음과 같이 주장하였다.

> 과학주의 개념의 진정한 함의는 그것이 묘사한 것이 절대적인 비과학적 태도였다는 것이다. 그리고 그것이 관여한 것은 [과학의—인용자] 사상적 습관을 기계적으로 아무 비판 없이, 그 사상적 습관이 형성된 영역과는 전혀 다른 영역들에 적용한 것이다. 과학주의적 관점은 과학의 관점과는 구별되며……자신의 주제를 확정하기도 전에 과학주의는 이미 그 주제를 탐구하는 가장 적합한 경로를 안다고 공언했다.[29]

여기에서 '과학주의' 개념의 전제들 중 하나는 새롭게 과학 방법의 특징과 사회 연구의 차별성을 연구하면서도 이미 과학 방법 자체에 포함되어 있는 사회성을 외면했다는 점이다. 또한 과학의 인식 과정이 사회성에 의존한다는 사실도 논의하지 않았다. 하이에크는 현대 과학이 고대의 사유 방식에서 벗어난 징표 중 하나가 개념 연구에서 '객관적 사실'에 대한 연구로 전향한 것이라고 생각했다. 다시 말해 현대 과학은 더 이상 세계에 대한 인간의 관점을 연구하거나, 습관적으로 쓰는 개념을 세계의 진실한 표상으로 여기지 않는다는 것이다.[30] "과학이 흥미를 느끼는 세계는 개념의 세계가 아니다. 심지어 감각의 세계도 아니다. 과학의 목표는 외부 세계에 대한 우리의 경험 전체를 완전히 새롭게 조직하는 것이다."[31] 이로 인해 과학의 세계는 우리가 다양한 지각 경험들을 연관시킬 수 있게 하는 일련의 규칙들로 간주될 수 있다. 그것은 우리의 일상적 관념을 수정하고

감관의 감각들을 멀리한 채 전혀 다른 분류법으로 그것들을 대체한다.[32]

그렇다면 이런 방법론의 전환 속에서 우리는 어떻게 현대 과학과 현대사회의 내적 관계를 관찰해야 하는가? 그리고 과학이 그 필요 영역 및 투자 영역과 맺는 관계는 어떻게 분석해야 하며, 과학 연구와 생산·소비 사이의 관계는 어떻게 관찰해야 하는가? 하이에크는 기본적으로 이런 문제들을 다루지 않았다. 바로 이런 의미에서 나는 자연과학과 사회과학의 방법론적 차이에 대한 하이에크의 논의가 결코 자연/사회의 이원론에서 철저히 벗어나지는 못했다고 생각한다. 고대의 자연 개념(그리스의 것이건 중국의 것이건)에는 모두 "본래 그러하다."라는 뜻이 있다. 자연/사회 이원론 틀 속의 현대적 자연 개념과는 거리가 멀다. 고대 그리스 철학에서의 자연/본성(nature)과 인위(nomos or thesis)의 구분도 여기에서 얘기되는 자연과 사회의 이원론과는 중요한 차이가 있다. '자연' 범주는 총체 범주에서 파악 가능한 대상 범주로 전환되는 과정을 겪었고, 바로 이 과정에서 비로소 자연과 사회의 대립과 차이가 선명하게 부각되었다. 또한 이런 차별성은 이 이원론의 현대적 전도, 즉 사회 범주(인위)가 자연의(통제 불가능한) 범주로, 자연 범주가 통제 가능한 범주로 변했음을 의미한다. 다시 말해 자연 인식(과학)과 사회 인식(사회과학)의 방법론적 차이에 관한 논의에서(이 방법론적 차이는 결국 대상의 차이, 즉 자연현상과 사회현상의 차이로 귀결된다) 과학기술 활동으로 인한 자연과 사회의 관련성이 생략되거나 은폐된 것이다. 따라서 이런 진술 방식의 더욱 심오한 전제는 자연 통제와 사회 통제가 아무 관계도 없거나, 혹은 없어야 한다는 것이다. 반대로, 자연은 통제될 수 있지만(자연 통제는 사회 통제를 유도할 리 없다) 사회는 당연히 자율적이다.(이 자율성은 자연 통제의 결과가 아니며 자연 통제에 동력을 제공하지도 않는다.)

'과학주의 설명 모델'은 '이성의 남용'을 비판하는 동시에, 자율적·자연적 사회 통제에 대한 이중의 긍정을 포함하고 있다. 하이에크는 사회과학이 연구하는 것이 사물 간의 관계가 아니라 인간과 사물, 인간과 인간 사이의 관계이므로,[33] 사회과학은 도덕과학으로 묘사될 수도 있다고 했다. 왜냐 하면 사회과학이 연구하는 것은 인간의 의식적인 행위이기 때문이다. 사회과학의 대상은 과학이 경계지은 '객관적 사실'이 아니라 인류의 행위이다. 이 행위는 행동하고 있는 인간 자신이 구분한 것이다. 따라서 사회과학의 대상은 인간의 의식적인 행위와 반성적 행위이다.[34] 자연과학에서 객관적 사실과 주관적 의견은 단순한 대비를 이루지만 이런 대비는 그대로 사회과학에 적용되지 못한다. 왜냐 하면 사회과학의 대상과 '사실'(facts) 역시 '의견'(opinions)이기 때문이다. 다시 말해 사회과학은 하나의 인문과학에 불과하다. 그것이 연구하는 것은 개인 영혼의 현상이거나 정신 현상이며 결코 직접적으로 물질 현상을 다루지는 않는다. 그 현상들이 이해될 수 있는 것은 단지 우리의 연구 대상이 우리와 구조적으로 유사한 영혼을 갖고 있기 때문이다.[35] 나중에 하이에크는 이렇게 과학과 사회 연구를 구분했다. "과학자는 우리가 확실히 아는 것들을 강조하는 경향이 있는데, 이것은 아주 자연스러운 일일 것이다. 하지만 사회 영역에서는 우리에게 알려지지 않은 것들이 흔히 중요한 의의가 있다. 그러므로 사회 연구 과정에서 이미 알고 있는 것들을 강조하는 과학자의 취향을 채택한다면 아주 잘못된 결과를 낳을 가능성이 있다."[36] 이것은 실증주의적 사회이론을 부정하는 견해이지만, 다른 한편으로 사회과학의 인식 범위를 제한하기도 한다. 왜냐 하면 "사회학이 어떤 철저한 방식으로 과학 지식의 분석에 사용될 수 없다면 그것은 과학이 과학적으로 스스로를 이해할 수 없음을 의미"[37]하기 때문이다.

하이에크는 사회과학이 두 가지 다른 관념으로 구분돼야 한다고 지적하면서 '방법론적 개인주의'(methodological individualism)를 제시했다. 이 방법론적 개인주의는 사회를 교류의 영역으로 설정하며, 개인들은 모두 시장(그리고 사회) 질서의 결정 요인에 대하여 '필연적 무지'의 상태라고 파악한다.[38] 자연과학에서 연구 대상과 우리의 해석을 대비하는 것은 곧 관념과 객관적 사실을 구별하는 것과 같다. 그런데 사회과학에서 우리는 반드시 두 가지 관념을 갈라 놓아야 한다. 하나는 우리가 해석하려는 현상들을 구성하고 있는 관념이며, 다른 하나는 그 현상들에 대해 우리 자신들(우리가 그의 행위에 대해 연구 중인 사람을 포함해)이 이미 형성해 놓은 관념이다. 예를 들어 사회·경제 체제·자본주의·제국주의 등은 인간들이 만든 집단적인 관념이나 임시적인 이론일 뿐이므로, 사회과학자들은 그 '사이비 실체'들이 '사실'로 간주되는 것을 피해야 한다.[39] 사회과학의 출발점은 언제나 개개인의 행위를 지도하는 개념이어야 한다. 결코 자신들의 행위에 관한 사회과학자들의 이론화된 해석이 아니다. 하이에크는 이런 점을 가리켜 방법론적 개인주의라고 했는데, 이 방법론적 개인주의는 사회과학의 '주관주의'[subjectivism, 주관주의의 전통은 고대 그리스의 소피스트들에게까지 거슬러 올라가는데, 지식이나 가치가 어떤 형태로든 실재하는 것에 바탕을 두고 나올 수 있다는 것을 부인하며, 상대적일 뿐이라는 입장을 취한다.—옮긴이]와 긴밀하게 연관된다.[40]

하이에크는 구체적인 예를 들어 두 가지 관념의 차이를 논증했지만, 이들을 확실하게 구분할 수 있는 어떠한 분명한 기준도 제시하지 못했다. 만약 이론적 입장과 결론이 아니라 추론 과정에 주목한다면, '네오마르크스주의자'의 대표자이자 자유주의의 적이었던 마르쿠제와 관점이 비슷하다고 할 수 있다. 그는 『일차원적 인간』에서 선진국 사회의 기술이 사회의 동일화라는 결과를 낳았으며, 이 동일화는 사회 각 계층의 물질적 수요를 만족시켜 노예의 힘을 낳고, 나아가 인간의 비판적 이성을 제거한다고 생각했다. 그리고 이런 비판적 입장에 근거해 그는 두 가지 욕구를 구분했다. 하나는 '거짓된 욕구'인데 "특수한 이익집단들이 개인을 억압하기 위해 개인에게 부과하는 욕구"이다. 그리고 다른 하나는 '진실한' 욕구이다.[41] 이 두 욕구는 단지 자유로운 개인만이 대응할 수 있지만 선진 자본주의 사회에서 생활하는 인간들은 하나같이 자유롭지 못하다. 맥킨타이어는 마르쿠제의 이런 문제의식에 대해 이렇게 물었다. 마르쿠제는 어떻게 다른 사람의 진실한 욕구에 관해 논할 권리를 얻었는가? 그는 어떻게 타인에게 영향을 주는 그런 사상의 주입에서 자유로운가?[42] 이 물음은 하이에크에게도 거의 똑같이 적용될 수 있다. 그와 마르쿠제는 동일한 사상적 시대에 속해 있었다. 그리고 그 시대의 특징들 중 하나는 바로 '사실' 범주가 평가와 상호 대립적인 영역이 되어, 주관/객관, 사실/가치의 이원론이 모든 추론의 기본 전제가 된 것이다.

과학주의에 대한 하이에크의 비판은 바로 사회과학적 근거의 '주관적' 특징을 기초로 수립되었다. 그의 견해에 따르면 과학주의의 오류는 이중적이다. 과학주의는 자연과는 상이한 또 다른 영역으로 실증주의의 오류를 옮겨와 '이성의 남용'을 초래했다. 그리고 이 '이성의 남용'은 주로 세 가지 특징으로 표현된다.

첫째, '주관주의'에 상대되는 '객관주의'[43] : 이 객관주의는 인간 정신 활동의 주관적 특징을 최대한 배제하려는 사회 연구를 가리킨다. 주관성에 대한 부정은, 만약 사회 연구자가 어떤 특수한 정신과 절대적 지식을 가질 수 있다면, 연구 대상을 다루는 관점이 필요치 않다는 것을 의미한다. 왜냐 하면 그는 모든 것을 미리 짐작하고 결정할 수 있기 때문이다.[44]

한편 하이에크는 사회 연구 속의 '객관주의'가 '총체적 계획'과 엘리트 정치를 특징으로 하는 사회적 방안에 인식론적 기초를 제공한다고 보았다.

둘째, 방법론적 개인주의에 상대되는 '방법론적 집단주의': 이 집단주의는 사회·경제·자본주의·특수한 공업·계급 또는 국가 등의 총체를 정해진 대상으로 보고 그 총체들의 활동을 관찰해 그 규칙을 찾아낼 수 있다고 믿는다.[45] 그런데 집단주의는 사람들이 개별 현상들 사이의 관계를 이용해 만든 임시적 이론과 모델을 과학 연구의 사실로 오인한다. 그리고 개별적 사례와 총체의 관계란 단지 우리의 인식 모델이 구성한 것임을 이해하지 못한다. 총체적 관점이야말로 객관적 표준에 따라 총체를 판별할 수 있게 해준다는 식의 관점은 환상에 지나지 않는 것이다.

셋째, 사회이론의 구성주의에 상대되는 '역사주의'[46]: 역사학자들은 이론의 잘못된 적용을 반대하는 과정에서 하나의 이미지를 만들어 냈다. 즉 사회과학적 방법과 자연과학적 방법의 구별은 곧 이론과 역사의 구별이며 역사학은 사회적 경험에 관한 연구라는 것이다.[47] 그런데 역사주의자들은 역사 연구의 계보학적 방법도 이론적 방법과 마찬가지로 이론적 추상을 포함한다는 사실을 미처 이해하지 못했다. 정부·무역·군대·지식 등의 개념은 결코 개별적으로 관찰한 사실만이 아니다. 그것들은 어떤 구조적 관계 속에서 이해될 수 있으며, 그 구조적 관계는 체계적인 이론을 통해서만 확인될 수 있다. 역사 발전의 법칙과 단계에 대한 역사주의(헤겔에서 마르크스까지)의 해석은 전형적인 과학주의적 오류이다.[48]

하이에크의 설명에 따르면 위의 세 가지 특징은 한 가지 결과를 낳았다. 즉 사회현상에 대한 구성이론(compositive theory)의 결핍으로 사회과학은 다수 인간의 독립적인 행위들이 어떻게 연관된 총체와 지속적인 관계 구조로 구성되는지 설명할 수 없게 되었다. 그래서 그런 사회구조를 치밀한 기획의 결과라고 오판하고 말았다.⁴⁹⁾ 이른바 '이성의 남용'(the abuse of reason, 하이에크 저서의 부제)이란 바로 이러한 요구, 즉 모든 것들(인간 정신의 성장을 포함한)을 통제하려는 요구를 가리킨다. 이러한 인식론의 객관주의와 집단주의, 역사주의는 직접적으로 정치적 전체주의, 경제적 집단주의 및 역사 목적론을 불러왔다.⁵⁰⁾ 과학주의는 사회 통제 이데올로기의 기초이다. 앞의 주석에서 말한 것처럼 하이에크의 '사회현상에 관한 구성이론'과 경험론의 환원주의—사물을 최소 단위로 분해하는 습관—는 겉으로 보이는 것만큼 상충되지는 않는다. 그것들은 모두 국가가 어떤 계약 관계에서 기원했다는 관점과 미국·프랑스 혁명가들이 선언한 자연권 이론을 비판하였다. 또한 국가·법률의 지배 범위를 제한적으로 보는 구상은 바로 방법론적 개인주의에서 논리적으로 나온 것이다. 따라서 과학주의에 대한 인식론적 비판과 하이에크의 경제 자유주의 이론은 서로 밀접하게 관련된다. 이 두 관점은 모두 사회·시장에 대한 계획적 통제와 비판에 반대하고 그것들을 자연적이면서도 자체의 질서를 준수하는 발전 영역으로 설정했다.

예를 들어 『개인주의와 경제 질서』에서 하이에크는 개인 지식의 유한성에 대한 사고에서 가격체계 연구 및 중앙 통제적 경제 방식에 대한 비판으로 방향을 전환했다. 그는 방법론적 개인주의의 가장 완전한 표현은 바로 "인간이 우연히 발견했으며 아직 이해하고 이용하지는 못하는" 가격체계라고 결론지었다. 가격체계는 노동 분업을 가능하게 하고 평균 분배의 지식을 기초로 조화롭게 자원을 이용할 수 있게 한다. 이런 의미에서 시장 가격체계는 바로 정보 교류의 메커니즘이며, "다양한 개인들의 단독 행위를 조율할 수 있고 주관적 가치 관념이 개인들로 하여금 체제 계획의 각 부분에 협조하도록 돕는 것과 같은 기능을 한다."⁵¹⁾ 개인 지식은 필연적으로 유한하므로(혹은 어느 정도 무지하므로) 사회·경제문제는 오로지 "비권력적인 방법으로만 해결될 수 있다." 왜냐 하면 그 방법만이 특정한 시공간의 구체적 정황에 대한 지식을 알맞은 때에 이용하도록 보장하기 때문이다.[52] 하이에크의 이런 견해들은 지식과 시장의 논리적 관계를 바탕으로 수립되었다. 그러나 절대 시장에만 국한되지도, 혹은 경제학에만 국한되지도 않는다. "그것은 거의 모든 사회현상과, 언어를 비롯한 많은 문화유산과 관계된다. 그것은 진정 모든 사회과학의 중심을 이루는 이론적 문제를 구성하였다."[53]

하이에크는 지식의 개인적 성질과 분립적 특성(division of knowledge), 그리고 여기에서 나온 '필연적 무지'를 통해 시장 모델과 사회 자치의 합리성을 논증했다. 또한 가격체계의 이상적 모델을 통해서는 지식론의 정당성을 논증했다. 그는 인류가 노동 분업이라는 현대 문명의 바탕을 발전시킬 수 있었던 것은 때마침 그것을 가능하게 하는 방법을 찾았기 때문이라고 생각했다. 만약 인류가 그 방법을 발견하지 못했다면 아마도 완전히 다른 유형의 문명이 발전했을 것이다.[54] 하이에크는 노동 분업을 방법론의 결과라고 보았기 때문에 구체적인 생산과 무역 과정에서 노동 분업의 기원을 연구하지는 않았다. 가격체계를 기점으로 자생적 질서의 특징을 연구하는 것은 일종의 규범식 서술이다. 그런데 운 좋게 어떤 방법을 발견한 결과 노동 분업이 형성되었다는 식의 견해는 사람들을 쉽게 납득시키지 못한다. 왜냐 하면 그런 규범식 이론은 경제 과정과 사회 과정에 관한 실질적인 연구로 이어지기 어렵기 때문이다. 그래서 우리가 방향을 바꿔 현실적인 시장 사회와 가격체계의 형성을 관찰할 때, 지식론에서 출발한 이 규범식 연구는 사회사에 대한 해석으로 전환되어야만 한다. 예를 들어 가격체계는 중국 시장 개혁의 가장 중요한 부분이었으며, 국가 주도 아래 가격이란 난관을 극복한 것은 1980년대 최대의 국가 행위였다. 이 행위는 1980년대 말, 급격한 사회 변화와 충돌 과정에서 완성되었다. 한편 하이에크의 말기 저작에 나타나는 어떤 개념들은 이 문제들에 대한 그의 자의식을 어느 정도 보여 준다. 그는 자생적 질서가 행동 주체들의 행위의 교류로 나올 뿐만 아니라, 행동 주체들과 그들은 이해할 수 없지만 행위를 지배하는 사회적 행위 규칙의 관계 속에서 형성된다고 생각했다. 그러나 이 세 번째 범주는 자유와 계획의 통상적인 구분을 해체하는 과정에서 명확한 비판의 척도를 제공하지 못한다. 그래서 어떤 범위 내에서의 계획의 실행이 자생적 질서의 범주를 벗어나게 되는지 확인할 방도가 없다. 시험 삼아 생각하면 만약 인간들이 항상 '무지의' 상태에서 행동한다면, 우리는 어떻게 자유와 계획을 구분할 수 있는가. 지식론의 측면에서는 이 두 가지 행위를 뚜렷하게 구분할 수 없다. 이 문제는 단지 사회사의 측면에서만 논의가 가능하다. 이러한 의미에서 사람들이 보통 추구하는 문제들—시장의 조절이 좋은가, 계획의 지배가 좋은가? 이성의 능력은 어디까지가 한계인가? 우리는 우리를 지배하는 행위 규칙의 어떤 규칙들을 이해할 능력이 있는가?—은 거의 답이 없다고 말할 수 있다. 따라서 더욱 진실하고 의미 있는 것은 차라리 일련의 역사적인 문제들이다. 첫째, 시장 사회는 역사 진화의 자연스러운 결과인가, 의식적인 정치적 관여가 촉진한 역사적 사건인가. 둘째, 시장 사회의 일반적인 행위 규칙은 문화적 전통의 자연스러운 계승인가, 특정 제도가 훈육한 결과인가. 셋째, 시장 사회는 단순히 가격 메커니즘이 조화롭게 운행되는 영역인가, 정치·경제·문화 등의 요소들이 각축을 벌이는 전장(戰場)인가. 넷째, 계획경제와 그 결과는 어떤 정치·경제·문화적 조건에서 나타났는가. 여기에서 관건이 되는 것은 경제와 정치의 관계이다. 어떤 의미에서, 어느 정도는 근대 유럽이 이미 거쳤고 오늘날 중국이 거치고 있는 경제와 정치의 분리는 '분리' 이기는 하다. 그런데 이 '분리' 는 근본적으로 어떤 의미에서, 어느 정도로 수행되지 않는 것일까.

이러한 의미에서 인식론적 의미의 사실/가치의 이원론, 사회이론적 의미의 자연/사회의 이원론, 경제학적 의미의 시장/계획의 이원론, 그리고 정치학적 의미의 사회/국가의 이원론 사이에는 내적 관계뿐만 아니라 상호 의존 관계가 존재한다. 그리고 '계획' 과 전체주의 정치에 대한 비판은 이른바 '이성의 남용' 이라는 '인식론적 오류' 와 밀접한 관련이 있다. 따라서 우리는 과학 인식론의 자연/사회, 객체/주체의 이원론에 대한 분석에서 시장/계획, 사회/국가의 이원론을 검토하는 쪽으로 방향을 전환해야 한다. 전체주의 정치와 경제에 대한 자유주의 사회이론의 연구는 과학의 인식론을 바탕으로 수립되었다. 만약 자연/사회의 이원론이 인식론적 오류라면, 시장/계획, 사회/국가라는 사회이론의 패러다임도 새롭게 검토될 필요가 있지 않을까?

사회적 관계로서의 과학:
주체/객체, 시장/계획, 사회/국가의 이원론

과학 방법의 영역에서 이뤄지는 인간의 자연 통제에 관한 논의는 결코 자연을 지배하는 사회적 관계 속에서의 실천 행위를 다루지 않는다. 또한 자연의 지배 주체에 관한 사회적 분석도 하지 않는다. 왜냐 하면 과학 연구가 반드시 외부 세계에 대한 통제를 불러

오지는 않기 때문이다. '과학주의 설명 모델'은 자연과학과 사회과학의 차별성을 논증해 다시 한 번 자연과 사회의 대립을 확증하였다. 그리고 이 대립은 자연에 대한 '사회'의 통제력을 보장했을 뿐만 아니라, '사회'가 자연 통제를 두고 다투는 과정에서 빚어내는 충돌을 은폐했다. 그리고 과학주의 범주 속에 깃든 사회/국가, 시장/계획의 이원론은 자본주의의 역사를 설명할 수 없으며, 현대 중국의 상황도 역시 설명할 수 없다. 청나라 말기의 '사회'·'시장' 심지어 '국가' 자체는 모두 의식적으로 제도를 고안하고 배치한 결과였다. 그리고 그런 제도 배치의 원동력들 중의 하나가 바로 시장의 운동이었다.

자연/사회의 이원론

나는 중국 근대사 연구를 하면서 사회/국가, 시장/계획의 이원론에 대해 문제의식을 느끼게 되었다. 또 제2차세계대전 이후의 많은 사회 연구와 역사 연구에서 자극을 받기도 했다. 다음에 하는 논의는 두 가지 측면의 이론적 함의를 포괄한다. 첫째, 사회/국가, 시장/계획의 이원론을 자연/사회의 이원론과 밀접하게 연관시켜 인식론적 관점에서 이 세 가지 이원론을 분석할 것이다. 둘째, 세 가지 이원론을 제2차세계대전 이후의 역사 연구와 사회 연구의 성과와 결부해 검토하고, 나아가 역사적 관점 속에서 사회이론의 패러다임 문제를 새롭게 검토할 필요성을 제안할 것이다.

하이에크의 사회이론 비판은 자연 영역과 사회 영역을 대비했다. 그런데 그는 원리에서는 현대 과학의 방법론적 특징을 논증했지만, 그 방법론과 고대 자연 학설 사이에 왜 차이가 생겼는지 사유하지 못했다.[55] 하이에크의 이론은 과학과 기술의 '내재적' 관계에 대한 자세한 논의가 부족하다. 그는 현대 과학 방법의 주관적 구조의 특징에 대해 논술하기는 했지만 조작이 가능한 그 방법상의 개념들이 선험적으로 기술에 응용되기 쉽다는 사실은 언급하지 않았다. 그래서 그는 현대 과학과 그 이전 시대의 과학을 구별하지 못한 것이다. 핵물리학자 하이젠베르그(Werner Hisenberg)는 자연에 대한 인간의 태도 변화를 "관조적 인간(a contemplative one)에서 실용적 인간(the pragmatic one)으로"라고 표현했다. '실용적 인간'이란 과학이 추구하는 실질적인 목적이 "더 이상 자연 그 자체가 아니라 그 유용성"에 있음을 말한다. 자연과학은 기술과학으로 변화되었다. 과학은 자연 그 자체를 묘사하지 않고 우리와 자연의 관계를 묘사한다.[56] 그래서 라투어는 "과학은 실재를 이해하는 방법으로서 상상보다는 행동에 의존한다. 이것이 바로 '지식은 곧 힘이다'라는 의미이다.…… 과학은 더 이상 지식을 획득하는 방법만이 아니다. 또한 지식의 체계만을 가리키지도 않는다. 그것은 매우 중요한 사회·문화적 대상이다."[57]라고 말했다. 하이에크는 자연과학적 방법에 대한 연구로 현대 과학이 근본적으로 도구주의적 개념 구조로 이루어져 있음을 밝혀냈다. 하지만 그는 여기에서 그 개념 구조의 선험적인 기술적 특징을 추론하거나, 나아가 과학을 하나의 행위 체계로 이해하지는 못했는데, 바로 후자에서 과학과 자연 통제 활동을 직접 관련시킬 수 있다.[58] 사실 하이에크에게서 볼 수 있는 결과는 우연한 것은 아니다. 현대사상은 과학에 대한 철학적 사유를 발전시켰지만 그에 상응하는 '기술 철학'을 낳지 못했고, 그 분명한 예를 하이에크에게서 볼 수 있다.[59]

이처럼 과학 방법에 대한 하이에크의 분석은 현대 과학이 인간의 탐구에서 벗어난 자연 현상을 연구할 수는 없으며, 단지 인간과 외부 자연의 상호작용 속에서만 연구의 소재를 찾을 수 있음을 암시했다. 그러나 다른 한편으로 그는 현대 과학이 왜 더 이상 자연에 관한 사유가 아니라, 인간과 자연의(실용적) 관계에 대한 구성인지에 대한 역사적 문제를 분석하지 않았다. 만약 현대 과학과 그 방법이 인류가 자연에 대응하는 하나의 역사적 형식이라면, 우리는 과학의 대상인 자연과 과거에 인식한 자연의 차이점을 해명할 필요가 있다. 또한 그러한 대상으로서의 자연과 사회적 관계, 그리고 자연과학적 방법이 형성시킨 사회동역학(social dynamics)도 검토해야 한다. 자연과학적 방법의 사회동역학을 검토하는 과정에서 '자연' 통제와 사회 통제 사이의 관계는 중요하다. 여기에서 자연은 대상으로서의 자연을 가리키는데, 객체/주체라는 인식론적 관계나 대상/점유자라는 역사적 관계 속의 자연을 의미한다. 그런데 하이에크는 이러한 '자연'을 '이성'의 범주로 간주한 반면에, 루카치는 그것을 사회적 범주로 보았다.[60] 사회적 범주로서의 '자연' 개념은 자본주의적 경제구조 속에서 산출되었으므로 구체적인 역사적 관계를 떠나서는 파악할 수 없다.

'과학주의 설명 모델'에 내재된 자연/사회의 이원론은 그 자체로 이 설명 모델의 반역사적 경향을 나타낸다. 왜냐 하면 그것이 자연과 사회의 대립을 부인하는 것은 자연 통제의 역사적 과정—특히 자본주의적 과정—의 산물(이데올로기)에 지나지 않기 때문이다.[61] 과학 방법의 영역 안에서 이뤄지는 인간의 자연 통제에 관한 논의는 자연을 지배하는 사회적 관계 속에서의 실천 행위를 다루지 않는다. 또한 자연을 지배하는 주체에 관한 사회적 분석도 회피하게 마련이다. 왜냐 하면 과학 지식 자체가 직접 외부 세계에 대한 통제로 이어지지는 않기 때문이다.[62] 인식론적 범주 속에서 과학과 기술을 통한 자연 점유는 인류와 자연의 관계에서 보이는 것처럼 새로운 변화로 묘사된다. 그러나 이런 묘사는 '인류'라는 추상적 주체를 내세워 자연 통제의 활동이 실제로 항상 특정한 사회적 충돌, 즉 사회 영역 속에서의 통제와 반(反)통제의 충돌과 연관되어 있음을 은폐한다. 이 충돌은 어떤 사회 공동체 내부의 계급적 관계나 다른 사회적 관계로 표현되거나, 다양한 사회 공동체들(특히 다양한 민족국가들) 사이의 불평등 관계로 표현된다. 자연과 사회는 자연과학과 사회과학의 차이가 오직 방법론적 측면에 국한되어야만 그 관계가 비로소 확연하게 분리될 수 있다.[63] 그러나 이런 분리는 하나의 허구에 불과하다. "일단 자연과 사회의 분리라는 환상이 포기될 때, 날로 복잡해지는 자연 상태인 사회 발전의 진정한 성격이 분명해진다."[64] 바로 이러한 의미에서 자연 범주는 사회적 대상으로서 어떤 자율성도 없다. 즉 통제가 가능한 것이다. 반면에 사회 범주는 마땅히 '자연적인 것'이며 통제를 받지 않는다고 인식된다. '과학주의 설명 모델'은 자연과학과 사회과학의 차이를 논증해 다시 한 번 자연과 사회의 대립을 확증했다. 그리고 이 대립은 자연에 대한 '사회'의 통제력을 보장했을 뿐만 아니라, '사회'가 자연 통제를 두고 다투는 과정에서 빚어내는 충돌을 은폐하였다.[65]

위에서 논한 이원론을 바탕으로 한 설명 모델은 관념론적 경향을 띠고 있다. 그것은 정치·경제 과정을 분석하지 않고, 인식론적 측면에서 정치·경제적 실천의 오류를 추론한다. 과학주의의 인식 방법에 대한 하이에크의 분석은 심도 있는 통찰을 포함하고 있다. 하지만 전체주의 정치와 계획경제의 실행이 역사적 조건들과 그 결합력의 산물이 아니라고 인식하는 것은 지나치게 단순하고 잘못된 인식 방법의 결과일 뿐이다. 그러한 추론 과정에서 과학 인식 속의 실증주의적 방법과 사회운동 속의 사회주의 이론과 실천은 방법론적으로 동일한 면을 드러낸다. 그러나 과학주의의 사유 방식과 사회주의를 관련시키는 것은 역사적 은유에 불과하다. 이런 역사적 은유는 과학주의가 낳은 사회적 동력을 언급하지 못했으며, 자연 통제와 사회 통제의 필연적 관계를 인정하기를 거부했다. 사회주의의 역사적 운동을 어떤 관념의 결과로 본 것이다. 집단주의적 인식 방법과 총체적 계획 사이, 그리고 구성주의적 인식론과 시장경제 사이에 필연적 연관성을 수립한 것은 자연 통제를 목표로 하는 과학 발전과 자본주의 및 그 동반물들(사회주의와 각종 사회보장운동)의 역사적 관계를 은폐했다. 또한 사회 통제와 자연 통제의 추구로 표방된 현대화 운동 사이의 필연적 관계도 은폐했다. 만약 현대사회가 직면하고 있는 어려움이 단지 잘못된 사유 방식의 결과라면 과학 기술의 발생과 발전의 사회·역사적 과정을 포함한 현대사 전체의 발전 과정은 검토될 필요가 없다. 다시 말해서 현대사회 문제에 관한 관념론적 검토는 현대성에 대한 전면적인 성찰을 불러일으키지 못한다. 여기에서 문제의 초점은 계획경제 혹은 시장경제, 집단주의 혹은 개인주의에 대한 찬반이 아니다. 그것은 어떻게 하면 현대사회가 직면하고 있는 위기, 특히 그 위기의 근원을 분석하고 이해하느냐 하는 것이다.

그런데 국가/사회의 이원론에 대한 나의 비판은 결코 이 두 가지 범주에 대한 부정이 아니다. 또한 하이에크의 자생적 질서 관념을 간단히 포기하는 것도 아니다. 나는 단지 사회 통제에 대한 연구가 방법론적 기초뿐만 아니라, 역사적 관계의 기초 위에서 수립되어야 한다고 요구하는 것일 뿐이다. 개인 혹은 일상생활 영역에 대한 국가나 사회 조직의 지나친 간섭은 항상 어떤 무정형의 힘들에 의해 추진된다. 예컨대 금융 자본주의의 파괴적인 작용은 새로운 간섭을 불러왔다. 따라서 우리가 그런 힘들에 대한 실질적인 연구를 포기하고 단지 규범적 측면에서 '이성의 남용'만을 논증한다면, 현대사회의 통제와 그 형식의 진정한 원동력을 드러내지 못할 것이다. 하이에크의 국가 범주는 단순히 자생적 질서에 반대되는 범주는 아니다. 왜냐 하면 국가—가장 큰 조직이라고 할 수 있는—는 하나의 행위자일 뿐만 아니라 '규칙을 준수하는 행위자'이기 때문이다.[66] 그러나 실질적인 사회 과정에 대한 분석을 외면한다면, 어떻게 자생적 질서 속에서의 국가의 특정한 행위와 국가가 준수하는 특정한 성격의 사회질서와 규칙을 결합해서 분석할 수 있겠는가. 여기에서 자생적 질서라는 관념의 이론적 통찰은 그 형이상학적 성격 때문에 구체적인 역사적 분석의 근거를 제시할 수 없다. 역사 연구의 시각에서 볼 때, 사회/국가 이원론에 대한 내 성찰은 결코 기존 중국학 영역 내의 사회사 연구 패러다임을 부정하는 것은 아니다. 단지 그 연구가 '사회'라는 개념 자체에 포함된 조직의 요소를 충분히 고려해야 한다는 것이다. 그리고 국가와 사회는 전통적인 역사적 관계를 벗어나 존재하지 못하며 자생적 질서와 동일시될 수도 없다. 현대사의 발전 과정에서 낡은 관습, 전통, 질서가 사회 혹은 국가 범주 속에서 끊임없이 조직되어 왔다. 만약 그런 요소들의 변화를 역사적으로 분석하지 않고 단순히 자생적 질서로 치부한다면, 우리가 어떻게 현대사회의 내재적 위기를 이해할 수 있을 것인가.

시장/계획의 이원론

하이에크는 과학주의의 가장 중요한 결과로 국가가 총체적 계획으로 사회에 간섭해 사회의 자율적인 운행 기능을 파괴한 것을 꼽는다. 그는 사회에 대한 국가의 독재 통치와 계획경제화가 실증주의를 바탕으로 하는 잘못된 과학 관념에서 비롯되었다고 하였다. 이런 인식론적 비판은 등가교환의 자율적 시장과 자유롭게 교류하는 시민사회를 역사적 근거로 삼았다. 그리고 개인 지식의 유한성에 관한 하이에크의 주장은 "가격체계가 어떻게 다양한 개인들의 독자적 행위들을 조율하고", 그것이 "곧 주관적 가치 관념이 개인들을 체제 계획의 각 부분에 협조하도록 돕는 것과 같다."라는 점을 논증하는 데 이용되었다.[67] 그러나 가격체계의 그러한 조율 기능은 한 사회가 시장제도를 설립할 당시의 조직 원칙이자 신념일 뿐이다. 그것이 형성되는 것은 각종 사회 세력들의 쌍방향적 운동의 해체를 의미하므로, 하나의 방법으로 단순화될 수 없다. 역사적인 관점에서 보면, 가격체계의 운행은 사회적 요소들에서 크게 영향을 받는다. 만약 하이에크의 규범적 차원의 서술을 현실 시장 안에 도입한다면 그것은 일종의 허구로 밝혀지고 말 것이다. 또한 그것은 일종의 속임수—시장이라는 표상 뒤에 독점 세력 또는 지배 세력을 은폐하는—인데, 무고한 국민들이 시장적 관계 속에서 입는 피해를 숨기기도 한다.[68] 이론적 측면에서 하이에크 이론의 컨텍스트에서 완전히 벗어나긴 하지만 역시 규범적 이론의 적용 한계를 드러내는 예를 한 가지 들어 보기로 하자. 예컨대 IMF의 통계에 따르면 전 세계 국제 금융 시장의 일일 외환 거래량은 평균 1억 불이다. 이치상 외환 거래의 수요는 국제무역이 있을 때만 발생하게 돼 있지만, 실제 일일 국제무역 발생량은 위 수치의 0.02퍼센트에 불과하다. 즉 전 세계의 일년간 실물 무역량이 외환 시장의 하루 외환 거래량에도 못 미치는 것이다. 따라서 신용이 고도로 발전한 금융 왕국 안에서 가상경제의 발전은 확실히 실물경제의 상황과는 상관없이 독립적으로 진행되고 있으며, 반면에 실물경제는 가상경제의 운행에 대한 영향력을 상실했다.[69] 사실, 동남아 금융 대란의 원인 중 하나는 바로 이 가상경제의 힘을 예측하기 어렵기 때문이다. 그런데 이러한 현실 앞에서 시장 사회가 곧 가격 메커니즘이 작동되는 '자유로운' 영역이라고 주장하는 것은 너무나 비현실적이지 않은가.

   하이에크의 과학주의 개념에 따르면 전체주의의 기원은 마르크스가 주목한 계급 관계와 계급 충돌도 아니고, 칼 폴라니가 분석한 시장의 부단한 확장(자유주의의 구성 원칙인)과 이에 저항하는 사회보장 장치의 충돌 및 그 장기적인 제도적 압력도 아니다. 더군다나 베버가 주장한 관료화 과정은 더더욱 아니다. 그 기원은 이성의 능력을 과신하는 인식 방법이며, 그 인식 방법을 기초로 하는 정치·경제적 지배이다. 그의 방법론적 개인주의와 '필연적 무지' 개념이 본래 고전 경제학에 대해 날카롭게 비판하고 있다는 사실은 주목할 만하다. 하이에크는 "경제학적 조작이 의존하는 '통계 수치'는 여태껏 사회 전체를 위한 결론에 이르는 단일한 실마리를 '부여'한 적이 없으며 그럴 가능성도 없다."[70]고 생각했다. 이러한 논점은 계획경제 모델뿐만 아니라 통계를 절대시하는 경제학 모델에 대해 비판한다. 경제학 모델들은 '이성인' 혹은 '경제인'의 가설을 전제로 경제 운행의 법칙을 추산하고 확정한다. 실제로 하이에크는 '계획'에 반대한 것은 아니며, 다만 "어떻게 계획을 제정해야 하는가? 하나의 권위적 기구가 전체 경제 체제를 위해 집중적으로 제정해야 하는가, 아니면 다수의 개인들이 분산되어 제정해야 하는가?"라는 문제를 주로 논의했다.[71] 그러나 그는 단지 '지식의 사회적 활용'이라는 측면에서 중앙 계획·개인 계획·조직적 공업 계획 사이의 차이를 검토했기에 역사적 지평에서 이 계획들 사이의 관계를 고려할 수 없었다. 하이에크는 지식사회학을 완강히 거부해 '인식론적' 지평의 한계를 검토할 가능성을 잃었으며, 과학, 기술과 사회구조 사이의 상호 작용을 이해할 가능성도 잃고 말았다. 따라서 그는 자본주의가 독점자본주의로 전환된 역사 과정을 분석할 수 없었다. 그리고 사회주의 운동이 어떻게 자본주의의 시장적 관계 속에서 배태되고 발전했는지 이론적으로 설명할 수도 없었다. 한계가 뚜렷한 이론적 지평 위에서 그는 그 몇 가지 '계획'을 단지 '서로 다른 종류의 지식들'이 낳은 결과라고 인식했다.[72]

하이에크 사회이론의 독특하고 심오한 통찰은 오늘날의 자유주의에 영감을 주지는 못했다. 오히려 몇 가지 이론적 특징들(예를 들어 그는 규범적 측면에서 자신의 주된 범주들을 서술할 수밖에 없었고, 그에 대한 사회 연구를 하지 못했다)이 사람들의 이해를 제한했다. '통속적 자유주의자들'은 항상 실증주의적 사회이론과 고전 경제학에 대한 그의 비판을 모른 체했다. 그리고 집단주의 경제학이나 사회주의 경제계획에 대한 그의 비판적 분석을 현실의 시장 질서를 정당화하는 논증으로 전환했다. 그들은 단지 현실 질서를 옹호하려 했을 뿐, 대규모의 제도 개혁에 대한 비판적 성찰에 대해서는 무관심했다. 이 '자유주의자들'이 이처럼 불순하게 하이에크의 이론을 이용한 것은 부분적으로 이러한 사실에 원인이 있다. 하이에크는 비록 자연/인위의 이원론을 명확히 인식하고 실증주의를 비판했지만, 그는 과학/사회과학, 자연/사회, 사회/국가, 시장/계획의 이원론을 철저하게 정리하지는 못했다. 또한 시장과 계획 모델의 형성을 이해할 수 있도록 역사적 분석을 하지 못했다. 하지만 하이에크와 그를 신봉하는 중국인들은 서로 철저하게 구분되어야 한다. 왜냐 하면 그 신봉자들은 하이에크의 이론적 난점들을 해결하지 못했을 뿐만 아니라, 하이에크의 이론적 통찰까지 덮어 버렸기 때문이다. 당대 중국의 통속적인 논의에서 그 '자유주의자들'은 전통 사회주의에 대한 비판으로 자신들을 가린 채, 고전 경제학의 가설들로 현실의 시장 범주와 그 불평등 구조의 합리성을 논증했다. 이처럼 그들이 공들여 조작한 역사의 안개 속에서 하이에크 본인조차도 이미 배척한 고전 경제학의 전제들(경제인 가설 같은)을 부활시켰다.(아마도 사멸했던 적은 없겠지만.) 게다가 영국 경험주의의 깃발 아래 실증주의의 권위와 원자론적 개인관을 회복시키기도 했다. 그들은 사회의 자기 보호적 운동이 시장 운행 법칙을 파괴시킬 수도 있음을 깨닫고, 그런 운동을 '경제인' 혹은 '이성인'(理性人)의 범주에 위배되는 일종의 '인민주의'(Narodniki)로 규정했다. 그들은 새로운 사회적 충돌이 바로 시장제도 확장의 결과라는 것을 전혀 의식하지 못했다. 이 '통속적 자유주의자들'은 진정한 '사회' 관을 가져 본 적이 없을 것이다. 하이에크의 이론과 그 전파 과정의 특징에서 볼 때, 이후의 시장/계획, 사회/국가의 이원론에 대한 내 작업은 하이에크 이론을 정리하는 것이 아니라, 더욱 광범위한 사회 사조와 이론 사조에 대한 이론적 비판과 역사적 분석이 될 것이다.

사회/국가, 시장/계획의 이원론 공식에서 '사회' 범주는 자율적인 경제 활동의 지배를 받는 범주로 볼 수 있다. 따라서 자율적 사회는 곧 시장 사회로 이해된다. 주류 자유주의와 마르크스주의 경제학은 대부분 확연히 대립하지만, 모두 '자유 시장' 모형을 출발점으로 삼아 현실의 자본주의를 이상화된 '자유 시장'과 동일시하는 가설을 받아들였다.[73] 또한 '자유 시장' 모형은 개인적 행위에 관한 예측을 바탕으로 한다. 소비자는 제한된 예산의 틀 안에서 최대의 이익을 이루려고 '이성적 선택'을 하며, 그 행위들로 상품과 노동에 대한 수요를 구성한다. 한편 생산자는 최대의 이윤을 위해 역시 '이성적 선택'을 하는데, 그것은 상품과 노동의 공급을 구성한다. 시장 가격은 바로 이 두 측면의 상호 관계에서 결정되며 소비자와 생산자의 '이성적' 경쟁 행위의 유일한 참고 대상이 된다. 따라서 시장의 운행은 개인이 영리를 추구하는 자연적 현상으로 간주되며, 또한 '이성적' 선택의 결과로 이해된다.[74]

여기서 애덤 스미스의 '보이지 않는 손'이 문제가 된다. 통속적 경제학자들 사이에서 이 '보이지 않는 손'은 '경제인'이나 '이성인'의 가설을 바탕으로 한다.[75] 이른바 '경제인'과 '이성인'의 가설은 항상 개별적 행위자에서 출발해 '영리 추구'의 자연적 동기를 논증하려 한다. 즉 개인을 사회적 관계에서 분리해야 한다는 것이다. 이 방법론의 전제는 바로 사회적 안배와 문화에 의해 형성된 인류 행위의 차이에 대한 부인이다. 그러나 초기 사회뿐만 아니라 오늘날 세계의 여러 지역들, 예컨대 중국 화북과 서북 지역의 농촌의 경제—즉, 생계유지를 확보하려는—는 사회적 관계 속에 매몰되어 있었으며, 종교 · 문화 · 정치와 사회적 안배의 제약을 받는다.[76] 반면에 개인의 경제적 이익 추구는 부차적인 역할을 할 뿐이다. 이런 점에서 자유주의와 마르크스주의는 역사적 사실에 반하는 오류를 저지른 셈이다. 단지 19세기 유럽의 자율적 시장 사회에서만 주도적 위치에 있었던 원칙을 인류 역사 전체에 통용되는 원칙으로 본 것이다. 담론적 실천의 시각에서 '이성인' 개념은 인간들이 사회적 생물이 되어 똑같이 특정 사회 모델을 따라야 한다는 요구에 지나지 않는다. 나아가 규칙을 준수하지 않는 인간은 비정상적이며 반사회적이라고 규정한다. 바로 이러한 의미에서 한나 아렌트는 근대적 평등이 순종주의(conformism)를 바탕으로 하고, 근대 경제학의 과학적 지위는 바로 이 순종주의(통계학의 정연하고 획일적인 행위 방식에 적합한)를 전제로 한다고 단언한 것이다.[77] 오늘날 우리는 한발 더 나아가 문제를 제기할 필요가 있다. 현대의 시장 사회는 자율적 · 자연 발생적 범주인가, 아니면 제도 운용의 결과인가? 중국의 자본주의와 시장 사회의 탄생에 대해서는 이렇게 단정할 수 있다. 청나라 말기나 20세기 중엽이나, 중국의 시장 사회는 한편으로 국가의 개혁정책의 결과였으며, 다른 한편으로는 이미 형성되어 있는 국제 시장제도의 규범을 어쩔 수 없이 받아들인 결과였다. 어떠한 의미에서도 중국의 시장 사회는 자연적 진화의 산물이 아니었다. 또한 '자연적'이거나 '자유로운' 영역이 아니었다. 정부 활동과 시장 활동의 상대적인 분리는 그 자체로 제도적 안배였으며, 그것은 국가를 시장 조절의 내재적 요소가 되게 하였다.

따라서 우리는 '경제인' 혹은 '이성인'의 가설이 어떻게 구축된 것인지 살펴봐야만 한다. 해밀턴(David Hamilton)의 「애덤 스미스와 교실의 도덕 경제학」(Adam Smith and the Moral Economy of the classroom)이라는 논문이 도움이 되는데, 그는 전혀 예상치 못한 방향인 교실의 발명과 정치 경제학의 관계로 우리를 이끈다.[78] 그는 분반제(分班制) 교수법을 발전시킨 인물이 1774~1827년까지 글래스고우 대학(Glasgow University)의 논리학 교수로 재직한 자딘(George Jardine)이고, 더 선구적인 인물은 바로 1760년대, 같은 학교 도덕철학 교수였던 애덤 스미스라는 것을 밝혔다. 『도덕감정론』(Theory of Moral Sentiments, 『국부론』(Wealth of Nations)은 이 책의 연속선상에 있다고 볼 수 있다)은 당시 도덕철학 수업의 강의록이었다. 애덤 스미스는 이 책에서 자아의 두 부분에 대해 해석했다. 즉 관찰자이자 심판자로서의 나와 피관찰자이자 피심판자로서의 나를 구분했다. 이 구분은 홉스(Thomas Hobbes)가 『리바이어던』(Leviathan)에서 이기적인 개체는 비이성적이므로 이성적인 사회는 반드시 독재자가 필요하다고 한 그 조야한 논리를 극복했다. 왜냐 하면 자아의 '관찰자', '심판자'적 부분이 다른 한 부분을 통제해 외부의 심판자나 관리자를 대체할 수 있으므로, 결국 주체가 자신을 자발적으로 인도할 수 있기 때문이다. 이러한 바탕에서 비로소 개인의 이익 추구는 단순한 사리사욕이 아니며, 주체의 '이성'은 궁극적으로 개인의 이익과 사회의 이익을 통합할 수 있다는 설정이 가능해졌다. 그러나 해밀턴은 이러한 철학적 해결 방안이 단지 교육적 훈육 방법이 경제학 영역으로 전이된 결과라고 입증하였다. '경제인' 혹은 '이성인'은 시험/관찰이라는 훈육 형태의 산물일 뿐이었다. "스미스는 사실 글래스고우 대학이 처음 창시한, 시험을 기초로 하는 어떤 학습 방법의 선구자였다. 이 방법은 교실이라는 교육 현장 안에서의 경쟁과 협력을 강조했다. 스미스의 새로운 '이성적' 주체는 항상 시험이라는 교육적 실천 방식을 내면화한 주체에 지나지 않는다. 그것은 결코 순수 이성의 담지체가 아니며 단지 학과 훈육제도에서의 권력/지식의 관계만을 보유하고 있을 뿐이다."[79] 호스킨(K. W. Hoskin)과 마크브(R. H. Macve)도 풍자적으로 지적했다. "……표면적으로 경제학의 우세를 보장한 초석인 경제학자와 경제인의 '이성'은 뜻밖에도 경제학이 학과 훈육제도의 틀 밖에서 존재할 수 없다는 표식일 뿐이었다. 과거에 확인된 사실은 붕괴되었으며 경제학 내에서 회계 개념의 중요성은 새로운 의미를 띠게 되었다."[80] 해밀턴의 연구는 특수한 영역에서 자유로운 주체와 제도 사이의 관계를 논증했다.

그렇다면 역사 속에서 '자유 시장'의 모형은 과연 어떠한 것인가. 경험적 연구들은 각종 생산요소들(노동력·토지·자금 등)의 불완전한 자유야말로 자본주의 생산방식의 핵심임을 증명했다.[81] 일찍이 1940년대에 칼 폴라니는 19세기 자본주의가 중세 이후 지속된 시장 활동이 확산된 자연적 결과라는 관점을 비판했다. 그는 19세기 이전에는 자본주의 발생지—유럽 지역—에서 시장이 '자유롭게' 발전해 사회의 지배적 힘이 된 적이 없다고 지적했다. 그것은 종교, 전통적 규범 때문이었으며, 오히려 국가의 관리가 시장의 영향력을 제한했다고 주장했다. 예를 들어 영국은 상업화된 중상주의 사회에서 시장 사회로 변천했는데, 그것은 자연 진화의 불가피한 결과가 아니었다. 전국적 시장은 국가의 계획적인 중상주의 정책으로 나타났는데, 역시 어떤 국가 수립 전략의 부산물이었다. "16세기 이래 시장은 수도 늘고 중요성도 커졌다. 그 시장들은 시장제도를 배경으로 정부의 중점 부문이 되었지만 시장 통제를 통한 사회 통제의 기미는 아직 보이지 않았다. 오히려 이전과 비교해 정부의 조절과 관할이 더욱 엄격해져 자기 조절의 시장 개념은 결코 존재하지 않았다."[82] 따라서 이런 변화를 이해하기 위해서는 반드시 앞서 서술한 19세기의 변화를 이해해야만 한다. 폴라니는 시장 메커니즘과 공업 생산의 관계를 분석한 후, 노동력·토지·화폐가 공업 생산의 수요를 충족시키기 위해 시장에서 조직되어 매매 가능한 상품이 되었다고 지적했다. 그는 이런 허구적 상품이 사회 전체에 중요한 조직 원칙을 제공했으며, 다양하게 사회의 모든 제도에 영향을 미쳤다고 생각했다. 그리고 이 조직 원칙에 따라 시장 메커니즘의 운행을 방해할 수 있는 모든 조치와 행위가 금지되었다고 주장했다.

그러나 이런 가정이 노동력·토지·화폐에 모두 적용된다고는 볼 수 없다. 왜냐 하면 시장 메커니즘이 인간의 운명과 자연환경, 구매력의 크기까지 주재하는 유일한 힘이 되었다면, 사회는 곧 멸망의 길로 들어섰을 것이기 때문이다.[83] 이것이 바로 국가와 기업의 자유 시장 창출이 자발적이며 비계획적인 보호운동을 수반하게 된 원인이다. 영국을 포함한 모든 유럽 국가들은 자유무역과 자유방임 시대 이후에 간섭주의 시대를 맞는다. "따라서 19세기 사회사는 이중적 운동의 산물이다. 시장 조직은 실물 상품 영역에서 발전하는 동시에 허구적 상품 영역을 제한했다. 그래서 한편으로는 시장이 전 세계로 확장되어 불가사의한 수준까지 상품의 수량이 증가했지만, 다른 한편으로는 체계적인 수단과 정책이 강력한 메커니즘 속에 통합되어 노동력·토지·화폐와 관련된 시장 행위들을 제한하는 데 사용되었다. 금본위제를 배경으로 세계의 상품경제, 자본 시장, 금융 시장 조직은 시장 메커니즘에 전대미문의 힘을 제공하기도 했지만, 한층 심화된 또 다른 운동으로 시장경제를 해치는 영향력을 낳았다. 사회는 스스로를 보호하기 위해 자기 조절의 시장제도 속에 내재된 위험에 저항했다. 이것이 바로 이 시대 역사의 종합적인 특징이다."[84] 최근의 금융 위기와 세계 각지에서 부각되고 있는 금융 통제의 필요성은 폴라니의 위의 단언이 여전히 유효함을 증명한다. 만약 자유 시장과 보호운동의 충돌로 19세기의 안정된 기초가 파괴되고 제1차세계대전이 일어났다면 현재 세계가 직면하고 있는 위기를 어떻게 설명할 수 있을까?

현재 세계에서 일어나는 현상은 글로벌리즘으로 요약할 수 있다. 글로벌리즘의 핵심은 시장의 초국가적 운동으로 국가의 개념을 대체해 민족 혹은 국가로 시장을 정의하거나 세계 시장에서 차별적 단위를 나누는 일반적 관점을 변화시키는 것이다. 하지만 민족국가 내부에서든 외부에서든 자유 시장 개념은 결코 현실이 아니다. 쉬바오챵(許寶強)은 블락(Fred Block)의 미국 경제 연구에 근거해 19세기 중엽까지 미국의 농업 부문은 전체 생산 총액의 60퍼센트를 차지했지만, 이 부문의 경제활동 중 대부분은 자급자족의 가족 경영 방식이거나 노예 혹은 합동 생산방식이었다고 지적했다. 시장경쟁의 메커니즘이 주도적인 위치를 차지하지는 못한 것이다. 또한 제조업 부문에서는 주요 경영 단위가 소생산 상인이었으며, 생산활동은 대부분 외부 발주나 하청으로 이루어졌다. 그리고 생산 가격은 수요·공급 관계와는 상관없이 발주 상인과 하청 상인의 집단적 상담으로 결정되었다. 그들의 상담은 전통적 사회 규범을 기준으로 삼았다. 노동력도 대부분 자체 조달되었으므로 노동시장의 발전을 기대하기 어려웠다. 즉, 자본가들의 경쟁이나 노동자들의 경쟁 모두가 불완전했으므로 이론상의 '자유 시장적' 관계는 존재하지 않았다.[85] 이것은 바로 미국 국내시장을 관찰한 결과이다. 국가의 시장 육성을 부정하는 또 다른 견해는 현재의 전 지구화 과정 자체, 즉 전 지구화와 국가에서 독립된 무역의 자율적 시장—사이버 공간이나 유럽 공동체—의 형성에서 비롯되었다. 이런 사실들은 시장의 초국가적 운동이 이미 세계의 중요한 사실이며, 또한 민족국가 단위의 시장적 관계가 시대착오적이라는 것을 암시한다. 우리는 바로 이 부분에서 시장제도의 제정과 민족국가 관념을 구분할 필요가 있다. 국가와 시장의 전통적인 관계는 여태껏 시장이 민족국가로 경계지어 진다는 것을 증명하지 못했다. 식민주의 시대의 시장 활동은 줄곧 국경을 초월했으며, 브로델은 그런 장거리 무역을 유럽 자본주의의 기원으로 보았다. 그러나 이 모든 것은 결코 시장이 국가 정책과 무관하다는 것을 증명하지는 못했다. 시장 점령, 정보 통제, 가공업 기술을 파악하는 것은 이미 영토를 정복하는 것보다 훨씬 중요한 외교정책 수단이 되었기 때문이다. 현재의 전 지구적 경제활동은 민족국가와 밀접한 관계에 있을 뿐만 아니라, 민족국가의 행위 방식의 변화와도 관련이 있다. 일찍이 유럽의 어느 비평가는 유럽 연맹이 교통이나 통신을 '조절'하고자 한다면, 바로 규칙과 제도 들을 제정할 것이라고 지적했다. 유럽의 경쟁 법안이야말로 규칙·제도에 반대하는 규칙·제도를 설립하기 위한 거대한 기계이다. 그리고 전 지구화 과정의 최대 추진 주체인 미국에서는 서른 다섯 국가 이상에 대한 경제제재 실시 안이 국회에서 표결되었다. 그 안건들은 세계 무역 총액의 20퍼센트 가량에 영향을 미친다. 이러한 사실들은 시장에 대한 통제가 결코 자본주의 발전 초기의 현상이 아니라는 것을 보여 준다. 자본주의의 발전 과정에서 종래의 비'자유 시장적' 요소들은 확실히 크게 줄었다. 그러나 뜻밖에도 새로운 비'자유 시장적' 요소들이 생기고 있다. 지속적인 국가의 경제적 간섭 외에도 대기업 집단과 그 특수한 독점 형식이 또 다른 비'자유 시장적' 요소로서 국내와 국제 영역에 영향력을 행사하고 있다.[86] 그래서 자본주의는 "완고하면서도 일관되게 법리상·사실상의 독점에 의지했고, 그 방면에서 자신에 반대하는 격렬한 행동을 아랑곳하지 않았다. 사람들은 이 체계를 '조직'이라고 부르는데, 이 조직은 계속 시장을 회피하고 있다. 사람들은 이것이 진정 새로운 사실이라고 생각하지만 그것은 잘못된 것이다!"[87] 브로델은 바로 이런 의미에서 자본주의가 반시장적이라고 인식했다.

브로델은 자세한 고찰로 자본주의의 수단·절차·습관·경쟁 기능의 총체를 결론지었다. 극소수 인간들의 특권으로 기능하는 자본주의는 필연적으로 사회질서와 정치질서의 현실이며, 심지어 문화적 현실이기도 하다. 이런 사실은 사회 내부적 관계와 국가 간의 관계에서 모두 통용된다.[88] 만약 우리가 단순하게 경제학의 법칙으로 자본주의와 자유 시장의 관계를 해명한다면, 화폐·도시·교환 등 종래의 요소가 자본주의 패권으로 조직되어 복잡한 역사적 상황을 형성했음을 간과하게 될 것이다. 국제 무역에서 '자유 시장'이 면방직 공업에서 기원했다는 논법은 신화에 지나지 않는다. 18세기부터 19세기까지 영국의 자유방임은 통제에서 벗어난 생산 분야의 자유를 의미했을 뿐, 무역은 염두에 두지 않았다. 단지 1930년대 이후에야 비로소 경제 자유주의는 십자군식의 열정을 갖기 시작했다. 자유방임은 일종의 호전적 도그마이자 비타협적 폭력 행위의 원동력이 되었다. 바로 이런 이유로 칼 폴라니는 국제 자유무역이 일종의 신앙이라고 인식한 것이다.[89] 나는 결코 지금까지 세계에 자유무역이 없었다고 하는 건 아니다. 단지 그것은 우발적이고 특수한 사례였으며 보호무역주의야말로 일상적인 상태였다. 쉬바오창은 19세기부터 20세기까지 대부분의 시기에 유럽과 미국에서 명백히 우세했던 것은 보호무역주의였다고 주장했다.[90] 즉, '자유무역' 론의 성행은 자본주의의 패권적 이데올로기가 대중의 여론을 통제한 결과였다. 폴라니와 브로델은 모두 다음과 같은 사실을 증명했다. 장거리 무역은 흔히 내부 시장에서 더 일찍 출현했다. 그런데 장거리 무역은 영리를 좇는 인간의 성향을 바탕으로 자연스럽게 내부 시장에서 뻗어나간 것이 아니다. 그것은 탐험·약탈·전쟁 등의 활동으로 촉발되었고, 어떤 전통적 종교나 습속, 법률상의 목적을 달성하기 위해 출현했다. "우리의 결론은 다음과 같다. 외부적인 무역이 있기 전에는 인류 사회도 존재하지 않았던 것 같지만, 이런 무역이 반드시 시장을 수반한 것은 아니다. 처음에 대외무역은 주로 모험·탐사·수렵·강탈·전쟁에서 기원했다. 그것은 재화 대 재화의 교역이 아니었다. 또한 쌍방 간의 평화를 의미하는 경우도 거의 없었다. 쌍방을 포함하더라도 교환 원칙보다는 호혜주의 원칙을 기초로 했다."[91]

브로델은 『15세기부터 18세기까지의 물질문명·경제·자본주의』에서 교환의 불평등을 경제 법칙으로 설명하지 않았다. 왜냐 하면 그는 "경제적 불평등은 순수하게 사회적 불평등이 되풀이되는 것에 불과하다."[92]라는 사실을 발견했기 때문이다. 이런 사상은 자본주의와 시장경제에 대한 그의 기본적인 구분에서 드러난다. 시장경제는 생산과 소비를 연결하지만 자본주의는 교환가치에만 관심을 둔다. 따라서 시장경제는 경쟁을 통해 지배하고 시장경제적 조건에서 교환은 평등하지만, 자본주의는 독점적 지위를 창출하고 이용해 교환의 불평등을 불러온다. 브로델은 '자유방임주의' 혹은 애덤 스미스의 '보이지 않는 손'이 창출하는 '자동으로 조절되는 시장'은 하나의 환상에 불과하다고 지적했다. "생산과 소비 사이에서 시장은 단지 불완전한 연결체일 뿐이다. 시장의 '국부적 성격'은 다만 그 자체의 불완전함을 설명하기에 족할 뿐이다."[93] 개인의 교역 활동과 국내시장 사이, 그리고 국내시장과 장거리 무역 사이에 자연스러운 발전 관계는 존재하지 않았다. 오히려, 한때 서양 식민주의의 핍박을 받은 라틴아메리카·남아시아·아프리카·동남아시아 등 경제 낙후 지역의 무역정책은 상대적으로 구미 지역보다 훨씬 '자유로웠다'.[94] 이런 사실은 전 지구적 시장의 불평등한 조건을 설명해 줄 뿐만 아니라, 경제적 불평등이 사회적 불평등의 필연적 결과라는 것을 드러낸다. 그래서 스타브리아노스(L. S. Stavrianos)는 이렇게 지적한다. "이른바 제삼세계는 일련의 국가도, 통계적 표준도 아니다. 그것은 일련의 관계—지배하는 종주국, 즉 중심부와 의존하는 주변부 사이의 불평등한 관계이다. 그런 지역들은 과거에는 식민지였으며 지금은 신식민지 방식의 '독립' 국가들이다."[95] 역사적으로 볼 때 초경제적 사회 세력, 특히 정치적 권력의 간섭이 없었다면, 시장경제의 탄생은 불가능했을 것이다. 시장경제는 자연적 진화의 결과가 아니라 만들어진 고안물인 것이다.

자율적 시장은 반드시 체제상의 경제 영역과 정치 영역으로 사회를 분할해야만 한다. 이 이분법은 자율적 시장의 존재에 대한 설명에 지나지 않는다. 초기 유럽의 부락사회, 봉건사회 혹은 중상주의 사회, 그리고 청 말 이전의 중국 사회에서도 분리된 경제 체제는 출현한 적이 없었다. 예를 들어 주대(周代)의 귀족 정치는 정전제도(井田制度)와 밀접한 관계에 있었다. 이른바 "넓은 천하는 왕의 영토가 아닌 곳이 없으며, 육지에서 바다 끝까지 왕의 신하 아닌 자가 없다."(普天之下, 莫非王土; 率土之濱, 莫非王臣) 펑여우란(馮友蘭)은 "수위 '왕의 영토', '왕의 신하'라는 것은 후대인의 시각으로는 정치적 의미만 있다. 그러나 상고 시대, 봉건제도에서는 경제적인 의미도 있었다. 사회 계급들 역시 정치적·사회적 계급일 뿐만 아니라 경제적 계급이기도 했다. 대개 상고 시대 봉건주의의 천자·제후·경(卿)·대부(大夫)는 정치·경제 분야에서 모두 백성의 주인이었다."[96] 이처럼 경제·정치·문화가 밀착된 방식은 결코 중국만의 현상은 아니었다. 폴라니에 따르면 유럽도 19세기에 와서야 그런 모델에서 벗어나는 '거대한 변환'(great transformation)을 겪었다. "19세기 사회에서 경제활동은 어떤 독특한 경제적 동기에 흡수되었는데, 그것은 아주 특이한 전환이었다. 사회가 어느 정도 그 전환의 요구에 순응하지 않았다면, 이러한 제도는 운행될 수 없었다. 시장경제는 오직 시장 사회에서만 존재할 수 있다. 이것이 바로 우리가 시장제도를 분석해 얻은 결론이다."[97]

그러나 이 '거대한 변환'을 어떻게 이해할 것인지는 더 검토해야 한다. 그것은 제도적 조치의 결과인가, 아니면 자연스러운 시장 발전의 산물인가? '국가 밖의 시장'이란 정말 자유로운 영역인가? 19세기의 경제사와 현재 세계의 지배적 현상은 시장의 운행이 여전히 지배 권력의 조종에서 벗어나지 못하고 있으며 제도적 조치 속에서 이루어지고 있음을 보여 준다. 자유방임은 그 자체로 국가가 강제로 실행한 것이며, 자유 시장의 길은 간섭주의의 기초 위에 놓여졌다. 그래서 폴라니는 경제적 자유가 하나의 사회적 계획이며 자유방임은 어떤 목표를 이루기 위한 수단이 아니라 바로 이루어져야 할 목표라고 지적했다. 자유 시장을 도입해도 간섭과 통제의 필요는 약화되지 않았을 뿐만 아니라, 오히려 그 범위를 확대했다.[98] 이런 의미에서 폴라니가 말한 '거대한 변환'(이것의 지표는 경제와 정치의 분리이다)은 근본적으로 발생하지 않았으며 단지 경제와 정치의 관계에서 어떤 중요한 변화들이 일어났을 뿐이다. 만약 자연 경제의 조건에서 가치 규율이 투명했다면 새로운 시장 사회의 특징들 중 하나는 독점과 제도적 조치를 통해 초과이윤을 얻는 것이었다. 그런데 시장 사회는 오늘날 중국의 경제학자들과 지식인들이 기대한 것처럼 사적 영역을 보호해 주지는 못했다. 오히려 시장과 지배 권력 사이의 '보이지 않는' 관계는 '사적 영역'을 지속적으로 '사회적 영역'으로 전환했다. 시장 사회는 '가치 규율'에 대한 긍정이 아니라 부정인 것이다. 바로 이런 점에서 "개인의 재산 점유는 축적 과정의 사회화와 마찬가지로 결국에는 사유재산을 존중할 리 없다. 사적 성격은 모든 의미에서 사회의 '생산력' 발전을 저해할 뿐이다.

따라서 사유제는 반드시 전복되어야만 하며, 사회적 부의 점증하는 성장 과정에 의해 대체되어야만 한다. 이런 인식은 결코 마르크스가 발명한 것이 아니라 이 사회의 본질이다."⁹⁹⁾ 아렌트의 이런 판단은 현대 사회주의 운동이 발생하고 발전한 원동력을 보여 준다. 이 원동력은 시장 사회의 운행 법칙 내부에 그 뿌리를 두고 있었다. 발생론적 시각에서 사회적 계획을 논의한다면,(사회주의의 국가 계획과 그 결과를 포함해) 우리는 단순히 서로 다른 두 가지 지식 유형과 지식론의 대립 속에서 해석할 수 없다. 예를 들어 정치체제의 측면에서 본다면, 국가의 총체적 계획은 현대의 민족-국가 체제의 산물인데 이 민족-국가 체제는 전 지구적 시장의 정치 형식이다. 이 정치 형식을 떠나서는 국제적인 노동 분업은 실현 불가능하다.

사회/국가, 시장/계획의 이원론은 전적으로 민족국가의 내부적 관계 속에서 수립되었다. 그러나 시장 사회적 관계의 확장은 분명히 전 지구적인 사건이었으며, 그렇지 않았다면 내부적으로 볼 때는 거의 우연적인 근대 중국 사회에서 일어난 중대한 전환을 아예 이해할 수 없을 것이다. 하지만 이 전환은 다음과 같은 결론, 즉 중국이나 아시아 시장은 전적으로 외부에서 강제된 것이며 그 시장은 단지 근대 자본주의의 산물이라는 결론으로 단순화될 수 없다. 정반대로 교환 활동으로서의 시장은 아주 오래되어 우리는 그것이 존재한 유구한 역사를 가늠하기조차 힘들다. 현대 세계가 우리에게 강제한 것은 시장이 아니라 새로운 제도적 조치들이었다. 그리고 그런 조치들을 통해 이익을 획득하는 권력관계였다. 중국에 계획경제 모델과 그 정치 형식이 출현했을 때, 그것은 결코 철저한 시장 극복을 의미하지는 않았다. 차라리 특정한 내부 조직 형태를 통해 민족국가를 정치 형식으로 하는 국제시장 및 그 경제/정치/군사적 경쟁에 뛰어들었다고 말하는 편이 나을 것이다. 그런 제도적 선택을 촉진한 원동력은 이데올로기 측면의 고려였고, 더욱 중요한 것은 민족국가 사이의 경쟁과 효율성의 문제였다. 만약 공유제와 계획경제가 효율적이지 않은 경제 형식이라고 생각한다면, 그것은 오산이다. 왜냐 하면 그것들은 국제 경쟁에 참여해 발달한, 고효율을 목표로 하는 경제 형식이기 때문이다. 다시 말해서 사회주의의 국가적 실천은 본래 시장 사회나 자본주의 사회에서 탈피한 것으로 여겨졌지만 결국에는 시장 사회의 한 특정한 정치 형식의 역할을 한 것에 불과했다.

역사적으로 볼 때 시장/계획의 이원론은 봉건주의/자본주의/사회주의라는 삼중적 시간 관계 속에서 수립되었다. 이것들은 각기 전(前) 시장제도 · 시장제도 · 후(後) 시장제도로 구분된다. 그러나 최근의 봉건주의 연구는 봉건사회가 결코 자연경제 범주 속의 닫힌, 완전히 자급자족적인 구조가 아니었음을 증명했다. 봉건사회 내부에도 도처에 시장이 존재했기 때문이다. 심지어 어떤 학자는 중국사에서 소생산 방식(특히 농업 부문에서의)이 "현재 중국의 개혁 · 개방정책과 이른바 '사회주의 시장경제'의 발전을 지탱한 주요 조건들 중 하나"라고 주장했다.[100] 그리고 중국의 학자들은 명 · 청대의 경제사에 관한 실증적 연구에서 시장이 결코 단순한 현대적 산물만이 아님을 증명했다. 동아시아 지역에는 우청밍(吳承明) · 황쭝즈(黃宗智)가 언급한 비자본주의적 시장과 상품 교환뿐만 아니라 하마시타 다케시(浜下武志) · 모기 토시오(茂木敏夫)가 연구한 조공(朝貢) 체제도 존재하였다. 그들은 중국과 동아시아 지역에서 상당히 활발했던 시장 및 무역 체제를 다양한 측면에서 서술했다. 한편 인도학자 차우드리는 1800년 이전의 아시아 상업자본주의와 공업 생산에 대해 중요한 연구를 했다. 그는 아시아의 경제 발전은 유럽과 상이하므로 마르크스의 생산방식 이론에서 원인을 찾을 수는 없다고 지적했다. 따라서 장거리 무역이 변화한 조건으로 그 원인을 설명할 필요가 있다고 역설했다.[101] 사회주의 국가에 대해서는 "첫째, 분석가들은 사회주의와 공산주의 국가들이 결코 세계 시장에서 벗어난 적이 없다는 데 점차 의견이 일치되고 있다. 두 번째, 모든 사회주의 국가들은 국내시장에서 개방을 실시해서 어떤 장점을 얻을 수 있느냐 하는 주제로 장기적인 토론을 했다. 그 토론은 심지어 '시장 사회주의'라는 신개념을 낳기도 했다.…… 사람들은 보통 경쟁과 독점을 자본주의 시장의 양극으로 알고 있다. 그런데 브로델은 그것들을 부단히 투쟁하는 두 구조로 파악했고, 그 두 구조 중 독점을 지목해 '자본주의'라고 성격을 규정했다."[102]

이러한 의미에서 우리는 현대 '국가'의 탄생 및 그 내부 사회의 개조를 시장 시대의 도래와 긴밀하게 관련시켜야 하며, '시장 사회'의 형성을 단순한 경제적 사건으로 보아서는 안 된다. 또한 국가와 시장을 대립된 양극으로 놓고 보아서도 안 된다. 당대 사회를 휩쓴 시장/계획의 이원론이 은폐한 것은 바로 자본주의와 정치의 관계였다. 만약 우리가 자본주의와 독점의 오랜 관계를 인정한다면 모든 독점은 정치성을 띤다는 판단에도 동의해야 한다. "만약 정치적 보장을 얻지 못한다면 당신은 영원히 경제를 지배하거나 시장의 힘을 교살하거나 제한할 수도 없다. 반시장적인 보루를 세워 사람들이 경제 교역에 손을 못 대게 하고 터무니없는 가격을 사람들에게 강제하며, 또한 꼭두각시가 상행위를 하도록 보장해 주는 것은 정치 당국의 힘에 의존하지 않고는 할 수 없다. 국가의 지지 없이, 심지어 국가에 반대하는 상황에서도 [브로델이 정의한—인용자] 자본가가 될 수 있다는 생각은 그야말로 터무니없는 견해이다."[103] 따라서 국가가 지나치게 강력한 곳에서는 시장 혹은 시민사회와 그 운행이 파괴당하고 말 것이다. 그러나 한편으로 시장 사회의 형성은 국가의 간섭과 조치에 의존하기도 한다. 폴라니의 분석에 의하면 자유 시장은 국가의 계획에 의존하며 시장에 대한 국가의 제한은 저절로 생겨나게 마련이다. 이런 판단은 우리의 일상적 지식과는 사뭇 반대되는 듯하지만 훨씬 더 실제에 부합한다. 즉 자유방임은 치밀한 계획의 결과이며 계획경제는 자연스럽게 생겨난 것이다. 만약 우리가 계획경제의 죄과를 청산하려 한다면, 계획경제 모델이 자유시장의 내적 모순에서 나오게 되는 기나긴 역사 과정을 검토해야만 한다.

청나라 말, 국가의 '시장'과 '사회' 창출

현대 국가는 하나의 국가 체제로 출현했다. 이 국가 체제는 '유럽의 세계경제'—유럽 국가들이 통치한 세계경제—에서 탄생했다.[104] 다시 말해 현대 국가는 자본주의 제도 운행의 한 구성 요소이다. 중심부와 주변부의 힘의 분화는 어떤 단일 국가가 세계적 범위의 각종 교환 관계에 대해 통제력을 얻었음을 의미하지는 않는다. 오히려 현대 국가 형성이 내부의 경제 환경뿐만 아니라 외부의 경제 환경과도 관계가 있음을 의미한다.[105] 국가의 주권이라는 특정한 형식은 다른 국가들의 주권과 관계를 맺어 확정되는데, 이런 주권 관계는 단지 국제정치 관계로만 이해되어서는 안 되고, 국제시장 속의 경제 관계로 파악되어야 한다. 경제 관계에서 평등한 기회를 획득하기 위해 제삼세계 국가들은 민족 독립으로 자결권을 획득했으며, 국가주권으로 자신들의 이익을 보호하고 있다. 이 문제는 자본주의 발전의 전 지구적 관계 속에서 해명되어야 한다.[106]

청 말 이후의 중국 역사를 돌아보며 앞의 결론을 살펴보자. 근대 중국의 '주권' 의식은 국제무역 전쟁과 관세장벽에 대한 보호 요구를 통해 싹텄다. 이런 사실은 시장 사회 체제와 민족국가 사이의 내재적·결정적 관계를 생생하게 보여 준다. 민족—국가와 민족—국가 체제는 곧 국제적·국내적 시장 사회의 상부 정치 구조인 것이다. 우리는 19세기의 시장제도 확산(국제 자유무역과 경쟁적 노동시장, 그리고 금본위제를 하나로 묶은)과 민족국가 구성의 관계에 착안해 경제 자유주의가 어떻게 세속적인 신조로 전환될 수 있었는지 관찰해야만 한다. 일찍이 캉유웨이는 "대체로 하나로 통일된 세상은 반드시 농업으로 나라를 세워 민심을 다스릴 수 있다. 반면 서로 다투는 세상은 반드시 상업으로 나라를 세워 상대의 이득을 취한다.…… 과거에 여러 나라가 무력으로 망한 것은 모두가 알고 있다. 그런데 요즘 나라들이 상업으로 망한다는 것은 모두 소홀히 한다."[107]라고 말했다. 또한 『일본서목지』(日本書目志)에서는 '경제 제국주의'의 위협을 겨냥해 정부가 상업보다 농업을 중시하는 정책을 펴 공업화와 시장에 상응하는 조건을 만들어야 한다고 요구했다. 캉유웨이는 결코 농업을 포기하려 하지 않았다. 그는 생산자의 생계를 유지하는 운영 방식으로 농업을 대량생산화해 그 성과물을 시장에 투입하고 이윤을 획득하려 했다. 역시 시장경제 방식으로 농업을 해서 상공업의 조건을 개척하자는 주장이었다.[108] 1870~1890년대까지 궈쑹다오(郭嵩燾)·쉐푸청(薛福成)·마젠중(馬建忠)·정관잉(鄭觀應)·천츠(陳熾)·캉유웨이 등의 청나라 관원들은 정부가 중상주의 정책을 채택하고 서양의 경제정책을 본받아 시장경제에 상응하는 제도적 조치를 실시해야 한다고 호소하였다.

국가의 제도적 조치를 통해 시장경제를 형성한 것은 청 말 중국만의 현상이 아니었다. 샤오궁취엔(蕭公權)은 캉유웨이의 경제개혁 플랜과 일본 메이지유신(明治維新)의 관계를 언급하면서 "캉유웨이의 계획과 일본의 경험은 합치되는 점이 적지 않다. 정부의 지도적 기능, 황제의 중요한 역할, 기본 동력인 개인 기업, 교육과 경제 현대화의 병행 추진 등이 그것이다."[109]라고 주장했다. 청나라 정부는 캉유웨이의 계획을 전부 실행하지는 않았지만, 점차 시장과 무역을 발전시킬 수 있는 정책들을 추진했다. 어떤 의미에서 시장에 대한 청 정부의 간섭은 현대 국가의 기원이자, 시장 사회(폴라니의 견해에 따르면 시장 사회와 시장은 서로 다른 개념이다)의 기원이 되었다. 그리고 청 정부를 움직인 가장 근본적인 원동력은 곧 전 지구적 시장 사회 및 그 운행 규칙과 민족국가의 정치체제 사이에서 이루어지는 상호 자극하는 관계였다. 근대 중국의 개혁운동이 지향한 경제적 목표는 줄곧 국가의 힘으로 시장 사회를 위한 제도적 조치를 시행하는 것이었다. 국가의 힘이 약해졌을 때 많은 중국 지식인들은 중국이 메이지유신 기의 일본처럼 정치적 통일에 대한 의지가 없다고 개탄했다. 따라서 경제 발전을 위해 국가의 힘을 강화하는 것은 청 말 이후 중국 역사 속에서 중요한 현상이 되었다. 국가의 강대한 조직과 간섭 능력은 바로 시장 사회의 논리에서 생긴 것이다. 민족국가와 민족국가체제는 국내시장과 국제시장 관계의 정치 구조로 이해되어야 하며, 이 정치 구조는 시장 사회의 운행을 보호하고 시장과 사회의 충돌을 조절하기도 한다. 왜냐 하면 그 자체가 곧 시장 사회의 한 내적 요소이기 때문이다. 그러므로 국가의 통제나 사회의 통제에 관한 연구는 반드시 시장 사회의 활동 방식에 대한 장기적이고 광범위한 관찰을 바탕으로 수립되어야 한다. 시장과 국가의 관계는 이원론적 관계로 단순화될 수 없기 때문이다. 고전 경제학이 줄곧 정치경제학의 방식을 이용한 것도 바로 경제와 정치를 확연히 구분하기 힘들었기 때문이다. 경제가 자율적 영역으로 발전하는 과정에서 경제와 정치의 관계는 측량하기 힘든 중대한 변화를 겪었지만, 언제나 이 두 영역은 끊임없이 서로 침투하는 관계를 유지했다. 또한 시장과 권력의 내적 관계는 현대 세계의 불평등의 기원이 정치적인 동시에 경제적이라는 것을 입증한다. 역사 연구에서 이것은 항상 명심해야 할 문제이다.

  국제 관계에서 국가주권을 분명히 하고 국가적 목표에 대해 국민에게 호소하는 것은, 국내 관계에서 국가의 사회적 간섭의 한계 및 정도를 설정하는 것과 직접적인 관계가 있다. 사회/국가, 시장/계획의 이원론은 우선 간섭주의에 대한 비판에서 나왔지만, 이 비판은 강력한 국가와 함께 존재했으며 그 이전 시기, 시민사회가 봉건국가와의 투쟁에서 형성한 이론적 관심에 바탕을 두었다. 근대 유럽의 사회사상은 부르주아 시민사회와 부르주아 민족국가의 동시적 확장 속에서 만들어졌으며, 시민사회는 국가가 부강해지면서 발전했다. 이런 배경 속에서 우리는 비로소 애덤 스미스 · 데이비드 리카도(David Ricardo) 등의 정치경제학자들이 개인주의 · 자유로운 시장 · 경제 규칙의 범주로 국가의 간섭정책을 억제하려 한 역사적 함의를 이해할 수 있다. 만약 간섭주의에 대한 비판의 전제가 강력하고 자기 충족적인 국가라면, 이 전제는 청 말 · 민국(民國) 초기에는 존재하지 않았다. 예를 들어 청 말 사회의 주요 경향은 지방분권의 출현과 중앙 권력의 급격한 위축이었다. 한편으로는 태평천국〔太平天國, 청나라 말기 훙슈취엔(洪秀全)과 농민 반란군이 세워 14년간(1851~1864) 존속한 국가—옮긴이〕의 진압 과정에서 지방이 무장화되고, 지방 권력이 성장했는데, 이것은 국가권력의 어쩔 수 없는 분산 과정이었다. 다른 한편으로, 청 말 개혁 과정에서 이루어진 제도적 기획들은 국가의 자체 개조에 대한 예증이었다. 일찍이 광서(光緒) 원년(1875)에 군기대신(軍機大臣) 원샹(文祥)은 광서제(光緒帝)에게 은밀히 주청해 서구식 의원제를 개혁의 모범으로 삼을 것을 건의했다. 그리고 상인 신분이던 정관잉은 대신인 캉유웨이와 함께 의회제도와 헌법 반포의 필요성을 논의했다. 이런 사실은 청 말의 개혁운동을 단순히 국가/사회의 대립 관계로 관찰할 수 없음을 보여 준다. 변법자강운동〔變法自彊

運動, 무술변법(戊戌變法)이라고도 한다. 청일전쟁 패전과 그에 따른 제국주의 열강에 의한 중국 분할로, 젊은 독서인층(讀書人層)은 위기를 절감했다. 그들은 패전의 경험에서, 유럽의 무기·기술만을 도입하려는 양무운동(洋務運動)의 한계를 깨닫고, 전통적인 정치체제·교육제도 개혁으로 부국강병을 실현해야만 중국이 근대 세계 속에서 살아남을 수 있음을 주장했다.―옮긴이]과 그 실패를 통해 이러한 건의들은 결국 청 정부의 '신정'〔新政, 의화단운동의 실패와 신축조약(辛丑條約)으로 위기를 느낀 청조가 청조 지배체제를 유지·보강하고 개혁하기 위해 중국 정부의 마지막으로 실시한 개혁. 신정의 목표는 기존의 황제 전제 지배체제에 대해서는 손대지 않은 채 자본주의적 요소의 도입을 더욱 확대하고, 군사·재정·교육권 등을 중앙으로 회수하여 집권체제를 보강하는 것으로, 입헌 의회제 도입과 같은 정치체제 개혁안은 없었다.―옮긴이〕 조치들 중 하나가 되었다. 청나라의 자기개조운동이었던 변법자강운동은 결국 실패로 돌아갔지만, 그 실패는 이 자기개조운동의 종결을 의미하지 않았다. 오히려 이때를 시작으로 국가의 자기 개조는 점차 급진적인 방식을 채용하였다. 1905년부터 1906년 사이에 이뤄진 신정의 개혁 조치는 심지어 변법자강 시기의 캉유웨이의 건의보다 훨씬 철저하였다.

　권력 분산을 특징으로 하는 개혁운동은 국가 개혁운동이었으며 그것은 지방의 신사(紳士)와 지주 계급의 힘으로 사회질서를 재조직해 국가 운영의 효능을 높이려 했다. 그러나 청나라의 자기 개혁운동이 당면하고 있었던 위협은 단지 왕조 내부에서뿐만 아니라 직접 왕조를 겨냥한 하층부의 혁명운동에서도 다가왔다. 청 말, 민국 초의 혁명 사상과 혁명운동은 우선 이민족 통치와 황권(皇權)을 비판하고 부정하였고, 이어서 신사지주제도(紳士地主制度)에 대한 공격으로까지 발전한 것이다. 청 말의 혁명가들은 이미 지방 신사/지주제도의 힘을 강화하고 지방 분권제를 개혁하는 것이

청 말 국가 건설의 일부라는 것을 알고 있었다. 그러므로 그런 제도들과 개혁이 황권의 정당성과 긴밀하게 연관된다는 것도 의식하고 있었는데, 신해혁명(辛亥革命) 이후 이런 관점은 점차 일반적인 것이 되었다. 그런데 바로 이러한 점이 곧 청 말 개혁에서의 배리를 이루었다. 지방자치에 대한 왕조의 의존과 왕조의 정당성에 대한 지방자치의 와해 작용이 함께 존재한 것이다. 만약 명나라 말기와 청나라 초기의 '봉건' 사상(예컨대 고염무〔顧炎武〕의 사상 같은)이 토지의 지주 소유제로 왕권 소유제를 제한했다고 한다면, 청 말·민국 초의 균전(均田)에 관한 논의는 토지 사유제를 격렬히 비판했다. 이 비판의 근거들 중 하나는 황권과 그 사회적 기초에 대한 부정이었으며, 또 다른 근거는 청대 중엽 이래 나날이 발전해 온 토지 겸병(兼併)이었다.

후한민(胡漢民)·류스페이(劉師培)·쑨원의 균등한 토지 소유권에 관한 주장은 각기 조금씩 다르긴 하지만, 모두 사유제에 대한 회의와 부정을 표시했다. 하지만 그런 회의와 부정의 우선적인 목표는 황권의 '큰 사사로움'(大私)과 과도한 겸병이었으며, 그것은 사상적인 맥락에서 『명이대방록』(明夷待訪錄)에서 황종희(黃宗羲)가 주장한 것과 매우 비슷했다.[110] 신해혁명 전후의 사유권 제한 사상은 국가의 정책이 아니라 반국가적인 인물들의 주장이었다. 왜냐 하면 그들은 사유제가 사회적 불평등과 독재주의의 경제적 기초를 만들어 낸다고 생각했기 때문이다. 그러므로 청 말의 사유권 제한 사상은 국가 계획과 아무 관계가 없었으며, 토지 겸병과 황권 확장에 맞서기 위한 자연스러운 대응이었다. 결코 반시장적이거나 계획 지향적 사상으로 단순화할 수 없다. 우리는 그런 혁명가들의 관점이 오늘날 자유주의 원리에 부합하지 않는다고 비판할 수 있지만, 사유권 제한 사상이 청 말 공화제 사상의 유기적인 부분이었음을 인정하지 않을 수 없다.

또한 정치적으로 입헌제도, 개인의 기본권 보장, 민주적 참여, 공화제 국가를 수립하려는 구상과 밀접한 관계에 있었음을 유의해야 한다. 청 말의 공화주의자들은 당시의 토지 소유제(지주 소유제를 포함하는)와 전제적 황권이 분명 의존관계에 있다고 생각했다. 이런 점은 명나라 말기의 상황과 조금 다르다. 청 말의 전제론(田制論)과 봉건론은 황권에 대한 대항과 지방자치 혹은 지방분권의 형태로 나타난데 비해, 황종희의 정전제는 고대의 토지 국유제를 부활시키려던 것으로 보인다. 그가 문제시한 것은 명대의 관전(官田) 소유제가 아니었다. 만약 우리가 단순히 근대 중국의 반사유제 사상이 경제적 자유를 부정해 국가 소유제를 낳았다고 비판한다면 토지의 지주 소유제와 황권의 의존관계는 어떻게 이해해야 하는가? 이 점은 중국의 현대사와 현대사상의 문제를 더욱 폭넓은 역사적 관계 속에 놓고 고찰해야 할 필요를 보여 준다. 나는 여기에서 전통적 공유제를 제창하려는 것이 아니라 한 가지 기본적인 사상을 강조하고자 한다. 사유권 제한 사상과 국유권 제한 사상은 모두 구체적인 역사적 관계, 특히 특정한 정치/경제구조 속에서 생성되었다. 이 둘은 모두 단순한 사유 방법(예컨대 개인 지식의 유한성을 믿거나, 인간의 이성적 능력을 믿는)이 아니다. 우리는 빼어난 이성적 선택에 근거해 양자를 선별하거나 평가할 수 없다.

   근대 중국의 사회사상은 시작부터 전 지구적인 경제·정치·군사 관계에 직면하였다. 그런데 '공동체'의 문제가 너무 절실했기에, 그 사상들은 환원주의적 방식을 통해 개인의 구체적인 문제로 결론을 유도할 수 없었다. 다시 말해서 우리는 개인의 경제적 동기에서 중국 사회의 구조적 변화를 설명할 수 없으며, 또한 개인의 정치적 동기에서 중국 국가구조의 혁명적 변화를 설명할 수도 없다. 근대사회의 개혁은 훨씬 광범위한 제도적 안배 속에서 실시된 것으로 봐야만 하며, '사회'와 '시장'은 모두 국가가 추진한 제도적 산물로 파악될 수 있다. 심지어 국가 자체도 자기 쇄신의 기획을 통한 결과로 볼 수 있다. 청 말의 국가는 천조(天朝) 국가에서 민족국가로 전환해야 했는데, 국가와 그 정당성이 국제·국내적 사업에서 모두 심각한 위기에 직면해 있었다. 따라서 '사회'의 형성은 부르주아 계급사회가 국가의 간섭을 방어하는 자기 보호 기능에서 비롯되지 않았다. 오히려 쇠락 일로에 있던 국가가 수행한 자기 개조의 일부분이었다. 국가는 개혁정책으로 특정한 사회단체를 건설해 국가 기능의 일부를 넘겨주고 자신의 정당성을 재건하려 했으며, 나아가 새로운 민족적 아이덴티티 형성을 위해 전제(專制)를 창출하고자 했다. 또한 경제활동에 대한 국가의 제약은 국가가 특정한 방식으로 국제시장의 경제활동과 민족국가의 정치체제에 참여해야 한다는 사실에 뿌리를 두었다. 기본적으로 청 말 사회와 사회사상의 주요 내용은 부르주아 시민사회와 국가의 대립이 아니었다. 청 말의 사상가들이 '공'(公)과 '군'(群)의 개념으로 사회 및 국가의 필요성을 논증할 때, 그들이 부정한 것은 한 가문 한 성 씨(一家一姓)인 '사'(私)의 왕조였으며, 그들이 만들려고 한 것은 현대적인 국가와 사회였다. 어떤 의미에서 '사회'는 그들이 국가 구성의 수단이었다. 심지어 우리는 '사회'와 '시장'이 일부 개혁적 지식인들의 기획과 청 말 왕조 및 중화민국 초기의 체제화의 결과라고도 말할 수 있다. 다시 말해서 '사회'와 '시장'은 국가 계획의 일부였으며 국가의 개혁정책의 산물이었다. 그러므로 그것들은 '자주성', 혹은 '자율성'(autonomy)의 범주가 될 수 없었다. 나의 이런 주장은 결코 중국 역사에 이미 존재하고 있었던 지역 시장들과 사회 교류 메커니즘을 부인하는 것이 아니다. 오히려 나는 현대의 '사회'와 '시장'이 기존의 사회적 요소 및 제도적 요소의 개조와 재구성임을 강조하고자 한다. 이런 개조와 재구성은 처음부터 사회적 상층구조(국가)의 간섭 속에서 수행되었다.

　바로 이러한 이유 때문에 사회와 시장의 자율성과 자유로움에 호소한 지식인들이 결국 국가주의적 지식인들이었음을 알게 된다. 그들은 "국가에 대한 사회의 기능에 관심을 두었을 뿐", 사회의 자기보호운동—하층사회의 자기 보호 운동, 즉 노동자·농민·부녀자·소수민족 및 기타 주변부 집단의 운명과 사회운동—에는 거의 관심이 없었다. 그렇다면 현대의 지식인들은 왜 항상 엘리트 중심의 제도 기획 쪽으로 기울었으며, '국가적' 문제의 시각에서 사회적 문제를 보았는가? 우리는 이 문제를 여러 각도에서 설명할 수 있는데,특히 외면할 수 없는 원인은 바로 청 말 이후의 사상적 분위기에서 '국가'의 필요성이 사회 내부적 관계 속에서 논증되지 않았다는 것이다. 그 필요성은 식민주의 시대의 국제 관계 속에서 제기되었다. 사람들은 보편적으로 민족이 국가를 통해 법인 단체, 혹은 정치·경제·군사 단위로 조직되어야만 사회의 안전이 보장된다고 믿었다. 세계 자본주의의 관계가 이러한 국가의 '필요성'을 논증했는데, 그 논증은 국가 건설 속에서 새로운 사회 통치가 형성되는 과정을 은폐했다. 청 말과 민국 초에 무정부주의가 유행하기도 했지만 대부분의 무정부주의자들은 점차 국민당원이나 공산당원으로 변모했다. 그 변모의 원인을 단지 그들의 개인적 동기에서만 찾을 수는 없으며, 반드시 그들이 어떤 세계적·국내적 관계 속에서 각각의 정치활동으로 전향했는지 고려해야 한다. 식민지 국가들은 민족 독립과 해방운동 과정에서 보통 사회를 우선시했고, 결국 개인의 자유를 훼손했다. 이런 역사적 현상은 단지 '전통'에서 비롯된 것만이 아니라,(절대로 전통의 중요성을 경시하는 건 아니다) 현대 세계체제의 역사적 관계와 연관이 있다. 이 세계체제는 민족-국가를 정치 형식으로 삼는다. 이미 언급했듯이 '사회'와 '시장', 그 창조자인 '국가'는 어떤 의미에서 모두 '지식 기획'의 결과이다. 따라서 우리는 현대사회 형성의 동역학 및 그 다양한 역사적 결과를 진지하게 검토해야 한다. 반면에 경직된 방식으로 시장/계획, 사회/국가 이원론의 양자 중 하나를 취사선택하는 것은 전연 논의할 필요가 없다.

청 말과 민국 초의 민족자강운동에서 세계에 대한 중국 지식인들의 총체적 해석은 국가의 정당성에 대한 논증으로 이해될 수 있다. 그러나 그들이 증명하려던 것은 기존 정치 질서의 정당성이 아니었다. 그것은 어떻게, 왜 변혁을 통해 정치적 힘을 운용해 사회적 동일성 확보에 의미 있는 각종 가치들을 실현하느냐 하는 것이었다. 하버마스는 언젠가 "정당성의 충돌은 집단적 동일성의 정의와 관계되며, 또한 집단적 동일성은 이러한 구조들을 기초로 삼는다. 이 구조들은 통일성의 수립과 공통적 의식—예컨대 언어, 종족의 배경, 전통이나 (분명 아직도 존재하는) 이성—의 유지를 보장한다."[111]라고 말했다. 유럽 사회에서 일어난 정당성의 충돌은 계급 구조 및 경제적 관계와 긴밀한 관련이 있었다. 그런데 청 말 사회에서는 민족 충돌이 두드러졌고, 국가조직과 그 사회적 동일성이 필연적 전제가 되었다. 청 말의 지식인들은 바로 이런 조건에서 변혁과 새로운 정치·사회 체제의 정당성을 논증해야 했으므로, 자신들의 '과학 사상'에 세계관의 성격을 부여했다. 즉, 우주·세계·정치·윤리에 대해 총체적인 해석을 가했다. '과학'이 새로운 제도 형식을 창출하는 근거가 된 것이다. 우리는 그들의 논증이 총체론의 특징을 띠었다고 말할 수 있지만, 그것을 과학주의—이 과학주의는 시장/계획, 사회/국가 이원론의 인식론적 기초로 간주될 수 있다—라고 결론지을 수는 없다.[112]

앞의 논의에 근거해서 나는 청 말부터 현재 중국에 이르는 역사적 맥락 속에서 시민사회와 국가의 대립은 주요한 사회문제가 아니었다고 생각한다. 청 말 사상에서 '공'(公)과 '군'(群) 개념은 국가와 사회 모두를 말하는데, 이것들은 국가와 사회를 위해 자유롭고 조화로운 우주론적 기초를 제공했다. 사회를 형성하면서 국가를 형성하거나, 사회조직을 수립(예를 들어 상회[商會]·학회[學會]·미디어 및 국회)하는 것으로 국가 제도를 새로 건립하는 것은 청 말 사회사상의 중심 주제였다. 여기에서 국가의 힘을 강화하는 것과 사회의 힘을 강화하는 것은 같은 문제의 다른 두 측면이었고, 이것들은 국제 경제 질서와 정치체제에 적응한다는 기본 목표에 의존했다. 이것이 바로 옌푸·량치차오의 사상적 활동의 기본적 함의였다. '군', '공' 그리고 '사회' 범주에 대한 그들의 해석은 담론적 실천이었으며, 그 목적은 민족국가에 대응하는 '사회'의 형성이었다. 이런 의미에서 청 말 사회사상의 임무는 민족국가의 형성만이 아니라, 민족국가에 상응하는 사회 형식의 형성도 포함했다. '국가'와 '사회'는 모두 현대성의 창출이었다. 오래된 제국이 민족국가 체제로 발돋움하는 상황을 대상으로, 당대 사회이론 속의 사회/국가 이원론은 청 말 중국 사상의 역사적 의의를 타당하게 설명할 수 없었다. 게다가 중국 사회의 민주화 개혁과 관련된 정치 현상을 오도하기까지 했다. 사회적 독재의 기원과 관련된 당대 사회이론의 논의가 줄곧 사회/국가의 이원론을 기초로 수립되었다는 사실에 대해서 유의해야 한다. 만약 지금까지 내 추론이 합리적이라면, 그것은 '사회'나 '시장' 범주가 근본적으로 국가 범주에 대응하는 영역을 구축할 수 없었음을 의미한다. 이런 의미에서 우리는 사회적 독재와 그 가능성의 기원을 새롭게 검토해야만 한다. 여기에서 문제의 핵심은 현대사회의 기본적 특징을 총체적으로 파악해야 한다는 점이다. 나는 앞으로 옌푸 사상의 함의를 논의하면서 다시 이 문제로 되돌아올 것이다.

루카치는 역사유물론의 기능 변화에 대해 논하면서, 18세기에서 19세기 초에 일어난 이론과학의 급격한 발달을 부르주아 계급의 사회구조 및 진화의 결과로 해석했다. "경제 · 법률 · 국가는 여기에서〔이런 이론들 속에서—인용자〕엄밀한 체제로 나타났다. 이 체제들은 자체의 힘을 빌어 완전해졌고, 역시 자체의 고유한 규칙에 힘입어 사회 전체를 통제하고 있었다."[113] 다시 말해서 역사유물론은 자본주의 사회의 자기 인식에 불과하다는 것이다. 루카치는 마르크스주의에서의 경제(토대)와 정치(상부구조)의 구분을 자본주의 사회에서 경제와 정치가 분리된 결과로 보았다. 그런데 내가 보기에는 그런 분리에 대한 부르주아 계급사회의 자기 인식이 경제적 토대와 상부구조를 구분한 기원이라고 말하는 것이 더 정확하다고 본다. 이 자기 인식은 이렇게 귀납될 수 있다. 자본주의 사회에서 국가는 시장의 경제 운행에 관여하지 않는다. 그러나 전(前) 자본주의 사회에서 "국가는 사회 · 경제의 관리에서 조화되지 않았으며 조화된 적도 없는 통치 그 자체였을 뿐이다."[114] 이런 자기 인식은 의심을 불러일으키는데 왜냐하면 현대 자본주의는 부르주아 민족국가 체제를 정치 형식으로 하며, 국가는 시장 사회 외부의 존재가 아니라 시장 사회 운행의 내적 요소이기 때문이다. 따라서 국가와 경제가 분리되었다고 말하기보다는 차라리 국가와 경제 관계가 변화했다고 하는 편이 옳은 것이다. 이런 의미에서 자유주의와 마르크스주의는 모두 사회/국가, 시장/국가의 이원론을 근원적 패러다임으로 삼는 자본주의 사회구조와 진화 모델의 자기 인식이다. 사회/국가, 시장/계획의 이원론은 시민사회의 정치 · 경제활동이 생존과 권리 증진을 위해 봉건국가와 벌인 투쟁에 힘입은 이론적 표현이다. 그러나 근대와 당대의 중국에서 일어난 사회 변천을 설명할 때, 이 모델의 설명력은 매우 제한된다.

기술 통치와 계몽 이데올로기

과학기술이 세계에서 가장 중요한 구성 능력이 된 이후 과학주의 혹은 기술 통치는 보편적인 현상이 되었다. 따라서 그것은 결코 사회주의의 전유물이 아니었다. 서구 공업사회가 '자유' 자본주의에서 '조직' 자본주의로 이행됨에 따라 경제 영역의 집중화·조직화·관리화가 중요한 추세로 부각되었다. 그리고 사회생활에 대한 국가의 간섭도 큰 폭으로 강화되었다. 따라서 우리는 민족국가체제가 기본 정치 형식인 자본주의와 사회주의의 공통된 역사적 전제들에 대해 진지하게 사고해야 한다. 그 전제들은 진보에 대한 신념, 현대화에 대한 승인, 민족주의의 역사적 사명, 자유와 평등의 이상적 전망, 특히 자신들의 노력과 존재 의의를 미래의 지평으로 이어진 현재 시점과 연결시키는 현대성의 태도 등이다.

'과학주의 설명 모델'에 내재된 자유와 계획의 이원론은 현재의 세계상을 거의 묘사할 수 없다. 과학과 그 기술적 성과는 전 세계 경제와 정치제도의 변화와 차이 속에서도 그 모든 차이를 초월하는 힘이다. 예컨대 하버마스가 지적하듯, 과학과 기술은 이미 생산력의 주요 원천이 되었다. 그리고 독립적으로 잉여가치를 창조해 점차 시장경제의 등가교환 원칙을 대체하고 있으며, 나아가 자본주의 체제의 정당성을 보장하는 이데올로기가 되었다. (생산력으로서의) 과학기술은 자연에 대한 통치를 실현시키면서, 이데올로기적인 방식으로 인간에 대한 통치도 실현했다.[115] 총체적 계획에 대한 '과학주의 설명 모델'의 폭로는 후기 자본주의 사회의 국가 간섭에 관한 하버마스의 분석과 유사점이 있다. 이들은 모두 과학주의에 대한 비판이고, 또한 자유로운 자본주의에 대한 이상화된 서술이라고 볼 수 있다.[116)]

이러한 유사점은 과학기술이 세계에서 가장 중요한 구성력이 된 이후 과학주의 혹은 기술 통치가 보편적인 현상이 되었으며, 그것이 결코 사회주의의 전유물이 아니었음을 보여 준다. 서구 공업사회가 '자유' 자본주의에서 '조직' 자본주의로 이행됨에 따라 경제 영역의 집중화·조직화·관리화가 중요한 추세로 부각되었다. 그리고 사회생활에 대한 국가의 간섭도 큰 폭으로 강화되었다.[117)] 하버마스는 전후의 자본주의 발전을 세 가지 측면으로 개괄했다. 먼저 생산력에서 과학기술이 첫 번째 생산력이 되었다고 했다. 그리고 생산관계에서는 자본의 집단적 소유가 점차 자본의 국유화로 전환되었으며, 상부구조에서 보면 '경제계획화'를 중심으로 하는 운행 메커니즘이 형성되었다고 결론지었다. 다른 한편, 이데올로기로서의 과학의 기능이 완전히 표면화되었다고 지적했다. 그러한 기능은 사회생활에서 인간과 인간의 관계를 인간과 자연의 관계로 전환시켜 정치 참여 의식이 쇠퇴하고, 사회적 관계가 기술화되고, 일차원적 인간이 출현하게 되는 현상 등을 낳았다.

이에 대응해 냉전 이후의 중국·동유럽·구소련 및 아시아 국가들은 시장화 개혁에 박차를 가했다. 국유 기업의 사유화 운동은 이 개혁의 국내 목표 중 하나였으며, 전 지구적 시장으로의 진입은 이 개혁의 국제적 방향이었다. 그리고 이 국가들의 시장화 개혁은 어느 정도 국가 계획의 한 부분이었다.[118)] 더욱 중요한 것은 조직적인 자연 통제의 실시와 그 통제 행위를 통한 사회 영역의 조직화는 동·서양 사회를 막론하고 큰 차이가 없었으며, 서로 자극이 되기까지 했다는 점이다. 과연 어떤 힘 때문에 자유 시장경제 모델이 새로운 통제 형식을 택하게 되었으며, 또 계획경제 모델이 시장을 향해 전환되었는지도 생각해 볼 만한 가치가 있다. 두 모델의 상호 침투는 전 지구적 자본주의의 새로운 형식을 구성했다.

　마르크스는 자연 통제와 노동과정의 관계를 분석하면서 자신은 과학과 기술을 사회적 관계로 이해한다고 밝혔다. 그는 자본주의 사회에서 인간이 자연을 통제하는 것은 항상 고용 노동이라는 특정 형식의 영향을 받는다고 지적했다. 그리고 오직 무계급의 사회적 조건에서만 진정한 자유가 실현될 수 있다고 예언했다. 즉 "연합한 생산자들이 자신과 자연 사이의 물질적 교환을 합리적으로 안배하고 그 교환을 공동의 통제 아래 둠으로써, 그것이 맹목적인 힘으로 자신들을 좌우하지 못하게 하는 것"[119]을 지향한 것이다. 그러나 "마르크스와 엥겔스는 이성의 통제 아래 인간과 물질을 상호 전환시키는 전 세계적으로 통일된 사회질서가 형성한 구조를 예견하지 못했다. 또한 그들은 사회주의와 자본주의 국가들 사이에 벌어지는 잔혹한 투쟁에서 과학기술의 발전이 중요한 도구가 된다는 것도 예상하지 못했고, 그로 인해 사회주의 내부의 '사회화 과정'이 자본주의 사회의 강력한 군대와 이데올로기적 압력으로 변형된다는 사실도 짐작하지 못했다."[120] '과학'의 통제적 특성은 계획경제의 변혁과 전통적 사회주의 운동의 소멸에도 불구하고 사라지지 않았으며, 또한 자본주의의 전 지구화 과정 중에도 약화되지 않았다. 오히려 그것은 과학기술과 현대화 목표의 결합을 통해 가장 강력한 통치 이데올로기이자 가장 두드러진 '현대성의 결과'가 되었다. 따라서 여기에서 우선 언급해야 하는 것은 국가의 간섭 모델에 대한 가치판단이 아니라, 그 모델의 사회적 기원과, 계획이 국가의 정치 생활에 미치는 효력에 대한 평가이다.[121]

　'과학주의 설명 모델'은 전체주의와 그 이데올로기를 비판하는 데 힘을 기울였지만, 현대 과학기술이 보편적 힘이 될 수 있었던 역사적 원동력은 설명할 수 없었다. 특히 현대 과학기술의 이용 과정과 자본주의적 과정 사이의 역사적·논리적 연관은 더욱 밝혀낼 수 없었다. 그리고 이 설명 모델은 현대사회의 위기를 사유 방식(그리고 여기에서 생겨난 사회구조화 방식)의 위기로 결론지었기 때문에 과학의 문제를 현대 문명의 문제로 사고할 수 없었다. 현대 문명은 과학기술 문명이며, 현대 문명의 구조화 방식 자체는 바로 과학기술을 원형으로 자연을 정복하는 것을 원동력으로 삼는다. 문제를 '이성의 남용'에만 국한시킨다면 '이성의 형식'—과학과 기술—의 사회적 기원과 그 결과를 성찰할 수 없는 것이다. 만약 사회 통제가 사회·경제제도에 대한 이성의 기획에서 발생했다면 그것은 자연과학적 방법을 오용한 것에 지나지 않게 된다. 사실상 그런 결론은 자연 통제와 사회 통제 사이에 아무런 필연적 관계가 없음을 암시한다. '과학주의 설명 모델'은 사회과학에서 자연과학적 방법의 오용을 집중적으로 논의했는데, 실제로는 (직접적인 방식은 아니더라도) 계몽주의 운동 이후의 과학 이데올로기, 즉 과학의 '진리' 추구와 그 방법론의 필요성은 서로 연관되며 과학은 사회·역사적 영향력을 모면할 수 있다는 논리를 강화했다. 과학은 진리이고, 그렇기 때문에 특유의 절차를 사용해 스스로를 표현할 수 있다고 주장한다. 또한 바로 그 절차로 과학의 연구 대상은 이해된다. 이에 따라 과학의 자기비판은 자체의 규범적 구조의 영역 안에서 수행된다. 게다가 과학은 과학 공동체에 흡수된 사람(훈련을 거쳐 자격을 증명받은)만이 과학 업무에 필요한 혁신을 담당할 자격이 있다고 고집한다.[122] 자본주의적 사회관계의 보편화와 문화 및 제도의 차이를 초월하는 과학기술의 보편화는 함께 발전하므로[123] 오늘날 우리는 다음과 같은 야스퍼스의 주장처럼 단언할 수 있다.

> 역사 시대가 시작된 이래, 과학만큼 철저히 세계의 구석구석을 변화시킨 사건은 없었다. 그것은 미증유의 기회와 모험을 동반하였다. 우리는 갓 반세기 동안 기술 시대에서 생활했는데, 이 시대는 최근 몇십 년 사이에 완전한 헤게모니를 획득하였다. 그리고 이 헤게모니는 현재 예측할 수 없는 정도까지 강화되고 있다. 지금까지 우리는 단지 부분적으로 그 놀라운 결과를 인식했을 뿐이다. 현재는 불가피하게 존재 전체의 기초가 새롭게 놓여졌다.[124]

데이비드 식의 통속적인 묘사건, 하이에크의 이론적 분석이건, 모두가 과학과 비과학을 경계짓는 데 집착한 나머지 진정한 과학의 사회이론을 발전시키지 못했다. 애로노위츠(Stanley Aronowitz)는 이렇게 말했다.

> 계몽의 이데올로기, 특히 그 과학 및 기술 모델은 개인들이 좌우하는 시장적 관계의 가설을 출발점으로 이성의 보편성에 대한 호소를 전제로 했다. 그래서 이 내재적인 모순은 사회이론의 생산을 해쳤다. 자유주의는 기껏해야 보수적인 조합주의의 기지 역할을 했을 뿐이다. 하지만 초기의 자유주의는 개인이 사회를 구성하며 개인의 선택이 집단을 연결시키는 기초라는 것을 암시했다. 이로부터 과학의 발견 장소이자 과학의 진리의 법정인 '과학 공동체'의 사회학적 개념이 탄생한 것이다. 또한 이 때문에 과학 공동체는 서로 관련된 개인들의 조직으로 이뤄지며, 그들 사이의 연합은 곧 훈련과 지식으로 결정된다. 이 집단은 어떤 종류의 진술이 과학에서 유효하고 가능한지 결정하게 한다. 분명히 이런 사회 개념은 소유의 개인주의에서 기원했다. 사회생활의 진정한 '구조'란 없으며 개인의 결정을 초월하는 어떠한 관계도 없다.[125]

이런 관점으로 본다면 '과학주의' 개념은 매우 쉽게 어떤 판단, 즉 과학주의 운동이 단지 과학 공동체 밖의 운동이었다는 판단을 유도한다. 이런 판단은 과학주의 운동이 과학의 실천과 아무런 관계가 없었으며, 또한 과학 공동체는 어떠한 정치·경제·문화적 실천과도 관계 맺지 않았음을 암시한다. 과학의 자율성과 과학적 발견의 메커니즘에 대한 이러한 관점은 더욱 깊은 의미를 포함한다. 바로 과학과 관련된 사회·문화운동들이 '사이비 과학적' 활동이었다는 것이다. 이런 명쾌한 구분은 과학 공동체의 과학 활동과 정치·경제활동의 내적 관련성을 숨기고 과학의 절대적 권위를 방어했다.

이러한 내용에 대해서는 푸코의 담론 구성체(discoursive formation) 개념을 참고할 수 있다. 이 개념은 사회집단을 담론의 공간과 관련짓고 권력과 담론의 내적 연계를 주장한다. 따라서 각종 담론공동체 역시 정치적/경제적 구성체(political/economic formation)이며 지식으로 간주되는 것들 역시 특정한 지배 관계 속에 놓임을 표명한다.[126] 애로노위츠는 현대사회의 권력은 일체화의 운행, 즉 강제력의 실행이나 제도를 통한 지배가 아니라고 지적했다. 정치·경제 영역의 권력 운행에서 현대 세계의 권위는 날이 갈수록 정당화의 지식의 점유에 의존하고 있다. 그리고 이 정당화의 지식들 중에서도 과학 담론은 최고의 지식 형식이다. 과학 공동체가 국가의 중대 정책에 참여하는 권력의 중심이라 해도, 과학의 권력은 특수한 과학의 메커니즘 자체를 훨씬 초월한다.[127] 단지 과학이 어떤 담론의 실천으로 절대적 공리의 위치에 있다고 이해되지만 않는다면, 그 절대 권력은 약화될 리 없다.

그러므로 검토해야 할 문제는 단지 과학의 '오용'이 아니라, 사회적 관계로서의 과학의 특성이다. '과학주의 설명 모델'은 사회 영역과 자연 영역·사회에 대한 지식과 자연에 대한 지식의 분리를 통해, 더욱 사회적 관계로서의 과학의 특성을 은폐하였다. 또한 과학 방법의 '오용'을 분석하면서 실제로는 인류의 자연 통제라는 위대한 성취의 서사를 다시 한 번 다른 방향으로 서술했다. "과학은 진리의 약속이자 계약, 그리고 진리 생산의 의식화(儀式化)된 프로그램으로서 이미 오랫동안 유럽 사회 전체를 휩쓸어 왔다. 게다가 지금은 모든 문명에 보편적으로 적합한 법칙으로 전파되었다. 이런 '진리에의 의지'는 무엇이며, 그 결과는 어떠한가? 그 의지와 권력의 관계는 어떻게 서로 얽히게 되는가?"[128] '과학주의 설명 모델'로는 이러한 문제들을 해결할 수 없다. '과학주의'의 범주 안에서 전체주의와 총체적 계획의 기원을 해석하고, 그 해석으로 단순히 현대 사회주의의 실천을 지향하는 것은 현대성 문제의 총체적 특징을 덮어 버린다. 만약 위에서의 푸코의 물음이 대답할 만한 가치가 있다면 우리는 민족국가체제가 기본 정치 형식인 자본주의와 사회주의의 공통된 역사적 전제들에 대해 생각하지 않을 수 없다. 그것들은 진보에 대한 신념, 현대화에 대한 승인, 민족주의의 역사적 사명, 자유와 평등의 이상적 전망, 특히 자신들의 노력과 존재 의의를 미래적 지평으로 나아가는 현재 시점과 연결시키는 현대성의 태도 등이다.

4장 세계 산출과 정당화의 지식 과학기술

통제의 지식과 세계 산출

마르크스는 노동을 통해 형성되는 인간과 자연의 상호 작용을 역사 인식의 관건으로 보았다. 그리하여 우리가 과학과 사회의 역사적 관계를 사유하는 데 중요한 이론적 출발점을 제공했다. 그리고 셸러(Max Scheler)와 하이데거(Martin Heidegger)는 니체의 영향으로 과학과 현대사회를 통찰하여, 새로운 시각으로 과학 문제를 관찰한 지식사회학과 형이상학의 배경을 형성하였다. 나는 '과학'과 자본주의 체제 사이에 내적 관계를 수립해 보고자 한다. 어떤 의미에서 나는 과학을 자본주의 체제의 정당성의 근원이자 그 체제 자체의 형식으로 간주하고 있다.

1962년, 토마스 쿤(Thomas S. Kuhn)은 과학의 패러다임 전환이 '개념의 전환'(shifts in perceptions)에 의존할 뿐만 아니라, 과학적 발견이 일어난 컨텍스트에 의존한다고 주장했다. 과학사학자와 과학사회학자들은 줄곧 과학의 발전에서 일어날 수 있는 '외부적' 영향들을 이해하려고 했다. 그러나 애로노위츠가 말했듯이, "과학사회학의 주류는 머튼(Robert Merton)과 콜롬비아학파를 대표로 꼽을 수 있는데, 과학의 사회적 컨텍스트에 대한 그들의 탐구는 과학 공동체의 연구, 특히 과학교육의 특징이나 학교와 과학 단체를 거점으로 하는 개인 관계망 등의 '체제적·윤리적 요인'에 의해 제한되었다."[1] 과학사회학 연구는 왜 그런 범위 안에 제한되었을까? 난디(Ashis Nandi)는 이렇게 설명했다. "아르키메데스의 평화로운 시절부터 초기 식민주의의 소란한 시대에 이르기까지 과학은 도구이지 목적이 아니었다. 당연히 민족이나 국가의 목적도 아니었다." 과학의 발견으로 지배적 지위와 이익을 얻은 국가들(예를 들어 19세기의 식민주의 국가들)도 과학을 국가의 이성으로 간주하지 않았다. 즉 "식민 국가가 과학을 운용했을 뿐, 과학이 국가를 운용한 것은 아니다."[2] 따라서 과학사회학이 탐구해야만 할 것은 사회현상, 혹은 사회적 이성으로서의 과학의 특징이 아니라, 과학의 발견과 관련되는 사회 조직적 요인이라는 것이다.

그러나 그런 제한된 영역 속에서 과학 문제에 대한 탐구가 이뤄질 수 있을까? 나는 이에 대해 좀 부정적이다. 우선 난디가 관찰한 것처럼, 과학의 성격은 이미 식민주의 시대부터 변화했고 인류에게 폭력성을 띠기 시작했다. 그것은 과학 문화가 하나의 새로운 범위로 확대되었고, 과학 지식에 대한 국가의 활용이 민주주의의 발달 과정을 초월해 체제화된 조직적 폭력이 되었기 때문이다. 세계적 범위에서 민족국가는 과학의 진보에 의존했고, 과학은 더 이상 국가의 도구가 아니라 국가의 이성이 되었다. 결국

과학은 그 발전 과정에서 현대 민족국가의 기본 목표가 된 것이다. 또 국가 이성으로서의 과학이라는 의미를 염두에 둔다면, 우리는 과학과 기술의 내적 관계를 피해갈 수 없다. 또한 과학과 기술 사이에 섣불리 엄격한 경계선을 그을 수도 없다. 발전주의의 배경 아래 기술은 그만 과학의 어용적인 목표가 되었는데, 그것은 거의 모든 민족국가에서 공통적인 현상이었다. 아울러 과학은 정치·경제·문화 등 각 영역에 스며들어 사회생활을 조직하는 기본 요소가 되었다. 그런데 이 현상은 자연적인 발전 과정이 아니었으며, 단지 과학 공동체와 관련된 현상도 아니었다.

내 연구 목표는 전술한 과학사회학의 설정과는 전혀 관계가 없다. 내가 보기에 난디의 판단은 더 진전되어야 한다. 만약 초기 식민주의 국가에서 과학이 단지 하나의 도구(?)였다면, 식민 통치에 반항하는 사회에서 과학은 두 차례 세계대전 이전에 벌써 세계관 및 사회·국가 재구성의 요소가 되었다. 또한 과학 공동체의 이성은 그 자체로 이미 국가 이성의 일부였다. 과학에는 도구와 국가 이성이라는 이중의 함의가 있었기 때문에 현대 사상은 사회·국가·윤리 문제를 사유할 때 반드시 과학의 문제를 다루어야 했다. 이런 이유로 '과학'은 내 작업에서 중국의 현대성 문제를 이해하는 특수한 경로가 된다. 그러나 결코 주요한 목표는 아니다. 나는 근대 중국사에서 과학 관념의 다양한 전개 형식 및 사상적 연원, 구체적 맥락을 연구하려 한다. 또한 방법적으로 사상 분석과 제도·담론·실천을 결합하려고 한다. 이 제한된 연구 지평에서 내가 주목하는 것은 단지 현대 중국 사상 속의 '과학' 관념만이 아니다. 이 문제를 통해 현대성 문제의 내적 구조를 새롭게 검토하려는 것이다. 즉, 이 책의 연구 대상은 '현대사회'의 '과학적 구성', 혹은 '과학 관념'·'과학 방법'·'과학적 세계관'·'과학 제도'가 하나의 '현대사회'를 구성한 과정이다.

이 연구의 주된 취지의 배후에는 한 가지 기본 가설이 존재한다. 그것은 '현대사회'가 자연적 과정의 결과가 아니라, 스스로를 개량하는 지속적인 구성 과정이라는 가설이다. 이 과정의 청사진 및 그 실천은 지식인의 기획·국가의 제도적 조치·특정한 역사 문화적 연원과 분리될 수 없다. 동시에 그것은 현대 세계체제 형성의 유기적인 부분이기도 하다. 바로 이런 의미에서 과학과 현대성의 관계는 전자가 후자의 산물이라거나 후자가 전자의 결과라는 식으로 단순화될 수 없다. 이들 사이에는 내적 동일성이 존재하는 것이다. 요약하면 '과학'과 현대사회(자본주의 체제와 국가사회주의는 모두 이 체제의 특수한 일부분이다)는 내적 관계 속에 있다. 한편 어떤 의미에서 과학은 현대사회의 정당성(legitimacy)의 원천이면서 현대사회의 형식이기도 하다. 과학과 기술은 인류의 문제를 해결하는 실천이면서, 또 한편으로는 과학과 기술을 운용하는 인간의 생활 양태·사고 및 행동의 방식·지배적 가치 및 그 메커니즘을 재구성하기도 한다. 그리고 과학과 기술의 실천은 많은 선결 조건들, 예컨대 기능의 획득이나 행위 규범 및 가치의 승인[3] 등과 관련된다. 역사적으로 각 사회는 모두 '기술 문화'를 포함하고 있었기 때문에 '기술 문화'는 '현대사회'만의 특징이 아니다. 그 사회들은 저마다 독특한 기술로 특수한 도구를 사용했다. 따라서 현대사회가 역사상의 다른 사회들과 구별되는 독특한 기술 사회로 간주되는 까닭은, 이 사회에서 기술은 더 이상 기술이 아니거나 기술의 범위를 초월하기 때문이다. 이 사회에서 기술은 사회생활의 이성이자 정당성의 가장 권위 있는 원천이 되었다. 이러한 의미에서 나는 과학기술과 현대사회의 관계를 구조적 관계가 아니라 역사적 관계로 인식한다. 만약 현대 과학과 기술의 발전 및 전파가 상응하는 정치·경제 형식과 문화적 가치의 전환을 낳았다면, 우리는 곧 지식 형식과 정치·경제·문화적 변화를 관련시킬 필요가 있다. 그런 역사적 지평 속에서 우리는 현대와 현대 이전·과학과 과학 이전의 구분을 분석의 전제로 삼아서는 안 되며, 다양한 지식 및 신념 형식의 상호 관계를 집중적으로 관찰해야만 한다.

그러나 문제는 여기에만 국한되지 않는다. 과학이 국가 이성과 정당성의 원천이 되면서 과학에 대한 반항과 또 다른 과학을 찾으려는 노력이 시작되었다. "서양에서는 줄곧 다른 종류의 과학기술을 찾으려는 운동들이 존재해 왔다. 운동의 주체들은 주로 현재의 지식 정치에 참여해 미래를 위해 새로운 지식을 축적했다. 그러나 진정 현재의 지식 정치에 참여하려는 경우, 그들은 반드시 사회 속에서 진행되고 있는 지식투쟁과 정치투쟁을 고려해야만 했다. 이른바 다른 종류의 선택은 현재에도, 전통적인 지식 형식 속에도 존재했다. 그 지식 형식들은 줄곧 현대 과학의 패권과 싸워왔다."[4] 난디는 인도의 전통적 지식 체제가 현대적 지식과 권력의 위기에 대해 손쉬운 해결 방안을 제시하지 못했다고 지적하였다. 그러나 전통적 지식은 의심할 여지없이 전체 과학 비판 운동의 일부분이었다. 이 점은 청말 이래의 중국과도 비슷하다. 여기에서 나는 전통적 지식 체제가 반(反)과학운동의 방식으로 출현했을 뿐만 아니라, 여러 상황에서 적극적으로 과학을 이해하고 운용했음을 지적하고자 한다. 그것은 스스로를 과학적 세계관이나 도덕의 계보, 그리고 사회적 메커니즘의 내적 요소로 전환시켰다. 전통적 지식 체제는 현대의 과학적 세계관 내부에서 그 적극적인 작용 속에서 무너져 갔다. 따라서 전통적 지식 체제가 현대적 지식과 권력의 위기에 대한 해결 방안을 마련하지 못했다 하더라도, 그것은 현대의 과학적 이성 안에 자기비판과 와해의 부분이 함축되도록 했다. 내 논의의 초점은 옌푸·량치차오·장타이옌 등의 지식인들이 현대 과학적 세계관의 구성 과정에 미친 작용이 무엇인가 하는 것이다. 물론 현대의 제도적 실천 속에 있는 전통적 요소도 빼놓을 수 없다. 그리고 논의의 목적은 바로 현대적 지식·신념·제도의 내적 모순과 가능성을 드러내는 데 있다.

  유럽의 지식인들은 현대 과학의 위기에 대해 오랫동안 사유해 왔다. 그들은 '과학'의 문제와 현대성의 문제를 연결해 많은 중요한 성과를 거뒀다. 그 성과들은 유럽의 역사와 문화를 배경으로 하기에 중국의 사상적 탐구와 중요한 차이점이 있지만 전혀 무관하지는 않다. 과학의 메커니즘·이데올로기와 기술 발전은 전 지구적 범위로 확대되었고, 현대적 지식과 권력의 위기는 하나의 특정한 민족국가 내부의 사회 및 지식의 위기만이 아니었다. 이런 의미에서 현대 중국의 과학·지식·신념 및 권력의 위기는 세계적 위기의 한 부분이었으며, 전 지구적 범위 안의 관련 문제들 역시 중국적 경험의 확대이자 전의(轉義)였다. 지식 전통에 비춰 보아도, 유럽 지식인들의 사유는 현대 중국 사상과 완전히 동떨어진 요소로 간주되기 어렵다. 마르크스·니체·하이에크·포퍼·하이데거·프랑크푸르트학파·푸코·리오타르 등 서구 사상가들은 이미 현대 중국 사상 속의 중요한 사상적 요소가 되었다. 더 이른 시기에는 베르그송, 제임스(William James), 오이켄(Rudolf Christoph Eucken), 타고르(Rabindranath Tagore) 등이 1920년대부터 1930년대에 활발하게 활동한 중국 지식인들에게 영향을 주면서, 그들의 역사 이론·교육 사상·문화 비평 속에 선명한 흔적을 남겼다.

  먼저 마르크스에서부터 살펴보자. 그의 사상은 유럽 사상사와 중국 사상사에서 모두 부정할 수 없는 전통이다. 그는 최초로 과학 문제에 대해 사회·역사적 고찰을 했지만, 그의 이론 방식은 전 세계적으로 의문을 불러왔다. 첫 번째 의문은 하이에크식의 비판에서 제기되었다. 즉 마르크스의 사회학적 방법은 타당하지 않은, 변태적인 자연과학적 방법이라는 인식이다. 그것은 대상의 '자연적' 성질에 호소하기 때문에 인문과학 속에 들어갈 수 없다는 것이다.[5] 두 번째 의문은 마르크스주의의 과학성에 대한 추구[6]에서 비롯되었다. 마르크스주의는 한편으로 과학의 사회관계적 특성을 드러내면서, 다른 한편으로 스스로를 사회에 대한 과학적 이론으로 간주한다.[7] 이 두 가지 의문은 상이한 방향에서 마르크스주의 이론과 과학주의 이데올로기 사이의 관계를 명시한다. 하지만 과학기술에 대한 마르크스의 분석과 그의 역사 연구 방법의 관계에 대해서는 더 발전된 분석이 이뤄져야 한다. 나는 여기에서 마르크스주의 학설에 관한 논쟁을 상세히 분석할 수는 없다. 단지 마르크스가 노동으로 이뤄지는 인간과 자연의 상호 작용을 역사 인식의 관건으로 보았으며, 우리가 과학과 사회의 역사적 관계를 사고하는 데 가장 중요한 이론적 출발점을 제공했다는 점을 강조하고 싶다.

모든 자연적 존재를 사회적 노동의 산물로 인식한 마르크스의 자연 개념은 심오한 '사회·역사적 성질'을 띠고 있다. 그러나 그의 사회 개념은 자연 범주에 속한다. 왜냐 하면 '사회·경제 형태의 발전'은 일종의 '자연적인 역사 과정'이기 때문이다. 이 과정 속의 '개인'이나 그 활동 방식은 객관적 과정에서의 기능들에 지나지 않는다. 개인은 자율적 주체가 아니라, '경제 범주의 인격화'로 나타난다.[8] 마르크스는 『정치경제학 비판 요강』에서 자본을 기초로 하는 생산이 보편적인 노동 체제(즉, 잉여노동, 가치를 창출하는 노동)를 창출하며, 다른 한편으로는 "보편적으로 자연과 인간의 속성을 이용하는 체제, 그리고 보편적으로 유용한 체제를 창출"한다고 지적했다. 아울러 "과학조차도 인간의 모든 정신적·물질적 속성과 마찬가지로 이 보편적으로 유용한 체제의 발현물로 표현되며, 게다가 이 사회적 생산과 교환의 범위 밖에서 자유롭고, 자발적으로 표현되는 합리적 사물은 아무것도 없다."[9]라고 지적했다. 자본은 부르주아 계급사회를 창출할 뿐만 아니라, 자연과 사회적 관계 그 자체에 대한 사회 성원들의 점유를 창출한다. 사실 이러한 역사적 단계에서 자연은 더 이상 자발적인 힘이 아니라 단지 인간의 대상이자 유용한 사물일 뿐이다. 그리고 자연에 대한 인식은 인간의 필요에 종속되는 간계에 지나지 않는다. 여기에서 마르크스는 과학 및 자연에 대한 지배와 통제를 자본주의적 노동과정의 진화에서의 하나의 요소나 형식으로 이해했는데, 그의 뛰어난 점은 인간과 자연 사이에 이뤄지는 다양한 형식의 관계와 사회 변천의 이론을 결합한 것이다.

마르크스의 이러한 이론적 시각과 니체의 사상은 모두 현대 유럽 사상에 깊은 영향을 주었다.[10] 제1차세계대전 이후 '지식사회학'은 하나의 분과 학문으로서 지식/사회라는 관계 모델을 채택하였다. 만하임(Karl Mannheim)은 『이데올로기와 유토피아』(Ideologie und Utopie, 1929)에서 지식에 대한 사회의 영향력을 강력하게 주장했는데, 그는 지식사회학이 "지식과 존재의 관계를 분석하는 이론이며 그 관계가 인류 지식의 발전 과정에서 어떤 형식들을 택했는지 추적하는 역사사회학적 연구"라고 했다.[11] 그리고 막스 셸러는 『지식사회학의 문제』(1924), 『지식의 여러 형식과 사회』(1926) 등의 중요한 문헌들을 발표했다. 그는 니체의 '권력의지' 개념에서 영향을 받아, 통제학적 관점으로 '실증과학'의 절차를 이해하였다.[12] 그는 우선 세 가지 부류로 사실을 구분하였는데, 그것들은 상식적 경험 속에서 주어지는 사실과 실증과학의 주제에 관련되는 사실, 그리고 형상적 직관이 나타내는 현상학적 사실이다. 이것을 기초로 해서, 그는 콩트의 지식 발전 3단계설(신학적 단계 · 형이상학적 단계 · 실증적 단계로 이뤄진)을 세 가지 지식 유형, 즉 어떤 목적에 이르기 위한 지배지(支配知), 인격 도야를 위한 교양지(敎養知), 그리고 형이상학적이며 속죄 지향적인 구제지(救濟知)의 이론으로 개조했다. 이 각각의 지식들은 모두 어떤 특정한 존재 영역을 변화시켜 특정한 목적을 획득하는데, 첫 번째는 사물이며 두 번째는 인간, 그리고 마지막은 절대이다. 그런데 첫 번째 지식 유형인 실증 과학은 자연·사회·역사를 통제하는 수단을 제공한다. 즉 인간 육체의 감각 및 욕구의 구조에 의거해 우리 주변의 현상들을 분류하고, 그것들이 시공간 속에서 갖는 관계 법칙을 수립한다. 그래서 그는 과학을 '주변 세계의 인식'이라고 명명해 철학의 '세계 인식'과 구별했다.[13] 하나의 지식 유형으로서 과학이 형이상학과 종교 지식과 구별되는 특징은 가치중립이다. 그러나 셸러는 그것이 현대 과학이 통제학으로서 갖는 핵심이라고 보았다. "세계의 가치중립적 설정이야말로 인간이 어떤 가치를 위해 스스로 확립한 임무이다. 그 가치는 바로 사물의 생명을 주재하고 지배하는 가치이다."[14] 현대사회의 가장 중요한 가치인 가치중립의 핵심은 인간이 세계를 대하는 태도가 아니라 가치에서 세계가 갖는 중립적 상태이다. 세계와 그 사물 전체의 구성이 가치중립적이어야만 인간은 비로소 자신의 사용 목적과 기획에 따라 세계를 개조할 수 있다. 그래서 라이스(William Leiss)는 가치중립이라는 가치가 인간의 사물 지배에 도움이 되지 않는 모든 것들을 평가절하했다고 단언하였다.[15]

하이데거는 현대의 기술 관련 문제와 서구의 전체 형이상학 역사 속의 기본 전통을 관련시켰다. 그는 현대의 과학기술이 그리스 형이상학에서 시작된 근거와 원인을 탐구하는 전통에 뿌리를 두고 있다고 인식했다. 그리고 그 전통이 로마 시대와 중세를 거쳐 발전해 모든 것들을 통제하는 무조건적 요구로 상승했다고 보면서 셸러의 명제를 심화시켰다.[16] 하이데거는 새로운 시대의 기술은 목적을 위한 단순한 수단이 아니라, 하나의 '탈은폐'[Entbergung, 감추어진 것을 들추어냄.—옮긴이], 즉 세계의 '산출'[Hervorbringen, 아직은 현존하지 않는 것을 현존함으로 도달하게 함.—옮긴이]이라고 논했다. 그 속에서 자연 세계는 천편일률적인 재료이자 기능의 대상으로서 실천·계획·통제의 의지에 의해 철저히 이용된다. "기술은 단순한 수단이 아니다. 그것은 일종의 탈은폐 방식이다." "현대 기술의 숨은 힘이 인간과 존재의 관계를 결정하였다." 현대 이전에 기술의 분산 현상이 문화·문명의 광범위한 영역에서 교차되었다면, 그리고 그것이 형이상학–종교적, 혹은 자연주의적 지평에서 결정되었다면, "현대에 이르러서야 기술은 전체 존재자의 진리의 운명으로 전개되기 시작했다."[17] 현대 기술의 의지는 인간과 자연을 모두 물질, 즉 단순하며 그 자체에 본질이 없는 변형 가능한 것으로 격하시켰으며, 모든 것을 동질화하고 기능화했다. 또한 새로운 기술 시대는 주체와 객체의 양극화[18]를 통해 여기서 인간과 자연의 관계를 산출하였다. 즉 계획·실천·통제·생산·가공·소진·대체 등의 이 모든 것들은 세계에 대한 인간의 행동 방식뿐만 아니라, 세계가 계획·실천·통제·생산·가공 등을 위해 산출되었음을 가리킨다. 하이데거는 '탈은폐'나 '몰아–세움틀'[Ge-stell, 자연에서 현대적인 물품을 나타나게 하도록 인간에게 요구하는 비은폐성(알레테이아, 즉 진리)의 한 방식.—옮긴이] 같은, 제한적·강제적인 특징의 개념으로 현대 과학과 세계의 관계를 설명했다. 그러한 세계 산출에서 과학의 주제는 방법에 의해 결정되며, 또한 방법 속에서 수립된다. 역사학·언어학·문학과학 등을 포함하는 모든 분과 학문들이 다 마찬가지이다. 그런데 더욱 중요한 것은 현대의 종교·예술·정치 역시 기술적 성격을 띤다는 사실이다. 기계나 기구를 사용하기 때문이 아니라 그들 영역을 구성하는 것들과 인간이 맺는 존재론적 관계로 인해 기술적이다. 이처럼 셀러가 구분한 세 가지 지식 유형은 현대에 모두 철저히 기술화되었다.

셀러는 자연에 대한 과학적 연구와 그 기술적 응용이 어떤 조작적 구조 안에서 발생했다고 설명하였다. 그런데 하이데거는 세계가 조작되기 위해 산출되었다고 인식했다. 먼저 셸러를 보면, "(셸러의) 오류는……세계에 대한 과학을 실용적인 사업으로 이해하고 표현한 데 있다. 그래서 인간의 목표 및 추구의 영역을 분석하지 못했다.…… 핵심적인 문제는 어떤 특수한 사회 환경에서 과학이 조작되느냐는 것이다.…… 셸러의 기본적인 오류는 그가 단지 강한 힘에 대한 과학의 총체적 추구를 연구했을 뿐, 과학 안의 상호 충돌하는 성분을 분석하지 않은 데 있다. 후자는 바로 통제 지향성의 역사적 원동력을 이해할 수 있는 핵심이다."[19] 다음으로 하이데거에게 과학기술이 현대 세계의 산출이라고 한다면 그 산출의 구체적인 과정과 내용은 무엇인가? 또한 그 산출을 촉진하는 사회적 원동력은 무엇인가? 하이데거는 기술의 특징을 그리스 형이상학의 전통에까지 소급했지만 현대사 그 자체는 무시했다. 이러한 부분은 사회의 기술적 특징이 그 역사적 변천 속에서 관찰되어야 한다는 것을 보여 주었지만, 다른 한편으로 그 특징의 역사사회학적 해석을 회피했다. 셸러의 세 가지 지식 유형의 문제는 하이데거의 연구 지평에서 이미 존재하지 않았으며 기술화의 세계 산출이 그것을 대신했다. 따라서 하이데거의 기술 개념 및 그 실용성은 이미 '과학과 기술'의 범위를 초월했으며, 그것은 역사사회학의 범주에서 새롭게 해석되어야 한다.

'합리성' 개념과 그 비판

베버의 체계에서 '과학'의 문제는 단지 인지적-목적적 합리성에만 관계되는 듯하지만 실제로는 합리화 방식 자체도 과학화의 방식이라고 이해할 수 있다. 프랑크푸르트학파는 인지적-목적적 합리성(또는 도구적 이성)이 지배적 지위를 획득한 것이야말로 현대 세계의 가장 중요한 특징들 중 하나라고 이해했다. 그 지표가 바로 '세계의 탈신비화'이다. 과학기술의 진보는 통제/지배의 정당성을 이루는 기초가 되었다. 다시 말해 합리성은 더 이상 정치 계몽의 요구에 따라 주류적 정당성을 비판하는 기초가 아니다. 반대로 그것 자체가 정당성의 기초가 되었다.

  현대사상은 자신과 계몽 및 현대성 사이의 관계를 해명할 때 아주 상이한 태도와 입장을 보였으며, 과학에 대해서도 다양한 이해를 보여 주었다. 니체에서 하이데거에 이르는 전통은 계몽적 이성과 현대성을 전면적으로 비판했으며, 마르크스는 변증법적인 역사적 관계 속에서 계몽과 현대성을 분석해 역사의 진보에 관한 이념을 표현했다. 그러나 마르크스의 사회적 관계로서의 과학 개념과 셸러의 통제학으로서의 과학 개념, 그리고 세계의 산출이라는 하이데거의 기술 개념은 모두 다양한 측면에서 과학과 기술을 이해할 수 있는 광범위한 지평을 마련했다. 이제 과학과 기술은 더 이상 자연을 연구하고 정복하기 위한 단순한 수단이 아니라, 현대 세계의 형식인 것이다. 한편, 이 세계의 형식에 대한 역사사회학적 서술은 마르크스와는 상이한 지식 전통을 형성했는데, 그것은 바로 베버와 하버마스가 '합리성'/'합리화'라는 개념 아래 서술한 자본주의적 과정, 특히 자본주의 경제활동과 부르주아 계급의 민법, 관료제 국가의 형식이다.[20]

  유럽·중국·인도의 종교 및 역사에 관한 베버의 연구는 복잡한 역사적 관계와 그 내적인 모순을 포괄했다. 그러나 베버의 이론은 파슨즈(Talcot

Parsons)와 하버마스 등의 규범적 형식 안에서 그의 합리화론과 함께 형식화되고 말았다. 하버마스는 자본주의 연구는 단지 규범적 형식을 취할 수 있을 뿐이라고 단언했다. 규범적 연구와 역사적 연구는 방법론적 차이에서만 구별된다. 내가 보기에 베버의 이론은 그 내부에 역사적 방식을 탈피하는 원동력이 있다. 일찍이 브로델은 "막스 베버의 오류는 그가 처음부터 자본주의의 작용을 과대평가한 나머지, 그것이 현대 세계를 창출했다고 간주한 데 있다."라고 비판했다.[21] 그는 유구한 역사를 관통해 온 물질생활의 거대한 흐름과 시장경제의 역사를 의식하지 못한 것이다. 자본주의는 의심할 여지없이 각종 역사적 요소를 새롭게 조직했지만, 그것은 결코 자본주의가 모든 것을 창조했다는 논리와 동일시될 수 없다. "자본주의는 노동하는 전체 사회를 다 포괄하지 못한다. 그것은 결코 하나의 체계, 즉 완벽하다고 오인되는 자본주의 체계 속에 이 양자를 다 포함할 수는 없다." 브로델이 말한 세 가지 층위의 분야들, 즉 물질생활·시장경제·자본주의 경제(그리고 그 부속물들)에 대한 가설은 사물의 구분과 문제 해석에서 여전히 비범한 가치가 있다. 그는 자본주의와 그 발전 과정, 자본주의의 근원적 요소들을 총체적인 세계사와 관련시켜야만 비로소 서열화된 세계의 의미를 이해할 수 있다고 보았다.[22] 일찍이 하마시타 다케시(浜下武志) 등의 학자들은 동아시아의 조공 체제가 현대 식민주의 시대에도 여전히 작용하고 있었다고 논술했다.[23] 따라서 우리는 현대 자본주의가 세계를 자신의 체제 안에 귀속시키는 과정에서 과거에서 무언가를 계승하지 않았는가 묻지 않을 수 없다. 종속이론의 창시자인 프랑크(Andre Gunder Frank)는 아시아 학자들의 연구에 호응해 1400년부터 1800년까지, 4세기에 달하는 세계경제의 발전은 유럽인이 아닌 아시아인들에 의해 추진되었다고 했다.[24] 이 모든 연구들은 한결같이 현대 자본주의가 낳은 역사적 형식과 역사적 관계를 논증했다. 다시 말해 우리는 역사적 지평을 떠나서는 결코 현대 자본주의의 탄생과 그 역사적 형식을 이해할 수 없는 것이다. 그러나 브로델과 월러스틴 등 초지역 연구자들(예컨대 종속이론가들과 일본의 경제사학자들)이 묘사한 장기간의 역사 및 그 중심부/주변부의 불평등 모델은 베버주의의 패러다임 안에 수용될 수 없다. 사실, 니체 등이 강력하게 주목한 정서적이며 심미적인 욕망의 영역은 하나의 역사적 현상으로 간주될 수 없다. 그리고 합리화 개념 속에 포함된 점진적 모델은 자본주의가 낳은 그 공시성을 설명하지 못했다. 만약 베버 이론의 역사적 시각(예를 들어 중국사 속의 정치적 합리성에 대한 그의 연구)을 고려한다면, 앞의 브로델의 비판은 당연히 하버마스를 비롯한 베버의 계승자들에게도 적용 가능하다.

베버는 합리화의 최종 결과인 관료화된 사회적 메커니즘의 개인 통제에 대해 깊이 비판했다. 그러나 합리성 개념을 이용한 그의 현대성에 대한 해명은 니체나 하이데거만큼 단호하지는 않았다. '합리화'란 무엇보다도 사회 영역의 확장이 이성에 의해 결정된 표준에 복종한다는 것이고, 다음으로 사회적 노동은 곧 공업화의 노동이며 그 결과로 기술 행위의 표준이 생활 영역에 침투하는 것(생활양식의 도시화, 그리고 교통과 통신의 기술화)을 가리킨다. '계획'(planning)은 두 번째 층위의 목적 합리적 행위로 간주될 수 있는데, 그것은 목적 합리적 행위 체계의 수립과 보완, 확장에 주력한다. 한편 사회의 합리화 과정은 과학기술 발전의 체제화와 관련된다. 기술과 과학이 점차 사회체제 속에 스며들면서 기존의 정당성은 무너지고 말았다. 그리고 전통적인 문화와 세계관은 세속화 및 '탈주술화'(disenchantment) 과정을 겪게 되었는데, 베버와 하버마스에게 이 과정은 바로 사회적 행위가 '합리화'되는 두드러진 지표였다.[25] 주목할 만한 것은, 루카치 · 호르크하이머 · 아도르노 등 서구 마르크스주의자에서 푸코 · 보드리야르(Jean Baudrillard) · 가타리(Flelix Guattari) · 들뢰즈(Gilles Deleuze) 등 현대 이론가에 이르기까지, 모두가 합리화와 현대성의 내적 관계에서 출발해 자신들의 이론적 비판을 전개했다는 사실이다.

베버는 합리성 개념으로 현대 세계의 형성을 묘사했으며, 그의 이론 체계에서 문화의 현대성은 이성 분화의 특징으로 표현되었다. 그는 종교와 형이상학에서 세 가지 자율적 영역, 즉 현대 과학, 자율적 예술, 그리고 윤리와 법률의 이성주의를 분리했다.[26] 종교적 세계관 속에 있던 인식의 잠재적 가능성이 분화되어 현대적 지식의 계보에 기초를 제공했다. 그러나 그 인식의 잠재적 가능성은 전통적 세계관 속에서는 그다지 대립된 형식으로 존재하지 않았다. 일찍이 하버마스는 베버의 합리화 개념을 간단하게 개괄했는데, 현대적 의식구조가 세계관의 합리화라는 보편적 역사 과정, 즉 종교적-형이상학적 세계관의 탈주술화 과정에서 탄생했다고 지적했다. 베버의 시점에서 삼중 구조의 현대적 의식은 현대의 직업 문화와 내적인 관계가 있다. 왜냐 하면 현대의 직업 분화는 현대적 의식구조의 역사적 결과이면서, 신념윤리학을 보완하는 것이었기 때문이다. 이처럼 문화적 가치의 영역(인지적 관념 · 규범적 관념 · 심미적 관념)과 문화적 행동 체계(과학 활동 · 종교 활동 · 예술 활동)는 밀접하게 연관되어 있다. 의식구조의 측면에서 볼 때, 전술한 세 가지 합리적 영역의 분화는 세계를 대하는 기본적 관점인 객관화의 관점(과학적 관점) · 규범 정합적 관점(도덕적 · 법률적 관점) · 심미적 관점(예술적 · 정서적 관점)을 제공하였다. 세계도 이러한 관점 속에서 객관적 · 사회적 · 주관적 영역으로 삼분되었다. 이처럼 상응하는 관념들은 이해관계와 맞물려, 역시 상응하는 다양한 생활 질서 속에 구현되었다. 하버마스는 자신의 한 논문에서 이러한 과정에 대한 더 일반화된 진술을 제시했다.

> 세계관의 붕괴로 특수한 시각 아래 있던 가치 · 규범 · 진실 · 아름다움 등의 문제에도 분열이 생겨났다. 그리하여 각각 인식의 문제 · 정의의 문제 · 취미의 문제로 검토되었고, 결국 과학 · 도덕 · 예술 등의 가치 영역에서 현대적 분화가 일어났다. 구체적인 문화적 행위 체계에서 과학 담론, 도덕 및 법률 이론의 연구, 예술 생산과 예술 비평이 모두 체제화되고 전문가들의 소관 사항이 되었다.[27]

베버에 대한 하버마스의 서술에서 전통적 세계관이 지식 · 도덕 · 예술 등의 영역으로 이행된 합리적 분화는 유럽 현대성의 중요한 지표였다. 그는 이 합리화 과정을 분석하여 현대 문화의 중요한 위기, 즉 문화의 분화가 전문화된 문화를 낳아 문화 영역의 문제들이 예외 없이 전문가의 관심과 통제, 지배의 대상이 되었음을 명시하였다. 현대성은 세속화와 전문화라는 이중의 원칙을 포함하게 되었으며, 이 양자 사이의 관계는 사뭇 배리적이었다. 직업화의 결과로 전문가의 문화와 대중문화는 점점 괴리되었고, 일상적인 실천에서는 전문화된 문화를 향유할 수 없게 되었다. 바로 이런 의미에서 문화적 합리화는 전통의 실질적인 가치를 깎아내리는 한편, 생활 세계의 빈곤화를 불러왔다.[28] 하버마스는 '합리화'의 후유증에 관한 베버의 서술 방식을(아울러 후설과 초기 프랑크푸르트학파의 흔적도) 거의 무비판적으로 차용했다. 그러나 현대성의 내적 모순에 대한 베버와 몇몇 사상가들의 비판적인 이해는 보이지 않는다. 그는 배리와 균열이 내재된 현대성이 여전히 미완성의 기획이라고 믿고 있다.[29]

만약 현대성이 내재적인 배리, 혹은 대립적인 두 가지 원칙을 포함하고 있다면 우리는 어떻게 현대성의 완성을 구상할 수 있을까? 하버마스는 파슨즈 이후에 통용된 사회·문화·개인의 구분법을 택하여 서구 합리주의를 분석했다.(그의 베버 해석을 가리킴.) 먼저 사회 영역에서 그는 사회의 현대화를 자본주의 경제와 현대 국가의 분리로 이해했으며, 개인 영역에서는 문화와 대응되는 생활 방식을 연구했다. 그리고 특별히 본문과 밀접한 관련이 있는 문화 영역의 합리화를 다뤘다. 하버마스의 해석에 따르면 베버는 세 가지 측면, 즉 현대의 과학기술, 자율적 예술, 종교에서 파생되어 그 교의적 영향을 받은 윤리학으로부터 문화적 합리화를 이해하였다. 그는 합리화가 경험적 지식·판단 능력·경험적 과정에 대한 도구적이며 조직화된 통제라고 해명했다.[30]

먼저 베버는 현대 과학의 특징으로 하나의 방법론, 즉 자연의 객관화를 꼽았다. 이 방법론은 주로 학문적 훈련의 사유 방식과 수학 이론의 구성, 그리고 자연을 대하는 도구적 태도 및 자연에 대한 실험화된 처리 등에서 구현된다. 베버는 기술 혁신과 과학의 발전이 밀접하게 관련되고 서양 문화의 중요한 국면을 구성했지만, 그것들은 단지 현대사회 형성의 주변적 조건일 뿐이라고 인식했다. 그가 진정으로 주목한 것은 과학의 방법론적 특징이 실제 경제생활에 끼친 작용이었다. 과학적 사유가 합리성의 형식에서 발휘한 작용과 비교한다면, 과학 자체의 발전은 부차적인 작용에 그쳤을 뿐이다. '탈주술화'의 보편적 역사 과정은 과학이 생성한 과학적 세계관을 참고로 했다. "합리적인 경험 지식은 줄곧 세계의 탈주술화를 초래했고, 그것을 인과관계의 메커니즘으로 전환시켰다. 왜냐 하면 당시의 과학이 어떤 윤리적 가정, 즉 세계는 신에 의해 주관되는 어떤 의미와 윤리적 지향의 우주라는 가정과 맞닥뜨렸기 때문이다. 경험적이며 수학화된 세계관의 발전은 세계의 의미에 대한 물음을 여러 가지 방식으로 거부하였다. 경험과학 속의 이성주의는 갈수록 심화되었으며, 종교를 합리적인 영역에서 비합리적인 영역으로 밀어냈다. 그러나 종교는 오늘날에 와서야 비로소 비이성적 혹은 반이성적인 초월적 힘이 되었다."[31] 이러한 의미에서 베버는 사회 합리화의 가장 중요한 힘으로 과학을 지목한 것이다.

다음으로, 베버는 과학뿐만 아니라 예술도 문화적 합리화의 징표로 간주했다. 예술의 독립은 먼저 자본주의적 조건 아래의 예술이 종교·의식(儀式)·궁정 문화에서 독립했음을 의미한다. "예술은 점차 자각적으로 이해된 독립적 가치가 되었다. 이 독립적 가치는 예술 자체의 권리를 기반으로 수립되었다."[32] 예술의 독립은 '예술의 내적 논리'가 발전할 수 있게 되었음을 의미한다. 베버는 예술적 교류 활동(예술을 감상하는 대중, 예술의 생산자와 소비자를 중개하는 예술 비평의 체제화)에서 예술의 독립화를 고찰했다기보다는, 주로 독립적인 심미적 가치가 예술 생산의 물질적 통제―예술 생산의 기술―에 미친 영향을 중시했다. 예술의 자율화는 또한 심미적 가치 영역이 자유롭게 자체의 내적 규율을 만들 수 있고, 예술의 합리화와 내적 자연을 창조하는 경험이 가능해졌음을 의미한다. 그리하여 주체는 방법화된 심미적 표현으로 지식과 행위의 일상적 습관 속에서 자유를 얻을 수 있게 되었다. 과학은 이미 하나의 생산력이 되었지만, 예술은 근본적으로 생산과정을 촉진할 수 없었다. 따라서 자율적 예술과 주체의 심미적 자기표현은 일상생활의 합리화와 보완적인 관계를 맺었다. 그것들은 "일상생활과 이론적·실천적 이성주의 속에서 내적 해방을 얻게 하는" 보상적 기능을 담당하게 된 것이다. 심미적 가치 영역은 주관주의의 발전과 함께 직업 노동의 '물화(物化)된 세계'와 대립되는 반세계(counter-world)[33]를 지탱했다. 바로 이런 의미에서 심미적 특징에 스며든 반문화는 과학·기술·법률·윤리와 함께 합리적 문화의 총체에 부속되었다.

베버는 윤리와 법률의 이성주의야말로 곧 현대사회 형성의 핵심이라고 생각했다. 또한 그는 '합리화' 개념을 사용해 법률과 도덕의 점증하는 자율성, 즉 도덕-실천적 관점·윤리와 법조문·기본 원리·잠언·판결 규칙 등의 분리와 독립화를 설명하였다. 전통적 세계관에서 그것들은 한데 어우러져 있었다. 즉, 우주론적·종교적·형이상학적 세계관의 구조 속에서 이론이성과 실천이성의 내적 구분은 아직 그것들에게 독립적인 특징이나 자율성을 부여하지 못했다. 법률과 도덕의 자율화는 형식법과 세속적인 신념윤리학, 그리고 책임윤리학을 불러왔다. 거의 현대 과학과 동시에 법률과 도덕은 실천철학의 테두리 안에서 합리적 자연법과 형식주의적 윤리학으로 체계화되었다. 그러나 하버마스는 법률과 도덕의 자율성이 이처럼 날로 증가하기는 했지만, 여전히 종교적 해석 체계의 틀 안에서 스스로의 길을 개척해야 했다고 설명했다. 한 가지 지적해야 할 것은 법률과 도덕의 이성주의에 대한 베버의 설명이 프로테스탄트 윤리와 역사적 관계가 있다는 사실이다. 그는 철저한 구원에 관한 예언이 일종의 내적/외적인 이원론을 낳았다고 생각하였다. 그것은 한편으로 신성하고 정신적으로 승화된 내적 가치 및 속죄의 수단으로, 다른 한편으로는 객관화된 외부 세계의 지식으로 구원을 지향했다.[34]

하버마스는 문화적 합리화 문제에 대해 이렇게 개괄했다.

> 문화적 합리화—바로 이 속에서 현대사회의 전형적 이데올로기가 나타났다—는 종교 전통의 인지적, 심미적-표현적, 도덕적-평가적 요소와 관련이 있다. 과학과 기술, 자율적 예술과 자기표현의 심미적 가치, 그리고 보편주의적 법률관념과 도덕관념에 힘입어 세 가지 가치 영역의 분화가 나타났으며, 각 영역은 모두 나름대로의 내적 논리가 있었다. 이

분화 과정에서 문화의 인지적 요소 · 심미적 요소 · 도덕적 요소의 '내적 논리'는 자각적인 의식이 되었고, 영역들 사이의 긴장도 분화에 뒤이어 발전했다. 애초에 윤리적 이성주의가 자신을 낳은 종교와 친화성이 있었을 때, 윤리학과 종교는 다른 영역들과 대립 관계를 이루었다.[35]

하버마스는 문화적 합리화가 사회의 합리화 과정, 특히 개인의 행위 방식과 연관되었다고 설명한다. 예를 들어 윤리적 이성주의는 문화적 측면에서 인격적 측면으로 깊숙이 파고들었다. 프로테스탄트 윤리의 구체적 형식, 그중에서도 직업윤리의 관념은 내적 세계에 대한 인지적-기술적 태도, 특히 사회적 노동 영역과의 상호 촉진적 태도를 의미한다. 이와 대조적으로 합리적 문화의 심미적-표현적 요소도 개인의 행위 방식과 가치 지향에서 그 대응물을 갖는데, 그 행위 방식과 가치 지향은 생활의 합리화 방식과 상반된다. 부연하면 하버마스는 문화적 합리화를 단순한 의식구조로 보지 않고, 사회 · 문화 · 개인의 삼중적 경험 관계 속에 있는 현상들로 보았다. 이처럼 다양한 현상들 사이의 관계를 연구하기 위해 하버마스는 다음과 같은 구분 작업을 수행했다.

첫째, 문화적 가치 영역: 현대로 전환되는 과정에서 문화적 요소로서의 과학기술 · 예술과 문학 · 법률과 도덕이 종교적-형이상학적 세계관의 전통에서 분화되어 나왔다. 이 과정은 16세기에 시작되어 18세기에 완성되었다.

둘째, 문화적 행위 체계: 이 체계 안에서 전통은 조직적인 합리적 분화, 혹은 체제화를 거쳤다. 그것은 과학 활동(대학과 기타 학교) · 예술 기구(예술의 생산 · 분배 · 수용을 담당하는 메커니즘 및 중개자로서의 예술 비평) · 법률제도(전문적인 법률 교육 및 법률 과학, 법률의 공개화) · 종교 집회(이 집회는 원칙적 윤리와 그 보편주의적 요청을 선전하고 실천해 그 윤리를 체제화했다) 등이었다.

셋째, 사회구조 수립을 위한 주요 행위 체계: 자본주의 경제 · 현대 국가 · 일부일처제 가정.

넷째 개인적 체계 영역: 전형적으로 교조화된 생활 방식과 그것의 대립면.(반문화적 행위 구조와 가치 지향.)[36]

이러한 구분은 모두 현대화 과정을 사회적 합리화 과정으로 이해하기 위한 것이었다. 자본주의적 경제활동, 현대 국가의 행정활동, 그리고 법률 및 도덕적 실천은 모두 목적 합리성과 일치한다는 것이다. "현대 과학 및 자율적 예술과 마찬가지로, 윤리와 법률의 이성주의는 가치 영역이 분화된 결과였다. 서양의 이성주의는 종교적 합리화를 전제로 삼았다. 베버의 합리화 개념은 신비주의적 해석 체계가 탈주술화되는 보편적 역사 과정을 정확하게 설명했다."[37]

베버의 체계에서 '과학'의 문제는 단지 인지적-목적적 합리성에만 관련되는 듯하지만, 사실상 합리화의 방식 그 자체도 과학화의 방식으로 이해될 수 있다. 프랑크푸르트학파는 현대 세계(또는 통일된 현상으로서의 '계몽')의 가장 중요한 특징들 중 하나로, 인지적-목적적 합리성이 지배적 위치를 차지한 것을 꼽았다. 그 징표가 바로 '세계의 탈신비화'이다. 바로 이러한 시각에서 호르크하이머와 아도르노는 '계몽의 변증법'이라는 개념 아래 '계몽의 자기 파괴'를 연구하였다. 최초 단계에서 계몽은 전통적인 신화와 맞서 싸웠고, 다음에는 반종교 · 반형이상학의 투쟁 형식을 취했으며, 결국 실증주의적 단계에 도달했다. '탈주술화' 과정은 세계의 모든 내재적 목적론을 소멸시켰고, 하나의 명제는 오직 하나의 특수한 '실증 가능한 지식' 개념에 부합해야만 의미 있게 된다고 단언했다. 이러한 시각은 자연을 단지 항구적 규칙에 따라 운행되는 집합체로 이해했으며, 사회·경제적 행위도 단지 어떤 자연적 법칙을 맹목적으로 준수한다고 보았다. 따라서 어떠한 합리성도 드러내지 않았다. 계몽적 관점은 불가피하게 통제의 범위에서 인간과 세계의 관계를 설정했다. 즉, 세계에 대한 통제를 통해 종(種)으로서의 자기 보존을 보장했으며, 또한 종의 내부에서는 경제 과정을 통제해 개체의 자기 보존을 보장했다. 이로써 통제를 위한 투쟁은 목적 그 자체가 되었으며, "계몽은 쇠퇴하여 신화가 되었다."[38] 이런 의미에서 '계몽의 변증법'이란 다음과 같다.

> 인간은 자연의 노예 상태에서 해방되기 위해 외재적 운명을 받아들여야 했다. 그 외재적 운명은 동시에 내재적 운명, 즉 이성이 자신의 농간 아래 받아들인 운명이기도 했다. 결과적으로 주체는 자연의 정복과 물화, 탈주술화를 초래했으며, 주체 자신도 자신의 시각 속에서 억압되고 물화되고 탈주술화되었다. 그리하여 해방을 쟁취한 갖가지 노력은 부정적인 면으로 치닫고 말았다.—자신이 만든 함정 안에 스스로 걸려든 것이다. 계몽의 변증법은 애니미즘적 세계관이 전복됨에 따라 시작되었다. 자본주의적 공업사회에서 이 변증법은 "인간마저, 인간적 시각 속에서 인간 형태를 부여받은 동물이 되는" 지경으로까지 추진되었다.[39]

호르크하이머는 과학적 합리성과 정치적 통치의 관계가 특정한 전제 아래 형성되었다고 생각했다. 그 전제는 바로 객관적 지식의 유일하고 효과적인 원천으로, 특수한 과학적 방법을 '절대화'하는 것이었다. 이런 '절대화'는 하이에크가 과학주의라고 한 현상, 즉 정교한 방법으로 인간을 통제·관리하려는 사회과학에서의 행동들을 낳았다. 그러나 프랑크푸르트학파에게 이 현상은 과학적 방법론의 도구주의적 특징과 관계된 것이 아니라, 사회적 이익의 특수한 배치와 관련해서만 비로소 설명될 수 있는 것이었다.[40]

호르크하이머처럼 마르쿠제 역시 외부 자연에 대한 통치와 내부 자연에 대한 통치 사이에 필연적 관계가 있다고 생각했다. 따라서 자연 통제를 발전시키는 과학과 기술도 내부 자연을 통제하는 기술화 과정을 내적으로 요구한다는 것이다. 바로 이런 이유로 그들은 베버의 합리성 개념에 어떤 은폐가 있다고 지적했다. 마르쿠제는 베버가 '합리화'라고 한 것에는 합리성이 없으며, 오히려 그것은 합리성이라는 미명 아래 정치적 지배의 특수하고 은폐된 형식이 되었다고 믿었다. 그 합리성은 정확한 전략적 선택과 적절한 기술의 운용, 효과적인 제도 수립을 성취했고, 이익의 사회적 분배에 대한 성찰과 이성적 재구성을 적절하게 막았다. 더욱 중요한 것은 그런 합리성이 가능한 기술적 통제에 관여해 자연과 사회의 통제를 포괄하는 행위 모델을 필요로 했다는 점이다. 따라서 합리성의 구조에 근거할 때, 목적 합리적 행위는 곧 통제의 행위이다. 이것이 바로 합리성과 상응해 생활 세계의 '합리화'가 통제 형식의 체제화와 동일시되는 이유이다. 비록 이 통제 형식의 정치적 특성을 분별하는 것은 쉬운 일이 아니지만, 기술 이성은 결코 그 정치적 함의를 잃은 적이 없다.[41] 선진 공업사회의 생산 및 기술 장비는 정치·사회와 연관된 하나의 체제 혹은 조직으로서 생산 장비의 생산을 선험적으로 결정할 뿐만 아니라, 또한 서비스와 확장의 메커니즘까지 결정한다. 이런 사회에서의 생산 메커니즘은 어느 정도 절대 권력에 경도되며, 사회가 요구하는 직업·기술·태도뿐만 아니라 개인의 필요 및 바람까지 결정한다. 그리고 발전되지 않은 지역이나 전(前) 공업화 지역까지 확장해, 일찍이 자본주의와 공산주의의 발전 사이에 유사성을 창출하기도 했다. 게다가 통제의 이런 절대주의적 경향은 또 다른 의미에서 스스로를 유지, 보호하기도 한다.[42] "현대의 공업사회는 기술을 조직하는 방식으로 인해 절대주의가 될 수밖에 없다. 왜냐 하면 '절대주의'는 사회의 가공할 만한 정치적 합작이면서, 동시에 온건한 경제적·기술적 합작이기 때문이다. 현대의 공업사회는 이를 무기로 반사회적 국면을 효과적으로 방지한다. 어떤 정복이나 당파적 통치만이 절대주의를 낳는 것이 아니다. 특정한 생산·분배제도 들도 절대주의를 낳을 수 있다. 혹시 후자가 당파나 신문의 '다원론' 및 '대등한 권력에 대한 견제' 등과 서로 일치할지라도."[43]

마르쿠제의 절대주의 비판은 나치 독일에 대한 반성에서 나왔다. 하지만 그의 결론은 포퍼·하이에크·야스퍼스와는 전혀 달랐다. 그는 나치즘이 부르주아 사회 발전의 최고 단계를 대표했고, 부르주아 시대 전체를 횡행한 사조들이 나치즘의 철학과 이론 안에서 극단적인 표현을 얻었다고 생각했다. 그런데 초기 부르주아 사회의 전형적인 학설은 자유주의였다. 1930년대 이전, 독일 사회에서는 자유주의 사상과 유사한 사회구조가 형성되었지만 절대주의 사상은 나타나지 않았다. 그러므로 사람들은 자유주의와 절대주의 사상을 쌍생아로 간주하고, 이들 모두 마르크스주의를 진정한 적수로 보았다고 생각했다. 그 이전에는 국가의 간섭에 반대하는 자유주의를 자본주의 시장경제의 전형적인 학설로 받아들인 지역에서 이번에는 절대주의 사상이 그 자리를 대체했다. 이 학설은 경제 관계의 혁명을 억압하고 비판하며, 방지하고 제거하기 위해 반드시 국가기구를 동원해 생활을 정치화해야만 했다.[44]

마르쿠제는 베버의 합리성 개념에 대해 이렇게 주장했다.

이 기술이성이라는 개념은 이데올로기적이다. 기술의 운용뿐만 아니라 기술 그 자체도 곧 (자연과 사회에 대한) 통제—방법적·과학적·계획적·계산적 통제이다. 통제의 특수한 목적과 이익은 '사태의 배후'나 외부로부터 기술에 강제되지 않는다. 그것들은 기술 장치의 구조에 들어 있다. 기술은 언제나 일종의 역사적·사회적 프로그램이며 사회 및 그 통치의 이익은 이 프로그램에 의거해 인간과 사물의 관계를 결정한다. 이러한 지배의 '목적'은 "독립적으로 존재하고", 어느 정도 기술이성의 형식에 속한다.[45]

과학기술은 한층 효과적인 자연 통제를 가능케 했고, 자연 통제를 통해 인간을 통제할 수 있는 개념과 메커니즘을 제공하였다. 통제/지배 관계는 기술적 수단으로 성취된 것이 아니라 그 자체가 기술이다. 기술적 합리성은 통제의 정당성을 제거하기는커녕, 그것을 포함하고 있는 것이다. 부연하면 '합리성'은 통제/지배의 합리성에 지나지 않는다.[46]

그러나 이런 지배 혹은 억압 관계는 결코 사람들에게 간파되지 않는다. 왜냐하면 통제의 정당성이 이미 새로운 특징을 획득했기 때문이다. 즉 자연 통제 능력의 증진으로 인간의 생활이 안락해졌는데, 이 과정의 원동력이 바로 과학기술의 진보이다. 그래서 과학기술의 진보는 통제/지배의 정당성의 기초가 되었다. 다시 말해 합리성은 더 이상 정치적 계몽의 요구에 따라 주류적 정당성을 비판하는 기초가 아니다. 오히려 그 자체가 정당성의 기초가 되었다.[47] 마르쿠제는 사회 통제의 합리성이 자연 통제와 인간 통제의 관계 위에 수립된 이상, 과학의 진보의 방향을 변화시킨다면 그런 치명적 관계를 끊고 과학의 구조에 영향을 끼칠 수 있으리라고 구상했다. "그 합리적 특징을 잃지 않은 상황에서 과학의 가설은 완전히 다른 실험

환경(평화로운 세계의 실험 환경) 속에서 발전할 것이다. 따라서 과학은 역시 아주 다른 자연 개념을 얻을 것이며 완전히 다른 사실을 수립할 것이다."[48] 이처럼 마르쿠제의 과학 이데올로기 비판은 새로운 과학 환경의 수립과 연관되었다.

정당화의 지식과 그 해체: '상호 이해' 와 '이견'

하버마스는 저서에서 명확하게 과학주의 개념을 사용했고 그것을 국가의 간섭 및 총체적 계획을 연구하는 데 응용했다. 하버마스와 하이에크의 유사점은 두 사람 모두 자유 자본주의를 배경으로 총체적 계획과 국가의 간섭, 그리고 이 양자와 과학주의의 관계를 논의한 것이다. 하지만 하이에크의 비판 대상이 사회주의적 실천과 복지주의 정책이었던 것에 비해, 하버마스는 선진 자본주의 사회의 구조적 특징을 논의했다. 한편 리오타르는 현대의 주요한 두 사회이론 모델(체계이론과 비판이론)이 모두 사회 통제라는 결과를 불러올 수 있다고 보고 이렇게 주장했다. 자유주의 체제에서 사회적 투쟁과 그 도구는 이미 사회체제의 조절자로 전환되었다. 그리고 공산주의 국가의 총체화 모델 및 그 절대주의는 마르크스주의라는 이름으로 나타났는데, 여기에서 거론된 투쟁도 존재 의의를 박탈당했다. 하지만 하버마스와 리오타르가 설정한 '상호 이해' 및 '이견' 의 상태는 바로 등가교환 원칙에 복종하는 모든 자유 시장을 모형으로 하는 사회적 구상이 아닌가?

방법론적 시각에서 볼 때, 자본주의적 과정에 대한 마르크스·베버·프랑크푸르트학파의 분석은 '내재적인 역사적 형식'에서 완전히 탈피해 비판적 범례를 모색하지는 못했다. 하지만 현대 이론가들은 현대 자본주의에 대한 연구에서 자본주의 사회, 특히 선진 공업사회의 동일성에 관한 논의를 점차 발전시켰다. 예를 들어 마르쿠제는 이러한 사회가 내부적 동질성을 띠는 이유는 기술을 최종적인 동인으로 하기 때문이라고 믿었다. 현대의 이론가들은 보통 이 사회를 인류 역사상 최고의 통일성을 갖춘 사회로 보았는데, 기술과 사회체제 간의 연계적 요소를 제외하고 문화·전통·제도의 차이는 모두 대수롭지 않은 것으로 취급했다. 이 점은 하버마스와 그의 이론적 적수들에게서 더욱 분명하게 나타난다. 그들은 이미 '내재적인 역사적 형식'이 현대사회의 이론적 모델을 이해하거나 해결할 수 없다고 믿었다. 오히려 그들은 주로 현대사회 운행의 기본 방식 안에서 위기의 원인과 새로운 가능성을 모색했고, 규범적 이론 모델을 사용해 그 위기를 제시했다. 현대성의 합리화 과정 및 그 분화의 원칙에 관한 베버의 분석은 역사적 관계를 통해 전개되었다. 따라서 합리화 문제는 서구의 이성주의 및 그 역사적 형식과 내적 관련이 있는 것으로 나타났다. 그러나 현대화 이론의 세례를 받은 이후 베버 이론의 역사성은 점차 소실되었다. 하버마스의 이론은 파슨즈 이후에 통용된 구분 방식을 받아들여 베버의 세 가지 '합리성' 영역 간의 구조적 대립을 강화했고, 결과적으로 현대성의 위기를 그 세 가지 영역 간의 의사소통의 위기로 읽어 냈다.

새로운 과학에 대한 마르쿠제의 구상을 논하면서, 하버마스는 그것이 단지 새로운 '과학' 및 자연을 대하는 태도 변화만을 언급했을 뿐, '기술' 및 그것이 통제와 갖는 원초적 관계에는 미치지 못했다고 비판했다. 그는 아놀드 겔렌(Arnold Gehlen)의 견해에 동조해, 기술과 목적 합리적 행위의 구조가 서로 내적 연관성이 있다고 생각했다.[49] 그러나 선진 자본주의 사회의 정당성 위기에 대한 하버마스의 사유, 특히 과학과 기술에 대한 분석은 분명히 마르쿠제의 영향을 받았다. 일찍이 1968년에 하버마스는 마르쿠제의 일흔 살 생일을 기념해 「이데올로기로서의 과학과 기술」이라는 장편 논문을 발표했다. 이 논문에서 그는 베버의 명제와 관련된 마르쿠제의 이론을 검토해 선진 자본주의 사회의 정당성 위기에 대한 자신의 기본적 사유 노선을 제시했다. 즉, 국가의 간섭과 과학기술이 일차적 생산력이 된 것을 정당성 문제의 두 가지 상호 관련적 측면으로 간주했다.

> 19세기의 마지막 25년 이후 가장 선진적인 자본주의 국가에서는 두 가지 뚜렷한 추세가 나타났다. 하나는 제도의 안정성을 보장하기 위해 국가적 간섭이 강화된 것이며, 다른 하나는 과학 연구와 기술적 응용의 상호 의존이 날로 밀접해져 과학이 가장 중요한 생산력이 된 것이다. 이 두 추세는 특수한 체제성의 구조적 틀과 목적 합리적 행위의 하위 체제를 파괴했는데, 이들이 바로 자유 자본주의의 특징이다. 따라서 자유 자본주의를 근거로 마르크스가 제시한 정치경제학은 운용될 수 있는 중요한 조건을 잃고 말았다. 나는 마르쿠제의 기본적인 주제, 즉 오늘날의 기술과 과학이 정치권력 정당화의 기능을 갖는다는 것이 바로 변화의 구조를 분석하는 열쇠라고 믿는다.[50]

하버마스는 자신의 저서에서 명확하게 과학주의 개념을 사용했고, 그것을 국가의 간섭 및 총체적 계획을 연구하는 데 응용했다. 그와 하이에크 사이의 유사점은, 두 사람 모두 자유 자본주의를 배경으로 총체적 계획과 국가의 간섭, 그리고 이 양자와 과학주의의 관계를 논의한 데 있다. 하지만 하이에크의 비판 대상이 사회주의적 실천과 복지주의 정책이었던 것에 비해, 하버마스는 선진 자본주의 사회의 구조적 특징을 논의했다. 하버마스는 이미 사회과학이 세계관의 기능을 할 수 없게 되었다고 인식했다. 따라서 그의 과학주의 비판은 사회과학 이론 속의 과학주의에만 한정되지 않았다. 오히려 비판의 초점은 과학의 권위가 낳은 정치적 결과에 모아졌다.[51] 우리가 이러한 유사점과 차이를 기억하는 것은, 이 책이 다루는 문제들에 비추어 나름의 의의가 있을 것이다.

과학 문제에 대한 하버마스의 탐구는 그의 자본주의 사회의 정당성 위기—특히 현대 국가의 정당성 능력의 독점화와 전제화, 베버적 의미에서의 이성적 관리 등—의 연구와 연관되어 있다. 정당성이란 어떤 정치 질서가 승인되기 위한 가치를 의미한다. 다시 말해서 오직 정치 질서만이 정당성을 보유하거나 상실하며, 정당화를 필요로 한다.[52] 그런데 하버마스의 정당성 문제 연구는 국가의 정치적 시각에 착안하기보다는 자본주의 전체 사회적 구조를 고려하였다. 그는 '경제 위기·합리성 위기·정당성 위기·동기화 위기'라는 네 가지 측면에서 자본주의의 위기 상황을 분석했고, 그 핵심은 다음과 같다. "선진 자본주의 사회의 정당화 문제는 그 사회 구조 내부의 기본적 충돌의 산물이다. 이 충돌은 대중 민주주의의 사회적 복지에 대한 책임과 자본주의 경제의 기능적 조건 사이에서 빚어진다. 국가는 제한된 상황에서 경제 과정의 기능 불균형의 영향을 처리하도록 강요받는다. 즉 세계경제의 범위 안에서 경제안정정책과 사회개혁정책의 균형을 추구해야 한다. 이 모든 것들은 개별 국가의 행동 범위를 제한해 효과적으로 사회를 통제할 수 없게 할 뿐더러 '계획 이데올로기'를 낳기도 한다. 그리고 국가가 그런 기능 불균형의 영향을 제한할 수 없다는 의미에서 '탈정당화'(Delegitimation)가 나타난다. 그것은 예를 들어 분배·경제 불안 등의 문제를 둘러싼 날로 첨예해지는 투쟁, 개혁정책의 좌절, 자본주의 사회에서 본질적 의미를 갖는 동기화 모델의 분해, 그리고 구조 속에서 벌어지는 기능 불균형 모델의 확장 등이다."[53]

하버마스가 제기한 현대 자본주의 국가의 정당성 문제는 국내적·국제적 측면을 다 포함했다. 하지만 그의 분석은 줄곧 '체계'(파슨즈에서 루만[Niklas Luhmann]에 이르는)의 문제와 연관되었고,[54] 따라서 주로 현대 국가의 내부 구조로부터 이 문제의 분석에 착수했다. 그는 현대 국가를 경제 체계 분화의 결과로 보았는데, 이 경제 체계는 시장—즉, 탈중심화된, 비정치적 수단—을 통해 생산과정을 조절하였다. 한편 자본주의 사회의 조직 원칙은 부르주아 계급의 민법제도를 기초로 하는 고용 노동과 자본 사이의 유착 관계 위에 수립되었다. 그리고 현대 독립국가의 상품시장·자본시장·노동시장의 제도화와 세계무역의 발전에 뒤이어, 국가와도 상품의 사적 소유자들 사이의 무역과도 무관한 '시민사회'가 출현하였다. 이것은 계급 관계의 탈정치화와 계급 통치의 익명화를 의미한다. 국가와, 정치적 방식으로 형성된 사회적 노동 체계는 더 이상 체계 전체의 핵심이 아니며, 오히려 현대의 이성 국가가 자율적으로 조절되는 시장 무역을 보완하게 되었다.[55]

다시 말하면 자본주의의 정당성 위기에 관한 하버마스의 이해는 국가/사회, 계획/시장 이원론의 승인을 전제로 했다. 그래서 그는 국가(민족국가와 민족국가 체제)를 자본주의 국내시장과 국제시장의 상층 구조로 보지 않았으며, 또한 자본주의 체제 속의 정치·경제·문화의 상호 침투 관계를 깊이 연구하지 않았다. 그는 슘페터(Joseph Schumpeter)와 마찬가지로, 현대 국가를 세수(稅收)를 기초로 하는 국가로 이해해 정치 질서의 정당화 압력을 면제했다.[56] "부르주아 이데올로기는 보편성의 구조 및 보편화에 호소하는 이익을 가질 수 있었다. 왜냐 하면 이미 소유제가 그 정치적 형식에서 벗어나 표면상 스스로를 정당화할 수 있는 생산관계로 전환되었기 때문이다. 시장제도가 등가교환 고유의 공평성의 원칙으로 수립될 수 있었으므로, 부르주아 입헌 국가는 정당화된 생산관계를 그 존재 이유로 삼았다. 이것이 바로 로크에게서 시작된 자연법의 요지이다."[57] 보편적 가치 체계 수립의 전제는 경제 발전의 자발적·무계획적 운동 속에서 새로운 조직 원칙이 생산력의 발전을 제한하지 않는 것이었다. 국가는 자본주의적 생산과정에서 배제되지 않는 동시에 그것에 의존했으므로,[58] 자본주의적 생산과정은 생산과 축적을 위해 정상적인 (그리고 나날이 성장하는) 물질적 조건을 창출하지 않을 수 없었다. 하버마스는 자유 자본주의의 위기가 경제 관리 문제에 대한 무능으로 드러나 관리의 위기를 낳았다고 생각하였다. 자유 자본주의 사회에서 사회 통합의 임무는 특수한 방식으로 비정치적 시장 관리 체계에 이양되었고, 정당화의 기초는 전통적 요소(합리적 자연법·공리주의)로부터 이데올로기로 전환되었다. 이 이데올로기—등가교환—는 그 자체로 경제적 기초의 한 부분이었다.[59]

하버마스는 자유 자본주의가 조직 자본주의로 넘어가는 역사적 이행 과정을 상세히 서술하지는 않았다. 그는 단지 조직 자본주의의 가장 중요한 구조적 특징의 모델을 개략적으로 설명해 그 사회구조가 불러올 수 있는 위기의 추세를 추론했다. 그런데 한 가지 분명한 것은 과학기술이 일차적 생산력으로 발전한 것이 그 전환의 기본적 배경을 이룬다는 것이다. 그 징표는 다음과 같다. 첫째, 기술의 과학화, 둘째, 과학 연구와 기술 사이의 상호 의존적이며 분리될 수 없는 관계, 셋째, 과학기술과 그 운용의 일체화.[60] 생산력 영역의 변화는 생산관계 및 상부구조 영역의 변화와 관계되는데, 이른바 '조직적', 혹은 '국가가 조절하는 자본주의'는 다음 두 가지 현상에 연결된다. "한편으로 그것은 경제 집중화 과정—국영기업, 뒤이어 다국적기업의 형성—과 상품시장·자본시장·노동시장의 수립에 관련된다. 그리고 다른 한편으로는, 기능상의 결함이 생겼을 때 국가가 시장에 개입하는 현상에 관련된다."[61] 국가가 경제적·사회적 기능을 발휘할 때, 계급적 충돌과 투쟁은 점차 은폐되며 물질적 착취는 기술적 통제로 전환된다. 국가가 자유로운 시장을 대체하는 현상은 자유 자본주의의 소멸을 의미하며, 동시에 평등한 교환이라는 부르주아 계급의 기본적 이데올로기의 몰락을 의미한다.

국가기구는 더 이상 자유 자본주의 제도에서처럼 생산과정의 조건을 제공하는 데 그치지 않고, 적극적으로 생산과정 속에 참여하게 되었다. 그래서 국가는 마치 전(前) 자본주의 국가처럼 정당화된 지위를 획득해야만 한다. 그러나 총체적 계획과 독점이 출현하면서 자유 자본주의 시대의 등가교환 원칙은 더 이상 선진 자본주의 사회에 정당화 이데올로기를 제공할 수 없게 되었다. 자본주의의 발전 과정에서 전통적 세계관은 경제와 행정 관리 체계의 보편적 사회구조와 물과 불처럼 어울릴 수 없으며, 과학체계 특유의 지식 태도와도 충돌한다. 그래서 선진 자본주의 국가는 전(前) 현대의 전통 속에서도 정당성의 자원을 획득할 수 없다.[62] 하지만 이처럼 정당성의 자원이 고갈된 상황임에도 국가의 활동이 확장되면서 정당성의 요구가 반비례해서 증대되었다.[63] 간단히 말해서 경제·사회·문화에 대한 국가의 대규모 간섭은 이에 상응하는 대중의 충성심이 필요한데, 선진 자본주의 사회는 충분한 '동기'를 획득할 수 없는 것이다.

이데올로기, 혹은 정당화 지식으로서 과학기술의 출현은 앞의 두 가지 정당화 이데올로기의 쇠퇴와 관련이 있다. "과학은 세계에 대한 전통적 해석을 깎아내리고 신앙의 방식을 과학적 태도로 전환시켰다. 그리고 과학적 태도는, 대상화의 기능을 수행하는 과학에 대한 믿음만을 인정했다."[64] 만약 '규범적인 정당성'이 완전히 '기능적인 정당성'으로 대체된다면, 법률적인 정당성은 도덕적인 기초와 완전히 결별하고 국민의 의견을 무시할 수 있게 된다. 자유 자본주의 시대의 문화는 '대중적 이기주의'와 '가정-직업적 이기주의'를 기초로 하고, 이것과 국가에서 독립적인 시민사회 및 등가교환 원칙은 서로를 필요로 했다. 그러나 선진적인 사회에서는 경제 과정에 대한 국가의 대규모 간섭 때문에 사회가 다시 정치화되었고, '이기주의'가 그에 상응하는 정치 문화를 제공할 수 없게 되었다. 여기에서 이데올로기로서의 과학의 기능은 국가적 간섭의 조건 아래, 사회문제를 기술화해 대중들을 다시 성공적으로 '탈정치화'하는 것이다.

정치와 도덕 등의 실천적 문제를 행정 관리와 통제의 문제로 전환해 이데올로기로서의 과학은 선진사회의 정당성 문제를 해결했다. 그러나 단지 '도구적 행위'의 측면에서 정당성 위기를 없애는 것은 불가능하다. 하버마스는 이데올로기로서의 과학기술이 현행 규범 체계의 정당성을 해명하고, 또한 그 규범의 유효성이 검증·재현되는 것을 피하게 한다고 인식했다. 그리하여 과학기술은 통치자의 특수한 이익을 부당하게 보편적 이익으로 탈바꿈시킨다는 것이다. 이데올로기가 이러한 작용을 하는 까닭은, 현행 체제의 의사소통 구조가 체계적으로 왜곡되었기 때문이다.[65] 실천적 문제를 기술적 문제로 보는 사회적 조건에서 기술은 그 자체로 인간에 대한 통치를 구성했고, 기술적 합리성은 인간 통치의 합리성으로 전환되었다. 하버마스의 의사소통 행위(Kommunikative Handeln) 이론과 대화를 통해 상호 이해(Verstandigung)에 도달하는 관점은 바로 '정당성 위기', 즉 '기능적 합리성'(functional rationality)의 과도한 팽창을 겨냥하고 있다. 그는 먼저 도구적 행위와 의사소통 행위를 구분했다. 도구적 행위는 합목적적이며 기술에 의한 목적 달성을 지향하는데, 그 목적 자체가 합리적인지, 혹은 정의로운지는 반성하지 않는다. 이 행위는 자연 통제의 주체론적 기획을 근본으로 하며, 주체들 사이의 상호 작용이 없다. 이와 반대로, 의사소통 행위는 곧 주체들 사이의 교류를 기초로 하며, 비강제적인 사회적 상호 이해 및 규범적인 언어적 의사소통이 그 근본이 된다. 따라서 위기 해결의 방법은 '도구적 행위'의 합리화(기술적 통제력의 확대)가 아니라 '의사소통 행위'의 합리화, 즉 자유롭고 비강제적인, 생활 주체들 사이의 의사소통과 상호 이해이다.[66] 다시 말해 하버마스가 요구한 것은 실천적 문제를 기술적 문제가 아닌, 실천적 문제 그 자체로 다루는 것이었다. 그는 바로 이런 이유 때문에 주체론적인 의식 철학에서 언어학에 뿌리를 둔 의사소통 이론으로 패러다임 전환을 시도했다.

그러나 하버마스의 '상호 이해' 개념이 과연 강제성의 특징이나 지식/권력의 구조에서 벗어났는지는 여전히 의심스럽다. 그에 대한 가장 강력한 도전은 리오타르에게서 제기되었다. 『포스트모던의 조건』(*The Postmodern Condition*) 등의 저작에서 리오타르는 포스트모던의 가장 중요한 징표로서 전통적 정당성의 서사, 혹은 메타 서사(정신적 변증법이든, 아니면 계몽주의의 해방 서사든 간에)의 해체를 꼽았다. 바로 이런 판단을 기점으로, 리오타르는 현대성의 두 가지 사회이론 모델을 새롭게 해석했다. 먼저 콩트와 파슨즈에서 루만에 이르는 구조기능론과 체계이론에서 가장 중요한 특징은 사회를 하나의 유기적 총체로 본다는 것이다. 파슨즈가 1950년대 이후에 제기한 '자기 조절 체계로서의 사회'(society as a self-regulating system)라는 개념 때문에 사람들은 더 이상 사회를 살아 있는 유기체로 이해하지 않고 통제론적 시각에서 사회체제를 바라보게 되었다.[67] 이 이론의 지평 속에서 사회체제에서 일어나는 모든 것은 단지 체계 내부의 자기 조절에 지나지 않는다.[68] 체계이론은 항상 총체성의 진리를 해명하려 하였다. 그래서 필연적으로 여러 사회총체적 기획을 만드는 데 이용됨으로써, 사회 운행을 제고하는 단순한 도구가 되고 말았다. 한편 이런 운명을 피하기 위해 마르크스주의의 각종 유파들, 그중에서도 비판이론은 이 원론적 원칙을 기초로 또 다른 사회적 모델 및 지식의 기능에 관한 관념을 발전시켰다. 그 모델은 자본주의가 전통적 시민사회를 점령한 역사적 투쟁에서 기원했다.

리오타르는 위의 두 가지 모델이 모두 사회 통제의 결과를 낳았다고 보았다. 자유주의 체제에서 사회적 투쟁과 그 도구는 이미 사회체제의 조절자로 전환되었다. 그리고 공산주의 국가의 총체화 모델 및 그 절대주의의 결과는 마르크스주의의 이름으로 나타났는데, 마르크스주의에서 거론된 투쟁도 이미 존재의 의의를 박탈당했다. 마르크스의 정치경제학적 비판이나 소외된 사회에 대한 비판이 모두 이 체계를 설계하는 데 이용되었다.[69] 위의 두 사회이론은 각각 다음과 같이 총체적 판단을 전제했다. 첫째, 당신이 만약 지식의 주요 작용이 사회 운행에 필요한 요소라고 생각한다면, 당신은 이미 거대한 기계로서의 사회를 전제하고 있다. 둘째, 당신이 만약 이론을 어떤 비판적 기능으로 본다면, 당신은 또한 대립적 원칙의 사회적 이원론을 전제하고 있다. 따라서 이 두 가지 이론은 애초에 해결하려 한 문제를 결코 해결하지 못했으며, 오히려 그 문제들을 재생산했다.

리오타르는 포스트모던 사회의 지식 상황으로 인해 이미 모든 통일적 이론이 근거를 잃었다고 생각했다. 과학기술의 발전은 자본주의의 부흥을 촉진시켰고, 이에 따라 국가의 기능도 변화했다. 따라서 그는 지식 상황의 변화로 인해 새로운 국가 관계 및 사회관계의 문제들 쪽으로 정당화 문제에 대한 탐구를 전향하였다. 정보화 시대에 과학기술의 진보는 사회적 조절 기능, 혹은 재생산 기능을 행정 관리자의 손에서 기계의 통제로 옮겨 왔다. 따라서 그 기계들에 저장된 정보를 누가 획득하느냐 하는 문제가 가장 중요해졌다. 이런 변화는 정책을 결정하는 새로운 계층이 더 이상 전통적 통치 집단(민족국가·정당·직업·기관 등)이 아님을 의미한다. 그들은 법인 대표나 고위 관리자, 주요 전문가·노동자·정치·종교 조직의 지도자들로 구성된 종합 집단이다.

이처럼 하버마스가 구축한 국가와 사회 관계는 이미 달라졌다. 각 민족국가는 정보 통제권을 두고 쟁탈전을 벌이고 있으며, 경제 세력들은 다국적기업의 형식과 민족-국가의 안정성을 통해 새로운 법률적 문제—누가 정보를 지배하고 통제하며 금지하고 사용할 수 있는가—를 낳고 있다. 다시 말해서 지식의 성격이 변화되면서 국가들은 자신들과 대기업, 혹은 시민사회와의 관계를 새롭게 생각하지 않을 수 없게 되었다.

> 지식의 생산과 분배에서 지식의 상품화는 필연적으로 민족-국가가 향유해 온 특권에 영향을 미친다. 국가적 범위에 국한된 지식의 관념은 ……시대착오적인 것이 되고 있으며, 이와 반대되는 원칙이 날로 강력해지고 있다. 즉 정보가 풍부하고 잘 소통되면 사회는 그 존재와 진보를 보장받는다는 것이다. 이 지식의 상품화와 더불어 '투명한' 전파라는 이데올로기가 국가를 불투명하고 '소란스러운' 요소로 간주하기 시작했다. 바로 이러한 관점에서 볼 때, 경제 세력과 국가 세력의 관계에 대한 문제가 이미 그 출현을 목전에 두고 있다.[70]

지식의 생산과 전파는 상품화의 원칙을 준수하므로 다국적 시장과 밀접한 관련이 있다.(더 이상 민족국가에 의해 완전히 지배되지 않는다.) 이에 따라 국가의 정당성도 도전에 직면하게 되었다.

그래서 리오타르는 "과거 수십 년 동안, 지식은 이미 주요한 생산력이 되었다."[71]라고 단언하기도 했다. 그러나 그는 그것이 하버마스가 언급한 '등가교환 원칙'의 효력을 잃게 했다고는 생각하지 않았다. 오히려 포스트모던한 지식 상황의 특징은 지식이 더 이상 지식 그 자체를 최고의 목적으로 삼지 않으며,[72] 그 생산과 소비의 모델에서 상품의 교환 원칙을 채용한다는 점이다. 부연하면 정보사회는 결코 (다니엘 벨(Daniel Bell)이 언급한) 후기 자본주의 사회가 아니다. 그것은 자본주의의 주요 작동 방식을 전혀 변경하지 않았다. 지식은 자금과 동일하게 유통되며 '지출 지식'과 '투자 지식'으로 구분될 수 있다. 이런 의미에서 정보가 유통되는 방식은 자유주의와 유사하다.[73] 여기에서는 하버마스가 언급한 '등가교환 원칙'의 효력 상실로 생긴 정당성 위기는 존재하지 않는다. 오히려 지식의 상품화가 낳은 '공포주의'가 존재한다. 즉 상품가치가 없는 지식들은 모두 도태되고 마는 것이다. 탈산업사회의 '절대주의적 관료 체계'는 정치적이라기보다는 경제적이며, 대중을 매개로 한다. 이 문제에 대한 리오타르의 견해는 하버마스와 비교해 훨씬 실제에 근접했다.

기술 통치에 대한 리오타르의 견해는 프랑크푸르트학파처럼 비관적이지는 않다. 이것은 그의 언어 게임이론—특히 아래의 두 가지 논점—과 밀접한 관련이 있다. 먼저, 전통적인 거대 서사가 무너지고, 전통적인 동일성의 자원 역시 그 효능을 잃었다. 다음으로, 전통적인 서사 속에서 인간은 단지 그 서사의 대상일 뿐이었지만, 정보의 네트워크 속에서는 모든 인간이 빈부와 귀천을 막론하고 정보의 발신자 · 수신자 · 지시물(대상)로서 다중적 역할을 수행한다. 이런 사실에 근거해 그는 두 가지 측면에서 하버마스의 의사소통 행위 이론을 비판했다. 첫 번째, 정보는 다양한 형식과 효과들(지시·규범·평가·수행 등)이 있으므로 그것을 의사소통 기능에 국한시키는 것은 곧 체계와 그 관점 자체에 특권을 부여한다는 것이다. 다른 하나는 각 원자들이 실용적 관계 속에 위치하기는 하지만 그 위치가 각 원자들의 정보를 경유함으로써 변동된다는 사실이다. 정보 통제론적 관점은 사회적 논쟁(혹은 투쟁)의 측면을 소홀히 했다. 원자는 실제 관계의 교차적인 위치에 자리하며, 아울러 그것을 경유하는 정보들이 끊임없이 그것을 변화시킨다. 즉 늘 변동하는 것이다. 만약 이러한 사회적 관계를 이해하려 한다면, 우리에게 필요한 것은 의사소통 행위 이론이 아니다. 그것은 논쟁을 인정하는 것을 기본 원리로 삼는 게임이론이다.[74] 관료제도가 인간과 그 실천을 제한한다는 것을 강조하는 사회이론과 비교해 리오타르는 분명 (정보의 발신자·수신자·지시물로서의) 각 개인의 위치의 무한한 변화 가능성을 강조한다. 아울러 그 가능성은 정보사회가 제공한다고 추론한다.[75]

    리오타르는 하버마스의 상호 이해 개념이 두 가지 모델을 포함하고 있다고 판단했다. 먼저 상호 이해는 인간과 인간 사이의 묵계이며 이해와 자유의지의 산물이다. 또한 대화의 방식으로 얻어진다. 그리고 이 개념은 해방의 서사(인류의 보편적 해방에 관한 계몽의 서사)의 유효성에 대한 믿음을 바탕으로 수립되었다. 다음으로 상호 이해는 하나의 제도적 구성 요소이다. 그것은 제도적 수행을 유지하고 개선시키기 위해 제도 자체를 제어한다. 루만에 의하면 그것은 바로 행정적 절차의 목표이다. 이런 의미에서 상호 이해는 효과적인 도구이다. 진정한 목표, 즉, 제도를 정당화할 수 있는 권력을 손에 넣기 위해 사용된다.[76] 그러므로 상호 이해의 문제는 지식 화용론적 배리(背理, paralogy)를 바탕으로 정당성의 기초를 수립할 수 있느냐 하는 문제로 변화된다. 그러나 위에서 밝힌 것처럼, 배리는 혁신과는 다르다. 왜냐 하면 혁신은 기존의 게임 규칙 내에서의 개량인데 비해, 배리는 새로운 규칙을 창조하는 것이기 때문이다. 이 규칙은 과학적 언어를 위해 새로운 연구 영역을 규정한다. 다시 말해 배리는 규칙의 부재를 의미하지 않는다. 그것은 규칙이 항상 부분적으로 정해짐을 의미한다. 이런 의미에서 상호 이해는 도달할 수 없는 지평선이며 체계이론이 제기한 정당화 모델에는 과학적 기초가 빠져 있다. 과학 그 자체는 결코 체계라는 이론적 패러다임에 따라 수행되지 않는다. 오늘날의 과학은 그런 패러다임이 사회를 묘사할 수 있는 가능성을 배제한다.[77] 상호 이해에 관한 리오타르의 우려는 분명 '피(被)통제'의 우려에서 비롯되었다. 그는 다원적 게임 규칙의 '잠정적 정당성'을 승인할 것을 요구하였다. 그런데 사실 이런 주장은 '시장'·'시민사회', 혹은 '카니발'에 관한 자유 자본주의의 상상과 매우 유사하다.

언어 게임의 이질성(즉, 배리)을 인식하면서 리오타르는 구조적 동일성과 메타 서사의 추구를 포기할 것을 요구했다. 그리고 상호 이해란 부분적인 현상, 즉 게임에 참여한 당사자에 의해 달성되며 게임이 끝나면서 해소되는 것으로 간주했다.[78] 이런 관점은 그가 포스트모던 과학을 이해했기에 가능했다. 현대 과학의 지식과 비교해 포스트모던 과학의 지식이 갖는 특징은 그 자체 안에 정당화 담론이 있다는 점이다. 과학 담론 내부에 정당화 담론을 수용하는 것이 바로 그 방법이다. 이것이 '배리'와 지식 영역의 '한도'를 정하며 지식의 성격을 변화시킨다. 포스트모던 과학은 갖가지 게임의 규칙이 존재하고 있으므로 과학자의 진술 모델이 단일하고 효과적인 하나의 진술을 파생시킬 수 있는지, 전혀 예측할 수 없다고 인식했다. 예컨대 현대 수학의 한 조류는 정확한 예측 수단의 가능성과 객체의 행위에 대한 예측 가능성에 의문을 제기했다. 인문학 연구에서도 이러한 현상이 나타났다.[79] 리오타르는 현대 과학에서 다음과 같은 결론을 도출했다. "연속적인 각각의 기능들은 지식과 예측의 패러다임으로서의 특징을 잃고 있다. 포스트모던 과학은 비결정의 사물, 정확한 원리 추정의 불가능성, 정보 부족으로 생기는 충돌·균열·돌변·화용론적 배리 등의 문제들과 관계를 맺는다. 따라서 그 이론적 특징은 비연속적이고 돌변적이며, 수정 불가능하며 배리적이다. 포스트모던 과학은 지식이라는 개념의 함의를 변화시키고 그 변화의 발생을 설명하였다. 그것은 아직 이르지 못한 앎과 기존의 앎에 대한 부정을 시사했다. 지식은 상호 이해에서 산출되지 않는다. 그것은 이견(dissension)과, 현행 규칙에 대한 질의, 새로운 규칙의 창설에서 산출된다. 포스트모던 과학은 효과와 이익의 극대화와 무관한 정당화 모델을 제공하였다. 그 정당화의 기초는 차이이며, 또한 이 차이는 '배리'라고 이해될 수 있다."[80]

리오타르가 보기에, 이러한 경향은 현대의 사회적 상황과 서로 대응된다. 이미 잠정적인 계약이 직업·감정·성·문화·국제 영역과 정치 사업 속의 항구적인 메커니즘을 대체하고 있다는 것이다. "우리는 잠정적 계약을 지향하는 경향이 애매모호한 쪽으로 가고 있다는 사실에 기뻐해야 한다. 잠정적 계약은 체계의 목표에 전적으로 복속되지 않지만 체계는 그것을 허용한다. 이것은 체계 내에 또 다른 목표가 있음을 입증한다. 그것은 언어 게임의 지식들과 그 규칙 및 효과에 대한 책임을 떠맡는다는 결심이다. 가장 중요한 효과는 정확히 말해 규칙의 채용을 타당하게 하는 것, 즉 배리의 추구이다."[81] "과학적 화용론으로 돌아온 서술이 현재 이견을 강조하는 시점에 도달하였다."[82]

통찰력 있는 리오타르의 이론은 심각한 문제 제기를 불러왔다. 예를 든다면 언어 게임의 다원성과 이질성을 강조하면서 왜 다시 모든 거대 서사를 배척하는가? '포스트모던'이라는 개념 역시 어떤 지배서사와 총체적 개념(사상의 분기화와 총체화를 포함하는)을 전제하였다. 거대 서사와 총체적 사상에 대한 비판은 모든 서사와 규범을 거부하는 그의 이론적 입장을 형성했다. 하지만 거대 서사와 규범적 입장에 대한 그의 비판도 불가피하게 그런 식의 입장을 미리 설정하고 말았다. 예컨대 그는 '탈산업사회', '포스트모던적 입장' 등의 개념을 무비판적으로 받아들였다.[83] 벤하빕(Seyla Benhabib)은 리오타르가 언어 게임의 상대주의와 다원론적 이질성을 방어해야 할지 아니면 어떤 인식론적 입장을 발전시켜 거대 서사나 과학의 '기능적' 정당화의 수행을 비판해야 할지 결정할 수 없었다고 했다.[84] 또한 베스트(Steven Best)와 켈너(Douglas Kellner)는 리오타르의 다원성 숭배가 단지 자유 다원주의와 실증주의의 반복일 뿐이라고 생각했다. 자유 다원주의는 다원적 이익과 조직을 갖춘 정치적 주체의 다원성을 설정했다. 실증주의도 똑같이 거대 이론과 지배 및 억압의 광범위한 구조를 거부하고 분석한 경험론이었다.[85] 그런데 하버마스도 마찬가지가 아닌가? 그의 의사소통 행위와 상호 이해 개념은 어떤 점에서 하이에크의 '방법론적 개인주의'와 매우 유사하다. 다양한 형태의 과학주의에 대한 그들의 비판은 유사한 비판적 틀, 즉 자유 자본주의의 국가/사회의 이원론을 채용하였다. 그런데 자본주의는 진정 그들이 서술한 '자유로운' 혹은 '등가교환'의 시기를 거쳤을까? 브로델은 "지금까지 자본주의는 모두 독점 자본주의였으며 상품과 자본은 늘 함께 발전했다. 왜냐 하면 여태껏 자금과 신용이야말로 외부 시장에 접촉해 그것을 개방시키는 가장 믿을 만한 수단이었기 때문이다."[86]라고 증명했다.

리오타르와 하버마스의 첨예한 대립은 두 사람 사이의 중요한 유사점을 숨겼다. 그들은 모두 과학기술 발전이 낳은 새로운 자본주의 형식을 분석하는 데 힘을 기울였으며, 정당화 문제를 연구해 새로운 사회 통제의 형성 원리를 도출하였다. 또한 형이상학과 계몽적 이성을 비판했고, 과학기술이 현대성의 기획을 실현시키면서 그것을 파괴하였다고 인식했다.[87] 연구 대상의 유사성은 그들의 방법론적 유사성에 의해 결정되었다. 그들은 모두 화용법과 언어 게임을 강조하는 언어 철학을 발전시켰으며, 언어 게임과 판단 형식의 다양성을 중시했다. 결코 구조적·형식적 언어학을 발전시킨 것이 아니었다. 또한 그들은 상호 이해와 이견의 문제에서 각기 하나의 단어에 집착했지만, 모두 다양한 형태의(이론적·실천적·심미적) 담론들이 자신만의 규칙·규범·기준을 갖고 있음을 강조했고, 특히 이 부분에서 그들은 분명히 칸트식의 문화 구분법 즉, 이론적·실천적·심미적 판단 영역의 구분법으로 회귀했다.[88] 그런데 이 세 가지 영역은 사회적 측면에서는 바로 베버식의 삼중 구조 즉, 인지적-목적적 합리성, 도덕적-실천적 합리성, 심미적-표현적 합리성으로 전환된다. 현대성에 대한 그들의 진단은 바로 이 삼중적 관계 속에서 전개되었다. 다시 말해 그들은 칸트의 세 가지 판단 기능과 베버의 삼중적 합리성, 그리고 비트겐슈타인의 언어 게임이 갖는 다양한 규칙 사이에서 유사한 구조를 간파했으며, 그것을 기초로 이론 틀을 구축했다.

이러한 유사점들은 동시에 그들 사이의 대립을 한층 심각하게 드러냈다. 특히 정당성 문제에 관한 판단과 그 해결 방안에서 더욱 그러했다. 리오타르는 하버마스의 '총체적이며 사변적인' 이론, 특히 의사소통 행위를 통해 규범적 상호 이해에 도달한다는 구상이 총체론적 철학 전통의 유산일 뿐이라고 인식했다.[89] 그런데 하버마스는 그 대립이 사유 방식의 대립, 예를 들어 어떤 전칭(全稱)적인 규범적 입장을 보존해야만 하는가, 그래서는 안 되는가의 문제일 뿐만 아니라, 동시에 정치적 대립이라고 인식했다.

즉 하나의 정의로운 사회가 보편적 가치들과 권리들 위에 수립돼야만 하는가, 그렇지 않은가의 문제라는 것이다.[90] 하버마스는 분명 자신의 이상적 담화 상황이 정책 결정의 민주화를 위해 어떤 절차를 제공하며, 상호 이해 개념은 민주적 실천을 확대하는 민주적 규범이라고 생각했다. 분명한 것은, 이러한 대립의 핵심은 곧 계몽과 현대성에 대해 어떤 태도를 취하느냐에 달려 있다는 점이다.

서사적 절차 · 직업윤리 · 훈육제도

리오타르는 지식의 정당화 문제에서 한 가지 기본적인 결론을 도출하였다. 그것은 과학 지식이 결코 지식 전체를 대표하지는 않으며, 항상 다른 종류의 지식, 즉 서사 지식과 병존 · 경쟁 · 충돌한다는 것이다. 이른바 그의 '현대' 개념은 곧 메타 담론이나 거대 서사로 자신을 정당화하는 어떠한 과학이라도, 그 실증 원칙과 거대 서사의 내적 충돌로 인해 탈정당화가 초래된다는 것을 의미한다. 그러나 베버의 '직업으로서의 학문'이라는 명제는 특수한 관점(주체의 관점)으로 현대적 지식이 결코 어떤 거대 서사 위에 수립된 것만은 아니라는 것을 논증했다. 따라서 리오타르의 거대 서사 해체의 의미만으로는 현대 지식의 정당성을 궁극적으로 해체할 수 없으며, 그 위대한 신화들이 제거된 이후에도 인간이 왜 여전히 쉬지 않고 지식의 운동에 뛰어들려 하는지도 설명할 수 없다. 푸코는 우리에게 학문/훈육이 '담론을 생성하는 통치 체제'와 현대 생활을 주재하는 각종 통치 전략들, 그리고 기술의 더욱 거대한 조합이라는 것을 인식하게 했다. 그리고 그 재생산 능력은 현대 세계의 권력 네트워크에 뿌리를 두고 있으며, 결코 거대한 계몽의 서사에 의존하지 않음을 분명히 했다.

리오타르는 사회·경제 과정에 대한 분석을 거의 외면했다. '포스트모던 과학' 및 그 '배리'와 '이견'에 관한 그의 설명은 지나치게 추상적이어서, 다양하게 해석될 가능성이 있다. 그런데 리오타르의 이론 속에는 한층 계몽적인 부분이 존재한다. 그것은 그가 포스트모던 과학으로부터 확장해 낸 정치적 결론들이 아니다. 바로 서사적 관점에서 현대의 탈정당화에 가한 분석이다. 화용론적 시각에서 리오타르는 지식의 정당화와 현대 국가의 정당화를 동일한 문제의 두 측면으로 보았다. 그리하여 그는 현대사를 새롭게 독해하는 독자적 경로를 제공하였다.

비트겐슈타인은 "한 가지 가설에 대한 모든 경험과 확인, 부정은 벌써 하나의 체계 안에서 발생된 것"이며, 그 체계는 "논증이 가능할 수 있는 요인"[91]이라고 말했다. 이 판단은 인지 활동과 체계의 정당성 문제를 연결시키는 언어학적 전제를 제공했다. 정당화 문제에 대한 리오타르의 전체 논의의 기초는 전술한 비트겐슈타인의 단언에서 이미 확립되었다고 말할 수 있다. 앞에서도 말했듯이 하버마스는 오직 국가만이 정당화를 필요로 한다고 생각했다. 그런데 리오타르는 플라톤 시대 이후로 과학의 정당화 문제와 입법자의 정당화 문제는 서로 분리될 수 없었으며, 따라서 '참'을 확정하는 문제(과학적 진술의 정당성의 조건)와 '공정성'을 확정하는 문제(세속적 사회의 입법 절차)가 서로 긴밀하게 관련되었다고 생각했다. 비록 두 권위가 각기 다른 성격을 갖고 있기는 하지만. 민법에서 본다면 정당화란 입법자가 권력을 부여받아 규범으로서의 법률을 반포하는 과정을 가리킨다. 이와 마찬가지로 과학적 진술도 특정한 조건들을 만족시켜야만 '과학적'이라고 할 수 있다. 이런 정당화 과정에 근거해 과학 담론을 다루는 '입법자'는 권력을 부여받아 진술의 조건을 규정하고, 또한 그 진술이 과학 공동체가 승인하는 과학 담론이 될 수 있는가를 결정한다. 현대사회에서 과학의 권력 예속은 한층 심화되었다. 따라서 동일한 문제의 두 측면인 지식의 정당성과 권력의 정당성의 실질이 더욱 부각되었다. 그것은 누가 지식이 무엇인지를 결정하며, 또한 무엇이 결정되어야 하는지 누가 알고 있는가로 요약될 수 있다. 심지어 리오타르는 인공두뇌 시대의 지식의 문제가 점차 정치 시행과 관치의 문제(a question of government)로 변하고 있다고 주장한다.[92] 다시 말해서 정당화 문제의 해결은 과학적 언어와 윤리적·정치적 언어의 관계 변화 속에서 탐구되어야 한다.

  리오타르는 지식의 정당화 문제에서 한 가지 결론을 도출하였다. 그것은 과학 지식이 결코 지식 전체를 대표하지는 않으며, 항상 다른 종류의 지식, 즉 서사 지식과 병존·경쟁·충돌한다는 것이다. 지식의 문제는 단지 인지적 실천뿐만 아니라, 윤리적·심미적 판단과도 관련이 있다. 그리고 지식의 가장 중요한 특징들 중 하나는 판단 및 인지 능력의 표준을 구성하는 것이며, 또 다른 특징은 지식의 능력과 관습 사이에 상호 대응 관계가 존재한다는 점이다. 즉 인지적·규범적·평가적 측면에서 사물의 좋고 나쁨은 특정 사회의 '지혜로운 자들'의 권역에서 인가된 표준과 직접적으로 관련된다는 것이다. 초기의 철학자들이 정당화 진술이라고 부른 이 모델은 하나의 합의를 구성하였다. 그것은 지식에 대해 판단했으며, '아는 자'와 '모르는 자'(외국인이나 어린아이)를 구분해 민족의 문화를 구축하였다.[93] "자신의 언어를 무너뜨리고 재구성하는 과정에서 과학 공동체가 겪는 의사소통 문제는 사회집단이 직면한 문제와 성격이 유사하다. 서사 문화의 붕괴로 인해 사회집단은 내부적 의사소통을 재점검해야만 하며, 그 과정에서 기존 전략의 정당성에 대해 의문을 제기한다."[94] 그러므로 지식의 정당화 문제에 대한 분석도 곧 현대사회의 정당화 문제에 대한 진단이 되고 만다.

리오타르의 이른바 '현대' 개념은 곧 메타 담론이나 거대 서사로 스스로를 정당화하는 모든 과학을 가리킨다. 다시 말해서 과학 지식은 자체의 담론에 의거해 정당성을 획득할 수 없고, 철학 담론이 자신의 게임 규칙을 정당화해 주는 것을 필요로 한다. 예를 들어 계몽의 서사 속에서 과학의 정당성은 미래에 대한 정치적·윤리적 목표에서 비롯되었다. 과학자의 연구는 오직 그 목표의 실현과 관련해서만 의미가 있었다. 그런데 전통적 지식도 똑같이 윤리적·정치적 목표에 대한 서술을 포함했건만, 왜 유독 현대의 과학 지식만이 자기 와해의 요소를 내포하는가? 바로 이 문제에 대한 물음이 리오타르가 분석한 현대적 지식과 전통적 지식의 서사 형식상의 차이로 연결된다. 그 핵심은 바로 (전통적) 서사 지식은 서사자와의 관계가 매우 밀접한 데 비해, 가치중립의 과학 지식은 그 사용자들과 다소 소원한 관계라는 사실에 있다. 따라서 현대적 지식의 '탈정당화'(delegitimation)는 서사를 배척하는 동시에 그것에 의존하는 과학의 배리적 관계에서 생겨났다.

전통적 지식의 가장 큰 특징은 그 서사 형식이다. 예를 들어 전통적인 이야기의 서사 형식에서 주인공의 성공과 실패는 긍정적인 측면과 부정적인 측면의 교훈을 암시한다. 그 성공과 실패는 제도적 합리성의 기초가 되거나, 혹은 그 두 가지 긍정적·부정적 모델이 어떻게 현재의 제도 속에 정합되는지를 보여 준다.[95] 이런 이야기의 서사 형식은 인지 · 판단 · 평가의 언어 게임 규칙들을 하나로 융합시키며, 또한 통일적인 시점에서 그것을 지식의 네트워크로 구축한다. 서사 행위는 발화자와 청취자, 이야기와 관련된 인물들이 공동으로 완성하는 절차이다. 발화자의 권리는 결코 연령 · 가정 · 직업 · 성별 등 사회적 범주에 달려 있지 않다. 통속적 서사의 화용법은 오히려 서사 속에 있는 것이다.[96] 발화자의 권리는 단지 그가 이 이야기를 들은 적이 있다는 사실 위에 수립되며 각 청취자들은 모두 발화자가 될 수 있고, 각 발화자들은 청취자가 될 수 있다. 듣기와 말하기가 호환되는 이런 위치는 또한 그들 역시 이야기의 주인공이 될 수 있음을 결정한다.[97] 그러므로 서사 행위는 늘 '내가 말하는 것'과 '상대방이 듣는 것' 사이에서 일어나고 있는 행위이며, 따라서 일시적이면서도 항구적이다.[98] 요컨대 서사 위주의 사회에서는 서사가 특권을 획득할 수 있게 하는 특수한 절차가 필요치 않으며, 과거를 기억할 필요도 없다. 왜냐 하면 서사 자체가 그런 권위적 성격을 띠기 때문이다. 이런 의미에서 인간은 곧 그 서사를 실현시키는 자에 지나지 않는다. 인간은 자신을 서술하고 자신에게 귀 기울이며 자신을 재서술해 서사를 완성한다. 그리고 자신을 제도적 '수행' 속에 위치시켜—즉, 자신에게 서사자 · 서사 대상 · 청취자의 역할을 부여하여 그 서사를 실현한다.[99]

과학 지식의 화용법과 서사 지식은 서로 대비를 이룬다. 과학적 진술은 반드시 두 가지 기본 조건을 충족시켜야만 성립될 수 있는데, 첫째는 과학적 진술의 대상이 반복적으로 실험할 수 있는 것이어야 한다는 것이고, 둘째는 과학적 진술이 전문가에 의해 수용될 수 있는 관련 술어를 사용해야만 한다는 것이다. 서사 지식과 비교해 과학 지식의 발신자와 수신자, 지시 대상의 관계는 아주 다른 양식을 따른다. 우선 과학 지식은 지시적 성격의 언어 게임만을 필요로 하며, 다른 여러 종류의 언어 게임은 배제한다. 한 가지 진술의 진리치는 곧 그 진술이 받아들여질 수 있는지 없는지를 결정하는 기준이다. 그리고 과학 지식의 정당성은 이미 도달한 합의를 바탕으로 수립되며, 그 합의를 받아들일 수 없는 자는 과학 공동체에 들어갈 수 없다. 다음으로 이러한 사실로 인해 과학 지식은 사회적 규약을 형성하는 언어 게임들과는 다르다. 그것은 서사 지식과 달리 사회적 규약의 직접적·공동적 구성 부분이 아니고, 단지 간접적인 부분일 뿐이다. 왜냐하면 과학 지식은 직업으로 발전해 기관의 출현을 초래하며, 언어 게임은 스스로를 전문가가 통제하는 제도적 형식 속에 조직함으로써 되어 지식과 사회의 관계를 낳기 때문이다. 세 번째로 연구의 게임 법칙에 요구되는 능력은 발신자에게만 해당된다. 청취자와 지시 대상에 대해서는 별다른 능력이 요구되지 않는다. 인문과학에서도 지시 대상은 연구 종사자 밖에 존재한다. 네 번째, 과학적 진술의 유효성은 대외적 발표가 아닌 증명과 증거를 통해 얻어진다. 다섯 번째, 과학 게임은 통시적 시간성, 즉 어떤 기억과 기획을 암시한다. 과학적 진술의 발신자는 반드시 이전의 관련 진술에 정통해야 하며 그것과 다른 진술을 제기해야 한다. 결국 기억과 '새로움'에 대한 추구를 전제하는 것이다.[100]

서사에 대한 회의는 줄곧 프랑스 현대사상의 일관된 흐름이었다. 예를 들어 사르트르(Jean-Paul Sartre)의 『구토』는 서사와 생활을 구별했으며, 어떤 서사 형식 속의 인간 생활이란 영원히 허구일 뿐이라는 명제를 인식했다. 서사 지식과 과학 지식에 관한 리오타르의 분석 그 자체에는 특별히 참신한 점이 없다. 그의 창조성은 서사의 기능을 지식의 정당화 문제와 관련시킨 점에 있다. 그의 분석에서 현대의 정당화 문제는 두 가지 측면을 포함한다. 먼저 과학의 언어 게임은 과학적 진술의 진리성을 스스로 입증할 수 없으므로 서사 지식의 절차에 의지할 수밖에 없다. 그런데 과학의 지평에서 본다면 서사 지식은 근본적으로 지식이 아니다.[101] 현대 과학은 제일 원인 혹은 초월적 권위에 대한 형이상학적 탐구를 포기하고, 과학 게임의 규칙(진리의 조건)이 이미 그 게임 자체 속에 있음을 믿었다. 그 게임 규칙들 혹은 논쟁의 규약은 과학 지식의 진리성을 논증하기 이전에 이미 '과학적'이다. 따라서 과학자의 합의를 능가하는 어떤 증거도 존재하지 않는다. 다음으로 서양 근대사에서 이뤄진 서사 지식의 부흥은 새로운 권위의 정당성 문제를 해결하는 수단이 되었다. 즉, 누가 사회를 위해 결정할 권한이 있는지, 그리고 누가 사회 규범 결정의 주체가 될 것인지에 관해 답을 제공했다. 그러므로 새로운 사회적·정치적 정당성을 추구하는 수단은 곧 새로운 과학적 태도와 하나로 결합되었다. 주인공의 이름은 국민이고, 정당성의 표시는 국민의 동의이며, 그들이 규범을 창조하는 방식은 곧 사변(논쟁)인 것이다.[102] 분명히 리오타르가 논의한 정당화 문제는 서로 구별되는 두 가지 측면을 포함한다. 첫 번째 측면은 인지적인 서사 주체, 즉 지식 영웅이다. 두 번째 측면은 실천적 서사 주체, 즉 자유 해방의 영웅이다. 이처럼 정당화의 함의는 변화되었고, 서사 역시 더 이상 정당화의 함의를 충분히 서술할 수 없게 되었다.

리오타르는 지식과 그 제도—특히 고등교육제도—의 역사 속에서 정당화 서사의 두 가지 형식을 탐구했다.[103] '국민의 해방'과 관련된 첫 번째 형식 역시 근대 서구 세계에서 가장 중요한 정당화의 서사였다. 그것은 (자유의 영웅으로서의) 인간 본성을 핵심으로 모든 인간이 과학에 접근할 수 있다고 가정했다. 이 권리는 사제와 폭군에 대한 투쟁을 통해 쟁취되어야 했다.[104] 두 번째 정당화의 서사는 과학·국가(the nation)·정부(the state)의 관계를 다뤘다는 점에서 아주 다르다. 그것은 '정신의 변증법'이라고

할 만하다. 리오타르는 프로이센의 교육 개혁과 베를린 대학을 예를 들어 당시의 교육 계획의 모순을 지적했다. 그것은 한편으로는 과학을 위한 과학과 과학제도가 "단지 스스로를 근거로 존재하고 쇄신되며 다른 목표나 결정의 제약을 받지 않을 것"을 강조하면서도, 다른 한편으로는 대학의 구성 요소(과학)가 "국가의 정신적·도덕적 훈육"을 지향할 것을 요구하였다.[105] 프로이센 교육정책의 핵심은 곧 어떤 '정신'이나 '생명'이 과학적 원칙, 윤리적 이상, 도덕적 목표를 하나로 통합시키는 데 있었다.[106] 그것은 경험과학이 포함하는 지식의 질서가 단지 '정신'이나 '생명'의 실현 및 완성에 불과하다고 암시했다.[107]

리오타르는 현대 문화 속의 '탈정당화'가 정당화 서사 자체의 모호성을 근거로 하므로, 반드시 정당화 서사의 쇠퇴와 사회적 추세의 관계 속에서 '탈정당화'를 연구해야 한다고 생각했다.[108] 사변적 방식과 지식 사이의 애매한 관계를 고려할 때 실증과학은 한 가지 지식의 형식으로 간주될 수 없다. 지시적 성격의 그 담론들은 스스로 이해한다고 생각하는 대상을 결코 이해하지 못한다. 지식이 될 수 있는 것은 그것이 두 번째 층위의 담론(정당화 담론) 속에서 자신을 인증하고 복제할 수 있기 때문이다. 이런 의미에서 사변적 서사는 실증적 지식에 대해 회의한다.[109] 진리에 대한 과학의 요구는 결국 과학에 대한 반대로 이어져 정당화의 요구는 탈정당화 과정의 원동력이 된다는 것이다.[110]

또 다른 정당화 서사인 계몽 시대 이후의 해방 서사 역시 탈정당화의 위기에 직면했다. 이 서사의 특징은 윤리적·사회적·정치적 실천에 참여하는 이들의 자율성을 기초로 과학과 진리의 정당성을 수립한 것이다. 그러나 인지적 가치를 갖는 지시적 진술과 실천적 가치를 갖는 규범적 진술에는 중요한 차이가 있다. 우리는 하나의 참된 인지적 진술이 필연적으로 정의로운 규범적 진술을 수반한다고 증명하지 못한다. 인지적 혹은 이론적 이성과 실천이성의 구분은 과학 담론의 정당성에 위기를 파급시켰다. 왜냐 하면 그것은 과학이 독자적 규칙에 의거해 언어 게임을 수행하며, 실천적 게임(그리고 심미적 게임 등)의 특수한 사명을 관리하지 못한다는 것을 간접적으로 드러냈기 때문이다.

리오타르는 이러한 방향에 따라 '탈정당화'를 탐구한다면 반드시 포스트모더니티의 중요한 조류로 나아가리라고 생각했다. 그것은 바로 과학이 자신의 게임만을 할 뿐이며 다른 언어 게임―예컨대 규범적 게임―을 위해 정당성을 제공할 수 없다는 것이다. 더욱 중요한 것은 그것이 사변적 게임과 마찬가지로 스스로에게도 정당성을 제공하지 못한다는 사실이다. 이러한 상황에서는 사회적 주체 역시 무너질 운명에 처하고 만다. 사회적 규약은 언어의 규약이지만 그런 규약은 한 가지 언어가 아니라 여러 가지 언어로 구성된다. 따라서 여러 가지의 게임 규칙을 포함한다. 통일된 원칙, 혹은 지식의 메타 담론에 지배되는 종합적 원칙은 모두 그러한 다중 언어적 게임에 적용되지 않는다.[111]

탈정당화의 내적 메커니즘은 과학 연구의 화용법 속에 존재한다. 예를 들어 어떤 과학적 진술의 수용 여부는 그것이 성립하는 조건의 규칙을 사람들이 수용할 수 있느냐 없느냐에 달려 있다. 그 규칙이 자기 증명을 할 수 없다면 그것은 단지 전문가들의 합의에 불과하다.[112] 따라서 지식의 두 가지 서로 다른 '진보'가 존재하게 된다. 하나는 기존 규칙 안에서 새로운 논점을 이끌어 내는 것이고, 다른 하나는 새로운 규칙의 창조, 즉 새로운 게임의 변화(합의의 변경)이다.[113] 이처럼 보편적·메타 언어적인 규칙은 형식적·공리적 체제의 다원적 원칙으로 대체된다. 그 체제는 보편적이기는 하지만 일관되지 않은 메타언어로 기술된다. 고전 과학과 근대 과학에서 역설(paradox)로, 심지어 배리로 치부되던 것들이 이 체제 속에서 새로운 설득력을 얻어 과학 공동체에 받아들여진다.

과학 연구가 증거에 의존하는 것도 '탈정당화'를 부채질한다. 증거를 얻기 위해서는 기술 조건을 개선해야 하며 자금의 투입이 필요하다. 돈이 없으면 증거도 없게 마련이다. 이것은 또한 증명이 없으면 곧 진리도 없게 됨을 의미한다. 부(富), 효율과 진리 사이의 평형은 18세기 말 산업혁명 동안 확립되어 생산과정 속에 들어갔다. 기술 개선은 생산의 발전을 이루었으며, 잉여가치의 일부가 생산의 개선을 꾀하는 연구 기금으로 전환되었다. 과학은 바로 자본의 유통 과정에서 생산력이 되었으며, 또한 기술과 이윤 사이의 '유기적' 연결체가 되었다.[114] 전통적 지식 상황에서 지시적 게임(인지), 규범적 게임, 기술적 게임은 통약 불가능(incommensurable)했다. 그러나 현재의 기술적 효과는 증거 산출 능력을 높여 필연적으로 진리의 기준에 영향을 주며, 자연히 정의와 수행성의 관계에도 영향을 미친다. 어떤 명령이 정의롭다고 선언될 수 있는 가능성은 명령의 실행 기회와 함께 늘어난다고 주장되어 왔는데, 이것이 이제는 명령을 내리는 자의 수행 능력이 커지면서 함께 커진다는 것이다. 여기서 루만은 후기 산업사회에서는 법률적 규범이 절차의 수행으로 대체된다는 가설을 끌어냈다.[115]

리오타르는 다른 이들처럼 과학의 실증적 방법에 주목해 과학적 메타서사를 해체하는 데 노력했다. 그러나 과학의 분과제도와 그 체제화 과정의 재생산 능력에 대해서는 언급하지 못했다. 또한 현대적 지식과 그 학문적 규범과 제도 또한 분석하지 못했다. 우리는 아마도 두 가지 다른 측면에서 리오타르의 이론을 보완하거나 검증할 수 있을 것이다. 그 두 측면은 표면적으로 확연히 대립된다. 그것은 '직업으로서의 학문'(Science as a Vocation, Wissenschaft als Beruf)에 대한 베버의 명제와 학문적 훈육

(discipline)에 관한 푸코의 연구이다. 베버와 푸코는 약속이나 한 듯 똑같이 '전공 학문'과 그 훈련의 문제를 다뤘다. 그런데 전공 학문과 훈련의 메커니즘은 단순히 메타 서사에 대한 과학의 의존 개념을 활용해서는 결코 해체할 수 없을 듯하다.

베버는 '직업으로서의 학문'을 논의하며 낭만주의자의 자기 육성의 관점을 비판했는데, 그 관점은 가늠할 수 없는 생명의 체험을 통해 '인격'과 '체험'을 추구할 것을 주장했다. 그가 제기한 문제는 직업적 행위로서의 과학(학문)과 구별되는 '과학(학문)에 대한 내적 소명'이라는 명제를 어떻게 이해하느냐 하는 것이었다. 이런 문제 제기에는 다음과 같은 배경이 있다. 과학, 혹은 이른바 학문은 이미 전례 없는 전문화 시대에 돌입했다. 만약 한 개인이 엄격한 전공 영역 안에 있지 않다면, 그는 학문 연구의 세계 안에서 진실로 아주 완전한 것을 성취했다는 확실한 의식을 가질 수 없다. 따라서 낭만주의자들이 숭배하는 '개인적 체험'이 만약 전문적인 성취에서 구현될 수 없다면, 그것은 아무런 가능성도 얻지 못한다.[116) 베버는 "학문(과학) 영역에서는 오직 구체적인 일(work at hand, Sache)에 완전히 헌신하는 사람만이 '인격'이 있다."라고 단언했다. 그러한 구체적인 일 밖에서 '인격'이나 '체험'을 찾으려 시도하는 어떠한 노력도 "결국에는 사람들에게 비열한 인상을 주고 당사자의 인격을 깎아내릴 뿐이다. 이와 반대로 오직 내심에서 우러나온 학문에 대한 헌신만이 직업의 고귀함과 존엄함으로 학자를 끌어올릴 수 있다."[117)

주목할 만한 것은 개인이 학문에 헌신하는 의미에 대해서 베버가 학문을 '진정한 존재에 도달하는 길', '진정한 예술에 도달하는 길', '진정한 자연에 도달하는 길', '진정한 신에게 도달하는 길', '진정한 행복에 도달하는 길' 등의 서사로 보는 관점을 배제했다는 점이다. 또한 그는 지식의 실용적 가치로 학문의 의의를 규정하는 방식도 부인하였다. 그는 정반대로 그런 서사들에서 탈피하는 것이야말로 현대의 학문과 그 생산 메커니즘의 주요 특징이라고 인식했다. 학문에 대한 그의 규정은 다음 세 가지 측면을 포함한다. 첫째, 학문은 우리에게 기술에 관한 지식을 가르친다. 그것은 우리가 계획을 통해 자기 생활을 지배하고, 외부 사물 및 다른 사람들의 행위를 지배하도록 도와준다. 둘째, 학문은 사유의 방법과 도구 및 훈련을 제공할 수 있다. 셋째, 학문은 우리가 명석함(clarity, Klarheit)을 얻도록 도와줄 수 있다. "학문은 전문적 원칙에 따라 이루어지는 일종의 '직업'이며, 그 목적은 자아의 명석화(self-clarification, Selbstbesinnung)와 사물들 사이의 실제 관계를 인식하는 데에 있다."[118] 확실히 베버의 전제인 '가치중립'은 학문의 의의에 관한 각종 전제들을 부정하는 것을 바탕으로 수립되었다.

그렇다면 학문의 의의에 관한 전제들은 왜 과학의 존재 의의를 논증하는 논거가 될 수 없는가? 이안 헌터(Ian Hunter)는 베버가 밝힌 이유가 두 가지 측면을 포함한다고 인식했다. 첫째, 과학과 그 특정한 방법 및 기교는 어떤 지식의 존재 조건을 구성하는데, 그 전제들은 아무런 논증도 거치지 않은 채로 학문에 진입하기 위한 선결 조건으로 간주된다. 둘째 그 전제들과 가치판단은 이성의 범위 밖에 존재한다. 그것들 자체는 결코 '과학'의 지위를 갖는다고 볼 수 없다.[119] 사실상 가치중립의 전제와 직업으로서의 학문이라는 명제는 특수한 인격을 기초로 수립되었다. 그 인격은 어떤 학문 분야가 설정한 도덕과 기교에 의해 빚어졌다. 지식은 오직 이런 전제 아래 비로소 '직업' 개념의 이중적 의미, 즉 말 그대로의 직업으로서의 의미와 포부로서의 의미를 함께 가질 수 있다. 하나의 직업으로서의 학문의 존재는 '학자'(가치중립적이고 이성을 희생시켜서는 안 되며, 또한 학문적 기교에 정통한)적 인격의 구현과 훈련에 의존한다. 우리는 그것이 탈주술적 합리화 과정의 가장 새로운 성과라고 이해할 수 있다. 이것이 바로 베버가 언급한 '근대적 지식인'의 탄생이다.

베버의 명제는 하나의 특수한 관점—주체의 관점—으로 현대적 지식이 결코 어떤 거대 서사를 바탕으로 수립된 것만은 아니라는 것을 논증했다. 따라서 리오타르의 거대 서사 해체의 의미만으로는 현대 지식의 정당성을 궁극적으로 해체할 수 없으며, 그 위대한 신화들이 제거된 이후에도 인간이 왜 여전히 쉬지 않고 지식의 운동 속에 뛰어들려 하는지도 설명할 수 없다. 만약 우리가 리오타르의 서사 해체에 베버의 명제를 관련시킨다면, 곧 새로운 명제들을 발견할 수 있을 것이다. 그것은 바로 인류 생활의 예측 불가능성과 인간이 자신의 생활 태도를 확정하는 그 목적론적 특징 사이의 복잡한 관계이다. 가치중립의 원칙은 미래의 어떤 예측 불가능성과 불확정성을 암시한다. 하지만 동시에 베버는 직업으로서의 과학을 논하면서 학자의 생활에 어떤 목적을 제시하고 있는 듯하다. 그런데 그는 그 목적을 미래에 관한 상상으로 확정짓지는 않았다. 반대로 그는 생활의 어떤 예측 불가능성과 목적론을 우리의 생활을 이루는 요소로 이해하였다. 여러 허구 속의 인물들과 마찬가지로 우리는 미래에 어떤 일이 일어날지 알지 못한다. 그러나 우리의 생활 방식에는 일정한 형식이 존재하며, 그 형식은 우리와 미래의 관계를 계획한다. 아마도 우리는 맥킨타이어의 말을 빌어 이렇게 개괄할 수 있을 것이다. "인간은 허구 속에서도 그리고 행위와 실천 속에서도 모두 본질적으로 이야기를 말하는 동물이다. 그는 꼭 필연적인 것은 아니지만 자신의 역사를 통해 진실을 갈망하는 서사자(narrator)가 되었다."[120]

베버의 명제에는 이미 지식을 추구하는 '직업'과 학문적 훈육의 인격 구현 사이의 관계가 내포되어 있다. 그러나 그는 지식에 대한 학자의 태도 문제에 골몰한 나머지 학문 분야와 지식적 인격 사이에 존재하는 지식/권력의 관계를 탐구하지 못했다. 논리적으로 본다면 합리화와 관료제에 대한 그의 연구는 본래 충분히 그 관계를 도출할 수 있었다. 한편 훈육(discipline)에 관한 푸코의 이론[121]과 그 이론에 내포된 현대사회에 대한 이해는 베버가 애써 수립하려 한 학문적 훈육과 정치·종교 및 현실 세계 사이의 경계 구분을 해체했다. 즉, 학자가 가치중립의 원칙을 확립하고 사실과 가치의 구분을 엄수하는 것은 그 자체로 훈육의 결과이며, 또한 어떤 도덕적·정치적 설득 과정으로 볼 수 있다는 것이다. 이 과정에서 학자는 교육제도와 연구제도의 주체이자 객체이다. 확실히 베버는 다음과 같은 사실을 소홀히 했다. 자연계와 인식 대상에 대해 규율화와 방법화를 수행하는 연구가 실현되려면, 먼저 연구자에게 규율화와 방법화의 훈련을 시켜야 한다. 따라서 '직업으로서의 학문'이라는 명제는 일종의 도덕적 주체의 자각을 내포하는 듯하지만, 실제로 이 명제는 학문제도에 포함된 지식/권력의 관계의 절대적 명령에 지나지 않는다.

병원·감옥·성(性)에 대한 푸코의 연구는 훈육의 메커니즘과 현대사회의 통제 체체 사이의 관계를 체계적으로 보여 주는데, 『감시와 처벌』이 대표적이다. 이 책은 일련의 지식·기술 및 과학 담론의 형성과 그것들이 처벌 권력의 실천과 결탁해 가는 역사 과정을 서술했다. 그 주된 논지는 다음과 같다. "현대의 정신사와 새로운 심판 권력 사이의 관계와 역사를 논술하는 것은 곧 현재의 과학적-법률적 종합체의 계보학이다. 처벌 권력은 바로 이 종합체 속에서 자신의 기초와 증명, 규칙을 획득하고 그 효과를 확대한다. 또한 이 종합체를 이용해 과도한 특이성을 은폐한다."[122] 푸코는 이러한 신념을 갖고 있었다. "인간 육체에 관한 이런 정치적 기술론에서 권력관계와 대상관계의 일반적 역사를 읽을 수 있다. 그러므로 권력의 기교로서의 형벌을 광범위하게 분석해 아마도 인간과 영혼을 이해할 수 있을 것이다. 또한 정상적이거나 비정상적인 인간이 어떻게 형법이 관여하는 범죄를 복제하기 시작하는지 이해할 수 있을 것이다. 어떤 경로를 통해서든 하나의 특수한 정복 방식은 '과학적' 상태의 담론을 위해 지식의 대상으로서의 인간을 길러 낸다."[123]

훈육의 문제는 지식과 권력의 상호 관련성을 보여 준다. 즉 상응하는 지식 영역을 구축하지 못하면 권력관계를 만들 수 없으며, 반대로 미리 권력관계를 설정하거나 구축하지 못하면 역시 어떠한 지식도 갖지 못하게 된다.[124] 훈육은 제도나 기관과는 다르다. 그것은 권력의 유형이며 권력을 행사하는 형식이다. 또한 도구·기교·응용 등급·목표 등을 갖는다. "훈육은 권력의 '물리학' 혹은 '해부학'이며 '기술론'이다. 그것은 결코 제도가 아니다."[125] 그러나 그것은 특수한 기관에 의해 활용될 수 있으며, 그 속에서 그 기관의 메커니즘을 변경하고 자신의 프로그램을 실시할 수도 있다. 계층별 감시, 규범화된 판결과 심사(시험) 등의 훈육 기술은 이미 수도원·군대·감옥·학교 등의 메커니즘에 광범위하게 도입되었다. 그리하여 훈육 기관의 확장, 훈육 기능의 전화, 훈육 메커니즘의 비제도화 및 그 메커니즘에 대한 국가의 통제를 낳았다. "따라서 총체적으로 인간은 훈육 사회의 이러한 운동에서 형성된다고 말할 수 있다. 그것은 폐쇄적인 훈육과 사회의 '격리 구역'으로부터 무한히 보편화된 '원형 감시' 메커니즘으로까지 확장된 운동이다."[126]

훈육 메커니즘은 사회의 중대한 법률 기구의 직접적인 파생물이 아니다. 하지만 "원칙적으로 평등한 권리 체제를 보장하는 일반적 법률 형식은 이런 사소하고 일상적인 물리적 메커니즘들에 의해 유지되며, 또한 우리가 규율이라고 부르는 불평등하며 비대칭적인 미시적 권력 체계로 유지된다."[127] 현대의 법률과 정치권력의 이념적 기초는 사회계약론이다. 따라서 현대사회의 권리 체제는 명확하고 법전화된 형식상 평등한 법률 구조의 확립을 지표로 하며, 대의제의 수립은 곧 그 평등 원칙의 실시를 상징한다. 이것이 바로 계몽주의 운동이 발명한 '자유권'이다. 그러나 이 자유권 제도의 수행은 바로 훈육 메커니즘을 기초로 한다. 그것은 일방적 규율(discipline에 불과한)과 지배 권력이 특징이다. 계약관계는 평등의 원칙을 전제로 하므로 현대적 법률의 특징 중 하나는 그 권력적 수행이 갖는 대칭성이다. 그런데 이와 반대로 군대·경찰·병원·교육제도의 규율은 불가역의 원칙을 준수하며, 감시·조사·판결의 지배 관계는 일방적이다. 또한 권력은 영원히 한쪽 편에 속하고 대상은 애초부터 권력의 판도 속에 들어 있다. 바로 이런 의미에서 규율은 '반(反)법률'이다.[128] 사법 체제는 규범에 근거해 사법 대상을 확정하고 규범은 대상을 구분하고 분류하며 구체적 규정의 산출을 책임진다. 그런데 훈육 메커니즘은 계약관계(법률관계)를 체계적으로 왜곡한다. 그리하여 권력 수행의 비대칭성을 강화하고 발전시켜 사회의 권력 분배에 근본적인 영향을 끼치게 된다.

현대의 교육제도와 연구제도는 학문(discipline은 훈육의 의미 외에도 학문의 의미도 있다)과 밀접하게 관련되는데, 이것은 훈육 기술의 중대한 발전이다. 그렇다면 교육·연구제도와 사회적 권력의 수행 사이의 관계는 어떻게 이해해야 하는가? 이 점에 대해서 푸코는 그리 자세하게 분석하지는 않았지만, 경험과학과 훈육 메커니즘의 관계를 언급하며 이렇게 지적했다. '조사의 실천'은 경험과학의 수립 과정에서 빈약하긴 하지만 기본적인 요소이다. 이 요소는 중세의 사법상의 조사에서 분리되었다.[129] "인간과학에 대한 훈육의 역할을 분석해 우리는 자연과학에 대해 정치-법률·행정·형법·종교와 세속적 조사가 미친 작용과 동일한 중요한 의의를 발견할 수 있다. 과거 한 세기 동안 그 과학들은 우리의 '인간성'에 빛을 더해 주었지만, 그 기술적 모체는 훈육과 조사의 비열하고 악독하며 번거롭기 짝이 없는 부분이었다. 심리학·정신병리학·교육학·범죄학 및 기타 여러 가지 기괴한 과학들에 대한 이러한 조사들의 의미는, 가공할 만한 조사 권력이 동식물이나 지구와 관련된 냉정한 지식들에 대해 가졌던 의의와 일치한다.……"[130] 경험과학의 형성 과정에서 조사는 역사적 근원에 대한 심문 절차 혹은 정치적-법률적 원형으로서의 역할에서 이탈했다. 하지만 그것은 궁극적으로 훈육의 권력과 밀접한 관련을 맺었으며 규율의 내적 요소들 중 하나였다. 예를 들어 그것은 시험·면담·신문·합동 진찰의 형식으로 나타났다. 결론적으로 푸코는 학문/훈육이야말로 '담론 생산의 제어 체제'[131]와, 현대 생활을 주재하는 각종 제어 전략 및 기술의 거대한 조합이라는 것을 증명했다.

리오타르의 거대 서사 해체의 논의와 베버의 '직업으로서의 과학(학문)'이라는 명제로 돌아와 보자. 만약 우리가 베버의 명제에 내재된 도덕적 함의를 이해하려 한다면, 우선 학문에 대한 학자의 가치중립적 태도를 고려해 볼 필요가 있다. 그리고 학자가 몸담고 있는 학문 분야라는 것이 과연 무엇인지 먼저 고찰해야만 한다. 우리는 대체로 이렇게 귀납해 볼 수 있다. 첫째, 학문 분야는 대학이라는 사회적 형식에 한정되지 않는다. 둘째, 학문 분야는 심지어 민족국가의 교육·연구제도의 사회적 형식에도 한정되지 않는다. 셋째, "학문 분야는 우선 정당한 자격을 갖춘 연구자가 중심이 되는 연구 집단이다. 각 개체는 그들의 교류와 연구 작업에 유리한 어느 정도의 권위적 표준을 수립해 집단을 조직한다."[132] 다시 말해서 학자는 학문 분야의 종사자로서 '분과 구획'(boundary-work)의 구분 활동을 수행하며, 그 활동은 명확한 객관적 논거를 발전시킬 것을 요구한다.

그리고 학문 분야의 전문화는 배타성의 원칙 혹은 소유권의 원칙, 즉 어떤 외부인도 이 전문 영역에 진입할 권한이 없다는 원칙을 포함한다. 여기에는 과학과 비과학의 경계 구분뿐만 아니라 다양한 학문 분야들 사이에 벌어지는 권력관계의 부단한 투쟁 및 새로운 범위 규정도 포함된다.

지식/권력의 메커니즘에 관한 푸코의 연구를 통해 우리는 몇 가지 결론을 추론할 수 있다. 첫째, 학문 연구는 학문 분야의 경계 구분을 기초로 수립된다. 그것은 결코 어떤 거대한 서사(인민해방이나 민족해방 등)에 의존하지 않는다. 차라리 학문 분야 자체에 포함된 훈육의 역량이 연구자가 '객관적' 방법에 따라 연구하게 하는 원동력이라고 말하는 편이 나을 것이다. 둘째, '직업으로서의 학문'은 결코 주체의 어떤 도덕적 행위나 실천이 아니다. 그것은 사회적 권력의 네트워크가 갖는 규약의 산물이다. 한편으로 학자는 이 방식을 통해 학문 영역을 점유하고, '주관적'이거나 '비학문적'인 요인을 배척한다. 그리고 다른 한편으로 이 방식은 그 자체로 학문적 훈육 메커니즘이 제정한 규율에 불과하며, 학자의 무조건적인 집행을 요구한다. 학자 본인은 그 규율의 실천자이면서 동시에 그 학문/훈육/규율(시험·심사·훈련·상벌·교실·실험실)의 산물이다. 셋째, 학문적 훈육은 사회 전체의 규율 집행에 도움이 된다. 심지어 사회 규율 확립의 요구가 많은 학문 분야들을 낳은 원동력이라고도 말할 수 있다. 학문의 분과별 분류 방식은 현대사회의 확립과 직접적으로 관련된다. 그것은 사회의 다양성과 복잡성을 질서화한 것이며, 또한 합리화의 지식 형식을 사용해 그것들을 학문의 대상으로 전환시켰다. 안정되게 대상을 통제하는 것과 객관화 방법에 대한 의존(조사·증명·규범적 판단·감시 제어 등)은 학문의 훈육 메커니즘과 사회 통제 체계의 공통된 특징이다.[155]

마지막으로 지적하고 싶은 것은, 푸코와 학문·훈육제도를 연구한 다른 학자들이 대부분 학문 분야들의 사회적 기원에만 주목한 나머지 그 학문 분야들의 전파와 확대를 소홀히 여겼다는 것이다. 그 전파와 확대 과정은 대학제도, 학술교류제도, 과학연구제도의 발전과 함께 진행되었다. 오늘날에 학문 분야와 대학제도는 모두 세계체제의 중요한 부분들이다. 학문 제도와 그것의 끊임없는 재생산은 이미 세계의 구조를 근본적으로 바꿔 놓았다. 이제 우리는 이 제도가 산출한 지식과 지정한 범위를 떠나서는 세계를 이해할 수 없을 듯하다. 바로 우리 자신이 이 제도의 산물이기 때문이다. 리오타르의 낙관주의가 값싸게 보이는 것은, 현대 세계가 결코 진정으로 그 거대 서사들에 의존하지는 않았으며, 소위 거대 서사의 파산이란 현대적 지식 체제가 자신의 '의의'를 설명할 필요가 없게 된 것에 불과하다는 것을 그가 의식하지 못했기 때문이다. 현대적 지식 체제 자체의 수행이 바로 그 체제의 의의 자체인 것이다. '포스트모던 과학'의 특징이라는 '독자적 게임 수행'도 현대 과학제도의 일반 규칙에 불과하며, 그것은 결코 지식/권력관계의 탈피를 의미하지 않는다. 이 관계는 자기 재생산의 영원한 동기이다. 지식을 생산하고, 지식 생산자를 생산하며, 또한 전체 사회관계를 생산하고, 그 사회관계에 대한 모든 표현 방식까지 생산한다.

그러나 지식을 생산하는 모든 형식에 학문적 훈육제도가 있는 것은 아니다. 예컨대 리오타르가 훌륭하게 분석한 민담의 서사 지식이 그러하다. 그 지식들이 정보화 시대의 기술을 통해 점차 '체제화' 될 것인지의 여부는 알 도리가 없다. 그러나 우리는 현대적 지식의 체제화를 추진한 지식 활동이 결코 체제화된 것이 아니었음을 알고 있다. 예를 들어 국가 개혁과 교육 개혁을 추진하고, 신지식과 그 분류 원칙을 전파한 청 말의 사상가들은 그 제도의 산물이 아니었고, 또한 그 제도 내부에서 활동하지도 않았다. 그들의 사상적 활동은 전통 관습과 민중문화 등 비제도화된 지식과 밀접한 관련이 있었다. 따라서 현대성의 지식 활동을 성찰하려면 바로 이 점이 성찰의 중요한 기점이 될 것이다.

이론과 역사: 현대성 문제의 총체성

> 과학기술과 그 이데올로기의 발전은 현대사회(자본주의 체제)와 내재적 관계에 있다. 민족국가의 정치 형식, 국내 및 국제시장의 경제 관계, 각종 학문/훈육의 메커니즘은 모두 과학적/합리적 방식에 따라 조직되었다. 우리는 '현대'가 발생한 전환점으로 돌아가 '과학의 세계체제'의 탄생을 성찰할 필요가 있다.

앞의 이론적 분석과 역사적 개괄에 대해 부분적 결론을 냄으로써 연속적으로 사유할 문제들을 제기할 수 있을 것이다.

먼저 과학기술과 그 이데올로기의 발전은 현대사회(자본주의 체제)와 내재적 관계에 있다. 그러나 이 관계는 결코 어떤 민족국가 속에 독립적으로 존재하지 않는다. 그것은 현대의 세계체제 속에 존재한다. 자본주의 발생 이후에 모든 사회들—어떤 정치 형태를 막론하고—은 민족국가 형식으로 전 지구적 체제에 진입하고, 과학기술의 진보를 통해 전 지구적 경쟁에 참여해야만 했다. 문화론적 관점에서 볼 때 세계체제는 과학기술과 그 이데올로기를 특징으로 하는 사회 통제 형식(그 특징으로 인해 다른 유형의 통제 형식들과 구별되는)이다. 제도론의 관점에서 과학기술의 제도적 모델과 원칙은 현대 세계체제의 기본 모델과 원칙을 구성한다. 그리고 과학기술과 자본주의는 모두 어떤 반역사적 경향을 구현한다. 한편 우리는 네 가지 측면으로 과학기술과 현대사회의 역사적 관계를 이해할 수 있다.

첫 번째 측면은 마르크스가 말한 자본주의적 노동과정과 과학기술의 관계로 설명될 수 있다. 자본주의 특유의 생산방식에서 효율성과 등가교환의 원칙이 제일 원칙이 되었다. 그것은 자본주의 시장의 일반 원리를 설명해 준다.

두 번째 측면은 중국의 근대사상과 근대적 제도의 형성에서 분명하게 이해할 수 있다. 과학기술과 그 이데올로기는 민족국가와 그 제도적 형식의 창조와 밀접하게 관련된다. 효율성의 원칙(과학기술이 생산력의 가장 중요한 개념인 것은 바로 이 때문이다)이 민족국가의 현대화 운동 과정에서 하나의 가치가 될 수 있었던 까닭은 민족국가가 자체의 발전에 목적론적인 역사 서사를 부여했기 때문이다. 다시 말해서 효율성의 원칙은 결코 '경제인'의 '합리적 선택'을 기초로 실시된 것이 아니다. 그것은 사회적 관계의 근대적 전환 속에서 사회적 행위의 징표가 되었다.[134]

세 번째 측면은 전통적 세계와 그 세계관 붕괴 과정에서 관찰된다. 과학기술과 그 이데올로기는 모든 전통적 제도와 세계관을 해체했다. 그것들의 효율성의 원칙, 실증성의 원칙, 분과의 원칙은 등가교환의 원칙(시장 규율)이나 자유로운 논의를 거쳐 합의에 이른다는 원칙(민주정치의 규칙) 등으로 전환되어, 이내 사회를 새롭게 구조화했다.

네 번째 측면은 교육·장려·징벌 등의 메커니즘을 통해 현대사회가 인간을 훈육하고, 재생산 능력을 갖춘 지식/권력의 네트워크를 구축했다는 점이다. 직업윤리는 보편적인 도덕 체계에서 분화되어 점차 주도적인 윤리 원칙이 되었다. 인지와 판단·이론과 실천의 이원론은 지식과 도덕의 충돌을 이용해 그 충돌의 심각한 윤리적 성격을 은폐했다. 그것들은 과학 연구와 도덕적 윤리의 충돌이 아니라 두 가지 서로 다른 윤리관의 충돌이었다. 인지의 원칙은 궁극적으로 하나의 윤리적 원칙으로 표현되거나 윤리적 측면이 있는 기능으로 표현되었다. 교육과 연구 체제의 훈육 기능은 현대적 윤리의 원천이다.

이러한 네 가지 측면에서 우리는 사회이론과 연관된 의견들을 제기할 수 있다. 첫 번째, 하버마스의 '상호 이해' 론의 근거 중 하나는 고전 사회학의 사회관, 즉 사회가 도덕적 실재라는 것이다. 고전 사회학은 언어 및 행위의 주체가 동일성의 세계관 및 도덕 체계와 결합해야만 개개인의 인격적 통일성을 수립할 수 있다는 믿음을 포기한 적이 없었다. 예컨대 종교는 본래 자아와 집단의 동일성 수립(한편으로는 자아와 사회적 집단의 구분이며 다른 한편으로는 집단적 환경과 자연적 환경의 구분)이라는 도덕적–실천적 임무와 세계에 대한 인식론적 해석(외부 자연에 직면해 생기는 생존의 문제에 대한 파악)을 결합시켰다.[135] 개인들의 통일에 대한 요구는 통일적인 생활 세계의 시각을 필요로 했으며, 이러한 시각은 질서의 수립을 보장했을 뿐더러, 인지적 의의와 도덕적·실천적 의의를 겸비했다. 하지만 현대 과학은 자연을 독단적으로 해석해 세계관의 그러한 통합적 구조를 무너뜨리고, 규범의 유효성까지 무너뜨렸다. 과학 문명이 역사를 완전히 중단시켰기 때문에 개인들은 지속적인 성찰로 객관화를 막을 수밖에 없게 되었다. 만약 그렇게 하지 않으면 물화 과정 속에서 철저한 소멸을 맛볼 것이기 때문이다.[136] 아도르노는 결코 개체가 진정으로 소멸하지는 않았다고 인식했다. 반대로 그(그녀)를 궁극적으로 획일적이며 통제를 받는 인류의 성원으로 보았다. 한편으로 하버마스는 고전 사회학의 견해, 즉 개체들의 사회적 동일성의 필요성을 계승했으며, 다른 한편으로는 비판이론의 관점, 즉 과학기술 문명과 그 규범들이 개인에 대한 통제를 성립시켰다는 주장을 받아들였다. 따라서 그는 동일성의 필요성을 믿으면서도 과학의 인지적 기능이 낳은 억압적인 규범을 거부한 것이다.(그는 이 규범을 '사회적 계획'과 동일시했다.) 이것이 바로 그의 의사소통 행위 이론과 상호 이해 개념의 전제이며, 과학주의 비판의 전제이다. 하지만 개체들 사이의 의사소통 행위와 상호 이해 개념은 과학 공동체의 자유로운 논의 및 그 합의의 도출과 아주 가깝다. 민주 사회의 기본 원칙도 바로 이것을 모델로 삼는다. 일찍이 토마스 쿤은 과학 공동체가 배타적인 규칙 위에 수립되며, 그 규칙은 바로 과학 공동체가 이끌어 낸 합의라고 분석했다. 그런데 '공동체'의 개념은 항상 어떤 자격 검증의 규칙을 포함하게 마련이므로 상호 이해의 원칙은 절대 지식/권력의 구조에서 벗어날 수 없다. 그러므로 우리는 다음과 같은 문제들을 논의할 필요가 있다. 상호 이해는 어떤 도박을 통해 형성되는가 아니면 외재적인 규범을 통해 달성되는가? 상호 이해를 달성한 집단이 따르는 규칙은 역사적 관계의 결과인가 아니면 특정한 시공간에서 수립된 게임 규칙인가?

두 번째, 리오타르는 정보사회가 민족국가의 전통적 모델과 기존의 지식 통제 형식(권력관계)을 무너뜨려 여러 담론들이 정보의 소통에 진입할 수 있는 가능성을 마련했다고 가정했다. 그래서 그는 각종 이견들과 배리들이 자연스럽게 존재하게 되어 결국에는 훨씬 평등하고 자유로운 사회를 낳을 것이라고 확신했다. 실제로 그는 사회를 도덕적 실재로 파악한 고전 사회학의 관점을 완전히 무시했으며, 상호 이해의 필요성도 부정하였다. 그러나 '이견'과 '배리'가 규범적 진술과 인지적 진술 사이의 거리를 해결할 수 있을지는 여전히 불확실한 듯하다. 한편 리오타르는 현대사회를 판단할 때 하버마스와는 의견이 아주 다르다. 하버마스는 현대의 과학기술 발전이 이미 고전 자유주의의 기본 원칙인 등가교환 원칙을 무너뜨렸다고 인식했다. 그러나 리오타르는 현대의 지식 수행 과정이야말로 아직도 등가교환 원칙이 작동되고 있는 징표라고 인식했다. 다시 말해서 하버마스의 우려와 리오타르의 낙관은 모두 자본주의의 시장 원칙에 대한 긍정을 포함하고 있다. 하버마스가 민주정치의 가치(자유로운 논쟁과 상호 이해)를 중요시하는 데 비해 리오타르는 정치적 통제 바깥에 위치하는 시장 운행 규칙을 선호하는 듯하다. 그러나 시장 자본주의의 역사는 이미 자유 시장 모델의 역사적 허구성을 드러냈다. 또한 자유 자본주의가 그들이 설정한 상과 같을지라도 자유로운 활동은 끝내 부자유한 사회를 낳을 것이다. 그렇다면 리오타르가 구상한 사육제와 같은 '이견'과 '배리'는 어떻게 새로운 위계 관계 속으로 인도될 수 있을까?

세 번째, 비판이론과 포스트모던 이론을 포함하는 대부분의 사회이론은 개인에 대한 과학기술 사회의 억압을 급히 해결해야 할 문제로 보고 있다. 그래서 그들은 어떻게 해야 개인의 자유로운 게임 규칙을 보장할 수 있는지에 대해 고민한다. 하지만 인간과 자연의 집단적 관계를 변화시키는 데서 출발해 정치·경제적 문제를 제기하는 경우는 매우 드물다. 그것은 하나의 생태학적 문제이다. 생태학자들은 그 관계에서 아주 새로운 원칙을 만들어야 한다고 주장한다. 예를 들어 현대 과학기술의 집단적인 연구제도를 폐기하고 가공술로서의 과학으로 회귀해야 한다는 식의 의견이다.[157] 앞에서 서술한 것처럼 현대 과학의 연구와 지식 전파 방식은 민족국가와 독점적 경제 집단의 투자 형식과 밀접한 관련이 있다. 그런 과학 연구의 형식 자체를 변화시키는 것은 곧 전체 자본주의 체제의 기본 구조를 변화시키는 것과 같다. 이처럼 생태학적 관점은 문제의 해결과 크게 동떨어져 있는 듯하지만, 그 비판적 성격은 아주 철저하다. 가공술로서의 과학으로 회귀하자는 주장은 과학 공동체가 갖는 합의의 원칙에 대한 부정이면서, 등가교환이라는 자유시장의 이념에 대한 부정이다. 그것이 제기하는 규칙은 결코 현대 자본주의 사회 내부에 있지 않다. 아마도 현대 중국의 사상가인 장타이옌의 '제물세계관'(齊物世界觀)이 이러한 생태학적 시각과 가장 가까울 것이다. 물론 생태학에 비해서 훨씬 급진적이기는 하지만. 그는 인간과 자연의 현대적 형식(주체-객체)을 바꿀 것을 요구했을 뿐만 아니라 인간이 자연 속으로 환원되어야 한다고 주장했다. 유식학(唯識學)과 「제물론」(齊物論)을 배경으로 그는 인간과 자연 관계가 사회적인 통제적 관계의 구현일 뿐이라고 역설했다. 부연하면 사회적 관계의 변경과 사회와 자연의 관계의 변경은 서로 의존한다는 것이다. "집닭과 야생 까치는 각각 소리가 다르다."라는 그의 제물사상은 상호 이해의 개념을 갖고 있지 않다. 오히려 리오타르의 '이견'과 '배리'에 더 가깝다. 하지만 그는 리오타르와 달리 '이견'과 '배리'와 관련된 우주론적이며 본체론적인 근거를 제시했다. 그 본체론과 우주론은 현실 세계와 대립적인 원칙으로 나타나며, 또한 전통적인 종교 및 민간신앙과 밀접한 관계에 있다.

네 번째, 현대 세계에는 기술의 발전이 미치지 않는 지역은 없으며 체제화된 존재 전체가 제한되고 강제된다. 그러므로 기술적 관계가 인간과 사물적 존재의 관계를 결정한다고 한다면, 반과학적이거나 반기술적인 방식으로는 끝내 기술적 세계라는 보편적 존재를 극복할 수 없다. 오히려 기술의 극단적인 독재를 불러오기 십상일 것이다. 예를 들어 어떤 사람이 예술이나 종교에 헌신하면서도 기술을 회피할 수 없다면, 그것은 그 행위 자체에 이미 종교·예술·정치를 '문화'로 이해하는 사전 설정이 내포되어 있기 때문이다. 사실상 현대성의 가치 영역의 분화라는 전제 아래, 그것들의 본질은 주체의 기술적인 창조와 획득으로 규정된다. 예술·종교·철학은 더 이상 역사를 형성하는 중요한 힘이 되지 못한다.

　반(反)기술의 경향은 반드시 어떤 도덕적인 이유가 있다. 그러나 그것은 궁극적으로 현대성의 위기를 해결하지 못한다. 그리고 이 경향은 두 가지 선택으로 표현된다. 첫 번째 선택은 폭력으로 세계정부를 세워 문명에 대한 위협을 제거하는 것이다. 이것은 제1차세계대전 이후 유럽의 세계주의자들이 제시한 구상이다. 이 구상은 산업적·국제적 불공정성이 자기 파괴적 논리를 내포하고 있기 때문에 필연적으로 더 합리적이며 공정한 사회적 관계의 질서를 낳으리라는 전제를 갖는다.[138] 이러한 '전쟁 귀류법'은 근대 중국에서는 '부국강병'의 방식으로 자유 독립의 권리를 쟁취하고 세계의 정의와 평화를 다시 세우자는 식으로 표현되었다.[139] 다음 두 번째 선택은 전통주의적 특징을 띤다. 즉, 전통 사회를 반기술적 사회로 설정하고 회고적 방식으로 기술 사회에 대한 비판을 표현하는 것이다.[140] 독일 낭만주의와 중국의 반현대화 사조가 모두 이런 색채를 띠었다. 그러나 이 두 가지 태도의 형성과는 대조적으로 청 말의 중국 사상은 반기술적이지도 회고적이지도 않았다. 당시 사상가들은 자연과학의 조작 원칙과 다른 관점들, 즉 윤리학이나 미학 등이 결합된 자연 개념을 세우려 애썼다. 자연을 통제 대상으로 보는 관점을 변화시키려 한 그들의 노력은 헤르더(Johann Gottfried von Herder)와 괴테(Johann Wolfgang von Goethe)에서 후기의 셸링(Friedrich Wilhelm Joseph von Schelling)에 이르는 독일 자연철학의 전통과 어느 정도 비슷하다. 하지만 그들은 결코 그 구상을 반현대의 구상으로 보지 않았다. 오히려 그들의 '공리적 세계관'은 명백히 사회적 방안의 실천적 특징을 띤 진정한 현대성의 구상이었다. 예컨대 교육에 대한 량치차오의 구상은 반과학적이지 않았다. 그는 지식의 문제를 인간의 생활 세계 속의 문제로 새롭게 설정하려 했다. 그리고 철학적으로는 제임스의 경험 개념과 왕양명(王陽明)의 지행합일(知行合一)의 관점을 하나로 융합했는데, 완벽한 경험 개념을 재구성해서 주체와 객체·정신과 물질·실제와 당위의 이원론을 극복하려 했다. 나는 청 말의 중국 사상이 배리의 방식으로 하나의 '세계관'적 시각을 제공했다고 생각한다. 그것은 분화되고 균열된 세계를 내재적이며 보편적인 관계 속에 위치지어 낙관적이면서도 비관적으로 현대성의 논리를 사유하였다. 이러한 세계 구상 및 그 변모의 역사에 대한 연구는 현대 세계의 변화와 그 어려움을 이해하는 데에 반드시 필요한 작업이다.

서구의 '인간'에 대한 이해는 서구 사상들이 각기 상이한 측면에서 주체/객체, 시장/계획, 사회/국가 등의 이원적 모델들을 구축하는 과정에서 구성되었다. 혹은 그런 이원적 관계들에 의해 현대적 '인간'이 확립되었다고도 말할 수 있다. 그 각각의 이원성은 모두 어떤 한 측면에서 현대인의 이중성을 구현하였다. 그(그녀)는 인식자이면서 피인식자이다(지식의 주체이자 객체이다); 그(그녀)는 스스로 계획할 수 있는 주체이면서 계획되는 객체이다; 그(그녀)는 재산의 소유자이자 경제 규칙에 따라 활동하는 '이성인'이며, 또한 개인적 법률 주체이지만 동시에 (특정한 기능을 갖춘 노동력으로서) 상품이자 재산이기도 하다; 그(그녀)는 시민·입법자·사회적 주체로서 공공적 상호 소통의 기능을 갖지만 또한 법률 적용의 대상, 국가 관리의 대상, 사회의 대립 면으로서 규칙에 따라 행동해야만 한다. 이것이 바로 현대적 지식이 구축한 '현대인'의 형상이다. 그(그녀)는 이제 고대인들처럼 자연과의 분명한 관계 속에 존재하지 않는다. 또한 근대인들처럼 절대자와의 대응 관계 속에서 존재하지도 않는다. 따라서 이 이원적 관계들이 '인간'에 대한 전통적 지식과 형상을 재구성한 것과 마찬가지로, 만약 전술한 이원적 관계들을 변경한다면 그것은 필연적으로 '현대인'의 형상을 재구성하는 것이 될 것이다. 사실상 이 기본적인 이원론들은 거의 모든 현대적 지식과 학문 분야의 기초가 되었다. 윤리학·심리학·문학·역사학·정치학·사회학·경제학 등은 모두 이 이원적 관계들을 내적 구조로 한다. '현대성' 문제에 대한 이해는 궁극적으로 '인간'에 대한 지식의 변화와 관련된다.[41] 이런 의미에서 지식 형식과 지식제도, 그리고 그것들이 현대사회와 갖는 상호 구성적 관계는 마땅히 사상사 연구의 중심 주제들 중 하나가 되어야만 한다.

하지만 단지 현대사상의 틀 안에서 이 이원론들을 이해하는 것만으로는 부족하다. 우리는 먼저 이 이원론들이 어떻게 고전 사상에서 발전했는지 이해해야 한다. 그때 우리는 비로소 현대사상 안에서 고전 사상이 여전히 활력을 갖고 있는지 알 수 있을 것이다. 그 다음 우리는 중국의 지식 전통 내부의 변화와 그 원동력을 이해해야 한다. 이렇게 해서 현대사상을 단지 관념적 운동의 결과로 보는 오류를 피해야 한다. 세 번째, 프랑크푸르트학파 이후로 사람들은 현대사회를 고도로 동질화된 사회로 보는 것에 익숙해져서 역사적·문화적 전통과 현대사회의 관계를 소홀히 했다. 예를 들어 과학기술을 통제의 기술로 간주한다면 그 '통제의 기술'은 다양한 형태로 존재하는가 그렇지 않은가.

문화와 통제의 여러 형식들

현대 서구의 중요한 이론적 해석들은 '통제'에 관한 구조적 서술을 주요한 방법론적 근거로 삼는다. 반면에 '역사적 형식'은 나날이 그 해석의 실효성을 잃고 있는 듯하다. 하지만 '통제'의 염원은 거의 모든 지식들의 특징이다. 단지 과학기술적 지식만의 특성이 아니다. 만약 다양한 통제의 지식이 존재한다면 당연히 다양한 통제의 형식도 존재할 것이다. 역사적 지식이나 문화에 대한 연구는 아마도 '통제'에 관한 다중적 지식들을 제공해 줄 것이다.

사회 통제적 관계로서의 과학기술은 현대 자본주의의 발전과 밀접한 관련이 있다. 현대 서구의 중요한 이론적 해석들은 '통제'에 관한 구조적 서술을 주요한 방법론적 근거로 삼는다. 반면에 '역사적 형식'은 나날이 그 해석의 실효성을 잃고 있는 듯하다.[142] 예를 들어 베버에게 '합리화'란 유럽 역사 속의 이성주의, 특히 프로테스탄트 윤리와 깊이 관련된 문제였는데, 현대화 이론에서 '합리화' 개념은 이미 전체 인류사와 문명을 조직하고 계획하는 규칙이 되었다. 그리고 그 방법론적 특징은 사회과학의 기능주의적 도구들(the tools of social-scientific functionalism)을 사용해 베버의 주제를 재구성했다는 점이다.[143] 그런데 현대화 이론은 베버의 현대성 개념에 대해 두 가지 분리 작업을 수행했다. 먼저 현대화 이론은 '현대성'을 그 현대 유럽적 기원과 분리하고 그것을 사회 발전 과정의 시공간적으로 중립적인 모델이 되게 하였다. 나아가 현대성과 서구 이성주의의 역사적 맥락 사이의 내적 연관성을 단절시켰다. 그리하여 현대화 과정은 더 이상 합리화나 이성적 구조의 역사적 객관화일 수 없게 되었다.[144] 최근의 이론들은 현대화 이론 및 그 보편주의적 특징을 비판하고 검토했다. 그런데 이러한 현대성에 대한 진단은 점차 '합리성'이라는 보편적 문제에 관한 검토로 이해되고 있으며, 아울러 '기술 통치'라는 현대사회의 보편적 특징에 관한 성찰로도 이해되고 있다. 예컨대 우리는 충분히 이런 문제 제기를 할 수 있다. 왜 하버마스는 비판적 사회이론에 규범적인 기초가 있어야 한다고 주장했는가? 또 왜 하버마스는 내재적인 역사적 형식으로부터 비판적 규범을 인용하지 않고 언어와 의사소통의 상호 이해 속에서 비판적 입장의 기초를 찾아냈는가? 이 문제들은 당연히 하버마스와 각종 포스트 모던 이론들의 관계에서 분석될 수 있다. 하지만 더욱 심각한 전제는 그가 역사적 방식으로 자본주의 문제를 분석하는 것을 거부하여 자본주의가 과학기술과 마찬가지로 역사적으로 산출된 반역사적 힘이라는 것을 암시한 데 있다. 하버마스는 초기 프랑크푸르트학파와 네오마르크스주의의 내재적 비판의 전통을 거부하였다. 그는 그런 내재적 규범들이 이미 그 비판력을 상실했다고 믿었다. 이런 의미에서 그의 의사소통 행위 이론은 '재구성의 방식', 즉 '비역사적 방식'으로 수행되었다. "이제 더 이상 전통적 생활 형식에 내재된 구체적 이념에서 출발하지 않는다."[145] 이 이론적 방식은 자본주의가 철저하게 세계 역사를 개조했으며, 따라서 현대성은 반역사적인 공시적 현상이라는 전제를 갖는다. 한편 규범적 이론과 자본주의 및 과학기술의 반역사적 특징 사이에는 다음과 같은 구조적 동일성이 존재한다. 그것들은 모두 정치적 전통, 문화제도, 정책 결정 행위 등의 비기술적 요소들이 현대사회에서 중요한 기능을 발휘할 가능성을 거부한다. 그리하여 그 요소들이 선진 공업사회를 다른 방향의 변화로 이끌어갈 수 있는 가능성 또한 부정한다. 나는 더 말할 나위도 없는 이런 전제에 대해 아주 회의적이다.

그렇다면 '전통적 생활 방식의 구체적 이념'은 현대사회에서 어떠한 위치를 차지하고 있는가? 그리고 그것들과 현대사상은 어떤 관계에 있으며,

'전통적 생활 방식의 구체적 이념'은 현대성을 검토하고 비판하기 위한 효과적인 도구가 될 수 있는가?

우리는 또 다른 시각으로 앞서 언급한 '역사적 방식'의 의의를 관찰할 수 있다. 그 시각은 바로 지식의 유형과 통제의 형식 사이의 관계이다. 나는 앞에서 과학사상의 역사적 변천을 논의하면서 콩트의 지식 발전 삼 단계론에 대한 셀러의 비판을 언급했다. 셀러는 니체의 의지 개념으로 '통제학'의 입장에서 과학을 이해하는 방식을 발전시켰다. 콩트에게 지식 형식 발전의 최종 기착지로 간주된 실증주의적 지식의 이상은 '본질'에 대한 추구를 포기하고, 인식의 목적을 '예견을 위한 인지'에 한정했다. 그런데 사회 영역과 지식 영역에 대한 베버 · 하버마스 · 리오타르 등의 구분은 한결같이 실증주의 비판의 과정에서 나타났다. 그들은 지식의 유형론을 이용해 콩트식의 지식 발전론을 대체했다.[146] 그리고 "종교 · 형이상학 · 실증과학에는 완전히 다른 세 가지 동기, 세 가지 인지적 정신 활동, 세 가지 목적이 존재하며"(셀러),[147] 아울러 완전히 다른 세 가지 합리성 범주(베버/하버마스)와 완전히 다른 세 가지 언어 게임 규칙(리오타르)이 존재한다고 믿었다.

그들의 지식 유형론은 때때로 문화 유형론과 결합된다. 예컨대 막스 셀러는 실증주의의 오류를 분석하면서 이렇게 주장했다.

> 지식의 사회적 동역학에 관한 실증주의의 서술은 커다란 오류를 범했다. 왜냐 하면 그 서술의 시각은 단지 유럽이라는 협소한 지역에만 국한되었기 때문이다. 다시 말해서 실증주의는 지난 3세기 동안 서구에서 진행된 지식 운동의 형식을 전체 인류의 발전 규칙으로 간주했다.……실증주의는 지식 발전의 보편적 역사 속에서의 이러한 기본적 사실을

간과하고 말았다. 즉 인류의 모든 위대한 문화권 및 문화적 효과에 상응하는 다양한 사회적 구조 내부에서 이 세 가지 인류 정신 특유의 지식 유형을 실현시키는 능력은 그 식별 기준이 천차만별이다.[148]

셸러는 거의 모든 지식이 '통제'에 대한 염원을 특징으로 하며, 그 염원은 결코 과학기술적 지식만의 특성이 아님을 지적했다. 예를 들어 불교 형이상학 및 불교 이전의 종교들 역시 통제에의 의지(will to control)를 발전시켰다. 그것은 서양과 비교해 조금도 뒤지지 않았다. 그러나 이 통제에 대한 의지는 외부의 물질적 생산을 지향하지 않았다. 인구와 물질적 욕구의 성장을 책임지려 하지 않았으며 항구성을 요구하지도 않았다. 그것은 심리적 과정의 무의식적인 유동 및 영혼의 과정 전체에 대한 통제를 내적으로 지향했다. 즉, 내적 욕망을 억제하기 위한 통제를 지향한 것이다.[149] 그런데 셸러는 그런 통제 형식도 인간의 과학 이해 속에 존재할 수 있는지, 그리고 과학기술 자체가 이미 선험적으로 외부의 물질 생산에 대한 통제를 지향하고 있지 않은지 더 파고들지 않았다. 또 예를 든다면 중국 역사상 지배적인 지위를 차지한 유학은 또 다른 '통제'의 지식, 즉 수신(修身)과 관련된 지식과 기술을 발전시켰다. 유학의 전적(典籍)들은 영혼에 관한 기예의 전범으로 취급되었으며, 사람들은 반복적 독서를 통해 모든 생활 경험에 대응할 수 있는 의식적 입장을 획득했다. 그러므로 상식적으로 '함양(涵養)'을 뜻하는 인도와 중국의 지식은 효과 및 지배에 대한 유럽 과학의 집착, 즉 인간의 자연 통제에 쓰이는 규칙을 인식하려 한 것과 매한가지인 것이다.[150] 하지만 그런 지배의 원칙이 현대 과학에 대한 중국인의 이해에 아직도 현존하는지, 혹은 문화적 차이가 과학의 이해와 운용에 영향을 미치는지에 대해 관심을 갖는 사람은 거의 없는 듯하다. 대부분의 경우, 민족주의적 동기의 지식 유형론들은 항상 소박한 문화 유형론으로 탈바꿈하곤 했다. 량수밍(梁漱明)의 『동서 문화와 그 철학』(東西文化及其哲學)이란 저서가 바로 그러한 이해 방식을 가장 두드러지게 표출하였다. 량수밍의 이론에서 동/서 문화의 이원론과 지식 유형론은 구조적으로 동일하다. 왜냐 하면 그 문화론은 문화적 현대성의 분화 논리에 따라 구축된 것에 불과하기 때문이다. 이런 의미에서 문화적 특수주의는 문화적 보편주의의 특수한 형식이며, 그것은 결코 그 자체로 보편주의에 도전하지 못했다. 예컨대 중국 신유가(新儒家)의 양명학(陽明學) 해석은 엄밀하게 실제와 당위를 구분하려 했지만, 역시 문화적 현대성의 합리적 분화의 한 부분에 지나지 않았다.

그렇다면 지식의 영역들 및 그것들과 상관관계가 있는 역사적 형식은 어떻게 이해될 수 있는가? 나는 적어도 두 가지 사항에 주목해야 한다고 생각한다. 우선 모든 지식들은 통제의 형식으로서 통제의 기술, 즉 자기 구제의 생물적 기술과 정신의 기술, 그리고 자연 통제의 기술을 포함한다.[151] 그러므로 문화와 사회의 관계에서 볼 때, 위의 양자에 대한 진정한 구별은 통제와 비통제, 기술과 비기술의 관계에 있지 않다. 원래 초기 문명에서 종교적·형이상학적 지식은 수학과 자연 연구, 자연 연구와 기술, 기술과 산업 사이의 내적 결합을 배제했다. 그런 결합은 현대 자본주의 문명만의 독특하고 유력한 지표이다. 자본주의는 자유노동의 시작과 날로 증대되는 대중의 정치적 해방을 사전에 설정하고, 그 해방과 부자유한 노동의 여러 형식들(노예제나 노역 등)을 서로 대조해, 역사철학에서 사회 진보의 개념을 구축하고 그 밖의 지식 유형의 정당성을 부정했다. 실증적 지식의 누적과 역사적 진보의 관계야말로 유럽 역사의 현대적 형식인 것이며,[152] 과학기술과 노동 형식을 관련시킨 마르크스의 관점은 바로 여기에서 가장 깊이 있게 설명된다. 다음으로 각 문명들은 모두 다양한 지식들, 예컨대 종교·도덕·자연에 대한 지식들을 포함한다. 따라서 문명은 도덕적 문명과 과학적 문명으로 단순하게 나뉠 수 없다. 그리고 이런 의미에서 지식의 유형과 문명의 유형 사이의 엄밀한 유비적 관계도 존재할 수 없다. 과학은 한 문명의 총체적 지표로서 유독 현대 유럽에만 출현했으며, 자본주의의 형식으로 점차 현대사회의 '정당화의 지식'이 되었다.

이러한 사항들은 다음과 같은 주장을 표명한다. 첫째, 지식 유형의 분류는 문명의 차이를 고려해야만 비로소 다양한 문화 속에서의 분류 원칙을 파악할 수 있다. 둘째, 우리에게 이미 익숙한 지식 유형과 문명 유형 사이에 대응 관계를 수립하는 것은 불가능하다. 왜냐 하면 그런 간단한 대응 관계는 고대 문명 안에서의 지식의 구분과 그 상관관계를 단순화하며, 또한 문화적 현대성의 분화 원칙에 의해 재구성된 것이기 때문이다. 바로 이러한 배경을 기초로 해 우리는 본문의 서두에서 다룬 문제를 거듭 제기할 필요가 있다. 현대 중국 사상 연구에서 진정한 사상사적 문제는 어떻게 인지(과학적 활동)와 규범(도덕적 실천)의 관계를 다룰 것이냐가 아니라, 왜 인지와 규범의 관계가 문제가 되지 않았느냐는 점이다. 즉, 이 문제는 어떤 역사적 조건에서 문제로 성립되지 못했는가?

위의 논의를 통해 나는 '통제'의 형식이 통제의 지식 형태로 결정되며, 따라서 또 다른 과학관이나 과학적 세계관이 존재한다면 역시 또 다른 '통제'의 형식이 출현할 수도 있음을 밝히려 했다. "무엇이 실재의 범위에 속하느냐에 대한 우리의 관념은 우리가 사용하는 언어 속에서 정해지며", "명제들 자체의 논리적 관계는 인간들 사이의 사회적 관계에 의해 결정된다."[153] 종교 철학에서 예를 든다면 사람들은 "종교적 언어가 사물과 신자의 관계를 해석하는 것이 아니라 그 관계를 결정한다."라고 믿는 경향이 있다. "기독교도와 무신론자는 상이한 방식으로 동일한 세계를 해석하는 것이 아니다. 그들은 상이한 세계를 보고 있다."[154] 토마스 쿤이 과학사 연구에서 얻은 결론도 이와 비슷하다. 과학의 패러다임에 혁명이 발생하면 과학자들은 또 다른 세계에 직면한다. 그리고 그 세계 속에서 연구를 하게 된다. 그러므로 문제에 대한 이론적 선택에서 "관련 공동체의 일치된 찬성보다 더 우월한 기준은 없다."[155] 파이어아벤트도 이렇게 말한 적이 있다. "보편적 원칙의 변화는 세계 전체의 변화를 수반한다. 이 견해를 따르면 우리는 더 이상 우리 인식 활동의 영향을 받지 않는 객관적 세계를 가정하지 못한다.⋯⋯ 우리는 심지어 우리의 인식 활동이 가장 확고한 우주론적 내용에도 결정적 영향을 미칠 수 있음을 인정한다.―그 활동들은 신을 사라지게 하고 그 대신 허공 속의 원자들을 대체시킬 수 있었다."[156]

따라서 다양한 과학관과 과학적 세계관이 존재한다면, '통제'의 사회적 형식도 반드시 서로 다른 점이 있을 것이다. 예를 들어 일본의 어느 학자는 주자학의 자연 탐구와 근대 서구의 자연과학이 다른 방식으로 같은 목표를 지향한 것은 결코 아니라고 지적했다. "두 자연과학의 차이는 이제 한 가지로 귀결될 수 있다. 물론 이들은 모두 자연을 이용하고, 자연 속에서 인간을 중심에 둔다는 관념에 근거했다. 하지만 근대 자연과학의 자연 이용이나 인간 중심주의는 주자학과는 성격이 완전히 달랐다."[157] 주자학의 자연 연구는 형이하학적 이법(理法)과 형이상학적 이법의 일치를 기초로 수립되었다. 린뤄산(林羅山)은 "리(理)만을 논하고 물(物)을 논하지 않으면 공허해지며, 물만을 논하고 리를 논하지 않으면 기(器)에 국한된다.⋯⋯ 물과 리는 함께 자연에 속하며 도(道)와 기(器)는 둘이 아니니, 그것을 격물궁리(格物窮理)라 한다."[158]고 말했고, 광라이단(廣瀨淡)은 "리를 연구하는 학문은 하늘(天)을 아는 것을 으뜸으로 치는데, 먼저 천도(天

道)의 리를 추구해 미세한 것까지 통달하고, 다음에 일을 행하는 이치에 부합하는 것으로 하늘을 공경한다."¹⁵⁹⁾라고 말했다. 이런 주장들은 주자학의 자연 연구가 연역의 방법을 썼으며, 우주의 존재와 운동이 결코 우연에 근거하지 않고 정해진 법칙과 질서를 따른다고 생각했다는 것을 증명한다. 또한 주자학의 자연 연구는 우주의 핵심인 신성한 의지가 만물이 예정된(법칙적) 노선에 따라 발전하도록 명령한다고 보았다. "근대의 자연과학은 자연을 정복하고 이용하는 것을 최종 목적으로 삼았다. 하지만 토쿠가와 시대의 주자학적 자연 연구는 그것을 천지화육(天地化育)을 돕기 위한 수단으로 삼았다.…… 주자학의 자연 연구는 신성한 형이상학적 목적을 띠었던 것이다."¹⁶⁰⁾ 나는 이미 이러한 문제를 언급했고, 앞으로도 계속 논의할 것이다. 근대 중국에 나타난 몇 가지 (이학(理學)적이거나 반이학적인, 그리고 심학(心學)적이거나 반심학적인, 또한 유식학(唯識學)적인) '공리관'(公理觀)은 그 안에 도덕적 실천과 정치적 실천의 내용을 내포하였다. 그것들 사이의 불일치는 과학에 대한 이해의 불일치이자 도덕적·정치적 불일치였다. 만일 우리가 다양한 과학관과 공리관이 존재했다는 것을 인정한다면, 사회적 공동체가 어떤 공리관을 승인한 것은 아주 중요한 선택이다. 왜냐 하면 보편적 원칙의 변화는 반드시 세계 전체의 변화를 수반하기 때문이다. 만약 현대 세계가 자본주의와 과학기술의 지배 아래 날이 갈수록 동질화된다면, 그 '특정한 역사적 형식들'의 해소를 연구하는 것은 이론적 규범의 문제가 아니라 역사적 문제이다. 그리고 다양한 공리관이 존재했다는 사실은 현대 중국 사상의 복잡함과 배리적 특징을 나타내며, 그런 공리관들은 필연적으로 사람들이 현실 세계를 이해하는 데에 영향을 미쳤다. 심지어는 그 이해를 비롯해 그 세계 속에서의 사람들의 행위 방식과 가치 기준을 지배하기도 했다. 다시 말해서 '전통적 생활 형식에 내재된 이념'은 여전히 현대성 문제를 이해하고 분석하기 위한 자원이 될 수 있는 것이다.

　청나라 말에도 통일된 과학관은 존재하지 않았다. 언젠가 나는 상호 대립적이면서도 연관된 당시의 세 가지 과학 관념을 묘사했는데, 특히 우주와 현대 세계의 운행에 관한 그 과학 관념들의 해석인 공리관에 주목했다. 그것들은 각기 이학적 세계관, 심학적 세계관, 유식학적 세계관을 배경으로 서구의 현대 과학 및 철학을 조합해 이루어졌다. 또한 그것들은 서로 다른 '통제'를 지향했으며, 언어 사용에서 새로운 '공리관'들과 전통 사상의 연속성을 표출했다. 그 세 가지 '공리관'을 이렇게 구분할 수 있다. 첫째, 인지를 중심으로 한 정치적·도덕적·자연적 지식의 일체화를 포함하는 공리관(옌푸), 둘째, 실천을 중심으로 해서 수립된 정치적·도덕적·자연적 지식의 일체화를 포함하는 공리관(량치차오), 셋째, 비판적(부정적) 방식으로 수립된 정치적·도덕적·자연적 지식의 일체화를 포함하는 공리관(장타이옌)이다. 부정적 공리관을 제외하고 주류적 위치를 차지한 다른 두 가지 공리관은 모두 과학적 인지 활동과 기술의 실천, 윤리적 실천과 감성적·심미적 활동을 결합시켰다. 이 두 가지 공리관 속에서의 인지적·도덕적·심미적 규칙 들은 서로 두드러지게 충돌하지는 않았다. 과학에 대한 두 공리관의 낙관주의적 견해는 실증주의적 지식론의 논리에서 수립되지 않았다. 그것은 '전통적 생활 형식의 구체적 이념'을 바탕으로 하거나 혹은 "인간 정신 특유의 세 가지 지식 유형을 실현시키는" "다채로운 능력의 구별 기준" 위에 존재했다. 이런 의미에서 지식 유형들과 문화 유형들 내부에 충돌은 없었다. 단지 '구별 기준'의 차이가 존재했을 뿐이다.

　현대 중국 과학관의 다양성과 독특한 논리는 현대성 문제에 대한 시각을 제공한다. 현대 서구 사상에는 어떤 심각한 우려, 즉 비주체인 타자에게 '통제' 된다는 두려움이 만연해 있다. 기술 통치가 바로 그런 우려의 전형적인 표현이다.[161] 하버마스는 스노우(Charles Percy Snow)의 『두 문화』(The Two Cultures)를 평하면서, '과학기술적 지식과 사회적 생활 세계'의 관계로 그 분열을 설명했다.

> 문학과 과학의 관계를 연구하는 것은 광범위한 문제의 일부를 파악하는 것에 불과하다. 그 광범위한 문제란 기술적으로 이용 가능한 지식이 어떻게 사회적 생활 세계의 실천적 의식(practical consciousness)으로 전환될 수 있는가 하는 것이다. 문학과 과학에 대한 오해가 이처럼 사람들을 불안하게 하는 까닭은 경쟁하는 그 두 가지 정신적 전통의 논쟁 속에서 과학 문명의 어떤 생활의 문제가 돌출되었기 때문이다. 즉 오늘날에도 여전히 자연발생적 상태에 있는, 기술의 진보와 사회적 생활 세계 사이의 관계를 어떻게 성찰해야 하는가? 또한 어떻게 그 관계를 이성적 논쟁의 통제 아래 둘 수 있을까?[162]

과학은 기술적으로 운용되어 인간의 통제 능력을 확장시키며 사회적 생활 세계에 개입한다. 심지어 실천적 문제들을 도맡기까지 한다. 그러나 과학 지식 그 자체는 우리의 생활 세계를 설명하는 데에 아무 영향도 끼치지 못한다. 이 점에 관해서는 두 가지 문화의 분열이 불가피하다.[163] 현재의 이론들은 모두 한 가지 문제에 대한 답변이라고 말할 수 있다. 즉 어떤 수단을 동원해야만 서로 다른 지식 영역과 게임 규칙을 연결시킬 수 있는가? 혹은 지식 영역의 합리적 분화는 어떠한 현대성의 결과를 초래했는가?

나는 여러 과학관을 분석하면서 위의 문제에 대한 다양한 이해와 해답이 존재함을 알게 되었다. 만약 우리가 "최근 300년간 전개된 서구 지식운동의 형식" 외에도 또 다른 유서 깊은 지식 형식과 분류 원칙이 존재함을 인정한다면, 반드시 상이한 지식 맥락 속에서의 '과학'의 함의 및 과학과 다른 지식들 사이의 관계를 고려해야만 한다. 다양한 문화적 맥락 속에는 천차만별의 분류 기준들이 존재하며, 그 기준들은 사람들의 '과학' 지식 이해에 침투하기도 한다. 더욱이 그 침투는 관념의 번역과 전파, 그 운용으로 표현된다. 예를 들어 'science'와 '과학'이라는 두 개념 사이에는 아주 심각한, 거의 넘을 수 없는 간극이 존재하며, 이 간극은 일반적인 개념상의 차이를 가리키지 않는다. 그것은 두 개념이 서로 완전히 다른 맥락과 과학관 속에서 조직되었음을 가리킨다. 따라서 과학적 실천의 함의와 그것이 도덕적 실천, 심미적 실천과 갖는 관계 역시 새롭게 해석되어야 한다. 전통적 지식이 현대 중국 사상에 영향을 미칠 수 있었던 까닭은, 그것이 하나의 지식 계보로서 현대사회가 직면한 문제를 효과적으로 설명할 수 있었기 때문이 아니다. 또한 근대 중국의 사상가들이 '이성적으로' '전통적 지식'을 운용해 세계의 도전에 대응했기 때문도 아니다. 그것은 바로 현대 중국의 사상적 실천 그 자체에 부르디외(Pierre Bourdieu)가 말한 '아비투스'(habitus)가 있었기 때문이다. '과학' 개념에 대한 현대 중국 사상의 운용 과정을 분석해 나는 다음과 같은 사실을 알게 되었다. 현대사상은 어떤 외부적 원인에 의해 결정된 단순한 반응이 아니었으며, 완전한 이성을 집행하는 내적인 행동 계획도 아니었다. 현대사상은 역사의 산물로서, 사회적·역사적으로 성립된 이해와 경향을 바탕으로 삼아 자신을 산출했고, 어느 정도 자신을 결정하는 그 환경에 대해 적극적으로 제한을 가했다. "아비투스라는 개념은⋯⋯먼저 어떤 자세를 가리킨다.⋯⋯ 즉 특수한 '논리'(잠정적 '논리'를 포괄하는)로 실천을 구축하고 이해하는 명확한 태도이다.⋯⋯ 이 아비투스라는 개념은 그런 구축의 원칙이 사회적으로 구성된 구조의 산물이며, 동시에 구조를 생산하는 성향 체계 속에 존재한다는 것을 환기시킨다. 그 성격들은 실천으로 획득되며 끊임없이 실천적 기능을 발휘한다."[164] 과학 개념의 운용 과정은 하나의 실천적 과정이었으며, 그것은 주체/객체, 내재/외재, 사회/자연, 물질/정신, 전통/현대 등의 이원론적 틀로는 설명될 수 없다.

그러나 나는 중국의 과학적 세계관의 특수한 구조를 들어, 중국 사회에는 하이데거·베버·하버마스·리오타르 등이 사유한 과학의 위기가 존재하지 않는다고 암시하려는 것이 아니다. 만약 '통제'의 형식이 갈수록 강화되어 왔다면, 반드시 과학적 세계관의 동일화를 부추긴 역사 과정도 존재했을 것이다. 그러므로 우리가 검토해야 할 것은 단지 과학의 이데올로기와 통치 체계의 관계만이 아니다. 다양한 과학관과 과학적 세계관의 동일화를 낳은 사회적 원동력도 파악해야 한다. 현대의 과학기술은 결코 독립적인 존재가 아니었다. 그것은 현대사의 부수적 현상에 불과하다. 현실의 자본주의와 사회주의는 똑같이 과학기술의 발전에 의존했으며, 둘 사이의 격렬한 경쟁은 대립으로 표현된 의존관계를 증명했다. 그리고 자본주의의 생산관계와 과학기술은 세계의 산출 방식을 변화시켜 왔으며, 그 과정을 억제한 사회운동들 역시 아주 유사한 '과학적 방식'을 채택하였다. 이런 사실들은 이미 언급한 이론적 현상을 설명해 준다. 하이에크와 하버마스가 진단한 것은 서로 다른 사회제도들, 심지어 대립적인 사회형태의 문제들이었다. 하지만 그들의 결론, 특히 사회에 대한 과학주의의 체제화 기능에 대한 비판은 유사했다.

현대 자본주의의 역사도 자본주의 발전의 다양성을 증명하며, 나아가 정치적 전통, 문화 제도, 정책 결정 행위 등의 비기술적 요소들이 동인으로 작용했음을 증명한다. 따라서 우리는 현대적 지식 및 그것과 자본주의의 관계를 단순히 절대적인 통제 형식으로 간주해서는 안 된다. 생활의 영역은 언제나 통제와 예측이 불가능한 측면들이 있으며, 그로 인해 우리가 살아가고 있는 세계는 여전히 무한한 가능성이 있다. 맥킨타이어는 현대 사회와 사회과학 및 사회적 예언의 관계를 분석하며 말했다. "효율을 관리한다는 개념은 분명 현대적인 도덕적 허구이다. 또한 그런 모든 허구들 중에서도 가장 심각한 허구이다. 우리 문화에서 조종 모델의 지배적 성격은 그에 상응하는, 조종에 의한 실제적 성공들을 낳지도 낳을 수도 없었다." 이 주장은 결코 현대사회가 조종의 지식들과 그 주체들에게 해를 입지 않았음을 말하려는 것이 아니다. 그보다는 그런 지식 관념에 구현되어 있는 사회 통제의 관념이 실제로는 허구라는 것을 말하고 있다. "우리의 사회질서는 우리 밖에, 또한 분명히 모든 이들의 통제 밖에 존재한다. 아무도 그것을 책임지거나 책임질 수 없다."[165]

특별히 청 말의 과학적 세계관의 다양성 및 그것과 전통적 지식의 복잡한 관계를 제기한 것은 다음과 같은 과정을 드러내기 위해서였다. 세계관(이것은 항상 문화적 전통의 어떤 요소들에 근거한다)은 점차 정치·경제·군사·과학기술의 문제로 전환되었으며, 세계관의 표명이나 '문화적 진술'은 점차 실증주의적 과학 원칙을 기초로 하는 논증 방식으로 대체되었다. 아울러 세계관의 불일치는 점차 제도적 기획에 의해 가려졌다. 문화적 전통의 주요 요소들은 세계관의 특성, 즉 세계와 자연, 그리고 역사 전체를 해석하는 특성을 잃어 가고 있다.[166] 과학의 공리화 과정은 전통적 지식에 뿌리를 둔 다양한 과학적 세계관에서 힘을 얻었지만, 현재 그 세계관들은 과학 및 그 제도적 실천의 배제 작용으로 인해 몰락하고 있다. 그것들은 경제제도·정치제도, 특히 행정제도의 구조와 서로 어울리지 못하며, 과학 체계 특유의 지식 태도와도 대립적이기 때문이다.—비록 그 세계관들이 항상 과학을 옹호하는 입장에 서 있었다 할지라도. 과학은 더 이상 특수한 메커니즘이 아니다. 오늘날 그것은 국가 정체(政體)의 기본 구조를 이루는 구성 요소로서 마치 교회가 중세 유럽 사회의 구성 요소였던 것과 마찬가지이다. 국가적인 투자와 조직적 연구, 행정 수행을 통해 사회적 관계는 '과학적' 처리 과정을 거치게 되었는데, 교육정책·의료보건제도·감옥제도의 개혁안·군대의 건설 등이 바로 그 처리 과정의 산물이다. 자본주의의 전 지구적인 확산 속에서 현대 중국은 날로 기술화(혹은 베버식의 '합리화')되는 사회 과정에 빠져들게 되었다. 이 과정에서 '과학'은 가장 중요한 정당화의 지식이었다. 그러나 나는 과학적 모델의 체제화 과정과 각종 문화적 진술의 '과학화' 과정에서도 현대 중국 사상이 여전히 다양한 심지어 대립적인 여러 과학 관념과 세계상을 내포했다고 굳게 믿는다. 그것들 사이의 대립적이면서 보완적인 관계는 현대 중국 사상의 심오한 배리를 구성했으며, 또한 현대사상 속에서 문화(혹은 푸코가 언급한 '역사 지식')의 중대한 의의를 구현했다. 이 부분에는 현대사상의 이질적·배리적 특징이 날로 기술화되는 사회에 대해 어떤 성찰을 제공해 줄 수 있다는 가능성이 숨어 있다.

청 말의 개인화된 공리적 세계관들은 강렬한 전통문화적 요소와 개인적 색채를 띠고 있었다. 이들과 1920년대 이후의 중국 사회사상 사이에는 중요한 차이가 있다. 청 말의 중국 사상이 의미 있는 까닭은 먼저 그 시대의 사상이 중국 사회의 현대화에 관한 구상이었기 때문이다. 아울러 그 현대적 구상들 속에 여전히 전통의 활력이 포함되어 있었기 때문이다. 옌푸·량치차오·장타이옌은 각기 다른 시각으로 현대성의 결과를 예견하고, 배리의 방식(추구와 비판이 겸비된)으로 자신들의 사회사상을 표현했다. 그들 이후에 현대 중국의 교육제도와 지식 체제에는 거대한 변화가 일어났다.

새로운 세대의 지식인들이 현대성을 어떻게 이해하고 있었든지 간에, 그들의 사상이 이미 '현대적 제도'에 의해 기획되었음은 분명한 사실이다. 따라서 청 말 사상의 문화적 함의를 재해석해 반드시 그 이전 사상의 컨텍스트 안으로 되돌아가만 한다.

5장 승인의 정치, 만민법, 자유주의의 위기

냉전이 종결된 이후 오직 자유주의만이 세계에 통일된 기획을 제시할 수 있을 듯했다. 하지만 놀랍게도 베를린 장벽이 무너지며 울려 퍼지던 환호성은 아직 사라지지 않았다. 이미 종족·젠더·민족국가·다국적 자본·대중 매체·전 지구화 등의 개념이 연이어 세계적인 관심의 초점이 되었다. 또한 이 주제들은 항상 "민주주의와 자유주의를 보편적인 가치로 내세우고 군사적 우세와 경제적 이익을 증진하려는 서구의 노력"[1]에 대해 비판한다. 역사학자와 사회학자, 초지역화 추세와 전 지구적 체제에 관심이 있는 학자들에게 이러한 문제들은 민족국가의 범위에서든 전 지구적 범위에서든 그다지 새로워 보이지 않는다. 왜냐 하면 그것들은 벌써 몇 세기에 걸쳐 인류를 곤혹스럽게 해왔기 때문이다. 그런데 그 문제들은 냉전이 끝난 뒤에야 비로소 이데올로기적 충돌의 배후에서 불거져 나왔다. 국가사회주의의 실천이 실패한 뒤, "역사는 끝났다."라며 환호하던 사람들은 다시 새로운 역사의 도전에 직면해야 했다. 각양각색의 마르크스주의자들과 급진적 이론가들은 사회적 관계들과 모순 속에서 여전히 이어지고 있는 '역사'를 발견했다. 그리고 자유주의 이론가들은 그 문제들을 둘러싸고 나타난 세계의 문화적·정치적·경제적 요구들이 사회주의의 역사적 실천만큼이나 자유주의의 전제들과 대립한다는 것을 알게 되었다. 그래서 헌팅턴 같은 자유주의 정치학자는 사회주의와 자유주의의 충돌이 서양 문명의 내부적 충돌에 불과했다고 생각한다. 오히려 현대의 문화적 충돌이야말로 훨씬 조화되기 힘든 성질을 갖고 있다는 것이다. 전통 마르크스주의자들이 중시한 계급·재산권 등의 문제가 아직 해소되지 않았음에도 자유주의자들은 그다지 불안해 하지 않는다는 사실에 주의를 기울여야 한다. 대신 문화적 다원주의가 번성하면서 종족·젠더·민족국가의 문제가 자유주의에 도전하고 있으며, 민주적 법치국가에서는 자주적인 사회운동(분리주의 운동을 포함하는)과 기존 정치제도와 국제 관계에 대한 문제제기가 대두되고 있다. 이 문제들의 미묘한 점은 '문화적 다원주의'라는 불분명한 개념에서의 부분적 권리 요구가 본래 자유주의의 평등한 정치에서 파생되었음에도, 오히려 자유주의에 대한 가장 첨예한 도전이 되었다는 데 있다.

  이 글에서는 주로 오늘날의 자유주의와 그 내재적 모순을 분석하려고 한다. 모두 네 부분인데, 첫 번째 부분에서는 오늘날 세계의 변화와 그 변화들에 대한 다양한 이론들(특히 마르크스주의와 문화적 다원주의)에 대한 해석을 압축적으로 설명할 것이다. 두 번째 부분에서는 테일러(Charles Taylor)와 하버마스의 관점을 제시하면서, 민족국가의 내부적 관계에서 집단적 권리 요구와 개인 위주의 권리이론 사이에 나타나는 모순을 살펴본다. 세 번째 부분은 국제 관계 차원에서 자유주의 이론이 직면한 어려움에 대한 것이다. 나는 국제 관계에 관한 헌팅턴과 롤스의 규범적 연구를 이 부분의 주요한 분석 대상으로 삼을 것이다. 네 번째 부분에서는 역사적 시각으로 '문화, 시장 사회와 공공성 문제'에 대해 분석하려고 한다. 오늘날의 자유주의는 동질화와 이질화가 교차하는 세계 속에서 보편주의적 권리이론을 제시할 만한 능력이 없다. 나는 역사의 복잡한 관계 속에서 '공공성'을 상실케 한 역사적 원인을 분석하고, '공공성'과 '차이성'의 상호관계를 이해하려 한다. 그래서 평등한 정치의 새로운 지평을 제시하려 한다. 일찍이 이 '공공성'은 봉건적 신분제에 항거한 하층 계급운동들의 공통된 전제였지만, 역사 과정 속에서 '차이성'을 억압하는 도구가 되고 말았다. 즉, '공공성'은 우선 모든 불평등한 계층 관계의 부정이면서 사회의 다양성에 대한 긍정이다. 공공성은 "어떤 보편적·공통적인 것을 이용해 이 세계의 각종 문화적 특징을 무너뜨리고, 경제적·정치적·문화적 민주화를 쟁취하려는 모든 사회운동을 파괴해 자본이 통제하는 고도로 동질화된 세계를 구현하는" 보편주의적 명제가 되어서는 안 된다. '공공성'은 평등한 권리를 쟁취하기 위한 투쟁의 함성이 되어야 한다.

이 글은 현대 자유주의의 내적 모순들에 관한 분석이다. 따라서 자유주의에 대한 총체적 평가는 아니다. 현대의 자유주의는 그 내용과 방향이 복잡하다. 따라서 '자유주의'라는 총체적 이름 아래 논의를 전개하기는 어렵다. 이 점을 강조하는 까닭은 '자유주의'에 대한 공허하고 단순화된 논의를 피하기 위해서이다.

전 지구화와 차이의 정치

현대의 문화적 논쟁의 주요 문제는 페미니즘·문화적 다원주의·민족주의와 유럽 중심의 식민주의 유산에 반대하는 투쟁이다. 하버마스의 말을 빌면 그것들은 모두 친연적 현상들이다. "이 현상들은 모두 해방의 운동이며 그 집단적인 정치적 목표는 주로 문화적 시각 속에서 확정된다. 비록 그 안에는 사회적 불평등과 경제적 불평등, 정치적 의존성 등의 문제들도 포함되어 있지만."[2] 그 해방운동들은 '차이의 정치'와 '정체성의 정치'에 호소하며, 서구 중심주의를 식민주의의 연속으로 간주한다. 애퍼듀라이는 「전 지구적 문화 경제에서의 분열과 차이」(Disjuncture and Difference in the Global Cultural Economy)라는 글에서 "오늘날 전 지구적 상호 관계의 중심 문제는 문화적 동질화와 이질화 사이의 긴장 관계이다."[3] 라고 개괄했다. 현재 각 민족국가의 경제와 문화는 전 지구화 과정을 밟고 있으며,(좌파의 인쇄 매체는 항상 미국화 혹은 상품화의 시각에서 분석한다) 다른 한편으로 자주성을 찾기 위한 사회운동이 확대되고 있다. 주목할 만한 것은 그러한 사회적 상호 관계들과 그 관계들의 승인을 위한 투쟁은 결코 서구 문화의 패권에 대한 반항이라고 단순하게 요약될 수 없다는 사실이다. 그 권리 주장은 복잡한 현실적 관계 속에서 전개되어 왔다. 캐나다 퀘백 주의 분리운동과 구유고 연방의 분열 및 종족 분쟁, 그리고 구소련이 해체되어 민족국가로 나누어진 것처럼, 민족자결 원칙에 호소하는 운동 등이 그 예이다. 아울러 민족국가 안의 소수민족·여성·동성애 집단 등 주변 집단들이 벌이는 사회적 권리 요구로 표현되기도 했다. 여전히 이런 운동들은 계몽주의 운동 이래 사람들의 마음속에 파고든 평등의 원칙에 호소하고 있다. 하지만 평등에 대한 그들의 요청은 보편적 평등권의 추구로 나타날 뿐만 아니라, 차이의 보존을 목표로 하는 정체성의 정치를 통해 다양한 형식의 상상적 공동체를 건설하려는 노력으로도 표현되고 있다. 즉 평등의 문제를 어떤 집단적 고유성의 권리를 요청하는 것으로 본다. 만약 자유주의의 권리이론이 이전의 민족해방운동과 민권운동, 그리고 여성운동에 평등의 기초를 마련해 줬다면, 차이가 말살된 그 평등 개념은 최근에 일어나는 저 '승인의 요구'들과는 어울리지 않을 것이다.

   냉전의 종결은 이데올로기적 충돌의 그늘 아래 있던 새로운 관계들을 해방시켰다. 사람들은 자본주의와 사회주의라는 두 진영의 관계로는 현대의 세계상을 설명할 수 없음을 깨달았다. 그리고 세 가지 세계의 모델과 중심-주변부 모델, 이민 이론, 과잉과 결핍 모델, 소비와 생산자 모델 등의 이론적 틀 역시 현대 세계의 복잡성을 설명하기에는 역부족이다. 그러나 현대 자본주의와 그 전 지구화의 역사를 떠나서는 민족국가 내부와 국제 관계 영역에서 벌어지고 있는 현상들을 이해할 수 없다. 현대 세계의 정치 구조는 과거 몇 세기에 진행된 전 지구적 상호 관계를 토대로 성립되었으며, 화폐·무역·정복·이민이야말로 15세기에서 20세기까지 이어져 온 국제 사회적 유대의 주요 원인이었다. 그리고 그 발전 과정은 18세기 말과 19세기에 벌어진 기술의 이전과 신속한 발전으로 인해 가속화되었으며,(Bayly, 1989) 결국 유럽의 자본을 중심으로 전체 비유럽 세계를 지배한 복잡한 식민 체제를 구축하였다. 이 식민 체제에서 아시아·아프리카·라틴아메리카는 서구 자본주의의 주변부가 되어 농업 및 광업 생산을 통해 전 지구적 노동 분업 안에 편입되었다. 그리하여 민족국가 체제를 정치 형식으로 하는 공업 체제가 형성되었으며, 아울러 민족해방운동이 이 식민지들과 반식민지들에서 발전하였다. 바로 이 두 가지 현상이 '민족성의 구축' (the imagined communities, 상상적 공동체)이라는 전 지구적 민족주의 운동(Anderson, 1983)의 배경을 이루었다.[4] 앤더슨(B. Anderson)의 이른바 '인쇄 자본주의'(print capitalism) 이론에 따르면 대중문학은 이 민족성 구축의 과정에서 아주 중요한 작용을 했다. 왜냐 하면 인쇄 자본주의가 개인과 개인, 집단과 집단 간의 직접적 교류의 가능성을 열어 놓았기 때문이다. 하지만 그것은 단지 문제의 시작일 뿐이었다. 금세기 이후, 특히 제2차세계대전 이후 과학 기술의 진보, 특히 그중에서도 교통과 전자산업의 발전이 모든 인간들을 '지구촌' 안에 집어넣었다. 전통적 거리 감각이 결정적으로 변화했고, 모국과 세계의 관계도 모호해졌다. 그리하여 이론가들은 "이런 무한성을 설명할 수 있는 이론"을 탐구하기 시작했다. "그 이론은 반드시 개인과 개인, 집단과 집단 간의 소외 상태와 심리적 거리를 해명하고 아득히 먼 곳도 이웃처럼 느끼는 저 전자(電子)의 환각 또한 설명할 수 있어야 한다."[5]

과학기술의 발전은 생산·무역·소비의 다국적화를 가속화했고, 결국 민족국가의 어떤 기능적 변화를 초래했다. 하지만 그 과정을 분석할 때, 지나치게 민족국가의 소멸을 과장해서는 안 된다. 전 지구화되는 세계의 경제적·문화적 관계는 그에 상응하는 새로운 정치 형식을 발전시키지는 못했다. 따라서 전 지구화 과정은 아직도 민족국가 체제를 정치적 지렛대로 삼고 있다. 더 나아가 민족국가는 전례 없이 적극적으로 경제 과정에 간섭하고 있으며, 전 지구적 경제활동의 최고의 대리인으로 자처하고 있다고 할 수 있다. 이런 의미에서 민족국가는 소멸하고 있다기보다는 자신의 전통적 기능을 변화시켜 대대적으로 세계의 사회적 관계에 개입하고 있다. 하지만 현대 세계의 탈영토화(deterritorialization) 과정은 확실히 민족국가의 함의를 변화시키고 있다. 그리고 이 과정은 민족국가의 자각적인 기능 조정과 일치한다. 만약 탈영토화의 정치가 오늘날 세계의 근본 특징이라고 한다면, 그것은 민족(nations)과 국가(states) 간의 전대미문의 적대적 관계에 깊이 뿌리내리고 있다. "민족(더 정확히 말하자면 민족적 관념을 지닌 집단)은 국가와 국가의 정권을 쟁취하거나 공동으로 장악하기 위해 노력하며, 국가 역시 민족적 관념을 쟁취하고 독점하기 위해 노력한다."(Baruah, 1986; Chatterjee, 1986; Nandy, 1989) 일반적으로 전 세계적인 분리주의 운동은 무력을 사용하는 운동들을 포함하며 국가에 반대되는 민족적 추구를 구현하고 있다. 이러한 상상적 공동체를 대표하는 시크족·스리랑카의 타미르족·바스크인·모로인·퀘백인 등은 자신들의 국가 창조를 모색하는 동시에 현존 국가가 무너지기를 갈망한다. 하지만 국가 역시 허점을 보일 리 없다. 늘 공동체의 도덕적 자원에 대한 독점을 추구하는 한편, 민족과 국가의 일치를 선전하거나 체계적으로 유산 정치(heritage politics)를 과시함으로써 모든 집단들을 손아귀에 넣으려 한다. 이런 전략들은 세계에서 모두 유사하게 벌어지고 있는 듯하다.(Handler, 1988; Herfeld, 1982; McQuneen, 1988)[6] 주변부에서 중심부로의 인구 이주는 모국에 대한 강렬한 비판 의식과 함께 의존 의식을 키울 가능성이 있다. 애퍼듀라이는 "현재의 탈영토화는 이미 전 지구적인 종교적 근본주의의 핵심이다."라고 단언했다.[7] 탈영토화 과정에서는 화폐·상품·인구가 세계 각지에서 쉴 새 없이 각축전을 벌일 뿐만 아니라, 영화사·예술품 중개상·여행사 등도 탈영토화의 인구와 모국 사이의 관계에서 사업의 계기를 찾는다. 그들은 상상적인, 아마도 파편화되어 있을 모국의 형상을 새롭게 구축한다. 하지만 그런 형상들은 민족 집단 사이의 충돌을 낳는 새로운 이데올로기 상을 낳을 수 있다. 그런데 애퍼듀라이는 역시 탈영토화 과정에서 생길 수 있는 새로운 문화적 요구에 대해서는 언급하지 않았다. 그것은 곧 이민 집단이 거주하는 국가에 제기하는 평등과 존중에 대한 집단적 요청이다.

오늘날의 문화 연구가 부르주아 민족국가의 민족주의와 민중적 민족주의, 근본주의와 분리주의 운동을 항상 한데 뒤섞어 이야기한다는 점을 특히 유의해야 한다. 그것들은 결코 동일한 사태가 아니다. 지금까지 민족주의 운동의 모범은 줄곧 프랑스대혁명이 낳은 공화제 민족국가로 여겨져 왔다. 이런 의미에서의 민족주의는 같은 역사적 운명에 속한 민중들이 스스로를 같은 종족이자 같은 언어 공동체로 여기는 경우를 가리킨다. 그들의 정체성은 출신이 같다는 사실로 표현되었을 뿐만 아니라, 그들이 모두 정치 행위 능력이 있는 국가의 국민이라는 사실로 표현되었다. 다시 말해서 민족주의는 곧 서구 현대성의 기본적인 내용에 귀속되었다.[8] 하지만 민족주의의 이러한 정의는 서구 민족국가의 내재적 정치 형식과 그 국가들의 해외 확장 및 식민 활동 사이의 긴밀한 관계를 은폐하였다. 마사오 미요시(三好將夫)는 냉전 종결 이후에 스페인·스코틀랜드·인도 등의 지역에서 나타난 분리주의 운동과 전통적 민족주의 사이에 근본적인 차이가 있다고 지적했다. 그 운동들은 민족주의라기보다는 종족 분리주의(ethnicism)라는 것이다. 그는 그 독립운동들이 "정치적 통일 세력의 민족주의가 점차 그 생명력을 잃고 있음을 반영하는데, 그 원인은 경제와 정치의 국제화"[9]라는 『국제 신경제』의 견해를 인용하였다. 따라서 우리는 세계 각지에서 나타난 분리주의 운동을 단순히 민족주의의 부흥이라고 보아서는 안 된다. 우리는 그 운동들을 민족국가의 쇠퇴나 기능 전환과 관련해 생각해야 한다.[10]

현대 세계의 탈영토화 과정은 초국가적인 생산 및 무역 과정과 동시에 발생했는데, 그것은 결코 돌발적인 사건이 아니라 근대 세계의 구조적 변화의 역사적 연속이다. 마사오 미요시는 다국적기업의 발전과 민족국가의 쇠퇴를 관련시키고, 그 시각에 따라 전통적 군사 세력과 정치 세력이 어떻게 민족국가의 이익으로부터 새롭게 지배적 지위를 차지한 총체적 구조를 향해 방향을 바꾸었는지 관찰하였다. 그는 다국적기업이 식민주의의 연속이기는 하지만, 구식민주의가 국가·민족·종족의 이름에 힘입은 데 반해, 다국적기업은 비(非)국가성(nation-lessness)의 경향이 있다고 보았다. 다국적기업의 활동은 각기 다른 지역들을 점차 동질화의 운명에 빠져들게 하고, 특수한 종족 분리주의의 배후에 있는 경제적 관계를 은폐한다. 만약 식민주의자가 민족국가의 개념 속에서 정책 결정의 도덕적 기초를 찾았다면, 전 지구적 구조의 변화는 민족국가 사이의 관계를 바꾸고 필연적으로 민족국가 내부의 자기 기획 및 그 도덕적 기초를 위협한다.[11] 민족국가의 쇠퇴는 세계를 공업화하는 부르주아 계급의 활동 방식의 변화와 밀접한 관련이 있다. 그리고 세계 구조의 전환은 결코 이 계급의 권력 상실을 의미하지 않는다. 그것은 그들이 활용하는 논리와, 이 논리를 위해 그들이 충성을 바치는 위임자, 그리고 사용하는 도구와 점유하는 위치가 변화했음을 의미할 따름이다.[12] 각국의 기업들이 다국적기업으로 전환되면서, 그 기업들은 점차 모국과의 유대를 끊게 되었다. 자신들의 이익을 위해서는 모국을 비롯한 어떤 나라도 착취할 수 있다는 것이다. 따라서 다국적기업의 발전은 국가주권의 상실이나 국가적 아이덴티티를 약화시킬 수 있게 되었다. 또한 세계 각지를 이동할 수 있고 다원적 종족 구조를 가진, 영어 구사가 가능한 전문가 계급을 창조하였다.[13] "국가와 종족에 대한 누적된 부담을 없앤 뒤에도 초국가적 계급은 어떤 새로운 '탈이데올로기적' 이데올로기에서 벗어날 수 없다. 이 신형 이데올로기의 사명은 바로 전 지구적 생산과 소비, 그리고 세계 문화 자체를 효과적으로 관리하는 것이다. 세계 각지의 지식인들은 과연 다국적기업과 동맹해 그 변호인이 되기를 바라는 것일까?"[14]

'전 지구적 자본주의'의 이론적 시각에서 본다면 정체성과 차이에 호소하는 종족 정치는 곧 일종의 원초주의(primordialism)적 배리에 지나지 않는다. 한 종족을 구성하는 원형질(Primordia)—그것이 언어든 피부색이든, 동향 관계든 친연 관계든—은 이미 전 지구화되었으므로 원형질에 호소하는 종족 정치란 일종의 구성물일 뿐이라는 것이다. 따라서 어떤 의미에서 보면 종족 정치는 특수한 전통에서 나온 것이 아니라, 그 특수한 전통의 구성에서 나온 것이다. 그렇다면 그 구성 활동의 원동력은 대체 무엇인가? 일찍이 애퍼듀라이는 문화와 경제 사이에서 어떤 결정론적 해석을 내리길 거부하고 문제를 정치·경제·문화 등 여러 힘들 사이의 균열과 탈구, 그리고 그 쉴 새 없는 흐름으로 귀결지었다. 하지만 그 역시 전 지구적 자본주의의 생산과정과 소비과정에 대한 이해 속에서 문제를 파악했다. 그는 초국가적 생산과정을 오늘날 생산과정의 주요 특징들 중 하나로 보고, 그것이 여전히 국민 생산율이나 영토주권 따위의 전통적인 환각에 가려져 있다고 지적했다. 그래서 초국가적 생산관계가 지역성 혹은 민족국가 등의 우상에 의해 은폐된다는 것이다.[15] 애퍼듀라이는 민족 경관(ethnoscapes)·미디어 경관(mediascapes)·기술 경관(technoscapes)·금융 경관(finanscapes)·이데올로기 경관(ideoscapes) 등 다섯 가지 차원에서 전 지구적인 문화 흐름을 서술해 현재의 세계상을 복합적으로 파악하려고 노력했다.[16] 그는 '경관'(scape)이라는 접미사를 사용해 그 경관들의 불규칙한 상태를 표현했고, 그것들은 국제적 자본 흐름의 특징을 깊이 있게 구현했다. 만약 인구의 이주나 과학기술의 발전, 금융의 흐름이 지속적으로 민족국가의 테두리를 넘어선다면, 미디어와 이데올로기는 그에 상응하는 특징을 갖게 마련이다. 그런데 그가 특별히 주목한 것은 그런 경관들의 유동성이 아니라, 그것들 사이의 분열과 탈구(脫臼)였다. 경관들 사이의 관계는 예측할 수 없으며 그것들은 자신들의 제한적 요소와 자극적 요소의 제약을 받을 뿐만 아니라, 각 경관들의 변동은 모두 다른 경관들에 대해 어떤 제한적 요소와 운동의 매개변수가 된다. 따라서 그 경관들은 어떠한 의미에서도 단순하고 기계적으로 전 지구적 기초 구조가 되지는 않는다. 그리고 이러한 분열들이 투영되는 미디어 경관과 이데올로기 경관 역시 상응하는 특징이 있다. 예를 들어 이데올로기 경관은 항상 국가 이데올로기와, 국가권력이나 부분적 권력의 획득을 목적으로 하는 정치운동의 반이데올로기와 연관된다. 그리고 '자유'·'복지'·'권리'·'주권'·'민주주의' 등의 핵심어들을 필수 요소로 한다. 만약 구미의 계몽 서사 안에서 그 술어들과 형상들이 하나의 의미 구조로 통일되어 있었다면, 전 지구적 흐름에서 그 의미 구조는 이미 느슨해졌다. 이제는 다양한 국가들과 다양한 집단들이 구체적인 상황 속에서 자체의 정치 문화를 조직하고 있다.

마르크스주의자들은 민족국가의 쇠퇴(혹은 기능 변화)와 종족 정치의 출현을 자본주의 운행 구조의 변화에서 나타나는 특징이라고 본다. 그들은 문화적 다원주의 논증에 포함돼, 중요한 이데올로기적 의미가 있는 문화주의를 거부한다. 딜릭(Arif Dirlik)은 이렇게 단언했다. "탈식민주의는 오늘날의 정치·사회·문화의 지배적 형식에 관심을 두면서 자기 자신과 자신의 발생 조건인 전 지구적 자본주의 사이의 관계를 모호하게 만든다. 이 전 지구적 자본주의는 현상적으로 아무리 파편화되어 보일지라도 변함없이 전 지구적 관계의 구조적 원칙이다."[17] 즉, 유럽 중심주의는 어떻게 현대의 전 지구적 역사를 기획하고, 스스로를 보편적인 전망과 전 지구적 역사의 종점으로 설정할 수 있었는가? 그리고 다른 지역들의 종족 중심주의는 왜 그러지 못했는가? 이 문제를 제기하는 목적은 유럽 패권의 기초와 그 전 지구화의 원동력인 자본주의를 근대사 고찰의 중심에 놓기 위해서이지, 결코 유럽 중심주의의 이데올로기를 근원적인 것으로 간주하기 위해서가 아니다.

'전 지구적 자본주의'라는 범주는 민족국가 쇠퇴의 배경을 이루는 정치·경제적 조건을 분명하게 설명하였다. 하지만 이 설명 방식은 문화·종족·젠더의 요구를 단순히 정치적·경제적 문제로 환원시킬 가능성이 있다. 탈식민주의와 문화적 다원주의는 이질성과 차이성, 역사성을 강하게 내세우며 그 논리를 일부 지역에서부터 전 세계에 이르기까지 적용하고 있다. 이러한 점에는 분명 역사적 이유가 있다. 한편 핵심적인 문제는 종족 및 젠더가 사회계층과 무관하다는 것은 어불성설이라는 것이다. 그 요소들은 현대 세계의 사회계층에 직접 참여한다. 어떤 상황들과 국가들에서 종족과 젠더는 경제적·정치적 지위를 결정하는 요소가 되기도 하지만, 아직도 사회적 분배를 지배하고 영향을 미치는 것은 바로 몇 세기 동안 지속되어 온 서양 중심주의이다. 전 지구적 자본주의 구조는 근본적·총체적 관계이다. 하지만 이 근본적 관계가 각종 정치·문화적 추구와 맺고 있는 관계는 쉽게 드러나지는 않는다. 문화적 관계로 정치·경제적 관계를 지나치게 해석하는 것이 사회적 충돌의 심층적 동인을 숨겨 버릴 수 있듯이, 각종 사회·문화적 충돌을 자본주의 세계의 동질화 현상으로 환원시키는 것 역시 오늘날 세계의 복잡한 관계를 단순화하고 만다. 마르크스주의도 탈식민주의 이론의 중요한 이론적 자원이긴 하지만, 탈식민주의 지식인들은 여전히 그런 비판을 민족주의와 마르크스주의가 식민주의와 그 유산에 대해 가한 비판과 구분하고 있다. 사실 마르크스주의자들은, 탈식민주의 이론과 문화적 다원주의가 자본주의라는 근본 범주를 외면해 전 지구적 자본주의 시대의 탈이데올로기적 이데올로기가 되었다고 비판한다. 반면에 탈구조주의를 토대로 성립된 탈식민주의 이론과 문화적 다원주의는 민족주의와 마르크스주의가 유럽 중심의 메타 서사에서 벗어나지 못했다고 생각한다.[18] 탈식민주의는 차이성의 원칙으로 오늘날의 세계에 대한 자본주의의 동질화에 저항하면서, 오리엔탈리즘이 식민지를 타자화했음을 폭로했다. 또한 학술사와 방법론에서는 지식의 형성 과정과 그 역사적 관계를 중시한다.

이처럼 복잡하게 변동하는 사회관계 속에서 '합의를 모색하고', 규범을 수립하며, '권리의 평등'을 위한 토대를 다지는 것은 이론적으로도 아주 어려운 일이다. 이것은 현재 맥락에서 '평등한 권리'가 늘 균형을 이루기 어려운 집단적 요구들로 표현되기 때문이며, 또한 '문화적 차이'가 관심의 초점이 된 시대에 권력 평등의 이론이, 추상적으로나마 통일될 수 있는 근본 범주, 예컨대 전통 자유주의의 개인적 주체와 같은 범주를 찾아 내기 어렵기 때문이다. 자유주의는 민족국가의 법률 구조로 자신의 규범을 구현했고, 민족국가 체제를 자신의 보편적 가치를 논증하는 전제로 삼았다. 그러나 이 두 차원은 모두 철저하지는 않지만 심각한 도전에 직면해 있다. 자유주의가 직면하고 있는 도전은 세 가지로 정리할 수 있다.

첫 번째, 종족성과 젠더의 문제가 어떤 문화나 집단의 특수성을 보존하려는 요구를 제기해 개인 위주의 자유주의 권리이론에 도전했다.

두 번째, 민족국가가 쇠퇴하고 전 지구적 상호 관계가 복잡해지면서 민족국가를 기본 단위로 하는 자유주의는 위기를 맞았다. 그것은 새로운 국제 관계와 국내 관계 속에서 자유주의 원리의 정당성 및 평등한 권리의 가능성을 논증해야만 한다.

세 번째, 마르크스주의가 경제적 관계의 시각에서 자유주의에 제기한 도전은 아직 사라지지 않았다. 오히려 전 지구적 자본주의의 관계 속에서 새로운 함의를 획득했다. 그것은 곧 다국적 자본이 전 지구적 정치·경제·군사관계 속에 이룩한 새로운 불평등 모델이다.

오늘날의 자유주의는 아직도 '역사 종결론'의 흥분 속에 빠져 있기는 하지만, 과거에 비해 더욱 심각해진 위기를 예민하게 느끼고 있다. 위의 세 가지 도전 중에서도 자유주의는 먼저 앞의 두 가지에 대응해야 한다. 나는 지금 문화적 다원주의와 마르크스주의가 자유주의와 벌인 논쟁을 다루지는 않겠다. 대신 위의 문제들에 대한 자유주의 내부의 반응과 그 내재적 모순을 주로 분석하겠다.

승인의 정치와 권리 자유주의

공동체주의(communitarianism)의 새로운 부각은 자유주의 내부에 중대한 의견 대립을 낳았다. 공동체주의는 '문화적 다원주의'의 정치적 중심 의제—소수민족·'천민' 집단·페미니즘 등의 승인(recognition)—에 대해 일부 민감한 자유주의자들이 취한 타협적 반응이라고 할 수 있다.[19] 하지만 이런 타협적 반응은 '차이의 정치'를 지지하는 집단 및 이론가들을 설복시킬 수 없었으며, 개인 위주의 권리이론을 바탕으로 하는 자유주의자들의 공격을 촉발했다. 나는 문화적 다원주의자나 마르크스주의자의 공동체주의 비판에 대한 논의는 잠시 보류하겠다. 개인 위주의 자유주의 권리이론과 공동체주의는 두 가지 면에서 충돌한다. 첫째, 자유 사회는 어떤 상황에서 개인의 권리 위에서 집단적 권리를 보장할 수 있는가 아니면 그럴 수 없는가. 둘째, 자유 사회는 단지 '절차상의 공화국'인가 아니면 실질적인 관점들까지 고려하는 사회질서인가. 이 두 가지 문제를 둘러싼 충돌은 그 배후에 또 하나의 문제를 안고 있다. 당대 사회의 변화하는 관계 속에서 개인 위주의 권리이론이 새롭게 수정되어야만 하는가 아니면 그럴 필요가 없는가이다.

권리 자유주의는 서구 국가들의 헌장이 갖는 특징들 중 하나로, 개인의 권리들을 규정하고 국민들이 종족이나 성별 등의 이유로 차별받는 일이 없도록 보호하는 것을 목표로 한다. 이 헌장들 안에서 모든 합법적인 국민들을 균등하게 보호한다는 비차별의 주제(이 주제는 미국 남북전쟁 이후에 제기된 헌법 제14조 수정안과 사법상의 복심제〔復審制〕에서 집중적으로 구현되었다)와 개인적 권리 보호의 조항은 서로 모순되지 않는다. 그리고 권리 자유주의와 그 법률상의 구현은 집단의 목표보다 개인의 권리를 중시한다. 롤스·드워킨(Ronald Dworkin)·액커만(Bruce Ackerman)·하버마스 등은 구체적 과정에서는 차이를 보이지만, 한결같이 자유 사회의 특징을 지지한다. 즉 국가 조직은 어떠한 실질적 관점이나 완성된 학설도 지지해서는 안 되며, 사회적 유대의 연결체는 모든 이들을 똑같이 존중하는 강력한 절차상의 허용(드워킨) 혹은 '정치적 정의'(롤스)라는 것이다.

하지만 이러한 권리 자유주의의 기반은 현재 '승인의 정치'의 도전에 직면해 있다. 캐나다의 유명한 철학가인 찰스 테일러(Charles Taylor)가 이 문제를 제기한 것은 결코 우연이 아니다. 그는 단지 헤겔과 현대적 정체성에 관한 연구를 통해 '승인의 정치'의 역사적·이론적 배경을 이해한 것이 아니다. 그의 이론적 탐구는 캐나다 전체를 분열시킬 뻔한 퀘벡의 분리주의 운동과 관련된다. 퀘벡 정부는 퀘벡만의 특성을 보존하려는 집단적 목표를 위해 주민들을 통제했다. 비프랑스계 주민이나 이민자들은 영어 학교를 다니도록 규정했고, 50명 이상 직원을 고용하는 기업은 반드시 불어를 사용하게 했다. 또한 불어로 서명하지 않은 상업 문서는 모두 무효라고 규정하기도 했다. 한편 1982년에 캐나다 권리헌장에는 하나의 조항이 추가되어 특수 사회의 집단적 목표를 합법화했다. 그래서 캐나다의 정치제도는 이 부분에서 미국과 더욱 일치하게 되었으며, 이 입법은 각급 정부의 입법 과정에서 위헌법률심사(judical review)를 할 수 있는 기초를 제공하였다. 그러나 "여기에서 생긴 문제는 이 조항이 캐나다의 프랑스계 주민들, 특히 퀘벡인들의 특수한 요구에 어떻게 대처하느냐 하는 것이다. 다른 한편으로 이 문제는 원주민들의 비슷한 요구에 어떻게 대처하느냐 하는 것과도 연관된다. 여기에서 핵심적인 문제는 자신들의 특성을 보존하려는 민족들의 염원이다. 그들은 자치를 향유할 수 있는 자주적 형식과 필수적 입법 형식을 빌어 민족적 특성을 보존할 수 있는 힘을 요구한다."[20]

그러나 민족 집단의 어떤 집단적 목표에 대한 지지는 개개인의 행위를 제한하고 권리를 침해할 가능성이 크다. 법리적으로도 내적 차별성의 혐의를 지적할 수 있다. 왜냐 하면 특정 사법권의 관할 아래 있는 모든 국민들이 전부 그 사법권의 혜택을 입는 민족 집단에 속할 수는 없기 때문이다. 따라서 영어를 사용하는 캐나다 국민이라면 집단적 목표를 보호하는 그 조항이 헌법에 규정된 권리 조항을 침해한다고 생각할 수도 있다. 이론적으로 볼 때 특정 문화와 전통을 보존하려는 집단적 목표는 자유주의의 절차상 허용이나 롤스의 '정치적 정의'와 서로 어긋난다. 절차주의(proceduralism)의 자유 사회에서 '정치적 정의'는 개인이 이러저러한 관점을 사고하고 선택할 수 있는 권리를 보장할 뿐이다. 결코 어떤 완성된 학설이나 실질적 관점이어서는 안 된다. 민주 사회는 이상적인 생활이 무엇이냐 하는 문제에 대해서 중립을 지키는 사회이다. 다만 구성원들의 공정한 의사소통과 평등한 대우를 보장하는 데 자신의 역할을 국한시킨다.

따라서 권리 자유주의는 집단적 목표에 대해 회의적인 보편주의적 모델로서 문화적 차이의 보존 등 집단적 목표에는 무관심하다. 사실, 집단적 목표에 호소하는 차이의 정치는 이상적 생활에 관한 실질적인 판단을 포함한다. 게다가 어떤 영역이나 상황에서는 모든 국민에 대한 동등한 대우보다 문화의 보존을 훨씬 중요하게 평가한다. "현재 날로 증가하는 사회들이 하나 이상의 문화적 공동체를 포함하는 다문화 사회가 되었다는 것은 논란의 여지가 없다. 이 공동체들은 자신들의 특성을 보존해 줄 것을 요구한다. 경직된 절차주의적 자유주의는 머지않은 미래 사회에 쓸모없어질 것이다."[21]

자유주의는 가치중립이라는 전제로 차이를 소홀히 하는데, 오직 이 전제만이 다양한 문화적 배경을 가진 인간들의 평등한 의사소통을 보장할 수 있다고 본다. 자유주의 이론은 공공 영역과 사적 영역, 그리고 정치와 종교를 구분할 것을 거듭 천명해 왔다. 그 목적 중 하나는 바로 논쟁을 부를 수 있는 차이와 대립을 정치와 무관한 영역에 두기 위해서였다. 하지만 테일러가 지적한 것처럼 정통 이슬람교에서는 서구 자유 사회와 같은 정교분리 문제가 근본적으로 존재할 수 없다.[22] 그리고 공공 영역과 사적 영역의 구분 역시 중국 같은 문화적 분위기에서는 거론하기 어려운 문제이다. 절차적 자유주의 혹은 '정치적 정의' 개념은 서구 사회의 전통에서 성립되었다. 이 점은 롤스의 『정치적 자유주의』에 나타난다. 결국 자유주의의 가치중립이라는 전제는 문화적 가치를 포함하면서, 어떤 분쟁에 대한 호소를 의미한다. 문화적 다원주의는 바로 이런 이유들 때문에 자유주의의 보편주의적 관념을 질타하는 것이다. 문화적 다원주의는 자유주의가 타인들에게 어떤 문화를 강요하며, 자신의 모델에 맞춰 다른 문화들을 타자로 개조한다고 생각한다. 만약 우리가 식민주의의 역사가 만든 세계 구조에 관한 논의를 잠시 덮어 두고 민족국가 내부의 정치적 권리 문제만을 논한다 하더라도 이러한 자유주의의 전제는 취약하기 짝이 없다. 현존하는 민족국가들은 대부분 다민족 국가로서 다원적인 문화를 갖고 있다. 하지만 오늘날 세계의 전 지구화 과정은 이미 본래의 사회구조를 뒤바꿔 놓았다. 변화하는 이민 사회 속에서 주변부 집단의 문화를 무시하고 자신의 규칙만을 강조하는 것이 과연 모든 국민의 권리 보호라는 기본적 목표를 이루는 데 효과적인지는 쉽게 답할 수 없는 문제이다. 최근 몇 년간 미국의 대학들은 교과과정에 다른 문화의 '경전'을 넣는 것에 대해 논쟁을 벌였다. 이 사례는 문화의 승인이 이미 이민 사회에서 아주 심각한 문제가 되었음을 전형적으로 보여 준다.

만약 테일러가 집단적 문화의 권리 추구만을 거론했다면 다원주의자들과 아무런 차이도 없을 것이다. 하지만 그렇게 보이지는 않는다. 테일러의 논의에서 첫 번째 특징은 그가 문화적 다원주의자가 말하는 '정체성의 정치'가 아닌 '승인의 정치'를 문제의 중심에 놓았다는 점이다. 이런 차이는 그가 결코 특정 집단의 입장에서 집단적 권리를 추구하지 않았음을 알려 준다. 그는 대화자의 입장, 혹은 더욱 광범위한 사회적 입장에서 이 문제를 사유했고, 또한 이로부터 민주주의 국가에서 법률 개혁의 필요성을 제기했다. 이런 의미에서 '승인의 정치'는 특수한 명제가 아니라 보편적인 명제이다. 사실 '정체성의 정치'(politics of identity)에서 '승인의 정치'(politics of recognition)로의 문제 전환은 매우 단순한 논리를 갖는다. 즉, 우리의 정체성은 부분적으로 타인의 승인으로 구성된다. 만약 타인의 승인을 받지 못하거나 왜곡된 승인만을 얻으면 우리의 정체성은 거기에 영향을 받을 뿐만 아니라 심각한 타격을 입게 된다. 이런 의미에서 '사회'는 일종의 대화적 관계 위에 세워져 있다. 만약 한 사회가 다양한 집단과 개인을 공정하게 '승인' 하지 못한다면, 그 사회는 곧 억압의 형식이 되고 말 것이다. 하지만 테일러는 '정체성의 정치' 혹은 '차이의 정치' 라는 시각으로 논의에 들어가지 않았다. 그는 문제를 '승인의 정치' 의 차원에서 설정했다. 이것은 그도 다른 자유주의자들처럼 어떻게 자유 사회의 제도를 기획해야만 (실제적으로 혹은 비실제적으로) 국민의 평등한 권리를 보장할 수 있느냐 하는 문제에 관심이 있다는 것을 말해 준다.

 테일러는 자유주의 사상의 전통 속에서 '승인의 정치' 를 논하여 이 문제를 이해할 수 있는 역사적·이론적 틀을 마련했다. 이것이 그의 논의의 두 번째 특징이다. '평등의 승인' 의 정치는 신분제와 그 명예 관념의 붕괴와 현대의 민주적 실천에서 비롯되었으며, 다양한 역사적 시기에 각기 다른 형식으로 표현되었다. 따라서 평등한 지위에 대한 다양한 문화와 다양한 젠더의 요구는 승인의 정치의 현재적 표현 형식이다. 테일러에 따르면 개인적 정체성과 평등의 승인 개념은 두 가지 주요 개념을 경유했다고 한다. 그것들은 각기 개체의 '자기 충실성' (authenticity)과 민족의 '자기 충실성' 개념이다. '자기 충실성' 개념은 18세기 말에 생겨난 개인적 정체성에 대한 새로운 이해와 관련이 있다. 인간 존재가 어떤 본질(신이나 선의 이데아)과 관계있다고 생각한 이전의 관점과는 달리 이 새로운 개인적 정체성은 그 본질이 우리들 자신 속에 있다고 강조했다. 이것이 바로 이른바 현대 문화의 주체성의 전환을 이룬 한 부분이며 내재성의 새로운 형식이면서 현대적 자아 개념의 탄생이다. 루소는 도덕의 문제를 우리 내부의 천성적인 목소리에 충실해야 하는 것이라고 보았다. 이런 관점이 곧 자아 개념 혹은 개인적 정체성의 대표적인 표현이다.[23] 하지만 루소의 사상에서 자유(지배를 받지 않는)는 뚜렷한 역할이 규정되어 있지 않으며, 통일된 하나의 목표(국민의 일반 의사)가 평등과 존엄의 정치에 대한 그의 구상을 구성했다. 그중에서 첫 번째 항목은 고유성의 개념을 포함하며 두 번째 항목은 차이 배제의 원칙을 구현하였다. 세 번째 항목은 명확한 동질화의 경향을 띠었다. 설혹 세 번째 항목을 무시한다 할지라도 평등한 자유는 차이의 배제와 결합해 차이의 승인에 대해 장애로 작용했다.[24]

헤르더(Johann Gottfried Herder)는 이 자기 충실성의 개념을 자기 통합의 중요성을 높인 독창성의 원칙으로 발전시켰다. 더욱이 그 원칙을 문화의 하중이 강한 민족에 적용했다. 즉, 하나의 민족은 마치 개인이 자아에 충실한 것과 마찬가지로 자신의 문화에 충실해야 한다는 것이다. 이것이 바로 헤르더가 현대 민족주의의 선구자로 손꼽히는 까닭이다.[25] 다시 말해서 자기 충실성은 자아 개념과 민족 고유성 개념이 발전하도록 자극했다. 그것들은 다양한 차원의 자율성(autonomy)을 위해 도덕적 토대를 마련하였다. 전통 사회에서는 사회적 지위와 신분이 정체성을 결정했고, 사람들이 보편적으로 인정하는 사회적 범주가 내적으로 보편적 승인을 포함했다. 하지만 현대적 정체성의 경우에는 그런 승인을 선험적으로 향유하는 것이 불가능하다. 왜냐 하면 '자아'나 '고유성' 모두가 의사소통을 통해서만 승인될 수 있기 때문이다. 종족 사이의 관계와 젠더의 정치, 문화적 다원주의에 관한 현재의 논의는 "승인의 거부가 어떤 억압의 형식을 낳을 수도 있다는 전제를 토대로 수립되었다.…… 적어도 타인의 왜곡에 반대하는 데 있어서 '평등의 승인'의 정치는 현재 자기 충실성 개념과 충돌하고 있다."[26]

자기 충실성 개념은 '평등의 승인'이라는 정치적 추구를 두 가지 다른 형태로 이끌었고, 보편주의적 평등 개념과 차이의 정치를 점차 분화시켰다. 확연하게 대립되는 이 두 입장은 결국 그 근원이 동일한 것이다. 따라서 현대 민주정치를 낳은 기본 개념들은 내재적 배리를 품고 있다고 말할 수 있다. 평등의 정치는 신분제에 대한 부정으로서 신분제의 명예 관념이 현대적 존엄성으로 전환되고, 모든 국민들이 그 평등한 존엄성을 누려야 한다는 것을 의미한다. 이런 의미에서 평등의 정치는 보편주의적 정치이며, 1960년대 미국에서 벌어진 민권운동은 바로 이 평등 개념이 표출된 것이었다. 그런데 평등의 정치는 자기 충실성 개념과 직접 관련되었고, 후자는 차이의 정치로 이어져 개인이나 집단의 고유한 정체성을 승인해 줄 것을 요구하였다. 이 고유한 동일성은 지배적 위치에 있거나 혹은 다수가 갖고 있는 정체성에 의해 경시되고 은폐되며 동화되는 상황에 처해 있다.[27] 하지만 극단적인 상황에서 정체성의 정치는 자민족 문화에 대한 독점적 설명력이 되어 점차 다양한 공공 영역, 그리고 그 영역을 뛰어넘는 자유주의 사회의 모든 비판 가능성을 위축시키기도 한다.

표면적으로 보이는 것과는 달리 차이의 정치는 분명하게 보편주의와 대립되지는 않는다. 오히려 그것은 일종의 보편주의적 토대, 즉 보편적 평등의 원칙을 존엄성의 정치에 도입했고, 모든 고유성은 동등하게 존중되고 승인되어야만 한다고 호소할 수 있게 되었다. 하버드 대학의 아프리카계 미국인인 헨리 루이스 게이츠 주니어(Henry Louis Gates, Jr.)는 문학적 다원주의야말로 '자유주의적 다원주의'의 선언이라고 했다. 하지만 테일러는 이렇게 주장했다.

> 이 두 가지 정치 모델은 똑같이 평등한 존중의 토대 위에 수립되긴 했지만 서로 대립적이다. 첫 번째 관점은 평등한 존중의 원칙이 사람들 사이의 차이에 대한 무시를 조건으로 한다고 생각한다. 이 견해의 핵심은, 인간이 평등한 존중을 요구하는 까닭은 곧 우리 모두가 인간이기 때문이라는 것이다. 한편 또 다른 관점은 특수성을 승인하는 것은 당연하며,

심지어 장려해야 한다고 생각한다. 전자는 후자가 비차별의 원칙에 위배된다고 비판한다. 그리고 후자는 허구적인 동질성의 모델 속에 강제로 사람들을 편입시킨다는 혐의를 들어 전자를 비판한다. 즉 전자는 사람들의 고유한 정체성을 부인한다는 것이다.[28]

자유주의는 차이를 무시하는 보편주의적 원칙을 비차별적이라고 본다. 하지만 차이의 정치는 '차이를 무시하는' 자유주의 자체가 단지 어떤 특수한 문화의 반영일 뿐이라고 생각한다. 따라서 자유주의는 보편주의를 가장한 특수주의에 불과하다는 것이다.

테일러는 퀘벡의 분리주의 운동과 20세기 내내 들끓어 오른 민족주의 운동이 승인의 결핍 혹은 승인의 왜곡 현상이었다고 부분적으로 해석하였다. 그리고 그는 모든 문화가 동등한 가치가 있다는 가설을 받아들일 것을 제안했다. 다양한 문화들 사이에 어떤 차이가 있든지 간에 특정 문화에 대한 연구는 반드시 이 가설을 논리적 기점으로 삼는 실제 연구를 통해 기준을 적절히 조정하고, 그 문화들을 판단해야 한다는 것이다. 테일러는 "이 가설의 승인을 거절한다면 곧 평등을 부인하는 것이 되며, 사람들의 정체성이 승인을 얻지 못한다면 그 결과는 심각할 것이다. 따라서 이 가설을 존엄성의 정치의 논리적 확대로 삼아 보편화시키는 것이 옳을 것이다."라고 말했다.[29]

이러한 테일러의 태도에는 어떤 이중성이 숨어 있다. 한편으로 그는 차이의 정치를 평등과 존엄의 규범에서 나온 파생물로 보고 진정으로 평등의 원칙을 관철시키는 데 승인이 필요하다고 생각했다. 바로 이 점이 차이를 배제하는 자유주의에 대한 비판이 되었다. 또 그는 모든 문화가 동등한 가치가 있다는 것을 논리적 기점으로 삼았는데, 이것은 어떤 실질적 판단이 아니다. 실제로는 승인의 정치가 공적인 의사소통의 전제 아래 이루어져야 한다고 강조한 것이다. 이 의사소통의 전제 없이 다양한 문화들의 가치를 판단하는 것은 단지 형식적인 제스처에 불과하며, 그런 제스처는 그 자체로 현대의 존엄성 정치의 기본 원칙과 서로 충돌한다. 여기에서 그는 이전에 평한 고대 그리스의 체육 경기와 공화국 노천에서 거행되었던 국경일 행사에 대해서는 언급하지 않았다. 하지만 그의 설정 방식은 확실히 실질적 판단에 이르기 위한 어떤 선결 조건을 암시하고 있다. 그것은 바로 사람들 사이의 완전한, 아무 구속도 받지 않는 상호 교류이다. 요컨대 테일러는 차이를 무시하는 동질성의 요구와 차이의 정치 사이에 어떤 균형을 마련하고 제3의 길을 찾으려 했다. 이런 태도로 인해 그는 결국 좌우에서 협공을 당하는 처지에 몰렸으며, 그것은 너무나 당연한 결과였다.

 테일러의 주장은 단지 특수한 방식 때문에 자유주의 내부에 관심을 불러일으킨 것이 아니다. 그는 다른 많은 사회과학자들처럼 오늘날 문제를 실용적으로 다루려 하지 않았다. 하버마스의 지적처럼 현재의 중대한 정치적 문제의 철학적 가치를 보여 주려 했다. 그러나 테일러가 제기한 문제의 중요성은 단지 그 원리적 성격에서 기인한 것만은 아니다. 현대 독일과 유럽의 이민 열풍, 배타주의, 민족적 정체성, 유럽 국가들의 피난정책과 같은 현실적 문제들이 하버마스 같은 중요한 이론가들로 하여금 그의 이론에 관심을 기울이게 했다. 하버마스는 『민주적 법치국가에서의 승인 투쟁』에서 먼저 이론적 측면으로 테일러의 문제를 분석하였다. 하지만 자신의 논의의 마지막 두 부분인 「이민·국적·민족적 정체성」과 「통일 후 독일의 피난정책」에서는 이 논의를 위해 심지어 퀘벡 문제보다 더욱 복잡하고 보편적인 현실적 배경을 제공하였다. 그것은 바로 냉전 종결 이후 서구 각국이 제삼세계 이민들을 막기 위해 벌인 (개인과 집단의) 공동의 노력이었다. 하버마스는 이민이 민중의 윤리적·문화적 영역의 구조를 변화시켰으며, 따라서 이민 열풍이 촉발한 것은 윤리적-정치적 측면에서의 민족의 자기 이해라는 것을 지적했다.

그래서 다음과 같은 문제가 부각되었다. "이민에 대한 정치 공동체의 무제한적인 법률적 요구는 과연 정치적·문화적 생활 방식의 완전성을 유지할 수 있는가? 또한 완전히 자율적인 국가 제도 전체에 모두 윤리적 낙인이 찍혀 있다는 전제 아래, 과연 자결권은 한 민족이 정체성을 고수할 수 있는 권리를 포괄할 수 있는가? 하물며 역사적으로 형성된 정치적·문화적 생활 방식을 변화시킬 수도 있는 이민 상황에서도 그것이 가능한가?"[30] 이와 동시에 1993년, 독일 연방 정부와 사회민주당은 피난 문제에 대한 협의를 이루었다. 그것은 피난권을 오직 정치적 피난에만 국한시키는 것이었는데, 그 목적은 "세계의 빈곤 지역 난민들에 대해 유럽이 부담해야만 하는 도덕적 의무를 회피하는 것이었다."[31] 이런 피난정책은 독일이 이민국가가 아니라는 이유에서 나왔다. 하버마스는 이러한 이유가 독일의 이민 현실에 부합되지 않을 뿐더러 독일의 특수한 민족의식을 포함하고 있다고 지적했다. 문화와 언어에 근거해 자기를 이해하는 이 '특수한 의식'은 바로 전후 독일인들이 애써 벗어나고자 한 것이었다. 하버마스는 통일 이후 독일 연방이 과연 민주정치의 노선을 따라왔는지, 아니면 '특수한 의식'이 얼굴만 바꾼 채로 되살아나는 것은 아닌지 질문했다.[32]

하버마스는 비록 테일러가 분석한 퀘벡 문제를 전형적인 문제로 보지는 않았지만, 이민정책과 동·서독 국민의 관계 문제가 모두 역사적·현실적 원인으로 발생한, 다양한 집단들 사이의 권리 관계임은 아주 분명하다. 여기에서 나는 하버마스의 이론을 분석하기에 앞서, 먼저 그의 문제의식의 현실적 배경을 논의하겠다. 왜냐하면, 만약 하버마스가 권리 자유주의에 대한 테일러의 공동체주의적 비평이 틀렸다고 생각한다면, 그는 반드시 개인 위주의 권리 자유주의가 이익의 충돌들을 해결할 수 있다는 것을 증명해야 하기 때문이다. 또한 당대 유럽에서 일어난 변화가 곧 민주정치의 위험한 역행을 표명한다는 것도 증명해야만 한다. 그런데 권리 자유주의의 기본 원리가 수정될 필요가 없다 하더라도 사실 자유민주주의는 국가사회주의의 실패 이후에도 결코 실현되지 못했다. 오히려 유럽은 민주정치 발전에서 커다란 좌절에 직면하고 있다.

하버마스는 테일러와 마찬가지로 개인주의의 토대 위에 수립된 권리이론이 집단적 정체성을 강조하는 승인의 투쟁을 완전히 설명할 수 있는가 하는 문제에 대해 주목했다. 하지만 하버마스는 테일러와는 상반된 결론을 내렸다. 정확하게 권리이론을 이해한다면, 그것이 문화적 차이에 대한 이해를 포함할 뿐만 아니라 불평등한 사회생활의 조건도 중시한다는 사실을 알 수 있다는 것이다. 하버마스는 테일러가 단지 개인의 평등한 권리를 법률적으로 보장한다는 각도에서 권리 자유주의를 보았기에 자율성 개념을 충분히 이해하지 못했다고 생각했다. "이 주장은 법률의 피적용자들이 스스로를 법률의 제정자로 인식하고, 실제로 법률에 근거한 사법(私法)의 주체일 때 비로소 (칸트적 의미의) 자율성을 획득할 수 있음을 고려하지 않았다."[33] 즉, 집단적 목표에 대한 권리 자유주의의 소홀함을 비판하는 시점에서 테일러가 사적 자율성과 공적 자율성 사이의 내재적이고 이론적으로 필요한 연관성을 충분히 주시하지 않았다는 것이다. 오직 그들이 합법적인 취지와 표준을 이해하고 구체적인 문제에서 상호 이해에 이를 때에만, 즉 그들이 국민으로서 자신들의 자율성을 실천할 때에만 비로소 사적 법률 주체가 평등한 개인의 자유를 향유한다고 논할 수 있다는 것이다.[34]

하버마스는 의사소통 행위와 상호 주관성(intersubjectivity) 개념을 토대로 개인적 주체와 집단적 권리의 관계를 이해하였다. 그는 현대의 법률이 비록 항구적 개체 상태인 법률적 주체의 완전성을 보장하기는 하지만 개체의 이런 완전성은 상호 승인 관계의 완전한 구조에 달려 있다고 보았다. 권리이론이 보장하는 것은 국가의 허가를 얻은 주체 간의 승인 관계라는 것이다. "동시에 우리는 주체적 법인(法人)에게 주체 간의 정체성을 부여해야만 (테일러의) 개연적 해석이 빚어내는 맹목성을 피할 수 있다. 개인이나 법인이나 사회화를 경유해야만 완전한 개체가 될 수 있다. 따라서 권리이론이 요구하는 승인의 정치는 정확히 말해 자신의 정체성을 구축하는 생활의 맥락 속에서 개체의 완전성을 수호해야만 하는 것임을 알 수 있다. 이 점은 다른 규범적 각도에서 개인주의 유형의 법률 체제를 수정할 어떠한 대립 모델도 필요로 하지 않으며, 단지 확고부동하게 법률 체제를 실현하려 한다."[35]

테일러와 하버마스의 관점을 비교하면 분명한 대립과 함께 내적인 유사성도 발견할 수 있다. 우리가 제일 먼저 관찰할 수 있는 것은 권리이론에 대해 테일러가 역사적 분석이나 사상사적 방식을 채용한 반면, 하버마스는 규범적 서술을 채용한 점이다. 권리이론의 기본 명제들에 대한 사상사적 분석은 그 명제들과 특정한 역사·문화가 분리될 수 없다는 것을 보여준다. 이것이 바로 테일러가 권리이론과 어떤 특정한 정치 전통이 긴밀한 상관성을 갖는다고 인정하게 된 원인이다. 이론적으로 볼 때 테일러는 결코 특수주의나 문화적 상대주의로 전향하지는 않았다. 하지만 실제로 그는 그 정치 전통을 토대로 하는 권리이론이 과연 다양한 정치 전통 위에 수립된 집단적 요구를 승인할 수 있느냐 하는 문제를 제기하였다. 반대로 하버마스의 분석 방법은 완전히 규범적이다. 그가 확인하려 한 것은 보편적으로 적용되는 이 규범이 확실히 도전받고 있는가 하는 점이었고, 규범의 역사성에 대해서는 전혀 고려하지 않았다. 테일러는 이미 루소에 대한 분석을 통해 하버마스가 말한 의사소통적 실천의 함의를 명확히 밝혔다. 또한 국민의 권리가 자유로운 의사소통 과정 속에서 승인을 얻는다는 것을 강조하기도 했다. 하지만 그는 매우 의식적이고 신중하게 자신의 서술이 특정한 정치적 전통의 이해라고 제한하였다. 그래서 자연히 다른 정치적 전통에 근거해 제기된 집단적 권리 문제를 배제할 수 없었던 것이다.

하버마스의 규범적 서술은 실천으로 보완되어야 하는데, 그렇지 않으면 이 규범적 진술은 사회적 권리를 실천하는 과정에서의 실제적 불평등을 은폐할 가능성이 있다. 예를 들어 하버마스는 자유주의 정치의 목적이 종족·젠더·계층에 근거해 얻어지는 사회적 승인을 타파하는 것이며, 부녀자·소수민족·하층 집단이 취업·사회적 승인·교육과 정치권력 등의 영역에서 평등한 기회를 향유하도록 보장하는 것이라고 인정했다. 하지만 단지 부분적으로 형식적 평등이 관철될 뿐이라면, 오히려 실제로 그 집단들이 받는 불평등한 대우를 더욱 두드러지게 할 뿐이다. 바로 이러한 의미에서, 비록 하버마스는 규범적 차원에서 자유주의가 수정될 필요가 없다고 생각했지만, 정작 실천에서는 이 권리 자유주의의 실행은 페미니즘과 같은 사회운동과 정치투쟁을 필요로 한다. 하버마스의 태도에 대해서는 이렇게 결론을 내릴 수 있다. "한편으로 법률이 규정하는 기회 균등 원칙의 전제가 충분히 만족될 수 없다면, 법적 평등의 규범적 의의는 정반대가 되고 말 것이다. 다른 한편으로 실제 생활과 권력관계에서의 평등의 요청이 '규범적 형식'의 관여를 이끌어 낼 수 없다면, 그 관여는 분명 가상의 수혜자가 자율적으로 자신의 생활을 설계할 수 있는 능력을 제한할 것이다."[36] 사실 하버마스는 현존하는 자유주의 모델의 법률 체제가 사적 자율성과 공적 자율성의 내적 연관성을 구현하지 못함으로써 기본권의 보편성을 추상적인 차이의 말살로 오해했음을 인정했다. 이런 의미에서 그는 테일러와 마찬가지로 법률적 패러다임을 개혁해야만 한다고 확신했다. 단지 다른 점이 있다면 그는 집단적 권리의 범주로 새롭게 자유주의의 기본 규범을 해석하는 것에는 반대하는 입장이었다.

세 번째로 테일러와 하버마스는 주체 사이의 관계를 '대화'의 관계로, 자유권과 평등권의 실천을 자유로운 의사소통의 결과로 파악했다. 이른바 '승인의 정치'란 이런 의사소통과 대화의 관계 속에서만 이해될 수 있다. 그리고 더욱 중요한 일치점은 그들이 이해한 대화 혹은 의사소통의 관계가 민족국가를 수행 형식으로 삼는 사회적 관계라는 사실에 있다. 따라서 두 사람 사이의 이론적 대립이 아무리 심각할지라도 민족국가의 법적 완전성을 지키고 보완하는 것은 여전히 그들의 공동 목표인 셈이다. 테일러처럼 하버마스도 권리 체제의 민주주의적 설계가 일반적인 정치 목표를 포함해야 할 뿐만 아니라, 승인 투쟁 속에서 제기되는 집단적 목표도 고려해야 함을 인정했다. 하지만 하버마스는, 집단적 권리의 목표가 법률 구조와 법률과 정치의 경계를 파괴하는 정도까지 발전해서는 안 된다고 강조했다. "법률 규범은 입법자의 결정으로 형성되며, 특정 지역의 범위 안에서 그 국가의 전체 국민들에게 적용된다. 분명하게 경계지어진 유효한 범위 안에서 법률 규범은 정치적 결정을 집단적 구속력이 있는 강령으로 변화시키는데, 이러한 정치적 결정들이 있어야만 사회는 국가에 호응해 조직되고 운영될 수 있다. 당연히 집단적 목표에 대한 중시가 법률 구조를 파괴해서는 안 되며, 또한 법률과 정치를 구분하는 법률적 형식을 파괴해서도 안 된다."[37] 바로 이런 이유 때문에 그는 개인 위주의 권리이론이 집단적 목표를 포함할 수 있음을 규범적 차원에서 논증하였다. 그의 목적은 테일러가 관심을 둔 '승인의 정치'의 부분적 성과를, 상세한 규정과 **충분한**

사회화를 거친 '개인적 권리' 속에 편입시키는 것이었다.

하지만 어떻게 해야 입법 과정에 집단의 권리 요구를 포함시킬 수 있으며, 또한 그 집단적 권리와 개인적 권리를 일치시킬 수 있을까? 이것은 두 가지 기본적인 전제와 연관이 있다. 첫 번째, 여론과 피차별 민족 혹은 사회집단의 반주류 문화적 정치투쟁이 존재해야만 한다. 교육제도 안에 자신들에 관한 과목을 신설하려는 소수민족의 노력을 예로 들 수 있다. 두 번째, 경험적 차원에서건 규범적 차원에서건 정치적 결정과 입법 과정에 대한 그 결정의 영향은 민족과 국가의 특정한 결합에 의존하며, 국가 인구의 사회적 구성은 역사적 조건의 산물이다. 그리고 이 역사적 조건은 권리체제 및 헌법의 원칙과 내재적 관계에 있다.[38] 그렇다면 어떻게 이 두 가지 전제를 만족시킬 수 있을까? 바로 이 점이 여의치 않다. 예컨대 어떤 소수민족의 투쟁이 집단적 권리를 지향한다고 할 때 대중에게 어떻게 그들의 권리 요구와 개인적 권리가 상충하지 않음을 납득시킬 수 있을까? 또한 이민이 기존의 인구구조를 끊임없이 변화시키고 민족국가에 속하지 않는 기구에 기여하는 경우, 어떻게 그들의 요구를 민족국가의 총체적인 이익으로 전환시킬 수 있을까? 마지막으로 국경의 변화가 지속적으로 새로운 소수민족을 낳을 경우에 어떻게 해야 그들의 자결권의 요구를 민족과 국가의 통일적 관계 속에서 감당할 수 있을까?

하버마스는 다양한 종족과 그들의 문화적 생활 방식의 평등한 공존을 위해 집단적 권리의 성격을 감안한 보장은 필요치 않다고 생각했다. 반대로 다원적 문화 사회의 이상적인 형태는, 자유주의 문화를 배경으로 하고 자발적 동맹을 기초로 해 완전한 의사소통 구조와 훌륭한 수행성을 갖춘 공공 영역을 형성한다고 생각했다. 그럼으로써 평등한 주체의 권리를 실현하는 민주적 발전이 동시에 다양한 종족 및 그 문화적 생활 방식의 평등한 공존을 보장할 수 있도록 촉진한다는 것이다.[39] 하버마스의 이러한 이상주의적 권리이론의 배후에는 어떤 내적인 우려가 숨어 있다. 즉 법률이 직접 집단적 권리를 보호하게 되면 곧 사회 성원들 사이에 차별적 관계를 낳거나 특정 문화의 성원들이 선택의 자유를 빼앗길지도 모른다는 것이다. 하버마스는 법률 규범 속에 집단적 권리를 끌어들이면 분명 현존하는 규범이 위기에 처하리라는 것을 확인했다. 하지만 이상화된 혹은 '사회화된 개인'의 권리를 통해 집단적 권리를 포용한다는 구상은 미심쩍기 그지없다. 만약 우리가 하버마스의 규범적 서술에서 다소 벗어나 그가 언급한 의사소통 과정이나 개인의 '사회화' 과정에 주목한다 해도, 대체 '이상적 의사소통 구조'를 형성하기 위한 선결 조건은 무엇이냐고 묻지 않을 수 없다. 또한 이 선결 조건에 다양한 정치적 전통과 문화적 가치에 대한 판단이 있느냐 하는 물음도 빼놓을 수 없다.

하버마스는 "다원적 문화의 사회에서 국가의 헌법은 근본주의적이지 않은 생활 방식들만을 용인한다. 왜냐 하면 이 생활 방식들이 갖는 권리의 공존은 다양한 문화를 누리는 성원들 사이의 상호 승인을 필요로 하기 때문이다. 모든 성원들은 반드시 다양한 선의 관념들로 구성된 윤리적 공동체의 성원이 되어야만 한다. 그러므로 집단적 정체성을 가진 공동체와 하부 문화의 결합은 또한 국민적 평등의 추상적 정치와 괴리되어서는 안 된다."[40] '절차주의적' 헌법에는 '근본주의'와 '비근본주의'에 대한 실제적 판단이 전제되어 있다. 그래서 '절차주의적 상호 이해'는 순수히 '절차적'일 수 없으며, 반드시 '근본주의적 생활 방식'과 같은 사례들을 배제해야 한다. 사실 하버마스의 요청에는 주류 문화의 어떤 양보나 조정도 포함되어 있다. 하지만 그는 주로 새롭게 등장했거나 주변적인 종족 집단들이 자신들의 신념과 생활 방식을 '기본권'이 받아들일 수 있는 한계에 맞춰 변화시키도록 요청했다. 이런 의미에서 본다면 이상적인 의사소통 구조는 입법의 전제이면서 아울러 민족국가 운행의 선결 조건이기는 하지만, 이 구조의 핵심은 바로 국민의 정치적 일체화와 공통의 정치 문화에 대한 충성을 확보하는 것이다. 오직 이러한 국민의 정치적 일체화만이 '의사소통의 자유'·'민주적 절차'·'법치의 수단' 등의 '합리적 신념'을 향한 그들의 지지를 보장할 수 있다.[41] 만약 테일러가 모든 문화의 평등한 가치를 가정했다고 한다면, 하버마스는 규범적 형식과 이상화의 입장에 서서 명확하지는 않지만 단호한 태도로 그것을 부정하였다. 이러한 상황에서라면 이상적인 의사소통 구조는 반드시 배타적일 수밖에 없다. 사실상 하버마스는 현재의 종족 정치와 현대적 민족주의를 구분하였다. 그 목적은 민족주의가 민족국가 및 그 공화정치와 공유하는 구조적 동일성을 긍정하기 위해서였다. 따라서 하버마스는 분리주의 운동들도 반드시 자체적인 새로운 민족국가를 조직해야 한다고 보았다. 그렇지 않으면 그 운동들은 결코 민주정치와 결합할 수 없기 때문에 민주적 법치국가 내부의 '승인의 정치'나 권리의 평등은 논할 수도 없게 되는 것이다.

하지만 민족국가 체제에 심각한 변화가 일어난 시점에서 또한 국내 관계와 국제 관계가 확연히 구분되기 힘든 상황에서 하버마스식의 '이상적 의사소통 구조'를 구상하는 것은 매우 어려운 일이 돼버렸다. 전 지구화의 맥락 속에서 테일러가 주장한 자유주의 정치의 내부 모순을 '상호 소통'의 매개를 통해 풀어 보려는 시도는 가능할 수도 있지만 반드시 강제성을 띨 수밖에 없다. 이제 우리는 국제 관계의 범주에서 자유주의 권리이론이 직면한 위기에 대해서 살펴 보아도 좋을 것이다.

문명의 충돌과 만민법

전 지구적 관계의 새로운 변화와 문화적 다원주의의 도전을 맞아 롤스 같은 자유주의자도 침묵을 지키기는 어려웠다. 그는 『정치적 자유주의』(*Political Liberalism*)[42]에 이어 「만민법」(The Law of Peoples)[43]을 발표했다. 이 논문은 그의 '정치적 정의'의 개념을 국제 관계에 적용해 이 개념이 국내 민주정치의 기본 원칙일 뿐만 아니라, 국제 관계 민주화의 기본 규범임을 논증하려 하였다. 국제 범주 속에서 롤스의 '정치적 정의' 개념이 직면한 어려움에 대한 분석은, 하버마스의 절차주의적 자유주의가 국내적 관계에서 부딪친 난제를 이해하는 데 도움이 되기도 한다. 왜냐 하면 오늘날 세계의 국내 관계와 국제 관계는 매우 복잡하면서도 확연히 구분되지 않기 때문이다. 또한 그중에서도 핵심적인 문제는 역시 문화적 차이의 맥락 속에서 어떻게 다양한 문화를 보유한 구성원들 사이의 평등한 권리를 확보하느냐 하는 것이다.

롤스의 '만민법'을 분석하기 전에, 이미 중국 지식계에 엄청난 반향을 불러일으킨 헌팅턴의 「문명의 충돌」에 대해서 간단히 살펴보겠다. 헌팅턴의 이 논문은 미래의 국제 관계에 대한 규범적 분석이며, 롤스의 논문은 미래의 국제 관계의 기본 규범에 대한 연구이기 때문이다. 만약 롤스의 목표가 평등한 국제 관계를 위한 기본 규범을 제공하는 것이라면, 그는 적어도 근본적 충돌을 화해시킬 수 있는 평등의 정치 원칙이 존재한다는 것을 이론적으로 논증해야만 한다. 「문명의 충돌」의 핵심적인 관점은 다음과 같다. "새로운 세계에서 충돌의 근원은 더 이상 이데올로기나 경제에 편중되지 않을 것이며, 오히려 문화가 인류의 충돌을 일으키는 주요 근원이 될 것이다. 세계적 사건에서 민족국가는 여전히 막강한 영향력을 행사하고 있다. 그러나 전 지구적 정치의 주요 충돌은 다양한 문화의 종족들 사이에서 발생할 것이다. 문명의 충돌이 전 지구적 정치를 좌우할 것이며, 문명 사이의 단층선이 미래의 전선이 될 것이다."[44] 헌팅턴은 규범적 방식으로 프랑스대혁명 이전 군주들의 충돌, 대혁명 이후 민족국가의 충돌, 그리고 러시아대혁명 이후의 이데올로기 충돌을 구별했는데, 이러한 사유의 핵심은 그러한 충돌들이 모두 서양 문명 내부의 충돌로 이해될 수 있다는 것이다. 하지만 현재의 세계와 미래의 충돌은 곧 문명의 충돌이며 따라서 세계의 정치는 문명의 정치로 개괄될 수 있다는 것이다. 바로 이런 문명의 정치 속에서 "비서구 문명은 더 이상 서구 식민주의의 역사적 객체가 아니며, 서구와 마찬가지로 역사를 추진하고 개척하는 세력이 된다."[45]

헌팅턴의 논문에 관한 논쟁은 중국어 사용권에서도 이미 여러 번 파문을 불러 일으켰다. 여기에서 다시 그에 관한 비판과 반응을 살펴볼 필요는 없겠지만, 몇 가지 사항을 지적하고 '평등의 정치'와 관련되는 문제를 논의해 보겠다. 첫 번째, 세계 충돌의 모델에 관한 헌팅턴의 규범적 서술은 경제적·정치적·군사적 충돌의 근본 요소로 '문화적 차이'를 꼽는다. 이것은 상이한 시각에서 문화적 다원주의에 대한 문제의식을 되풀이한 것에 불과하다. 두 번째, 헌팅턴은 '문명의 공통성' 혹은 '문화적 차이'가 정치적 이데올로기와 전통적 세력 균형을 대신해 국제 협력과 동맹의 토대가 되었다고 인식했다. 그렇다면 문명이 일치하지 않는 세계는 이중의 기준을 피할 도리가 없다. 세 번째, 국제적인 정치 조직과 경제 조직, 안보 체제는 '세계 전체'라는 명목으로 서구가 자신들의 우세를 유지하고 이익을 보장하며 자신들의 정치적·경제적 가치를 선전하려는 도구에 불과하다. 문명의 충돌의 또 다른 표현은 국제 관계의 비서구화이다. 즉 이데올로기와 다양한 형식의 충돌을 대신한 문명의 충돌에는 어떤 조화되기 힘든 성격이 있는데, 그것은 다양한 문명의 가치들이 통약 불가능한 특징을 띠고 있기 때문이다. 문명 충돌의 지평에서 자유주의와 서구 문명의 보편주의는 '보편적 가치'로 이해될 수 없으며, 단지 보편주의의 형식을 빈 특수주의로 간주될 뿐이다. 유엔(UN)과 국제통화기금(IMF)이 서구의 이익에 부합하는 행동에 정당성을 부여하는 것과 마찬가지로, 자유주의의 가치는 '현대적 가치'라는 명목으로 서구 문화의 특수한 가치에 정당성을 부여한다. 헌팅턴은 분명 서구의 이익을 옹호하는 입장에서 문제를 진술했지만, 서술 방식에서는 문화적 다원주의자들과 아주 유사하다.(물론 이들은 모두 인정하고 싶지 않겠지만.) 문화적 다원주의자들과 헌팅턴은 오늘날 세계에서 '합의의 추구'가 그 어떤 시대보다 훨씬 어려워졌다는 것을 느끼게 한다.

헌팅턴의 규범적 형식의 서술은 국제 관계의 기본 규범과 관련되는 정의(正義)의 이론이 잠정적으로 구체적인 정치적·경제적·군사적 관계는 거론하지 않는다 해도 다음 몇 가지 조건만은 반드시 만족시켜야 한다고 지적한다. 첫 번째, '문화적 차이'의 보장을 전제로 그에 수반되는 충돌의 요소를 제거할 수 있어야 한다. 두 번째, 평등의 원칙을 세워 다양한 문화를 다룸으로써 이중적 기준을 배제해야 한다. 그리고 세 번째로, 이 원칙은 당대 세계의 헤게모니 관계를 청산하는 데 기여하고, 국제 조직과 국제 관계 속에서 '승인의 정치'를 실시해야만 한다. 여기서 핵심은 먼저 '문화'와 '공공성' 사이의 상호 용인의 가능성이며, 또한 '공공성'의 수립이 문화적 차이의 전제 아래 이중적 기준을 제거할 수 있는 가능성이다.

롤스의 '만민법'은 국제법 및 그 실천 원칙과 규범상의 권리 및 정의에 적용되는 정치적 개념이다. 이 개념은 전통적인 '국제법'(ius gentium) 개념에서 발전한 것이며, 롤스는 이 개념으로 각 민족의 법률 속에 존재하는 공동의 것들을 표현하였다.[46] 그는 이 법률들을 중심축으로 삼고 정의의 원칙으로 그것들을 종합했으며, 그 결과를 각 민족의 법률에 적용하였다. "이 정의의 개념은 각 민족의 행위가 다른 방향으로 나아가도록, 즉 공동의 이익을 고려하는 보편적 제도의 기획으로 나아가도록 지도할 것이다."[47] 그렇다면 그것은 앞의 조건들을 만족시킬 수 있는가? 또한 헌팅턴이 제기한 것과 같은 '문명의 충돌'들을 해결할 수 있는가? 권리의 평등도 보장해 줄 수 있는가? 여기에서 관건은 문화적 차이를 초월하고 보존하는 보편적 평등 원칙이 제시될 수 있느냐이다.

「만민법」은 분량에서는 『정의론』과 『정치적 자유주의』에 미치지 못하지만 두 저작의 기본 주제 아래 글의 내부 구조가 수립되었고, 또한 두 저작 사이의 변화와 차별성, 그리고 '공정성으로서의 정의'(justice as fairness)와 '정치적 정의'라는 두 주제가 만민법의 범위 안에서 받는 제한과 수정을 담아내고 있다. 공정성으로서의 정의와 상호 연관되는, 『정의론』이 가정한 질서 있는 사회란 비현실적 이념이다. 그리고 그 사회의 모든 시민들은 어떤 완성된 학설을 기초로 공정성으로서의 정의 개념을 인가한다. 롤스의 말을 빌리면, 그는 "로크·루소·칸트가 설명한 전통적 계약 이론을 보편화해서 그것을 더욱 수준 높은 추상적 체계로 만드는 데 있는 힘을 다 했다."[48] '공정성으로서의 정의' 개념은 공리주의보다 우월한 선택적 성격의 체계적인 정의 해석으로 발전했다. "전통적·도덕적 개념을 대체한 이 선택적 개념은 우리가 생각하는 정의의 신념과 가장 가깝다. 또한 민주적 사회체제에 가장 적합한 토대를 구성한다."[49] 한편 『정치적 자유주의』는 다원화된 현대 민주 사회 속에서 상호 용인하지는 않지만 합리적인 학설들과 신념들의 관계를 다루었다. 그 학설들과 신념들 중 어느 것도 국민들의 보편적 인정을 받을 수 없다. 정치적 자유주의는 다양한 학설들의 다원적 공존이야말로 입헌민주정의 틀 안에서 이루어지는 인류의 이성적 실천의 정상적 결과라고 가정했다. 정치적 자유주의는 이성에 부합하지 않는 학설이라 할지라도 그것들을 포용해서 사회의 통일과 정의를 해치지 못하게 한다.[50] 만약 민주 사회가 장기적으로 종교적·도덕적·철학적 불일치 사회라고 한다면, '정의에 대한 합의'는 어떤 실질적인 관점이나 신앙, 이론이 아닌 '중첩적 합의'(overlapping consensus)이다. 그것은 곧 다양한, 심지어 상호 충돌하는 신앙·도덕·철학에 의해 받아들여지거나 비준될 수 있다. 롤스는 『정치적 자유주의』의 서론에서 독자들에게 세 가지 영역의 구분이 중요하다고 했다. 왜냐 하면 그러한 구분이 '정치적 자유주의'의 토대를 이뤘기 때문이다. 그는 『정의론』의 제목에 대한 개설에서 사회계약론의 전통은 도덕철학의 한 부분으로서 도덕철학과 정치철학을 구분하지 않았다고 파악했다. 또한 보편적 범위의 도덕적 정의에 관한 학설 역시 엄밀한 정치적 정의 개념과 구별되지 않았으며, 철학적·도덕적 학설과 정치 영역에 한정된 개념들 사이에서도 대비가 이뤄지지 않았다고 했다.[51] 하지만 『정치적 자유주의』는 이 세 가지 영역을 모두 엄격하게 구분했다.

만민법은 자유주의 정치의 정의 개념이 국제적으로 확대된 것으로 역시 '공정성으로서의 정의'의 두 가지 기본 원칙(평등한 자유의 원칙과 공정한 기회평등의 원칙)을 다루어야 할 필요가 있다. 하지만 이 두 기본 원칙에 적용되는 주체는 이미 변화했다. 즉 더 이상 민족국가 내부의 개인적 주체가 아니라, 오늘날 세계의 사회적–국가적 공동체인 것이다. 한편 『만민법』의 핵심적인 문제는 다음과 같다. 질서 있는 자유 사회와 역시 질서 있는 자유롭지 않은 사회가 어떻게 공존하며 합리적 만민법을 준수할 수 있는가? 롤스가 언급한 질서 있는 사회란 평화롭고 팽창적이지 않은 사회이며, 구성원들의 인가로 정당성을 얻은 사법 체제를 갖춘 기본권을 존중하는 사회이다. 그런데 이 세 가지 원칙에 부합되는 사회에는 질서 있는 자유 사회도, 질서 있는 계층 사회도 포함되므로 이 세 가지 조건은 결코 자유 사회만을 요구하지는 않는다. 『만민법』의 더욱 심오한 목적은 정치적 자유주의의 관용 원칙으로 자유 사회와 비자유 사회의 관계를 처리하는 데 있다. "타인들의 완성된 종교적·철학적·도덕적 학설이 합리적인 정치적 정의 개념과 조화될 수만 있다면, 자유 사회의 국민들은 당연히 그들을 존중해야 한다. 이와 마찬가지로 자유 사회 역시 다른 완성된 학설들의 정치·사회제도가 어떤 조건들을 만족시키고 그 사회가 합리적 만민법을 따르게 할 수 있다면, 마땅히 그 학설들이 조직한 사회를 존중해야만 한다."[52] 따라서 만민법은 정치적 자유주의가 수행하는 추론 방식의 연속선상에 있다. 그런데 합리적 만민법의 핵심을 인권으로 본다면, 롤스는 앞의 세 가지 원칙의 관용적 한계로서의 역할을 해명해야 하며, 어떤 민족도 '서구적인' '인권' 및 그 관련 기준을 거부할 수 있다는 것을 논증할 필요가 있다. 다시 말해서 문제는 만민법의 주된 논점의 합리성 여부에 있지 않고 다양한 민족들에게 그 논점을 인정할 수 있게 하는 롤스의 방식에 있다.

정치적 자유주의는 자유 민주 사회의 가설적인 자기 충족적 상황을 기점으로 해서 보편적인 자유 개념을 해석했는데, 이 개념은 단지 정치적 가치를 포함할 뿐 전체 생활에 미치지 못하며 기존의 만민법의 경우에도 이 점이 고스란히 적용된다고 지적했다. 롤스는 사람들을 납득시킬 만한 방식으로 그 개념을 다양한 사회들 간의 관계에까지 확대시키고 합리적 만민법을 산출하지 못한다면, 자유주의의 정치적 정의 개념은 단지 당위적으로 자유 사회의 정치제도와 문화 속에 한정될 수밖에 없다는 것을 알고 있었다. 부연하면 비록 '정치적 정의'의 모든 원칙이 자유 사회라는 상황에서 나왔지만, 그것들은 완성된 학설이 아니므로 결코 서구 사회에만 적용되는 원칙으로 봐서는 안 된다. 그것들은 보편적 원칙이다. 사회계약론의 범위가 보편적이라는 것을[53] 증명하기 위해서는 반드시 어떤 완성된 학설이나 신념(하나님·이성·도덕적 가치 등)을 피해 보편적으로 유효한 기초를 추론해야 하므로 일종의 구성주의적 방식을 고수해야 한다. "구성주의 이론은 자기 충족적 민주 사회의 기본 구조에 적용되는 정치적 정의의 원칙들에서 출발해 일련의 주제들을 통해 연역되었다. 이 이론이야말로 앞으로 미래에 요구될 원칙을 제시하고 있으며, 밖으로는 만민법의 원칙들을, 안으로는 특수한 사회적 문제에 관한 원칙을 제시한다."[54] '정치적 자유주의'와 마찬가지로 이 원칙에 따라 수립된 만민법은 완성된 다양한 학설 및 종교·신앙을 포용하고, 다양한 문화·종교·완성된 학설을 공존하게 하려 한다는 것이다.

만민법은 국가법 및 국제법과 확연히 구별되지만, 그 설치 방법은 국내적 정의 원칙의 설정 방법과 큰 차이가 없는 듯하다.[55] 즉, 만민법의 정의 원칙은 국내적 정의 원칙처럼 모두 '무지의 베일'(the veil of ignorance)을 통한 '원초적 상태'(the original position)의 가정에서 나온다. 이 '원초적 상태'는 하나의 대표 장치로서 각 파별들에 일괄적으로 공정한 조건을 마련해 준다. 그렇게 해서 양호한 계층 사회를 조직한 대표자가 자유 사회 대표자와 동일한 만민법을 채용할 수 있도록 보장한다.[56] 국내적 상황에서 각각의 이성적 파별은 개인을 대표했지만, 현재는 각 민족을 대표한다. '정치적 정의'의 구성 과정이 더 이상 완성된 학설이나 신앙·도덕을 기초로 하지 않는다고 가정한다면, 만민법 역시 결코 서구적 전통과 같은 특정 전통에 의존하지 않는다. 그것은 자유 사회와 계층 사회 사이의 '중첩적 합의'에 의존한다.[57]

여기에서 롤스의 복잡한 추론 과정을 상세히 설명할 수는 없고, 간단히 그의 추론 과정이 직면한 어려움을 분석하겠다. '원초적 상태'를 통해 만민법의 기본 원칙을 마련하고 각 민족사회가 그 만민법을 받아들이도록 요구하려면, 반드시 아래의 몇 가지 문제에 대해 만족스러운 답을 제시해야만 한다.

먼저 왜 만민법은 세계의 총체적 상황이나 전 지구의 원시적 상태가 아닌, 정치적 정의의 원칙에 따라 구성된 사회를 출발점으로 논의되어야 하는가? 이에 대해 롤스는 모호하게 긍정하면서, 단지 다른 방안을 시험해 평가할 수 있다고만 말했다. 하지만 이유는 분명하다. '공정성으로서의 정의'에 대한 롤스의 논의는 국내 사회를 기점으로 삼았으며, 그에게 민족은 정부에 의해 조직된 법인 단체로서 하나의 형식으로 세계에 널리 분포된 것이었다. 이런 의미에서 만민법의 모든 원칙과 기준은 공공 여론에 대해 어느 정도 반성적인 민족 및 그 정부에 의해 받아들여질 수 있는 것이어야만 한다.[58]

롤스는 세계의 모든 개체들이 구성하는 원시적 상태로부터 만민법을 고안한 것은 아니다. 그는 현존하는 각각의 분립된 사회에서 그것을 연역해냈고, 그것은 확실히 계산된 결과였다. 그런데 롤스는 이러한 이유 외에도 사회와 문화의 차이 문제도 분명히 고려했다. "모든 것을 포용하거나 전 지구적 성격의 원시적 상태는 자유 관념을 운용하기가 훨씬 더 어렵다는 데 그 어려움이 있다. 왜냐 하면 인간들의 사회·문화는 무시한 채 개인을 자유롭고 평등하며 지적이고 합리적인 존재로 여긴다고 보여질 수 있기 때문이다.…… 이것은 만민법의 기초를 지나치게 협소화시킬 것이다."[59] 다시 말해서 만민법이 다양한 사회의 광범위한 동의를 얻기 위해서는 반드시 더욱 보편적인 자유의 이념을 수립해야만 하며, 그것은 다양한 사회들 사이의 차이를 토대로 해서 훨씬 공정한 원칙을 제시해야 한다. 그러나 민주정체의 평등주의 원칙은 포함하지 않는다.(즉, 정치적 자유의 공평한 가치, 그리고 기회의 공정성과 차등의 원칙.) 롤스는 만민법의 기본 원칙이 자유 사회와 계층 사회 모두에서 수락된다고 보았다. 그리고 그 원칙들이 이 세계의 평등한 민족들이 구성할, 건강하게 조직된 사회 속의 영예로운 구성 요소라고 생각했다.[60]

롤스가 추론한 전제를 승인한다 해도 다음과 같은 의문은 짚고 넘어가야 한다. 그것은 '어떻게 해야만 다양한 민족들 사이에 공정한 조건을 구축하고 대표 장치를 통해 만민법을 규정할 수 있는가?' 하는 것이다. 더욱 중요한 것은, '그 장치가 허락하는 '공정성으로서의 정의'와 평등 원칙이 사람들의 문화적 차이가 승인되도록 보장할 수 있는가?' 이다. 여기에서 '원초적 상태'가 가정하는 평등의 성격을 살펴야 한다. '원초적 상태'에서 '평등'의 장치는 '무지의 베일'을 기초로 성립된다. 즉, 각 파벌은 영토의 크고 작음, 인구의 많고 적음, 상대 진영들의 역량의 수준을 알지 못한다. '정치적 정의'가 모든 사람이 무차별적(difference-blind) 방식으로 서로를 대하고 존중하길 요청하는 것처럼, 만민법도 각 민족이 문화적 차이를 무시하는 상황에서 '공정성으로서의 정의'를 공존의 원칙으로 삼을 것을 요청한다.[61] 달리 본다면 이런 보편주의적 평등에는 테일러의 이른바 '승인의 정치'의 의미는 없다. '승인의 정치'는 특정한 정체성에 대한 승인과 존경이야말로 모든 사회의 전제 조건이 되어야 한다고 굳게 믿는다. '승인의 정치' 역시 현대적 평등 개념에서 파생되었지만, '무지의 베일' 뒤에서는 평등의 조건을 확정할 수 없다. 왜냐 하면 '무지의 베일'은 집단의 문화적 정체성과 사회적 입장, 혹은 경제적·정치적 조건을 가리기 때문이다. 이런 관점에서 볼 때 롤스의 정의 이론이 꼭 현대 민족-국가의 사회적 주체성의 한 부분으로서 상호 존중을 창출할 것이라고는 볼 수 없으며, 아울러 '무지의 베일'이 창출하는 평등한 상황은 결코 차이에 대한 인정이 아니다.[62] 사람들이 '승인과 정체성의 윤리학'이 요구하는 공적 투명성의 정치를 승인하지 않을 수 있다 해도, 즉 특정한 집단과 그 성취의 유일무이한 정체성 및 존엄성을 승인한다 해도, 분명히 어떤 정의 이론을 세워 현재의 '문명의 충돌'을 해소하고, 만민법의 토대 위에 평등한 정치 관계를 성립시킬 수 있는 가능성은 지극히 미미하다.

이러한 서술은 규범적 이론에 대한 현실적 차원에서의 비판이며, 이론적 차원에서는 효과가 없다고 이해될 수도 있다. 하지만 나는 이 비판이 어느 정도 롤스의 이론 방식과 목표의 내재적 모순에 대해 의의가 있다고 생각한다. 롤스의 『만민법』은 그의 『정치적 자유주의』와 마찬가지로 문화적 다원성의 현실과 문화적 다원주의의 도전에 대응해 나온 결과이다. 어떤 의미에서 확실히 그는 하버마스가 비판한 것처럼 인식의 확실성을 포기하는 대가로 자신의 정의관의 중립성을 획득했다.[63] 또한 롤스는 '공정성으로서의 정의' 개념에 정치성을 부여하려고 시도하면서, 『정의론』에서 제시한 '원초적 상태'와 '무지의 베일'의 가설적 전제를 다시 사용하였다. 그런데 이 가설적 전제는 '정치적 정의'라는 측면에서 합리적으로 증명될 수 없다. 하버마스는 언젠가 『정치적 자유주의』에 관해 논하면서, '무지의 베일'이란 인위적인 '정보의 제한'이라고 비판하였다. 즉 이 개념은 사람들이 자유롭게 논의하고 사상을 전달할 수 있는 권리를 처음부터 박탈함을 의미한다는 것이다.[64] 이런 비판은 '만민법'의 추론 과정에서도 적용될 수 있다. 왜냐 하면 '무지의 베일'이 어떤 투명한 정치 모델을 구성하지 못하기 때문에, 각 민족사회의 고유성 및 정치관이 만민법의 기본 원칙을 구성하는 데에 참여할 수 없기 때문이다. 액커만도 바로 이런 의미에서 '원초적 상태'와 '무지의 베일'이 정치적 자유주의의 합리적 전제가 될 수 없다고 지적했다. 그러므로 롤스는 '무지의 베일'의 가설적 전제를 포기하거나,

아니면 정치적 자유주의를 포기해야 한다는 것이다.[65]

만민법과 정치적 자유주의는 정치적 정의 개념이 이성에 부합하기는 하지만 진리는 아니라고 보면서 논의를 전개한다. 그 논의의 목적은 서구 중심주의 혹은 다른 가치 중심주의의 함정을 피하는 것이다.[66] 그러나 미리 '원초적 상태'와 '무지의 베일'을 설정하는 것은 배타적 내용을 포함하며, 또한 '중첩적 합의' 자체도 신념·도덕·철학에 대해 불편부당한 태도를 취하는 것이 불가능하다. 롤스는 단지 정교분리가 이뤄진 유럽의 정치적 전통 안에서만 신앙·종교·도덕 문제 등을 '정치' 바깥에 놓고 고려할 수 있다는 점을 생각하지 못했다. 따라서 '정치적 정의'는 특정한 전통을 완전히 초월할 수 없다. 그 전통은 여전히 실질적 관점인 것이다.[67] 다양한 문화적·정치적 가치의 충돌을 언급하면서, 롤스는 비정치적인 가치들이 반드시 정치적 가치에 복종해야만 한다고 고집했고, 따라서 그의 '중첩적 합의'의 중립성은 의심의 여지를 남기게 되었다. '정치적 정의' 개념이 모든 신념·도덕·철학을 초월하는 보편적 이론이라는 선언에는 하버마스의 절차주의적 권리이론에 못지않은 배타성이 감춰져 있다. 정치적 자유주의의 이런 내재적 모순들은 롤스가 구상한 '만민법' 속에도 똑같이 포함되어 있을 뿐만 아니라, '공정성으로서의 정의'의 운용 범위가 확대됨에 따라 한층 더 위기를 드러낸다. 이것은 이미 롤스가 『정치적 자유주의』에서 인정한 대로, '정치적 정의'와 서구의 정치적 전통이 밀접한 관계에 있기 때문이다. 그렇다면 어떻게 롤스는 이 개념이 국제 관계에 적용되고, 평등의 원칙에도 부합된다고 선언할 수 있었을까?

『정의론』에서 『정치적 자유주의』, 「만민법」에 이르기까지 롤스의 '공정성으로서의 정의' 개념은 지속적으로 수정되고 제한되었다. 만약 『정의론』의 평등주의 경향이 1960년대의 민권운동과 하층 계급이 평등을 요구한 다양한 사회운동들에서 힘을 얻었다면, 『정치적 자유주의』도 분명 다원적 사회의 현실과 문화적 다원주의의 호소들에서 자기 성찰의 계기를 얻었다. 그리고 「만민법」은 더욱 광범위한 범위에서 그 성찰을 구현했다. 롤스는 정치적 자유주의와 만민법 모두 어떤 학설이나 신념에서 연역될 수 없다고 주장했다. 그리고 계몽주의 운동 이래 줄곧 윤리 및 정치사상에 관철된 서구 중심주의에 대한 경계심을 표현했다. 그러나 만민법의 연역 과정은 그 역시 진정으로 서구 중심주의를 벗어나지는 못했음을 보여 주었다. 한편 「만민법」의 기본 원칙은 특정한 정치적 전통의 산물로서 여전히 오늘날 세계의 기본적인 문제들을 해결하지 못했다. 그러나 우리는 어쨌든 「만민법」을 적극적인 성과로 인정해야만 한다. 예컨대 롤스의 인권 규정은 보편주의적 인성이론에서 착안된 것이 아니다. 그것은 인권을 질서 있는 정치제도의 최소한의 기준으로 이해해 기본권 문제와 정치 형식을 분리했다.(예를 들어 서구의 민주정체나 정치체제들.) 이런 의미에서 롤스는 우리가 이 만민법의 요지와 "자유 개념을 거부하는 종교적·팽창적 국가가 이해하는 만민법 사이의 차이"에 주의해야만 한다고 일깨워 줬다. "……만민법의 자유 개념은 질서 있는 계층 사회가 종교제도를 포기하고 대신 자유제도를 채택해야 한다고 요구하지 않는다." 자유 개념은 또한 경제 제재나 무력간섭으로 질서 있는 신분 사회의 변화를 강요할 수 있는 정당성을 전혀 증명할 수 없다.[68] 이러한 것들은 자유주의 이론의 자기 성찰의 결과라고 이해할 수 있다.

그러나 우리는 또한 만민법의 대표 장치가 이상적인 민족국가와 민족국가 체제를 모델로 삼았음을 지적할 수 있다. 롤스는 민족 정부가 완전한 국토 수호와 인구정책 결정, 통일적 환경 유지를 책임진다고 설명하면서, 그것이 곧 해당 민족의 대표이자 유효한 기구라고 설명하였다. "이 견해는 재산 소유권제도의 도움을 얻어야 하며, 반드시 어떤 확실한 기구가 재산 유지의 책임을 지는 한편, 그렇게 하지 못할 경우에 따르는 손실을 부담해야 한다. 그렇지 않으면 그 재산들은 손실을 입게 된다. 이런 상황에서 재산이 의미하는 것은 민족의 영토와 영구적으로 성원들을 양성하는 민족의 능력이며, 기구는 곧 정치적 조직을 갖춘 민족 자신을 가리킨다."[69] 이 설정은 여전히 효력이 있지만 그 제한적 성격은 이미 남김없이 폭로되었다. 먼저 다국적 자본이 세계 경제활동을 주도하는 역사적 시기에 민족국가의 기능은 이미 변화하기 시작했다. 나토(NATO) 같은 군사 조직의 변화와 지역 경제 조직들의 활동 역시 독립적인 정치·경제·군사적 실체로서 민족국가의 함의가 변화하고 있음을 보여 준다. 헌팅턴이 밝혔듯이 유엔 등의 국제 조직들은 미국과 서구 강대국들에 의해 조종되는 무대에 불과하다. 상대적으로 완비된 만민법은 이러한 신구(新舊)의 세계 관계들을 고려해 그것들을 합리적 평등의 원칙을 수립하기 위한 참고 사항으로 삼아야 한다. 그리고 세 번째, 정치적 정의와 만민법을 민족사회의 단일한 구조에서 연역해 불평등한 국제 관계를 그대로 덮어 버렸으며, 다양한 민족사회들 사이의 상호 관계를 소홀히 했다. 롤스는 '비이상적 이론: 불리한 상황'을 논의하면서 빈곤한 사회의 심각한 죄악은 강제적 정부, 부패한 권력자, 비이성적 종교로 인한 여성의 굴종 등에 그 원인이 있다고 보았다. 그는 민족사회의 모든 문제점이 사회 배경의 구조 속에 감춰져 있다고 단정했다. 국내 위기의 원인을 외부의 힘에 전가시키는 국가 통치자들에게 이런 관점은 중요한 비판적 힘을 발휘한다. 하지만 오늘날 세계의 국내 관계와 국제 관계는 아주 복잡하게 얽혀 있으며, 그 정치·경제적 구조는 식민주의 시대 이후 전 지구의 역사와 밀접한 관련이 있다. 만약 현재 국제 관계 연구가 이 불평등한 세계사적 관계를 회피하고 그 상황에 대한 책임을 오로지 특정 민족사회 자체의 문화·종교·정치적 구조로 돌린다면, 그 죄악들을 제거하는 데 아무 도움이 되지 않고 또 다른 죄악까지 덮어버릴 가능성이 있다. 「만민법」은 이런 종류의 문제를 다루지 못했으며, 롤스가 구성한 도식에도 이러한 내용은 없다. 만민법에 대한 그의 사유는 줄곧 '민주국가'가 어떻게 '관용적으로' '계급사회'에 대처할 것인가에 초점이 맞춰져 있었기 때문에, 사람들은 그가 계층화된 국제 관계의 핵심을 꿰뚫어 보지 못했다고 생각하게 되었다. 따라서 광범위한 범위를 포괄하는 만민법은 질서 있는 사회 내부의 정치적 정의에서 유도되지 못한다. 오히려 그것은 오늘날의 전 지구적 관계가 형성한 역사에 대한 성찰을 토대로 수립되어야 한다.

문화, 시장 사회와 공공성 문제

자유주의의 권리이론은 보편주의의 원칙을 구현했으며, 현대적 법률 개념은 정확성과 공정성을 일체화한 자유주의적 합리성을 구현했다고 인식된다. 그것은 권리에서의 공정성뿐만 아니라, 일반적·추상적 규범의 확립으로 수립되는 법제도를 포함하고 있다.[70] 그러나 민족국가 내부에서든 아니면 세계적 범위 안에서든, 종족·젠더·집단의 요구를 비롯해 현재의 세계 구조와 그 운행 규칙의 변화는 모두 이러한 보편주의적 권리이론과 정의관에 대해 도전하고 있다. 따라서 우리는 '문화와 공공성'의 관계를 사고하지 않을 수 없다. 나는 첫 번째 부분에서 오늘날 세계의 두 가지 상호 대립적 현상을 언급하였다. 그중 다국적 자본과 국내 자본의 협력이 이미 민족국가 체제의 내적 구조를 변화시키고 있는데 반해, 세계 각지에서 나타나고 있는 국내적 혹은 국제적 분리주의 운동은 문화적 '자기 폐쇄화' 경향을 띠고 있음을 분석했다. 이 두 측면은 모두 한 가지 결과를 말해 주는데, 그것은 곧 자유주의 이론이 전제하거나 호소한 '공공성'이 오늘날 무너지고 있다는 사실이다.

공공성의 상실을 논의하기 위한 한 가지 방법으로, 현대 민주주의 국가의 정치적 상황과 그에 상응하는 민주주의 이론을 살펴보도록 하겠다. 테일러는 현대 민주주의 과정에서 두 가지 서로 다른 실패의 유형과 이론이 나타났다고 분석했다. 그 공통된 특징은 국민의 민주적 참여 능력의 감소, 혹은 국민과 국가 사이의 거리가 멀어진 것이다. 먼저 첫 번째 유형은 국가가 국민의 필요와 욕구를 이해하고 만족시킬 수 있는 능력을 잃어버리면서 생겨났다. 그 결과 국가는 내부적 권력 수행이나 관료주의적 절차, 혹은 엘리트 정치에 좌우되게 되었고, 보편적인 정치적 무관심을 가져오게 되었다. 그리하여 결국 국가 제도 자체에 정당성 위기가 출현했다. 다음 두 번째 유형은 우파 정치운동의 특징을 대변한다. 그것은 주로 국가와 국민 사이의 거리가 멀어지는 것으로 나타나는데, 국가 기관이 국민의 요구에 민감하게 대응해 문제를 해결하지 않고, 정부가 사람들의 일상생활에 거의 관여하지 않음으로써 발생했다.[71] 후자의 모델은 오늘날의 중국 사회에서 시민사회와 관련된 정치 현상으로 구체화되었다. "모든 시민사회에는 두 가지 메커니즘이 존재한다. 18세기 이래 관련 저작들은 이 두 가지 메커니즘에 아주 숭고한 지위를 부여했다. 그중 한 가지는 곧 공공 영역이다. 공공 영역에서 전체 사회는 공공 매체를 통해 의견을 교환하고 질문을 하거나 합의를 형성한다. 또 다른 하나는 시장경제인데, 그 주요 기능은 협상을 통해 상호 수혜적 협정을 달성하는 것이다."[72] 국가가 상품의 유통이나 공공 영역을 통제하는 상황에서 우파운동은 결국 간섭을 배제하는 시장 이론 쪽으로 기울었다. 정치적 차원에서 그것은 서구 국가들의 자유주의적 민주주의의 일반적 폐단을 범할 가능성이 뚜렷하다. 즉, 국가와 민중 사이에 틈을 벌려 결국 민주적 참여율을 낮출 것이다.

민주주의 정치체제의 공공성 상실은 공공 영역의 구조적 전환과 밀접한 관련이 있다. 하버마스는 이렇게 말했다. "공공성 원칙의 기능 변화는 특수한 영역으로서 공공 영역의 기능 변화를 토대로 이루어졌다. 이 변화는 공공 영역의 두드러진 메커니즘, 즉 신문·잡지의 전환에서 분명하게 나타났다. 그 첫 번째 측면은 신문·잡지의 상업화이다. 상품의 유통과 정보 교류가 동등한 수준에 이르러 개인 생활에서 공공 영역과 사적 영역을 분명히 구분하기가 힘들어졌다. 또 다른 측면은 공공 영역이 더 이상 사적 영역의 독특한 일부분이 아니라는 것이다. 그것은 공공 영역 메커니즘의 독립성을 유지하는 유일한 보장이다."[73] 하버마스가 제시한 공공 영역의 자유주의적 모델은 오랜 역사적 분화 과정에서 생겨나, 결국 개인들이 모여 이루어진 공중(公衆)의 영역으로 나타났다. 그리고 현대 헌법에서 기본권이 명시된 부분이 공공 영역에서 자유주의적 모델의 형상을 제공했다. 이것들은 사회가 사적 자주권의 영역임을 보증하는 한편, 사회가 어떤 기능들로 국한된 공적 권력의 영역이 되는 것에 반대했다. 한 개인의 영역은 바로 이 두 영역 사이에 존재했으며, 그것들이 모여서 공중을 이루는 한편 국민으로서 국가 및 부르주아 사회의 수요를 조절했다. 그 목적은 이 공공 영역의 조절을 통해 정치적 권력을 '합리적' 권력으로 전환시키는 것이었다. 바로 이 과정에서 일상적인 신문·잡지가 중요하게 작용했다.[74]

하지만 오늘날 세계의 공공 영역은 근본적으로 변화하고 있다. 우선 상업화에 따라 공공성의 경계선이 부르주아 계급의 범위를 넘어서 결국 공공 영역은 그 배타성을 잃게 되었다. 그리고 과거에 사적 영역을 위협했던 충돌이 이제는 공공 영역으로 진입했으며, 공공 영역은 점차 이익 조절의 장소가 되고 있다. 게다가 집단적 요구는 자율적 조절의 시장에서 만족을 기대할 수 없게 되면서, 방향을 바꿔 국가의 조절 쪽으로 기우는 추세이다. 다시 말해서 공공 영역이 형성한 공/사 구분이 모호해져 버렸다. 다음으로, 법률도 여론을 통해 달성된 개인들의 의견 일치에 의해 성립된다고 이해되지 못하고 있다. 그것은 명백히 이익집단들의 집단적 투쟁에서 나온다. 그리고 그러한 법률들은 많건 적건 위장되지 않은 형식으로 개인적 이익들 사이에서 타협을 달성한다. "오늘날의 사회조직은 정당의 기능을 통해서든 공공 행정과 연계해서든 정치적 공공 영역에서 국가적 행위를 다룬다. 공공 영역과 사적 영역의 연합으로 정치 기구가 상품 교환 및 사회적 노동 영역에서 일정한 기능을 맡게 되었을 뿐만 아니라, 그와 상반되는 사회적 권력 역시 정치적 기능을 획득하였다. 이것이 바로 공공 영역의 '재봉건화'를 불러왔다."[75]

공공 영역의 '재봉건화'는 문화적 불평등을 무겁게 했다. 왜냐 하면 자본의 수행과 사회적 재분배 과정에서 종족성 문제 또한 사회적 계층 분화의 중요한 요소로 작용했기 때문이다. 최대 규모로 자본을 통제하던 국가와 집단은 역시 최대 규모로 국내적·국제적 공공 여론을 통제했다. 소수 민족과 여성, 사회 하부 계층들은 국제 관계에서의 제삼세계 국가들과 마찬가지로 분배 규칙의 제정에 참여할 수 있는 권리를 얻지 못했으며, 공공 영역에서의 발언권도 향유하기 어려웠다. 언젠가 하버마스는 독일 통일 이후 각각의 역사적 운명으로 인해 형성된 동·서독 국민들의 관계를 언급했다. "옛 동독 국민들은 온갖 굴욕을 받아야 했다. 애초부터 자신들의 대변인과 독립된 정치적 공공 영역을 갖지 못한 그들은 새로운 걱정에 빠져 있다. 통일을 위해 괄목할 만한 공헌을 했는데도 지금 그들의 마음속에는 끝없는 원한이 쌓여 있다."76) 여기에서는 각각의 역사적 운명에 의해 형성된 문화적·정치적 차이가 공공 영역 입문을 위한 규칙의 중요한 근거가 되었다.

현대 독일에서는 문제되는 역사적 차이는 그나마 아주 짧다. 훨씬 장구하고 복잡한 역사 속에서 형성된 종족성 문제는 국내정치와 국제정치 모두에 중요한 영향력을 미친다. 글레이저(Nathan Glazer), 모이니한(Danile Patrick Moynihan)이 1970년대에 편집한 『종족성: 이론과 경험』(*Ethnicity: Theory and Experience*)이란 책은 이렇게 말하고 있다. "새로운 사회적 계층 분화는 대부분 종족성과 관련이 있다. 그런데 자산 관계에 대한 편견이 줄곧 우리가 종족 간의 관계를 인식하는 것을 방해했다. 종족성은 자산 관계의 파생물로 여겨지기도 했고, 혹은 선사시대의 유물로 취급되기도 했다. 하지만 우리는 유고슬라비아 공산당이 보스니아·크로아티아·헤르체고비나·마케도니아·세르비아·슬로베니아 사이의 평등한 발전과 비슷한 생활수준을 실현하기 위해 기울인 노력이 어떻게 물거품이 되었는지 이미 확인했다.…… 또한 우리는 러시아인들이 소련 국경 내에서 종족 평등을 표방했을 때, 워싱턴의 우크라이나인들이 수련 대사관 앞에서 시위를 하고 모스크바의 유태인들이 이스라엘로의 이주를 요구한 사실을 알고 있다. 이로써 우리는 자산 관계야말로 파생물이며, 종족성이 바로 사회적 계층 분화의 원동력임을 알 수 있다. 우리의 가설은 다음과 같다. 공동의 환경에서 종족 집단들의 서로 다른 규범은 다양한 수준의 성공 사례를 만든다.—여기에서는 집단(group)이 사회적 지위의 차별을 낳는다. 이런 현상은 자산 관계가 완화되고 있는 선진 자본주의 사회에 광범위하게 존재할 수 있으며, 자산 관계가 폐지된 공산주의 및 사회주의 사회에서도 똑같이 존재할 수 있다."77) 우리는 자산 관계 및 정치적 공공 영역 속의 자원 분배 문제를 종족성 문제로 덮어 버릴 필요는 없을 것이다. 하지만 종족성 및 그와 관련된 문화적 추구를 은연중에 홀시하는 것은 의심할 여지없이 오늘날 공공성 상실을 보여 주는 중요한 징표이다.

만약 민주적 실천의 위기를 정치적 차원에만 국한해서 논의한다면, 시장 사회와 민주주의 정치의 관계를 명쾌하게 설명할 수 없다. 하버마스가 서술했듯이, 전제적 통치를 겨냥해 제기된 여러 가지 보편적·추상적 법률 개념 및 요청은 부르주아 계급 공공 영역의 정치의식에서부터 나왔다. 그리고 이 공공 영역 자체는 공/사의 엄격한 경계 구분 위에서 수립되었다. 사실 민주적 실천의 실패는 어느 정도 공/사 범주의 변화에 비춰 설명될 수 있다. 부르주아 계급 공공 영역의 특징은 개인들이 모여 공중(公衆)을 이뤘다는 것이다. 그리고 부르주아 계급이 곧 개인이었고, 그들에게는 통치권이 없었다. 하지만 시장 사회의 발전은 개인으로서의 부르주아 계급의 이런 특성을 변화시켰다. "우리는 시장 영역을 '사적 영역'(private sphere)이라고 부르고, 가정을 '개인 영역'(intimate sphere)이라고 부른다. 후자는 전자에서 독립적이라고 여겨지는데, 사실상 시장의 수요에 깊숙이 휘말려 있다.…… 한 개인으로서 부르주아 계급은 두 가지 면모의 일체이다. 부르주아 계급은 물품과 인간의 소유자이면서, 대중의 일원이다. 즉 자산가이자 개인인 것이다.…… 성숙한 부르주아 계급 공공 영역은 영구적으로 공중을 조직하는 개인의 이중적 역할, 즉 소유주이자 인간으로서의 허구적 통일성의 토대 위에 수립된다."[78) 다시 말해서 시장 사회는 점차 자산가의 추상적 인간으로서의 측면을 무너뜨렸다. 현재 사적 영역으로서의 경제활동 자체는 이미 공공 생활의 핵심적인 부분이 되었다. 개인의 영역은 현재 공공의 영역이 되었으며, 그것이 준수하는 규칙은 곧 이익 균형의 규칙이다. 그리고 여론이란 유명무실할 뿐이다. 이른바 '공공의 의견'은 이익집단에 의해 조종되고 통제되는 영역이 돼버렸다. "재산 보호의 기본 모델과 관련해 로크는 '소유제'라는 명목으로 자연스럽게 생명과 자유, 그리고 모든 재산을 하나도 빠짐없이 일괄했다. 이로써 당시 정치적 해방과 '인간의 해방'—청년 마르크스가 구분한—은 쉽게 통일될 수 있었다."[79] 이러한 낙관주의는 오늘날의 시각에서 보면 조금 이상할 수밖에 없다. 세계에 편재해 있는 다국적기업이나 각종 형식의 거대 자본을 살펴보자. 그것들은 '간섭을 받지 않는 시장'과 '시민사회'를 무대로 삼고 있다. 그리고 민족국가와 협력해 경제적 실천과 이익 분배 전체를 조종하고 사회적 재화를 나눠가질 뿐만 아니라 입법의 형식으로 사회를 통제하기도 한다. 또한 정치적 공공 영역에서 '개인'은 이미 철저히 소멸되었고, 정당과 대규모 이익집단만이 유일한 합법적 대표가 되었다. 동아시아 지역에서 막 탄생한 어떤 민주정치들은 벌써 노골적인 정당정치에 의해 조종당하고 지배받고 있다. 힘든 투쟁으로 수립된 또 다른 민주 정권들도 이미 거대 자본에 통제받는 희생물이 되고 말았다. 그리고 더욱 분명한 것은, 민족국가와 거대 자본이 타협을 이뤄 현대사회의 정치·경제·문화 구조를 새롭게 구축하고 있다는 점이다.

 우리는 성급하게 "누구의 공공성이며 어떤 종류의 공공성인가"와 같은 문제를 제기하거나, '공공성' 개념이 문화적 차이를 없앨지도 모른다고 염려할 필요는 없다. 내가 보기에 공공성의 상실과 문화적 차이에 대한 말살은 동일한 사건이다. 그리고 이 둘은 모두 현대사회 운행의 기본 규칙 내부에서 생겼다. 아렌트는 공공성이 세계 그 자체라고 판단했는데, 아마도 그녀의 비유는 적절하게 '공공성'에 대한 함의를 밝혀 줄 수 있을 것이다. 세계에서 함께 생활한다는 것은 근본적으로 이 세계를 공동으로 소유하는 사람들 사이에 사물의 세계가 존재한다는 것을 의미한다. 마치 하나의 테이블이 그것을 둘러싸고 앉아 있는 사람들 앞에 놓여진 것과 같다. 세계는 중간에 있는 사물과 마찬가지로 동시에 사람들을 연결하고 분리한다. 이 비유에 따르면 공공성의 상실은 이렇게 변화했다. "그들 사이의 세계는 이미 그들을 모이게 하고 결합하거나 분리시키는 힘을 잃어버렸다. 이런 상황은 아주 불가사의해서 어떤 강신회(降神會)에 비유할 수 있을 것이다. 한 무리의 사람들이 탁자를 중심으로 모여 있는데, 어떤 마술로 갑자기 탁자가 사라져 버린다. 서로 마주 앉아 있던 사람들은 더 이상 분리되지 않고, 또한 더 이상 어떤 유형의 물건으로도 함께 연결되지 않는다."[80] 이것이 바로 현대사회의 초상이다.

이른바 '현대사회'는 또한 시장 사회 혹은 대중사회이다. 아렌트는 다시 이렇게 말한다. "근대적 의미의 개인성은 가장 실질적인 기능—개인의 것을 보호하는—에서 정치 영역의 대립 면이 아닌, 사회 영역의 대립 면으로 발견된다. 따라서 그것과 사회 영역 사이의 관계는 아주 긴밀하고 사실적이다."[81] 여기에서 아렌트가 언급한 개인과 사회의 대립은 두 가지 측면의 의미를 포함한다. 우선 사회 발전과 가정의 쇠퇴는 거의 동시에 일어났다. 가정이 사회집단들 속에 흡수되었기 때문이다. 고대인들은 전제적 독재 통치가 가정을 조직하는 수단이라고 생각했다. 그런데 현재의 사회 질서는 일종의 무인(無人) 통치이다. "이 '무인'이라는 것은 인격적 특징을 잃었다고 해서 통치를 중단하지 않는다. 그것은 살롱 안 상류 사회의 가설적 의견 일치를 대표하기도 하고, 경제 영역에서 전체 사회의 일치된 이익을 대표하기도 한다.…… 사회적 특성을 가장 잘 갖추고 있는 통치 형식인 관료제에서 알 수 있듯이, 무인 통치는 꼭 통치의 부재를 의미하지는 않는다. 그것은 의심할 여지없이 어떤 특정한 상황들 속에서 심지어 가장 잔혹하고 포악한 통치 형식이 될 수도 있다."[82] 그 다음으로 "사회는 모든 상황에서 평균화를 실현했고, 평등은 현대 세계에서 승리를 거머쥐었다. 그런데 이러한 승리는 단지 정치적·법률적으로 다음과 같은 사실에 대한 승인을 드러냈을 뿐이다. 즉, 사회는 이미 공공 영역을 정복했고, 구분과 차이는 순순히 개인에게 속하는 것으로 변질되었다."[83] 아렌트는 근대의 평등이 사회 속에 내재된 획일주의(conformism)를 기초로 하며, 그 획일주의야말로 근대 경제학의 기초라고 생각했다. 경제학의 과학적 위상은 인간이 사회적 생물로서 다 같이 특정한 행위 모델을 따른다는 토대 위에서 수립되었다. 따라서 규칙을 준수하지 않는 사람들은 반사회적이거나 비정상적인 인간으로 치부될 수 있다는 것이다. 통계학에 적합한 이런 획일적 행위 방식은 '이익의 자연스러운 조화'라는 자유주의적 가설과는 관계없다. 이런 의미에서 만약 현대사회의 통치 형식을 문제 삼지 않고 시장 사회의 기본적인 획일주의를 문제 삼지 않는다면, 하버마스가 가정한 '의사소통'을 토대로 한 '개인의 사회화'는 결코 '문화적 차이'를 포용할 수 없을 것이다. '차이성'은 현대사회의 기본적인 산출 방식과 완전히 배치된다.

공공성은 인류 공동의 본성이 낳은 산물이 아니다. 그것은 "공동의 세계가 수많은 시점과 측면을 구현하며 존재하는 것에 의존한다. 그런데 그 시점과 측면들에 대해 사람들은 공동의 측정법과 판단 기준들을 마련할 수 없다.…… 타인에 의해 보이고 들리는 의미는 모든 사람들이 각기 다른 위치에서 보고 듣는 것에 좌우된다. 이것이 곧 공공 생활의 의미이다.…… 공동의 세계는 단지 한 가지 측면에서 조망되고, 하나의 시점으로 표출될 때 그 마지막 날이 도래할 것이다."[84] 공공성은 다양한 시점과 그 상관관계 속에서 존재하며, 시점의 단일화나 상관관계의 부재는 공공성 혹은 우리가 공동으로 생활하는 세계를 소멸시킬 것이다. 공공 영역의 상실은 '개인성'의 부활이나, '차이성'이 주류가 된다는 것을 의미하지 않는다. 오히려 차이성과 동일성이 대립적 통일 관계에 있는 것처럼 공공성과 개인성도 분리될 수 없다. 예술가나 예술의 감상자가 개인적 주체로서의 체험을 잃는다면, 예술의 공공성 역시 상실되고 만다. 그렇게 되면 오직 돈만이 '객관성'의 유일한 기초가 될 것이다. '공공성' 상실의 책임을 '차이성'의 과오로 돌리는 사람들은 공공성과 차이성의 내재적 상관성을 이해하지 못하는 것이다.

전통 사회주의의 국가적 실천은 인간의 개인 생활과 개인 공간을 박탈했다. 그래서 많은 사람들이 곧바로 시장 사회로 전향해 '개인 생활'을 찬양했다. 그들은 시장 사회가 독특한 방식으로 공/사의 경계를 허물고 문화적 차이를 소멸시켜, 우리를 돈의 '객관성' 위에 위치시키고 있다는 것을 인정하지 않을 것이다. 그곳에서는 모든 것이 환산되고 평가되며, 따라서 우리는 연관성 없는, 그러나 분리되지 않는 세계에 처하게 된다. 그러면 시장 사회는 어떻게 '개인 영역'을 '사회적' 영역으로 전환시키는가? 우선 시장 사회에서 재화의 성질에 주목해 볼 수 있다. 아렌트는 『인간의 조건』에서 개인 재산에 대해 탁월하게 분석했다. 이 반파시즘 투사의 결론은 곧 대중사회에 대한 비판으로 읽힌다. 그녀가 보기에 재산과 재화는 성질이 전혀 다르다. 재산은 세계의 어떤 특정한 지역에서 자신의 장소를 소유하는 것을 의미한다. 따라서 정치 공동체에 귀속되는 것을 의미하기도 한다. 그런데 재화는 사회 전체의 총수입에서 개인이 차지하는 몫이다. 오늘날 부유한 사회의 본질은 재산의 부재이다. "재화에 대한 개인의 점유는 축적 과정의 사회화와 마찬가지로 결국 사유재산을 존중할 리 없다. 개인성은 어떤 의미에서도 오직 사회적 '생산력'의 발전을 방해할 뿐이다. 따라서 사유제는 반드시 전복되어야만 하며, 가속화되는 사회적 재화의 증대 과정이 그것을 대신해야만 한다. 이런 인식은 결코 마르크스의 발명이 아니다. 그것은 이 사회의 본질이 자리하고 있는 지점이다."[85]

소련과 동구 사회주의의 실패와 중국의 전 지구적 시장을 향한 개혁으로 자유주의는 이미 국내적·국제적 정치·경제 관계를 기획·구상하는 주된 이론적 자원이 되었다. 사람들은 지금 시장 사회의 도래에 환호하고 있다. 그러나 이와 동시에 자유주의는 전례 없는 위기에 빠졌으며 내부적으로도 수많은 분파들이 생겼다. 그러나 국가사회주의의 실패가 자유주의가 처한 위기를 가렸고, 사람들이 사회주의와 자유주의의 역사적 관계를 이해하지 못하게 했다. 만약 사회복지 국가의 제도 기획과 20세기 노동운동의 성취, 세계 각국의 민족해방운동을 진지하게 연구한다면, 우리는 사회주의 운동과 자유주의의 역사적 관계를 훨씬 풍부하게 다룰 수 있을 것이다. 예를 들어 사회주의 운동, 특히 사회 경제적 평등을 쟁취한 하부 계층의 사회운동이 없었다면, 세계는 훨씬 불평등한 사회구조가 되었을 것이다. 그리고 민족해방운동이 없었다면, 유엔의 연합국들은 몇몇 패권 국가들에 의해 지금보다 더욱 강력한 통제를 받고 있을 것이다. 사실 롤스 같은 자유주의자의 이론은 각종 사회운동과 사회적 충돌의 맥락에서만 그처럼 강렬한 평등주의 경향을 드러낼 수 있으며, 심지어 그 이론 속에서 사회주의의 흔적을 느끼게 할 수 있다. 자유주의와 사회민주주의는 "시민운동과 유럽 노동운동에서 탄생했으며, 그 목적은 의심할 여지없이 하층 집단의 권리를 보호해 사회가 서로 다른 계급들로 분화되는 것을 막는 것이었다. 오직 사회적 평등의 기회를 박탈하는 집단적 압박에 대한 반대 투쟁 속에서만 자유주의의 사회개혁운동은 시민권을 확대하는 사회복지 국가의 투쟁으로 표현되었다. 그리고 국가사회주의의 붕괴 이후 유일한 출구 역시 고용 노동자의 종속적 지위를 개선하고, 그들이 사회와 정치에 참여할 수 있는 권리를 갖게 하는 데에 있다. 그럼으로써 진정 그들이 안전하고 정의롭고 행복한 사회에서 생활할 수 있도록 해야 한다. 자본주의사회의 불평등한 사회적 생활 조건은 집단의 재화를 더욱 공평하게 분배해 균형을 이뤄야만 한다."[86] 자본주의와 사회주의의 국가적 실천은 모두 계층화의 모델에서 벗어나지 못했다. 바로 이런 의미에서 우리는 전통 사회주의에 대한 반성을 현대성 문제에 대한 반성으로 삼아야 한다. 자본주의 모델로 현대 중국의 문제를 해결할 수 있다고 보는 견해들은 또 한 번 역사가 쳐놓은 함정에 걸려든 것이다.

그러나 우리 생활 속에는 심상치 않은 분위기가 가득하다. 부패하고 심각한 사회적 불평등은 합리적 사회질서를 위해 마땅히 치러야 할 대가에 불과하며, '시민사회'나 시장 사회가 우리를 자연스럽게 공정하고 민주적이며 행복한 시대로 데려다 줄 거라는 인식이 퍼져 있다. 어떤 이들은 통제를 받는 시장을 통해 새롭게 사회적 불평등을 조장하자고 촉구한다. 물론 그러면서도 입으로는 '불간섭주의'를 이야기한다. 우리는 왜 여러 이론가들이 민족국가와 거대 자본 사이의 관계에 대해서는 침묵하고 있는지 캐물어야 한다. 만약 역사적으로 '속류 마르크스주의자'가 존재했고 지금도 존재한다면, 그들은 곧 '속류 자유주의자'이다. 그들은 역사적 관계에 대한 비판적 사고를 거부하며, 현재 세계의 변화 속에서 자신들의 사회를 이해하려 하지 않는다. 하지만 특정한 사회적 양상, 그 자체의 함의 역시 역사의 변화에 따라 함께 변화되게 마련이다. 어제, 비판의 투사였던 사람이 오늘, 신질서의 변호인이 될 수도 있다. 이제 우리는 가슴에 손을 얹고 <u>스스로에게 물어볼 필요가 있을지도 모른다. 정말 그렇게 되길 진심으로 원하느냐고.</u>

6장 중국의 인문 담론

인문주의와 계몽: 두 가지 현대적 주제

1994년 2월부터 10월 사이에 중국에서 가장 영향력 있는 학술·문화 잡지인 『독서』에서 '인문 정신'을 주제로 한 토론이 있었다. 문학·철학·역사학 등 '인문학'을 전공하는 젊은 학자들이 이 토론에 참여했다. 여기서 주로 논의된 문제들은 이른바 인문학의 위기와 인문학 지식인들에 대한 평가절하, 시장화 과정에서의 가치 상실, 엘리트 문화와 대중문화의 관계, 중국과 서양의 문화적 관계 등이었다. 젊은 학자들은 스스로 인문 정신의 수호자이자 가치·도덕 재건의 주체임을 자인하며 논쟁에 불을 붙였다. 그 논쟁의 중점은 인문 정신이란 무엇인가, 인문 정신은 몰락했는가, 만약 인문 정신이 지식과 서사에 불과하다면 인문 정신이 몰락한다는 판단은 그것을 제안하는 이의 엘리트적 오만이 아닌가 하는 논의들이었다. 사실 인문주의 담론을 둘러싼 중국의 논쟁들은 자체의 역사적 원인을 갖고 있다. 그러나 한결같이 '인문주의'를 주제로 삼은 그 사례들은 푸코가 이미 『계몽이란 무엇인가』에서 내린 판단을 입증한다.

> 인문주의는……하나의 주제나 시간을 초월해 유럽 사회의 여러 장면에서 거듭 등장한 일련의 주제들이다. 그 주제들은 항상 가치판단과 연결되었는데, 내용과 가치에서 확실히 커다란 변화가 일어났다. 나아가 그 주제들은 분화의 비판적 원칙으로 계속 작용해 왔다.

푸코는 17세기의 역사적 사실을 예로 들었다. 당시 인문주의는 기독교나 종교에 대한 비판의 형식으로 존재했다. 금욕주의와 신학 중심주의의 인문주의와는 상반된 의미의 인문주의였다. 그리고 19세기의 회의적 인문주의는 과학에 대해 비판적이었지만, 다른 조류의 인문주의들은 과학에 희망을 걸었다. 마르크스주의, 실존주의, 인격주의 역시 인문주의에 속했고, 비슷한 시기에 사람들은 국가사회주의가 표명한 인문주의를 지지하기도 했다. 스탈린주의자들조차 자신들이 인문주의자라고 주장한 것이다.(Foucault 1984: 44) 그런데 하나의 주제로서 인문주의가 단지 유럽 사회에서만 반복적으로 나타났다는 주장은 수정되어야 한다. 다른 지역, 예컨대 20세기 중국의 여러 중요한 시기에도 거듭 등장하곤 했다. 그렇다면 중국적인 맥락에서 하나의 주제로서 인문주의와 그 내용의 변화에 나타난 주요 특징은 무엇일까. 그리고 유럽 사회에 반복적으로 출현한 인문주의 주제와의 관련성과 차이는 무엇인가. 푸코와 그 후계자들이 강하게 인문주의 담론을 비판한 이후에도 왜 중국의 학자들은 스스로 인문주의의 수호자라고 자처하는가.

중국의 인문주의 담론을 분석하기 전에 한 가지 사실을 해명하려 한다.

중국어에서 '인문주의'라는 단어의 기원은 원래 중국에서 가장 오래된 책인 『역경』(易經)이다. 그러나 그것은 20세기의 문화적 논의에서 늘 사용되는 개념과 주제인 휴머니즘의 중국어 번역어로 공인되어 왔다. 다시 말해서 중국학자들에게 인문주의는 20세기의 여러 주제들 중 하나일 뿐이다. 즉, 중국에서 계몽과 현대성의 문제가 생긴 뒤에야 비로소 출현한 주제이다. 따라서 중국의 인문주의 담론을 논의하기 위해서는 인문주의/계몽/현대성의 극히 모호한 관계를 도저히 피해 갈 수 없다. 그리고 그 관계는 서구 식민주의에 저항하고 현대 민족국가를 건립하는 역사적 맥락에서 생겼기 때문에, 인문주의에 관한 논의는 중국/서양, 전통/현대 등의 담론 형식과도 맞물려 있다.

『계몽이란 무엇인가』에서 푸코는 인문주의와 계몽 사이의 불명확한 관계를 밝히려고 하였다. 그는 인문주의가 하나의 주제, 혹은 유럽사에서 반복해서 나타난 일련의 주제들이라고 하면서, 계몽 역시 하나 혹은 일련의 사건과 복잡한 역사 과정이었음을 잊어서는 안 된다고 일깨웠다. 그것은 유럽 사회 발전의 특정한 시기에 나타났을 뿐이다. "그래서 계몽은 사회 전환의 요소, 정치체제의 유형, 지식의 형식, 실천과 지식의 합리화 방안, 기술의 변화 등을 포함하는데, 이 모든 것들을 하나의 단어로 총괄하는 것은 아주 어렵다. 그중 많은 현상들이 현재에도 여전히 중요성을 띠고 있기는 하지만." 그러나 중국적 맥락에서 인문주의/계몽의 관계는 이처럼 확연히 구분되지 않는다. 왜냐 하면 중국에서의 '계몽'은 푸코가 명명한 것처럼 하나의 역사적 사건이 아니었기 때문이다. 단지 하나의 주제, 혹은 중국 현대사 속에서 반복적으로 출현한 일련의 주제들이었을 뿐이다. '계몽'이라는 단어는 Enlightment의 번역어이다. 그러나 그것은 단지 18세기 유럽의 역사적 운동을 가리키는 것만은 아니다. 18세기 이후 전체 유럽 현대사 과정은, '계몽'이란 단어의 중국적인 쓰임 속에서 이미 중국 현대성의 규범과 목표로 설정되었다. 그런데 그 역사 과정에 대해서는 서로 전혀 다른 해석 방식들이 존재해 왔고, 그 해석 방식들도 해석자의 역사적 입장에 의해 제약되었기 때문에, 그것을 중국 현대성의 규범과 목표로 삼으려던 '계몽' 역시 다양한 내용의 주제들로 표현되었다.

인문주의와 마찬가지로 '계몽'의 주제는 항상 가치판단과 결부되었고, 내용적으로 매우 확연한 변화를 겪었다. 예를 들어 1919년 전후의 5·4 신문화운동 시기에 '계몽'의 주제는 반전통과 과학에 대한 신념, 자아의식으로 표현되었다. 그리고 1937년부터 1945년 사이에 일어난 '신계몽운동'에서 '계몽'의 주제는 "문화 사상에서 애국주의 운동·자유주의 운동·이성주의 운동"의 종합체가 되었다.(何干之, 1947, 205쪽; Foucault, 1984, 44쪽) 1980년대의 계몽사조도 눈여겨볼 만하다. 당시 '계몽'의 주제는 무엇보다도 전통 마르크스주의에 대한 비판과 마르크스주의의 술어로 포장된 인도주의였다. 이러한 의미에서 우리는 계몽과 인문주의를 혼동하지 않으려 해도 사건과 주제로는 결코 이 둘을 구분할 수 없다. 이 둘은 모두 중국 현대사의 중요한 장면마다 되풀이해 나타나 때로는 관련되고 때로는 이견을 드러내면서 충돌하기도 한 주제들이었기 때문이다. 어떤 의미에서는 인문주의에 관한 푸코의 특수한 진술은 계몽에도 똑같이 적용된다. 예컨대 "사실상……이른바 인문주의/계몽은 줄곧 종교·과학·정치학에서 빌린 특정한 개념들에 의존하였다. 인문주의/계몽은 인간이라는 개념을 과장하고 증명하는 데 사용되었으며, 결국 그 특정한 개념들에 도움을 요청할 수밖에 없게끔 되어 있었다."(Foucault 1984, 44쪽) 이 두 가지 주제는 모두 중국이 현대성을 모색한 역사적 과정에서 형성되었다. 결코 푸코가 칭한 '사건'이나 '역사적 진행 과정'이 아니었다. 물론 그렇다고 해서 계몽/인문주의의 관계에 대한 푸코의 해설이 틀렸다고 결론 내릴 수는 없다. 나는 단지 서로 다른 역사적 상황에서는 계몽/인문주의의 관계 역시 매우 다르며, 따라서 유럽사의 계몽과 인문주의와 그 관계에 대한 푸코의 설명은 결코 보편적이지 않다는 것을 말하려는 것이다. 푸코의 설명 모델은 식민주의 시대의 비서구 국가들에서 계몽/인문주의/현대성 등의 문제들에 나타난 특징과 상관관계의 독특한 모델을 전혀 다루지 않았다. 즉, 유럽사 속의 사건이었던 계몽은 중국의 특정한 상황(이 상황의 특징들 중 하나는 바로 본래의 사회와 문화가 유럽사의 식민주의 단계와 맺은 연관성이다)에서 주제화되었던 것이다. 결국 중국의 인문주의 담론과 중국의 계몽은 서로 관련되면서도 항상 혼동된 한 쌍의 주제였다.

Humanism의 세 가지 번역과 초문화적 실천

현대 중국사에서 Humanism은 인문주의 · 인도주의 · 인본주의라는 세 가지 단어로 번역되었다. 유럽사의 르네상스와 계몽주의 운동, 19세기의 철학 전통을 이야기할 때, 이 세 단어들은 호환되어 사용될 수 있다. 이 단어들에는 모두 인문주의에 대한 유럽 현대사의 이해와 해석이 들어 있기 때문이다. 하지만 인문주의 · 인도주의 · 인본주의라는, 유럽사의 특정 대상을 통해 번역한 개념들은 중국 현대사에서 반복해서 나타나는 주제가 되었다. 그리고 이 세 가지 개념을 핵심어로 삼는 경향은 때로는 상호 대립적인 담론들을 형성하기도 했다. 현대 중국의 인문주의 담론이 형성된 과정에는 주제화 과정 즉, 유럽사의 특정한 역사 과정과 철학 사상을 중국 현대사의 중요한 주제로 전환시키는 과정이 존재했다. 인문주의 등의 개념들이 번역 과정을 통해 중국의 역사적 맥락에 이식되었을 때, 그 본래 의미는 크게 변화해 현대 중국 문화 사상에서 가장 활력 있는 요소가 되었다. 유럽사의 특정한 대상을 중국어 단어를 사용해 현대 중국의 사회·문화의 주제로 전환시킨 과정은, 현대 중국 문화의 형성이 의사소통 행위 과정과 연관된다는 것을 보여 준다. 이 의사소통 행위의 과정은 개인적 주체들 사이가 아니라, 주로 문화 공동체 혹은 언어 공동체 사이에서 이뤄진 의사소통 행위를 가리킨다. 언어적 차원에서 본다면 이중 언어적 실천이라고 할 수 있다. 이 과정에서 형성된 현대 문화는 아마도 새로운 범주인 '의사소통 행위로서의 문화'라는 범주로 묘사되어야만 할 것이다. 하버마스는 사회적 활동과 사회질서의 형성을 연구하면서 '상호 주관성'이라는 개념을 사용해 행위 주체가 다른 행위 주체들로부터 고립될 수 없다는 것을 설명했다. 그런데 그가 중심에 둔 것은 특정한 사회 공동체나 언어 공동체 안에 위치한 개인적 주체들 사이에서의 의사소통 행위가 아니라, 다양한 언어 공동체나 문화 공동체 사이에서 이루어지는 의사소통 행위였다. 언어의 번역 과정이 현대 문화 활동의 중요한 특징이라면, 현대 문화는 오직 문화들 사이의 의사소통 행위 과정 속에서만 설명될 수 있다. 중국의 인문주의 담론에 대한 연구 역시 '문화들 사이의 의사소통 행위'라는 범주를 통해 고찰되어야 한다.

역사적 분석에 들어가기 전에 우선 중국에서 '인문'·'인도'·'인본'이라는 세 어휘의 기원이 무엇인지 살펴보자. Humanism은 19세기에 출현한 것으로 유럽 사상에서도 결코 고대적인 개념이 아니었다. 이 개념은 주로 서로 다른 두 가지 의미를 포함하고 있었다. 첫 번째는 인문학(the human sciences) 혹은 문화적 존재로서의 인간을 대상으로 하는 연구들을 지칭했다. 두 번째로는 인간의 가치를 내적 핵심으로 하는 가치 지향을 가리켰다. 그런데 중국에서 인문·인도 등의 개념은 모두 오래된 중국어 어휘이다. 반면에 인문주의·인도주의 등은 틀림없는 현대적 주제들이다. 그런데도 어떤 이들은 자주 이 어휘들의 고대적 연원을 이용해 이 주제들의 정당성을 설명하곤 한다. 만약 우리가 민족 언어의 어떤 자주성을 인정한다면, 인문주의·인도주의가 단순히 유럽사의 각종 Humanism에 대한 직접적인 번역어일 뿐이라고 생각해서는 안 된다. 그 번역 과정을 일종의 해석 과정으로 이해해야만 한다. Humanism을 다양한 개념들로 번역·해석하면서, 유럽의 역사와 문화뿐만 아니라 현대 중국 문제에 대한 개념 사용자들의 이해가 구현되었다. '인문'이라는 개념은 고대 경전인 『주역·분』(周易·賁)에서 처음으로 나타났다. "천문을 보고 시대의 변화를 살피고 인문을 보고 천하를 개선한다."(觀乎天文以察時變, 觀乎人文以化成天下)라는 문장이 그 예이다. 공영달(孔穎達)은 "성인이 인문을 관찰한다 함은 곧 시서예악(詩書禮樂)을 일컫는 것이니 그 가르침을 본받아 천하를 개선해야 한다."(言聖人觀察人文, 則詩書禮樂之謂, 當法此敎而化成天下)라고 하였다. 천문이란 주로 자연 현상을, 인문이란 주로 문화 현상, 특히 예악(禮樂)과 교화(敎化)를 가리켰다. 이 인문이라는 개념이 천문/인문의 이원적 관계를 통해 발현된 것과 비교해, '인도'라는 개념은 어떤 사회에서 사람들이 준수해야 할 도덕규범을 가리켰다. 예컨대 『역경·계사하』(易經·繫辭下)에서는 "하늘의 도가 있고 인간의 도가 있다."(有天道焉, 有人道焉)라고 하였고 『예기·상복소기』(禮記·喪服小記)에서는 "가까이 해야 할 사람을 가까이하고 존경해야 할 사람을 존경하고 손윗사람을 손윗사람으로 섬기며 남녀간에 구별을 두는 것이 사람의 도에서 크나큰 것이다."(親親, 尊尊, 長長, 男女之有別, 人道之大者也)라고 하였다. 주의해야 할 것은, 중국학자들이 16세기 이탈리아 르네상스 시기의 문화를 '인문주의'라고 번역했다는 점이다. 이것은 인문 개념이 고대 문화와 성현들의 경전과 관련이 있으며, 르네상스 시기 이탈리아 인문주의자들이 고대 문화와 서적, 언어를 연구한 것과 어느 정도 유사하기 때문이다. 나중에 중국학자들이 Humanities를 인문학 혹은 인문과학으로 번역한 것도 이와 관련이 있다.('인문학' 문제에 관해서는 세 번째 절에서 분석할 것이다.) 인도주의 개념은 훨씬 더 광범위하게 사용되지만, 인문주의가 문화와 학술을 지칭한 것과는 달리 이것은 특히 인간 중심의 사상 체계와 자유·평등·박애의 가치관을 가리키며 더욱 강렬한 가치 지향성을 나타냈다. 한편 문자 그대로의 인본주의의 의미는 인간을 근본으로 삼는다는 것이다. 비록 Humanism의 번역어로 사용되기는 하지만 Anthropology(인류학)를 자처하는 학술 연구에 더 많이 사용되었다. 이것은 일상용어에서는 인문주의와 인도주의만큼 자주 쓰이지는 않는다. 따라서 여기에서는 주로 인도주의와 인문주의, 두 개념의 사용에 대해서만 분석할 것이다.

1919년, 5·4 신문화운동 시기에 인도주의와 인문주의는 서로 대립적인 명제가 되었으며, 각기 서로 대치하던 사상과 문학 집단에 소속되었다. 그런데 그들이 각자 표명한 인도주의와 인문주의 개념의 영문 표기는 모두 Humanism이었다. 동일한 서양 어휘에 대한 두 가지 번역 방식은 주제화 과정에서 역시 두 가지 대립되는 주제를 형성하였다. 이것은 이 두 개념이 구체적으로 지시한 유럽사의 구체적 대상들 사이의 차이와 관계된 것이고,(이 시기에 벌어진 특정한 논쟁 속에서 인문주의는 주로 중국 및 그리스 고전 문화와 관련되었으며, 인도주의는 주로 르네상스 및 계몽주의 운동 시기의 문화를 가리켰다.) 또한 이 두 개념의 사용자인 중국인들이 보인 현대성에 대한 태도와도 관련이 있다. 중국에서의 Humanism에 대한 두 번역 방식이 그 사용 과정에서 드러낸 분열은 중국에 다양한 인문주의 담론이 존재했음을 보여 준다. 5·4 시기에는 시간성의 인문주의 담론과 공간성의 인문주의 담론이 존재했다.

『신청년』 잡지를 중심으로 한 문화 집단은 현대 유럽 문화의 모든 속성이 유럽인들에게 권력과 진보를 위한 문화적 준비를 갖추게 했다고 생각했다. 그런데 중국의 '전통' 문화에는 그러한 속성이 없어서 현대 중국이 필연적으로 가난과 침략을 겪게 되었다고 생각했다. 그러나 그들은 그 낙후성이 역사적으로 개선될 수 없는 특징이라고 여기지는 않았다. 그들은 유럽 문화의 모든 현대적 속성을 수용하고 집단적 운동으로 이행할 수 있는 민족은 궁극적으로 개조될 수 있다고 생각했다. 그리고 인도주의는 현대 유럽 문화에서 가장 중요한 속성이면서 인류의 보편적인 이상으로 간주되었다. 이처럼 『신청년』 집단의 인도주의는 반전통주의의 '신문화'와 동일시되었다. 한편 인도주의에 대한 해석은 어떤 시간성의 서사 모델에 이식되었고, 중국과 유럽의 차이는 선진성과 낙후성의 관계로 이해되었다. 그리고 이 관계의 개선은 인도주의가 가리키는 미래의 방향으로 나아가는 것이었다. 이러한 시간성의 서사 모델에서 인도주의는 현대 유럽 문화만의 특징이면서, 중국을 포함하는 전체 인류사 진보의 원동력이었다. 게다가 그것은 전체 역사 발전 과정의 최종 목적지이기도 했다.

『학형』 잡지를 중심으로 활동한 문화 집단은 배비트(Irving Babbitt)에게 큰 영향을 받았다. 그들은 인도주의의 주요 특징이 '확장'이라고 생각했다. 유럽의 확장주의는 바로 이 '확장'을 특징으로 하는 인도주의를 문화적 근거로 삼는다는 것이다. 그들은 인도주의의 확장이 "인류의 지식과 자연계 관리의 능력을 확장하고" "감정의 확장을 중시한다는"(박애와 개인주의) 두 가지 측면을 포괄하며, 이러한 확장의 인생철학의 중심은 이른바 진보의 개념이라고 판단했다. 『학형』 집단은 근대 유럽의 확장주의에 대한 비판에 근거해 '인문주의' 개념을 제기했는데, 그 개념은 절제·균형·평화·중용의 '보편적 인간성'을 의미하였다.(胡先驌, 1922) 『학형』 집단의 논설에서 인문주의는 '진정한 문화'였으며, 이 진정한 문화는 서양만의 혹은 중국만의 것이 아닌 서양과 중국의 고전 문화, 특히 공자의 사상과 그리스 문명의 정신에 보편적으로 존재하는 것이었다. 따라서 『학형』파의 인문주의가 나타낸 현대 문화에 대한 회의와 전통에 대한 애착은 『신청년』파의 반전통주의적 인도주의와 구별된다. 『학형』파가 '확장'으로 인도주의를 묘사한 것은 분명히 공간의 관계 속에서 인도주의를 규정한 것이며, 이 공간의 관계는 자기/타자(self/other)의 관계였다. 이 관계는 당시 중국의 맥락에서 인간/자연, 자아/타인, 서양/동양 등 여러 측면을 모두 포함했다. 인도주의를 이처럼 공간화해 판단한 것은 현대성의 시간적 목적론에 대한 거부였으며, 인도주의 담론이 구현한 지식/권력관계에 대한 폭로였다. 인문주의 개념은 바로 이러한 맥락에서 반현대성의 명제가 되어 현대적 명제인 인도주의와 첨예하게 대립했다.

 5·4 시기의 인도주의 담론과 인문주의 담론은 전통과 현대성의 문제를 둘러싸고 대립하고 충돌했다. 하지만 이 첨예한 충돌의 뒤편에는 공통된 특징들도 있었다. 먼저, 인도주의와 인문주의는 각각 모두 절대적이며 보편적인 가치로 진술되었다. 양자는 결코 특정한 시기와 문화 속의 지식이나 서사가 아니었다. 다음으로, 중국의 인도주의자와 인문주의자는 대부분 대학교수들이기는 했지만, 결코 인문학 담론의 범주로 인도주의와 인문주의를 서술하지 않았다. 당시의 대학들은 이미 문과를 설립한 상태였지만, 결코 서구적 의미의 인문학과가 아니었기 때문이다. 경(經)·사(史)·자(子)·집(集)이라는 중국의 전통 지식 분류는 역사적으로 형성되

었으며, 이 지식 분과들의 표준화와 합법성은 고대 중국 사회의 권력 구조 변화와 관계가 있었다. 비록 5·4 이후에 이 지식 분류는 점차 문학·역사학·철학·경제학 등의 학과 분류로 대체되었지만, 서구 사회과학의 많은 분과 학문들, 예를 들어 심리학·교육학 등은 당시 중국 대학에서는 설립되지 않았거나 초보 단계에 머물러 있었다. 게다가 문학·사학·철학 등은 여전히 고대 중국에서 경전·사서(史書)·문장을 다루던 규범을 그대로 따르고 있었으며, 많은 학자들의 학술 훈련 역시 경·사·자·집의 지식 분류 안에서 이뤄졌다. 세 번째, 인도주의와 인문주의 담론은 주로 신문·잡지를 통해 전파되었고, 엘리트 지식인들이 장악하고 있던 그 간행물들은 대중을 각성시키는 것을 목적으로 삼았다.

위의 몇 가지 특징들에서 우리는 인도주의 담론과 인문주의 담론의 엘리트주의적 특징을 분명히 이해할 수 있다. 그리고 이제 다음과 같은 문제들을 제기해야만 한다. 인도주의 담론 및 인문주의 담론과 엘리트 지식인들의 사회적 실천은 서로 어떤 관계가 있었는가? 이 담론들과 사회체제는 과연 어떤 관계에 있었는가? 이 문제들에 대한 논의는 복잡한 역사적 차원과 관계되는 것이므로, 이 글에서는 먼저 핵심적인 요소들, 즉 청나라 말의 과거제도의 폐지와 사회적 권력 구조 안에서의 지식인 계층의 위치 변화에 대해서만 간단히 살펴보겠다. 청 말 중국은 서구 열강의 침략으로 어쩔 수 없이 서구의 교육제도를 도입해야만 했다. 결국 1905년에 과거등용제도가 폐지되어 엘리트 지식인 계층과 중국 정치제도의 관계에 근본적인 변화가 일어났다. 과거제도의 폐지에 따라 중국 역사 속에서 '사대부'(士) 계층이 사라졌으며, 유교 경전도 점차 사회적 영향력을 상실했다. 따라서 전통적 지식 분류도 이러한 사회변동 과정에서 무너져 갔다. 한편 과거제도의 폐지에 따라 두 가지 현상이 나타났는데, 첫째는 국가 체제 밖의 많은 지식인들이 신문과 잡지를 창간했고, 그 내용은 주로 정치 평론과 현대 문화의 전파였다. 두 번째는 현대적인 대학제도가 점차 발전하기 시작했다. 지식인은 더 이상 과거제도를 경유해 국가 체제로 진입하지 않았다. 그들은 신문·잡지를 매개로 계몽가의 역할을 하거나 대학에 진출해 서구식 교육을 받아들였다. 과거등용제도가 '사대부' 계층이 사회체제에 진입하고 사회적 권력을 통제하고 영향력을 행사할 수 있는 수단을 제공했다면, 이제 현대 지식인들의 사회적 영향력은 간행물을 통해서 실현되어야 했다. 교육제도의 개혁에서도 청 말의 신문·잡지에 서양의 사회과학 지식이 많이 소개되면서 현대적 대학에 사회과학과 인문학 과정이 설립되기 시작했다. 청 말과 현대의 간행물을 주된 매개체로 삼았던 인문 담론은 중국에서 현대적 민족국가와 사회체제가 건설되는 과정에서 형성되었다. 중국의 인문주의/인도주의와 그 전파 형식은 현대 국가와 사회체제 건설과 중요한 연관이 있었던 것이다. 만약 경·사·자·집의 지식 분류와 여기에서 형성된 문화적 규범이 지식 차원에서 고대 중국 사회의 권력 구조에 정당성과 합리성의 기초를 제공했다고 한다면, 현대 인문주의의 여러 담론들 역시 현대 중국 사회와 국가의 권력관계에 규범을 제공했다고 말할 수 있다.

오늘날 중국의 인문 담론과 마르크스주의

오늘날 중국의 인문 담론도 여전히 인도주의 담론과 인문주의 담론으로 구분될 수 있다. 특히 주의할 만한 것은, 중국의 인문주의가 중국 대학제도 안의 사회과학이나 인문학과 그다지 관련이 없다는 사실이다. 이것은 중국의 사회과학과 인문학이 마르크스주의의 생산방식을 중심 개념으로 삼아 성립되었기 때문이다. 그것은 '인간'과 인간의 자기 이해를 중심으로 설립되지 않았다. 아주 오랫동안 인류학·심리학·사회학 등의 분과 학문들은 '거짓 과학'으로 취급되어 금지당했다. 1980년대 이전의 역사 속에서 중국에는 서구식의 인문학이 존재하지 않았다. 오직 중국적 사회과학이 있었는데, 그것은 정치경제학·철학·역사학·문학 등을 모두 포괄했다. 이 모든 분과 학문들은 경제적 토대/상부구조와 이데올로기 모델을 통해 수립되었고, 18세기 유럽 인도주의가 표방한 인간과 인간성의 개념을 다양한 차원에서 비판했다. 나아가 인류학의 이론적 기초를 무너뜨리기도 했다. 그 역사 시기에 중국의 대학 체제 속에는 비록 문학·역사·철학의 학과 구분은 있었지만, 사회과학과 인문학의 분류는 없었다. 따라서 오늘날 중국의 인문 담론은 중국 사회과학과의 대립 속에서 형성되었다. 마르크스주의가 여전히 국가적 이데올로기인 시점에서 이 인문 담론은 마르크스주의적 인도주의라는 형식을 채용했다.

 오늘날 중국의 마르크스주의적 인도주의를 논하기 위해서는 먼저 중국의 국가 이데올로기로서의 마르크스주의와 현대화의 역사적 관계를 이해해야 한다. 현대화 이론은 현대화를 과학과 기술 발전으로, 전통적 농업사회가 도시화와 공업화로 나아가는 거대한 전환으로 이해했다. 현대화 이론은 유럽 자본주의 발전에서 현대화의 기본 규범을 이해했고, 현대화 과정 역시 자본주의화 과정으로 이해되었다. 하지만 중국의 상황은 다소 차이가 있다. 왜냐 하면 오늘날 중국의 현대화 문제는 중국의 마르크스주의자들이 제기했을 뿐만 아니라, 중국의 마르크스주의 자체가 바로 현대화 이데올로기였기 때문이다. 중국의 사회주의 운동은 현대화를 목표로 삼아 왔으며, 그 자체가 곧 중국 현대성의 주된 특징이었다. 오늘날 중국에서 유행하는 현대화 개념은 주로 낙후된 정치·경제·군사·과학기술을 앞선 수준으로 발전시키는 것을 의미하지만, 그것은 단지 기술적인 지표, 혹은 민족국가 형성 및 현대적 관료 체제의 형성만은 아니다. 그것은 일종의 목적론적 역사관과 세계관을 의미하기도 한다. 즉, 스스로의 사회적 실천이 궁극적인 목표로 나아가는 경로라고 인식하는 사유 방식과 자기 존재 의의를 자신이 속한 특정 시대와 관련시키는 현대성의 태도를 뜻한다. 이런 까닭으로 사회주의의 현대화 개념은 중국 현대화의 제도적 형식과 자본주의적 현대화 사이의 차이를 드러냈으며, 또한 일련의 체계적인 가치관을 제공하기도 했다. 마오쩌둥의 사회주의는 한편으로 현대화 이데올로기이면서, 다른 한편으로 유럽과 미국의 자본주의적 현대화에 대한 비판이었다. 그러나 이 비판은 현대화 자체에 대한 비판은 아니었고, 오히려 혁명의 이데올로기와 민족주의 입장에 근거한, 현대화의 자본주의적 단계에 대한 비판이었다. 따라서 가치관 및 역사관의 측면에서 마오쩌둥의 사회주의 사상은 자본주의적 현대성을 반대하는 현대성의 이론인 것이다.[1]

1978년 이후 중국 공산당 내부와 일부 지식인들 사이에 나타난 중국의 마르크스주의적 인도주의는 '인간'·'인간성' 개념으로 국가 이데올로기로서의 마르크스주의를 개조하고자 했다. 이 시기 인도주의 담론의 주요 특징은, 인도주의로 마르크스주의를 개조하고, 개조된 마르크스주의로 마오쩌둥의 반현대성의 현대화 이데올로기를 비판하는 것이었다. 그렇게 해서 당시 중국의 사회주의 개혁운동에 이론적 근거를 제공했다. 이 사조는 당시 중국의 '사상해방운동'의 한 부분이었다. 인도주의적 마르크스주의는, 마오쩌둥의 사회주의가 마르크스의 학설 중에서 인간의 자유와 해방에 대한 사상을 놓쳐, '인민 민주주의 독재의 미명' 아래 잔혹한 사회적 전제주의를 초래했다고 비판했다. 다른 한편으로는 당시 사회주의적 개혁 사상과 모순을 일으키기도 했다. 중국의 인도주의적 마르크스주의가 주목한 주요 이론적 문제는 마르크스가 『1844년의 경제학·철학 초고』에서 거론한 '소외'(alienation)의 문제였다. 청년 마르크스는 포이에르바하 등의 서구 인본주의 철학의 소외 개념으로 자본주의적 생산관계, 특히 자본주의적 생산과정의 노동을 분석했다. 그가 지적한 소외는 자본주의적 생산관계 속에서 일어나는 노동의 소외를 의미했다. 중국의 인도주의적 마르크스주의는 자본주의적 현대성을 비판한 마르크스의 소외 개념을 그 역사적 맥락에서 끌어 내어 마오쩌둥 사회주의에 대한 비판에 전용(轉用)했다. 이 사조는 특히 마오쩌둥의 사회주의, 특히 그 전제주의를 전통과 봉건주의의 역사적 잔재로 간주해 비판했다. 또한 이 비판은 르네상스 이후 서구 인문주의의 종교 비판과 마찬가지로 '세속화' 운동, 즉 시장 사회의 발전을 촉진했다. 서구의 자본주의적 현대성에 대한 마르크스의 비판이 특수한 맥락에서 현대화 이데올로기로서의 마르크스주의로 전환되고, 오늘날 중국 계몽주의 사상의 중요한 구성 요소가 된 것이다.[2]

인도주의는 하나의 현대적 주제로서 주변 담론에서 주류 담론으로 전환되는 과정을 겪었다. 이 과정은 오늘날 중국이 변화해 온 맥락 속에서 중국의 계몽주의 사조가 거친 운명과 관련이 있다. 1985년을 전후해 중국의 계몽주의는 더 이상 마르크스주의의 기본 원리에 의지하지 않게 되었고, 프랑스 초기 계몽주의와 영미 자유주의에서 사상적 영감을 흡수했다. 마오쩌둥의 사회주의를 봉건주의의 역사적 전통으로 본 것은 단지 중국 계몽주의의 투쟁 전략만은 아니었다. 그로 인해 중국 계몽주의는 정체성을 획득했다. 즉, 종교적 전제주의와 봉건 귀족에 반대한 유럽 부르주아 계급과 유사한 사회운동으로 자리 매김된 것이다. 그런데 이러한 자기 이해에는 뭔가 은폐된 것이 있었다. 그것은 바로 현대화 이데올로기로서의 인도주의와 역시 같은 현대화 이데올로기인 마르크스주의의 공통된 가치 목표와 역사 이해 방식이었다. 이 안에는 진보에 대한 신념, 현대화에 대한 승인, 자유·평등의 이상적 전망, 특히 자신의 존재 의의와 노력을 미래에 대한 전망으로 연결시키는 현대성의 태도 등이 포함된다.

 1980년대 중국의 계몽주의는 광범위하고 복잡한 사회사상이었다. 각기 다른 수많은 사상적 요소들이 현실 사회주의에 대한 비판을 위해 '계몽'의 주제 속에 조직되었다. 인도주의 담론도 '계몽'을 주제로 하는 이 사조의 유기적인 부분이었다. 따라서 인도주의 담론의 역사적 의미를 이해하기 위해서는 중국에서의 '계몽'의 여러 주제들과 그 상관관계를 이해해야 한다. 먼저 경제학에서는 마오쩌둥의 사회주의 계획경제에 대한 비판을 통해 시장경제의 정당한 지위와 상품 유통 과정의 가치 규범을 새롭게 확인했고, 나아가 시장과 사유제를 현대 경제의 보편적 형태로 인정해 결국 세계 자본주의 시장에 중국 경제를 편입시키려는 목표를 실현했다. 정치에서는 형식화된 법률과 현대적 관료제도의 재수립, 언론 자유의 확대로 점차 인권 보장과 통치 권력의 제한이 가능한 의회제도를 세울 것을 요구했다. 그런데 이 모든 정치적·경제적 구상들은 인도주의 담론을 문화적 기초로 삼았다. 중국의 인문학자들은 인도주의 가치관을 통해 다시금 세계사와 중국사의 새로운 청사진을 구축했다. 그리고 서구의 현대사회를 중국 사회 변혁의 최고 규범으로 삼았으며, 이로써 마오쩌둥의 사회주의적 실천에 대한 비판을 인간의 주체성을 종착점으로 하는 목적론적 역사관으로 확장했다. 또한 사회윤리적 차원에서는 주체성 개념을 개인주의적 가치의 철학적 기초로 인정했다.[3]

오늘날 중국의 인도주의는 분명히 중국 '개혁' 이데올로기의 중요한 부분이다. 그런데 그 비판성은 중국 사회의 시장화 과정이 심화되는 과정에서 점차 약해지고 있다. 이것은 중국의 계몽주의가 이미 자본화된 사회에 직면해 있기 때문이다. 시장경제는 벌써 주요한 경제 형태가 되었으며, 중국의 사회주의 경제개혁은 중국을 전 지구적 자본주의의 생산과 무역 과정에 편입시켰다.

'인문주의' 담론은 인도주의 담론이 주변 담론에서 주류 담론으로 전환되는 과정에서 다시 중국 지식계에 나타났다. 1994년, 『독서』를 무대로 펼쳐진 '인문 정신' 논쟁에서 주된 관심은 이른바 '인문 정신의 몰락'과 인문학의 비판성 상실이었다. 왜냐 하면 '인문 정신'이 '모든 인문학의 내적 기초'라고 생각되었던 것이다. 더욱 중요한 것은 이 '인문 정신의 몰락'이 지식인 정신이 '왜소화'되고 '본능화'되는 징표라는 사실이었다. 그래서 그들은 지식인의 '새로운 도통(道統)'을 세우자고 호소했다. 그런데 사람들을 곤혹스럽게 한 것은 이들의 '인문 정신' 논의가 '현대성'의 결과에 대한 반성과 비판이었는데도, '현대성'의 가치 전제에 대해서는 심도 있는 분석이 전혀 이루어지지 않은 점이었다. 오늘날 중국의 '인문주의자'들은 인문주의야말로 문화와 가치 영역에서 엘리트 지식인들의 관심 대상이어야 한다고 주장한다. 또한 엘리트 지식인들이 이에 근거해 인문학의 존엄하고 계몽적인 사회적 위치와 문화적 주도권의 토대를 확립해야 한다고도 주장한다. '인문주의'와 '계몽'이라는 주제를 서로 연결시키는 차원에서라면 '인문주의자'와 '인도주의자'는 별 다른 차이가 없고, '계몽'의 엘리트라는 차원에서도 거의 구별되지 않는다. 사실, 인문주의 담론의 주요 특징은 시장화 과정에서 생긴 문화적 문제들에 대한 우려에서 형성되었다. 하지만 그들은 시장의 원동력과 수행 규칙에 대해서는 분석하지 않으면서, 인문학과 인문학자의 존엄성을 다시 세워 시장화 과정이 파괴한 도덕적 가치를 다시 세우려 한다. 그들은 '인문 정신의 몰락'이라는 주제를 가설화하고, 나아가 경제·정치·문화에서 나타나는 위기들을 그 '몰락'의 탓으로 돌린다. 그리하여 고전 철학의 존엄성을 회복하고 인문적 가치를 재건하려고 꾀한다. 인문주의자들은 인간의 문제, 정신의 문제에 관심을 갖는 반면에 생산방식의 문제에 대해서는 관심을 기울이지 않는 것이다. 인문주의와 인문 정신의 이런 요청에 대해 나는 무엇이 인문 정신 혹은 인문주의인가 하는 질문이 아니라, 무엇 때문에 인문 정신 혹은 인문주의인가 하는 질문을 던지려 한다. 예를 들어 사회 과정 전체의 중요한 변동에 대해 왜 생산방식·자본의 활동·전 지구적 시장, 그리고 이런 중요한 사회 활동들과 문화 생산이 갖는 관계를 분석하지 않고, 하필 인문 정신의 몰락을 전체 사회변동의 원인이나 결과로 취급하는가?

　인문주의자들은 아직 '인문적 가치'에 새로운 내용을 보태지 못했다. 그들은 정치·경제·문화에 걸친 문제들을 한 가지 문제, 즉 '인문 정신의 몰락'에 귀납해 설명한다. 이것은 그들이 복잡한 사회 과정을 분석할 만한 능력이 없음을 잘 보여 준다. 그들은 단지 '인문 정신의 몰락'이라는 명제 하나로 어떤 도덕화된 태도를 과시하고 있을 뿐이다. 실제로 인문주의자들은 몰락한 인도주의자들에 불과하다. 그들은 추상적인 인문주의적 명제를 뛰어넘어 자신들이 직면하고 있는 사회 과정을 설명할 능력이 없다. 그들의 문제에 대해서 나는 "인문 정신이 몰락했는가", 그리고 "왜 인문 정신이 몰락했는가"라고 묻고 싶다. 그들은 마치 인문주의의 목사들인 것 같지만, 하느님이 없다면 목사가 바로 하느님이다. 이것만은 분명한 사실이다. 인문주의의 주제는 결코 자주적인 비판의 원칙을 진정으로 다시 세울 수 없다. 또한 그들이 꿈꾸는 정신의 자유를 위해 성찰의 바탕을 마련할 수도 없다.

하지만 '현대화의 결과'에 대해 그들이 강렬하게 보여 준 비판적 태도에 대해서는 깊이 공감하고 있다.

맺음말

중국의 인문주의는 한 가지 혹은 다양한 현대적 주제이다. 단수이거나 복수인 이 현대적 주제는 다양한 상황에서 다양한 내용을 갖는데, 어느 경우에나 목적론적인 역사관과 인간 개념을 전제로 한다. 그리고 중국의 역사적 상황에서 진보적인 역사관은 현대 서구 사회를 모범으로 해서 수립되었는데, 이 역사관이 창출한 인간의 형상은 서양 개인주의에 대한 이해와 그 사조의 지식에 의해 만들어졌다. 비록 인문주의자들이 전통 속에서 가치의 원천을 찾아 인문주의와 인문 정신의 차이를 강조하고 있지만, 그들이 대응하고 있는 문제는 여전히 중국의 현대화 문제이다. '인문'이라는 단어가 전통적이기 때문에 주제로서의 인문 정신 역시 전통적이라고 증명할 수는 없다.

중국의 인문주의 담론은 주로 신문·잡지를 통해 매개되었다. 오랫동안 중국에는 서양적인 의미의 인문학 분야가 없었다. 중국의 철학·역사학·문학 및 사회과학은 마르크스의 생산양식 개념을 중심으로 경제적 토대·상부구조·이데올로기·계급 및 계급투쟁 등을 기본 개념으로 하는 지식 체계를 수립했다. 이 지식 체계는 다양한 영역에서 국가 이데올로기를 지지했다. 오늘날 중국의 인도주의와 그 인간 개념은 최초로 통치 이데올로기로서의 마르크스주의를 겨냥한 것이었다. 그러나 현재의 인문주의 담론이 비판하는 주요 대상은 인도주의자들이 기대를 걸었던 자본주의 시장과 개인주의적 가치관이다. 중국의 인문주의 담론은 끊임없이 변화하고 상호 충돌하고 있다. 따라서 이 담론의 함의는 구체적인 컨텍스트와 실천 속에서 이해되어야만 할 것이다.

중국의 인문주의는 줄곧 중국의 계몽과 관련된 주제였으며, 일종의 엘리트주의로 간주될 수 있다. 그런데 인문주의의 성찰과 비판은 한 가지 명시되지 않은 전제 아래 이루어졌다. 그것은 바로 인문주의가 보편적인 가치이며, 그 가치는 계몽가로서의 엘리트 지식인의 중개를 통해 전체 사회에 전파되어야 한다는 것이다.

'인문 정신의 몰락'이라는 문제는 구체적인 사회적 실천 과정과 복잡한 문화적 관계 속으로 우리를 유도한다. 앞으로 인문주의의 주제에 대한 많은 질문(부정이 아닌)이 제기될 텐데, 이 주제는 먼저 그것이 처해 있는 담론과 담론, 담론과 실천, 담론과 사회제도 간의 관계 속에서 고찰되어야만 할 것이다.

7장 1990년대 문화 연구와 문화 비평

1994년 9월, 『독서』 잡지를 중심으로 오늘날의 문화 문제와 문화 연구에 관한 토론이 전개되었다. 이 토론에는 인문학 분야의 지식인들뿐만 아니라 사회학자, 국제 관계 학자, 간행물 편집인, 중앙방송국(中央電視臺) 프로그램 제작자, 서양 문화 연구(Culture Studies)에 종사하는 미국 학자도 참여했다. 회의의 의제는 대중의 일상생활에 소비주의 문화가 끼치는 영향에 관한 것들이었다. 예를 들면 중앙방송국 프로그램인 '동방시공'의 생산, 제작, 사회적 기능, 1989년 이후의 예술과 민간 간행물의 발전, 오늘날 중국의 건축과 공간의 모순성, 그리고 서양, 특히 미국의 문화 연구가 낳은 이론, 제도, 문화적 배경과 중국의 문화 연구가 낳은 사회·문화적 컨텍스트 등에 대한 것이었다. 최근에는 문학·영화·문화 관련 간행물에서 문화 비평이 점점 늘어나고 있고, 그에 따라 독자들 역시 확대되고 있다. 비록 이런 문화 연구의 부흥이 규모 면에서 1980년대의 문화열(文化熱, 1979년 제11기 3중전회를 통해 개혁·개방이 전국적으로 확대되면서 시작된 중국의 문화 연구 붐. 낙후된 중국 현실 속에서 새로운 중국 사회 건설을 위해 전통과 사회주의, 그리고 개혁·개방의 문제를 어떻게 결합할 것인가에 대한 논의들이 다양하게 전개되었다.—옮긴이]에 비길 수는 없지만 이번 토론은 방법론적으로 뛰어난 학문적 의미가 있고, 토론의 대상 역시 이전과는 크게 달랐다.

19세기 이래 문화 문제는 줄곧 중국 지식인의 주된 논의 주제였다. 그런데 과연 문화란 무엇인가? 견해가 아주 다양하므로 일치된 결론을 내리기는 어렵다. 그렇다면 현재 이루어지는 논의도 또 한 차례의 반복에 불과하며, 이미 충분히 혼란스러운 문화의 정의에 하나를 더 보태는 꼴이 아닐까? 학문 분야의 전문화와 직업적 연구 방식이 인정되고 있는 이 시대에 다양한 영역에서의 문화 문제가 과연 학술적인 문제가 될 수 있을까? 만약 문화 연구가 일반적인 연구 문화가 아니고 어떤 새로운 연구 영역이라면, 문화 연구가 구현하는 종합 학문적 경향은 인문과학 및 사회과학에 어떤 시야와 방법을 제시해 줄 것인가? 요컨대 이 시대에 다시 한 번 문화 연구에 대해 언급하는 것은 과연 어떤 의미가 있는가?

'5·4' 시기와 1980년대의 문화 논쟁은 각기 그 컨텍스트와 문제가 달랐지만, 문제 제기 방식은 아주 유사했다. 그것은 바로 '동양 문화/서양 문화'·'전통문화/현대 문화'의 이원 대립적 방식으로 중국의 문화 문제를 다뤘다는 점이다. 반세기도 넘게 진행된 문화 논의는 결코 특정한 연구 영역이 아니었다. 그것은 문화를 대상으로 한 중국 현대화에 관한 논쟁이었다. 그런 문화 논쟁들의 핵심적인 문제는 중국 문화와 현대화의 관계였다. 즉 중국 문화가 현대화의 요구에 적응할 수 있는지, 아니면 현대화에 장애가 되는지가 논쟁의 초점이었다. 1980년대 문화 논쟁에서 중요한 역할을 한 '미래를 향한 전진'(走向未來) 총서의 표제에서 알 수 있듯이, 문화 논쟁은 기본적으로 중국 문화와 미래의 관계에 대해 논의하고자 했다. 그리고 '4대 현대화'〔중국 개혁·개방정책이 표방한 농업·공업·국방 및 과학·기술의 현대화 노선.—옮긴이〕 외에 문화의 현대화 혹은 인간의 현대화를 제시한 것은 문화가 주로 정신과 가치 체계를 가르킴을 의미했다. '5·4' 시기에서 1980년대까지 문화 개념은 전통 개념에 연결되었으며, 중국 문화라는 개념도 대부분 중국의 전통문화를 가리켰다. 문화 개념과 전통 개념을 서로 연관시킨 결과 중 하나는 바로 문화를 미래와의 시간적 관계 속에 놓고서 방법론상 자연스럽게 문화 진화론의 전제를 표출한 것이다. 그 전제는 곧 문화에서 장기적이며 방향성 있는 변화가 단순함에서 복잡함으로 나아가는, 사회구조의 발전 과정을 표시한다는 것이다. 한편 동서 문화의 차이와 현대화를 서로 연관시킨 결과 중 하나는 문화, 특히 전통을 사회 변천의 주된 원동력이자 결정 요인으로 간주한 것이다. 그리고 연구 방법론에서 보면 문화 연구는 주로 철학·문학·역사학에 종사하는 인문학자들이 담당했는데, 그들이 논의한 문화란 주로 경전화된 텍스트나 고전 인류학적 의미에서 습속과 풍습을 가리켰다.

현재 이루어지는 논의는 문화에 대한 적절한 정의를 찾는 데에 급급해 있지는 않다. 논의의 중심 문제는 개념의 연역이 아니며, 현재의 구체적인 문제들을 문화 문제로 보며 논의하는 것이다. 그 문제들은 소비주의·대중 매체·대중문화·인쇄 문화·건축과 예술, 그리고 전 지구적 자본주의의 경제활동과 문화 간 대화, 시장과 정치 등이다. 이 문제들 중 일부는 과거의 문화 개념 및 문화 논쟁과 직접 관련되는데, 예술과 통속 문화를 예로 들 수 있다. 하지만 관심의 초점은 다르다. 현재 사람들이 관심을 두는 것은 예술과 통속 문화의 생산과 전파 메커니즘이다. 그리고 다른 문제들, 예컨대 상품의 소비 등은 과거의 문화 개념과 문화 논쟁과는 아무 관련이 없다. 개괄적으로 말해 오늘날 문화 연구의 중심 문제는 사회적 재생산 과정의 일부로서의 문화 생산이다. 예를 들어 왕쉬(王朔)를 보면 연구자들은 작가로서의 왕쉬나 예술 창작으로서의 그의 소설에 큰 관심이 없다. 그들은 왕쉬의 작품이 어떻게 오늘날의 문화 생산, 특히 영화와 텔레비전 프로그램 제작 과정에 파고들었는지에 집중한다. 왕쉬와 그 집단들(예를 들어 베이징 텔레비전 드라마 제작 센터)은 정치와 시장의 이중 관계 속에서 민첩하게 자리를 바꿔가며 불만을 토로하고 첨예한 사회적 충돌을 약화시키는 한편, 욕망을 만들어 낸다. 시장의 조건에서는 만들어진 욕망 역시 재생산의 능력이 있다. 다시 말해 근본적으로 왕쉬 현상은 중국적 특색의 시장 이데올로기 구축 과정에서 아주 중요한 작용을 나타내고 있다. 만약 우리가 논의 대상과 문제에 대한 우리의 논의 방식이 항상 관계가 있음을 인식한다면, 현재 논의에서 다양한 학문적 배경의 학자들이 본래 서로 무관한 문제들을 하나의 기본 주제, 즉 문화로 보고 논의한다는 것, 바로 이런 방식 자체가 문화 연구의 주요 내용과 방식을 어느 정도 해명해 줄 것이다. 아마도 우리는 이렇게 문제 제기 방식을 바꿔야 할 듯하다. 본래 문화 문제와는 무관한 이 문제들이 어떻게 문화 문제가 되었는가? 혹은 이 문제들은 어떤 컨텍스트 속에서, 어떤 방법론적 지평에서 문화 문제가 되었는가? 우리는 이러한 물음을 통해 궁극적으로 문화에 종사하는 우리 자신의 사회적 역할에 일어난 변화에 대해 언급할 수 있을 것이다.

확실히 오늘날 논의되는 문화는 더 이상 경전화된 텍스트와 그 속에 함축된 가치관만은 아니며, 학자들 또한 전통적 개념으로 자신들이 논의하는 문화를 명명하지 않는다. 오늘날 문화 연구가 탐구하는 문제는 현재 생활 방식 전체와 그 요소들 사이의 관계에까지 미치며 텍스트의 범위를 훨씬 넘어선다. 그런데 이것은 즉, 이런 의미의 문화 연구는 이미 전체 사회

생활의 모든 영역을 텍스트화했다. 다시 말해 이 문화 연구 속에서 사람들은 텍스트를 독해하는 방식으로 비문자적으로 쓰인 '텍스트'를 진단하고 있다. 그런데 이러한 '텍스트'의 범위 확대는 '텍스트'의 독해 방식에 심각한 영향을 미쳤다. 즉, 원래 학문 분야들 자체만으로는 이러한 텍스트에 대응하기 힘들어졌고, 그래서 문화 연구는 학제 간 결합의 계기가 되었다. 정치·경제·사회·문화 등 각 부문 학자들의 공동 과제가 된 것이다.

이러한 문화 개념은 전통 마르크스주의 문화 개념에 수정을 제기하였다. 「『정치경제학 비판』 서론」과 「『정치경제학 비판』 서문」에서 마르크스는 사회 영역을 경제적 토대와 상부구조로 크게 나누었는데, 문화는 주로 상부구조, 특히 이데올로기 영역에 속한다. 하지만 현재 문화 연구는 경제 과정뿐 아니라 정치적 통치와 문화적 가치와도 관련된다. 간단히 말해 문화 연구에서 이런 각기 다른 문제들을 함께 다루는 것은 문화가 전체 사회적 재생산 과정의 유기적 부분이지, 결코 경제적 토대 위에 떠 있는 '상부구조'가 아니라는 것을 뜻한다. 따라서 경제적 토대와 상부구조의 관계가 아닌, 전체 사회적 재생산의 유기적 부분으로서의 문화 생산이야말로 현재 문화 연구의 중심 문제이다.

이야기를 서술하는 시간은 이야기가 서술하는 시간보다 훨씬 중요하다. 문학 비평에서 자주 인용되는 이 문장은 아마도 문화 연구의 현재적 함의를 이해하는 데 도움을 줄 것이다. 20세기의 마지막에 중국과 서양 학자들이 약속이나 한 듯 문화 문제를 다시 제기하고, 대화의 중요성을 강조한 것은 우연의 일치만은 아닐 것이다. 또한 순수한 지식 발전의 결과만도 아닌 듯하다. 그렇다면 다시 문화 문제를 제기할 수 있게 된 컨텍스트의 주요 특징은 무엇일까? 20세기 마지막 10년 동안 가장 중요한 사건 중 하나는 바로 소련과 동구 사회주의가 무너지고 자본주의로 전환한 것이다. 또,

극심한 사회적 혼란을 끝낸 중국이 '중국적 특색의 사회주의'라는 방식으로 신속히 개혁을 추진한 것도 빼놓을 수 없고, 전 지구적 자본주의의 조건 아래 민족국가 내부의 정치·경제·문화 사업이 나날이 국제화된 것 또한 아주 중요하다. 마지막으로 과학기술의 발달로 사회적·문화적 재생산 방식이 혁명적으로 변화한 것이다. 그리고 중국에서는 독특한 사회·정치 구조와 상업화의 결합 및 그로 인한 다양한 결과가 '문화 연구와 문화 공간'에 대한 중국학자들의 논의의 주요 배경을 마련했다.

다음으로 문화 연구의 몇 가지 사례와 연구 동향에 대해 소개하겠다. 그중 일부는 『독서』가 주관한 토론회에서 이미 언급된 것이다.

첫 번째 사례는 소비주의 문화에 대한 연구인데, 이 연구는 전 지구적 지평 위에서 설명되었다. 연구자는 사회학의 실증적 조사와 문화 심리 분석을 결합해 대중의 일상생활에 미치는 소비주의 문화의 영향을 연구했다. 예를 들면 다양한 직업·성별·나이 대의 소비 취향과 구미·홍콩·대만과 중국 대륙의 소비문화의 차이에 대한 것이었다. 소비주의 연구는 특히 광고와 미디어, 그중 텔레비전과 신문·잡지를 다루었다. 그런데 소비주의는 광고의 욕망 산출로 구현되고, 사회적 생산 전체가 문화적 생산을 포괄하게 하는 중요한 원동력이다. 이것은 시장의 조건에서(국내시장과 국제시장) 물질적 생산품이 소비주의 문화에 의해 제약되기 때문이며, 동시에 문화 상품의 생산과 전파 역시 그 문화의 영향력에서 벗어날 수 없기 때문이다. 예컨대 텔레비전 드라마는 광고와 함께 배치되고, 그 틀은 소비의 원칙과 욕망화의 원칙에 따라 제작되어야 한다. 현재 구미와 중국 대륙의 이론계는 모두 전 지구화 문제를 논의하고 있는데, 이른바 전 지구화란 몇 가지 다른 측면에서 설명될 수 있다. 먼저 경제 관계에서 본다면, 전 지구화의 주요 지표는 초국적 기업·국제 자본·전 지구적 무역 등 생산과 유통 과정의 국제화를 말한다. 그리고 정치 관계에서 보면, 기존의 민족국가가 더 이상 자명한 분석 단위가 되지 못하고, 전 지구적 사업에서 초국가적·초지역적 국제조직이 점점 더 중요한 역할을 하고 있다는 것을 의미한다. 마지막으로 문화적 차원에서 본다면, 그것은 곧 전 지구화된 문화 시장의 형성(국내 문화 시장에 대한 국제 자본의 투자와 제한, 국내의 문화 생산과 국제적 문화 소비 시장의 관계를 포함), 그리고 소비주의의 전 지구적인 확산이다.(형식과 내용이 모두 다르지만, 예컨대 구미의 대중문화는 제삼세계 국가의 엘리트 문화와 여피 문화가 될 수 있다. 하지만 역시 소비주의의 범주에서 설명될 수 있다.) 이 연구의 이론적 의의는 다음과 같다. 만약 소비주의가 오늘날 중국 대륙의 자본주의의 주요 원동력이라면, 프로테스탄티즘 윤리와 자본주의의 관계에 대한 베버의 설명 모델은 새롭게 검토되어야 한다. 이밖에도 상대적으로 자원이 부족한 사회에서 소비주의를 원동력으로 하는 시장화 과정은 전망이 아주 불투명하다. 소비주의가 중국 대중의 일상생활에 미치는 영향에 대해서는 중국 사회과학원 사회학연구소의 황핑시엔(黃平先)이 심도 깊은 연구로 단계적인 성과들을 발표하고 있다.

두 번째 사례는 중앙방송국 프로그램인 '동방시공'을 대상으로 한 연구이다. '동방시공'은 '생활공간', '초점 시각', '동방의 명사들', '동방시공 가요 베스트' 등으로 구성되어 있다. 이 프로그램의 주요 제작자들은 중앙방송국 직원이 아닌 외부 전문가들인데, 이 방송국에서 처음 시도한 체제이다. '동방시공'이 일 년여 만에 최고의 시청률을 기록한 것은, 영상 언어와 진행 스타일이 관변 프로그램의 판에 박힌 그것과 아주 달랐기 때문이기도 하지만, 기존 프로그램이 다루지 못한 사회적 내용을 많이 다룬 것이 중요한 원인이었다. 이밖에 '동방시공'은 국영 방송국 프로그램으로서 이데올로기를 선전하고 생산하는 임무를 담당하기도 했다. 그 조직적 요소를 살펴보면, '동방시공'은 독립 제작자, 국가 선전 기관, 막대한 광고 수입이 함께 이뤄 낸 텔레비전 제작물이다. 1989년 이후 미국·타이완·홍콩과 대륙의 많은 학자들이 하버마스의 공공 영역 이론을 통해 중국 문제를 탐구했다. 하지만 서양의 공공 영역은 시민사회와 밀접한 관계가 있었으며, 시민사회와 국가 사이에 위치해 이 둘을 비판하고 감독했다. 하지만 대륙의 공공 공간은 성숙한 시민사회를 전제로 형성되지 못했다. '동방시공' 조차 국가 체제 속에 있는데, 그 원인은 한편으로 국가가 자신의 이익을 위해 이러한 프로그램 제작이 필요하기 때문이며, 또 광고 수입으로 프로그램을 제작하고, 경제적 이익을 얻을 수 있기 때문이다. 하지만 중국적 맥락에서는 여전히 첫 번째 원인이 가장 중요하다. 국가는 결코 단단한 한 덩어리의 철판이 아니다. 개혁의 과정, 특히 시장화 과정은 필연적으로 통치 이데올로기의 새로운 형식을 낳았으며, 이 형식은 이데올로기적 국가 기구의 기능을 변화시켰다. 이런 상황은 인쇄 문화에서도 일어났다. 1989년 이후 대량의 동인 간행물들이 생겨났는데, 형식과 내용 면에서 모두 관변 간행물들과는 차이가 있었다. 그 간행물들은 국가가 통제하는 출판사에서 출간되었고, 합법과 불법(정기간행물을 책의 형태로 출판함) 사이의 불안정한 위치에 자리했다. 전체 사회체제 속에서 중국 미디어의 위치는 중국의 공공 공간과 구미의 공공 영역 사이의 차이를 보여 준다.

세 번째 사례는 대륙의 예술 생산과 국제시장의 관계에 대한 연구이다. 이는 오늘날 예술 창작의 원동력과 그것이 문화적 재생산에서 차지하는 역할에 대한 연구이기도 했다. 중국 경제가 국제시장과 연계되고, 시장화 과정을 거치면서 국가가 자금을 대고 감독하는 기존의 예술 생산 체제가 점차 무너졌다. 영화와 텔레비전 드라마, 기타 예술 부문의 제작과 생산은 나날이 국제시장과 국내시장의 수요에 의해 제약을 받게 되었다. 예를 들어 중국 예술의 정치적 스펙트럼은 미국과 대륙 이외의 지역에서 경제적 지지와 관객을 획득했고, 반면에 대륙에서는 거의 영향력을 잃고 말았다. 실제로 문화대혁명과 마오쩌둥의 혁명을 소재로 하는 정치적 스펙트럼은 오늘날 중국 대륙의 정치적 맥락 속에서는 어떤 정치적 첨예함도 가질 수 없다. 그것들은 기본적으로 대륙의 '문혁'과 마오쩌둥의 혁명에 관한 서구의 상상에 근거해 제작된다. 그것들은 정치적 스펙트럼이라기보다는 정치적 스펙트럼의 형식으로 나타난 상품이라고 볼 수 있다. 그리고 그 제작과 생산의 결정적 요소는 국제적 문화 시장이다. 형식 면에서 중국의 정치적 스펙트럼은 구소련 및 동유럽에 존재한 것과 비교해 그 구도가 아주 유사하다. 이러한 유사성은 영화 생산과 제작에서 더욱 분명히 드러난다. 장이머우(張藝謀)의 『홍등』(大紅燈籠高高掛)과 첸카이거(陳凱歌)의 『패왕별희』(覇王別姬) 등의 중국 영화들이 주요 국제 영화제에서 자주 상을 탔다. 이 영화들은 해외 자금의 지원으로 촬영되었고, 주로 해외 관객들 사이에서 호평을 얻었다. 그리고 대부분 해외에서 수상한 이후에야 국내 관객들에게 알려졌다. 이 영화들은 중국의 이야기를 담았다고는 하지만, 사실은 서구와 다른 해외 지역 사람들의 의식 속에 있는 중국의 형상을 추측해 역사적 우화로 만들었을 따름이다. 탈식민주의 이론의 영향으로 인해 중국의 영화와 다른 예술이 해외에서 거둔 성공은 보통 오리엔탈리즘이나 탈식민주의의 결과로 해석되곤 했다. 즉, 주로 문화와 민족 관계의 범주에서 설명되었다. 그런데 사실 이러한 예술 제작에 중요한 작용을 한 것은 자본과 시장이었으며, 국내 자본과 시장이 영화 제작을 감당하지 못하는 시점에 국제적 자본과 시장이 중국 영화 생산과 제작에 결정적인 작용을 했다. 문화와 민족의 관계로 이 영화들을 조명한 해석들은 몇 가지 흥미로운 문제들을 읽어 내기는 했지만 정작 문제의 첨예함을 덮어 버리고 말았다. 실제 상황을 돌아보면, 중국과 동양의 제삼세계 예술만 국제 자본의 제약을 받는 것은 아니다. 서구 국가들 역시 같은 문제에 직면해 있다. 중국학자들이 최근의 영화, 특히 국제영화제 수상작들이 우화적 이야기에 불과하다고 혹평하고, 프레드릭 제임슨(Fredric Jameson)의 제삼세계 분석 범주를 설명의 잣대로 사용할 때, 그들이 잊고 있는 사실이 있다. 유럽·오세아니아·미국의 예술 영화들도 항상 역사적 상상력과 관련된 우화적 이야기를 하고 있으며, 그 국가들의 영화 제작자들 역시 자본과 시장의 제약을 받고 있는 것이다. 유럽의 영화 시장이 할리우드에 의해 점령된 것을 보면 알 수 있다. 미국 영화의 대대적인 침투를 막아 낸 유일한 지역은 식민지 중 하나인 홍콩뿐이었다. 이처럼 훨씬 복잡한 현상들에 대해 이론가와 비평가는 다양한 문화적 맥락에서 문화 비평의 의의와 비판의 전략들을 진지하게 고민해야 한다. 호들갑스럽게 서구의(주로 미국, 또는 미국에서 유행하는) 이론을 무비판적으로 중국의 비평적 실천에 도입해서는 안 된다.

중국 대륙의 문화 연구와 문화 비평은 이제 막 발을 내디뎠을 뿐이다. 이론적인 준비도, 실증적인 연구도 아직 성숙하지 못했다. 하지만 문화 연구와 문화 비평은 학술 연구의 필요와 사회 발전 과정에서 자극을 받고 있다. 사회의 새로운 현상들과 문제들을 설명하고 분석, 비판해야 하는 오늘날의 상황에서 문화 연구는 많은 가능성을 품고 있기 때문이다.

8장 현대사상의 배리

문화적 정체성과 사회적 실천

지금까지 나는 우리들 자신에 대한 인식이야말로 역사의 기본 동력들 중 하나라고 믿어 왔다. 하지만 수많은 세월 동안, 니체의 말처럼 우리들 인식 주체는 자기 자신이 낯설기만 했다. 길고 긴 학문의 여정 속에서 우리는 언제나 앎을 위해 분주한 나머지 스스로를 되돌아보며 이런 식으로 물을 기회를 갖기 어려웠다. 어떻게 우리가 현재의 우리가 되었을까? 행위자로서의 우리는 우리가 자기 자신을 대하는 방식으로 자아를 드러내지 못한다. 단지 갖가지 사물을 대하는 태도로 우리 자신을 표현할 수 있을 뿐이다. 우리가 사물을 취사선택하는 방식 그 자체가 우리가 누구인지를 결정한다. 하지만 이런 상황에서도 우리는 자신을 이해하지 못하므로, 우리에게 불변의 진리는 "인간은 자기 자신을 가장 이해하지 못한다."이다. 이것이 바로 니체가 우리에게 알려준 숙명이다.

사람들이 자기 자신을 확인할 길이 없을 때 정체성(identity)의 문제가 나타난다. 정체성을 모색하는 행위는 역사적 전제가 있다. 먼저 전통적 사회제도와 윤리 구조가 무너져 우리의 사회적 역할은 그 자체로 더 이상 도덕적 평가의 객관적 토대와 자신을 이해할 수 있는 조건을 제공할 수 없게 되었다. 다음으로 전통적 윤리제도에 대한 반발이 새로운 자아 관념의 생성을 불러왔다. 즉 우리는 보편적으로 어떤 내재적 본질이나 자아가 존재하고 있음을 믿는다. 그런데 이 내재적 본질은 분명 우리의 실제 사회적 상태와 떨어져 있다. 오직 현대사회만이 우리가 이 두 가지 전제와 대면하게 만든다. 따라서 정체성의 모색 역시 새로운 사회 조건에서 새롭게 자신을 확인하는 행위이며, 이 행위를 완성하려면 반드시 자기 인식의 틀을 재구축해야 한다. 그것은 고대인이 '하늘·땅·임금·혈육·스승'의 윤리 구조 속에서 자신을 이해한 것과 마찬가지이다. 그리고 자신을 확인하는 것은 심리적 행위이면서 사회적 행위이기도 하다. 근대 중국인에게 새로운 자기 확인은 개인의 성장 과정에서 자연스러운 사건이 아니라 일종의 집단적 운명이었다. "도광(道光, 1822~1850) 시기부터 오늘날에 이르기까지 사회·경제제도가 이민족의 압박으로 인해 급속히 변화했고, 기강의 말〔綱紀之說, 역사와 시대의 근본을 이루는 담론. 여기에서는 전통 유교 담론을 의미하는 듯함.―옮긴이〕이 근거를 잃게 되었다. 그리하여 외래 학설이 밀려들기도 전에 벌써 무감각한 상태로 빠져 들었다.……" 이것은 왕궈웨이〔王國維, 1877~1927, 청나라 말, 중화민국 초기의 고증학자이자 문학평론가. 1927년 청조가 부흥할 가망이 없자, 이를 비관하여 쿤밍 호(昆明湖)에 투신 자살하였다.―옮긴이〕가 자살했을 때 천옌커(陳演恪)가 그를 추도하며 한 말이다. "기강의 말이 근거를 잃었다."는 것은 분명 '기강'이 홀로 존재할 수 없으며 반드시 특정한 사회제도 및 그 실천에 의지함을 뜻한다. 천옌커가 보기에 왕궈웨이는 중국의 '문화 정신이 응축된 인물'로서 진실로 '기강'을 체득하고 있었다. 그러나 '기강'이 사회적 실천의 토대를 잃었기 때문에 자신의 문화적 신념 자체만으로는 삶의 의의를 확보할 수 없게 되었다. 그래서 그는 결국 그 문화와 "운명을 함께해 같이 죽어 간 것이다." 이러한 서사 속에서 왕궈웨이의 죽음은 어떤 상징으로 읽히는데, 그것은 중국 문화가 자신을 실천하는 제도적 기초를 상실한 이후 돌이킬 수 없는 비극적 운명으로 빠져 들었음을 의미한다.

하지만 죽음으로 문화적 정체성의 완전함을 지키려 한 이는 극소수에 불과했다. 대다수 중국인들은 정체성의 새로운 확인이 필요했다. 그것은 자신을 파악하는 방식이면서 세계를 파악하는 방식이며, 생존의 이유와 의의를 획득하는 방식이기도 했다. 그리고 새로운 믿음과 정체성은 실천의 조건으로서 새로운 사회제도를 요구했다. 그러므로 정체성 모색의 과정은 단지 심리적 과정이 아니라, 정치·법률·도덕·심미와 다양한 사회적 실천에 참여하는 과정이었다. 또한 그것은 능동성과 수동성이 교차하는 과정이면서 어찌할 수 없는 탐험의 흥분이 가득한 과정이기도 했다. 우리 자신이 과연 누구인지 끈질기게 추궁하는 것은 누구나 감당할 수 있는 일이 아니다. 왕궈웨이처럼 죽음으로 확인하거나 루쉰처럼 정처 없이 방황하는 것은 놀랄 만한 의지와 철저함이 요구된다. 철저함, 이것은 현대인에게 가장 결핍되어 있으며, 내 자신에게도 모자란 품성이다. 하지만 그렇다고 해서 정체성의 문제가 사라진 것은 아니다. 그것은 여전히 존재하고 있다. 비록 이 문제가 "나는 누구인가"를 묻는 방식으로 나타나지 않는다 해도. 우리는 방식을 바꿔 그 문제를 다시 물어볼 수 있을 것이다. 오늘날 사람들은 어떠한 사회적 실천을 하고 있느냐고.

현대의 세계관과 번역 문제

　이 책은 중국의 현대적 정체성 문제에 대해 살펴보고 있다. 일찍이 나는 정체성 문제가 개개인의 심리학적 문제만이 아닐 것이라고 말했다. 이 문제가 한 개인이나 집단의 심리적 경향과 가치판단으로 표현된다 해도 마찬가지이다. 개개인의 자기 확인에는 다양한 자료가 필요하다. 왜냐 하면 우리는 갖가지 복잡한 관계 속에서 자신이 누구인지, 그리고 어떻게 주변 세계에 대처해야 할지 확인하기 때문이다. 그러므로 우리 자신이 누구인지 묻기 시작할 때, 우리는 실제로 다음과 같은 물음을 던지고 있는 것이다. "우리 자신과 우리가 몸담고 있는 사회·국가·세계·자연계는 어떤 관계를 맺고 있나? 사회·국가·세계·자연계는 모두 추상적인 개념이다. 하지만 이 개념들의 배후에는 구체적이고 복잡한 감정·도덕·법률·심미·믿음의 관계가 있다. 따라서 현대적 정체성 문제에 대한 고찰은 자아 및 개인의 관념뿐만 아니라 사회·민족·국가·자연 등의 관념에까지 미치게 된다. 그리고 현대의 도덕관념과 정치 이념의 형성은 바로 이러한 복잡한 관계들이 토대가 되었으므로, 정치와 도덕의 다양화는 사실 그런 정체성의 차이에서 비롯되었다.
　물론 이 책이 중국 전체의 현대적 정체성 문제에 대한 연구서는 아니다. 단지 전문적 주제를 다룬 논문집일 뿐이다. 나는 의식적으로 현대적 정체성 문제와 관련된 논문들로 이 책을 꾸몄다. 특히 (과학 관념을 검토해) 개인의 관념과 자연의 관념에 주목했다. 그래서 사회와 국가 관념에 대한 문제는 간혹 언급했을지도 모르지만, 본격적으로 논의하지는 못했다. 그것은 앞으로 해야 할 작업이다. 그리고 내 연구 지평에서는 자아/개인, 사회/국가/민족, 우주/자연 등의 관계들이 현대 중국의 세계관의 기본 틀을 구성한다.

정체성 문제에 대한 이러한 이해는, 내 연구의 기본 방법과 방향을 결정지었다. 자세한 논의는 이 책의 1장 네 번째 절에서 확인할 수 있는데, 간단히 말하면 관념사와 사회사의 결합이라고 볼 수 있다. 관념의 영역에서는 특히 핵심 개념의 역사적 변화에 주목했는데, 근대에 일어난 이 변천은 여러 언어들 사이에 걸친 연구 영역에 해당된다. 나는 개인·사회·국가 등의 개념들을 순수한 번역이나 본질 규정으로 이해하지 않고, 이 개념들 자체를 역사적으로 구성된 영역이라고 보았다. 다양한 개인들과 다양한 사회 속의 사상가들, 그리고 동일한 사회적 맥락 속의 다양한 지식인들이 다양한 개인·사회·국가·자연의 관념을 보유했다. 그리고 관념사의 차원에서 이 개념들의 관계에서 서로 간의 차이가 동일한 어휘의 다양한 용법을 결정했다. 더욱 중요한 것은 이 개념들이 항상 특정한 사회생활과 문화적 맥락 속에서 역사적 함의를 드러냈다는 사실이다. 그러므로 우리는 그 맥락을 떠나서는 이 개념들을 이해할 수 없다. 예를 들어 근대 유럽에서 사회 개념은 역사적 산물로서 시장·교회·부르주아 가정·행정 조직 및 현대 국가와 내적 연관성을 가졌다. 그런데 청 말 사회의 사회 개념은 특정한 사대부-촌락 공동체, 특히 가족 제제와 밀접한 관계에 있었다. 당시 도시의 사회단체와 국가 의지 사이의 관계 역시 아주 특수했다. 어휘론에서 보면 사회 개념은 'society'를 번역한 것이다. 하지만 사회와 'society' 사이에는 넘어서기 어려운 틈이 존재하며, 이 틈은 사회·역사의 구조적 차이에 의해 결정된 것이지, 현대의 학문, 예컨대 사회학이나 정치학의 어떤 이론에 의해 규정된 것이 아니다. 이런 의미에서 우리는 다음과 같은 점에 유의해야 한다. 즉, 문화와 사회를 연구하는 과정에서 다른 문화 속의 어휘를 자신의 사회·문화적 실천에 응용할 때, 결코 그 행위를 단순히 '번역' 행위로 여겨서는 안 된다. 동일한 의미선상에서 다른 사회의 이론적 범주를 사용해 자기 사회를 연구하기 위한 서술적 범주로 삼는 것도 매우 어려운 일이다. 도처에 함정이 도사리고 있기 때문이다. 그러나 나는 '번역' 행위가 전혀 의미가 없다고는 생각하지 않는다. '번역'의 그런 불가능성 자체가 번역의 필요성을 증명하기 때문이다. 물론 내가 여기서 말하는 번역은 문자의 번역뿐만 아니라 문화의 교류 활동도 가리킨다. 그렇다면 이런 문화의 번역(교류) 활동을 통해 번역의 주체는 무엇을 얻었을까? 또한 번역된 주체는 무엇을 얻었을까? 이것도 중국 현대 사상의 기본 문제들 중 하나이다.

배리적 사상의 사회적 조건

청 말 이후 중국은 현대화 과정에 휘말려 들었다. 이 과정에서 중국 사회는 격렬한 변화를 겪었고, 그 변화 과정은 복잡하고 심층적으로 진행되었다. 현대 민족국가와 공화정 수립에서부터 사대부-촌락공동체의 와해, 사회생활에서 개인의 위치 변화와 현대 가정의 형성에 이르기까지, 그리고 과거제도와 전통 지식 체계의 해체에서 현대식 교육제도 및 지식의 합리적 분화에 이르기까지, 마지막으로 전통 문어체의 폐기에서 백화문(白話文)과 보통화〔普通話, 백화문은 중국의 구어체 문장을, 보통화는 베이징어를 중심으로 하는 표준어 체계를 의미함.—옮긴이〕가 표준 중국어가 된 것에 이르기까지 막스 베버가 '합리화'의 과정이라고 한 이 모든 것들이 사회구조 전체를 바꿔 놓았으며, "기강의 말이 근거를 잃는" 국면을 초래했다. 문제는 기강이 근거를 회복할 수 있는 사회적 토대를 재구축하느냐, 아니면 낡은 궤도에서 철저하게 벗어나 '새로운' 세계를 수립하느냐였다. 왕궈웨이는 그가 동일시한 문화와 "운명을 함께하여 죽어갔고", 다른 사람들은 '현대'가 미래를 보장해 주리라 믿었다. 그리고 우리는 어떤 고난에도 아랑곳하지 않고 역사의 진보를 통해 미래로 나아갔다. 하지만 지금 세계적인 사회적 실천이 2백 년간 지속된 낙관주의를 무너뜨리고 있다. 정치·도덕·문화·지식 등 각 영역에서 숱한 사상가들이 현대사회가 심각한 위기에 처해 있음을 발견했다.

현대성에 대한 성찰은 완전히 다른 사회적 지향들을 포괄하면서 다양한 역사적 서사로 구현되었다. 그런데 중국의 전통주의자들과 포스트모더니스트들은 어떤 점에서 한목소리를 내는데, 그들은 현대사회와 그 사상이 위기의 주요 원천이라고 본다. 그리고 그들과는 대립적으로, 중국의 현대주의자들이나 계몽주의자들은 현대성이 여전히 미완의 기획이며, 현대사회의 위기는 '기획'이 아직 완전히 실행되지 않아 일어난 결과이고, 따라서 우리는 계속 전진해야 한다고 주장한다. 이러한 각종 견해들과 내 생각은 일치하지 않는다. 물론 구체적으로 말하면 교차되는 점들이 있기는 하지만.

내 견해에 관해 개략적으로 요점만 설명해 보겠다.

첫 번째는 지금까지 중국 현대사가 현대성의 역사 서사에 의해 가려졌다는 사실이다. 현대성에 대한 전통주의·포스트모더니즘·계몽주의의 비판이나 집착은 모두 현대성의 역사 서사를 전제로 한다. 그러므로 중국의 현대성 문제를 논의하려면 훨씬 복잡한 역사 서사를 재구축할 필요가 있다. 전통/현대, 중국/서구라는 이분법은 중국 현대사에서 오랫동안 다뤄진 주제이면서, 중국 현대사의 서사에 나타난 기본 틀이었다. 하지만 나는 역사 서사에 대해 설명할 때 그것들을 주제로만 취급할 뿐, 역사 서사의 기본 틀로 삼는 것은 거부한다.

두 번째, 현대성의 역사 서사에서 개인·과학·사회·국가 등의 현대적 주제들은 전통/현대라는 서사의 틀 속에 고정되어 현대의 지표로 우리 눈앞에 나타났다. 하지만 내가 보는 역사 서사에서 이 주제들은 그 자체로 내적 모순과 긴장이 가득하며, 이 모순과 긴장은 단지 전통/현대의 대립 관계에서만 비롯된 것이 아니라, 현대 그 자체에 대한 심각한 회의에서도 비롯되었다. 과학 관념과 중국의 천리(天理)적 우주론의 관계는 복잡하고 애매했다. 그리고 개인 관념은 장타이옌 등에게는 현대의 역사관에 대한 근본적인 부정이었으며, 그 부정 속에 현대에 대한 사명과 확인이 포함되었다. 내가 묘사한 현대 중국 사상의 내적 복잡성과 모순은 바로 현대성에 대한 중국 사상의 배리적 태도였다. 다시 말해 현대 중국 사상은 '현대' 그 자체에 열중하면서도 그것을 의심한 것이다. 그들은 결코 완벽한 현대성의 기획을 수립하지 못했다. 오히려 배리를 통해 현대성의 내적 불안을 나타냈다. 그러므로 중국 현대사상은 그 자체로 여전히 우리 현대성 성찰의 주요 원천 중 하나이다. 이것이 나의 기본 전제이다. 왜냐 하면 우리는 스스로 현대사상과 문화의 산물로서 현대를 성찰하기 때문이다. 이 기본 전제를 부인한다면 현대성의 역사 서사를 반복하는 데 그치고 말 것이다. 그 역사 서사는 직선적으로 진화하는 시간의 목적론을 기초로 하며, 항상 서사자(narrator)가 미래를 대표한다.

현대화 과정은 최종적으로 차이를 소멸시키고 동일화로 나아가는 세계사적 추세를 낳았는데, 그 주요 특징들 중 하나가 뜻밖에도 분화이다. 그 분화에는 국가와 사회 공동체의 분화, 다양한 이익집단들의 분화, 다양한 문화 집단들의 분화, 지식 영역의 분화, 법률과 도덕의 분화 등이 있다. 이러한 분화가 베버식의 '합리화' 구조를 낳았는지는 아직까지 분명치 않다. 그러니 '합리화' 과정이 불러올 수 있는 극복하기 힘든 새로운 위기를 논하는 것 역시 적절치 않을 것이다. 한편 변혁의 진전에 뒤따라 사회가 변혁의 목적을 잃음으로써 변혁 자체가 유일한 목적이 되었다. 현대사회가 직면한 배리는 한편으로 '분화' 과정이 일종의 기계 운동과도 같아, 사회에 최소한의 내적 일치도 제공하지 못해 목적 추구의 행위를 맹목적 행위로 변질시킨 것을 뜻하며, 다른 한편으로는 '분화'를 특징으로 하는 사회 과정이 생활 세계의 다양성과 차이성을 보장하지 않는 것과 관련된다. 나날이 전 지구화되는 경제·상업·정치·문화 과정을 통해 사람들의 생활 방식 및 상상의 세계 역시 점차 어떤 사회생활의 형태 안에서 조직되고 있다. 그 형태는 기계 운동과 유사하며, 아주 동질적이다. 바로 이러한 상황에서 정체성을 모색하는 사유 과정과 사회적 실천의 과정 역시 배리식 과정이다. 즉 합의의 추구와 차이의 추구가 정체성 문제의 두 가지 지향을 구성한다. 전자가 사회 성원들이 다 함께 누릴 수 있는 공공의 공간과 그 규칙, 그리고 개인적 행위가 사회적 행위를 구성할 수 있는 조건을 고려한다면, 후자는 사회집단(민족·계급·젠더 등)과 그 문화의 고유성, 그리고 개체의 차이성 및 그 권리에 대한 사회적 보장의 조건을 고려한다. 사상사에서 이 문제들은 언제나 자연·사회·민족·계급·개인 등의 문제에 관한 해석 속에서 조직된다. 그리고 사람들이 자연·사회·국가·민족·자아와 그 상관관계를 끊임없이 해석하는 목적은 바로 합리적 생활의 준칙과 가치판단을 수립하는 데 있다. 이 책의 분석은 이미 다음과 같은 사실을 증명했다. 즉, 현대사상에는 서로 일치하지 않으며 통약 불가능한 세계상과 그 구성 원칙이 존재하며, 아울러 비교적 깊이 있는 사상가들의 사상적 모색 역시 배리적이라는 사실이다. 따라서 배리적 형식의 사상을 낳은 사회적 조건과 역사적 함의를 검토하는 것이 이 책의 핵심적 임무이다.

연구자로서 짧은 경력에도 불구하고 나는 수많은 선배들과 벗들의 도움을 얻었다. 언젠가 『아무것도 없는 곳에서의 방황』(無地彷徨)이란 책의 후기에서 숱한 이름들을 열거하며 감사드렸는데, 그 이름들은 계속 늘어나고 있다. 여기에서 다시 한 번 그들에게 감사의 정을 전하고자 한다. 생활은 변하고 있고 내 자신도 변하고 있다. 심지어 우정과 감정까지 변하고 있다. 하지만 예전의 그 우정, 진솔했던 토론과 학문적 견해 속에서 생겼던 이해와 기쁨, 소원함과 고통은 내 생활에서 가장 소중한 기억이다. 이 기억은 내게 이 잿빛의 세상에서 참다운 시적 정취를 느끼게 해준다. 앞으로도 나는 이 시적 정취를 가슴에 품고서 인생의 기나긴 길을 걸으며 탐구를 이어갈 것이다.

九

9장 개인 연구, 작업 등에 관한 대담

『학인』에 대해

| **조경란** | 저는 중국학을 연구하는 학자로서 줄곧『학인』잡지에 관심이 있었습니다. 제가 알기로『학인』을 중심으로 하는 학술 분위기는 주로 선생님을 비롯한 몇몇 지식인들에 의해 이뤄졌습니다. 당신들은 '문혁' 이후 대학이나 대학원에 진학한 새로운 세대이고, 유학 경험이 있는 사람도 있습니다. 저는 당신들이 1950, 1960년대에 대학에 들어간 세대(많든 적든 소련 학계의 영향을 받은), 그리고 문화대혁명을 전혀 경험하지 않은 세대와는 많이 다르다고 생각합니다. 또 그래서 인문·사회과학 연구에서 유리한 위치를 차지했다고 생각합니다. 그 위치에서 당신들은 학술사 연구를 제창하고 그 길을 개척해 왔지요. 당신들이 견지해 온 것은 '5·4'에서부터 '하상'〔河殤, 1987년 중국 중앙방송국에서 방영한 티브이 다큐멘터리. 중국 문화를 만리장성과 황하로 상징되는 정체(停滯)의 '황색(黃色) 문화'로 규

정하고 이 문화가 살아남기 위해서는 진취적 서구 문화인 '남색(藍色) 문화'를 받아들여야 한다고 주장해 큰 파문을 불러 일으켰다.—옮긴이]에 이르는 중국 전통에 대한 부정적 태도도 아니고, 제1차세계대전 이후 량수밍(梁漱明)이나 최근 몇몇 인물들이 보인 태도와도 다릅니다. 중국 문화를 보존해 서양의 도전에 대응한다는 그런 태도 말이죠. 당신들은 중국 문화와 역사 발전의 내적 논리에 대한 이해를 더욱 강조합니다. 결코 단순히 비판이나 계승 사이에서 취사선택을 하지 않습니다. 제 생각에 학술사 연구의 특징은 문학·역사·철학이 하나로 융합된 중국 고대의 인문 정신 전통을 계승했다는 점입니다. 그리고 당신들은 줄곧 문화적 연속의 관점에서 전통과 현대를 변증법적으로 이해하려 했지요.『학인』은 바로 그런 의식을 담고 있습니다. 이 잡지는 1992년에 창간되었고, 1949년 이후에 나온 최초의 동인지이기도 합니다. 선생님께 여쭤 보고 싶은 것은 1980년대부터 1990년대까지의 사상적 변화가 모두 어떻게 한데 모이게 되었는지 하는 것입니다. 그리고 한 가지 더 여쭤 본다면, 저는『학인』의 글들을 읽으면서 학문을 초월한 어떤 고려를 감지할 수 있을 듯합니다. 그런 고려는 백 년 가까운 시간 동안 중국 문화가 서양 문화에 억압당한 역사적 사실과 관련이 있는 듯합니다. 선생님께서는 이런 제 견해를 인정하시는지요?

| **왕후이** |『학인』은 1949년 이후에 생긴 최초의 동인지는 아니지만, 아마 1989년 여름 이후 학자들 스스로가 창간한 최초의 간행물일 것입니다. 그래서『학인』의 중심 취지와 스타일은 당연히 1980년대와 밀접하게 관련되면서도 아주 다른 점도 있습니다. 1980년대는 회의의 시대이면서도 격정과 희망이 충만한 시대였습니다. 또한 서양 사상 속에서 변혁의 영감을 흡수하기 위해 노력한 시대이기도 하지요. 우리들은 항상 그 시대를 현대

중국사의 또 다른 5·4 시대로 여깁니다. 활력과 기대가 있으면서도 당혹스러움과 혼란이 가득했습니다. 저와 제 친구들—오늘날 이들 사이에는 참으로 커다란 분화가 일어나긴 했지만—은 모두 1980년대의 산물입니다. 저는 1980년대의 문화와 정치활동을 직접 경험하고 목도했으며 몸소 참여하기도 했습니다. 몸과 마음까지 모두 그러했지요. 『학인』은 이 세대 사람들의 심신이 피폐해져 다시 새롭게 분발하기로 결심할 즈음에 탄생했습니다. 1989년의 사건은 우리가 자신들의 사상 활동의 전제들과 역사적 함의를 반성하도록 촉구했습니다. 그 반성이 『학인』의 기본적인 방향을 결정했다고 할 수 있습니다. 그것은 1980년대에 대한 부정이 아니라, 바로 그 시대 끝에서의 회고였습니다. 지금 떠올려 보면, 그 회고에는 그 가혹했던 시대로 인한 다소 과장된 의미도 섞여 있었을 겁니다. 하지만 과거에 대한 그리움이나 감상은 아니었습니다. 우리 자신들의 전공의 제약이 있기는 했지만, 그 회고는 우선 현대사, 특히 사상사와 학술사 쪽으로 방향이 전환되었습니다. 그런데 적어도 당시 우리들은 여전히 미래를 생각하고 있었습니다. 그 시점에서는 아주 불확실했던 미래를 말이죠. 저에게는 그 미래가 지금도 여전히 불확실하긴 하지만 그래도 점차 깨닫고 있습니다. 제가 죽을 때까지 불확실할 리는 없다는 것을. 그리고 그때 우리는 그 불확실한 미래의 어떤 확실성을 믿은 것 같습니다.

 1989년 여름 이후 몇 개월 동안 저와 친구들은 우울하고 흥분된 상태에서 여러 문제들을 논의했습니다. 저는 1990년 봄, 베이징을 멀리 떠나 친링(秦嶺)에서도 더 깊이 들어간 상뤄(商洛)에 가서야 비로소 마음을 가라앉힐 수 있었습니다. 그 산속에서도 여전히 친구들과 연락을 주고받으며 토론을 나눴지만, 이미 제 마음은 차분해져 있었습니다. 1990년 말, 베이징으로 돌아왔을 때, 저는 제 자신과 제가 떠났을 때의 분위기가 미묘하게 낯설어졌음을 느꼈습니다. 저는 『아무것도 없는 곳에서의 방황: '5·4'와 그 메아리』(無地彷徨: '五四' 及其回聲)라는 책의 서문에서 그 낯설음이 산속의 평온함과 베이징의 소란스러움이 대조된 탓이었다고 했지요. 그러나 그것은 적절한 비유가 아니었습니다. 제가 말하고 싶었던 건 단지 개인적인 심경의 변화였을 겁니다. 저는 친링에서 중국 농촌에 관한 조사 활동을 하면서, 제 사상과 행동 방식을 성찰할 수 있는 시각을 마련했습니다. 그리고 친링에서 베이징으로 돌아오자마자 새로 『학인』의 창간과 편집 작업에 착수했습니다. 『학인』 창간 구상은 1990년 말에 확정되었습니다. 제가 친링에 있는 동안에는 천핑위엔(陳平原), 왕서우창(王守常) 등의 친구들이 준비를 했습니다. 우리는 여러 차례의 토론을 거쳐 최종 결정을 내렸습니다. 베이징 학술계의 친구들에게 『학인』의 창간을 공표한 것은, 바로 선생이 『학인』에서 읽으셨다는 연속 좌담회에서였습니다. 제 기억으로는 1991년 1월쯤 베이징 대학 따오위엔(勺園)에서 열렸습니다. 저는 거기서 개인적 경험과 심정을 말하기도 했는데, 사실 『학인』 창간 과정에서 사람들은 저마다 다른 경험과 이해를 갖고 있었습니다. 하지만 그 다양한 경험과 이해 속에는 당시나 지금이나 분명하게 존재하는 어떤 공통의 인식이 있었습니다. 그것이 이 간행물이 존재하게 된 전제였으며, 우리들을 뭉치게 한 원인이었지요.

'학술사' 연구는 제1집에서부터 한 주제가 되었습니다. 그것은 주로 『학인』 창간호에 실린 학술사 필담에서 비롯되었습니다. 1989년 여름 이후 제 주변 친구들 중 몇몇은 외국으로 이주해 그 사회에 적응해야 했습니다. 그리고 진다청(靳大成)이나 천옌구 등 남은 사람들은 이미 이 문제에 대해 논의하고 있었습니다. 제 기억으로는 당시에 한 친구(린다중[林大中])가 돈을 내 베이징의 여러 학자들에게 학술사 논문집의 출판 가능성을 논의해 달라고 요청했습니다. 또한 톈핑위앤 같은 친구들도 서로 다른 배경과 사고에서 이 주제에 접근했습니다. 다시 말하면 『학인』의 한 주제로 '학술사'를 택한 것에는 분명 어떤 시대적 계기가 작용했습니다. 그런데 『학인』의 내용은 학술사 연구만이 아닙니다. 저는 근대사 전체에 대한 새로운 연구와 사고가 훨씬 더 중요하다고 봅니다. 학술사와 사상사 연구는 한층 광범위해진 이 사고의 한 부분일 뿐입니다. 1989년의 사건은 어느 정도 1980년대 사상·문화운동의 중대한 좌절이었습니다. 1980년대에 우리는 서양 이론을 통해 중국이 당면한 문제를 효과적으로 해결할 수 있는지 고민했습니다. 새롭게 역사 속으로 돌아간 것은 바로 우리와 역사의 관계를 역시 새롭게 생각하기 위해서였지요. 제가 여기에서 '전통'이 아닌 '역사'라는 단어를 쓰는 데에는 이유가 있습니다. '전통'이란 개념은 자칫 어떤 전통에 몸담고 있는 사람이 그저 자기 방식으로만 사유하는 것을 떠오르게 하기 때문입니다. 근대사는 아주 복잡한 과정이었지만, 단지 '전통적'이지는 않았습니다. 어떤 사람들은 『학인』이 '국학'(國學) 관련 간행물이라고 생각하기도 하지만 저는 동의할 수 없습니다. 사실 '국학'도 현대인의 학문입니다. 역사에 대한 새로운 사고는 오늘날 중국 사상의 내적인 요청입니다. 그것은 단순히 서양 문화의 억압에 대한 반응이라고 치부될 수 없습니다. 19세기에서 20세기에 일어난 전 지구화 과정은 식민주의와 기타 형태의 해외 확장에 힘입은 자본주의로 완성되었습니다. 이 과정에서 정치·군사·문화 분야의 저항들이 자연 발생적으로 일어났지요. 하지만 저는 『학인』을 단순한 민족주의의 산물로 보는 견해에 결코 찬동하지 않습니다. 현대성 문제에 대한 제 글 또한 『학인』에 발표되었습니다. 저는 그 글에서 어떤 '의사소통'의 산물로서의 현대 문화의 특징에 대해 명확히 논했습니다. 지나친 전통 본질주의는 정치적으로 보수 사상의 원천이 될 가능성이 있을 뿐만 아니라, 근대사의 형성 과정을 은폐하기도 합니다.

『학인』의 창간에는 역사의 내적인 요청이 작용하긴 했지만 우연의 요소도 있었습니다. 1989년 말 일본의 중국 연구자들은 중국의 상황과 지식인의 상황에 큰 관심을 보였습니다. 그러한 분위기는 코오즈츠 미츠요시(高筒光義) 선생과 다카하시 노부유키(高橋信幸) 선생에게도 영향을 주었지요. 코오즈츠 선생은 청소회사의 대표이사였지만, 사업 규모는 그리 크지 않았습니다. 다카하시 선생은 미타카시(三鷹市) 시청의 노인정책실 공무원이었는데, 자비로 중국에 중국어를 공부하러 오기도 했고, 중·일 간의 민간 학술·문화 교류에 열심이었습니다. 그들은 호세이(法政) 대학을 함께 다닌 친구이기도 했습니다. 바로 중국의 문화대혁명 시기였던 그 시기에 그들은 다양하게 그 시대 이상주의의 영향을 받았습니다. 코오즈츠 선생은 한때 학생운동을 하다가 체포되기도 했습니다. 나중에 가업을 이어받아 회사의 대표이사가 되었지요. 그들은 당시 학생운동의 많은 문제와 실패를 인정했지만, 여전히 그 이상주의 자체에는 잘못이 없었다고 생각했습니다. 코오즈츠 선생은 많은 돈을 기부해 이토오 토라마루(伊藤虎丸) 교수, 오자키 후미히데(尾崎文昭) 교수, 쿠보타 시노부(窪田忍) 선생, 다카하시 선생이 주도한 국제우호학술기금회의 준비위원회를 발족시켰습니다. 선생은 어려운 상황에 있는 중국 지식인들을 후원할 결심이었지요. 만약 그들의 도움이 없었다면 『학인』은 출판될 수 없었을 것입니다. 아직도 기억나는 일이 하나 있는데, 『학인』이 막 창간되었을 때 코오즈츠 선생이 회사 비서와 간부들과 함께 저희 편집진 세 명을 만나러 베이징에 왔습니다. 저녁 식사를 마친 뒤 선생의 비서가, 코오즈츠 선생은 매번 중국에 다녀올 때마다 이 일이 정말 뜻 깊은 일이라고 말하곤 한다고 전해 주었습니다. 하지만 그 회사의 직원들은 코오즈츠 선생이 『학인』에 자금을 대고 학술 토론회를 열어 주는 것에 대해 여전히 우려했습니다. 그래서 선생은 그들을 베이징에 데려와 우리를 만나게 한 겁니다. 나중에 선생의 비서는 모두들 코오즈츠 선생이 왜 이런 뜻 깊은 일을 하고 있는지 이해했다고 말했습니다. 우리 역시 코오즈츠 선생이 『학인』 후원과 중·일의 민간 학술 교류를 위해 얼마나 큰 노력을 기울였는지 새삼 느꼈습니다. 그런데 1996년에 코오즈츠 선생의 회사가 파산선고를 받게 되어 저와 『학인』 동인들은 마음이 아팠습니다. 그 뒤로 국제우호학술기금회의 준비위원회는 아직까지 준비위원회에 머물러 있지요. 우리는 선생에게 전혀 보답할 길이 없습니다. 저는 지금 그 분의 주소조차 알지 못합니다. 장장 6년 동안이나 일하면서 우리들은 좋은 협력 관계만 유지한 게 아닙니다. 진실한 친구가 되기도 했지요. 『학인』의 실천은 전 지구화와 분리주의가 동시에 진행되고 있는 이 세계에서도 여전히 개인의 이익을 넘어선 국제주의가 가능하다는 사실을 보여주었습니다. 『학인』이 창간된 후 갖가지 논의가 분분하기도 했지만, 저는 이제 이러한 역사를 공표해도 된다고 생각합니다. 누가 어떻게 보든지 저와 왕서우창, 천핑위엔 세 명의 편집자는 『학인』의 창간과 발행에 크게 공헌한 일본 친구들과 쟝쑤 문예출판사(江蘇文藝出版社)에 늘 고마워하고 있습니다. 우리는 『학인』의 출판과 중국의 학술 사업을 위해 동분서주한 그 친구들을 잊을 수 없습니다. 또한 그 특수한 시대에 그 친구들이 보여 준 것은 『학인』에 관계한 우리들에 대한 자상함과 관심, 도움에만 그치지 않았다는 것도 역시 잊을 수 없습니다.

개인적인 연구에 관해

| **조경란** | 선생님은 일관된 논리 구조를 이용해 사상사를 연구하고 계시고, 근대 중국 사상에 관한 논문들을 벌써 여러 편 쓰셨지요. 현대성 문제 · 과학 개념 · 종교 개념 · 언어 문제 · 량치차오 · 장타이옌 · 옌푸 등에 관한 논문들이 있는데, 이 글들은 중국과 외국에서 모두 인정을 받았지요. 저 역시 이 중 몇 편을 읽었습니다. 저는 선생님의 논문이 방법과 내용에서 다른 학자들의 연구와 사뭇 다르다고 생각합니다. 전체적인 논리가 엄밀하면서 관련 내용도 아주 풍부합니다. 선생님의 저서가 곧 싼롄 서점에서 출판된다고 들었는데, 저는 그 책이 중국 근대사상사 연구에서 획기적인 성과가 되리라고 생각합니다. 그 책의 제목과 내용, 현재적인 의미, 『학인』의 구상의 관계를 말씀해 주시겠습니까

| **왕후이** | 출판될 책의 제목은 『현대 중국 사상의 홍기: 현대성의 '과학창제'와 그 배리』(現代中國思想的興起: 現代性的 '科學創製' 及其悖論)입니다. 주로 현대성 문제와 관련해 근대 중국 사상의 형성 및 그 주된 문제들을 연구했습니다. 이 책은 주로 청나라 말기부터 1930년까지의 중국 사상을 다루고 있습니다. 1930년 이후부터 중국 사상은 큰 변화를 겪었기 때문에, 독립적으로 연구할 필요가 있습니다. 이 책은 분량이 꽤 많습니다. 80만 자에 육박하며, 다루고 있는 인물 · 집단 · 내용도 아주 방대해서 이 자리에서 자세한 얘기를 하기는 힘듭니다. 대강의 내용을 말한다면, 그것은 새로운 세계관의 형성을 중심으로 사상 · 지식 · 제도 등의 측면에서 중국 '현대성'의 역사적 함의를 탐구하고 있습니다. 그중 특히 자연 · 사회 · 민족 · 국가 · 개인 · 언어 등의 현대적 관념이 생산되고 상호 관련되는 것에

관심을 두었습니다. 방법론에서 본다면 이 책은 근·현대사상을 대상으로 한 역사 연구서겠지만, 저는 되도록 더 넓은 역사적·이론적 시야 속에서 논의하려고 했습니다. 예컨대 저는 근대 서구 사상, 특히 사회이론의 기본 패러다임들—주체/객체·사회/자연·사회/국가·시장/계획—의 탄생과 내적 의미를 자세히 검토했습니다. 또한 그런 이론적 패러다임들 아래 형성된 사회이론과 그 내적 모순도 빼놓지 않았습니다. 이런 작업의 목적은 우리—서구의 학자들뿐만 아니라 아시아와 중국의 학자들도 포함해—를 지배하고 있는 인식 틀이 우리 자신에게 어떤 시각을 제공하고, 또한 어떻게 우리 인식을 제한하고 역사의 정황을 왜곡하는지 드러내기 위해서였지요. 저는 당나라와 송나라 교체기의 사상적 변화, 특히 이학(理學)이 변천한 맥락을 검토해 비교적 긴 역사 단계 안에서 중국 현대사상을 관찰했습니다.

왜 중국 사상사에 관한 연구서가 이처럼 복잡한 이론적 문제를 다뤄야만 할까요? 그리고 왜 중세 이후의 사상적 변화와 그 사회적 조건을 다뤄야만 할까요? 제가 보기에 그것은 우선 현대의 문제가 단순히 중국만의 문제가 아니라, 광범위한 교류 관계 속에서 형성된 문제이기 때문입니다. 현대의 문제는 현대 자본주의의 역사와 밀접한 관계가 있지요. 다음으로 현대의 문제는 장기간의 역사 속에서만 파악될 수 있습니다. 예를 들어 유럽사에서의 '현대'는 귀족제도의 쇠퇴와 관련됩니다. 그런데 중국의 귀족제도는 이미 당·송 시대에 쇠퇴했습니다. 또한 유럽 자본주의의 발생은 국가와 왕권의 분리, 재정제도의 개혁을 끌어냈습니다. 이것들 역시 중국에서는 훨씬 이전에 일어난 현상이었지요. 그렇다면 중국의 '현대'는 대체 어떤 문제와 관련이 있을까요? 저는 사상, 지식의 계보, 배경 조건의 변화에 집중해서 연구했습니다. 글쓰기 방식은 중국의 학술 전통을 고려하기는 했지만,(예를 들어 어떤 사상가들에 대한 사상 전기식의 연구) 문제의식과 방법에서는 전통적인 방식과 조금 다릅니다. 예컨대 개별 사상가들에 대해 설명할 때는 단순히 그들의 사상을 되풀이하지는 않았습니다. 그들의 사상을 지배한 사상·제도·지식 계보의 힘을 밝히려고 노력했지요. 근대 중국의 사상, 특히 청 말 사상에 대해서는 '현대'의 생성과 그 원동력을 논하면서, 근대 중국 사상 내부에서 '현대'의 내적 모순과 자기 해체의 요소를 찾아내는 데에 주의를 기울였습니다. 이 자리에서 이 책의 구체적인 내용을 더 말씀드리지 못해서 죄송합니다. 저는 한국의 학자들과 독자들을 포함해 관련 전문가들과 독자들의 비판을 기대하고 있습니다.

이 책의 초고 일부는 『학인』과 다른 간행물에 발표된 적이 있습니다. 하지만 책에 수록하면서 많이 손을 보았습니다. 저는 『학인』의 편집자 중 한 사람이므로, 종종 글을 싣곤 하지만 단지 그뿐입니다. 『학인』은 공동의 무대이고, 다양한 관점과 방법이 포함되어 있지요. 제 개인적인 관점은 단지 『학인』의 일부일 뿐입니다.

전통과 근대성 문제에 관해

| 조경란 | 20세기 세계의 운명에 큰 영향을 미친 현실 사회주의의 기획이 상대적으로 실패한 것은 모두가 알고 있는 사실입니다. 1980년대에는 계몽주의가 중국 사회주의에 봉건주의를 연관지어 비판했습니다. 저는 당시 계몽주의에 비판의 근거가 있었기에 대중의 지지를 얻었다고 생각합니다. 그런데 개혁·개방 이후 현대화 운동이 심화되어 자본주의적 생산

관계가 보편적인 관계가 되면서부터 계몽주의도 더 이상 특별한 작용을 하지 못하고 있습니다. 차이가 크기도 하지만, 일본 제국주의에 저항하는 과정에서 형성된 한국의 민족주의는 중국 사회주의와 유사한 점이 있습니다. 양자는 모두 반제국주의의 산물이지요. 그 후 한국은 자본주의의 성장 과정을 겪었습니다. 최근 일부 한국 지식인들은 전 지구화 문제를 다루면서, 한국이 사회주의를 비롯한 저항적 민족주의의 심리 상태를 초월해야 한다고 주장합니다. 바로 이런 배경 속에서 지식인들은 21세기 세계의 형성 원리가 과연 무엇이냐 하는 문제를 제기했지요. 최근 한국의 지식계가 근대성 문제와 전통의 재해석 문제를 논의하는 이유도 이 때문입니다. 근대성과 전통의 문제는 아주 복잡합니다. 그래서 어떤 보편적인 정의로 이 문제들에 결론을 내리는 것은 어렵습니다. 혹시 지금 중국에서도 이 문제에 대해 논의하고 있습니까? 이미 선생님은 서구 사상에 대한 옌푸의 설명 방식과 전통과의 관계에 대해 연구했습니다. 옌푸는 서구에 대해 총체적인 이해를 했지만, 결코 그 속에 함몰되지 않고 중국의 현실에 근거해 전통 철학과 서구 사상을 개조했습니다. 다시 말해 옌푸는 자기 이론에서 중국적 근대성이 세계를 보여 주었지요. 그렇다면 현재 중국인의 상황이 당시 옌푸가 직면했던 상황과 비슷하다고 한다면, 오늘날 중국 지식인들은 세계에 대해 어떤 태도를 취해야 할까요?

| **왕후이** | 제가 베이징을 떠난 지가 벌써 일 년이 넘어서 현대성과 전통 문제에 대한 최근 중국학자들의 논의에 대해서는 잘 알지 못합니다. 저는 몇 편의 글에서 다양한 방식으로 이 문제를 다룬 적이 있지요. 제 책도 기본적으로 이 문제의 범주 안에 있다고 할 수 있습니다. 선생은 제가 『학인』 제6집에 발표한 「베버와 중국의 현대성 문제」(韋伯與中國的現代性問題)와 「옌

푸의 세 가지 세계」(嚴復的三個世界), 「전 지구화, 차이의 정치와 자유주의의 곤경」(全球化, 差異政治與自由主義的困境)이라는 두 편의 장편 논문을 보셨을 겁니다. 모두 서로 다른 시각에서 이 문제를 검토한 글이지요.

선생의 질문은 아주 복잡하고 연관된 문제들도 방대합니다. 간단히 그것들에 답할 자신은 없지만, 몇 가지 의견은 밝힐 수 있겠지요. 방금 말씀하신 대로 확실히 중국의 신계몽주의는 현실 사회주의에 대한 비판을 동시에 봉건주의에 대한 비판으로 이해했습니다. 바꿔 말해 신계몽주의는 전통/현대성의 이분법을 채택했고, 중국 현대화 운동이 실패한 원인으로 전통—특히 봉건주의—을 꼽았습니다. 저는 이러한 이분법이 특정 역사적 조건 아래에서 생산된 비판적 이데올로기라고 봅니다. 그것은 이전에도, 지금도 여전히 기능하고 있습니다. 그런데 지금 이 이데올로기는 자체의 비판력을 잃어 가고 있으며, 통속적으로 사용되면서 점차 현대 자본주의 정당성의 이론적 원천이 될 가능성이 있습니다. '5·4'도, 사회주의 혁명도, 신계몽주의도 모두 봉건주의에 반대하는 운동이었습니다. 우리는 그것들 사이의 연속성을 확인할 수 있는데, 이 연속성은 실제 역사적 운동이 어떠했든 '반봉건'이 하나의 구호로 자연적 정당성이 있었음을 의미합니다. 그런데, 어떤 학자가 말한 것처럼 이 '봉건'이라는 개념은 새롭게 검토되어야 합니다. 예를 들어 청대 사회는 봉건사회였을까요? 진(秦)나라 이전이나 한(漢)·위(魏) 시대의 역사와 비교한다면, 청대는 봉건사회라고 볼 수 없습니다. 그리고 18세기 이전의 유럽 봉건사회와 비교하면, 당·송 이후의 역사도 봉건사회라고 할 수 없지요. '봉건' 개념의 이런 불확정성은 그 자체로 '반봉건' 개념의 자연적 정당성이 현대 사회운동에 대한 긍정 위에 수립되었음을 보여 줍니다. 제 이런 논리는 단순히 신계몽주의 운동이나 이전의 5·4 계몽주의 운동 및 유럽의 계몽주의 운동에 대한 부정이 결코 아닙니다. 왜냐 하면 현대성에 대한 성찰은 현대의 사회 과정에 대한 단순한 부정이 아니기 때문입니다. 그리고 특수한 역사 시기에 이러한 이분법은 중요하면서도 적극적인 작용을 했고, 명확한 적실성을 유지했기 때문입니다. 하지만 우리가 현실 사회주의의 실천이 봉착한 문제를 단순히 전통이나 봉건주의의 탓으로 돌린다면, 그 역사적 실천 자체의 현대적 특징을 놓치게 될 겁니다. 이미 많은 현대 사상가들이 이런 점을 노출했습니다.

모든 문제들이 전통의 차원에서 빚어진 것이라면 현대성 자체에 대해 성찰할 필요가 없겠지요. 현대의 사회적 실천은 당연히 전통의 내용을 포함했습니다. 이 점은 동양과 서양, 모두 마찬가지입니다. 우리는 18세기 유럽의 계몽주의 운동이 교회의 전제를 표적으로 삼은 것을 알고 있습니다. 하지만 오늘날 그 누구도 서구 사회에서 종교의 거대한 작용을 부정하지 못합니다. 왜 사람들은 종교의 이러한 작용과 존재가 서구 사회의 위기를 낳은 주요 원천이라고 생각하지 않는 걸까요? 그것이 전통이 아니기 때문입니까? 우리는 베버 이후의 사회이론을 통해 현대화 과정에서 종교에 중대한 전환이 일어났음을 이론적으로 알고 있습니다. 교회와 목사, 종교는 아직도 존재합니다. 심지어 발전했다고도 볼 수 있지요. 하지만 종교의 의미, 특히 그 기능은 이미 바뀌었습니다. 현대사회의 조직 방식은 벌써 그것을 자체적인 메커니즘 속에 편입했습니다. 우리는 국가의 사회주의적 실천을 포함하는 중국의 현대화 운동에서 숱한 전통의 요소를 확인할 수 있습니다. 하지만 그것들을 단지 '전통적인 것'으로만 이해한다면 그 현대적 함의를 이해할 수 없습니다. 현대 세계의 국가 체제·사회조직·생산과정·교환 체제 및 이들에 수반된 전제·독점·강권은 모두 현대 자본주의와 그 확장 과정에서 발전했습니다. 자본주의 형식을 채용했든, 사회주의 형식을 채용했든, 이들 사이에는 많은 것이 공유되었습니다. 민족국가 형식이 전 지구적인 정치·경제·군사를 통해 경쟁하고 있는 것은 바로 이 과정의 산물이며, 위 두 가지 사회 형식은 모두 독점의 구조를 함축하고 있습니다. 저는 이들 사이의 차이를 무시하려는 것은 아닙니다. 하지만 자본주의와 사회주의의 차이를 현대와 전통의 차이로 이해한다면, 우리는 현대 세계와 그 내적 모순의 원동력을 간과하게 될 겁니다. 독점적 자본주의를 포용하는 것 말고는 다른 어떤 선택도 할 수 없게 되겠지요. 하지만 사회주의가 처한 곤경은 결국 세계 자본주의가 발전한 결과가 아닙니까? 역사의 허물을 따질 때 우리는 문제의 근원을 파고들어야 합니다. 피상적인 차원이나 문제의 한 측면에만 머물러서는 안 됩니다. 오늘날 유럽과 미국의 사회제도는 단순히 자본주의적인 제도가 아닙니다. 19세기 이후의 사회보장운동(사회주의 운동을 포함하는)의 충격이 사회의 제도 개혁을 촉진했지요. 식민주의 시대의 민족해방운동 역시 동일한 성격의 사회보장운동이었습니다. 이 사회보장운동이 결국 민족국가 형식을 채택할 수밖에 없었던 것은 자본주의가 창조한 세계체제의 내적 논리와 밀접한 관계가 있습니다.

한국의 저항적 민족주의에 대해 언급하셨는데, 현재 중국에도 분명히 민족주의를 논하는 이들이 있습니다. 하지만 민족주의를 비판하는 지식인들도 많이 있지요. 동아시아 지역의 경제 발전에 따라 전 지구적 정치 구조 역시 상응해 변해 가고 있습니다. 한국·중국·타이완 및 동남아시아에 모두 서로 다른 형태의 민족주의 사조가 나타났지요. 그것들은 한편으로 서구에 의해 조종되는 전 지구적 정치·경제 질서에 대한 저항과 협상으로 표현되고 있습니다. 그리고 다른 한편으로는 지역 내부의 정치·경제적 충돌로 나타나고 있기도 합니다. 그런데 민족국가 안에서 통치자는 민족주의를 이용해 사회 내부적 통제를 강화합니다. 이것은 보편적인 현상입니다. 따라서 지식인들은 민족주의 운동이 내포할 수 있는 부정적 효과를 계속 성찰할 책임이 있습니다. 하지만 일방적으로 민족주의를 비판하면서 민간의 민족주의와 국가의 민족주의를 구분하지 않는다면, 그리고 민족주의의 발흥을 전 지구화된 자본주의의 구조 전체, 특히 그 불평등 관계 및 정치·경제·문화·군사적 패권과 연결하지 않는다면 우리는 극단적 민족주의의 근본적인 원천을 제거할 수 없습니다. 글로벌리즘과 민족주의의 이원적 대립은 단순한 이데올로기입니다. 이 이데올로기는 현대사의 발전 과정을 왜곡하고 있으며, 오늘날 세계의 지배적 권력관계를 은폐하고 있습니다.

확실히 오늘날의 전 지구화 과정, 그리고 이 전 지구화 과정 속에 분명히 존재하고 있는 지배와 피지배의 권력관계에 직면해 단순히 민족주의로 대항하는 것은 전망이 없습니다. 전 지구화 과정은 수많은 적극적인 변화를 담고 있습니다. 하지만 그렇다고 해서 일본 제국주의에 대한 저항을 통해 산출된 한국의 저항적 민족주의를 부정하거나 민족 문화의 고유한 가치를 부정해서는 안 되겠지요. 문제는 민족주의의 본질이 좋냐 나쁘냐 하는 것이 아닙니다. 그것은 민족주의의 진정한 근원이 무엇이며, 민족주의가 구체적 맥락에서 갖는 함의가 무엇이냐 하는 데 있습니다. 민족주의의 종류는 결코 하나가 아닙니다. 이 문제들을 파고들지 않고 긍정적이거나 부정적인 태도만을 표명하는 것은, 사실 남의 비위나 맞추려는 몸짓에 지나지 않습니다. 민족주의는 결국 전 지구화 과정에서 나온 현상이 아닙니까? 전 지구화 과정에 포함된 첨예한 사회적 모순을 회피해서는 안 됩니다. 이른바 전 지구화 과정은 결코 민족국가 외부에 존재하는 사회 과정만을 가리키지는 않습니다. 오히려 전 지구화는 한 사회의 내부적 관계 및 그 전환과 관련된 문제입니다.

아마도 옌푸가 흥미로운 예가 될 수 있을 겁니다. 그는 청나라 말기에 완벽한 중국 현대성의 기획을 제시했습니다. 동시대인들 중에서 그만큼 서양, 특히 영국 사회를 이해하고 서양 학문을 깊이 연구한 사람은 드물지요. 저는 『학인』 제12집에 발표한 「옌푸의 세 가지 세계」에서 서구 사상에 대한 그의 해석이 어떻게 중국 사상에 대한 이해, 특히 정주(程朱) 이학(理學)·역학(易學)·노자(老子)에 대한 이해에 뿌리내리고 있는지 분석했습니다. 제가 보기에 옌푸는 '사회'에 관한 일종의 지식의 계보를 재구성해, 현대 국가·사회·개인과 그 상호 관계의 모델 및 규칙을 제시했습니다. 이런 의미에서 사회·국가·개인은 모두 일종의 지식의 구조물이며, 이 지식의 구조물은 현대사회의 실천을 위해 정당성을 제공했지요. 많은 학자들, 특히 서구의 학자들이 청나라 말의 '국가 건설' 문제를 논한 바 있습니다. 그들은 자신들의 근거로서 현대 사회이론의 국가/사회 이원론, 즉 국가는 계획적·강제적인 반면에 사회는 자연적이며 자유롭다는 이원론을 암암리에 취했습니다. 하지만 옌푸의 예는 이러한 사실을 설명해 주지요. 즉, 청나라 말의 국가 건설은 국가 건설을 넘어 사회의 건설과 개인의 건설이기도 했습니다. 다시 말해서 그것은 완전한 프로그램을 포괄했습니다. 그리고 그 강제성에 눈을 돌리면 사회와 (국민으로서의) 개인은 자연적이며 자유로운 범주가 아니었습니다. 현대성 기획이 갖는 강제성의 특징은 단지 그것의 국가적인 측면에서만 서술되어서는 안 됩니다. 바로 이러한 의미에서 비로소 저는 현대성을 '창조'로 이해하게 되었습니다. 그것은 진화나 변화의 자연스런 결과가 아닙니다. 정반대로 변화에 대한 반동이지요. 우리는 반드시 '변화'의 개념을 풍부하게 이해하고 해명해야만 비로소 이 개념으로 '질서'의 형성을 설명할 수 있습니다. 옌푸는 서구 사회의 이론들을 해석하고 도입하는 한편, 그것들을 중국의 사회적 실천에 적용하면서 진작부터 중국의 사상과 자원을 이용해 창조적 재해석을 수행했습니다. 예컨대 '천연'(天演) 개념에 대한 그의 해석에는 역학·노자·이학의 의미가 융합되어 있지요. 따라서 이 개념을 보통의 진화 개념과 동일시해서는 안 됩니다. 그의 동시대인들 중에서 특히 중국의 사회 개혁과 혁명에 몰두한 사람들 중에서는 이미 현대의 과정에 대해 더욱 날카로운 사고와 비판을 수행한 이들이 있습니다. 만약 우리가 장타이옌의 저서나 루쉰의 「문화 편향론」, 「파악성론」 등 많은 작품들을 읽고 그들의 역사 목적론에 대한 비판과 현대사에 대한 성찰을 새롭게 이해한다면, 제가 왜 중국 현대사상에 '현대성'에 관한 성찰이 있었다고 주장하는지 이해할 수 있을 겁니다.

우리는 전 지구화나 전 지구적 자본주의 같은 개념들로 오늘날 세계의 변화를 묘사하면서도, 결코 현대성의 기획 및 그 실천이 세계의 모든 측면을 대표한다고는 표명하지 않습니다. 그렇습니다. 사회생활 속에는 브로델이 논한 '물질문명'의 측면이 있습니다. 그것은 역사가 아주 오래되었습니다. 어떤 의미에서 보면 자본주의(그리고 사회주의)는 상부구조입니다. 그런데 오늘날 이 상부구조는 지배적인 권력을 통해 차츰 기층의 물질문명에 침투해 그 성격을 바꾸고 있습니다. 예를 들어 시장은 결코 자본주의의 산물이 아닙니다. 인류 생활의 역사는 줄곧 교환 활동과 더불어 이어져 왔지요. 이 교환 활동은 대체로 투명했고, 등가교환의 규칙을 준수했지요. 그런데 현대 자본주의와 사회주의의 국가적 실천은 기존의 인신(人身) 예속 관계를 타파하면서 교환의 투명성과 등가교환의 규칙까지 파괴했습니다. 브로델은 바로 이런 의미에서 자본주의에 태생적으로 독점적 성격이 있었다고 인식한 겁니다. 저는 오늘날의 조건에서 시장과 시장 사회의 차이를 새롭게 확인해야 한다고 생각합니다. 만약 시장이 투명하고 가치법칙에 따라 운행되며 특정 영역에 국한된 생활 영역이라고 한다면, 시장 사회는 곧 시장 법칙을 이용해 정치·문화, 그리고 우리의 모든 생활 영역을 지배하려 합니다. 시장 사회의 규칙은 강제적입니다. 우리의 교육·예의·우정 및 정치 생활의 모든 측면이 돈의 법칙에 따라 운행되어야 한다고 요구합니다. 바로 이런 까닭에 브로델은 자본주의가 반(反)시장적이라고 인식했습니다. 다시 말해서 자본주의와 시장의 관계는 보통 우리가 상상하는 것처럼 자연스럽거나 투명하지 않습니다. 또한 국가도 지금껏 진정으로 시장 사회 밖에 존재한 적이 없습니다.

방금 전 기사 한 편을 읽었습니다. 『싼롄 생활주간』(三聯生活週刊)에서 중국은행 국제금융연구소 소장을 회견했는데, 그 전문가는 전 세계 금융 시장의 일일 외환 교역량이 평균 일 억 달러라고 말했습니다. 이치대로라면 오직 국제 간 무역이 벌어질 때에만 외환 교역의 수요가 생기는 게 맞겠죠. 하지만 실제로 국제 간 무역의 일일 발생량은 위 수치의 0.02퍼센트를 차지할 뿐입니다. 다시 말하면 일 년간의 전 세계 실물 무역이 외환시장의 단 하루 교역량에도 미치지 못한다는 겁니다. 이 수치는 국제통화기금이 여러 해 동안 관찰한 것을 토대로 계산한 것이라고 하니 신빙성이 있습니다. 결국 그 연구소 소장은 이렇게 결론을 내리더군요. 신용이 고도로 발전한 금융 왕국에서 실물경제는 이미 가상 경제에 대한 영향력을 잃었다는 겁니다. 동남아시아 금융 위기의 원인 중 하나가 바로 이 가상 경제의 변화무쌍한 힘입니다. 이런 현실을 눈앞에 두고서 자본주의 시장을 '자유'나 '자연'의 대명사로 여기는 것은 이론적인 오류일 뿐만 아니라, 사실상 지배 권력의 이데올로기가 될 수밖에 없습니다. 하지만 우리는 지배의 틀 안에서도 여전히 '물질문명'의 격류가 용솟음치고 있음을 확인할 수 있습니다. 아마도 이것들을 '전통'이라고 할 수 있지 않을까요? 바로 이런 이유 때문에 저 역시 '전 지구적 자본주의'라는 개념을 사용하고 있긴 하지만, 이 개념으로 포괄할 수 있는 범위는 제한적일 수밖에 없습니다. 그것은 자본주의가 아무리 독점적인 상부구조라 하더라도 아직은 우리의 모든 일상생활 영역을 철저히 독점하지 못했기 때문이지요. 예를 든다면 독점 관계를 무너뜨리고 있는 교류 관계나, 생활의 가장 낮은 단계에서 이루어지고 있는, 인간의 생존과 의미를 위한 교류 활동, 이밖에도 국가의 법률과 시장 규칙의 통제 밖에 있는 예의·우정·습속·생활 영역 등을 생각해 볼 수 있겠죠. 독점이 고도로 발전한 곳에서는 반드시 자발적이고 우발적인 사회보장운동이 일어나게 마련입니다. 칼 폴라니는 시장 사회의 확장과 사회보장운동의 모순이 낳은 첨예한 사회적 충돌을 분석했습니다. 그것은 우리가 진지하게 사유할 만한 가치가 있습니다.

중국의 지식인들이 어떤 태도를 취해야만 하는지에 대해서는 대답하기가 힘들군요. 사람은 항상 자신만의 태도를 갖고 있습니다. 그렇지 않으면 이 세계에서 살아 나갈 수 없을 테니까요. 저도 당연히 제 자신의 태도가 있습니다. 하지만 저는 누구도 대표할 수는 없습니다. 제 태도에 관해 간단히 말해 보지요. 우리는 오늘날의 복잡한 사회 변화를 진지하게 연구해야 할 책임이 있습니다. 사상을 해방하고 각종 이론적 분석과 실천적 조사 사이에서 진실하고 충분한 대화와 논의를 해야 합니다. 문제를 회피해서는 안 되며 파벌 싸움을 벌이는 건 더욱 안 되지요. 만약 시장 사회가 너무나 달콤해서 정치 자본, 경제 자본, 문화 자본 및 그 상호 관계에 대한 어떠한 분석도 필요 없다면, 우리는 실로 '황금시대'에 살고 있는 것이겠죠. 저는 오늘날의 사상을 풍미한 전통/현대, 자본주의/사회주의, 계획/시장의 이원론이 지배 권력으로 가득한 이 세계를 변호하고 있다고 생각합니다. 저 이원론자들은 현실 생활에서 일어나는 모든 모순들의 원인을 죄다 전통과 '봉건'의 탓으로 돌리고, 현대성에 대해서는 아무런 이론적·실천적 성찰도 하지 않습니다. 그들의 눈에는 현재 형성되는 사회제도와 그 내적 모순에 대한 어떠한 사유도 모두 과거에 대한 집착으로만 비칠 겁니다. 따라서 필연적으로 봉건적이고 전제적이며 심지어 국가주의적이라고 비판하겠죠. 이런 논리는 이상하고 두서없는 추론이 아닐까요? 현대 세계는 확실히 그런 '투사'와 가짜 '영웅들'을 원하기는 합니다. 왜냐 하면 이 세계는 이데올로기의 종결을 날조했기 때문에 반드시 자신의 이데올로기와 그 해석자가 필요하기 때문입니다.

| 조경란 | 다음 문제도 전통의 재해석과 관련이 있습니다. 동아시아 자본주의 발전은 유교 자본주의에 대한 논의를 불러왔습니다. 이 논의의 가치에 대해서는 여러 방면에서 사실 관계를 따져 보아야겠지만, 최근 한국에서 일단은 전통적 복고주의 이데올로기를 제공하는 측면이 있습니다. 그런데 중국 정부와 지식인들도 사회주의 이데올로기에 대한 대체를 모색하는 과정에서 이 주장에 관심을 두고 있다는 글을 읽은 적이 있습니다. 만약 그것이 사실이라면 경제적 현대화 과정에 있는 중국에서 과연 유교 자본주의가 현대화 이데올로기로서의 기능을 하고 있는지요? 그리고 중국 지식인들의 반응은 어떻습니까? 선생님은 이에 대해 어떻게 생각하세요?

| 왕후이 | 동아시아 자본주의의 발전과 유교의 관계는 연구할 만한 가치가 있습니다. 그런데 지금까지 주류를 이룬 논의들은 모두 이 문제를 단순화하는 경향이 있는 것 같습니다. 중국에서 주장하는 '유교 자본주의' 개념들은 단지 베버의 『프로테스탄티즘 윤리와 자본주의 정신』의 주요 관점을 번역해 놓은 것에 불과합니다. 이 '유교 자본주의'라는 개념은 세 가지 기본 문제를 소홀히 하고 있습니다. 첫 번째, 그것은 동아시아 각국의 완전

히 다른 발전 노선을 무시하고 있습니다. 두 번째, 실제 생활 과정을 자본주의 범주 내부에 고스란히 귀속시키고 있습니다. 세 번째, 현대의 전체 과정과 식민주의 역사 사이의 끊으려야 끊을 수 없는 관계를 은폐하고 있습니다. 물론 유교 윤리가 현대 동아시아 사회에 전혀 작용하지 않았다는 말은 아닙니다. 단지 유교 자본주의를 어떤 규범의 차원으로까지 상승시킨다면, 현대사 형성의 기본 동력을 외면하게 된다는 겁니다. 현재 동아시아 사회는 처음으로 전 지구적인 경제 과정 속에 휩쓸려 들어가고 있습니다. 민족국가와 기업의 자유 시장 건설은 민족국가 내부의 경제 관계에 대한 전 지구적 시장 및 그 규칙의 제약, 규범과 뗄 수 없는 관계가 되었습니다. 저는 유교와 다른 민족문화에 관한 연구를 포기해야 한다는 의도로 이런 말을 하는 것은 아닙니다. 민족문화의 고유성과 차별성은 중요하다고 생각합니다. 하지만 그런 문화 연구나 전통 연구에 전체 현대성 문제와 자본주의 발전 모델에 대한 성찰과 비판이 빠져 있다면, 그 연구는 아주 회의적이라고 생각합니다.

2부
죽은 불 다시 살아나

一

1장 죽은 불 다시 살아나

　루쉰과 그의 논적들 사이의 논쟁을 모아 수록한 이 책의 서문을 쓰기 위해 오랫동안 불빛 아래 앉아 있었다. 그런데 영 펜을 들 수 없다. 나는 생전의 루쉰이 누군가 이런 책을 내주길 바랐음을 알고 있다. 그는 오직 이러한 논쟁 속에서만 자신이 인간 세상에 살고 있음을 느꼈기 때문이다. 그는 무엇 때문에 이러한 투쟁에 자신의 필생의 심혈을 쏟아 붓고자 했는가?
　나는 멍하니 앉아 루쉰의 글이 축조한 세계를 떠올렸다. 제일 먼저 눈앞에 떠오른 것은 뜻밖에도 '목매어 죽은 여자 귀신'이었다. 루쉰은 죽기 한 달 전에, 마지막 글들 중 하나인 「목매어 죽은 여자 귀신」(女吊)을 썼다. 그는 이 글에서 '원수를 갚고 치욕을 씻은 향토'의 외로운 영혼과 한 맺힌 귀신의 복수담을 이야기했다.

　　……당연히 구슬픈 나팔 소리가 먼저 울린다. 그리고는 막이 열리고 여자 귀신이 무대에 등장한다. 새빨간 적삼에 검은색 긴 조끼를 입었으

며 긴 머리는 흐트러져 있고 목에는 종이 동전 꿰미 두 줄을 걸고 있다. 그리고 푹 고개를 숙이고 팔을 늘어뜨린 채로 온 무대를 구불구불 걷는다. 내막을 잘 아는 사람들은 그것을 '마음 심(心)' 자를 걷는다고 말한다. 왜 '마음 심' 자를 걸어야 하는 걸까? 나는 잘 알지 못한다. 단지 그녀가 붉은 적삼을 입은 까닭만 알고 있다.…… 그녀는 목을 맬 때 원귀가 되어 복수를 하기로 마음먹었다. 그런데 붉은색은 비교적 양기(陽氣)가 있어서 낯선 사람에게 접근하기가 쉽다.

괴괴한 침묵 속에서 루쉰의 생생한 묘사가 눈앞에 나타났다. 그녀가 흐트러진 머리칼을 뒤로 흔드는 모습이 보이는 듯했다. 그리고 석회처럼 하얀 둥근 얼굴과 칠흑 같은 눈썹, 거뭇거뭇한 눈자위와 선홍색 입술. 그녀는 어깨를 약간 으쓱이며 주위를 둘러보고는 뭔가에 귀를 기울인다. 놀란 듯도 하고 기쁘거나 화가 난 듯도 하다. 그녀는 끝내 처연한 목소리를 토해내고 만다. 원귀와도 같은 집착으로 죽음까지 복수와 결부시킨 그녀는 저승에 가서도 붉은 적삼을 입은 채 살아 있는 적을 놓아주려 하지 않는다.

이런 묘사들은 어느 정도 루쉰의 상황을 대변한다. 루쉰은 그때 이미 병세가 악화될 대로 악화되어 있었기 때문이다. 그는 「목매어 죽은 여자 귀신」을 쓰기 전에 벌써 「죽음」(死)이라는 제목의 글을 썼다. 그는 이 글에서 스메들리(Agnes Smedley) 여사가 케테 콜비츠(Kaethe Kollwitz)의 판화 선집을 위해 쓴 서문을 인용하면서 유언을 덧붙였다. 그 유언의 마지막은 이렇다.

남에게 손상을 입히면서도 도리어 복수에 반대하고 관용을 주장하는 자들과는 절대 가까이 하지 말 것.

루쉰은 "상대가 시비를 걸어도 보복하지 않는다."(犯而勿校)나, "예전의 악행은 괘념치 않는다."(勿念舊惡)는 격언은 흉악한 이나 그 끄나풀의 술수에 불과하다고 생각했다. 그래서 "한 사람도 용서하지 않겠다!"고 말한 것이다. 루쉰은 용서가 권력자와 그 졸개들의 도구라고 보았기에 절대로 용서하지 않았음을 알 수 있다. 하지만 이것만으로는 오늘날 사람들의 눈에 병적인 것으로 보이는 그의 복수에 대한 염원과 단호한 저주를 설명할 수 없다.

루쉰이 페어플레이를 선호하지 않았고, 각박하고 의심이 많았으며, 인지상정(人之常情)에 어긋났던 것에 대해 최근 10년간 적지 않은 의견이 오갔다. 예컨대 루쉰은 이미 죽은 사람일지라도 친구와 스승, 선배를 이러한 기준으로 평가하곤 했다. 그는 죽기 며칠 전, 자신의 스승 장타이옌을 기념하는 두 편의 글을 썼다. 그리고 그 글들을 채 마치기도 전에 세상과 작별을 고했다. 그는 장타이옌 선생이 "비록 혁명가로 등장했지만, 나중에는 조용한 학자로 은거하면서 자기 손으로, 그리고 남의 손으로 쌓은 벽을 이용해 시대와 떨어져 있었다."라고 비판했다. 그리고 장타이옌이 손수 정리한 『장씨총서』(章氏叢書)에 "반박, 비난하고 폭로하며, 나아가 꾸짖는" 글들이 빠져 있는 것을 아주 불만스러워 했다. 그는 그 글들이야말로 장타이옌 선생의 "생애에서 가장 크고 오래갈 업적"이며, "선생의 사상을 후대인들의 마음에 새겨 전사의 마음속에 살아남게 할 수 있다."라고 생각했다.(「장타이옌 선생에 관한 두세 가지 일」〔關于太炎先生二三事〕)

너무나 오랜 세월이 지났다. 이 평화롭고 정의로운 시대에, 각양각색의 벽들로 저마다 떨어져 있는 시대에, 나처럼 루쉰을 연구하는 이들조차 이미 물러앉아 조용한 학자가 되었다. 그리고 이 조용한 환상의 배후에 모두들 역사와 결별했다고 말하는 영속적인 세계가 펼쳐져 있다. 만약 이런 평안한 시대에 루쉰을 데려다 놓는다면 그는 아마도 '이러한 전사'(這樣的戰士)처럼 속수무책이 되고 말 것이다. 그가 여전히 투창을 치켜든다 하더라도! "이런 곳에서는 누구도 싸움의 울부짖음을 듣지 못한다. 태평하구나."
루쉰이 지금 세상에 부활한 모습을 상상해 본다.

> 석상처럼 위대한, 그러나 벌써 황폐하고 무너진 몸 전체가 떨렸다. 그 떨림은 하나하나가 꼭 고기비늘 같았고, 고기비늘은 저마다 뜨거운 불 위의 끓는 물처럼 오르락내리락했다. 허공도 폭풍우 치는 거친 바다의 파도처럼 똑같이 떨렸다.(「무너진 선의 떨림」〔頹敗線的顫動〕)

이 '시장의 시대'에, 내 조용한 생활 속에 루쉰이 소생했을 때, 그를 기억하고 그의 투쟁적인 글을 모은 이가 있으리라고는 정말 생각지 못했다. 그것은 시끄럽고 번잡한 이 세속 도시의 밤에 내가 목매 죽은 여자 귀신과 그녀의 노래를 떠올리는 것처럼 괴이한 일이다. 어쩌면 그것은 자신의 글이 "어서 시대의 폐단과 함께 사멸하기를" 바란 루쉰에게는 불행한 일이 아닐까?
나는 독자들이 이 선집을 읽고 난 후 다양한 것을 느끼리라고 믿는다. 정인군자, 조용한 학자, 문화계의 명사, 민족주의적 문학가, 정의롭고 엄숙한 도덕가, 옛 친구와 한때 동지였던 이들까지 저마다 자신들의 논점과 태도를 드러내고, 그럼으로써 우리에게 루쉰의 고집스럽고 각박하며 의심 많은 면모를 확인케 한다. 이것은 루쉰과 그의 논적들에 대해서도, 그리고 그들이 처해 있던 사회에 대해서도 모두 공평한 일일 것이다.
바로 여기에 시대의 변증법이 숨어 있다.
루쉰은 한 젊은 작가를 위해 쓴 서문에서 이렇게 찬탄한 적이 있다. "석가모니가 세상에 나온 뒤로 살을 베어 매에게 먹이고 제 몸을 호랑이에게 먹이는 것이 소승(小乘)이었으며, 막연하게 설교하는 것이 거꾸로 대승(大乘)이었다. 결국 발전이 있게 되었으니 내가 생각하기에는 그 기미가 바로 여기에 있다." 루쉰은 막연한 설교를 일삼다가 끝내 물러나 평안한 생활을 누리기보다는 차라리 "현재를 위해 맑은 거울을 만들고 미래를 위해 기록을 남기길" 바랐다.(예융친〔葉永蓁〕, 『짧디 짧았던 십 년』(小小十年)의 서문.) 이것이 바로 현재를 믿고 미래를 믿지 않았던 루쉰의 인생관이다. 비록 그 자신도 한때 진화론의 열렬한 추종자였고, 중국의 진화론자들은 대부분 미래를 믿긴 했지만.

내가 지금까지도 잊지 못하는 글 중 하나는 루쉰이 1930년 초에 쓴 「부랑배의 변천」(流氓的變遷)이라는 잡문(雜文)이다. 전문가들은 대개 이 글이 신월파〔新月派, 1923년 후스·쉬즈모(徐志摩)·원이둬(聞一多) 등 교수 및 유학파 지식인들이 베이징에서 결성한 클럽 형식의 문학 모임. 순수문학, 형식주의 문학을 제창해 좌파 문학가들과 격렬한 논쟁을 벌였다.—옮긴이〕나 다른 어용 인물들을 풍자한 글이라고 말한다. 하지만 나는 이 글이 그런 의도만 담고 있다고는 생각하지 않는다. 루쉰은 천 자도 되지 않는 단문으로 중국의 부랑배가 변천해 온 역사를 개술하였다. 이 글에서 그는 중국 문인들을 '선비'〔儒〕와 '협객'〔俠〕으로 나눴다. 사마천(司馬遷)의 말을 빌어 설명하면, "선비는 '문'(文)으로 법을 어지럽히지만 협객은 '무'(武)로써 금기를 위반한다." 그런데 루쉰이 보기에 이들은 모두 '어지럽히고' '위반할' 뿐, 결코 '반역하지는' 않았다. 그저 작은 소란을 일으켰을 뿐이다. 한층 무서운 것은 진정한 협객이 죽은 뒤에 교활한 협객들만 남는 경우였다. 예를 들어 한나라 시대의 대협객이었던 진준(陳遵)은 제후, 귀족들과 서로 왕래하면서 "위급할 때를 위한 호신용으로 삼았다." 결국 "뒤에는 전통이라는 배경이 있고 적수들도 다 호탕한 강적이 아니었으므로 제멋대로 행동하게 되었다." 이것은 곧 루쉰 당시의 '협객들'에 대한 묘사이다. 그리고 루쉰이 『수호지』(水滸志), 『시공안』(施公案), 『팽공안』(彭公案), 『칠협오의』(七俠五義)를 비평한 핵심 역시 모두 그런 '협객'들이 은밀히 권력에 빌붙으면서도, "다른 사람에게는 여전히 으스대며, 몸이 안전해진 만큼 노예근성도 따라서 강해졌다."는 점에 있다. 그들은 풍속을 교화하고 무지한 자들을 교육하며 질서를 소중히 여긴다. 그렇게 해서 정인군자, 성현이 되어 한껏 평온하고 자애로운 척한다. 하지만 그것은 이득을 챙기며 잘난 체하는 수작에 불과하다. 이것이 바로 루쉰이 말한 '일을 돕기'〔幇忙〕와 '(권세에) 빌붙기'〔幇閑〕이다.

　루쉰은 일생 동안 헤아릴 수 없이 많은 사람들을 욕했다. 그중 상당수가 그의 동반자, 혹은 친구로서 여전히 연구할 만한 가치가 있는 문화계 인물들이다. 우리는 루쉰의 이러한 말을 역사적 인물을 판단하는 유일한 기준으로 삼을 필요는 없다. 물론 나는 그의 '욕'이 언제나 일리가 있었다고 생각하지만, 어디까지나 그 자신도 역사 속에서 더 평가받아야 할 인물이기 때문이다. 루쉰은 관용을 좋아하지 않고, 정도(正道)를 편애했다. 일찍이 그는 자신의 비판이 사적인 원한에서 비롯된 것처럼 보여도 실제로는 공공의 적을 겨누고 있다고 말했다. 그런데 탄식할 만한 것은 반세기 전에 일어난 그 논쟁들이 불행하게도 벌써 많은 사람들에 의해 '종이 위의 분쟁'으로 간주되었으며, 마치 시누이와 올케의 반목 같은 이야기로 전락해 버렸다는 사실이다. 사적인 다툼에는 용감하고 공공의 적에게는 비겁한 것, 이것이 루쉰이 침통하게 개괄한 중국인의 병적 상태이다. 그는 구체적인 사람뿐만 아니라 옛 중국의 역사도 비판했다. 고대의 공자·노자·묵자·부처에서부터 그가 살던 시대의 성현들에 이르기까지. 만일 루쉰이 집착한 것을 논하고자 한다면, 먼저 중국사에 대한 그의 집착에 주목해야 한다. 예를 들어 그는 "공자와 묵자는 모두 현상에 불만을 갖고 개혁을 하려고 했다. 하지만 그 첫 번째 일은 임금의 마음을 움직이는 것이었고, 임금을 굴복시키는 도구는 다 '하늘'이었다."(「부랑배의 변천」)라고 밝혔다.

이러한 서술은 보수 세력에게는 늘 급진적 반전통주의로 몰렸고, 신진 세력에게는 '올바른 정치'를 어기는 것으로 간주되었다. 청 말 이래 중국 사상 특유의 흐름 중 하나는 바로 중국과 서양을 대비하는 문화적 표현이었다. 혁신 세력이나 수구 세력 모두 이러한 대비 관계 속에서 '중국 문화'와 '서양 문화'의 상징적 특징을 묘사해 각자의 문화 전략을 세우는 데 힘을 기울였다. 하지만 루쉰은 결코 단순하게 그런 대비적 묘사를 허구화하지 않았으며, 그가 구체적인 컨텍스트 속에서 표현한 문화적 관점은 '중국 문화'에 대한 보편적 결론을 낼 수도 없고, 내서도 안 된다는 것이었다. 그의 문학사 저작과 민간 문화에 대한 열정, 그리고 한나라와 당나라의 기상에 대한 칭찬은 모두 그의 복잡한 전통관을 드러낸다. 이뿐만 아니라 루쉰은 전통을 비판하는 동시에 새로움만이 옳다고 추종하던 '신당'(新黨)과 뿌리 없는 매판노(買辦奴)들도 맹렬히 비판했다. 그의 문화 비판의 핵심은 사람들에게 습관화된 보편적 신념과 도덕 뒤에 숨은 역사적 관계, 즉 지배와 피지배, 통치와 피통치의 사회 모델과 분리된 적이 없는 그 역사적 관계를 드러내는 데 있었다. 그에게는 아무리 훌륭한 문화나 전통이라 하더라도, 유사 이래 위의 지배 관계에서 벗어난 적이 없었다. 오히려 문화와 전통은 통치 관계를 정당화하는 근거가 되었다. 만약 우리가 젊은 시절 루쉰의 문화적 관점을 충분히 살펴보면, 유럽 현대사에 대한 그의 관찰에서도 그만의 독특한 시각이 관철되었음을 알 수 있다. 그는 과학의 발전과 민주적 제도의 실천이 모두 인간에 대한 사물의, 인간에 대한 인간(대중)

의 전제(專制)를 낳을 수 있다고 보았다.(「문화편향론」) 그가 주목한 것은 통치 방식의 형성과 재생산 과정이었다.

그러므로 루쉰의 문화적 태도를 좌우한 것은 역사 속의 인물·사상·학파와 (정치적·경제적·문화적·전통적·외래적) 권력관계가 어떠했는지, 그리고 그들이 권력에 대해 어떤 태도를 취하고, 특정한 지배 관계 안에서 그들의 위치는 어떠했나 하는 것이었다. 그는 중국과 서양을 단순하게 대비해 취사선택을 일삼던 동시대인들의 습관을 따르지 않았다. 중·서를 대비해 묘사한 작업들은 중국 사회 변혁에 문화적 근거를 제공하고, 자기 문화의 역사적 정체성을 구축했다. 그러나 이 역사적 정체성은 구체적인 역사적 관계를 은폐하고 문화적 관계(만약 허구가 아니라고 한다면)를 재구조화하였다. 루쉰은 '권력'이나 전통, 문화를 추상화한 적이 없었다. 전통과 문화 같은 범주가 구축한 역사적 배경 속에서 루쉰은 전통이나 문화의 장막 뒤에 무엇이 은폐되고 있는지 쉴 새 없이 캐물었다. 그는 현대사회가 끊임없이 새로운 형식의 억압과 불평등을 생산하는 까닭에 '일을 돕기'와 '빌붙기'의 형식도 훨씬 다양해졌다고 보았다. 이것은 정치·경제·문화의 모든 분야에 걸쳐 나타나며, 현대의 문인들도 자신들의 선배들처럼 저 역사적 관계를 은폐하는 문화적 상황 혹은 지식 체계를 부단히 창조하고 있다고 생각했다.

그 역사적 관계에 대한 루쉰의 폭로는 그 자체로 중·서 대비 형식의 단순한 서술을 넘어섰을 뿐만 아니라, 그 시대의 보편적 신념—진화 혹은 진보—에 대한 회의였다. 즉, 현대사회는 결코 시간이 지남에 따라 진화하지 않으니 예전에 이미 있었던 사태들이 지금 훨씬 악화되어 나타날 수도 있다는 것이다. 확실히 루쉰의 전통 비판은 아주 격렬했다. 하지만 그는 절대로 '모더니스트'가 아니었다. 현대에 대한 그의 회의는 고대에 대한 회의에 못지 않았다. 루쉰은 배리적인 인물이었으며, 또한 배리적 사상을 지니고 있었다.

　루쉰의 세계 속에는 어둠의 그림자가 가득하다. 현실 세계에 대한 그의 단호한 태도가 그 명백한 증거이다. 그런데 루쉰의 세계 속 어둠의 주제에는 항상 우리들 문명인의 고독하고 음침한 기억이 스며들어 있다. 그렇다, 그가 목매어 죽은 여자 귀신처럼 붉은색으로 저승을 가까이 한 것은 단지 복수를 위해서였다. 그는 광명에 익숙하지 않았다. 하지만 우리는 그 세계에 가까이 가면 갈수록 루쉰에게 그 그림자의 세계가 어떤 의미가 있었는지 이해할 수 있다. 그것은 어두우면서 환하다. 루쉰은 그 세계에 연연한 것만이 아니다. 그는 바로 그 세계의 시선으로 그가 처해 있던 세계를 조망했다.

　그것은 대중과 군자들의 시각에서 여과된 적이 없는 세계이다. 그 안에는 사람 얼굴을 한 짐승, 머리가 아홉 달린 뱀, 다리가 하나뿐인 소, 포대 같은 모양의 제강[帝江, 천산(天山)에 사는 다리가 여섯, 날개가 넷인 이목구비가 없는 신화상의 짐승.—옮긴이], "도끼와 방패를 쥐고 춤을 추는" 머리 없는 형천[刑天, 염제의 신하. 본래 이름이 없는 거인이었는데, 황제와 권좌를 다투다 목이 잘려서 형천이라는 이름을 얻게 되었다. 그 후 젖꼭지는 눈, 배꼽은 입이 되어 싸움을 계속했다.—옮긴이], 원귀의 모습이면서도 아름답기 그지없는 여자 귀신 등이 있으며, 눈처럼 흰 난폭한 사나이 무상[無常, 저승의 귀신이며 죽은 자의 영혼을 저승에 데려가는 역할을 함.—옮긴이]은 하얀 얼굴에 눈살을 찌푸리고 있고 입술이 붉고 눈썹은 옻처럼 검다. 표정은 웃는 듯 우는 듯 갈피를 잡을 수 없다.……사랑·원한·삶·죽음·복수……붉은색·검은색·흰색이 어우러지고 목련할두[目蓮嗐頭, 연극 공연에 쓰이는 나팔 모양의 가늘고 긴 관악기.—옮긴이]가 힘껏 연주되는데 무상이 쩌렁쩌렁한 목소리로 대사를 읊조린다. "네가 철로 만든 벽일지라도, 네가 천자의 친척이고 왕의 일가일지라도 (결코 놓아주지 않으리라!)"〔이 대사는 루쉰이 1926년에 쓴 수필, 「무상」(無常)에서 인용한 것이다. 그는 이 수필에서 어릴 적 고향 샤오싱(紹興)에서 본 귀신 관련 풍속을 묘사하였다. 염라대왕의 졸개, 무상이 읊조리는 이 대사는 악인의 영혼을 저승에 꼭 데려가겠다는 다짐을 나타낸다.—옮긴이〕…… 이것은 선명한 감정의 세계이며 광기에 휩싸인 기괴한 세계, 신분 질서를 뒤집는 세계이다. 아울러 개인의 고독한 어두운 비극적 색채를 명절 민중극의 광기로 부각시킨 세계, 민중의 상상력으로 이뤄진 원시적이며 재생의 힘을 갖춘 세계이다.

루쉰의 세계는 심각한 유머가 있고, 괴이하기도 하다. 그 연원 중 하나는 바로 농촌의 명절 무대와 민간 전설 및 고사에서 선명하게 나타나는 '귀'(鬼)의 세계이다. 어떤 이론가는 "가장 위대한 유머의 대가는 귀신일 것이다."라고 말했다. 그런데 '귀'의 세계에서 유머는 파괴적인 유머이다. '귀'가 보복하고 풍자하며 조롱하는 것은 현실의 개별 현상과 인물이 아니라, 세계의 총체이다. 현실 세계는 '귀'의 시야 속에서 안정과 합리성을 상실하며 자율성과 도덕적 기초마저 잃어버린다. '귀'의 세계의 강렬하고 아름답고 분명하면서도 해학적인 분위기 속에서, 우리가 살아가는 세계는 애매함·공포·자기소외·고립의 상태를 드러낸다. 그리고 '귀'의 세계의 급진성은 그것만의 고유한 민중성·시민성·비정통성으로 표현되는데, 이것들은 다 생활·사상·세계관 안의 모든 기존의 규범, 엄숙함과 영구성, 질서와 대립한다. 루쉰과 그의 논적들 사이의 관계는 그가 창조한 저 '귀'의 세계와 현실 세계 사이의 관계에 지나지 않는다. 총체적으로 볼 때 그 관계는 결코 사적인 성격을 갖고 있지 않다.

루쉰의 '귀'의 세계에서 풍기는 저 민간의 명절과 민중극의 분위기만큼 우리가 잊기 쉬운 것도 없다. 그는 거의 현실 세계의 관용적인 논리로 문제를 서술하는 법이 없었다. 추배법(推背法)·귀류법(歸謬法)·증위법(證僞法), 그리고 노골적인 풍자와 저주로 이 세계 고유의 논리를 부스러뜨렸으며, 웃음소리 속에서 그것을 만천하에 드러내 보였다. 1920년대에서 1930년대에 이르기까지 루쉰은 도시의 신문·잡지에서 목련극〔木蓮戲, 부처의 제자인 목련존자(木蓮尊者)의 일화를 다룬 지방 연극.—옮긴이〕 같은 특수한 유머·풍자·해학·저주로 이뤄진 괴이한 세계를 창조했다. 빠진 것이 있다면 그것은 단지 목련극의 신비스러움뿐이다. 하지만 모든 민중의 광희(狂喜)처럼 루쉰의 풍자의 웃음소리는 정상적인 생활의 제도를 벗어난 세계로, 별개의 방식으로 세계를 관찰하는 극적 무대 위로 우리를 끌어들인다. 그런데 이 세계와 무대는 결코 현실 바깥에 존재하지 않는다. 오히려 그것들은 이 세계의 일부이며, 생활 그 자체이다. 바흐친(Mikhail M. Bakhtin)은 중세와 르네상스 시대의 카니발에서 다음과 같은 사실을 발견했다. "이러한 (카니발의) 언어는 독특한 '역방향'과 '전도'의 논리, 상하의 위치가 부단히 바뀌는 논리, 그리고 각종 형식의 극적 모방·해학적 각색·폄하·모독·익살을 사용해 어떤 대상에게 면류관을 씌우거나 박탈한다." 또한 그는 민중극 속의 강렬한 표현이 단순한 부정이 아니라 재생과 갱신을 포괄하고, 저주로써 적을 죽음의 자리에 옮겨 재생시키려는 바람과 세계 및 자아에 대한 공동의 부정까지 포괄하는 것을 발견했다.(바흐친, 『프랑수아 라블레의 작품과 중세 및 르네상스 시대의 민중 문화』)

나는 아직도 분명히 기억한다. 고향에 있을 때 '하등인'들과 함께 이 귀신이면서 사람이고, 이성이면서 감정이며, 무서우면서도 사랑스러운 '무상'을 언제나 즐겁게 바라보면서 그 얼굴의 울음과 웃음, 그 입에서 나오던 호언장담과 익살스러운 말들을 감상하던 일을……. (「무상」)

우리가 루쉰의 저주를 편벽됨과 병증(病症)의 소산으로 본다면, 우리는 곧 그가 저주한 세계에 속해 있고 그 세계의 규칙을 따르고 있는 셈이 된다. 우리가 그의 단호함을 두려워하고 낯설어 한다면, 우리는 그의 뒤에 숨겨진 저 목매어 죽은 여자 귀신과 무상의 세계, 그 세계 속의 인정과 즐거움을 진작 잊어버린 것이다. 그리고 그의 마음속 깊은 곳의 절망에 압도당한다면, 우리는 또한 재생과 갱신의 의미를 갖는 저 명절 분위기에 대한 친근함을 잃어버린 것이다. 우리는 이 광란과 환희의 세계에 들어서기 위해 자신의 신분을 팽개치지 못한다. 우리는 학자이며 시민이고 도덕가이자 정인군자인 것이다. 또한 우리는 저 민간 세계의 언어를 이해하지 못한다. 그래서 우리는 끝내 복수와 애착, 환락과 해학의 능력을 잃어버리고 말았다.

루쉰의 세계에는 목매어 죽은 여자 귀신과 저승사자의 민간 세계에는 없는 것도 숨어 있다. 그것은 바로 인간의 내재성, 복잡성, 심층성에 대한 이해이다. 이 이해 속에서 성찰의 문화가 생산되었다. 그가 체험한 고통과 죄책감은 그가 창조한 민중적인 세계 속에 심각한 우울함과 절망의 기질을 불어넣었다.

루쉰은 기억 속에 억압된 것들을 눈앞의 사실로 보고 체험했다. 그는 그것을 도저히 억제할 수 없었다. 그리하여 그에게 현실과 역사는 명확하게 구별되지 않았으며, 눈앞의 사람과 사건은 진작 흘러가야 했지만 기어코 흘러가지 않은 과거에 불과한 듯했다. 그는 사물의 표면적이며 외재적인 형태를 믿지 않고 늘 표상 아래 숨은 진실을 추구했다. 명확하기 그지없는 그의 잡문들을 보면 넘치는 유머·기지·풍자의 웃음소리가 삶의 가면을 벗긴다. 루쉰은 모든 형식과 범위 안에 존재하는 권력관계와 억압을 거부했다. 민족의 억압, 계급의 억압, 여성에 대한 남성의 억압, 어린이에 대한 노인의 억압, 지식의 억압, 약자에 대한 강자의 억압, 그리고 개인에 대한 사회의 억압 등이 모두 해당된다. 아마도 이 책은 독자들에게 다음과 같은 사실을 일깨워 줄 것이다. 루쉰은 그런 불평등한 관계들을 정당화하는 모든 지식·설교·거짓을 증오했으며, '절충과 공평타당'〔折中公允〕의 말들이 만들어 내는 장막을 찢기 위해 평생을 바쳤다. 그러나 루쉰은 공상가도, 예세닌(Sergei Aleksandrovich Esenin)처럼 변혁에 대해 비현실적 환상을 품은 시인도 아니었다. 루쉰은 논적들을 비판할 때, 논적들의 말이 나오게 된 조건을 추궁하고 분석했다. 루쉰은 '자연적인 질서'에 숨은 불평등한 관계 및 그 사회적 조건을 쉴 새 없이 파헤쳤다. 그리하여 지배적 지위에 있던 이들을 불안하게 했을 뿐 아니라, 비판에 몰두하던 이들에게도 결코 아름답지만은 않은 미래 사회의 모습을 밝혀주었다.

하지만 정신의 상처와 어두운 기억에서 생겨난 그런 불신감, 그리고 항상 현실을 옛 경험의 비극적 순환으로 보는 심리 도식은 언제나 루쉰의 마음을 분열시켰다. "조상의 무덤을 파헤치고" "낡은 장부를 뒤저이는"식의 역사 연구 방법은 그에게 깊은 역사 감각을 주었다. 그러나 어두운 경험에 대해 유별나게 독특하고 민감하게 느꼈던 그는 동시대인들과는 달리 무작정 어떤 가치나 이상에 빠져 들지 못했다. 또한 독립적인 사고 때문에 아무 의심 없이 시대적 운동에 헌신하지도 못했다. "그 무렵 내게 희망과 기쁨, 사랑과 삶을 주던 것들은 모두 떠나 버리고 오직 공허만이, 내가 진실과 맞바꾼 공허만이 남았다."(「상서」〔傷逝〕) 루쉰은 한때 진화론적 역사관의 열렬한 선전가였지만, (내가 다른 지면에서 지적했듯) 그가 진정 사람들의 마음을 뒤흔드는 것은 역사의 반복과 순환에 대한 비극적인 인식이다.

그에게 역사의 전진은 단지 연이은 반복과 순환으로 보였으며, 현실—자신이 종사하는 운동을 포함하는—은 전혀 역사의 진보를 표시하지 못하고, 황당한 윤회 속으로 빠져 드는 듯했다. "요컨대 복고(復古)를 하는 자, 몸을 피한 자, 무지한 자, 어리석은 자, 지혜로운 자, 불초한 자를 막론하고 모두 3백 년 전의 태평성대, 곧 '잠시 안전하게 노예가 될 수 있었던 시대'를 동경하는 것 같다."(「등하만필」〔燈下漫筆〕)

> 저는 이렇게 될까 두렵습니다. 제가 누군가의 은혜를 입고 나서 마치 시체를 발견한 매처럼 사방을 배회하며 그녀의 멸망을 축원하고 직접 보려 할까 봐서요. 아니면 저 자신도 포함된, 그녀 이외의 모든 것이 소멸하라고 저주할까 봐서요. 왜냐 하면 저 역시 저주 받아 마땅하기 때문이지요.(「나그네」〔過客〕)

위의 산문시도 논쟁에서 그가 보인 집착을 어느 정도 설명해 준다. 여기서 그가 본 것은 눈앞의 사람일 뿐만 아니라, 그가 대면하며 짊어지고 있는 역사, 즉 그 유명한 어둠의 갑문(閘門)이다.

일본의 다케우치 요시미(竹內好)는 최초로 '근대의 초극'이라는 명제를 제시한 탁월한 사상가이다. 그는 루쉰이 근대성 초극을 위한 아시아의 노력을 대표할 만한 선구자라고 생각했다. 루쉰과 정치의 관계를 분석하면서, 그는 루쉰의 잡문들에 "진정한 혁명은 '영원한 혁명'"이라는 사상이 일관된다고 설명했다. 그리고 그는 루쉰의 견해를 빌어 "오직 '영원한 혁명'을 자각한 자만이 진정한 혁명가이며, 이에 반해 '나의 혁명은 성공했다'고 외치는 자는 진정한 혁명가가 아니라 전사의 시체에 달라붙은 파리 같은 인간이다."라고 말했다.(다케우치 요시미, 『루쉰』〔魯迅〕) 루쉰은 '영원한 혁명'만이 역사의 무궁무진한 반복과 순환에서 벗어날 수 있다고 보았다. 그리고 처음부터 끝까지 '혁명적' 태도를 유지해 온 사람은 반드시 옛 동료들을 비판하게 마련이다. 왜냐하면 그들은 '성공'에 만족하자마자 그대로 저 역사의 순환 속에 빠져 들었기 때문이다. 사실, 그 순환이야말로 진정한 혁명가의 궁극적인 혁명 대상이다.

아래 글은 루쉰의 한탄인데, 나는 이 글을 떠올릴 때마다 골수까지 파고드는 감동과 침통함을 느낀다.

> 중국에는 자고로 실패한 영웅이 적고 인내심 있는 반항이 적으며 감히 단신으로 싸우는 무인이 적다. 그리고 반역자를 애도하는 조문객도 적다.(「이것과 저것」〔這個與那個〕)

이 한탄은 사실 '중국의 동량(棟樑)'들에 대한 그의 찬양과 이어져 있다. 그들은 "확신이 있고 자기를 기만하지 않으니", "박해받고 말살되며 어둠 속에서 소멸되면서도" "앞사람이 쓰러지면 뒷사람이 이어서 싸운다."(「중국인은 자신감을 잃어버렸는가」〔中國人失掉自信力了嗎〕) 언제나 루쉰은 실패와 고독을 두려워하지 않고 영원히 진격하는 그런 영원한 혁명가를 제창하였다. 그 영원한 혁명가들은 오직 흐트러짐 없는, 절망적일지도 모르는 반항을 통해서만 비로소 '혁신-유지-복고'의 괴이한 순환에서 벗어날 수 있다.

그러나 '영원한 혁명'의 원동력은 결코 초인적 영웅에 대한 몽상 따위가 아니다. 그것보다는 차라리 자신에 대한 비관적 절망이 더 낫다. 루쉰의 마음속에는 항상 숙명에 가까운 죄의식이 뒤엉켜 있었다. 그는 단 한 번도 스스로를 이 세계의 결백하고 무고한 일원으로 인정하지 못했으며,

자신은 이미 역사의 질서 속에 새겨진, 그가 증오하던 이 이 세계의 공범이라고 믿었다. "4천 년간의 식인 이력이 있는 나를 처음에는 알지 못했지만 지금은 분명하게 알고 있다. 참된 인간을 보기 어렵구나!"(「광인 일기」〔狂人日記〕) 그가 참다못해 "투창을 치켜든 것은" 영웅적 업적을 세우기 위해서가 아니었다. 그렇게 하지 않으면 그는 곧장 '무물의 진'(無物之陣)의 주인으로 전락할 것이기 때문이었다. "그들의 머리 위에는 각종 기치를 내건 갖가지 좋은 호칭이 수놓아져 있었다. 자선가·학자·문인·높은 사람·청년·고상한 사람·군자…… 머리 아래에는 다양한 모양의 외투에 갖가지 아름다운 꽃무늬가 수놓아져 있었다. 학문·민의(民意)·논리·공명정대·동방문명……."(「이러한 전사」)

> 아아, 아아, 나는 싫다. 차라리 아무것도 없는 곳에서 방황하는 게 낫다.(「그림자의 고별」)

루쉰의 문화적 실천은 진정한 혁명가의 초상을 창조했으며, 그 초상에는 역사의 무게와 가망 없는 기대가 스며들어 있었다. 그리고 그 혁명가의 초상의 가장 큰 특징은 자신을 조소·비판·공격의 대상 밖에 두어 양자를 대립시키지 않고, 자신을 그 대상의 일부로 귀결시켰다는 점이다. 이런 까닭에 부정된 것은 이 세계의 국부적 현상이 아닌 총체적 현상이며, 그의 반동적 면모까지 포함하게 되었다. 세계는 변화하며 혁명가 역시 이 변화하는 세계의 유기적 부분이다. 따라서 세계에 대한 혁명가의 공격과 조소, 비판도 반성적 성격을 띠게 된 것이다.

또 다른 형상도 루쉰의 세계 비판의 준칙을 구성했다. 어떤 글에서 루쉰은 후손들에게 한 식견 넓은 선생들의 다음과 같은 권고를 언급했다. "태어날 자가 성현·호걸·천재가 아니라면 낳지 말아야 한다. 쓸 글이 불후의 명작이 아니라면 쓰지 말아야 한다……." 이어서 루쉰은 그 선생들에 대해 촌평했다. "그러면 그 선생들은 보수파인가? 그렇지 않다고 한다. 그들이야말로 혁명가이며, 그들은 공평하고 정당하고 온건하고 원만하고 평화로운 개혁의 방법이 있다고 한다. 지금은 그 방법을 연구 중인데 다만 아직도 연구가 끝나지 않았다는 것이다."(「이것과 저것」) 루쉰은 지식인의 이런 태도와 방식이 이 세계의 '합리적' 조작의 일부일 뿐이며, 또한 부침이 끊이지 않는 이 세계에서 그들이 세계의 항구성을 주장하고 있다는 것을 통찰했다. 루쉰의 중국 지식인 비판은 대부분 이런 통찰에서 비롯되었다.

루쉰은 직업적 혁명가는 아니었다. 그는 줄곧 혁명을 생계 수단으로 삼는 사람들을 경계했다. 또한 그는 어떤 집단의 대변인도 아니었다. 그는 집단적 운동에 대해 언제나 깊은 회의를 품고 있었다. 하지만 그는 진정한 혁명을 바랐다. 5·4 시기부터 1930년대까지 그는 러시아혁명과 문화에 큰 기대를 걸었다. 그것은 어떤 열광 때문이 아니라, 그가 기대한 그 혁명이 불평등하고 영구적인 질서를 전복했기 때문이었다. 신해혁명과 2차 혁명, 장쉰(張勳)의 복벽〔復辟, 중국 북양군벌(北洋軍閥)의 군인이던 장쉰이 1917년, 베이징을 점거해 청나라의 재건을 꾀했으나 실패한 사건.―옮긴이〕과 위안스카이(袁世凱)의 칭제〔稱帝, 1913년 10월, 정식으로 대총통이 된 위안스카이는 국민당의 해산을 명령하고, 신약법(新約法)을 공포해 독재를 강화했으며 1915년에는 제제운동(帝制運動)을 시작했으나 이듬해 각지의 반발과 열강의 권고로 취소할 수밖에 없었다.―옮긴이〕, 그리고 '5·4' 운동의 퇴조를 겪으면서 루쉰은 대규모 혁명운동의 성과에 대해 깊이 회의했다. 또한 혁명에는 피와 오점이 뒤따른다는 사실을 믿었다.

> 새 문단은 쓸쓸하고
> 옛 전장은 평안하네
> 천지간에 병졸 하나 남아
> 창 메고 홀로 헤매고 있네

위 시〔루쉰의 1933년 작, 「『방황』에 붙이는 시」—옮긴이〕는 루쉰 자신의 상황이면서 시대의 진실한 초상이었다. 그는 혁명의 성공 여부에 대해 회의한 것이 아니라, 혁명이 창조한 새로운 세계가 단지 외양만 달라진 옛 중국이며, 무대 위의 인물만 바뀌었을 뿐 낡은 질서는 전혀 바뀌지 않았다는 것에 대해 회의한 것이다. 그것은 바로 "끝내 햇복숭아를 낡은 부적과 바꾼" 아큐(阿Q)식의 혁명이었다.

혁명에 대한 루쉰의 경험은 그의 사회적 전략에 중요한 영향을 끼쳤다. 그는 더 이상 대규모 혁명이나 엄밀한 조직적 정치활동에 힘을 쏟지 않았다. 단지 현대 도시의 숲 속에서 '유격전'—간행물 창간, 동인 단체 조직, 칼럼 집필, 필명 교체—을 전개했을 뿐이다. 즉, 사회생활 각 방면에서 소규모의 투쟁을 벌였다. 그는 이것을 '사회 비평'과 '문화 비평'이라고 불렀고, 이 책에 인용된 글들이 바로 그 '유격전'의 실례이다. 그람시(Antonio Gramsci)는 "정치 영역에서 각개 격파식의 '진지전'(war of position)을 벌이는 것은 최후의 결정적 의미가 있다. 왜냐 하면 그 진지들은 비록 결정적인 것은 아닐지라도 국가가 자신의 모든 통치 수단을 충분히 동원할 수 없도록 하기 때문이다. 오직 그럴 때에만 '기동전'(war of movement)이 효과를 거둘 수 있다."(그람시, 「기동전에서 진지전으로의 변환: 정치 영역에서도 적용됨」)고 말했다. 이 책에 인용된 많은 글들을 비롯해 루쉰의 잡문들은 또한 일종의 '진지전'이었다. 그가 다룬 영역과 인물들이 모두 직접적인 정치적 성격을 띤 것은 아니지만, 그 투쟁들은 예외 없이 정치적이었다. 즉, 새롭거나 낡은 불평등한 관계와 그 재생산 메커니즘에 대한 반항이었다.

또한 루쉰은 문화 비판을 통해 비주류의 사회 세력, 심지어 비주류의 사회집단을 창출해 내려고 했다. 그는 전 생애에 걸쳐 새로운 문화 세력을 길러 "전선을 확대하고" "시급히 대규모의 새로운 전사를 낳는" 데 주력했다. 『어사』(語絲)·『망원』(莽原)·『분류』(奔流) 및 판화운동과 '좌익작가연맹' 등에 이르기까지 루쉰의 이름과 연관된 모든 간행물·운동·사회집단은 한결같이 이러한 그의 노력을 보여 준다. 그는 정치가·자본가의 끄나풀·군벌·어용 문인 등으로 이뤄진 통치 질서 속에서 끊임없이 돌파의 계기를 찾았으며, 결국 통치자의 세계 안에서 비주류였던 문화를 지배적이거나 주도적인 문화로 급변시켰다.

루쉰은 설교가 아니라 실천으로 지식인에 대한 이해를 창조했다.

루쉰은 자신을 지식 계급의 일원으로 보았지만, 동시에 반역자의 일원이기도 했다. 그는 자신이 미래나 미래를 대표하는 계급에 속해 있다고 생각하지 않았다. 그것은 그가 지식인이 '응고된 사회집단'이자 '역사적으로 부단히 이어져 온 연속물'로서 "집단적 투쟁에서 고립되어 있다."고 믿어서가 아니었다. 그는 자신의 습성이 너무나 뿌리 깊은 까닭에 결코 미래를 대표하고 구현할 '새로운' 지식인이 될 수 없다고 부끄러워했다. 하지만 「좌익작가연맹에 대한 의견」(對于左翼作家聯盟的意見)을 읽어 보면, 그는 확실히 자신이 참여한 운동이 새로운 사회집단을 대표하고, 새로운 역사적 추세의 산물이라는 것을 믿고 있었다. 그는 결코 이미 도태된 사회집단의 보수적인 잔당이거나 역사적으로 이미 존재한 모든 새로운 사회관계를 초월하는 '순수한 지식인'이 아니었다. 루쉰이 말한 계급성, 특히 문학의 계급성에 대한 논의의 핵심은 결코 인성(人性)의 존재 여부나 인성과 계급성의 관계가 어떠냐 하는 것이 아니었다. 그가 줄곧 관심을 둔 것은 통치 관계 및 그 재생산 메커니즘이었다. 따라서 그가 시급하게 지적하려 한 것은 불평등한 사회관계 속에서 인성 개념이 무엇을 은폐하느냐 하는 것이었다.

아마도 다음과 같은 사실은 잊어서는 안 될 것이다. 그는 특정한 단체에 소속되어 있을 때에도 언제나 불평등한 권력관계와 투쟁했다. '새로운' 집단 내부에서도, '살롱 안의 사회주의자'들 속에서도 똑같이 구시대의 분위기가 재생산되고 있었다. '좌'와 '우'는 서로 종이 한 장 차이였던 것이다.

루쉰은 뛰어난 학자이자 탁월한 소설가였다. 하지만 그의 집필 역정은 학자로도, 소설가나 작가로도 개괄될 수 없다. 루쉰의 학문적 업적을 언급할 때 학자들은 입에 침이 마를 새가 없다. 때때로 나도 역시 그렇다. 『중국소설사략』(中國小說史略)과 『한문학사요강』(漢文學史要綱), 그리고 사람들이 칭찬해 마지않는 「위진풍도와 문장의 약과 술의 관계」(魏晉風度及文章與藥及酒之關係)를 읽어 보면 그가 중국문학사 연구에 끼친 공헌을 확인할 수 있다. 루쉰은 조조(曹操)가 불효를 이유로 공융(孔融)을 죽인 것〔후한 말의 재기 넘치는 학자였던 공융은 조조의 정치를 사사건건 비판하고 조롱했다. 참다못한 조조는 부모와 자식 간의 관계에 대해 공융이 말장난한 것을 트집 잡아 그를 처형했다.—옮긴이〕에서부터 문인과 정치의 관계를 간파했다. 그리고 많은 이들이 진(晉)나라 사람들의 가벼운 갓옷과 느슨한 허리띠를 고상함의 표시로 생각한 것에 반해 루쉰은 한사코 하안(何晏)의 약 복용〔중국 위진 시대의 정치가, 학자였던 하안은 '오석산'이라는 보약 겸 독약을 개발해 유행시켰는데, 이 약을 먹고 나서는 독을 발산하기 위해 산책을 하고 옷을 되도록 적게 입어야 했다.—옮긴이〕을 관련시켜 그것을 해석한다. 또한 예교를 파괴한 혜강(嵇康)과 완적(阮籍)에 대해서는 그들이 지나치게 예교를 믿었기 때문에 그런 행위를 했다고 말한다. 마지막으로 도잠(陶潛)은 오랫동안 은거 문인의 표본이었지만, 루쉰은 사실 그가 세속을 벗어나지 못했고, "게다가 조정의 정치에도 연연했으며 '죽음'을 잊어버리지도 못했다."라고 설명한다. 이처럼 그가 심오한 이치를 꿰뚫어 볼 수 있었던 것은 "중국의 군자는 예의에 밝지만 다른 사람의 마음을 파악하는 데에 편협하며",(『장자』[莊子],「전자방」[田子方]) "보통 예의에 밝으면 반드시 다른 사람의 마음을 파악하는 데 편협하게 마련이니 그래서 고대의 많은 사람들이 억울한 누명을 썼"(「위진풍도와 문장의 약과 술의 관계」)음을 잘 알고 있었기 때문이다. 루쉰은 이러한 역사적 통찰력으로 강사, 교수를 지내기는 했지만 끝내 그 자리를 떠났다. 그는 자신과 자신의 연구를, 날로 촘촘해지는 현대사회의 조직 속에 위치짓고 싶어하지 않았다. 또한 자신의 사회 비평과 문화 비평이 강단 체제에 편입되어 속박당하는 것도 원치 않았다. 그는 박식하고 다른 이들의 마음을 간파하는 자신의 연구가 어떤 규범의 틀에 갇히는 것을 원치 않았던 것이다. 그는 차라리 그람시가 '유기적 지식인'(organic intellectual)이라고 부른 전사가 되고자 했다.

전사, 루쉰이 즐겨 사용한 이 단어야말로 한층 간단명료한 개념이다.

이미 루쉰이 살아 있을 때 아큐의 시대는 갔다는 논의가 벌어진 적이 있었다. 그가 산 시대와 비교한다면 지금 사회의 변화는 훨씬 더 심각하다. 그렇다면 이러한 변화는 과연 무엇인가?

루쉰이 산 시대는 혁명과 변혁의 시대이자 급격한 혼란의 시대였다. 그런데 오늘날의 현대화 과정은 이미 당시의 혁명 계급을 무너뜨렸다. 따라서 급진적 혁명의 가능성도 사라진 셈이다. 현대화 운동의 특징은 점진적인 정당화의 경로를 통해 사회생활의 각 방면을 베버가 말한 '합리화'의 질서 안에 조직하는 것이다. 오늘날 이 '합리화'의 질서는 벌써 국경을 초월해 전 지구화 과정의 일부가 되었다.

루쉰 시대의 지식과 문화 활동은 대학 체제와 밀접한 관련이 있었지만, 그 시대 지식인들의 사상 활동은 사회생활과 밀접한 유기적인 연계성을 유지했다. 그런데 오늘날 문화생활의 중요한 지표 중 하나는 곧 루쉰식의 '유기적 지식인'이 점차 분화되고 사라져, 결국 지식인의 문화 활동이 직업 활동으로 개조되었다는 점이다. 직업화의 진전은 실제로 특정 계층으로서의 지식인들을 소멸시키거나 개조하였다.

또한 루쉰 시대의 지식과 문화 활동에서 신문·잡지가 특수한 지위를 차지한 것에 비해, 오늘날 사회에서는 그 현상에 심각한 변화가 일어났다. 미디어는 그 특유의 정치적 기능 외에도 소비주의 문화의 주된 장소가 되었다. 루쉰 시대의 비판적 지식인들은 미디어의 활동을 통해 사회·정치·대중과 직접적으로 유기적 관계를 맺었다. 그들의 문화적 실천, 특히 그 시대의 사회적 불공정에 대한 비판과 성찰은 효과적인 사회·문화적 변혁의 주된 원동력이 되었다. 오늘날의 미디어에서도 '학자'나 '지식인'의 표상이 끊임없이 출현하고 있지만, 그런 '표상'의 '지식인적' 특성은 문화적 허구와 환상일 뿐이다. 왜냐하면 오늘날 '지식인'의 미디어 활동을 추진하는 주요 원동력은 성찰적 비판 기능이 아닌, 지배적인 시장 규칙이기 때문이다. 따라서 '유기적 지식인'의 전통을 논할 때 우리는 단순히 지식인들이 미디어로 복귀해야 한다고 요구해서는 안 된다. 우선 그런 변화 자체가 사회구조적 변화의 일부라는 것을 지적해야 한다.

이러한 변화는 오늘날 지식인들의 문화 활동 방식을 바꿔 놓았다. 이러한 변화를 지식인들의 태도 및 가치의 변화(예를 들어 '인문 정신의 몰락' 같은 것)로 보기도 하지만, '유기적 지식인'의 퇴장은 현대화 운동의 역사적 결과이다. 현대화가 진전되면서 중국 사회는 세밀화·전문화·계층화의 사회 과정에 진입했고, 지식 생산 역시 갈수록 그에 상응하는 특징을 띠고 있다. 예컨대 전문화된 지식 생산의 가장 중요한 체제인 대학은 이러한 사회 과정에 맞는 전문인 육성을 가장 근본적인 임무로 삼고 있다. 그런데 이러한 사회 과정에 대한 성찰, 특히 나날이 분화하는 지식에 대한 성찰은 대학 체제를 그 주된 대상 영역으로 삼지 않을 수 없다. 왜냐 하면 대학 체제야말로 점차적인 지식의 세분화를 전제로 삼기 때문이다. 체제화를 위한 지식 생산은 사회의 전체 현대화 과정의 유기적인 부분이며, 그 과정을 위해 전문가의 육성, 지식의 준비, 정당성의 논증을 담당한다. 지식인의 문화 활동은 이미 체제화 활동의 한 부분이므로 역시 체제화의 규범을 준수해야 한다. 그리고 교육 체제에서든 과학 연구 제도에서든 현대사회 지식인들의 사회·문화적 사유는 나날이 학원의 특징을 띠어 가고 있다. 물론 우리는, 민감한 학자·지식인의 학술 활동에서 언제나 '성찰성'이 중요한 특징으로 나타났다고 항변할 수 있을 것이다. 하지만 우리는 이것이 결코 체제화의 지식 생산의 주요 특징은 아니라는 것을 인정해야 한다.

학원이라는 방식은 그 자체로 직업 활동으로서의 학술과 일반 사회·문화 활동의 분리를 의미한다. 이 분리의 결과는 이중적이다. 먼저 학술 활동의 학원화로 학자의 연구는 사회 과정과 직접적인 관련이 없어졌고, 교육 및 과학 연구 체제가 전문적 지식 활동에 재생산 조건을 제공하게 되었다. 이런 의미에서 본다면, 학원은 성찰성을 위해 독특한 공간과 가능성을 마련해 주며 지식 활동의 자율성을 크게 높인다. 하지만 다른 한편으로 학원 방식은 체제화의 지식 생산 활동을 의미하기도 한다. 이 활동은 그 자체에 별다른 성찰성이 없을 뿐더러 사회에서 벗어난 방식으로 사회의 지배 관계를 재생산한다. 따라서 단지 아주 예민한 지식인들만이 학원이라는 공간을 성찰의 장소로 삼아 성찰성의 지식 활동에 전념할 수 있다.

더욱 중요한 것은 학문의 세분화와 지식의 전문화로 인해 지식인들이 다양한 영역의 전문가로 갈라져 상호 소통이 어려워지고, 대중은 전문가들이 생산하는 지식을 이해하고 비판하지 못해 지식인과 대중 사이의 유기적 관계가 소멸되고 있다는 사실이다. 직업화된 지식 생산은 지식인의 비판 능력을 억압할 뿐만 아니라 민간 문화를 주변화한다. 그래서 오늘날의 생활에 대해 지식인의 성찰적 문화가 미치는 영향력은 계속 약화되고 있으며, 대중과 지식인 사이의 상호 관계도 수립되지 못하고 있다. 어떤 이는 지식인들의 계몽적 태도에 숨어 있는 엘리트주의를 비판하기도 한다. 어느 정도 일리 있는 견해이지만, 지식인의 엘리트화를 낳은 진정한 원동력은 '심리'가 아닌 체제화 과정이며, 지식인 신분의 직업적 신분으로의 전환 과정이다. 전문가 문화야말로 지식인의 엘리트화 과정을 부채질하며, 그들을 대중에게서 떨어뜨려 통제자의 위치에 올라선 계층이 되게 한다. 법률·제도·규칙뿐만 아니라 가치를 제정하는 이가 될 때 그들은 더 이상 지식인이 아니다. 그들의 지식 역시 뒤이어 사회를 통제하는 권력으로 바뀐다. 그런 상태에서 사회에 중대한 변화가 임박했을 때, 겨우 남아 있는 지식인들은 그 변화를 단지 피동적으로 받아들일 뿐 비판의 목소리를 낼 힘이 없다. 설혹 목소리를 낸다 하더라도 사람들을 이해시키는 건 불가능한 일이다. 이러한 것이 바로 우리가 루쉰의 유산을 되살리고 있는 오늘날의 상황이다.

우리는 '이성화'가 갈수록 극심해지는 시대에 살고 있다. 이 시대는 성찰의 문화와 민간 문화가 주변화된 시대이기도 하다. 대학과 미디어는 정치·경제 관계에 적응한 문화 상품을 효과적으로 생산하고 있으며, 재생산 능력을 갖춘 방대한 기계적 운동 속에 성공적으로 편입되었다. 아마도 현대사회에 심각한 사회적 불평등이 여전히 존재한다는 것을 부인하는 이는 없을 것이며, 새로운 사회관계가 전대미문의 방식으로 사람들의 생활을 간섭하고 제한한다는 것을 깨닫는 이들도 늘어 가고 있다. 이 간섭과 제한의 방식은 항상 '자연적 사건'처럼 보이는 까닭에, 그 정당성에 의문을 제기하는 이는 이성적이지 않은 이로 간주된다. 루쉰의 사상적 유산이 오늘날 중요한 의미가 있는 것은 그가 역사와 사회 속에서 끊임없이 출현한 정당화의 지식과 불평등 관계의 은밀한 결탁을 폭로했기 때문이다. 그의 사상적 유산은 오늘날 지식인들의 비판사상의 중요한 원천이 되어야만 한다.

　루쉰의 문화적 실천은 직업화의 지식 생산 과정에 몸담고 있는 지식인들에게 참조할 수 있는 체계를 제공하며, 오늘날 지식 생산 방식의 한계와 사회적 함의를 사유하도록 촉구한다. 나는 체제화 및 직업화의 지식 생산을 일괄적으로 반대하지는 않는다. 현대화의 논리 속에서 그 과정에 단순히 반대하는 사람이나 그러한 단일 사회는 존재하지 않는다. 그것은 멸망을 자초하는 것이나 다름없다. 하지만 루쉰은 세계의 유일성과 영구성, 의심할 여지없는 모든 진부한 학설들이 허구적 환상에 불과하다는 것을 폭로해서 현대 세계의 각종 가능성들을 암시했다. 이 글에서 나는 문화적 재생산의 장소로서의 학원 체제에 관해 자세하게 논하지는 않겠다. 내가 여기에서 주로 고찰한 것은 앞서 말한 지식 생산과 비판사상의 관계이며, 이 관계를 축으로 해서 내가 몸담고 있는 지식 활동을 성찰했다. 오늘날의 교육과 과학 연구 체제 안의 분과 유형 및 그 지식 생산은 직업 교육 및 직업적 지식과 관계된다. 그런데 이러한 지식 활동 속에서 비판적 지식인들이 자신의 지식 전제와 지식 활동이 오늘날 사회의 발전 과정과 맺는 복잡한 관계를 성찰하는 것은 대단히 어렵다. 바로 이러한 지식의 상황 아래, 그리고 '유기적 지식인'이 주변적 문화 현상이 된 시대에 루쉰이 창조한 찬란한 업적은 더욱 사유할 만한 가치가 있다. 지식이 전문화되고, 미디어가 갈수록 시장 규칙과 소비주의에 의해 통제되는 문화적 상황에서 루쉰의 사회적 불공정에 대한 극도의 예민함, 지식과 사회관계에 대한 심각한 비판, 그리고 문화와 대중의 관계에 대한 지속적인 관심 및 융통성 있는 문화적 실천은 모두 새로운 역사적 조건 아래 지식인의 '유기성'을 재창조할 가능성을 보여 준다. 이것은 중국 지식인의 위대한 전통이다.

루쉰과 그의 논적들의 글을 읽으면서 난 줄곧 전쟁사 연구자처럼 양측이 공방을 벌이는 데 사용한 전략·전술에 대해 골똘히 생각했다. 그리고 책을 덮고 나서는 다시 정신분석의처럼 루쉰의 심리 세계를 상상했다. 어쩌면 이 글은 서문 비슷한 것으로 썼어야 옳을 것이다. 적어도 글의 목적에서 이토록 벗어나서는 안 되는 일이었다. 그래도 현명한 독자들은 내 글에 미혹되지 않으리라 믿는다. 왜냐 하면 루쉰과 그의 논적들의 글이 모두 있으며, 그것들은 지난날 날카로운 소리로 숲 속을 가르던 화살이었기 때문이다. 물론 태평성대를 살아가는 현자들에게는 문인들이 서로 비하하는 잠꼬대에 지나지 않을 것이다. 그들은 시시비비가 분명치 않은 소란 따위에는 관심을 갖지 않는다.

"이런 상황에서는 누구도 싸움의 외침을 듣지 못한다. 태평하구나."

이 깊은 밤중에 나는 약간 피곤함을 느낀다. 창밖의 높은 빌딩을 바라보니 루쉰의 집 뒷마당에 서 있던 두 그루 대추나무가 생각난다. 그것들은 기괴하고도 드높은 하늘을 쇠처럼 곧게 찌르고 있었다.

왠지 모르게 그날 밤 날아다니던 불길한 새가 떠오른다. 어쩌면 목매달아 죽은 여자 귀신을 떠올리는 편이 더 편안할지도 모르겠다.

ㄴ
2장 경계 없는 글쓰기

　1993년, 위화(余華)는 『살아간다는 것』(活着)의 머리말에서 이렇게 말했다. "진정한 작가는 영원히 오직 내심(內心)을 위해서 글을 쓴다. 오로지 내심만이 그의 이기심과 고상함이 얼마나 노골적인지 진실하게 얘기해 줄 수 있다." 그런데 그는 곧바로 자기 작품들이 '현실의 어떤 층위'와의 긴장 관계나 '적대 관계'에서 나왔다고 말한다. 그는 마치 내심에 주목하면서도 비판을 자기 사명으로 삼는 작가처럼 보인다. 하지만 내심에 주목하든, 아니면 현실에 대한 적대적 태도를 언급하든 모두 새로운 일이 아니다. 감상적인 낭만주의자나 리얼리스트도 역시 그렇게 말하지 않는가? 위화의 모든 노력이 궁극적으로 도달하는 것은 결코 분노나 저주, 감상과 서정이 아니다. 그는 내심에 관심을 둘 때는 그것을 활짝 열고, 현실을 적대시할 때는 동정의 눈빛으로 세계를 대할 것을 요구한다. 왜냐 하면 그는 우리가 살고 있는 세계가 우리의 태도보다 훨씬 드넓다고 굳게 믿기 때문이다. 아직은 이것이 오랜 긴장을 감당할 수 없어서 택한 냉소적 태도의 산물인지, 아니면 내심의 연약함을 통찰하고, 문득 우주의 무한함과 예술의 심오함을 발견한 데에서 비롯되었는지 분명하지 않다.

이에 대해 위화는 모호하고 복잡한 답을 제시한다. 그는 글쓰기와 현실의 관계를 유머라고 하면서, "여기에서 유머는 구조가 된다."라고 덧붙였다. 유머는 긴장을 풀어주면서 보존한다. 그렇다면 유머는 어떻게 현실과의 관계를 재구축하며 또한 어떻게 구조가 되는가? 위화의 비평 술어들 중에서 '글쓰기'·'현실'(그리고 '진실')·'허무'(그리고 '내심')는 문학과 삶의 관계를 이해하기 위한 가장 중요한 개념들이다. 이제 이 개념들을 따라 그의 비평 세계 속으로 들어가 보자. 그래서 그가 어떻게 열린 영혼으로 각 문장들에 나타나는 세부 항목들을 끌어안고 체험하는지, 그리고 어떻게 유머로 글쓰기와 현실의 관계를 만들어 가는지 살펴보자.

위화의 평론에서 '글쓰기'는 특수한 단어이다. 이것은 서술과 관련이 있지만 결코 동일시될 수 없다. 서술은 특정한 시각 속에서 전개되지만, 글쓰기는 스스로 드러나며 어떤 객관적 품성을 갖고 있다. 글쓰기는 하나의 과정이며 작가는 치과의사가 기구를 조작하는 것처럼 펜으로 글을 쓴다. 하지만 어떤 이도 글쓰기가 기술적 과정일 뿐이라고 생각하지 않는다. 왜냐 하면 글쓰기 과정은 미지의 과거를 향한 추적인데 반해, 기술은 언제나 정해진 목표를 실현하려는 것이기 때문이다. 위화는 글쓰기가 한 사람을 작가로 만들 수도, 본래 강인한 영혼을 감상적으로 바꿔 놓을 수도 있다고 말한다. 글쓰기는 이처럼 스스로를 빚어내는 힘이다.

그런데 더욱 중요한 것은 글쓰기는 스스로를 활짝 열고 시간과 운명에 맡기는 방식이며, 물결처럼 흐르는, 기쁨과 암담함이 공존하는 자신과 자기 사이의 투쟁이라는 점이다. 글쓰기는 작가 자신과 허구의 세계를 현실과 하나로 연결시킨다. 그러므로 글쓰기의 리듬과 방식은 한 사람이 세 가지 세계를 가로지르는 플롯으로 바뀐다. 격렬함과 완만함, 단절이 없어져 결국 하나가 되는 것이다. 이것은 이 책에서 반복해서 쓰는 비유처럼 "물이 물 속으로 사라지는 것"과 같다.

위화의 비평은 글쓰기의 운동·정지·순환·확장을 뒤쫓는 과정이다. 이 과정은 작가와 인물, 삶과 예술, 형식과 역할, 작가의 개인적 특징과 소설의 내용 사이의 모든 경계를 지운다. 작가의 사랑·원한·흠모·경멸·상상력이 이 경계 없는 글쓰기 과정 속에 흩어진다. 이것은 경계 없는 글쓰기이면서, 예술 자체를 위해 어떤 독특한 기준을 설정하지 않는 글쓰기이다. 왜냐 하면 생활 세계의 판단 기준을 초월하는 다른 기준은 존재하지 않기 때문이다.

1996년 어느 잿빛 가을날, 침침한 햇빛이 비치는 차오네이(朝內) 거리의 한 회색 건물에서 나는 위화가 『독서』 잡지에 발표한 첫 번째 평론인 「불가코프와 『거장과 마르가리타』」를 읽고 있었다. 이 평론의 글쓰기는 아주 어려웠다. 만약 스스로를 다그치지 않는다면 언제 다 읽을 수 있을지 모를 정도였다. 나는 위화가 이 글을 마치고, 내게 건 전화를 기억한다. 그는 불가코프의 미묘함을 다 표현하지 못했다고 말했다. 그러나 이 글은 그의 여러 평론 중에서도 아주 깊은 인상을 주었다. 나는 그 속에서 글쓴이가 겪은 어둡고 고통스러우면서도 밝게 빛나는 세월을 느꼈다. 그리고 그가 절절히 느끼면서도 표현하기 어려워하는 무언가를 느꼈다. 글의 후반에서 그는 작가와 현실의 관계로서의 유머에 대해 언급했지만, 그리 분명하지는 않았다. 위화는 이 분명하지 않은 것 속에서 명확한 방향을 지향하다가 갑자기 글쓰기를 멈췄지만, 이 중단은 곧 글쓰기의 확장이 되었다. 나는 이러한 미완의 글쓰기에 감동했다. 그때 나는 당시의 문학평론에 대해 깊이 절망하고 있었다. 그러한 개념의 유희들을 『세상사는 연기와 같다』(世事如煙) 같은 작품을 쓴 작가가 작가적 감수성으로 다른 이들의 글쓰기 과정을 추적해서 철저히 깨주기를 희망했다. 그런데 그의 이 평론이야말로 만족스러운 것이었다. 위화는 이 글의 원고를 팩스로 보내주었다. 글자도 흐리고 종이는 정전기가 흐르는 듯 번들거렸으며, 명암도 고르지 않았다. 그러나 두세 구절만 읽고도 '글쓰기'라는 단어의 무게가 느껴졌다.

불가코프의 글쓰기는 단순한 되돌아옴에 의해 수행된다. 그의 단순한 글쓰기는 출판과 발표, 명예와 허영을 비껴간다. 하지만 그것은 결코 탈속적인 행위가 아니라 폭력의 결과이다. 따라서 순수한 글쓰기는 글쓰기의 정치성을 부각시킨다. 글쓰기의 정치성은 글쓰기의 순수성에 의해 구현되므로, 글쓰기의 순수성은 결코 '순수 예술'이나 '순수 창작'이 아니다. 물론 여기에서 정치는 좁은 의미의 어떤 행위가 아니다. 그것은 인간의 삶 특유의 성격이며 글쓰기의 기원이기도 하다. 단순한 글쓰기는 얼마나 사람을 감동시키는가. "그는 자신의 명성과 투쟁할 필요가 없었다. 한편으로 신문·잡지에 허풍을 늘어놓다가, 다른 한편으로는 혼자 있으면서 자신의 언행을 반성할 필요도 없었다. 가장 중요한 것은 세속의 영예에서 벗어나 글쓰기로 되돌아가도록 자신을 채찍질할 필요가 없었다는 점이다. 왜냐하면 그는 글쓰기에서 벗어날 기회가 없어졌기 때문이다. 그는 서사의 허구 속에서 자신의 인생을 이해하며 이미 자신의 글쓰기 속으로 흔적도 없이 사라져 버렸다." 이 말은 글쓰기를 삶으로 여기는 사람이 홀로 자신을 대할 때의 곤혹스러움을 느끼게 한다. 또한 나는 이 구절을 쓴 이의 내적 성실함을 느꼈다. 이 구절은 항상 자신과 투쟁하는 이의 연약함과 양심의 가책을 보여 준다. 가장 주목할 만한 것은, 글쓰기가 자신을 해방시키고 스스로를 허무로 바꾸어 "흔적도 없이 사라지게 한다."는 점이다.

자신에게로 되돌아온 글쓰기는 투명하게 마치 돋을새김처럼 감정을 표현할 수 있다. 그것은 공포·불안·원한·무력감·사랑을 모아 철저하고 미칠 듯한 희열이 되게 한다. 그런데 이 희열 속에서 위화는 페이지 번호에 주목한다. 이것은 아주 놀라운 일이었다. 경륜을 갖춘 어떤 평론가도 이런 시도를 하지는 않는다. 작품을 결과가 아니라 글쓰기 과정으로 보는 이만이 글쓰기의 정확한 분량에 주의할 수 있다.

이 작품에는 아주 중요한 두 인물인 거장과 마르가리타가 나온다. 이들이 제일 먼저 등장하는 곳은 책의 표지이다. 그런데 작품 제목으로 처음 등장한 그들은 계속 두 번째 등장을 미루다가 284페이지가 돼서야 비로소 조용히 거장이 나타난다. 그리고 곧바로 314페이지에서 아름다운 마르가리타가 뒤따라 나온다. 이 580페이지 분량의 작품에서 거장과 마르가리타가 진정으로 출현하는 지점은 바로 서사가 가장 순조로운 중간 부분이다.

위화는 아이들이 숫자를 세듯 페이지 번호의 진전을 계산하는 것처럼 스토리와 인물을 계속 책의 페이지 번호와 관련시킨다. 모스크바 붉은 광장에서의 경악할 만한 집회는 바로 이 과정 속에서 전개되고 갈수록 찬란해진다. 그러나 "광활한 전경(前景)이 나타나기 시작할 무렵 서사가 중단된다." 이것은 곧 거장과 마르가리타의 사랑의 시작이면서 동시에 '서사의 중단'으로 해석된다. 위화는 계속 분명하게 우리를 일깨운다. 서사가 중단되어도 페이지의 진행은 멈추지 않는다는 사실을. 마치 오케스트라의 지휘자가 무성(無聲)의 휴지부에도 곡조가 진행되고 있음을 청중에게 알리는 것과 같다. "이때 283페이지가 지나간다." 여기에서 '중단'은 글쓰기의 일부이며, 글쓰기는 유일한 연속성으로서 이러한 제시에서 뚜렷이 부각된다. 위화는 이런 점들을 통해 구조에 대한 경험 있는 소설가의 이해를 보여 준다. 그런데 더욱 중요한 것은 그가 글쓰기 자체를 관찰의 대상으로 삼는다는 점이다. 인물·사건·정서의 각각의 진행은 글쓰기 과정의 리듬을 드러내는데, 위화는 서사를 글쓰기로 통하는 우회로로 삼아 글쓰기의 신비를 엿보려 한 듯하다. 위화의 이 문집에 있는 여러 글들을 통해 우리는 글쓰기의 맥락에서 텍스트와 삶의 경계를 깨려는 그의 충동을 발견할 수 있다. 작가·인물·평론가는 모두 같은 세계에 살고 있으며 글쓰기는 사람의 운명을 결정한다. 따라서 평론 역시 삶의 과정에 대한 서술이다.

> 마르가리타의 출현은 거장의 마음을 평온하게 해 주었을 뿐만 아니라 불가코프에게도 비할 데 없는 위안을 주었다.…… 거장은 허구의 세계에서 불가코프의 화신에 불과하다. 불가코프가 사유할 때 그는 언어가 되며, 불가코프가 말할 때 소리가 된다. 또한 불가코프가 어루만질 때는 손이 된다. 그러므로 마르가리타는 불가코프의 현실과 글쓰기 사이에서 유일하게 모호한 지대라고 말할 수 있다. 불가코프는 오직 이런 식으로만 자신의 신념을 온전하게 보호할 수 있었다. 이것은 사람들이 늘 말하는 것과 같은 사랑의 힘이며, 또한 그는 이러한 신념을 단속적으로 지속시킴으로써 생명이 다한 뒤에도 그것을 앞으로 이어나갈 수 있었다. 왜냐 하면 그의 또 다른 인생길은 끝이 없기 때문이었다.

이것이 바로 글쓰기이다. 글쓰기는 작품과 작가 사이의 시공간뿐만 아니라 원한과 기만, 곤궁함까지 초월하고 갈수록 암담해지는 작가의 내심을 해방시킨다. 불가코프는 순수한 '자아'가 아니다. 오히려 그는 자아에서 자기를 해방시킴으로써 진정한 글쓰기에 들어설 수 있었다. 자신을 해방시키는 과정은 모든 현실성에 대한 개방이다. 마치 위화가 그려 낸 포크너(William C. Faulkner)와 마찬가지로 그는 이 세계에서 줄곧 자신과 삶을 일치시키고, 문학이 삶보다 더 높은 곳에 있지 않다는 것을 증명한 몇 안 되는 작가들 중 하나였다. 그들은 글쓰기를 결정하지 않았다. 오히려 글쓰기가 그들을 결정했다. 위화는 「미시마 유키오의 글쓰기와 삶」(三島由紀夫的寫作與生活)이라는 글에서 미시마는 자신의 펜 아래에서 숨을 거뒀다고 했다. 왜냐 하면 그는 글쓰기와 삶을 합쳤기 때문이다. "마지막에 이르자 더 이상 미시마 유키오가 「우국」(憂國)을 서술하지 않고 「우국」이 미시마 유키오를 서술했다.…… 삶의 마지막 순간, 그가 작품에서 연연한 죽음과 선혈이 마침내 떨쳐 일어났고 그 죽음과 선혈이 미시마 유키오를 서술했다."

미시마 유키오의 죽음은 예술과 삶의 빼어난 만남이며, 개인의 허무를 통해 삶 자체를 펼쳐 보였다. 그리고 마르가리타의 비상은 역사의 참모습을 엿보게 한다.

글쓰기 과정이 자신이 자신에게 대립하는 과정임을 끝내 깨달은 사람이라면, 글쓰기가 운명과 같다는 말의 뜻을 이해할 수 있을 것이다. 도스토예프스키(Fyodor Mikhailovich Dostoevskii)는 아예 그것을 서사의 형식으로 발전시켰다. 그는 미련하긴 하지만 다채로운 방식으로 자신의 대립을 구현했다. 바흐친은 그러한 서사를 '다성성'(polyphony)이라고 했다. 다성성은 소설의 한 구조 형식이면서 글쓰기 그 자체이다. 나는 위화가 도스토예프스키의 글쓰기의 탁월함을 신뢰하고 있음을 알고 있다. 하지만 그의 문학 비평은 훨씬 투명한 글쓰기를 출발점으로 선택했는데, 그것은 바로 불가피하게 글쓰기로 되돌아가는 글쓰기이다. 이는 바흐친의 견해와 아주 비슷하다. 위화는 글쓰기를 예술과 삶을 뛰어넘는 형식—그것은 결코 단지 형식만이 아니다—으로 이해하고 있는 것이다.

이사야 벌린(Isaiah Berlin)은 이처럼 예술과 삶을 혼재시키는 러시아 문학의 방식을 탐탁치 않게 여겼다. 그는 그것이 순전히 독일 정신에 대한 아둔한 모방일 뿐이라고 생각했다. 그가 쓴 러시아 지식인들에 관한 책을 보면 러시아인의 유기적 사유 방식을 논증하기 위해 문학 비평의 태도를 두 가지로 개괄하고 있다. 하나는 '프랑스적 태도'이며 다른 하나는 '러시아적 태도'이다. 이른바 '프랑스적 태도'란 기술적 태도를 말하는데, 이 태도에 따르면 지식인과 예술가의 유일한 의무는 좋은 작품을 생산하는 것이다. 그들의 도덕적 생활과 일상적인 취미는 그들이 위대한 예술가인지 아닌지와 어떤 관계도 없다. 반면에 러시아적 태도는 나뉠 수 없는 인간의 통일성을 굳게 믿으며, 작가의 소홀함이나 거짓말, 방종, 그리고 진리에 대한 열정의 결핍은 결코 용인될 수 없다고 믿는다. 러시아의 작가들과 대중은 작가도 우선 인간인 이상, 자신의 행위에 대한 책임을 모면할 수 없다고 믿었다. 이러한 태도는 유럽의 양심에 충격을 주었지만, 이사야 벌린은 세계에 대한 이러한 유기적인 이해에 반(反)현대적인, 심지어 전제적인 낭만주의가 숨어 있다고 경고한다.

'러시아적 태도'와 '프랑스적 태도'는 거친 비유에 불과하다. 진정한 작가는 기교를 중시하면서 삶에도 민감하게 마련이다. 성숙한 작가를 드러내는 지표는 당연히 예술 공간의 확장이며, 이 확장 속에서 양자의 긴장과 모순이 표현된다. 그러나 시대적 유행과 조류는 이와 다르다. 그것은 늘 고립적으로 어느 한쪽만을 발전시킨다. 따라서 벌린이 말한 두 가지 태도는 빼어난 작가의 창작에 관한 밀도 있는 이해라고는 볼 수 없다. 단지 유행과 풍조로 나타나는 전통에만 해당될 뿐이다. 예를 들어 '프랑스적 태도'는 현대의 시대적 조류를 대표하며, 오늘날의 세계에서 뚜렷한 지배적 성격을 갖고 있다. 문학 및 문학 비평 영역에서 이 태도는 숱한 이론적 개념들의 유희와 헤아릴 수 없이 많은 직업 비평가들을 만들어 냈다. "저자는 이미 죽었다."라는 명제는 생활 세계로 통할 만한 가능성을 품고 있지만, 천박한 비평가들에게 이 명제는 단지 글쓰기 행위를 잊은 채 작품의 독립성을 선포하는 것에 불과하다. 그리하여 재능 없고 생명력 없는 그들의 비평을 위한 길이 열렸다. 질서 있게 보조를 맞추는, 단일하지만 무미건조하고 소란스러운 목소리들이 문학을 우리 삶과 무관한 부분으로 변질시켰다. 베버는 현대성을 가치 영역의 합리적 분화라고 했다. 실제 역사 속에서 이 분화는 시간이 갈수록 기술의 과정으로 이해되었다. 오늘날 삶의 방식의 철학적 기초는 모든 행위의 전문적 행위화에 있다. 이 전문적 행위는 인간의 사회적 행위의 도덕적 기초가 된다. 예를 들어 변호사는 범죄자를 변호할 수 있지만, 자신의 변호가 죄를 씻는 데 도움이 되는지 상관하지 않는다. 변호사의 직업윤리가 이런 행위에 도덕적 기초를 제공한다. 동일한 의미에서 이 논리는, 목수가 나무통을 깎고, 기업가가 회사를 관리하고, 군인이 군사 일에 정통하고, 사장이 재산을 관리하며, 변호사가 범죄를 변호하는 것과 같은 행위로 글쓰기를 이해한다. 이런 영역에는 단지 능력과 기교가 존재할 뿐, 다른 것은 전무하다. 따라서 '프랑스적 태도'는 어떤 민족성이기보다는 현대사회가 치밀하게 구축한 가치로 봐야만 한다. 그 사회적 성격은 '태도' 아래 교묘하게 감춰져 있다. 의미의 배제, 사회적 삶에 대한 전문적인 이해는 바로 이 태도의 합리적인 장식이다.

위화의 비평은 이런 순수 예술 비평을 향한 도전이다. 왜냐 하면 그는 텍스트, 작가, 심지어 독자마저 비평의 대상으로 보지 않고, 오직 글쓰기에만 주된 관심을 두기 때문이다. 글쓰기 과정에서 작가의 글쓰기와 운명, 작품의 형성과 비평의 생산, 예술과 삶은 분리되기 힘들다. 위화는 줄곧

'전위파' 작가로 간주되었다. 중국적 맥락에서 전위파 작가의 특징은 바로 순수 문학적 글쓰기이다. 그러나 여기에서 위화는 자신의 글쓰기를 통해 형식의 탐색은 글쓰기 과정에서 전개되며 글쓰기에는 경계가 없음을 증명하고 있다.

이러한 평론 방식은 루쉰이 창조한 현대 비평의 전통을 생각나게 한다. 이 전통은 19세기 러시아 지식인들이 창조한 전통과 깊은 정신적 연관성이 있다. 그 특징은 바로 의식적으로 삶과 예술의 경계를 뛰어넘어 동일한 판단 기준으로 예술 과정을 비평하는 것이다. 하지만 그것은 이사야 벌린이 말했듯이 전제적 낭만주의가 아니라, 작가의 도덕에 대한 통렬한 비판을 목적으로 한다. 왜냐 하면 여기에서 글쓰기는 세계와 자신을 향해 열린 과정이며, 자유에 대한 갈망일 뿐 결코 다양한 사물들을 억지로 짜 맞추는 논리가 아니기 때문이다. 예술의 사회 비판은 글쓰기 과정에 대한 관심에서 비롯된다. 기계적인 사회 비판이나 가혹한 도덕적 판단과는 거리가 멀다. 예술은 글쓰기의 산물이며 글쓰기는 운명의 전개로서 그 사이에는 경계가 없다. 이사야 벌린은 '프랑스적 태도'에 숨겨진 '이성 분화'의 원칙에 심취했다. 그것은 일종의 관용이기 때문이다. 그러나 이성 분화가 예술과 삶의 관계를 배제한다면, 예술의 독립성은 예술의 위축을 의미할 뿐이다. 예술 비평에서 세계 곳곳의 대학 교육과 정기 학술 간행물을 통해 형성된 전문가 집단은, 이런 고립된 영역들을 전제로 한다. 그들은 기치를 바꿔 대고 하나씩 진지를 구축하면서 엄청난 위세를 떨치고 있다. 그들은 문학과 예술을 기술로 변질시키며, 나날이 기술화되는 이 사회와 동일한 구조의 영역으로 변질시키고 있다. 게다가 사회와 동일한 그 구조를 사회와 무관한 것으로 본다. 글쓰기는 더 이상 미지의 과거를 향한 질문이 아니다. 그것은 구조화와 해체, 그리고 반역과 순종 사이에서 합리적으로 순환하며 기다림에서 기다림으로 나아가지만, 사실 기다림은 없다. 베버의 말처럼 현대성은 서로 상반된 두 원칙을 포함한다. 하나는 전문화의 원칙이며 다른 하나는 대중화의 원칙이다. 이 두 원칙은 서로 상반되어 결합되기 어렵다. 따라서 현대성은 완성되기 어려운 기획이다. 이런 의미에서 19세기 비평가들이 주목한 예술과 삶의 관계는 현대성 문제에 관한 성찰의 중요한 부분이다.

벨린스키(Vissarion G. Belinskii)가 창조한 비평의 모범을 살펴보도록 하자. 까다로운 투르게네프(Ivan S. Turgenev)는 도브롤류보프(Nikolai A. Dobrolyubov)의 사회적 비평을 못 참아 하면서도 벨린스키의 비평을 그리워했다. 벨린스키는 사회학적 비평의 개척자였지만, 창작 과정에 대한 놀랄 만한 통찰력과 너그러운 동정심을 갖고 있었다. 그는 사회성에 대한 통찰이 글쓰기 과정에 대한 통찰이라는 것을 잘 알고 있었다. 투르게네프와 도브롤류보프의 충돌은 심각한 사상적 대립에서 비롯되었다. 하지만 이 사상적 대립은 예술과 삶의 경계를 무시했다는 식의 비판에서 비롯되지 않았다. 벨린스키에 대한 투르게네프의 존경은, 그가 예술적 통찰력을 갖춘 사회학적 비평을 인정했음을 보여 준다. 이런 부분에서 나는 이사야 벌린의 다음과 같은 직관과 판단을 신뢰한다. "설령 '유미주의적인' 투르게네프라 하더라도 사회와 도덕의 문제가 인생의 주된 사안이며, 게다가 그 문제들이 그 자체의 특수한 역사 및 이데올로기의 배치와 맥락에서만 이해될 수 있다는 것을 믿었을 것이다."

위화는 '19세기식 인내'와 도스토예프스키의 미련함과 불가코프의 단순함을 추종하지만, 문학 비평의 분위기는 날이 갈수록 직업적인 조작을 선호하고 있다. 텍스트 분석의 기술은 점점 더 정교해지고 있지만, 결과적으로 예술적 통찰력의 쇠퇴를 은폐하고 있을 따름이다. 이 과정은 문학이 독립적인 영역으로 사회적 삶에서 분리된 것과 관계가 있다. 각 가치 영역의 분리가 현대사회의 특징이라면, 사회에서 분리된 문학이 만들어 내는 것은 고작 분리된 사회의 복제물일 뿐이다. 바로 이것이 용솟음치며 들이닥친 역사적 전환인 셈이다. 위화의 글쓰기에는 특정한 역사적 맥락에서만 이해되는 반항이 있다. 이 반항은 한층 세심하고 자상하며 풍부한 기교로 텍스트를 분석하는 형식을 취함으로써, 그의 글쓰기에 '러시아적 태도'에 대한 거부가 깃들어 있다는 인상을 주기도 한다. 위화의 평론은 그의 소설과 마찬가지로 아주 실험적이다. 그는 문학의 세계를 '현실의 틀'에서 해방시키기를 갈망한다. 그의 아름다운 평론들은 기교·비유·소리의 조립·서술의 신비성을 집중적으로 탐구한다. 그는 그 모든 것이 '현실'의 탐색—이 탐색 속에서 위화의 현실은 보르헤스(Jorge Luis Borges)의 현실과 호응한다—이라고 귀결짓는다. 이런 경향의 역사적 이유는 분명하다. 정치에서건 문학에서건 '러시아적 태도'는 일찍이 저항할 수 없는 현실, 허장성세(虛張聲勢)의 정의라고 왜곡되었기 때문이다. 이사야 벌린이 문학적 태도에 대해 총괄한 것은 역사적 이유가 있긴 하지만, 이것은 문학 전통 자체가 아닌, 관념사의 소급에서 비롯되었다고 할 수 있다. 그는 스탈린 시대에서 톨스토이(Lev Nikolaevich Tolstoi)까지 거슬러 올라가는데, 여기에서 역사는 관념과 정신의 연속성으로 뒤덮이고 이 연속성은 다시 수많은 경험들로 실증된다.

그 연속성의 미심쩍은 부분에 대해 아무도 의문을 던지지 않았지만, 그래도 나는 이렇게 묻고 싶다. 스탈린주의가 전제주의에 대항했던 톨스토이와 대체 무슨 관계가 있단 말인가? 과연 '러시아적 태도'라는 말로 그들 사이의 심각한 대립을 덮어 버릴 수 있단 말인가?

위화의 평론은 '러시아적 태도'와 불분명하게 뒤얽혀 있지만, 위에서 논한 역사적 맥락 속에서 그 역시 점차 '프랑스적 태도'를 발전시키고 있다. 여기에서 내가 이 단어를 사용하는 것은 비유에 불과하다. 글쓰기와 기교에 대한 위화의 존중을 '프랑스적 방식'을 빌어 문학을 재단하는 경향과 혼동해서는 안 된다. 그것은 20년 가까이 힘들여 글을 써 온 한 작가의 문학에 대한 투철한 인식이다. 두 가지 다른 '러시아적 태도'가 있듯이, 역시 다른 '프랑스적 태도'가 있는 것이다. 위화의 '현실'은 현실과 대립되는 세계이며, 둘 사이의 관계는 전도된 논리로 표현된다. 즉, 욕망으로 성격에 대항하고, 강물과 햇빛으로 인간의 주체성에 대항하며, 분열·중첩·전도의 논리로 시간의 도도한 흐름에 대항하는 것이다. 이런 대항의 관계가 위화와 현실 사이의 관계이다. 그런데 이상한 것은 긴장과 대항이 우선 글쓰기와 글쓰기의 격정으로 변한 뒤, 결국은 미지의 것들에 대한 개방이 된다는 점이다. 그는 냉정한 서술을 통해 우연적 세계에서의 폭력을 필연적으로 드러냈다. 그런데 이 냉정한 서술의 의미가 조금씩 변화하면서, 인물 자신의 목소리에 대한 존중, 도덕적 판단이 배제된 진리 추구, 모든 사물을 이해한 후의 초연함, 그리고 선과 악의 동일시 등이 포괄되기 시작했다. 그는 이것이 바로 "동정의 눈으로 세계를 대하는 것"이라고 말한다. 이것은 세계에 대한 휴머니즘이다. 진실을 향한 위화의 탐색은 변하지 않는다. 변하는 것은 진실의 개념이다. 그것은 잠시도 가만있지 못하고 변화한다. "강한 상상력이 사실을 낳는다." 상상력이 어떻게 안정된 공간 안에 멈춰 있을 수 있겠는가.

 '현실'이라는 단어를 융통성 있게 사용하는 것은, 위화 문학 비평의 한 특징이고 그와 '프랑스적 태도' 사이의 은밀한 관계를 드러낸다. 현실은 우연의 세계이며 갖가지 분리된 사실들로 이뤄진 진실한 세계이다. "내 노력은 모두 진실에 더욱 접근하기 위한 것이다."라는 그의 말은 전형적인 러시아적 방식인 것처럼 들리지만 실제로는 프랑스적인 냄새, 즉 로브그리예(Alain Robbe-Grillet)나 보르헤스의 냄새를 짙게 풍긴다. 왜냐 하면 진실의 개념은 끊임없이 변하며 한층 심오하고 예측 불가능하면서도 아무 의미도 없을 수 있는 별개의 세계를 항상 암시하기 때문이다.

이는 '러시아적 태도'에 대한 접근이면서 이탈이다. 진실은 상식에 대한 배반, 판단에 대한 저항, 우연에 대한 열림, 그리고 사실에서 나오는 세계의 유기적 총체성에 대한 새로운 발견이다. 그가「세상사는 연기와 같다」를 쓸 당시……병치와 착위(錯位)의 구조화 방식을 채택"한 것은 다양한 사실들로 세계의 복잡한 상태를 나타내기 위해서였다. 이것은 접근이지만 곧바로 이탈로 전환된다. 위화는「보르헤스의 현실」(博爾赫斯的現實)에서 작가와 작가 자신 사이에서 벌어지는 투쟁을 새롭게 발견한다. "삶에 속해 있는 보르헤스가 명예에 속해 있는 보르헤스에게 불만을 품고 있는 것이다." 이 투쟁은 두 가지 서술 방향으로 바뀌어 서로 억압하는 동시에 해방시킨다. 여기에서는 권태 · 투쟁 · 불만이 똑같이 글쓰기 그 자체가 되지만, 긴장된 정서는 오히려 느슨해진다. 그리고 또 다시 페이지 번호가 나열되지만, 불가코프의 예에서 보인 집요한 추적은 보이지 않는다. 서술의 배후에서 솟아오르는 것은 일종의 신비한 분위기와 현실이 진실인가에 대한 철학적 탐구이다.

위화는 주저하고 있다. 그렇지 않다면 이 책에 "나는 자신을 믿을 수 있는가"와 같은 제목을 붙이지는 않았을 것이다. 그는 보르헤스의 "무한, 혼란과 우주, 범신론과 인성, 시간과 영원, 이상주의와 비현실의 형식들"을 단순한 신비주의로 보는 것을 거부한다. 그는 보르헤스가 그렇게 허황된 작가는 아니라고 믿는다. 그는 보르헤스의 정확하고 절묘한 비유를 빌어 "본체와 비유체, 그리고 비유어들 사이의 확연한 경계"를 지워 버린다. 그런데 이것은 이미 '러시아적 태도'가 아니다. 왜냐 하면 경계선을 지우려는 그의 노력은 더 이상 예술과 생활 사이에서가 아니라, 실체와 비유체 사이에서 이뤄지기 때문이다. 그의 주의력이 무한히 뻗어나가는 언어 자체로 전환되면서 경계를 초월하려는 노력은 기교로 화한다. 그럼으로써 '프랑스적 태도', 즉 언어와 그 예측할 수 없는 변화를 중시하는 태도, 우리의 도덕적 생활과 거의 무관한 비유 능력에 한층 접근한다.

나는 위화가 율동적인 어조로 이런 말을 반복하는 것을 여러 차례 들었다. "난 며칠 동안이나 줄곧 물을 찾지 못했다. 혹독한 태양열, 갈증, 갈증에 대한 공포가 견디기 힘들 정도로 하루를 길게 만들었다." 보르헤스의 현실은 갈증 뒤편의, 갈증에 대한 공포 속에 깊이 숨어 있다. 그것은 사물을 꿰뚫어 보는 날카로움을 요구하며, 위화는 그 속에서 절절한 현실감을 느꼈다. 그런데 그런 느낌은 우리가 그의 현실에 다가가지 못하고 멀어지게 한다. 이렇게 된 것은 바로 보르헤스의 자기 투쟁이 현실에 대한 심오한 사유로 바뀌고, 그 내부가 아주 풍부했기에 예술과 생활의 어떠한 충돌에도 호응하지 않고 "오늘날 소설의 심각한 필요, 즉 기교를 인정할 필요"에 호응한 것과 같다. 마지막으로 위화는 보르헤스가 스스로를 과연 문학 바깥의 작가로 위치시키려 했는지 의문을 던진다. '문학의 바깥'은 광활한 현실이다. 그리고 만약 문학과 삶의 경계를 나눌 수 없다면, 문학 바깥의 영토는 분명 글쓰기와 삶에서 독립된 현실이다. 그것은 비유를 통해서만 가닿을 수 있다.

오늘날 중국의 작가들 중에서 위화만큼 직업 소설가로서 소설의 기교와 격정, 그것들이 창조하는 현실을 연구하는 이는 아주 드물다. 그는 포크너·헤밍웨이(Ernest M. Hemingway)·보르헤스·미시마 유키오·가와바타 야스나리(川端康成)·불가코프·카프카(Franz Kafka)·슐츠

(Bruno Shulz) · 모옌(莫言) 등 수많은 작가들에 대해 공감하고 논하면서, 그들의 상이한 스타일, 심지어 대립되는 글쓰기 속으로 들어갔다. 이것이 바로 글쓰기 과정에 관심을 기울이는 한 작가의 허무한 내심이다. 언어 · 상상 · 비유에 대한 그의 집착은 그만의 독특한 표지가 되었다. 그래서 그가 쓴 글은 누구나 한두 단락만 읽어보아도 알아볼 수 있을 정도이다. 문장을 장악하는 그의 힘은 놀랄 만한 경지에 이르렀다. 그의 현실은 문장의 힘이 닿는 곳에서만 존재하며, 혼란스러운 듯하면서도 정확하고, 모호한 듯하면서도 투명하다. 위화는 여기에 끊임없이 도취된다. 사람들이 '새로운 상태'(新狀態), '개인적 글쓰기'에 빠져 있을 때, 반골 기질인 위화는 오히려 고전으로 되돌아갔다. 위화가 브루노 슐츠를 발견한 것은 그의 고전 이해가 사람들이 운운하는 답습 따위가 아니며, 정반대로 글쓰기 과정을 소급해 문학사를 전복하는 것임을 입증한다. 왜냐 하면 "모든 문학사는 작가를 첫 번째에 위치시키고, 문학은 그 다음에 놓기 때문이다." 「문학과 문학사」(文學與文學史)는 문학사에서 미처 이해되지 못한 천재들의 노력을 발굴한 글이다. 이 발굴 행위는 문학의 기교에 대한 그의 이해와 나아가 진실의 개념에 대한 그의 끊임없는 질문에서 비롯되었다.

이 글에서 진실은 정치를 써 내려가는 원천이 된다. 또한 이 글에서 나는 기교와 또 다른 현실에 대한 위화의 발견에 대한 희열에서 그의 전복에 대한 갈망을 다시 찾아냈다. 또한 '프랑스적 태도' 속에 깊이 숨겨진 러시아적 정조를 발견했다. 하지만 나는 위화가 그것을 공감과 개방으로 이해하고 있음을 잘 알고 있다.

위화의 글쓰기에서 '프랑스적 태도'—그것을 분리와 기교를 지향하는 태도로 이해할 수 있다면—는 결코 단순히 '러시아적 태도'에 대한 반발에서 나온 것이 아니다. 그것은 자유에 대한 이해와 갈망, 그리고 자신을 자신으로부터 해방시키려는 요구에서 비롯되었다. 이 갈망과 요구는 "예술가는 허무를 위해 창작한다."라는 말에서 밀도 있게 표현된다. 위화의 이 말은 내가 처음에 인용한 "내심을 위해 글을 쓴다."라는 말을 참고해 이해할 필요가 있다. 허무는 곧 자신으로부터 해방된 내심이며, 해방된 내심은 세계의 투명함이기 때문이다. 자신을 자신에게서 해방시켜야만 우주 속의 진실을 들여다볼 수 있다. 그러므로 허무는 진실의 기원이기도 하다. 허무의 개념은 실존주의를 상기시키지만, 그 진실한 의미는 스스로를 허무하게 해 세계 전체와 그 모든 세부를 소유하는 것이다. 달리 말하면 허무는 세계를 대할 때의 겸허한 태도이지만, 그 안에 숨겨진 욕망은 전부를 갖기를 바란다.

이제 이 글의 처음에서 언급한 유머로 되돌아가 보자. 유머란 무엇인가? 내가 보기에 유머란 '러시아적 태도'와 '프랑스적 태도'의 충돌이며, 자신을 허무화해 이 충돌을 화해시키려는 노력이다. 유머는 예술과 삶의 관계를 인정하지만, 초연함과 기교의 태도로 인정한다. 그것은 예술에 대한 예술로서의 인정이지만 그 예술의 순수성이 세계의 진실에서 비롯된다고 인식한다. 이런 자기모순은 '나'의 열려 있음으로 인해 흔적을 남기지 않는데, 이것이 이른바 위화의 허무이다. 명나라 말기의 왕용계(王龍溪)는 이렇게 말했다. "진실로 양지〔良知. 왕양명은 양지가 하늘로부터 부여받은 고유한 성품이며 맹자의 '시비지심'(是非之心)처럼 시시비비(是是非非)를 판별하는 능력이라고 설명했다. 그리고 이것을 잘 길러 완전한 인간이 될 수 있다고 했다.—옮긴이〕에 이르려면 오직 마음을 비우고 사물을 대하며, 사람들에게 각기 자신의 정(情)을 얻게 해야 한다." 허무란 바로 진정한 내심의 회복이다. 그것은 어린아이가 만물을 대하는 마음이며 내심을 위해 글을 쓰는 마음이다. "어린아이의 마음은 순박해 거짓이 없고 간교함도 기교도 없지만, 신기(神氣)가 충분하고 지혜가 저절로 생기며 재능도 저절로 늘어 덧붙일 것이 없다. 대인(大人)이 온갖 변화에 통달한 것은 오직 이 마음을 잃지 않아서이다." 다시 말해서 어린아이의 마음은 기교를 초월한다. 위화에게 기교는 아주 중요한데, 그것은 단순한 기교가 아니다. 그것은 내심을 활짝 연 다음에 비로소 얻을 수 있는 세계의 비밀에 대한 통찰이므로, 기교는 사실 내심의 연장선에 있다. 허심(虛心)의 대상은 단지 인간에 그치지 않고, 한 줄기 강물과 나무 한 그루, 거리 하나하나가 다 해당된다. 위화는 「문학과 문학사」에서 슐츠의 글쓰기에 대한 자유를 이렇게 묘사했다. "카프카와 마찬가지로 (슐츠는) 자신의 글쓰기를 아무런 제약 없는 자유 속에 살아 있게 했다. 끊임없이 확장되는 상상 속에서 자신의 집·거리·하천과 인물을 만들어 서술을 현실보다 더 원대하게 만들었다. 그들의 펜이 그려 내는 풍경은 늘 시선이 미치는 범위를 뛰어넘어 내심의 연장선상에 닿는다. 또한 인물의 운명은 기억처럼 유구하고 삶과 죽음은 다 헤아릴 길이 없다. 그래서 미를 향한 고립된 추구는 풍부한 역사를 읽어 내면서도 분명한 장소를 찾아내지 못한다. 그들의 작품은 공간을 상실한 그들의 민족과 마찬가지로 오직 시간의 기나긴 강 속에서 물결을 좇아 흘러간다."

위화는 허무한 내심으로 세계 전체와 '언제나 세계의 틀'을 위해 배제되는 세계들, 비유·체험·언어로만 다다를 수 있는 진실을 받아들이려 한다. 물론 허무한 내심 역시 한계가 있지만, 그 한계는 내심이 아닌 현실에서 나온다. 슐츠의 상상 속에서는 집·거리·하천·인물과 풍부한 역사는 받아들여졌지만, 명확한 장소는 배제되었다. 그는 시간의 강물에서 표류하는 민족을 찾아냈지만, 그 민족은 공간을 상실했다. 여기에서 장소와 공간의 생략은 유태 민족의 침통한 역사와 관계가 있다. 그것은 결코 시공간에 관한 서사의 모험이 아니다. 나는 다시 한 번 불가코프와 그가 몸담은 러시아적 전통을 떠올려 본다. 이 전통은 장소도, 공간도 소홀히 다룬 적이 없다. 풍부한 역사는 구체적인 역사이다. 이 전통은 자유롭게 예술과 삶의 경계를 소통시켰지만, 다음과 같은 물음을 잊은 적이 없었다. "러시아에서 살아가는 사람이라면 그 누가 즐겁고 자유로울 수 있겠는가?" 그러나 슐츠는 장소와 공간을 논할 여지가 없었다. 허무란 비할 데 없이 광활하다는 뜻으로서 광대함을 의미하지만, 구체적으로 크고 많다는 뜻은 아니다. 또한 허무는 필수적인 선택을 뜻하므로, 이미 유행이 지난 사르트르(Jean-Paul Sartre)가 여전히 의미를 갖는다.

그렇다. 러시아에서 살아가던 그 누가 즐겁고 자유로울 수 있었겠는가? 이것은 최근 반세기 동안은 시의에 맞지 않는 문제였지만, 그 이전에는 한 세대 사람들 전체의 질문이었다. 이 질문은 진실한 내심에서 나왔지만, 기나긴 시간의 강 속에서 거짓 정의와 도덕감이 끼어들어 끝내 강제와 독단의 공론과 추리로 변주되었다. 헤르첸의 말을 인용해 '러시아적 태도'를 겨냥한 이사야 벌린의 다음과 같은 풍자도 일리가 없는 것은 아니다. "우리는 두려움 없는 발걸음으로 극한을 향해 달렸고, 그 극한을 넘어섰다. 우리의 발걸음은 변증법에 부합되지 않은 적이 없었다. 단지 진리에 부합되지 않았을 따름이다." 하지만 그 누가 도스토예프스키·톨스토이·체호프·불가코프의 끈질긴 문제 제기를 부정할 수 있으며, 그 전통이 만들어 낸 위대한 힘을 부정할 수 있겠는가. 역사의 이치 중 하나는 문제에 대한 "질문이 낡더라도 그 문제는 영원하다."는 것이다. '러시아적 태도'는 소외되더라도 그 의의를 잃은 적이 없었다. 이 논리는 '프랑스적 태도'에도 똑같이 적용된다. 허무한 내심과 또 다른 현실에 대한 탐구는 비록 소외된 '러시아적 태도'에 대한 거부이긴 하지만, 절대로 포기가 되어서는 안 된다. 허무한 내심은 세계 전체를 포용하고, 거리·하천·자연·인간에 대한 공감을 우리에게 환기시킨다. 그래서 목마름 이후의 목마름에 대한 공포, 물이 물 속으로 사라지는 것과 같은 일체화를 우리에게 이해시킨다. 하지만 우리는 여전히 장소와 시간을 기억하며, 그 역사적 장면 속의 사랑과 원한, 온정과 배반을 기억한다. 그렇지 않으면 공간 없는 표류—혹시 이것이야말로 우리의 현실이 아닐까?—가 우리의 숙명이 되고 말 것이다. 만약 장소와 공간 개념의 변화가 이미 현재 세계의 지표가 되었다면, 예술 작품에서의 장소와 공간의 탈락은, 바로 장소와 공간이 부재하는 현실에 대한 정확한 묘사가 아닐까?

바로 이런 까닭에 나는 위화가 「불가코프와 『거장과 마르가리타』」에서 보여 준, 글쓰기 과정을 꿰뚫은 그 실험을 소중하게 생각한다. 그것은 글쓰기의 세부로 깊숙이 들어가 표현해 낸, 세계에 대한 어떤 태도이며, 문학의 시공간과 현실의 시공간을 꿰뚫어 얻어진 자유이다. 격정과 글쓰기의 기교에 대한 통찰이 가득한 이 글은 은근히 '러시아적 태도'를 존중하지만 단순히 답습하지는 않는다. 이 망령의 소환은 일종의 정신적 충동, 위화 자신도 그 안에 몸담고 있는 예술운동에 대한 반역을 보여 준다. 말년의 마르크스의 말을 빌어 말한다면, "이 혁명들 속에서 죽은 자를 되살리는 것은 새로운 투쟁을 찬양하기 위해서이지 억지로 낡은 투쟁을 본받기 위해서가 아니다. 또한 상상 속의 어떤 임무의 의의를 드높이기 위해서이지 그 임무의 현실적인 해결을 피하기 위해서가 아니며, 혁명의 정신을 되찾기 위해서이지 다시 혁명의 유령들을 풀어놓기 위해서가 아니다."

이런 의미에서 허무와 내심으로 회귀하는 것은 세계에서 도피하는 것이 아니라, 세계로 진입하는 것이다. 위화의 비평 세계에는 현실의 혼란과 풍부함뿐만 아니라, 현실의 긴장과 대립, '러시아적 태도'와 '프랑스적 태도'의 병치와 투쟁도 있다. 그는 기교적인 방식으로 이들을 포용해 평화롭게 공존시키고 창조의 긴장 속에서 세계를 드러내지만, 결국 불가피하게 그 모순에 직면한다. 그러나 이 모순은 필요한 것이다. 세계는 변화하고 있다. 하나의 서사가 다른 서사를 대신하고, 한 전제정치가 또 다른 전제정치로 교체된다. 모순이 없으면 해결의 기회도 없다. 위화는 무엇을 쓰느냐 하는 문제에 답할 때 어떻게 쓰느냐 하는 문제를 논해야 했고, 또한 어떻게 쓰느냐 하는 문제에 답할 때 쓴 것의 진실도 말해야 했다. '프랑스적 태도'가 유행하는 이 세계에 '러시아적 태도'가 다시 필요하게 되었다. 그것들은 필연코 우리에게 창조의 긴장을 제공할 것이다. 나는 위화가 마르가리타처럼 자유롭게 비상하기를 바란다. 결국 그는 다음과 같은 광경을 볼 수 있을 것이다. "본디오 빌라도는 필사적으로 예수를 쫓아가 크게 소리쳐 말했다. 그를 죽인 자는 자기가 아니라고."

3장 절망 이후

그는 서둘러 진실을 추구했다.
마치 처음 스케이트를 신고 디뎌보는 풋내기처럼.
게다가 그가 연습하고 있는 곳은 스케이트가 금지된 장소였다.(카프카)

서둘러 진실을 추구하다

아직도 차가운 기운이 느껴지는 이 봄날 밤에 나는 망설이고 있는 자신이 다소 놀랍다. 책의 원고를 벌써 두 달 전에 출판사에 부쳤건만, 나는 그중 1980년대에 발표한 글들을 새로 인쇄해야만 하는지 주저하고 있는 것이다. 이 책의 원고 중 몇몇 글들은 관점과 술어에서 글쓰기 방식에 이르기까지 더 정확한 표현과 세심한 반성이 필요하다. 1980년대 말부터 연이어 발생한 의미심장한 사건들은 세계사의 거대한 변화를 촉진했으며, 역사와 생활에 대한 많은 기본 관점들을 심각하게 바꿔 놓았다. 1989년 하반기부터 나와 친구들이 논의한 문제들 중 하나는 바로 1980년대의 학술 현상에 대한 검토였는데, 문제가 제기되자마자 우리의 이성적 활동은 그런 직접적인 자기비판을 넘어서서 청 말 이래 서학동점(西學東漸)을 배경으로 점차 형성된 역사 관념 및 학술 패러다임에 1980년대의 학술 현상을 연관시켰다. 이는 최근 1, 2년 동안 친구들의 연구에서 차츰 심화되어 온 사상사 및 학술사 정리 작업이 처음부터 자기비판의 성격을 띠고 있었음을 보여 준다.

　마치 폭풍우가 지나간 뒤의 들판처럼 많은 일들이 더욱 분명해졌다. 오랜 불안과 주저 끝에, 나는 드디어 이 서문을 쓰기 시작했고 출판을 서둘렀다. 나를 비롯한 20세기의 마지막 세대 연구자들의 현재 작업이 이 책 안의 문제들에 대한 비판을 완성시켰다는 믿음 때문이었다. 심지어 서로 다른 시기에 쓴 글들 사이의 차이와 모순도 어떤 역사적 추세를 보여 준다고 할 수 있다. 아마 어떤 친구는 이런 관점을 명백히 갖고 있지 않을지도 모르지만, 오늘날 우리의 모든 작업은 고별 의식일 뿐이니, 일단 새로운 학술 패러다임과 역사 관념이 형성되기만 하면, 우리는 자신들이 이미 미래에 속하게 되었다고 흔쾌히 말할 수 있다. 하지만 어떤 의미에서 고별 의식은 결국 상징적인 것이며, 아무리 완벽하게 보일지라도 새로운 규범의 지표가 될 수 있는 확정된 방법은 아직 없다. 고별의 음악은 벌써 무수히 장엄하게 연주되었지만, 사람들에게는 매번 비슷한 선율로 들렸을 것이다. 그 느낌은 1990년의 어느 가을날을 떠오르게 한다. 그때 친링의 황량한 산꼭대기에 있던 나는 저녁 안개와 어스름에 덮인 뭇 산들 사이에 핏빛으로 몸부림치는 놀을 보면서, 태양을 향해 힘차게 솟아오르는 그 아름다운 광경을 묘사하고 있었다. 가슴이 벅차오르면서도 처량함이 느껴졌다.

만약 자신에게 직접 책임이 있는 과거를 통찰하지 못한다면, 역사 변천에 대한 이해도 진정한 깊이에 도달할 수 없을 것이다. 그리고 복잡한 역사적 상황에 처해 눈앞에서 일어나는 모든 것들을 세밀하게 고찰하고 비판하지 않으면, 또한 새로운 역사적 태도를 이용하면서도 그 과정을 이성적 수행으로 견제하지 않는다면, 아마도 새로운 편견을 낳고 말 것이다. 예컨대 1980년대 일부 학자들의 명리(名利) 추구와 경박한 학풍을 지적하고, 그 현상들을 문화의 '규범 상실'의 산물로 결론짓는 견해는 피상적이다. 왜냐 하면 그처럼 많은 비판적 견해들을 제기한 그 시대 학자들의 역사적 합리성과 태도의 엄숙성만은 결코 의심할 수 없기 때문이다. 개별적인 과오는 도덕적 판단으로 설명할 수 있지만, 한 시대의 추세는 단순하게 도덕적으로 비난해서는 안 된다. 사실, 지난 십 년간의 학술과 사상은 중요한 성취를 이루었으며, 21세기 중국 학술 발전의 토대를 다져 놓았다. 1980년대는 찬란한 시대였다. 이 시대에 대한 자기비판은 역사의 과정에서 전개될 것이며, 비판의 근본적인 초점은 이 시대의 구체적인 성과가 아니라, 새로운 학자들이 보편적으로 지녔던 급진주의적이며 반전통적인 역사적 신념이어야 한다. 특히 이 신념을 바탕으로 수립된 이론 틀에 주목해야 한다. 바로 그런 반전통의 신념이 지속적으로 퍼지는 과정에서 젊은 세대 학자들은 '비전통', 혹은 '무(無)전통'의 지식 구조를 지닌 세대로 변화했다. 게다가 이것을 여태껏 자신들의 심각한 한계로 진지하게 받아들이지도 않았다.

아마도 이 책은 시대적 충동, 이성의 혼란, 지식의 한계에 대한 약간의 기록을 제공할 수 있을 것이다. 나는 시간 순서에 따라 다시 글들을 읽으면서 내 사상이 변화해 온 맥락을 찾아냈다. 1980년대에 성장한 학자로서 이러한 자기 점검은 막 지나간 '신시기'〔1978년 개혁·개방 이후 현재까지의 사회주의 중국의 자본주의화 시기를 뜻함.—옮긴이〕 문화에 대한 반성이기도 하다.

루쉰의 배리

다시 루쉰에서 이야기를 시작해야겠다.

내 연구는 루쉰에서 시작되었으며, 현대사상과 문학에 대한 나의 관점도 루쉰에게서 큰 영향을 받았다. 하지만 나는 첫 번째 연구서인 『절망에 대한 반항: 루쉰의 정신 구조와 「외침」·「방황」 연구』(反抗絶望: 魯迅的精神結構與「吶喊」·「彷徨」研究)를 완성하고 난 후에야 비로소 루쉰을 충분히 이해했음을 깨달았다. 하지만 그때 내 관심은 이미 사상사 쪽으로 전환된 상태였다. 1988년 박사논문 심사를 마치고 『문학평론』(文學評論) 편집부에 있는 왕신(王信) 선생의 요청으로 「루쉰 연구의 역사적 비판」(魯迅研究的歷史批判)이라는 글을 쓴 적이 있다. 나는 이 글을 통해 몇십 년에 걸친 루쉰 연구의 전통을 이론적으로 청산하고자 했다. "우리에게 역사 비판은 곧 자기비판과 같다. 왜냐 하면 우리는 현재와 미래에 속해 있을 뿐만 아니라, 저 지나간, 심지어 직접 겪어보지 못한 과거에도 속해 있기 때문이다!" 이렇게 이 글에서 쓴 것처럼 나는 바로 이 점을 다시 펼쳐 보이고 싶다.

루쉰의 이름을 진작부터 알고는 있었지만, 1960년대와 1970년대 중국에서 그의 명성은 마오쩌둥 다음이었을 뿐이다. 내가 체계적으로 루쉰의 저작을 연구하기 시작한 것은 대학 시절이었다. '문화대혁명'이 철저히 부정되고 숱한 역사의 진상이 드러나면서, 우리는 회의주의를 자신의 이데올로기로 삼을 수밖에 없는 상황에 처했다. 거의 미친 듯이 그의 책을 읽으면서 나는 거듭 경악했다. 아, 역사의 진실은 이랬구나! 익히 우리가 지녔던 이상주의와 영웅주의, 그리고 관념 체계에 대한 태도는 '환멸'이란 말로밖에는 달리 표현할 수 없을 것이나. 또한 '진실의 추구'라는 말만큼 당시 우리의 당혹감과 갈망을 정확히 설명해 줄 수 있는 말은 없을 것이다. 그리고 루쉰이라는 우상이 내 동년배들의 냉담함에 부딪치면서, 나는 저 '종이로 붙인 가짜 모자'들 뒤에 숨은 '진실'을 보고 싶었다. 루쉰, 그는 과연 어떤 인물이었을까? '진실을 추구'하는 노력이 이 '진실'이란 개념에 대한 자기 물음으로 바뀌고 나서야 나는 비로소 '진실' 그 자체가 나를 비롯한 모든 사람들에 의해 부단히 조작된다는 사실을 깨달았고, '진실'을 조작하는 전제들에 대해 성찰하게 되었다. 이때는 벌써 루쉰을 연구한 지 근 십 년 가까이 되던 때였다.

이 책 『아무것도 없는 곳에서의 방황』 2장에 수록된 '루쉰과 개인주의적 무정부주의'에 관한 두 편의 논문은 내 석사학위 논문의 상·하편이고, 제목은 「한 시각의 관찰: 루쉰의 전기사상과 창작의 관계」(一個角度的觀察: 魯迅前期思想及其與創作的關係)이다. 하지만 이것은 내가 쓴 최초의 루쉰 관련 논문이 아니다. 대학 3학년 때 「루쉰의 소설 『고독자』를 논함」(論魯迅小說「孤獨者」)이라는 글을 썼고, 이후에 『들풀』(野草)의 「그림자의 고별」 등에 관한 글을 쓰기도 했다. 내가 선택한 작품들은 모두 전통적인 루쉰 연구에서 그다지 중시되지 않았거나, 소극적이며 암울하고 어두운 작품으로 여겨지던 것들이다. 하지만 그 작품들 속에서 나는 전통에 대한 심한 불신과 '황금 세계'와 허황된 사물에 대한 회의와 거부를 느꼈다. 그리고 그 자신도 빠져 있던 어떤 생활 방식에 대한 부정적 태도와 범속한 대중의 황무지에 처한 선각자의 고독, 격분, 사랑으로 인한 증오, 끝내 복수로 치닫는 심리를 깨닫게 되었다. 마지막으로 기만과 환멸의 허무주의적 분위기에서 '현재'에 집착했던 몸부림도 빼놓을 수 없다. 책을 읽으며 내가 경험한 영혼의 공명은 차마 말로 다 형용하기 어렵다. 이러한 나의 초기 습작들에서는 어떠한 이론적 창조도 없었다. 단지 대상의 선택에서 그 의미를 찾을 수 있을 것이다. 글쓰기의 시대와 내용이 아니라, 내가 글을 쓰고 있는 시대와 내용이 중요했다. 나는 지식인의 운명과 내적 고민에 대해 도의적인 긍정과 동정적 이해를 표현했다. 이것은 '문혁' 시기에 '군중'의 폭정과 기나긴 자학과 학대를 경험한 지식인들의 전형적인 심리이다.

하지만 "진실을 추구하는" 격정은 글에서는 늘 거부의 사유 방식과 언어 속에 갈무리되었다. 지나온 생활이 우리에게 가르쳐준 것은 단순한 도그마만이 아니었다. 그것은 우리가 생활을 느끼고 표현하는 방식까지 지정했다. 한 스승이 보낸 편지가 떠오른다. 그는 내가 논문보다 편지를 더 잘 쓴다고 말했다. 왜냐하면 편지에는 내가 직접 느낀 것들이 표현되었지만, 논문에서는 그 느낌이 습관적인 방식으로 정리되었기 때문이다. 내 석사논문이 바로 그랬다. 이 논문은 루쉰과 개인적 무정부주의를 체계적으로 논한 유일한 논문이다. 나는 이 논문에서 루쉰 사상에서 '개인' 개념이 갖는 복잡한 의미에 주목했다. 또한 루쉰 문학 속의 반역적이며 회의적인, 고독하고 복수심 가득한 정신적 특징의 이론적 근원을 탐구했다. 이 초기 논문을 돌아보면 당시 나는 생각이 무척 복잡했던 것 같다. 이 논문에는 중요한 관점과 자료들이 담겨 있다. 루쉰 사상 속의 '개인' 개념에 대한 분석과 루쉰과 슈티르너(Max Stirner)·니체·아르치바셰프(Mikhail Petrovich Artsybashev) 등과의 다양한 관계에 대한 해석, 그리고 루쉰 소설의 감성적 맥락의 도출 및 '중간물' 개념[1920년대 중반, 루쉰은 생물계의 진화의 사슬에서 모든 만물이 다음 진화 단계를 위한 희생물이라는 의미에서 '중간물' 개념을 제시했다. 이 논리는 역사적 차원에서 개인이 진보를 위한 중간물로서 희생을 감수해야 한다는 주장으로 발전한다.—옮긴이]에 관한 설명 등이 있다. 이것들은 모두 이후 내 연구의 바탕이 되었다. 나는 이 문제들을 제기한 이후 더 깊은 이해를 얻지는 못한 채로 루쉰과 개인적 무정부주의의 관계를 탐구하기 시작했다. 그 결과로 쓰인 논문들은 제대로 논증에 이르지 못한 채 '봉건'·'민주주의'·'개성주의' 등의 개념을 관습적으로 사용했다. 게다가 몇몇 부분에서는 단지 해명에만 머물고 말았다. 즉, 먼저 슈티르너·아르치바셰프와 그들의 개인적 무정부주의 및 창작을 반동적이고 부르주아적인 극단적 개인주의로 규정한 뒤, 그들에게 영향을 받은 루쉰이 어떻게 그런 이론과 창작의 반동성을 피할 수 있었는지에 대해 논증했다. 여기에는 슈티르너와 아르치바셰프에 대한 깊은 '공감'이 없었을 뿐만 아니라, 당시 유행한 선험적 세계 모델에 대한 긍정이 숨어 있었다. 예를 들어 니체 같은 '반동' 작가들과 루쉰의 관계를 분석한 당시 연구에서 나는 이렇게 지적했다. 이런 부류의 연구에서 "이론을 내세우는 방식은 위대한 혁명적 민주주의지 루쉰이 왜 니체 같은 '반동' 사상가들의 사유 성과를 받아들였는지 묻는 것이다. 따라서 이러저러한 계승 관계가 있었다고 인정하더라도, 그 서술은 언제나 해명하는 지점에서 끝난다. 이른바〔루쉰과 그들 사이의—옮긴이〕 '본질의 구별'을 최고의 연구 성과로 삼는다." 이와 같이 글의 논리가 '역사성의 오해'에서 '특정 조건에서의 영향과 피영향의 관계'로, 그 다음 '본질의 구별'의 맥락을 따라 전개되었다. '개인' 개념과 여기에서 유발된 정신 현상이 충분히 분석되지 않았으며, 글의 선험적 전제를 검증한 후 거꾸로 이 선험적 설정에 대한 무리한 증명으로 나아갔다. 그 '무리함'의 예를 지적하자면, 루쉰의 복잡한 '개인관'

이 낳은 반국가주의·반민주주의, 그리고 민중과 집단에 대한 회의적 태도를 근거로 하면서도 (적어도 초기의) 그를 통상적인 이해에 따라 '민주주의자'라고 말할 수 있는가 하는 점이다. 더 나아가 이를 기초로 한 그의 독특한 사상 체계가 중국의 역사적 상황에서 어떠한 결과를 낳았는지도 의문이었다. 내 글은 문제의 복잡성을 빠뜨리거나 인식하지 못했고, 진지한 해답을 내리지도 못했다.

  1985년 봄, 나는 25년 동안 머문 고향을 떠나 베이징으로 왔다. 그리고 탕타오(唐弢) 선생 밑에서 박사학위를 밟기 시작했다. 1985년은 '신시기' 문화의 발전 과정에서 매우 특기할 만한 해였다. 방법론적 응용과 문학 관념의 변천, 모더니즘 소설의 등장과 '뿌리 찾기 문학'의 발전, 그리고 '세계 문학에 대한 지향'과 '20세기 중국 문학' 개념의 제기, 내용의 현대성과 문체의 현대적 실험 등이 부각되었다. 사람들은 점차 중국 사회의 진보가 자체의 문화적·제도적 전통에 의해 심하게 제약되고 있음을 깨달았으며, 현대적 가치관과 전통적 가치관 및 사유 방식 사이의 충돌을 현실적으로 체험했다. 일부 학자들은 다시 전통의 보편적 영향력을 확인했으며, 그 결과 더욱 격렬한 반전통의 태도를 표출했다. 이 해 봄, 왕푸런(王富仁)은 박사논문 개요에서 루쉰의 소설이 '중국 반봉건 사상 혁명의 거울'이라고 하면서, 루쉰 이해의 중심을 정치 영역에서 사상·문화 영역으로 옮겨갔다. 그리고 얼마 지나지 않아 나는 「역사적 중간물과 루쉰 소설의 정신적 특징」(歷史的中間物與魯迅小說的精神特徵)이라는 글을 써서 루쉰 소설 세계의 복잡한 정신적 특징과 그의 심리 세계 사이의 관련성을 찾으려 했다. 방법론적으로 나는 루쉰 소설 이해의 중심을 객관적 차원에서 주체의 차원으로 옮겨 작품의 심리적 내용을 밝히려 했다. 하지만 이 논문의 중요한 의미는 '중간물' 의식이라는 개념을 제기해 루쉰의 세계 인식 방식을 설명한 것이었다. 이후 '역사적 중간물' 개념[루쉰은 자신이 봉건적 구세대와 현대적 신세대의 성격을 겸비한 중간물로서 전자의 성격에서 헤어 나올 수 없음을 고민했다. 그러나 자신이 그런 '역사적 중간물'인 까닭에 전통 비판의 임무를 더 효과적으로 수행할 수 있다고 자신했다.—옮긴이]은 중국과 일본의 루쉰 학계에 논쟁을 불러일으켰으며, 두 번째로 열린 '아시아 국가들의 현대화와 민족적 요소' 국제 학술 대회(도쿄, 1991)의 주요 의제들 중 하나가 되었다.

이 '중간물'이라는 개념은 루쉰이 처해 있던 역사적 위치뿐만 아니라, 일종의 깊은 자의식과 세계를 파악하는 체험적 세계관을 시사한다. 이 개념의 전제는 진화 혹은 진보에 대한 신념과 반전통의 가치 지향이다. 또한 이것은 자의식으로서 자신의 극복할 수 없는 내적 모순에 대한 통찰이며, 루쉰이 사회현상을 관찰하는 데에 있어서 역사적 위치와 인식 방법을 확립하게 했다. 어떤 사람은 이 개념이 루쉰의 백화문 문제에 국한된 천박한 견해라고 생각한다. 확실히 루쉰에게 '역사적 중간물'은 소박한 비유이면서, 자신을 다른 사람들과 비교한 언술에 불과하다. 또한 이것이 직접 가리키는 것은 언어 문제이다. 하지만 이 개념에는 아주 풍부하고 깊은 뜻이 숨어 있다. 루쉰은 바로 전통적 언어에 대항하는 과정에서 자신의 행위 모델, 사고방식, 감정적 태도가 전통과 맺고 있는 연관성을 깨닫고 '중간물'의 자의식을 얻었다. 언어야말로 전통의 기본 매체이기 때문이다. 중국적 전통에 대한 비판자로서 루쉰의 반전통주의의 가장 격렬한 지표는 바로 전통적 언어 형식에 대한 비판이었다. 그는 전통적 문체뿐만 아니라 한자의 정방형 문자 형태까지 부정했다. 그런데 루쉰은 어느 순간, 자신의 자각적인 부정의 과정 역시 중국 특유의 언어 형식에 빚지고 있음을 깨달았다. 이 깨달음은 이중적 결과로 나타났다. '반전통' 과정에서 자신과 전통 사이의 연관을 확인한 까닭에 '반전통'의 최종적 표현 형식을 자아에 대한 부정으로 표출했다. 이것은 '원죄'와도 같은 자의식이다. 이 자의식은 사회생활 속의 '반전통적' 행위를 동시에 '자기 속죄'의 내적 충동으로 삼았다. 이 책에 수록된 『들풀』과 루쉰 소설에 관한 두 편의 논문이 바로 루쉰 인생철학의 내적 논리 및 서사 과정을 설명하고 있다. 다른 한편으로 철저한 반역이 문화적 차원에서는 불가능하다는 것을 의식했기에 루쉰은 실제적인 조작을 통해 전통을 창조적으로 전환할 수 있는 길을 모색했다. 그의 중국 소설 연구 등을 예로 들 수 있을 것이다. 개인적으로 그는 중국 문화 내부에 존재한 비정통적·반정통적 문화(소설, 필기〔筆記〕, 야사, 잡설〔雜說〕, 혜강, 완적 등)〔소설, 필기, 야사, 잡설은 예부터 민간에 유행하거나 사대부들이 여흥으로 대수롭지 않게 적은 기록들이다. 그리고 혜강, 완적은 위진 시대 죽림칠현의 일원으로 주류에 편입되길 거부한 지식인의 전통적 상징이다.—옮긴이〕를 편애했는데, 이 역시 자신이 처한 문화적 곤경 속에서 극히 배리적 의미를 갖는 선택이었다.

그러나 '반전통'의 가치 지향과 조작적인 전통 계승은 결코 루쉰의 내적 모순을 해소하지 못했다. 오히려 그의 자기 분열감을 더 깊어지게 했다. 루쉰은 자신과 전통의 연관성을 확인하며 자신이 미래에 속해 있지 않다는 비극적 인생관을 표현했는데, "미래에 속해 있지 않다."는 판단은 다시 자신을 향한 절망의 선고를 삶의 진보에 대한 믿음으로 전환시켰다. 그리고 그 믿음으로 자기 안의 절망에 반항했다. 루쉰에게 '미래'의 의의는 결국 자기부정의 과정에서만 표현되었다. 이를 제외한 다른 표현 방식은 존재하지 않았다. 그리고 '역사적 중간물' 의식은 맨 처음 '진화'의 의미에서 제기되었지만, 다시 루쉰의 정신적 과정에서 '진화'의 이념과는 사뭇 반대되는 두 가지 사유 노선으로 파생되었다. 개체로 보면, 그것은 개체의 생명을 점차 소멸하거나 죽음을 향해 나아가는 일차적 존재로 이해하며, 또한 생명을 향한 개체의 몸부림이 아무런 효과가 없음을 암시한다. 한편 세계에 대해서 말한다면, 그것은 역사의 진전을 무의미한 순환 혹은 윤회로 이해하며, 개혁의 최종적인 적이 결코 구체적인 대상이 아니라, 변화하는 역사 속에 숨어 있는 불변의, 혹은 유형의 적들 속의 '무물의 진'이라는 것을 암시한다. '무'(無)와 싸우는 사람은 영원히 실패자일 수밖에 없지만, 오직 영원한 실패자만이 진정한 혁명가이다. 따라서 한편으로 '역사적 중간물' 의식은 어찌할 수 없는 '절망'과 비극적 의식을 내포하며, 다른 한편으로 '절망'에 대한 분명한 인식으로서 루쉰에게 "절망에 반항하는" 용기와 인생철학을 주었다. 이 인생철학의 몇 가지 중심 개념은 밝음과 어두움, 삶과 죽음, 사랑하는 자와 사랑하지 않는 자, 친구와 원수, 인간과 짐승, 아무것도 존재하지 않는 땅, 무물의 진, 죽음으로 가는 생명, 무덤, 절망, 죄의식과 속죄, 전사, 나그네, 그림자, 걷기 등이다.

나는 언젠가 토인비의 말을 빌어 이렇게 말한 적이 있다. 루쉰은 "한 사회에 처해 있으면서도 소속되지 않았고, 또한 두 사회에 처해 있으면서도 역시 소속되지 않았다." 이것은 이 반역적 사상가의 곤혹스러웠던 처지에 관한 요약이다. '역사적 중간물'이라는 개념의 복잡한 뜻을 통해 나는 전차 루쉰의 배리적 정신 구조를 이해했다. 내 기본적인 견해는 이러하다. 루쉰의 사상과 문학 세계는 수많은 자기모순적 관점 · 감정 · 사유 형식으로 구성되어 있다. 이 상호 모순적인 차원들은 서로 다른 시기마다 임의의 어느 한 쪽이 우세하거나 열세였지만, 동시에 공존하고 발전하면서 일종의 배리적 긴장 구조를 형성했다. 루쉰의 내적 모순은 감성과 이성, 역사와 가치 사이에 존재했을 뿐만 아니라, 감성과 이성의 영역 안에도 존재했다. 따라서 루쉰의 사상을 정연한 순서의 변증법적 통일 과정에 포섭하거나, 동서 문화의 충돌 혹은 전통과 현대의 모순으로 설명하는 모델은 모두 루쉰의 사상과 문학의 복잡성을 단순화한 것이다.

이러한 견해는 상당히 정확하다. 지금까지 루쉰 연구에서는 줄곧 '진화론에서 계급론으로', '민주주의에서 공산주의로'라는 논리를 정설로 보았다. 그러나 이런 묘사적 결론은 사람들의 의심을 불러일으켰다. 우선 이 두 판단의 앞부분을 분석하는 것만으로 그 오류를 드러낼 수 있다. 루쉰은 1927년에 자신의 진화론적 사유 노선이 무너졌다고 말했다. 그런데 나는 그 말이 특정한 상황에서의 상징적인 표현이었다고 생각한다. 루쉰의 초기 사유에는 '진화론'의 사유 노선 외에도 반진화론적이거나 순환론적인 사유 노선도 공존했다. 젊은 시절 루쉰은 '자연선택·적자생존'을 보편적인 '자연법칙'으로 이해하고, 이를 이용해 중국의 전통을 비판했다. 하지만 국가와 국가의 관계를 언급할 때는 '인도주의의 원칙'을 끌어들여 그것을 제한하고 부정했다. 확실히 이런 점에서는 '진화론'의 '보편적' 의의를 해소했다고 말할 수 있다. 그러나 이것은 하나의 관점으로 또 다른 관점을 대체한 것이라기보다는, 두 가지 대립되는 관점에 대해 똑같은 믿음과 열정을 나타낸 것이다. 예컨대 그는 인류의 역사가 지그재그로 나아가는 진화 과정이라고 말하면서도, 다른 한편으로 그 과정이 일종의 '편향'(偏至)의 과정이라고 주장했다. 즉, '진화'의 각 단계마다 인간을 억압하는 현상이 갈수록 심각해진다는 것이다. 또한 그는 청년이 노인보다 우월하다는, 역사에 대한 낙관적 신념을 표명했지만, 역시 다른 한편으로는 중국사를 두 가지 노예 시대가 영원히 교체 순환하는 것으로 묘사했다. 만약 루쉰에게 '진화'에 대한 관념이 없었다면 '중간물'의 논법도 생기지 않았을 것이며, 마찬가지로 역사에 대한 비관주의적 이해가 없었다면 "절망에 반항하는" 인생철학도 나타날 수 없었을 것이다.

'민주주의' 개념으로 루쉰의 전기 사상을 개괄하는 것은 정확하지 않거나 전면적이지 못하다. 젊은 날의 루쉰은 확실히 공화정이 조속히 도입되기를 기대했고, 이후에도 신해혁명을 반겼다. 그러나 그는 민주주의 제도와 자유·평등의 원칙에 깊은 의혹과 우려를 품고 있었다. 1907년에 발표한 글에서 루쉰이 '대중정치'와 '거대 집단'을 반대한 것은 잘 알려져 있다. 그 글에서 그는 서양의 민주주의 제도가 독재 제도보다 한층 심각한 전제정치를 낳았다고 인식했다. 이것은 양무파·개량파·혁명파가 제기한 '제조(製造)'·'입헌'·'국회'의 주장을 겨냥한 것이었지만, 더 중요한 것은 당시 루쉰의 이론적 출발점이다. 그는 슈티르너·니체·아르치바셰프 등 각기 다른 상황에서 제기된 상이한 '개인' 개념들을 선택했으며, 이것을 기점으로 프랑스대혁명 이후 서구의 민주화 및 공업화 과정을 맹렬히 비판했다. 기본적으로 루쉰은 18세기 이후의 이성주의에 대한 독일 비판가들의 관점과 사유 방식에 경도되어 있었다. 이성주의와는 거리가 멀었던 것이다.

우리는 습관적으로 루쉰을 '계몽주의자'라고 부른다. 그 원인은 당연히 그가 평생 고수한 "인간을 세우고"(立人), '국민성'을 개조하는 사상과 과학문명에 대한 신념 때문이다. 그런데 루쉰 사상은 독특한 '개인' 개념으로 탈계몽주의적, 혹은 비계몽주의적 특징도 띠고 있다. 18세기 이후 이 '계몽주의'라는 개념의 내적 규정성은 당연히 그 시대 계몽주의 학자들의 사상 활동과 연관되었다. 그 핵심은 '이성' 개념이다. 그런데 '이성' 개념은 주로 세계를 '주체-객체'로 구분하는 인식론적 경향으로 표현된다. 그런데 루쉰의 '개인' 개념은 주로 슈티르너·니체·키에르케고르의 사상 체계에서 유래했고, 그들은 각기 상이한 이론을 폈으면서도 하나같이 계몽주의 시대 이후의 물질적 발전·정치제도·이성의 원칙을 신랄하게 비판했다. 그리고 저마다 '인간 개체'에 관심을 갖고 자아와 자아의 관계 속에서 수립되는 비이성주의 체계를 형성했다. 루쉰의 '개인' 개념과, '반성'·'내적 성찰' 혹은 '자기비판'이 특징인 "인간을 세우는" 사상 사이에는 내적 연관성이 있다. 이처럼 비이성주의의 사상적 재료를 이성적 목표에 적용하는 방식도 루쉰 사상의 배리적 특징을 드러낸다.

루쉰 사상에서 보이는 배리의 구조는 그가 추구한 가치와 감정 영역 사이에서도 구현되었다. 그것은 바로 레벤슨(Joseph R. Levenson)이 지적한 이성과 감성, 가치와 역사의 충돌이다. 루쉰의 도덕관 및 결혼관과 그가 자각적으로 짊어진 '효자'의 역할 및 결혼에 대처한 방식 사이의 모순을 예로 들 수 있을 것이다. 하지만 이런 분석 모델은 문제의 복잡성을 크게 약화시킨다. 왜냐 하면 루쉰의 내적 모순은 이 두 영역 사이만이 아니라, 각 영역 내부에도 있었기 때문이다. 전통에 대한 반역과 전통에 대한 미련은 이성과 감성 영역에 나뉘어 있었을 뿐만 아니라, 이 두 영역 내부에도 동시에 공존했던 것으로 보인다. 이런 오류의 근본적인 원인은 애초에 위의 구분 자체가 가정에 불과한 반면에 인간은 그 자체로 하나의 복잡한 총체이기 때문이다.

나는 루쉰의 정신 구조를 분석하면서, 루쉰 사상의 어떤 내적 발전 과정의 존재를 해명하지 않았다. 나는 루쉰이 어떤 새로운 사상을 받아들여 자신의 내적 모순이나 배리를 해결했다고 생각하는 관점에 반대한다. 더욱 중요한 것은 만년의 루쉰 사상에도 똑같이 복잡한 함의가 존재하고 있었다는 사실이다. 그는 분명히 마르크스주의의 많은 중요한 관점들을 받아들이고 좌익 문예운동에 참여했다. 하지만 이를 지적하는 것만으로는 충분하지 않다. 여러 가지 원인으로 인해 나는 아직도 만년의 루쉰 사상에 대한 고찰을 끝마치지 못했다. 그러나 우리는 루쉰이 만년에 쓴 몇몇 글들 사이의 미묘한 차이에 주목할 수 있고, 이 차이에서 당시 루쉰의 고민을 느낄 수 있다. 예컨대 일련의 추도문에서 그는 당국을 성토하면서, '프롤레타리아 계급문학'에 대한 자부심을 거듭 보였다. 그런데 「좌익작가연맹에 대한 의견」(對于左翼作家聯盟的意見) 등의 글에서는 "프롤레타리아 계급의 사회적 지위가 낮은 상황에서 문단에서는 오히려 프롤레타리아 문학이 높은 지위를 차지하고 있다는 것은, 프롤레타리아 문학이 프롤레타리아 계급으로부터 괴리되어 구사회로 되돌아갔음을 증명할 뿐이다."라고 말했다. 그는 진정한 '프롤레타리아 문학'이 존재하는지 회의한 것이다. 이런 아주 은밀한 현상들은 중요한 내용을 함축하고 있으며, 루쉰 만년의 사상과 심경을 엿볼 수 있는 계기가 되기도 한다.

루쉰의 배리적 정신 구조와 루쉰 문학 세계의 정신적 특징, 이와 관련된 서사 형식에 관한 연구는 내 박사논문이기도 한 『절망에 대한 반항』의 기본 내용이다. 루쉰에 대한 내 생각이 변화 과정을 겪은 탓에 나는 이 책을 아주 오랫동안 썼으며, 그래서 각 부분들이 고르지 않은 인상을 준다. 졸업을 코앞에 두고 있던 나는 새로 원고를 쓸 시간이 없었다. 약간의 진부한 술어와 일반적인 판단이 책 여기저기에 흩어져 있으며, 제4장 같은 몇몇 장절(章節)은 생경하고 무리하게 쓰였다. 루쉰과 중국 전통문화의 관계를 깊이 다루려 한 제4편은 아직까지도 완성하지 못했다. 지식이 모자라서이기도 했지만, 기본적인 이유는 내가 루쉰의 반전통주의적 입장에서 문제를 사고해 온 까닭에 전통의 복잡성 및 그것과 루쉰의 복잡한 관계를 세밀하게 분석할 수 없었기 때문이다. 게다가 루쉰의 독특성에만 주의했을 뿐, 그 독특성이 근대 중국사 전체 속에서 어떤 의미가 있는지, 그리고 그것이 어떻게 계승되었으며, 다른 사상가들과의 관계는 어떠했는지에 대해서도 논증하지 못했다. 이는 기술적인 어려움과 인식의 한계 때문이었다. 그러나 이 책에는 많은 문제들에 대한 나의 사유와 생명의 체험이 응축되어 있다. 나는 그 속에 지금도 아주 중요한 몇 가지 과정과 견해가 깃들어 있다고 생각한다. 이 관점과 견해 들은 나와 뜻을 함께하는 젊은 연구자들에게 자극을 주었고, 또한 더 젊은 세대가 루쉰을 사유하는 한 기점이 될 것이다. 적어도 그것들은 학술적인 의미에서의 비판 대상이 되었다.

　루쉰은 아주 특별한 인물이다. 그의 매력은 그가 항상 사람들의 격정을 불러일으킨다는 데 있다. 사람들은 그를 증오할 수도 사랑할 수도 있지만, 결코 평온하게 그를 대하지는 못한다. 적어도 진지하게 그의 저서를 읽은 사람이라면 모두 그럴 것이다. 루쉰을 연구하며 내가 겪은 '정신이상'을 회상해 보면, 나는 그때 내 생명이 얼마나 강렬하게 약동했는지 깨닫는다. 간혹 루쉰의 산문시 「죽은 불」(死火)의 이미지가 떠오르곤 한다. 그 너울대는 불꽃과 먼지, 그리고 연기가 무정한 얼음 덩어리로 응결되어 있다. 나는 누군가 그것을 자신의 체온으로 되살릴 수 있을지 감히 기대하지 못한다. 하지만 그것은 언젠가 나를 불살라 소멸시킬 것이며, 또한 나를 사랑하는 사람이 그 뻣뻣하게 죽은 자가 과연 살아 있는 생명인지, 과거의 생명인지도 기억하지 못하게 할 것이다. 나는 스스로를 꽤나 아끼는 내 자신이 놀랍고 의아하다. 미래의 어느 날 뒤도 돌아보지 않고 용감하게 저 불의 호수로 걸어 들어갈 수 있을지 잘 모르겠다.

예언과 위기

　1990년 5월, 나는 상부의 지시로 산시성(陝西省) 산양현(山陽縣)에서 반년간 생활했다. 산 속에서 생활하면서 지난 10년간 엄두도 내지 못한 평온함과 한가함을 누렸다. 그 생활은 내가 막 지나쳐 온 2년간의 소란스러움과 묘한 대조를 이뤘다. 농촌에서 별세상 같은 베이징을 다시 가늠해 보는 것은 아주 의미 있는 일이었다. 내게 익숙한 세계가 멀리 있는 무대로 바라다 보이고, 극중 인물들은 신변의 일에만 골몰한 나머지 자신들이 처한 세계를 잊고 있었다. 하지만 세계는 묵묵히 존재하고 있었다. 마치 그 무대와 그것의 의미를 비웃으며 해석이라도 하고 있는 것처럼.

   1988년, 지식계의 열띤 화두는 '문화 규범의 상실', '신권위주의', '후기 산업사회', '현대성의 위기' 등이었다. 사회학·정치학에서는 막스 베버나 사뮤엘 헌팅턴의 이름이 자주 거론되었고, 인문과학에서는 데리다·푸코·칸트가 전성기를 누렸다. 갖가지 유행하는 화두를 통해 우리는 정반대의 추세도 느낄 수 있었다. 한편으로는 현실의 발전이 회의주의 이데올로기를 '해체주의'의 길로 몰아갔고, 다른 한편으로 전통적 질서의 해체와 현실의 혼란이 민감한 지식인들에게 '규범'과 '질서'의 의미를 다시 사유하게 만들었다. 어쨌든 분주한 생활이 예견의 선 밖으로 넘쳐흘렀고, 가장 일상적인 경험에서 위기감이 흘러나왔다.

   「루쉰 연구의 역사적 비판」이라는 글을 쓴 뒤, 나는 내가 전환점에 다다랐음을 깨달았다. 지난 모든 것들에 대해 가했던 이데올로기 비판은 논리적인 방식으로, 진정 새로운 형태로 발전해 나타나지 않았다. 마루야마 노보루(丸山昇) 선생은 이 점을 날카롭게 인식했고, 이렇게 평했다. "왕후이의 글을 전체적으로 볼 때, 그가 요구하는 루쉰 연구는 그 자신의 의식에 위배된다." 내 사유 노선이 그 자신의 출발점과 완전히 일치하지는 않는데도, 마루야마 선생은 그 목적과 방법 사이의 내적 모순을 알아챈 것이다. 내 목적은 역사에 대한 이론적 비판으로 현대 학술의 새로운 품격을 이룩하는 것이었지만, 내 비판의 방법은 그러한 새로운 품격을 나타내기에 역부족이었다. 이 내적인 곤경을 극복하기 위해서는 반드시 '방법' 자체를 성찰해야만 했다. 하지만 그 '방법'은 한 세기 가깝게 계속되어 온 반전통주의 안에서 형성된 것이었다.

1988년 겨울과 이듬 해 봄까지 나는 내내 집안에 틀어박혀 「예언과 위기: 중국 현대사 속의 5·4 계몽운동」(預言與危機: 中國現代歷史中的五四啓蒙運動)을 쓰느라 설 때도 고향에 내려가지 못했다. 이 장편 논문은 내 사상의 중요한 전환점이었다. 이 논문은 5·4 계몽운동의 목적과 '방법' 사이의 관계에 주목했다. 지금까지 우리가 줄곧 '5·4'의 입장에서 중국 사회 및 그 전통에 대한 비판적 견해를 표출해 온 것을 감안한다면, '5·4'의 '방법'에 대한 성찰은 어느 정도 자기 회의의 의미가 있다고 볼 수 있다. 실제로 많은 지식인들이 1978년 이래의 사상해방운동을 '5·4'의 사상적 전통으로 복귀하는 것으로 이해했으며, 시대착오적 견해를 배척하는 과정에서 부정성의 이성적 비판을 무조건 신뢰했다. 그러나 '시대착오적 견해'가 더 이상 강력한 억압 세력으로 응집될 수 없게 되자, 자유를 추구하던 사람들은 낡은 노선을 배제하는 것이 곧 새로운 노선을 확립하는 기초가 되지는 않는다는 것을 깨닫게 되었다. 그리고 통일된 목표의 부재로 인해 진정한 사상의 분화가 이루어졌다. '5·4' 70주년이 곧 도래하는 시점에서 나는 마침내 역사의 어떤 '순환의 문제'를 깨달았다. 내가 맨 처음 제기한 문제는 다음과 같다. 우리의 역사적 요청을 '5·4'의 구호를 되풀이하는 방식으로 표현할 때, 우리는 왜 이런 현상의 배후에 숨겨진 내용을 깊이 사유하지 않는가? 예컨대 우리는 왜 '5·4'의 명제를 어떤 내적 논리에 따라 부단히 기술화되는 정연한 과정으로 수행하지 못했는가? '5·4'의 사상계몽운동의 좌절은 특정한 역사적 상황과 관련이 있었다. 예를 들어 어떤 학자는 "구망〔救亡, 국내외적 위기의 극복—옮긴이〕이 계몽을 압도했다."라고 설명했지만, 어떤 사상이 발전을 멈추고 중단되었다면 가장 중요한 원인은 바로 그 사상 내부에 있게 마련이다. 그래서 나는 '5·4' 사상의 내적 곤경과 위기에 대해 사유했고, 사상사적 해석을 시도했다. '역사적 정체성'이라는 범주로 '5·4' 사상을 형성한 기초를 관찰하면서, '5·4' 사상의 숱한 요소들이 어떤 '태도'에 기초를 두고 있었을 뿐, 이성적 방법과 목표에 의해 통일된 사상운동이 아니었다는 것을 발견했다. '5·4'의 명제들(예컨대 민주주의, 자유, 과학 같은)의 의미는 주로 그것이 부정하는 대상들과의 관계 속에서 표현되었다. 하지만 서양 계몽주의 전통의 '분석적 환원과 이성의 회복' 같은 이성적 방법은 찾아볼 수 없었다. 그 부정의 대상들은 그런 이성적인 방법을 통해 명제가 자라기 위한 내적 논리의 관성을 제공했다. 이와 비교해 '5·4' 자체의 특정한 이성적 목표와 그 목표에 다다르기 위해 사용된 수단 및 가치 지향 사이에는 심각한 분열이 존재했다. 수단은 응용되는 과정에서 그 자체의 목표와 관성을 창출했는데, 이 목표와 관성은 '5·4' 사상의 본래 의도와 상충되는 것이었다. 내가 루쉰을 연구하면서 발견한 사실을 예로 들어 보자. 루쉰은 이성주의의 파산으로 인한 비이성주의를 이성주의의 목표에 적용하려 했다. 그는 양자의 논리적 전제와 귀결 사이에 심각한 차이가 있다는 것을 몰랐던 것이다. 마찬가지로 이성주의의 발전 맥락에서 천두슈·리다자오(李大釗) 역시 마르크스주의를 현대 자본주의 개척을 위한 사상운동에 적용했다. 사실, 비이성주의와 마르크스주의는 모두 독특한 이론적 논리와 목표가 있으며, 이론과 실천 양면에서 계몽의 목표에 대한 심도 있는 비판을 이룩했다. 사상계몽운동이 표출한 '서구화 경향'과 배후에 숨겨진 민족주의적 원동력 및 전제 사이의 모순 역시 역사의 난제들 중 하나이다. 이 모든 것들은 '5·4' 사상의 위기가 그 사상운동 내부의 각 구성 요소들 사이의 관계에 내재해 있었다는 것을 보여 준다. 결국 외부 상황만을 고려한 일반적 해석만으로는 충분하지 않은 것이다.

「예언과 위기」는 1989년 설날이 며칠 지난 어느 날 밤 완성되었다. 친구들은 설을 쇠러 모두 귀향했고, 나는 뭐라 말할 수 없이 괴로운 심정이었다. 리두 호텔(麗都飯店) 부근의 한 커피숍에서 나는 새벽 3시까지 앉아 다음에 해야 할 일을 계획했다. 나는 이른바 '역사적 정체성' 개념에 따라 20세기 중국 사상을 변법자강 시기, 5·4 시기, 1930년대 초반 '중국 사회사 논전'(中國社會史論戰) 이후의 세 시기로 나누었다. 이 시기 구분법의 근거는 '역사적 정체성'의 형성과 해체이다. 나는 먼저 '5·4'에 관한 책을 쓰기로 마음먹고, '중국 사회사 논전' 관련 자료를 모으기 시작했다. 많은 어려움이 있었지만 마음속에는 이성적인 격정이 넘쳐흘렀다. 애석한 것은 얼마 후 내가 '5·4' 70주년 기념 대회에서 논문을 발표할 때, 거리 곳곳에 격동의 인파가 가득했던 일이다.〔제2차 천안문 사건을 암시함.—옮긴이〕그 의미는 다소 바뀌었지만 5·4 시기의 함성이 다시 울려 퍼졌다. 나는 계획한 일을 미루고 이러한 사태를 관찰하고 사색해야 했다.

1989년 하반기에 나는 각별한 마음으로 「중국의 '5·4'관」(中國的 '五四觀')이라는 글의 초고를 완성했고, 나중에 산양 현으로 가져가 고쳐 썼다. 그것은 이미 계획한 '5·4' 관련 저작의 마지막 장이었다. 그런데 문득 '5·4'에 대한 여러 관점과 그것들 사이의 관계를 분석해야 내 자신의 틀을 마련할 수 있겠다는 생각이 들었다. 물론 내 글쓰기의 동기는 여전히 역사 분석을 통해 1980년대 말, 우리가 직면한 복잡하고 엄중한 문제를 정리하는 데 있었다. 이 글에서 나는 역사적 단서에 의거해 중국의 '5·4관'을 세 가지로 구분했다. '문화 비판적, 혹은 계몽주의적 5·4관'과 '민족주의적, 혹은 문화 보수주의적 5·4관', 그리고 '신민주주의적, 혹은 공산주의적 '5·4관'이다. 나는 역사로서의 '5·4'가 인식 방법들에 따라 어떻게 각기 다른 형상으로 묘사되었는지, 또한 그런 인식 방법들의 전제가 무엇이며, 그 전제가 특정 집단의 이익 및 생존 방식과 어떤 관계가 있는지 밝히려 했다. 어떠한 '5·4관'도 그 고유한 이유가 있으며 마찬가지로 편견과 한계가 있다. 내 목적 중 하나는 바로 그 각각의 합리성과 결함을 드러내는 것이었다. 하지만 아직도 나는 그것에서 완전한 역사 분석의 방법을 끌어내어 '편견'의 방해를 피해 가지는 못한다. 아마도 그것은 영원히 헛된 바람에 그칠지도 모르겠다. 나는 이 글을 쓰고 난 후 처음에 정한 글쓰기의 틀을 부정했고, '5·4'에 관한 이 책은 끝내 완성되지 못했다.

그러나 나는 사유의 과정에서 점차 한 가지 지향점을 마련했다. 먼저 20세기 중국 사상의 기본 개념들이나 담론들, 그리고 응용 과정에서의 변화들을 정리하는 것이다. 예를 든다면 '과학, 도덕과 종교', '개인, 민족과 국가', '자유와 민주주의' 등이다. 하나의 개념과 그것과 관련 담론 사이의 관계를 분석한다면, 아마도 한 시대의 각 중심 개념들의 관계망과 그 변천을 재현할 수 있을 것이다. 또한 '중국 사상의 현대적 연속'의 내적 과정을 관찰할 수도 있을 것이다. 따라서 개념의 정리는 사상사 연구의 기초 작업이면서, 사상사 연구의 효과적이면서도 독특한 방법이다. 이 책 제1장에 수록된 「중국에서의 싸이 선생의 운명: 중국 근·현대사상의 '과학' 개념과 그 사용」(賽先生在中國的命運: 中國近現代思想中的 '科學' 槪念及其 使用)이 바로 그 초보적인 실험이다. '과학' 개념에 대해서는 이미 궈잉이, 푸러스(傅樂詩) 같은 해외 연구자들이 중요한 연구서를 펴냈다. 나는 그들이 제기한 문제들에 대해 한층 진전된 해석을 하려고 했다. 나는 단어의 변천에서부터 착수해 전통 사상에서 '격치'(格致) 개념의 의미 구조와 근대 중국 사상의 '과학' 개념을 비교, 관찰했다. 특히 중국 사상가들이 이 두 개념을 사용한 방식에 주목했다. 그 결과 나는 근대 중국의 '과학' 개념이 '격치' 개념을 지양하는 과정에서 확립되긴 했지만, 이 둘은 모두 자연·정치·도덕이라는 삼중의 의미 구조를 포함했음을 알아냈다. 주로 이런 의미에서 나는 중국 근·현대사상에서 사용된 '과학' 개념을 '과학 지상주의'라는 서구 개념으로 설명하던 방식을 수정했고, 이 문제를 '중국 사상의 현대적 연속'이라는 시각으로 해결했다.

나의 '과학' 개념 연구는 아직도 진행 중이다. 관심 있는 독자는 논문 「량치차오의 과학관과 그것의 도덕·종교와의 관계」(梁啓超的科學觀及其與道德·宗教的關係)와 도쿄 대학 미조구치 유우조오(溝口雄三) 교수와 대담한 「'과학·도덕·정치'에 관한 대화」(關于'科學, 道德和政治'的對話)를 참고할 수 있다. 이 두 편의 논문은 「중국에서의 싸이 선생의 운명」을 보충한 글이다. 이 논문은 여러 방면에서 깊이 있는 논증이 필요하다. 우선 전적으로 '격치' 개념과 '과학' 개념의 관계에 치중했기 때문에, 이 두 개념과 중국 전통 사상 속의 '천도관'(天道觀)의 관계를 강하게 논증하지 못한 채, 단지 그 관계를 언급하고 암시했을 뿐이다. 미조구치 유우조오 교수는 이렇게 분석했다. 내가 분석한 것과 유사한 '자연·도덕·정치'의 일체화가 일본에 없었던 까닭은, 일본에 중국의 '천'(天) 개념이 없었기 때문이라는 것이다. 중국에서 '천' 개념은 '천도'·'천리'(天理)라고도 불렸다. '천도'는 정치적 전통의 근거이자 도덕의 원천인 까닭에, '천'이라는 이 자연 운행의 보편적 원리는 정치·도덕과 관계를 맺었다. 비록 중국에서 이 '천' 관념은 주재자로서의 '천'에서 '천리'를 대표하는 '천'으로 변화했지만, 그것들은 모두 자연·정치·도덕이 합일을 이루는 특색을 지녔다. '격치' 개념의 의미는 이처럼 넓은 관계에서만 더욱 깊이 있는 설명을 얻을 수 있다. 더욱이 과학적 인식 속에서 '주체-객체'의 인식 구조를 수립할 수 있느냐 하는 문제 역시 중국의 '천인합일'(天人合一) 관념과 서양 기독교 전통의 차이에서만 명시될 수 있다. 다음으로 중국의 근대사상가들이 '과학' 개념에 접근한 방식은 아주 복잡한데, 이것은 중국 사상 내부의 다양한 전통과 연관이 있다. '과학' 개념을 '격치' 개념으로 번역한 것은, 주희(朱熹)의 해석과 관계가 있다. 또한 이 두 개념은 주로 실증적 정신을 구현했다는 점에서 비슷하다. 그러나 근대사상가들은 또한 현대 과학에서의 '실험'을 아주 중시했으며, 항상 왕양명의 '지행합일'(知行合一) 개념 및 왕학(王學) 후계자들의 해석으로부터 '과학' 개념에 다가갔다. 이 두 개념 간에 근본적인 차이가 있음에도 그러했다. 이런 사실은 적어도 중국 사상 내부의 다양한 전통 역시 '과학' 개념에 대한 현대인의 이해 방식에 영향을 주었으며, 따라서 이에 대한 세심한 고찰과 분석이 필요하다는 것을 보여 준다. 셋째로 이 논문이 언급한 주요 사상가들의 범위는 다소 제한적이다. 실제로 캉유웨이·탄쓰퉁(譚嗣同)·량치차오·장쥔리 등은 옌푸·천두슈·후스 등과는 '과학관'이 달랐다. 이 점에 대해 나는 또 다른 논문에서 상세한 논의를 전개하였다. 그런데 현재 내 작업에서 보면 그 연구는 큰 결함이 있는데, 그중 하나는 연구 대상이 지나치게 지식 엘리트 계층에만 치중되었다는 점이다. 그래서 대중 사이에 퍼져 있던 더욱 일상적인 용법을 폭넓게 수집하지 못했다. 예를 들어 우리는 당시의 학교 교재·문예 작품·신문·잡지·편지 등의 자료들에서 '과학' 개념에 관한 통속적인 견해를 수집해 비교하고 연구할 수 있다. 이런 작업은 지식 엘리트 계층의 '과학관'을 분석하는 것에 못지않은 의미가 있다.

이제 막 사상사 연구에 발을 디딘 나는 아직 공부가 부족하다는 걸 절감하고 있다. 학자에게 이것은 결코 변명 거리가 되지 못하며, 오히려 받아들여야만 하는 일종의 도전이다. 나는 이로 인해 목표를 저버리지는 않을 것이다. 왜냐 하면 내가 살고 있는 문명과 그 미래의 운명을 통찰하고 이해하는 것은, 진정 평생을 바칠 만한 매혹적인 과제이기 때문이다. 나는 중국 문명의 위대한 부흥이 몇 대에 걸친 이들의 이성적 작업에 달려 있다고 굳게 믿는다. 나처럼 뿌리 없는 세대에게 이 작업은 그 자체로 지난한 '뿌리 찾기'이다.

선비는 뜻이 넓고 굳세지 않으면 안 되니, 맡은 소임은 막중한데 길은 멀기만 하다. "우리는 모두 자신들의 이상에 다다를 수 없다."는 포크너의 말이 생각난다. 그는 "그것을 할 수 없음을 알면서도 하고야 마는" 영광과 실패의 정도에 근거해 작가를 평가했다. 포크너는 자신의 모든 작품을 다시 쓸 수 있고, 또 더 잘 쓸 수 있다고 믿는 것이야말로 예술가의 가장 올바른 자세라고 보았다. 이것은 또한 예술가가 끊임없이 글을 쓰고 실험을 하는 이유이기도 하다. 그는 매번 이번만은 성공할 수 있으리라 믿지만, 탈고한 후에는 다시 거리감을 느낀다. 그래서 그는 다시 쉬지 않고 써 나아가야만 한다.

나는 내 오랜 미성숙한 상태를 다행으로 생각한다. 이것은 자기 위로가 아니다. 그렇지 않다면 자살하는 것 말고 내가 또 무엇을 할 수 있단 말인가. 그런데 어느 날 내가 진정 '성숙'하게 된다면? 나는 내가 중국에서 태어난 것 역시 다행이라고 생각한다. 세상의 그 무엇이 쇠퇴한 문명의 위대한 부흥이라는, 이 몇 세대 인간들의 몽상보다 더 고통스럽고 기쁠 수 있을까? 또한 그 무엇이 이 집단적인 몽상의 낱낱의 부분과 과정에 대한 관찰과 체험보다 더 감동적일 수 있단 말인가?

이 차가운 봄밤에 중병에서 헤어 나오던 루쉰의 잠꼬대가 귓전에서 똑똑히 들린다. "끝없는 세계, 무수한 인간들이 모두 나와 관련이 있다."

나는 더욱 분명하게 느낀다. 나는 살아 있다.

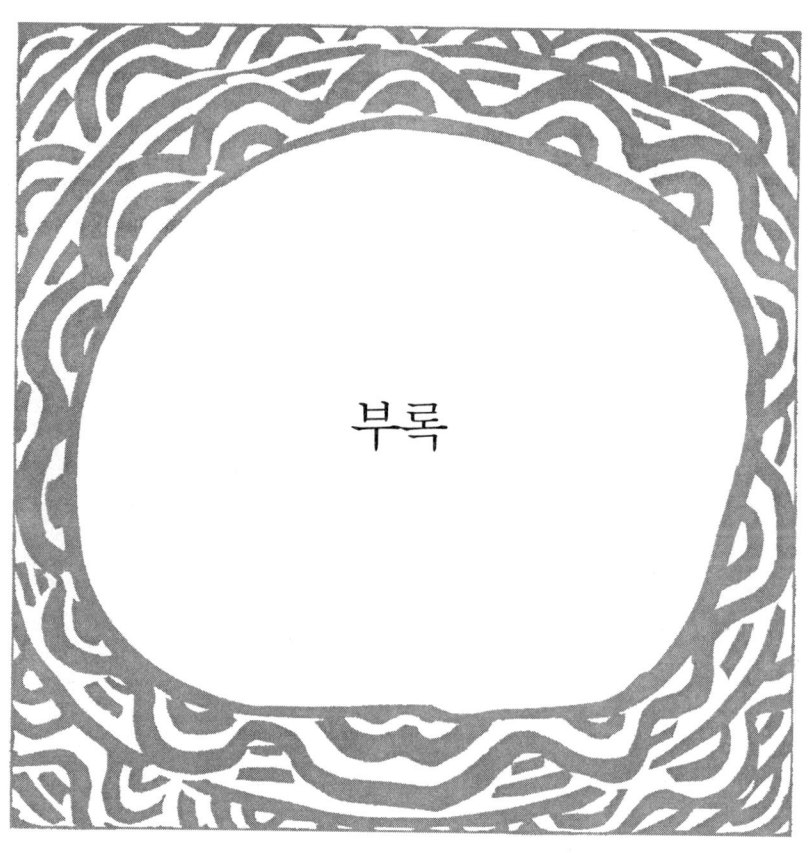

『절망에 대한 반항』 신판 서문

『절망에 대한 반항』은 1986년부터 1987년 사이에 썼고, 1988년 4월, 내 박사논문으로 시험에 통과된 후 곧바로 출판사로 넘어갔다. 원래 계획으로는 1989년에 출판하기로 되어 있었다. 그러나 워낙 바쁜 시기였고, 마침 '절망에 반항할' 시간이 필요했기 때문에 출판이 계속 미뤄졌다. 1990년이 되어서야 타이완 지우다사(久大社)에서 이 책을 출판했고, 다음 해에는 '문화: 중국과 세계'(文化: 中國與世界) 총서 중 한 권으로 상하이 인민출판사(人民出版社)에서 출판되었는데, 인쇄 부수는 많지 않았다. 지난 10년 동안 이 책은 줄곧 사람들에게 기억되었고, 편지를 보내 책을 찾는 친구도 있었다. 그러나 서점에서는 모두 팔려 찾아 볼 수 없었고, 내게도 남아 있는 책이 없었다. 그래서 쑨위(孫郁)·왕지성(王吉勝) 선생과 베이징 교육출판사의 류후이(劉輝) 여사가 다시 출판을 제안했을 때 나는 쾌히 승낙했다.

루쉰 연구는 내 연구의 기점이었으며, 여전히 아주 중요한 주제이다.

1982년에서 1988년까지 석·박사 연구생이던 나는 줄곧 루쉰 연구와 그와 관련된 문제들에 대부분의 정력을 쏟았다. 그런데 내가 루쉰의 저작들에서 받은 인상은 당시 유행하던 여러 관점들과 큰 차이가 있었다. 또한 내가 일찍이 받아들인 전제들과도 상당한 거리가 있었다. 따라서 기존의 어떤 이론적 설명도 찾아낼 수 없었다. 헤아릴 수 없이 많은 밤과 새벽이 찾아들고, 무수히 달이 뜨고 태양이 지는 동안 나는 고통스러운 사색으로 여러 해를 소모했다. 많은 생각들을 문자로 지어진 세계 속에 집어넣었다. 어떤 죽은 영혼이 푸른 풀밭 속에서 죽은 불을 발견하고, 급히 그것을 끌어안아 되살리길 바랐다. 그러나 그 생명은 조금씩 스러져 갔다. 1970년대 말부터 1980년대 말까지 내 마음은 빛과 어둠 사이에 있는 황혼과도 같았다. 갈 곳 없는 나그네처럼 방황한 나의 삶은 루쉰의 세계로 뒤덮여 있었다. 나는 어떤 때는 내 자신이 격정의 시대 뒤편에 서 있다고 생각했다. 격정이 용솟음치고 언제든 터져 나올 것 같았지만, 무정한 대지에 내리 눌려 어둠 속에서만 끊임없이 들끓고 있는 듯했다.

  1988년 이후 내 연구는 현대문학과 루쉰 연구로부터 청나라 말기에서 현대에 이르는 사상사 영역으로 옮겨 갔지만, 루쉰을 연구하면서 맞닥뜨린 문제들은 다시 다른 방식으로 내 연구의 지평으로 돌아왔다. 그것들은 거의 내 사상사 연구의 배경을 이루는 문제가 되었다. 그리고 나는 1995년부터 1996년 사이에 한 출판사의 제의를 받아 자선집(自選集)을 편집하면서, 장타이옌에 대한 새로운 성과와 오래 전에 쓴 루쉰 관련 논문을 함께 실었다. 두 장문의 글이 주제와 내용에서 연관되었기 때문이다. 나는 늘 새삼스럽게 놀라곤 한다. 10년 동안 수많은 책을 읽고 무수한 강연을 들었으며, 여러 곳을 여행했다. 그런데도 중국 현대사상에 대한 사고는 항상 출발점으로 회귀하고 마니 당혹스러우면서도 이상했다. 이런 느낌은 곧 사라지고 말 그림자일까?

1997년 여름 왕샤오밍(王曉明) 형이 홍콩에 왔다.(나는 그때 1년간 방문 연구 중이었다.) 밤을 새우며 이야기를 나누는데, 그가 내 사상적 변화에 대해 물어왔다. 나는 나중에 이런 대답을 적어 보냈다.

당신이 물은 루쉰 사상의 그 측면에 대해 저는 전적으로 동의합니다. 당신은 루쉰에 대한 제 연구가 다른 사람들과는 좀 다르다는 걸 알고 계실 겁니다. 저의 기점이 루쉰의 1907년~1908년 사이의 사상, 특히 그가 슈티르너·니체 및 그들이 문학에 끼친 영향과 맺은 관계에 있기 때문이지요. 그 사상 맥락에 대한 이해는 아직 단순하지만, 루쉰과 그의 스승인 장타이옌이 현대성에 대해 보인 배리적 태도는 줄곧 저의 중요한 문제들 중 하나였습니다. 그것은 개인과 집단(민족·계급 등)을 독특한 방식으로 함께 조직하는 경로인데, 그 내적 모순은 또한 다양한 시각에서 고전 자유주의와 전통 사회주의에 대한 이중의 비판을 구성했습니다. 루쉰이 일생 동안 두 가지 서로 다른 혁명과 맺은, 거의 뒤엉켜 있는 관계는 제가 보기에 부분적으로 루쉰 사상의 특수한 정향과 관련이 있습니다. 저는 기회가 주어진다면, 다시 루쉰에 관한 글을 쓸 것입니다. 최근 몇 년간 저는 현대성이라는 복잡한 문제에 몰두해 왔고, 학술적인 방식에서도 변화가 있었습니다. 그러나 사상 그 자체로만 본다면 여전히 일관됩니다. 저는 루쉰이 현대사상의 변화를 가늠하는 특수한 좌표로 시종일관 기능할 수 있다고 생각합니다. 이것은 그의 사상이 탁월해서만은 아닙니다. 우리가 다양한 방식으로 현대의 문제를 관찰할 때에 그의 복잡한 사상이 실마리를 주기 때문이지요.

이 글에서 거론한 1907년~1908년 전후의 루쉰 사상과 현대성에 대한 그의 배리적 태도 역시 이 책의 중심 내용 중 하나이다. 최근 몇 년 동안 나는 이 문제를 '현대성의 배리'라고 귀납하기 시작했다. 그런데 그 와중에 나는 한층 합리적이며 일관된 해석을 그 배리의 구조에 부여하려 했지만, 줄곧 곤혹스러움을 금치 못했다. 그것은 바로 내게 미친 루쉰 사상의 영향이었다.

이러한 문제들에 대한 최초의 사유는 1983년에 완성한 석사 논문에까지 거슬러 올라간다. 그 논문에서 나는 루쉰의 사상·문학과 슈티르너·니체·아르치바셰프 사이의 관계를 탐구했다. 그리고 중요한 의문들에 대해서도 분석했는데, 그것들은 예를 들어 다음과 같다. 변혁을 추구하고 과학을 제창했으며 휴머니즘을 주장하고 공화제 혁명과 민족주의를 지지한 그가 왜 프랑스 대혁명과 그 자유·평등의 원칙에 대해 깊이 회의했을까. 또한 산업혁명의 결과를 신랄하게 비판하고 집단주의에 대해 부정적이었으며, 국가·사회·보편주의 윤리 및 이타주의 원칙을 한사코 부정한 이 위대한 사상가가 왜 니체의 초인·바이런의 영웅·슈티르너의 유일자(唯一者)에 그토록 열중했을까. 그리고 이 진화론자는 왜 역사가 편향적이거나 윤회하는 과정에 불과하다고 생각하고, "인생을 위하며" "국민성을 개조하는" 것을 주된 취지로 삼은 그의 작품에는 왜 '안드레예프식의 음산함'과 현실 세계와의 결별이 가득한가. 리얼리즘적인 이 소설가는 왜 『들풀』처럼 실존주의에 가까운 작품을 남겼는가……. 1983년에 나는 아직 어렸고, 이 문제들에 명확한 답을 내리기에는 지식의 축적이나 개인적인 경험이 모두 부족했다. 그리고 내 주위에는 이 문제들에 대해 도움을 줄 사람도 없는 듯했다. 계몽의 시기이자 현대화의 격정이 들끓던 그 시기에 내게 루쉰의 사상은 너무도 난해했다. 하지만 그것들은 계속 나를 괴롭혔고, 탕타오 선생 밑에서 박사과정을 밟게 되었을 때 나는 다시 한 번 그 문제들로 되돌아갔다. 언젠가 탕 선생이 진지하게 말을 건넨 적이 있다. 너는 문학 전공자인데, 논문은 꼭 철학이나 사학 전공자가 쓴 것 같다고. 그때서야 나는 논문의 후반부에서 문학 문제로 방향을 돌렸다.

루쉰을 다시 다뤄 보고 싶다는 바람은 아직 사라지지 않았지만 당분간은 가능성이 없을 듯하다. 이 책을 새로 찍어 내는 김에 다시 전체를 읽어 보았다. 하지만 많이 손을 보지는 못했다. 글자와 문장을 고친 것 외에, 문학 부분에 관한 분석이 정교하지 못해서 원서의 제4장을 삭제하고 그중 한 절을 제3장에 끼워 넣었다. 이밖에도 1996년, 『천애』 잡지에 발표한 「죽은 불 다시 살아나」(死火重溫)란 글로 서문을 대신했다. 이 글이 루쉰에 대한 나의 이해를 간략히 개괄하고 있고, 이 책 안에 없는 내용이 담겨 있기 때문이다. 그리고 『문학평론』 1988년 제8기에 발표한 「루쉰 연구의 역사적 비판」을 책 말미에 부록으로 넣어 참고하도록 했다. 이 글들은 내가 이 책을 완성한 뒤 루쉰과 루쉰 연구에 대해 논한 단 두 편의 논문이다.

마지막으로 다시 한 번 스승 탕타오 선생께 감사한다. 그분은 꼼꼼하게 이 책을 읽고, 20페이지가 넘는 수정 의견을 작성해 주셨다. 또한 이 책의 서문도 써 주셨는데, 내 기억으로는 그분 생전에 마지막으로 다른 사람에게 써 준 서문이었다. 이 책이 타이완에서 처음 출판되었을 때, 그분은 이미 오랫동안 병상에 누워 계셨기 때문에 더 이상 책을 읽을 수가 없었다. 우리는 조물주의 장난을 피해 갈 수 없다. 그러나 생명 속의 감정과 사유는 완강하게 저항하고 있다. 아마도 사람의 일생은 언제나 우리를 곤혹스럽게 하는 문제들에 답하는 데 의의가 있는 게 아닐까. 그리고 그것은 우리 자신이 선택한 운명일 것이다.

『상하이: 도시·사회·문화』 서문

이 문집은 중국의 현대적 대도시 상하이의 역사적 운명에 대해 살펴보고 있다. 과거 10여 년 동안 상하이는 국내외 학자들에게 인기 있는 연구 주제가 되었으며, 현대성에 관한 중국의 경험을 이해할 수 있는 중요한 부분들 중 하나로 떠올랐다. 상하이와 그 문화가 다시 주목을 받는 원인으로는 적어도 두 가지를 꼽을 수 있다. 첫 번째, 중국의 개혁·개방정책의 영향으로 상하이의 경제·사회·문화가 급변하고 있는데, 이 도시의 지난 현대사는 그런 부흥의 중요한 기초와 전제를 이루고 있다. 바로 지금 일어나고 있는 변화들이 상하이와 그 문화를 재인식하기 위한 좋은 계기가 되었다. 두 번째, 지난 20년 동안 학술계는 상위의 정치 영역이나 엘리트 문화 영역에서 점차 일상생활 영역으로 시선을 옮겨 왔다. 특히 현대성의 경험이라는 오랫동안 억압되었던 영역에 많은 관심이 집중되고 있다.

대도시 상하이에 대한 다양한 묘사 속에서 현대성의 경험은 더 이상 정치운동의 폭발이나 지식인의 계몽 사업만이 아니다. 그것은 매우 복잡한 과정으로 그려진다. 현대성의 추구는 위대한 사업이 아니라 차라리 강요된 생활 과정으로 보이는데, 그 속에는 기만과 모순, 부패와 활력이 가득하다. 바로 이 과정이 동아시아 최고의 번화한 도시를 창조했을 뿐만 아니라, 새로운 일상생활의 경험과 문화적 아이덴티티, 다양한 생활 태도를 낳았다. 이 책에 수록된 열 두 편의 글은 상하이를 둘러싼 다양한 이야기를 들려주며, 그것들은 서로 어울리며 다채로운 역사적 광경을 구축한다. 예컨대 불평등조약이 발효된 무역항의 형성, 주변 지역 주민들의 도시 이주, 소도회〔小刀會—1853년 태평천국의 궐기에 호응해 샤먼(廈門) · 상하이에서 봉기한 비밀 결사로 반청복명(反淸復明)을 주창했으며, 허리에 소도(小刀)를 차고 있었다. 태평천국군과 합류하기 전에 프랑스 · 영국 등의 원조를 받은 청나라 군대에 의해 진압되었다.—옮긴이〕의 반란, 상인들의 자치운동, 조계(租界)의 식민지 문화, 중국인과 외국인의 공동 거주지와 두 세력의 충돌, 민족주의 운동, 전통 사대부의 몰락, 개항장 문인들의 격조, 기녀와 도회지의 호사스러움, 서구식 생활 방식과 그 상상력, 인쇄 문화의 발달, 『점석재화보』(點石齋畫報) 속의 평민 문화, 『신보 · 자유담』(申報 · 自由談)에 실린 세평, 무성영화가 빚어낸 현대 여성, 도시 상하이의 급성장 등이다. 이것들은 '식민주의' · '민족주의' · '현대화' 등의 거대 서사로 쉽게 재단하기 힘든 과정이며, 우리가 좋든 싫든, 찬성하든 찬성하지 않든 중국 현대 대도시의 경험을 구성한 가장 중요한 부분이었다.

상하이는 길지 않은 역사 속에서 이미 흥망성쇠를 겪어 왔다. 과거, 상하이의 발전은 광저우(廣州)의 쇠퇴와 밀접한 관련이 있었는데, 지금은 홍콩 · 광저우 등 해안 도시들과 함께 새로운 이야기들을 만들어 가고 있다. 이 책은 그 배후에 존재하는 전통적인 문화 판도를 새롭게 그려 내고 있다. 새로운 이야기들은 과거와 마찬가지로 중국 사회의 정치 · 경제 · 문화의 변동을 반영한다. 하지만 세계적인 배경 속에 더 깊숙이 자리하고 있다. 우리는 이 책이 전하는 역사적 사실들에 귀를 기울여 현재 일어나고 있는 변화상을 훨씬 다양하게 체험할 수 있을 것이다.

『1990년대 포스트학 논쟁』 서문

'포스트학'(後學)은 명확하지 않은 개념이다. 그것은 결코 '포스트학'이라는 개념 아래 귀속된 저자들의 용어가 아니다. 아마도 이 사조를 논평하고 개괄한 사람들이 사용해 온, 모호하면서도 포용적인 개념 그 자체라고 봐야 옳을 것이다. 긍정적인 측면에서 보면, '포스트학'이라는 개념이 쓰인 것은 이 사조가 '포스트……'를 표방하는 각종 개념을 대량으로 활용했기 때문이다. 반대로 부정적인 측면에서 말한다면, '포스트학'이라는 개념으로 이 사조를 개괄한 것은, 단지 서구 학술계의 포스트모더니즘·포스트콜로니얼리즘 등의 이론들과 어떤 구별을 하기 위해서이다. '포스트학' 개념의 모호함은 어떤 의미에서는 분명 이 사조 자체의 특징에서 비롯된 결과이다. 하지만 우리가 '포스트학'의 의미를 이해하려 한다면 먼저 그 기본적인 구별 점들을 도출해야만 할 것이다.

우선 이론적 배경을 살펴보면 '포스트학'은 서구 마르크스주의·포스트모더니즘 이론·포스트콜로니얼리즘 이론에서 많은 어휘와 관점을 차용했다. 그러나 논쟁에 참여한 이들이 밝혔듯이 그들은 그 개념들의 사용과 서구 이론 사이의 관계에 대해서는 그다지 주목하지 않았다. 이러한 의미에서 볼 때 '포스트학' 이론은 비록 여러 측면에서 서구의 각종 현대 이론이 이식된 양상을 보이기는 하지만, 논자들의 이론적 관점을 이해하려 한다면 먼저 그들의 이론 및 비평의 실천과 서구의 이론을 구별할 필요가 있다. 그리고 이 구별 작업은 이론의 차원에서뿐만 아니라, 컨텍스트의 차원에서도 이뤄져야 한다.

다음으로 '포스트모더니즘' 개념은 이미 1980년대 베이징 대학에서 강의한 프레드릭 제임슨과 몇 편의 건축학 논문을 통해 유행하기 시작했다. 그러나 하나의 사조로서의 '포스트학'은 기본적으로 '포스트 1989년'의 사건이다. 즉 '포스트 1989년'의 반응이자 산물인 것이다. '포스트학'은 1989년의 사건을 상징으로 하는 계몽운동의 쇠퇴와 시간적 연속성을 갖고 있다. 그리고 1990년대 중국에서 일어난 급격한 사회 변화, 특히 국가가 추진한 시장화 개혁의 발전과 어떤 호응 관계를 갖고 있다. '포스트학'이 가장 왕성하게 발전한 시기는 1992년~1993년인데, 이때는 마침 덩샤오핑(鄧小平)의 '남순강화'〔南巡講話, 1992년 초, 덩샤오핑이 우창(武昌), 션전(深川), 주하이(珠海), 상하이 등 남부 대도시를 시찰하며 밝힌 견해. 개혁과 혁명을 동일시하고 극좌 및 극우 경향을 함께 경계했다.—옮긴이〕 직후로서 중국의 정치 환경에 중요한 변화가 일어난 시기였다. 또한 상업화와 이에 뒤따르는 소비주의가 사회의 주도적 이데올로기가 되었다. 어떤 의미에서 '포스트학'은 '포스트 1989년'의 역사적 상황에서 전개된 이러한 과정에 대한 반응이라고 할 수 있다.

세 번째, '포스트학' 논쟁이 '포스트 1989년'의 산물이며 서구 이론과는 다소 구별되는 사조라 하더라도, 그 발생 과정을 보면 단순한 '중국적 사건'이 아니다. '포스트학'을 지지하거나 반대한 목소리들 중 상당수는 유럽과 미국에서 유학을 하고 있거나 교직을 얻은 학자들의 것이었다. 그 학자들은 1970년대 말부터 시작된 국가의 유학생 정책의 산물이다. 그들이 중국에서 겪은 경험과 외국의 학교생활 사이에는 내적·외적 긴장 관계가 존재했다. 그들은 바로 이 긴장 관계로 인해 중국과 서양의 컨텍스트의 차이야말로 문제를 가늠하는 기본 척도라고 생각하게 되었다. 이 점은 '포스트학'의 지지자들과 비판자들의 관계에도 똑같이 적용되는 듯하다. '포스트학'의 지지자들은 그 차이에 근거해 서양 학술의 정치적 성격을 비판하고, 비판자들 역시 그 차이를 바탕으로 해 '포스트학'의 보수성을 비판한다.

네 번째, '포스트학' 사조와 '포스트학'에 관한 논쟁은 모두 하나의 통일된 운동 혹은 학파로 간주될 수 없다. 그들 내부에는 때로는 확연하고 때로는 모호한 차이가 존재한다. 다시 말해 '포스트학'의 입장을 지지하거나 반대하는 입장에는 확실히 중요한 구별 점들이 있기는 하지만, 지지자나 반대자 집단 내부에도 과연 어떤 이론적 배경이나 현실적 입장, 그리고 어떤 사회적 맥락에서 지지하고 반대하는가 하는 문제가 존재한다.

'포스트학' 사조가 일으킨 논쟁과 비판은 모두 1990년대의 급격한 사회 변화로 인한 절박한 정서의 산물이다. 아마도 우리는 이제 그 진실과 허구에 대한 '성급한 해석'에서 벗어나 1990년대 중국 사상계의 정황을 새롭게 이해할 수 있을 것이다.

학술과 사회에 대한 재검토

1990년대 중국 학술계의 주요 동향 중 하나는 학술사적 문제에 관한 토론을 계기로 학술 규범 수립에 대한 문제를 제기하는 것이다. '규범' 문제의 등장은 여러 해 동안 학술계에 분명히 존재해 온 '비규범적' 현상들을 암시하기는 하지만, 학술이 그 자체의 자율성을 지니고 있음을 의미하는 듯하다. 나는 여기에서 '규범' 문제의 이론적 모호성을 논할 준비는 되어 있지 않다. 단지 지적하려는 것은 이 문제의 또 다른 측면이다. 사실 학술사적 시각으로 '규범'에 대해 사고한다는 것은 곧 '규범'의 문화적 연원을 추적하는 것임을 암암리에 함축한다. 그러나 관련 논의들은 왜 학술과 문화의 관계에 대해서는 거의 관심을 갖지 않고, 오로지 '규범'의 문제에만 훨씬 많은 열정을 기울이고 있는가? 그러한 방식은 사람들에게 '규범'이 논의의 중심이 아니며, 오히려 어떻게 규범에 적응하느냐는 것이 문제의 관건이라고 생각하게 만든다. 학술 규범의 중국화와 관련된 논의는 분명히 이 논의에서 비교적 심층적인 부분이다. 하지만 내가 받은 인상으로는

'규범'이란 기존에 이뤄진 것이며, 단지 중국적 상황에 근거해 신축성 있게 발휘되어야 할 것에 불과하다. 이런 의미에서 학술 규범에 관한 논의는 아직도 '학술 규범'에 대한 계보학적 성찰을 하지 못하고 있다.

덩정라이(鄧正來)의 「중국 사회과학의 자율성에 관한 사고」(關于中國社會科學自主性的思考)는 이론의 서술이 꽤나 복잡하게 전개된 논문이다. 내가 이해한 것이 틀리지 않다면 사회과학의 자율성에 관한 사고는 학술 규범에 대한 이전의 논의와 직접 관련되어 있다. 그러나 자율성 문제는 점차 규범 문제의 형식적인 특징에서 벗어나 내적 차원으로 방향이 전환되고 있다. 규범은 일종의 공공 규칙으로서 연구자 개인에게 요구되며 최종적으로는 연구자의 자각적인 행동 방식으로 바뀐다. 그런데 자율성이란 곧 개별 학문의 '자유'와 주체성을 의미하고, 규범은 아마도 '장'의 관계 속에 있는 이 '주체의 자유'의 산물일 것이다. 이 논문의 기본적인 판단은 특정한 전제 위에 수립되어 있다. 중국의 사회과학은 지금 자율성 결핍의 상황에 처해 있으며, 사회과학의 발전은 바로 자율성의 수립에 달려 있다는 것이다. 그의 글에서 사회과학의 자율성은 주로 "세속적인 각종 권력에서 그리고 경제적·정치적 권위의 간섭에서 독립해" 사회과학 연구의 '내적 방향성'을 얻는 것으로 표현된다. 그러면 이 '내적 방향성'이란 무엇인가? 부르디외의 이론과 실천에 근거해 덩정라이는 주로 두 가지 차원으로 설명했다. 첫째, 권력의 장의 관계 속에서 엄격한 과학적 태도와 과학적 수단으로 자체의 자율성을 확립하는 것이다. 이는 주로 '대상 구축 과정'의 엄격함을 가리킨다. 둘째, 지식 사회 내부의 지역주의와 파벌주의를 제거하고, 상징 권력에 도전하는 '집단적 지식인'을 형성하는 것이다.

이러한 이론적 사고는 결국은 중국 사회과학의 자율성 결핍에 관한 분석으로 이어진다. 덩정라이의 주장에 의하면, 이 자율성의 결핍은 연구 대상에 대한 의존으로 나타난다. 달리 말하면 그것은 바로 중국 사회과학의 이론 구성 능력의 결핍이다. 덩정라이의 견해에서 사회과학의 자율성이란 "서로 연관되고 일치되는 일련의 변수 설명 체계를 사회과학이 제시해야만 하고, 각각의 가설들 역시 아주 분명한 모델 속에 전부 귀납되어야만 하며……새로운 모델 또한 똑같은 조건(논리적 연관성 및 계통성과 오류에 대한 경험적 증명 가능성)에 부합되어야만 한다."는 조건을 요구하기 때문이다. 설명 과정에서 덩정라이는 학술 관련 평가제도와 학술 연구 기구의 구성 규칙이 갖고 있는 권력 의존성 등도 지적한다. 그리고 그는 중국 사회과학의 자율성 확보를 위해 두 가지 제안을 하고 있다. 첫째, 상식적 지식과의 경계 구분 둘째, 사회과학의 조작 과정과 사유 도구에 대한 성찰. 이 두 가지는 서구 사회과학, 특히 부르디외의 성찰적 사회학에서 파생된 결론이다. 덩정라이의 글은 사회과학을 독립적이면서도 자율적인 지식의 총체로 파악하고 있지만, 역사적·논리적으로 '사회과학'이라는 명칭 아래 귀결되지 않는 각종 구체적 지식의 특징 및 그 형성 과정에 대해서는 논의하지 않는다. 그래서 그의 글은 불가피하게 묘사가 없는 사변적인 특징을 띠고 있다.

일반적으로 말하면 나는 중국 사회과학의 현황에 대한 덩정라이의 판단에 대체로 동의한다. 그리고 사회과학의 자율성 문제에 대한 그의 성찰에도 찬성한다. 그러나 덩정라이의 추론 과정에 대해서는 중요한 의문이 든다.

첫 번째 의문은 부르디외의 '장' 개념과 관련된다. 부르디외의 사회학 저작들의 출발점은 '성찰성'(reflexivity)이다. 마이클 혹스(Michel Hockx)의 설명에 의하면, 그의 이론 사유에서 가장 기본이 되는 특징은 구조주의에 대한 거부이다. '구조의 기술(記述)'은 통상 인간의 삶의 경험을 무시한 연구자 자신의 실천의 일부이기 때문에 많은 편견이 있다. '성찰적 사회학'은 연구 과정에서 연구자의 배경을 객관화해 이러한 묵인된 규칙들(상식들)을 파헤쳐 내고, 나아가 어떤 사회현상의 이해에 도달할 것을 요구한다. 그러므로 그의 목적은 증명·해석·해체가 아니라 이해이다. '장'(field)·'아비투스'·'자본'이라는 세 가지 상관 개념에 대한 부르디외의 해석은 '성찰'이라는 그의 전제 위에 세워져 있다. '장'은 "입장들 사이의 객관적 관계의 공간"으로 정의할 수 있다. 즉 각종 위치 관계들이 구성하는 공간이라는 의미인데, 이러한 위치들 사이의 관계는 관찰 가능한 사실이다. 사람들이 하나의 장에 참여해 어떤 위치를 점하느냐는 한편으로 장이 제공하는 위치 및 장의 규칙과 관련이 있으며, 다른 한편으로는 해당되는 사람의 '아비투스'—장에 참여할 때의 '투자자본'—와 관련이 있다. 더욱 중요한 것은 자본축적을 목표로 하는 투쟁이 장 안에서 부단히 진행된다는 사실이다. 그 투쟁의 결과는 바로 '권력'의 형성이다. 권력이 있는 사람은 장의 규칙과 담론을 변경하고 영향을 끼칠 수 있을 뿐만 아니라, 어떤 종류의 자본을 다른 종류의 자본으로 바꿀 수도 있다. 그러므로 어떠한 장도 완전히 자율적·독립적이지 못하며, 단지 반(半)독립적일 수 있을 뿐이다. 덩정라이가 설명했듯이 당연히 장의 내부 규칙이 많으면 많을수록 장의 독립성과 자율성은 강해지게 마련이다. 그러나 부르디외의 성찰적 사회학의 중요한 특징은 종전의 사회과학 사상에서 보이던 '이것 아니면 저것' 식의 일련의 대립, 특히 '자유론'과 '결정론'의 대립을 피하는 데 있다.[1] 내가 보기에 덩정라이는 사회과학의 위치와 그 실천 규칙의 자율성을 강조하기는 했지만, (이것은 필요한 작업이다) 사회과학과 그 자율성이 '사회 공간'의 권력관계 속에서 갖는 위치의 연관성에 대해서는 많이 주의를 기울이지 못했다. 그래서 사회 공간에 존재하는 다양한 장들의 상호 삼투 관계를 소홀히 할 가능성이 생겼다. 내 생각으로는 자율성을 강조하는 동시에 사회과학과 기타 장들이 맺는 관계의 불가피성을 강조해야만 비로소 '이론'과 그 설명 과정이 '성찰적'일 수 있다. 이 점에 대하여 덩정라이의 성찰은 다소 부족했다. 그것은 분명 '자율성' 문제에 너무 치중했기 때문이다.

한발 더 나아가 관찰하면, '자율성'에 대한 강조는 사회과학의 '과학성'에 대한 강조와 일치한다. 덩정라이는 특히 '대상'(사회현상)에 대한 사회과학 연구의 의존에 대해 날카롭게 비판한다. 왜냐 하면 그것은 "사회·경제, 혹은 정치 이데올로기 등의 학술 이외의 힘이 대상들과 그에 대한 연구에 침투해 점차 사회과학의 장을 지배"하는 상황을 낳을 것이기 때문이다. 여기에서 나는 두 가지 관련 문제를 제기하고자 한다. 첫 번째, '과학적'인 사회 지식과 연구는 실증주의 과학 관념이 유행하던 담론 환경에서 형성되었다. 그런데 덩정라이의 글 속에서 사회과학의 '과학성'은 더는 '실증성'이 아니다. 그것은 "논리적인 연관성과 계통성, 오류에 대한 경험적인 증명 가능성"을 특징으로 하는 이론 구성 활동이다. 그런데 덩정라이의 '사회과학관'은 분명히 반실증주의적 경향을 띠고 있기는 하지만, 한편으로 실증주의의 과학 관념과도 내적 연관성을 갖고 있는 듯하다. 왜냐 하면 전체적인 경향을 살펴볼 때, 그가 강조하는 사회과학의 '과학성'이란 일종의 객관적·중성적 힘이기 때문이다. 그러나 애로노위츠가 지적한 것처럼 과학은 자기 자신을 구축함으로써 지배적 힘이 되었을 뿐만 아니라, 이미 인류 지식의 유일한 합법적 형식이 되었다. 방법론적 진리에 대한 추구를 통해 과학은 그 자신이 사회적·역사적 조건의 영향력에서 완전히 독립적이라고 공언한다. 그리하여 과학은 비판을 초월하는 권위이며, 그것의 규범과 가치는 중성적이면서도 자명하고, 또한 절대적이라고 (즉 완전히 자율적이라고) 간주된다. 그러나 애로노위츠는 과학 규범의 자명성을 결코 믿지 않는다. 그리고 과학은 사회 구성을 위한 일종의 담론이라고 이해될 수 있으며, 그 담론은 자신을 진리로 표출해 자신의 권력을 합법화한다고 생각한다.[2] 여기에서 이러한 관점의 의미를 고려해 말한다면, 사회과학이 각종 사회 세력들의 제약을 받고 있다는 덩정라이의 우려는 타당한 이유가 있다. 그러나 그에게는 사회과학 자체의 '사회성'을 회피할 만한 이유는 없다. 이른바 '성찰성'이란 이런 의미에서 비로소 명확하게 드러나는 것이다.

두 번째 의문은 자율성 문제와 관련된다. 내가 위의 단평에서 지적했듯이, 덩정라이 글의 특징 중 하나는 '사회과학'을 스스로에 대해 증명하지 않아도 되는 지식 범주로 간주한다는 점이다. 또한 사회과학의 자율성에 대한 그의 논의는 '장'의 동태적 구조 관계 속에서 전개된다. 그는 이처럼 특정한 지식 영역으로서의 사회과학이 다른 영역들과 분화된 역사적 과정을 보지 않았다. 그런데 이러한 판단은 현재로서는 다소 정확치 않은데, 덩정라이는 정식으로 발표된 탈고 논문에서 경제·예술·종교 등 여러 장의 현대적 분화에 대해 약간의 보충 설명을 했기 때문이다. 따라서 문제를 더욱 명확히 하기 위해 나는 원래의 사고 노선을 따라 한 걸음 더 나아가 논의해야만 하겠다. 베버와 하버마스의 견해에 의하면, 지식의 자율성 문제는 하나의 현대적 사건이다. "베버는 종교와 형이상학의 기본 문제가 세 가지 자유로운 영역, 즉 과학·도덕·예술로 나뉜 것이 현대 문화의 특징이라고 생각했다. 그것들이 구분된 것은 종교와 형이상학의 일관된 세계관이 붕괴했기 때문이다. 18세기 이래로 옛 세계관이 남긴 문제들은 유효적절한 특정 형식으로 정리되었다. 그것들은 각기 진리·정의·진실·미(美)로 나뉜다. 그리하여 과학적 논술·도덕 이론·법리학·예술적 비평과 창조가 이에 따라 정규화되기 시작했다.…… 문화적 전통에 대한 이런 전문적인 처리는 문화 분야의 내적 구조를 만들었다. 그래서 인지에서는 도구적 합리성, 그리고 도덕에서는 실천적 합리성, 마지막으로 심미(審美)에서는 표현적 합리성이라는 세 가지 구조를 생산했다."[3] 또한 하버마스는 '주체의 자유' 혹은 자율성을 계몽주의 시대 이후의 현대적 기획들의 주요 특징으로 간주했다. 사회 영역에서의 이런 주체의 자유는 바로 민법의 보장 아래 이뤄지는 자기 이익에 대한 합리적인 추구이며, 국가 영역에서는 원론적으로 정치 참여 의지의 형성 과정에서 평등한 권리로 표현된다. 그리고 개인 영역에서는 윤리적 자율성과 자아의 실현이며, 공공 영역에서는 사회적·정치적 권력이 합리화를 실현할 수 있게 하는 과정이다. 하버마스는 자율성의 국제적인 측면, 즉 민족국가의 주권 원리에 대해서는 언급하지 않았다.[4] 따라서 지식의 자율성 문제에 대한 논의는 이러한 자율성의 형성과 현대성의 역사적 관계를 검토해야만 성찰적으로 자율성 문제를 다룰 수 있게 된다. 다시 말해서 사회과학의 자율성 문제는 이론적인 문제이면서 역사적인 문제이다. 이런 의미에서 자율성이란 결코 어떤 지식의 자연적 성질이 아니라, 역사적 성질이다. 사회과학은 당연히 자신의 '내적 방향성'을 갖고 있다. 하지만 그 '내적 방향'의 형성은 사회과학의 외부적인(사회적이면서 역사적인) 동력에 의존한다. 물론 그렇다고 해서 그것이 특정 지식의 내부적 규칙성에 대한 부정을 의미하지는 않는다.

한 가지 더 언급한다면 베버는 위의 문화 영역의 분화(즉, 자율성의 수립) 과정이 전문가와 대중 사이에 경계를 만들었으며, 그래서 전문가가 처리하는 문화는 직접적으로 일상적 실천의 특징이 될 수 없게 되었다고 지적했다. 그는 이것을 '합리화의 위기'라고 보았다. 그렇다면 한번 물어보자. 사회과학의 자율성이 일상적 지식에서 탈피하는 것이라고 강조하면서, 어떻게 베버가 말한 '합리화의 위기'에 대응하고 그것을 분석할 수 있는가? 이 물음에 관한 대답은 어쩔 수 없이 사회과학의 지식과 일상생활의 지식, 그리고 기타 영역(예컨대 인문과학이나 예술)의 지식이 맺고 있는 복잡한 관계와 연관되며, 그 관계를 배경으로 '자율성' 문제에 대한 성찰성의 맥락을 만들어야 한다. 다음의 물음은 결코 덩정라이의 글을 향해 직접 제기하는 것은 아니지만, 되도록 논의를 계속해 보겠다. 만약 사회과학의 이론 구축 역시 일상적 지식과는 별개의 과정이라고 한다면, 사회생활 속에서 이들은 어떤 관계를 맺게 되는가?

세 번째 의문점은 '중국 사회과학'이라는 개념과 관계가 있다. 덩정라이는 자신의 글에서 중국의 사회과학은 수입품이라고 말했다. 그러나 이 '수입품'이 중국적 맥락에서 갖는 함의에 대해서는 묻지 않았으며, 이 지식이 중국에 도입된 이후의 위치와 권력, 그리고 기존 지식장의 위치·규칙·권력관계에 대한 그 영향과 변화에 대해서도 언급하지 않았다. 나는 '성찰적 사회학'의 논리에 따라 사회과학이 독립적인 지식 체제로서 중국에 들어온 과정과 그것이 제도적 실천을 수반했다는 사실을 지적하려 한다. 현대 국가의 제도적 실천, 특히 현대 교육제도와 과학연구제도의 실천을 통해 본래의 지식 체제 및 그 제도적 실천(예컨대 과거제도)은 무너졌다. 당연히 본래의 지식 분류와 그 규범(예를 들어 경〔經〕·사〔史〕·자〔子〕·집〔集〕) 또한 무너질 수밖에 없었다. 더욱 중요한 것은 본래의 지식과 언어의 유효성도 점차 소멸되었다는 사실이다. 예를 들어 만약 우리가 불교나 도교의 언어를 사용해 현대사회의 문제를 토론한다면 그 토론은 기껏해야 개인적 의견으로 받아들여질 것이다. 사회를 설명하는 체계적인 지식 체제로서는 효용이 없는 셈이다. 이것은 역사 과정 속에서 사회과학의 자율성 수립 역시 하나의 억압적 과정이었으며, 그로 인해 다른 지식들이 철저히 주변화되었음을 의미한다. 사회과학의 자율성 문제를 논의할 때, 이 현대적 지식 체제와 전통적 지식 체제 사이의 관계를 어떻게 이해하느냐 하는 것은 곧 사회과학에 대한 '성찰'의 필수적인 내용이 된다. 덩정라이가 글 속에서 언급한 모델 규칙들의 정당성은 반드시 이런 역사적 관계 속에서 이해되어야만 한다. 예를 들어 우리가 사회과학 연구의 방법론상의 구축이 갖는 특징을 분석할 때,(나는 이 점에 대해 전적으로 찬성하는 입장이다) 우리는 그 방법들과 도구들이 일상적 지식과 구별된다는 것을 강조할 수 있다. 하지만 그렇다고 해서 그것들의 역사적 연원을 회피할 수는 없다. 전통적 지식과 일상적 지식이 유효성을 상실한 것은 역사적인 과정이면서, 현대적 지식 체제의 형성과 구성 과정에 수반된 과정이기도 하다. 또한 어떤 현대적 지식의 자율성의 확립은 결코 특정한 제도적 실천과 분리될 수 없었으며, 그 제도적 실천은 국가제도, 교육 및 과학연구체제 등 다양한 분야의 활동을 포함했다. 중국에서 이 과정은 문화·정치·군사상의 심각한 충돌의 역사를 가져왔다. 물론 덩정라이도 자신의 글에서 현재 과학 연구의 메커니즘 문제를 언급하였다. 그러나 이 문제는 역사적·사회적 문제로서 한층 중시되어야만 한다. 한 가지 설명을 덧붙이자면, 나는 해체적 입장이 아닌 성찰적 입장에 근거해 이 점을 제기하는 것이다. 즉, 사회과학의 자율성에 관한 논의는 역사를 떠나서도, 문화를 떠나서도 이뤄질 수 없다. 그렇지 않으면 어떤 권력의 실천에 편입되어(이것은 피할 수 없다) 비자각적인 논의가 될(이것은 피할 수 있다) 가능성이 있다. 요컨대 사회과학이란 개념 앞에 '중국'이라는 수식어가 위치함으로 인해 과연 어떤 의미가 생기는지에 대해 지속적인 사고가 요구되는 것이다.

이러한 문제들은 덩정라이의 글을 읽은 후에 이어진 사유이다. 꼭 그 글의 내용 자체에 대한 질의는 아니다. 모호해지기 쉬운 문제의 복잡성을 간단히 설명하긴 했지만, 나는 다음의 주장만은 다시 밝히고 싶다. 나는 사회과학의 자율성 문제에 대한 이론적·역사적 사고에 찬동하며, 덩정라이가 자신의 글에서 제기한 오늘날 중국의 사회과학 연구 현황에 대한 비판에 동의한다. 예를 들어 그는 권력에 대한 사회과학의 지나친 의존과 지식 사회 내부의 지역주의 등을 지적했다. 그러나 어떻게 '성찰적' 입장에서 사회과학의 자율성 문제를 사고할 것인지에 대해서는 더 발전된 사고가 필요하다. 덩정라이의 글에 대한 내 독서와 지금까지의 서술은 모두 짧은 시간에 이뤄졌다. 따라서 이해가 세밀하지 못한 부분이 있을 수밖에 없다. 덩정라이 선생을 비롯해 논의에 참가한 여러 학자들의 양해를 바란다.

덧붙이며

1996년 봄, 나는 '법률문화 센터'의 주제 토론에 패널로 참석해 달라는 량즈핑(梁治平) 선생의 요청을 받았다. 평해야 될 논문은 덩정라이 선생의 「중국 사회과학의 자율성에 관한 사고」였다. 날짜에 임박해 다른 일이 생기는 바람에 바빠 짧은 글 한 편을 써 덩정라이 선생의 글에 대한 몇 가지 문제를 제기했다. 그런데 반년이 지난 뒤, 덩정라이 선생은 그 단평을 출간해 더 발전된 논의를 이끌어 내자고 제의하였다. 나는 이미 써 놓은 글도 있어 별 어려운 일이 아니라고 생각해 그것을 수락했다. 그런데 막상 일이 눈앞에 닥치고 나서야 너무 급히 수락을 했다는 생각이 들었다. 그 이유는, 첫째는 그 단평을 너무 짧은 시간 동안 써서 많은 문제들을 깊이 있게 서술하지 못했기 때문이다. 만약 발표를 한다면 반드시 수정을 해야만 했다. 두 번째는 그 토론회 이후, 덩정라이 선생이 여러 번 자신의 글을 수정하고 보충했기 때문이다. 내가 평한 원래의 글과 그가 『학인』 제10집에 실은 글은 이미 일치하지 않았다. 특히 주석 부분에서 덩 선생은 많은 보충 설명을 덧붙였다. 예를 들어 그는 주석 3번에서 자신이 말한 '중국 사회과학의 자율성'은 결코 사회과학이 일종의 '순수한' 지식임을 의미하지는 않는다고 설명했다. 그리고 서양 지식사회학의 일반적인 관점을 소개했다. 이로써 내가 본래 덩정라이의 글에 관해 쓴 평론은 그다지 적절하지 않은 것이 돼버렸다. 그러나 그의 기본 논지는 크게 변하지 않았고, 내 본래 논의 역시 그의 글이 제기한 문제와 완전히 멀어지지는 않았다. 이밖에도 내 단평은 단지 덩정라이 선생의 글을 좇아가며 몇 가지 문제를 제기한 것에 불과했다. 엄격하게 말하면 그의 글에 대해 전면적으로 논의하지는 못한 것이다. 만약 전면적인 논의를 하려 한다면, 반드시 그의 이론적 배경을 연구해야만 하고 그 작업에는 더욱 많은 시간이 필요할 것이다. 그런데 지금 내게는 그럴 만한 여력이 없다. 여기에 실은 글은 처음에 쓴 단평이며 단지 약간의 수정과 보충을 했을 뿐이다.

『유학의 지역화』에 대한 서평

이 책을 보고서 저는 우선 방대한 분량이 인상적이었습니다. 저는 이 책 속에서 양녠췬(楊念群)이 기울인 노력의 흔적을 발견했습니다. 다이이(戴逸) 선생이 자료의 몇 가지 착오를 지적하기는 했지만, 결점보다는 장점이 훨씬 돋보입니다. 그는 많은 노력으로 아주 광범위한 영역을 다루었습니다. 그래서 저는 이 책이 아주 엄밀한 학술 저작인 동시에 새로운 의미를 띠고 있다고 생각합니다. 저로서는 꽤 좋은 평가를 내린 셈입니다.

방금 여러분은 여러 가지 방법상의 문제를 이야기했습니다. 제 생각에 이 책을 학술 전통과 학술사 속에서 바라본다면, 양녠췬은 대체로 세 가지 전통과 닿아 있습니다. 첫 번째는 중국 자체의 역사학 전통입니다. 당연히 고전 시대의 역사학 전통도 포함됩니다만, 더 중요한 것은 중국 현대의 역사학 전통입니다. 양녠췬은 계속 그 틀에서 벗어나려 하면서도 여전히 그 전통을 존중합니다. 역사적 사실을 처리하는 그의 기본적인 태도를 살펴봅시다.(억지스러운 해석도 좀 있겠지만.) 그는 사료(史料)를 아주 중요하게 생각합니다. 수많은 예증에서 출발해 문제를 해석하는데, 이것도 과거 중국 역사학의 중요한 전통입니다. 두 번째 전통은 바로 쑤리(蘇力)가 제기한 푸코식의 계보학입니다. 즉 지역화를 일종의 담론으로 보고 그것을 해석하는 것인데, 이것은 계보학의 한 영역이지요. 예를 들어서 과거에 이학을 관학(關學)·낙학(洛學)·민학(閩學) 등〔북송 시대 산시에서 출현한 장재의 학파를 관학이라 했고, 뤄양(洛陽)에서 나온 소옹(邵雍)과 정이(程頤), 정호(程顥)의 학파를 낙학, 푸젠(福建)에서 활동한 주희의 학파를 민학이라고 했다. ―옮긴이〕으로 나눈 것 자체가 곧 하나의 담론(discourse)입니다. 만약 여러분이 그런 담론 뒤에 숨은 것들을 분석한다면, 그것은 바로 푸코 계보학의 전형적인 방식을 따르는 것이 됩니다. 그러나 그것이 양녠췬이 차용한 방식은 아닙니다. 그는 오히려 중국 전통 역사학의 노선을 중시합니다. 지역화라는 것을 하나의 역사적 사실로 볼 뿐, 일련의 담론으로 취급하지는 않습니다. 제가 보기에 이 책을 이루는 더 중요한 매개 고리는 미국에서의 중국 연구입니다. 이것이 세 번째 전통입니다. 이 책이 학술사에서 갖는 의의를 생각한다면, 아마도 미국 중국학의 계보 안에서 차지하는 위치가 아주 중요한 듯합니다. 왜냐 하면 이 책은 중범위 이론(middle range theory)의 문제를 다루기 때문입니다.

미국의 중국학은 역사가 오래되었습니다. 유럽의 중국학과 차이가 있는 것은 주로 세계대전 이후에 발전했기 때문입니다. 그 당시 현대화 이론의 출현과 전략상의 연구라는 두 배경이 중국사에 대한 미국 중국학 연구의 중요한 사고방식을 형성했습니다. 그래서 페어뱅크(John King Fairbank)를 기점으로 하는 '충격-대응' 모델이 생겨났습니다. 방금 언급한 스키너(G. William Skinner)에서 부터 새로운 세대에 걸친 도전들, 예컨대 저우시루이(周錫瑞)·황쭝즈(黃宗智)·엘먼(Benjamin A. Elman) 등의 도전들은 모두가 그 모델 및 그것에서 파생된 모델들을 겨냥했습니다. 우선 '충격-대응' 모델에 대한 비판에서 시작된 그 도전들은 아직도 끝나지 않았습니다. 그리고 현재 새로운 이론과 결합된 돌파구가 바로 지방사 연구입니다. 페어뱅크의 제자들이 스승을 배반하고 선택한 작업이지요. 양녠췬도 쿤(Philip A. Kuhn)의 태평천국(太平天國) 연구를 인용했는데, 쿤은 미국 중국학계에서 처음으로 'local history'라는 분야를 개척한 인물입니다. 물론 이런 조류는 서양 이론과 밀접한 관계가 있습니다. 그런데 그들의 사고에는 한 가지 중요한 측면이 있습니다. 나중에 어떤 식으로 변했든 먼저 중국에서 현대적 문제가 발생했음을 제기하고, 그 문제의 발생이 어디에서부터 비롯되었는지 묻고 있습니다. 과연 그것이 외부의 충격에 대한 대응이었는지, 아니면 당시 중국사 내부에 이미 변화의 기본 동력이 잠재되어 있었는지 말이죠. 쿤이 태평천국에 대한 연구에서 밝히려던 것이 바로 그런 현대의 발생에 관한 문제입니다. 이른바 현대의 문제에서 그는 청대 이후의 사회구조의 변화가 과연 아편전쟁 이후에 발생한 것인지, 아니면 청대 중기 이전에 이미 잠재되어 있었는지를 먼저 해명해야 한다고 보았습니다. 그리고 청대 황권(皇權)과 사대부 권력의 상호 관계가 어느 시점에서 더는 회복될 수 없을 만큼 악화되었는지 인식하는 데에서, 현대 문제의 발생에 대해 판단할 수 있다고 생각했습니다. 따라서 그의 태평천국에 대한 연구와 여러분의 문제는 서로 많은 관련이 있습니다. 청 왕조는 태평천국운동을 진압하는 과정에서 지방 세력에 의존하고 새로운 지방 군사 세력을 제도적으로 만들어 나갔습니다. 신해혁명의 결과를 생각해 봅시다. 청 왕조는 우창 봉기〔武昌起義, 1911년 10월 10일, 후베이(湖北) 우창에서 일어난 군사 봉기. 청나라 왕조에 결정적 타격을 가해 신해혁명을 성공으로 이끌었다.—옮긴이〕로 단번에 타도된 것이 아닙니다. 청나라의 중앙 왕권

구조는 이미 회복될 수 없는 지경에 이르러 있었습니다. 사실 이런 견해는 제가 나중에 『민보』〔民報, 1905년 중국의 혁명 단체 중국동맹회(中國同盟會)가 일본 도쿄에서 창간한 기관지. 민주공화사상을 선전하는 혁명파 기관지로서 커다란 영향력이 있었으며, 유학생·화교들에게 널리 읽혔을 뿐 아니라 중국으로도 활발하게 밀수입되었다.—옮긴이〕를 보고 확인한 것인데 당시에도 벌써 거론되고 있었던 것 같습니다. 청 말의 식견 있는 지식인들은 진작부터 변화의 발생을 인식하고 있었던 것이지요. 이러한 지방사의 방법을 통해 나중에 미국 중국 학계에서는 새로운 발전 양상들이 수없이 나타났습니다. 실제로 그것들은 모두 현대 자본주의와 관련해 중국에서 대체 어떤 일들이 있었는가 하는 것에 초점을 두었습니다. 과연 중국에 현대 자본주의가 있었는지, 혹은 그 원동력이 있었는지를 묻기도 하고 화베이(華北) 지역이 왜 시장을 보유했으면서도 발전하지 못했는지 논의하기도 했습니다. 이 연구들은 기존의 모델들로는 중국사를 설명할 수 없음을 증명해 미국과 유럽이 주도적 위치를 차지하고 있는 현대사회 형성에 관한 기본 이론들에 대해 이의를 제기했습니다. 그리고 중국학 내부에서는 역사학적 시야의 기본적인 제한 때문에, 그리고 현대화 이론의 영향을 받아 이 영역에서 이른바 중범위 이론이라는 모델이 발전되어 나왔습니다. 이 모델의 발전은 사회이론이 점차 역사학의 변화를 중시한 것과 관련해 사상사적 모델에 대한 커다란 도전이 되었습니다. 또한 지식사회학의 발전과 보조를 맞추기도 했습니다. 이로 인해 최근 20년간 하나의 분과 학문으로서의 사상사는 미국의 중국학 안에서 기본적으로 지속적으로 퇴보했고, 반면에 사회사 연구가 점차 발전해 나갔습니다.

여러분은 사상사가 그리 중요하지 않으며, 몇몇 엘리트의 사상으로 어떻게 그 많은 사회 변천을 설명할 수 있느냐고 생각합니다. 이런 인식은 나날이 더해 가고 있습니다. 그래서 대중문화 연구도 덩달아 유행하는 것이겠죠. 하지만 이런 과정에서도 일부 학자들은 사상사 연구를 고집하고 있습니다. 단, 그 연구들은 사회사와 결합된 형태를 띠는데, 엘먼을 그 예로 들 수 있습니다. 저는 양녠췬의 이 책의 장점과 한계가 엘먼의 연구를 참고하면 더 분명해진다고 생각합니다. 성리학으로부터 박학[朴學, 고증학의 다른 이름.—옮긴이]에 이르는 엘먼의 작업은 서고·인쇄 문화·사회 전체의 교류 관계 등에 관한 규명을 시도해 그런 물질적 차원이 사상에 끼친 영향을 규명했습니다. 그의 작업은 비교적 넓은 연구 범위를 보여 줬지만, 나중에 여러 가지 비판들, 특히나 직선화(直線化)에 대한 비판에 직면했고, 본인도 역시 그것을 인정했습니다. 그리고 연구 과정에서 그는 상주학파[常州學派, 한(漢) 초기에 창립된 공양학(公羊學)을 계승한 청나라의 학파. 장존여(莊存與), 장유가(莊有可) 등 대표자들의 출신지 지명을 따 상주학파라는 이름이 붙여졌으며, 이 학파의 정치 이론은 근대의 캉유웨이, 량치차오 등에게 큰 영향을 주었다.—옮긴이]에 관한 연구로 방향을 돌렸습니다. 이 연구의 실제적인 문제는 과연 중국의 현대사상이 어떻게 발생했느냐 하는 것입니다. 금문경학(今文經學)이 근대 개혁 사상으로서 반홍하긴 했지만, 그것이 서구에 대한 대응이었는지 아니면 다른 전후 관계가 있는지가 문제였습니다. 그래서 엘먼은 학술사를 연구하면서 건륭제(乾隆帝) 시기까지, 그리고 장존여·류봉록(劉逢祿)의 금문경학 연구에까지 거슬러 올라갔습니다. 그렇게 해서 그는 금문경학의 발흥이 서구에 대한 후대의 대응과는 아무 관계가 없음을 밝혀냈습니다. 오히려 당시에 장존여가 처한 위치, 특히 궁정(宮廷) 정치와 그가 나중에 은퇴한 이후의 위치·처지·운과 관련이 있었지요. 그는 왜 금문경학으로 전향했을까요? 그것은 궁정의 투쟁과 당시 사회 및 정치의 영향 때문이었습니다. 그런데 분명한 것은 엘먼이 문제 전체를 상주학파와 청대의 정치 관계 속에서 연구했다는 사실입니다. 아마도 이것이 가장 흥미로운 부분일 것입니다. 이런 지방사 연구에 관해서 저는 청대 역사에서 베이징 지역이 갖는 의미에 대한 따이이 선생의 문제 제기에 찬동합니다. 당신은 언급하시지 않았지만, 사실 지역 관계 속에서는 그런 상호 관계를 설명할 수 없습니다. 왜냐 하면 근대사회 전체에서의 (단지 근대사회에서뿐 아니라 근대사회에 들어와 더욱 분명한) 사회적 동원·유동·상호 관계는 지역적 범주로는 해명될 수 없는 문제들이기 때문입니다. 반란과 혁명의 발생도 이 문제들에 포함되는데, 예컨대 훙슈취엔(洪秀全)이나 마오쩌둥은 광시(廣西) 지역과 후난(湖南) 지역의 범위 안에서 설명될 수 없습니다. 혁명이 전국적 범위로 파급된 경우, 그렇게 된 원인이 무엇이겠습니까? 근대사 해석의 난점은 기본적으로 근대사의 지역적 기원과 사회적 동원 폭 사이의 관계입니다. 국부적인 시야 속에서는 그것을 설명하기 힘듭니다. 그렇다면 엘먼이 시도한 것처럼 미세한 점에 착안해 다시 그 관계에 접근하는 것도 흥미로울 겁니다. 하지만 나중에 통찰해 보면 그것에 숨겨진 문제에 대해 말할 수 없을 것입니다. 캉유웨이와 량치차오의 공양학을 어떻게 보든지 간에, 그리고 그들이 전체 지식 전통과 사회적 상호 관계의 네트워크에서 어떤 위치에 있었건 간에, 역시 명확한 해명을 얻을 수 없습니다. 그래서 저는 어느 날인가 엘먼이 다시 캉유웨이·량치차오의 해석으로 돌아오리라고 믿습니다. 왜냐 하면 그는 제일 먼저 두 사람을 연구하다가 그 앞 시대로 소급했기 때문이지요. 하지만 저는 그가 그 지점에 도달했다 해도 역시 그 두 사람을 해명하지 못할 거라고 생각합니다. 상주학파를 끌어들여도 캉유웨이와 량치차오를 설명할 수 없고, 또한 궁정 투쟁을 이용해서도 공양학의 발생을 간단히 해명할 수 없습니다. 공양학의 발흥을 서구의 도전에 대한 대응으로 간주할 수 없는 것과 마찬가지로 그 관계는 매우 복잡합니다. 저는 이 책의 장점이 바로 지방사적 관점을 취했으면서도, 단순히 지방사에만 그치지 않고 여러 지역을 관찰한 후 다시 그 사이의 상호 관계를 연구한 데 있다고 봅니다. 이러한 시각은 아주 중요하고 훌륭합니다. 물론 어쩔 수 없는 한계도 있습니다. 특히 역사 연구에서는 관련 과제가 아주 광범위해서 허점이 없다고는 말할 수 없습니다. 브로델도 마찬가지였습니다. 사람들은 그가 너무 많은 집필을 하고 문제가 있다고 비판했지만, 역시 어쩔 수 없었지요. 하지만 저는 이 책의 가장 강력한 부분이 도전-대응 모델에 대한 비판일 뿐만 아니라, 코헨(Paul A. Cohen)에 대한 비판이라고 생각합니다. 당신의 페이정칭(費正淸)에 대한 비판, 그리고 3단계론에 대한 비판보다 훨씬 강력하지요. 코헨의 내륙-연해 지역 모델과 비교해 현재 당신의 설명 모델은 그보다 훨씬 분명합니다. 이런 공헌은 긍정되어야 마땅하고 퍽 중요하기도 합니다. 왜냐 하면 우리는 이전의 모든 모델들이 공헌을 하기는 했지만, 설명을 수행함과 동시에 바로 한계를 표출했음을 알기 때문입니다.

다른 한편으로 여기에는 몇 가지 문제들이 더 수반됩니다. 방금 다이이 선생이 말씀하시고, 량즈핑(梁治平)도 언급했듯이, 그것들은 교화(敎化)의 유가(儒家) 및 송명 성리학의 해석과 관련이 있습니다. 당신은 지역화의 문제를 다루면서 단지 그 측면에 한정해 논하였을 뿐, 사실 유학의 변천이라는 핵심 문제에 대해서는 설명하지 않았습니다. 이 문제는 최종적으로는 청대 사회의 정치 구조와도 관련이 있습니다. 송명 성리학의 발생에서 보건대 저는 양녠춴의 해석이 사실상 신유학의 영향을 받았다고 생각합니다. 송명 성리학과 정치의 분리, 도학(道學)의 계통과 정치 계통 사이의 긴장 관계를 강조하고, 그런 뒤에 한학(漢學)을 송학(宋學)의 대립면으로 보았는데, 기본적으로 하나는 송나라 사람 자신의 것이고, 다른 하나는 자기 이해의 산물로서 신유학이 유학을 새롭게 긍정하기 위한 작업이었다는 겁니다. 여기에서 관련되는 문제는 곧 당신의 방법을 좇아갑니다. 다시 말하면 지식사회학이나 지방사 연구에서 시작되는데, 저는 당신이 『학인』 잡지에서 논의한 향촌 문제가 이 책에서는 잘 다뤄지지 않았음을 숙고해 볼 수 있지 않을까 생각합니다. 전에도 우리는 이 문제를 언급했는데, 즉 당나라 때부터 귀족제도가 무너져 그 결과 송명 성리학이 발생했고, 그것의 기본 명제에는 확실히 평등주의적 특징이 있었습니다. 천리(天理)를 강조하고 사람이 직접 하늘과 교류할 수 있다고 보았죠. 특히 신유학에서 '심성(心性)의 학문'이라 부르는 후대의 양명학에 와서는 그 경향이 더욱 뚜렷했습니다. 하지만 또 하나의 중요한 실마리가 있는데, 그것은 바로 미조구치 유우조오가 언급했듯이 주희나 왕양명 모두 향촌에 대해 논의했고, 따라서 어떻게든 유학과 향촌의 관계를 관찰했다는 겁니다. 게다가 명 말·청 초의 변화, 예컨대 고염무의 『봉건론』(封建論)과 황종희의 『명이대방록』(明夷待訪錄)에서 토지제도를 다룬 문제는 아주 중요합니다. 이 시기 유학의 점차적인 지역화와 향촌 관계의 변화는 명 말에 이르러 이미 군신(君臣) 관념에 대한 도전으로 전환됩니다. 하지만 청대 사회에 도달한 이후(저는 미조구치가 말한 관점에 동의합니다. 그는 청대 종법제도의 흥기가 갖는 의미를 강조했지요), 주목할 만한 것은 곧 청대의 사회구조입니다. 보기에는 전제 통치였지만, 다른 한편으로 지방자치라는 구조를 이용했지요. 저는 쿤과 엘먼의 연구가 시간적 한계성이 있다고 생각합니다. 왜냐 하면 그들은 그런 변화를 당송 이래 지속된 사회적 변천 과정에까지 소급하지 않았기 때문입니다. 만약 예전의 중국 사회를 단순히 황권(皇權)과 신권(紳權)의 결합물이라고 인식한다면, 그것은 아마도 역사적 사실에 부합되지 못할 겁니다. 아무튼 그 과정에서 유학의 형태와 새로운 정치적 통치구조 방식은 내적 관계가 있었고, 그에 따라 지역화는 특정한 지식/권력의 관계와 연관되었습니다. 만약 우리가 푸코의 명제로 돌아가서 유학의 지역화를 하나의 담론(discourse)으로 보고 해석한다면, 당신은 곧 이 담론과 새로운 정치 모델 사이의 관계를 깨닫게 될 겁니다. 또한 그 시대의 모든 학술 유파들이 왜 그토록 자신들의 지역성을 강조했는지도 알게 될 겁니다. 그 지역성은 각각의 거대한 왕조 통치 구조, 그리고 지방 사대부들이 그 구조 속에서 이룬 관계의 모델과 밀접한 관련이 있었습니다. 그러므로 이러한 모델 안에서 당신의 두 가지 차원의 관계는 아마도 더 많이 검토될 수 있을 겁니다. 그리고 사회적 유동에 관해 구체적인 집필의 관점에서 말한다면, 저로서는 역시 방금 다이이 선생이 제기하신 사유 방식, 즉 베이징을 특수한 무대로 간주해 다시 관찰하자는 것과 다르지 않습니다. 왜냐 하면 당신이 다루는 것은 단지 몇몇 지역이 아니라, 이른바 상부구조와 하부구조 사이의 상호 관계가 도대체 어떻게 구축되었으며, 또한 그 복잡성이 어디에 있었느냐는 문제이기 때문입니다. 제가 드리는 말씀은 단지 건의일 뿐이지 비판은 아닙니다. 당신의 책은 그런 식으로 쓰일 것 같지 않기 때문이지요.

아래의 문제는 방금 량즈핑이 여러 번 말한 지역성의 문제입니다. 이 문제에 대해 저는 다소 어려움을 느낍니다. 무엇이 곤란하냐고요? 우리는 한편으로 지역에 관한 언급들을 발견하곤 합니다. 청 말에는 예컨대 당신이 인용한 량치차오가 아주 여러 번 학풍(學風)의 분포 문제를 논의했지요. 그리고 대략 1910년쯤에는 딩원쟝이 『과학』 월간에 전문적인 장편 논문을 실었습니다. 바로 인문 지리와 인재 분포를 다룬 글이었습니다. 아마 그가 표까지 작성한 걸로 기억합니다. 1915년에 중국과학사(中國科學社)가 미국에서 성립되었는데, 당시 미국에서 중국인 과학자 단체가 조직되었다는 건 꽤나 흥미로운 사실이지요. 대부분 코넬(Cornell) 대학에 적을 둔 그들은 자신들을 대상으로 통계를 내고, 그러한 지역 분포를 발견한 겁니다. 또한 저는 1916년부터 1930년대까지의 『과학』 월간을 살펴보았습니다. 중국과학사는 매번 회의를 할 때마다 각 지역 지부와 미국 유학생들을 대상으로 통계를 냈더군요. 그 통계에는 두 가지 수치가 있는데, 하나는 분과 학문의 분포이고 다른 하나는 지역 분포입니다. 그리고 그 배경에는 확실히 당신이 말씀하신 지역성의 영향이 있었습니다. 분명히 있었지요. 어떤 도시 하나에서 배출된 인재가 다른 성(省) 하나보다 훨씬 많기도 했습니다. 그렇다면 매번 인재 분포를 좌우한 원동력은 대체 무엇이었을까요? 그것은 지역성의 관점만으로는 대답할 수 없는 문제입니다. 예를 들어 미국에 도착한 뒤 인문학을 공부한 사람은 얼마 없었습니다. 이것은 지역으로 설명될 수 있는 문제가 아닌 일종의 현대사회의 문제입니다. 사회의 유동 역시 더는 지방과 수도의 관계가 아니라, 중국과 미국의 관계가 더 중요하게 되었습니다.

　다른 측면에서 말한다면 지역 문제의 제기는 또 다시 어떤 분류 문제를 제기하는 것과 같습니다. 이것은 당신이 집필 과정에서 특별히 주의해야만 하며 우리도 숙고하지 않을 수 없는 문제입니다. 우리는 어떤 패러다임을 제시할 때마다 하나의 분류표를 내놓습니다. 이와 같은 경계의 확정은 곧 특정한 지식 틀을 의미하며 이것은 아주 큰 강제력이 있습니다. 저는 모든 패러다임들이 다 잠정적인 것이라고 생각합니다. 영원히 모든 문제들을 설명할 수 있는 것은 없습니다. 단지 잠정적인 분류법으로서 일정한 장점만을 가질 뿐이지요. 그런데 또 다른 각도에서 말한다면, 유학의 지역화에 대해 논하기보다는 차라리 왜 지역 개념이 이렇게 중요하지 않게 되었는지 논하는 편이 근대의 훨씬 중대한 문제로 직결될 것입니다. 애초의 학통(學統) 구분에서 지역은 아주 중요한 요소였고, 현대사회에 와서도 아직 그 영향력이 존재합니다. 그러나 당신이 이후의 변동 속에서 왜 그 지역들의 범위가 감소했는지 논의한다면, 근대사회에 일어난 변동을 설명할 수 있을 겁니다. 그것은 아주 중요한 실마리입니다. 다시 말하자면 후대에 올수록 그 개념을 이용해 문제를 해명할 수 없게 됩니다. 왜 그럴까요? 그것은 분명히 전체 사회제도와 사회적 상호 관계가 대단히 복잡해졌기 때문입니다. 바로 제가 당신의 책을 세 가지 학술 전통과 연결해 독해한 것과 마찬가지죠. 오늘날 우리는 단순히 당신을 중국에서 중국 연구를 하는 학자로만 여길 수는 없게 되었습니다. 오히려 당신의 연구에는 다른 수많은 배후 조건들이 있습니다. 오직 그 배후의 조건들을 이해해야만 우리는 비로소 이 책의 의미를 해독할 수 있습니다. 솔직히 말해 이 책은 당연히 중국사 연구에서 의의가 있습니다. 하지만 이 책의 더 큰 의의는 중국의 현대 역사학 전통 안에 있는 것은 아닙니다. 저는 이 책의 출판기념회가 미국의 중국학계에 영향을 미치리라 믿습니다. 많은 사람들이 이 책을 주목할 것이며 그것은 아마 중국학자들보다 훨씬 더할 것입니다. 여기에서 중요한 것은 당신이 집필하는 위치입니다. 그 위치는 당신의 삶의 위치가 아닙니다. 오늘날 삶의 위치는 점차 중요성을 잃어 가고 있습니다. 현대사회의 주된 특징이지요. 당신이 근대사회, 특히 혁명과 개혁이라는 대규모 사회변동 과정을 연구하려 한다면 결코 이 시각에서 벗어나 문제를 바라볼 수는 없을 겁니다.

지은이 주

1부 현대성의 배리
2장 오늘날 중국의 사상 동향과 현대성 문제
1) 이 글은 학술 논문이라기보다는 내 개인적인 사상을 메모한 것이다. 이 글의 초고는 1994년에 처음 썼고, 나중에 약간의 수정을 했다. 당시 나는 청 말에서 현대의 사상사 연구에 정력을 쏟고 있었고, 원고를 둘러싼 상황에도 한계가 있어 1994년 이후에 일 이닌 여러 도론들에 대해서는 논의하지 못했다. 이 글은 내 자신의 사상을 정리하기 위해서 썼다. 하지만 이 글의 틀과 소재는 모두 더 수정되고 논증될 필요가 있다. 그래도 다양한 논의를 유도하기 위해서 친구들의 격려로 이제야 이 글을 발표한다.
2) 이른바 '시장 사회'라는 것은 시장 그 자체와 다르며, 시장경제와도 다르다. 이것은 사회의 기본 구조와 수행 방식이 곧 시장적 성격의 수행 방식임을 가리킨다. 칼 폴라니에 따르면 시장 사회가 바로 현대 자본주의 사회이다. Karl polanyi, *The Great Transformation: the political and economic origins of our time*(Boston: Beacon Press, 1957).
3) Gilbert Rozman 主編, 國家社會科學基金 '比較現代化' 課題組 譯, 『中國的現代化』 (江蘇人民出版社, 1988). 참고.
4) 1950년대 중국이 현대화 과정을 추진하던 시기의 도시와 농촌의 관계를 둘러싼 문제

는 중국 공산당이 신민주주의를 버리고, 직접 사회주의로 진입한 이유와도 관련이 있다. 이에 대해서는 진관타오(金觀濤)・류칭펑(劉靑峰)이『개방 속의 변천: 다시 중국 사회의 초안정 구조에 대해 논함』(開放中的變遷: 再中國社會的超穩定結構)(香港: 香港中文大學, 1993)의 제9장「신민주주의에서 사회주의로」(從新民主主義到社會主義)에서 깊이 있고 명쾌한 분석을 했다.

5) 毛澤東,「中國革命與中國共産黨」,『毛澤東選集』(北京: 人民出版社, 1966), pp. 610~650.

6) 1979년 이후의 농촌 개혁의 의의는 1950년대 이후의 역사 속에서 이해해야 한다. 동기의 측면에서 본다면, 집단화 모델은 자본주의의 병폐를 피하는 동시에 소농 경제를 개조하여 현대화로 나아갈 수 있을 듯했다. 하지만 인센티브 메커니즘이 없었기 때문에, 집단화는 어느 정도 효율성의 하락을 불러왔다.(린이푸〔林毅夫〕,『제도, 기술과 중국 농업의 발전』〔制度・技術與中國農業發展〕〔上海三聯書店, 1992), pp. 16~43.) 그러나 더 중요한 것은 "집단화가 농업 이외의 취업 기회의 확대를 막았다는 사실이다. 정부는 공업화를 목표로 삼았지만, 농촌에서는 이와 반대로 농업 외의 취업 기회를 크게 제한했다. 정부의……농촌에 대한 통제가 유례없이 강력해서 이러한 제한은 효과를 거두었다. 이처럼 이전에 비해 집단화 시대에는 개인적 선택의 자유로움이 커지기는커녕 오히려 줄어들어 농촌 경제의 발전을 한층 구속했다." 그런데 1979년 이후의 농촌 개혁은 "비교적 자유로운 '기회 구조'를 주었고, 아울러 지방의 공동체와 개인 경영 농민에게 자율성과 실험의 자유를 주었다. 그래서 그들은 민첩하게 다양한 경제 발전과 취업의 기회를 찾을 수 있었다."(가오서우셴〔高壽仙〕,「제도 쇄신과 명・청 시대 이래의 농촌 경제의 발전」〔制度創新與明淸以來農村經濟發展〕,『讀書』1996년 5期, pp. 123~129.) 황쭝즈(黃宗智)에 의하면, 개혁 이후의 변화는 "상상 속에서의 자유 시장화된 가족농업이 농업 생산에 극적 돌파구를 만들어 내서가 아니라, 농촌 경제에서의 다각적 경영 및 잉여 노동력의 농촌 외 취업 때문이었다." 그는 또한 "1980년대의 개혁에서 장기적으로 최고의 의의가 있었던 농촌의 변화는 농촌 경제의 다양화에 따라 도출된 농업 생산의 반과밀화(反過密化)였다. 광범위하게 상상되었던 농업 생산의 시장화가 아니었다.…… 1980년대의 농가 생산 청부제의 도입은 농업 생산량을 더 이상 증가시키지 못했다. 그리고 고전적 모델과 관변 선전 매체가 예언한 것과 같은 방식으로 부를 축적한 농민은 극소수에 불과했다. 솔직히 말해 1980년대의 시장화 농업은 농작물 생산의 측면에서는 1350년대부터 1950년대까지의 600년간, 혹은 집단화 농업이 시행된 30년 동안에 비해 잘 이뤄졌다고 할 수 없다." 장강(長

江) 삼각주의 농촌에서 진정 중요한 문제는 과거나 지금이나 모두 시장화된 가족 농업 혹은 계획경제 아래의 집단농업에 있지 않다. 또한 자본주의나 사회주의에도 있지 않다. 그것은 바로 과밀화나 발전에 있다."(「장강 삼각주 소농 가정과 농촌 발전」〔長江三角洲小農家庭與鄕村發展〕〔北京: 中華書局, 1992〕, pp. 16~17).

7) 羅峪平, 「始終不能忘記農村的發展: 訪國務院研究中心農業問題專家盧邁」, 『三聯生活週刊』 1998年 第14期(1998年 7月 31日), 總第68期, p. 26.

8) 쑤원(蘇文), 「길은 험하지만 길은 있다: 구소련·동구 국가의 체제 전환 추이의 재평가」(山重水復應有路: 前蘇東國家前軌進程再評述), 『東方』 1996年 1期, pp. 37~41. 이 논문은 구소련과 동유럽의 경제개혁 문제를 논했다. 여기에서 언급한 기본 원칙은 체코의 경험을 가리킨다.

9) 마르크스주의 휴머니즘(人道主義)에 관한 토론은 저우양(周揚)이 처음 시작하지는 않았다. 그러나 마르크스 사망 100주년 기념 대회에서 그가 한 보고가 마르크스주의 휴머니즘에 대한 비판을 불러일으켰다. 그의 보고는 일부 삭제되어 1983년 3월 16일자 『인민일보』(人民日報)에 발표되었다. 원문은 그 대회에서 배포된 후 곧바로 회수되었다. 그 보고서의 제목은 「마르크스주의의 몇 가지 이론 문제에 대한 검토」(關于馬克思主義的幾個理論問題的探討)였다. 당시 마르크스주의 휴머니즘을 가장 강력하게 비판한 이는 당 이론가 후챠오무(胡喬木)였다. 그는 1984년 1월 3일, 중국공산당 중앙당교(中共中央黨校)에서 담화를 발표해 이름은 거명하지 않은 채 저우양과 다른 이론가들의 관점을 이론적으로 비판했다. 그의 담화문은 중앙당교의 『이론 월간』(理論月刊)에 발표된 후, 같은 해에 『휴머니즘과 소외 문제에 대해』(關于人道主義和異化問題)라는 제목으로 인민출판사에서 단행본으로 출판되었다. 실제로 이 문제에 대한 토론은 일찍이 1978년 이후 여러 이론가들의 주의를 끌었다. 1981년 1월 인민출판사에서 출간된 『인간은 마르크스주의의 출발점이다: 인간성, 휴머니즘 문제 논집』(人是馬克思主義的出發點: 人性·人道主義問題論集)에는 왕뤄수이(王若水)·리펑청(李鵬程)·가오얼타이(高爾泰) 등의 글이 수록되어 있다. 주목할 만한 점은 이 토론에서 휴머니즘에서의 추상적 인간과 인간성의 개념이 논쟁의 기초였다는 점이다. 휴머니즘과 대립한 것은 '신도(神道)주의'와 '수도(獸道)주의'였다. 전자는 종교적 전제를 가리키는데, 중국적 맥락에서는 문화대혁명의 '현대적 미신'을 비유한 것이다. 다음 후자는 봉건적 전제주의와 파시즘이며, 중국적 맥락에서는 문화대혁명의 (부르주아에 대한 프롤레타리아의) '전면적 독재'의 은유이다. 아마도 소련과 동구의 관련 논의에서 영향을 받아, 중국의 마르크스주의 휴머니스트들은 마르크스주의야말

로 인간의 문제를 중시했으나, 스탈린의 『변증법적 유물론과 역사유물론』은 이 문제를 충분히 주목하지 않았다고 주장했다. 이외에도 그들은 레닌이 마르크스의 『1844년 경제학·철학 초고』(1931년)를 전혀 알지 못했다고 지적했다. 왕뤄수이는 「인간은 마르크스주의의 출발점이다」(人是馬克思主義的出發點)라는 논문에서 마오쩌둥이 이미 1964년에 '소외' 개념에 찬성하는 의사를 나타내고, 소외를 보편적인 현상으로 생각했다고 지적했다. 이 모든 것들은 다음과 같은 사실을 드러낸다. 즉 중국의 휴머니즘적 마르크스주의는 중국 사회주의의 역사적 실천을 비판하기 위해 한편으로 은유의 방식으로 중국 사회주의의 실천 문제를 봉건주의의 문제로 해석했고, 다른 한편으로는 휴머니즘과 소외 개념이 지니는 보편주의의 특징을 이용했다. 이 두 측면은 모두 현대적 가치관, 특히 계몽주의 운동의 가치관에 대한 긍정을 암시했다. 그런데 이와 같은 설명 모델 속에서 사회주의는 비자본주의적 현대성의 형식으로서 검토되지 못했다. 오히려 사회주의의 역사적 실천에 대한 비판은 서구적 현대성의 가치관을 완전히 긍정했다.

10) 1980년대의 사상계몽운동은 아주 복잡하게 구성되었다. 대략 1979년에 이론공작회의가 열렸는데, 출석자의 대부분이 당내 이론가였다. 또 난징(南京) 대학 철학과 교수인 후푸밍(胡福明)이 쓴 초고를 왕챵화(王强華)·마페이원(馬沛文)·쑨창쟝(孫長江) 등이 수정한 글 「실천은 진리를 검증하는 유일한 기준이다」(實踐是檢驗眞理的唯一標準)가 1978년 5월 11일자 『광명일보』(光明日報)에 실렸다. 실제로 사상해방운동에 이론적 근거를 제공한 것은 이 논문이다. 비록 이 글의 산출 과정에 참여한 이들의 기억에 다소 차이가 있긴 하지만,(후푸밍은 이 글이 자신의 문장을 기초로 수정되어 만들어진 것이라고 생각하고 쑨창쟝은 두 편의 글이 합쳐져 이뤄졌다고 말한다) 그들 모두 이 문장이 당시의 특수한 정치 상황으로 인해 수정되어 발표되었으며, 역시 국가 의지의 표현이었음을 인정한다. 쑨창쟝은 다음과 같이 명확히 말했다. "이 토론은 한 사람이나 혹은 몇 사람의 '수재'의 재치나 고뇌에 찬 명상을 통해 촉발되지는 않았다. 이 토론은 역사의 산물이었으며, 「실천은 진리를 검증하는 유일한 기준이다」라는 글도 역사의 산물이었다.", "직접 토론에 참가한 이들 중에는 이론가뿐만 아니라 정치가도 있었다." 주목할 만한 점은 이른바 '국가 의지'를 통일된 국가 의지로 이해할 수 없다는 점이다. 왜냐 하면 당시의 국가 혹은 당내에는 중요한 의견 대립이 있었기 때문이다. 이 논문은 바로 그러한 대립의 표현이었다. 이러한 의미에서 '국가' 혹은 '당'은 모두 한 장의 철판과 같은 존재라고 볼 수 없다.(위 논문이 발표되기 전후의 상황에 대해서는 『개방시대』(開放時代) 1996년 1·2월호에 실린 후

푸밍의 회고적 문장「진리 기준에 관한 대 토론의 서곡: 실천 기준에 대한 글의 작성과 수정, 발표 과정」〔眞理標準大討論的序曲: 談實踐標準一文的寫作, 修改和發表過程〕, 그리고『백년조』〔百年潮〕1998년 3기에 실린 쑨창장의「나와 진리 기준 토론을 이끈 문장」〔我與眞理標準討論的開篇文章〕을 참고.) 이후에 발표된 리춘광(李春光) 등의 회고문을 보더라도 당시 사상해방운동과 당의 상층 관료들 사이의 관계는 매우 밀접했던 것으로 보인다. 잡지『미래를 향하여』(走向未來)에 모인 비교적 젊은 지식인 그룹의 예를 보아도, 그중 일부는 1989년 이후 여러 가지 이유로 해외에 체류하거나 투옥되었지만, 다른 일부는 오히려 고급 관료로 채용되었다.『미래를 향하여』총서의 상황은 매우 대표성을 띤다. 1989년 이후 '신계몽주의' 지식인의 대부분이 해외로 흘러들어 갔지만, 그들 중 일부는 국내에 남아 요직에 오르기도 했다. 예를 들어 1980년대에 서구 경제학 사상을 소개해 명성을 떨친 베이징 대학 경제학 교수 리이닝(厲以寧)은 지금 전국인민대표대회 법제위원회 부주임이다. 이들 집단과 다른 경우는 일부 문학자나 인문적 지식인 집단이었다. 예컨대 초기의『오늘』(今天) 파 그룹과 1980년대 후반에 성립된『문화: 중국과 세계』(文化: 中國與世界) 편집진이 해당된다. 이 집단들은 기본적으로 정치 집단이 아니라 문학 단체 혹은 지식인 집단이었다. 주의할 점은『오늘』파의 대표적 인물인 베이다오(北島)가 당시에 정치성이 강한 몽롱시(朦朧詩)로 유명해지기는 했지만, 동시에 문학의 독립적 가치를 열렬히 주창한 사람이라는 점이다. 또한『문화: 중국과 세계』도 '문화'를 간판으로 하고, 정치문제에는 직접적으로 휘말리지 않았다. 어느 정도 비정치적인 이러한 주장들도 당연히 어떤 정치적인 결과, 즉 지식인의 독립적 지위와 가치를 위한 공간 창출이라는 결과를 가져왔다.

11) 가치법칙과 상품 경제에 관한 논의는 마르크스 정치경제학의 범주 안에서 제기되었다. 그중에서 가장 영향력이 컸던 인물은 쑨예팡(孫冶芳)이다. 그런데 최근에 발견된 자료에 따르면 쑨예팡 이전에 이미 구준(顧準)이 같은 문제를 제기하여 쑨예팡과 토론을 벌인 적이 있었다. 가치법칙에 관한 논의는 1980년대 중국 사상계의 특징, 즉 마르크스주의의 기본 범주를 재검토하여 현실의 시장화 개혁에 이론적 근거를 제공하려 했던 것을 전형적으로 보여 준다.

12) 법제 문제의 제기는 '문화대혁명' 기간의 오심(誤審) 사건 재심리와 관련되어 있다. 전국인민대표대회 위원장을 지낸 펑전(彭眞)의 "법 앞에서 인간은 모두 평등하다."라는 말은 '문화대혁명' 종결 후에 유행한 구호이다. 그러나 이론적으로 건설적 의견을 제시한 사람은 위하오청(于浩成)과 옌쟈치(嚴家其) 등의 학자였다.

13) 진관타오·류칭펑이 1984년에 지방 출판사를 통해 간행한 『성세와 위기』(盛世與危機)(長沙: 湖南人民出版社, 1984)는 시스템론의 방법을 이용해 중국사를 연구하고, 중국 봉건사회가 일종의 '초안정 구조'를 지니고 있었다고 제시했다. '초안정 구조'에 관한 기본적인 관점은 이들이 1993년에 홍콩에서 집필, 간행한 중국 근대사 관련 저술 『개방 속의 변천: 다시 중국 사회의 초안정 구조에 대해 논함』에까지 이어진다.

14) 주체성 문제는 리쩌허우(李澤厚)의 칸트 철학 해설에서 언급되었다. 이후 그는 주체성 문제에 대한 몇 편의 논문을 계속 발표했다.(李澤厚, 『批判哲學的批判』〔北京: 人民出版社, 1984〕. 참고). 그러나 리쩌허우의 주체성 논의를 사상계 전체로 확대시킨 이는 류짜이푸(劉再復)이다. 그는 「문학의 주체성을 논함」(論文學的主體性) 등의 논문에서 형이상학적 문제를 문학 및 사상운동의 기치로 전환시켰다.(『文學評論』 1985年 第6期, pp. 11~26; 1986年 第1期, pp. 3~15.)

15) 니체의 학설에 대한 오늘날 중국 지식계의 이해는 심지어 반세기 이전의 루쉰보다 못하다. 현대 중국의 지식인들에게 니체와 사르트르는 서구 개인주의의 대표자에 불과하다. 그러나 루쉰은 이미 1907년에 니체 등의 사상 속에서 반현대적 내용을 포착하였다.

16) 류샤오펑(劉小楓)의 『구제와 소요』(救濟與逍遙)(上海人民出版社, 1988)가 먼저 이 문제를 제기해 지식계에 중요한 반향을 불러일으켰다. 그 자신도 점차 독일 철학에서 기독교 신학으로 연구 방향을 바꾸었다.

17) 간양(甘陽), 「향토 중국의 재건과 중국 문화의 전망」(鄉土中國重建與中國文化前景), 『21世紀』(香港) 1993年 4月號, pp. 4~7. 간양의 논점에 대한 비판은 친후이(秦暉), 「"땅은 떠나도 고향은 떠나지 못한다.": 중국의 독특한 근대화 모델인가?—향토 중국의 재건설 문제를 함께 논함」(離土不離鄉: 中國現代化的獨特模式—也談鄉土中國重建問題), 『東方』(北京) 1994年 第1期, pp. 6~10. 참고. 향진기업을 둘러싼 논의에 대해서는 양무(楊沐), 「중국 향진기업의 기적: 30여 개 향진기업 조사의 종합 분석」(中國鄉鎮企業的奇迹: 三十個鄉鎮企業調查的綜合分析); 왕한성(王漢生), 「개혁 이래 중국 농촌의 공업화와 농촌 엘리트의 구성 변화」(改革以來中國農村的工業化與農村精英構成的變化); 쑨빙야오(孫炳耀), 「향진 단체와 중국의 기층사회」(鄉鎮社團與中國基層社會)를 참고. 이 논문들은 각기 『중국 사회과학계간』(中國社會科學季刊) 總第9期의 pp. 5~17, 18~24, 25~36에 실렸다.

18) 왕잉(王穎)의 『새로운 집단주의』(新集體主義: 鄉村社會的再組織)(北京: 經濟管理出版社, 1996) 및 그녀와 저샤오예(折曉葉), 쑨빙야오가 공저한 『사회 중간층: 개혁

과 중국의 사회단체 조직』(社會中間層: 改革與中國的社會)(北京: 中國發展出版社, 1993)은 개혁 이후의 중국 사회, 특히 향촌의 조직과 공업화를 치밀하게 연구하였다. 이 두 권의 책은 현대 중국의 발전 문제를 다룬 중요한 문헌이다. 본문에서 언급한 내용은 『새로운 집단주의』의 내용 요약이다.
19) 『新集體主義: 鄕村社會的再組織』, p. 204.
20) 향진기업은 쟝쑤 성·저장 성·광둥 성 등에서는 크게 성공했다. 그러나 중국 사회과학원 사회학연구소의 황핑 등의 조사에 의하면, 1992년 이후부터 이들 지역의 향진기업의 형태에도 커다란 변화가 일어나고 있다. 그 변화들 중 두드러진 것은 성공한 많은 기업들을 비롯한 향진기업들이 외국 자본과의 합자를 통해 계속 새로운 합자 기업으로 전환하기 시작한 것이다. 또 하나는 중국의 지역 간 차이로 인해 각지의 향진기업들의 상황이 천차만별이라는 점이다. 향진기업이 크게 성공한 많은 지역에서도 환경보호를 위한 충분한 대책을 게을리 한 결과 환경과 자연 자원을 심각하게 파괴하였다. 1992년 나는 향진기업과 집단화에 힘입은 발전의 전형으로 유명해진 다치우좡(大丘莊)을 조사할 기회가 있었다. 그러나 거대한 생산과 풍요로운 생활의 뒤편에는 심각한 환경오염, 생산 환경의 악화, 중대한 위법 행위가 있었다. 이러한 사실들은 향진기업의 상황을 구체적으로 분석할 필요가 있음을 보여 준다. 현대 중국 농촌의 변화에 대해서는 『독서』 1996년 제10기에 실린 「향토 중국의 오늘날의 광경」(鄕土中國的當代圖景)을 참고할 것.
21) '인문 정신'을 둘러싼 논의는 우선 『독서』에서 전개되었고, 이후 다른 많은 잡지에서도 거론되었다. 최초의 문제 제기에 대해서는 張汝倫·王曉明·朱學勤·陳思和, 「人文精神尋錄之 , 人文精神: 是否可能和如何可能」, 『讀書』1994年 第3期, pp. 3~13을 참고. 이후 『독서』의 1994년 제3기에서 7기에 상하이의 젊은 지식인들의 대화가 연재되었다.
22) 張法·張頤武·王一川, 「從'現代性'到'中華性'」, 『文藝爭鳴』 1994年 第2期, pp. 10~20. 참고.
23) 이 '새로운 상태'(新狀態)라는 개념은 문학평론가들이 최근 중국 문학의 주된 특징을 묘사하는 데 사용되었다. 최근 중국 문학에서의 '새로운 상태'란 이데올로기의 지배를 받지 않는 본연의 상태를 뜻한다.
24) 張法·張頤武·王一川, 「從'現代性'到'中華性'」, 『文藝爭鳴』 1994年 第2期, p. 15.
25) 崔之元, 「制度創新與第二次思想解放」, 『二十一世紀』(香港) 1994年 8月號, pp. 5~16. 이 논문에 대한 비판은 季衛東, 「第二次思想解放還是烏托邦?」, 『二十一世

紀』(香港) 1994年 10月號, pp. 4~10. 참고.
26) 오늘날 중국의 개혁 문제에 대한 추이즈위엔의 진단은 논쟁을 불러일으켰다. 쑤원이 『동방』 1996년 제1기에 발표한 논문 「갈 길은 멀지만 길은 있다」(山重水復應有路)는 구소련과 동유럽 제국의 개혁 문제를 논한 글이다. 그런데 그 기본적인 사상은 중국의 사유화 과정에 대한 추이즈위엔의 관점과 대립하고 있다. 이것은 중국의 개혁 과정에 대한 추이즈위엔의 분석이 구소련과 동구의 개혁과의 비교 속에서 이루어졌기 때문이다. 이로부터 중국의 개혁 논의가 중국 자체의 개혁 상황의 영향을 받았을 뿐만 아니라, 구소련과 동구의 개혁 상황에서도 영향을 받았음을 알 수 있다. 머지않은 장래에 구소련·동유럽 개혁의 성패는 분명 중국 문제에 대한 중국 연구자들의 사고에 큰 영향을 미칠 것이다.
27) 張曙光, 「個人權力和國家權力」, 『公共論叢』 1995年 第1期(三聯書店, 1995), pp. 1~6.
28) Braudel, 『資本主義的動力』(三聯書店, 1997), p. 85.
29) 황쭝즈는 미국의 중국 연구에서의 시민사회·공공 영역 범주의 응용에 관한 토론에서 이렇게 말했다. "'부르주아 공공 영역'과 '시민사회'라는 두 개념을 중국에 적용하면서 늘 국가와 사회의 이원 대립을 전제로 하고 있다.…… 나는 국가와 사회의 이원 대립이란 서구 근대사 안에서 고도로 추상화된 일종의 이상일 뿐 중국에는 적용되지 않는다고 생각한다." Philip C. C. Huang, "'Public Share' / 'Civil Society' in China?: The Third Realm between State and Society," *Modern China*, Number 2. April 1993, pp. 216~240. 황쭝즈는 주로 근대 중국의 역사적 상황에 대해서 말하고 있는데, 나는 이 분석이 오늘날 중국의 상황에도 적용된다고 생각한다.
30) 일본 국제학술우호기금의 지원으로 장쑤 문예출판사에서 출판됨.
31) 홍콩에서 등록 출판.
32) 처음에는 중국 사회과학출판사가 출판하다가 나중에 경제적인 문제로 투안제 출판사(團結出版社)가 출판.
33) 포드 기금의 지원을 받아 싼롄 서점에서 출판.
34) '관변'인 '중국 전략과 관리 연구회'(中國戰略與管理研究會)가 간행 주체.
35) 중국 동방문화연구회(東方文化研究會)가 간행 주체.
36) 동유럽 지식인들과 구미 학계의 영향으로 중국 학계에서도 1990년대에 시민사회에 대한 논의가 시작되었다. '국가-사회'라는 이원론 모델에서 서양 학자들은 폴란드

의 자유 노조를 예로 들면서, 동유럽의 집권 체제 붕괴가 '시민사회'의 성숙과 연관이 있다고 주장했다. 미국의 중국학계에서는 근대사 연구 분야에서 하버마스의 『공공 영역의 구조적 전환』의 영향을 받아 공공 영역 개념을 이용해 중국 근대사회의 변화를 재해석하려는 시도가 활발히 이뤄졌다. 그래서 중요한 학술 성과도 많이 나왔다. 그러나 시민사회 문제에 대한 오늘날 중국의 논의를 보면, '시장화'가 자연스럽게 민주화를 가져온다는 환상이 분명히 존재한다. 중국의 시장화 개혁은 확실히 새로운 사회계층을 만들어 내긴 했지만, 이 계층들이 정치 민주화의 원동력이 되었는지는 분명하지 않다. 이미 나는 중국의 사회 개혁 과정에서 정치 엘리트와 경제 엘리트가 하나로 합쳐지게 된 상황, 그리고 정치적 부패와 시장화 사이의 복잡한 관계에 대해 언급했다. 시장화건 새로운 사회계층의 출현이건 그 어느 쪽도 정치적 민주주의의 실현을 보장하지 못한다. 더 중요한 것은 오늘날 중국의 조건에서 민주주의 문제는 더 이상 경제문제, 특히 사회적 분배의 문제와 분리될 수 없다는 것이다. 그리고 이러한 '시민사회' 논의와 관련이 있는 것은 중국의 많은 지식인들이, '개방' 자체에 의해 중국 사회가 결국 서구에 근접해 정치적 민주화도 실현되리라고 믿고 있다는 점이다. 사실 오늘날 중국의 정치적 부패를 조장한 원인 중 하나는 국제 자본이 중국에서 벌이고 있는 활동과 관련이 있다. 이것은 '개방'이 중국 사회의 민주주의 문제를 해결해 주리라는 단순한 논법이 현실에 부합되지 않는다는 것을 증명한다. 하지만 그렇다고 해서 내가 시민사회 논의를 간단히 부정하거나 중국이 폐쇄의 길로 가야 한다고 주장하는 것은 아니다. 내가 말하고 싶은 것은 중국 사회의 문제를 검토하기 위해서는 좀더 복잡한 설명 모델이 필요하다는 점이다. 중국 대륙에서 벌어진 시민사회 문제에 대한 논의는 주로 민간 잡지 『中國社會科學季刊』에서 집중적으로 이루어졌다. 그중 중요한 것으로 鄧正來·景躍進, 「建構中國的市民社會」(創刊號); 夏維中, 「市民社會: 中國近期難圓的夢」(總第5期), pp. 176~182; 蕭功秦, 「市民社會與中國現代化的三重障碍」(總第5期), pp. 183~188; Arif Dirlik, 「現代中國的市民社會與公共領域」(總第4期), pp. 10~22; 蔣慶, 「儒敎文化: 建築中國式市民社會的深厚資源」(總第3期); 朱英, 「關於中國市民社會幾點商榷意見」(總第7期), pp. 108~114; 施雪華, 「現代化與中國市民社會」(總第7期), pp. 115~120; 魯品越, 「中國歷史進程與市民社會之建構」(總第8期), pp. 173~178 등이 있다. 이밖에도 『天津社會科學』에도 兪可平, 「社會主義市民社會: 一個嶄新的研究課題」(1993년 第3期); 戚衍, 「關於市民社會若干問題的思考」(1993년 第5期); 徐勇, 「現代政治文化的原生點」(1994년 第4期) 등의 논문이 실렸다.

37) '전 지구화' 문제에 대한 논의는 汪暉, 「秩序還是失序?: 阿明與他對全球化的看法」, 『讀書』 1995年 7月號, pp. 106~112. 참고.

3장 '과학주의'와 사회이론의 몇 가지 문제

1) 사실의 진리와 가치의 진리를 명쾌하게 구분할 수 있는가는 또 다른 검토가 필요하다. 이 이분법의 보편화는 근대 서구 사상의 발전과 밀접한 관련이 있다. 나는 다른 지면에서 중국 사상의 몇 가지 원리에 대해 논술하려 하는데, 그중의 하나가 가치와 사실이 미분화된 우주관이다. 이 우주관을 발생시킨 동력은 하이에크가 논술한 과학주의적 인식 방식과는 직접적인 관련성이 없다. 주의해야만 할 점은, 도덕에 대한 지식과 자연에 대한 지식의 명확한 구분은 특정 종교의 컨텍스트 속에서 이뤄졌다는 사실이다. 베이컨은 자연에 대한 인류의 통제를 설명하면서, 종교와 과학을 인류 공통의 노력으로 보았다. 즉 에덴동산에서 축출되면서 입은 손상을 보완하려는 활동으로 보았다. "인간은 타락과 동시에 자신의 순결한 상태와 창조물에 대한 통제력을 잃었다. 그러나 잃어버린 이 두 가지는 지금의 삶 속에서 부분적으로 복구할 수 있다. 전자는 종교와 신앙에 의해서, 후자는 기술과 과학에 의해서."("The New Organon", *The Works of FrancisBacon, Vol. IV*, edited by J. Spedding, R. L. Ellis, and D. D. Heath, pp. 247~248) 윌리엄 라이스는 이 논술의 뒷부분이 두 가지 전제를 갖고 있다고 설명한다. 우선, 원죄가 야기한 두 가지 결과는 본래 도덕적 순결성의 상실과 통제력 상실로 구분된다. 다음으로, 베이컨의 언명은 두 가지 다른 메커니즘(종교와 과학)이 죄악을 소멸시키는 데 사용된다는 것을 의미한다. 베이컨은 이러한 구분을 통해 과학의 진보가 자연을 통제한다는 관념이 신의 계획에 위배되지 않음을 믿을 수 있었다. 그런데 반대로 이 힘든 합리화를 통해 "네 이마의 땀이 네 입 속의 빵을 적시리라"는 신의 뜻이 실현되기도 했다. 하지만 베이컨은 사회가 과학의 발전을 촉진하는 것을 반대하기도 했는데, 그 이면에는 인간이 자연의 질서를 깨뜨려 신의 분노를 살지도 모른다는 두려움이 숨어 있었다. 그래서 그는 과학의 순수함을 애써 강조했다. 그는 "선악의 판단은 도덕적 지식의 교만하고 야심만만한 욕망이다. 결국에 인간은 신을 거역하고 자신을 위해 법칙을 만들어 낼 수도 있다. 그것은 사람들을 현혹하는 형식과 방법일 것이다."라고 말했다.("Preface to The Great Instauration," *Works, IV*, p. 20) 이처럼 가치의 문제는 '과학' 지식의 영역 밖에 독립된 과제를 만들어 냈다. 자연 지식과 도덕 지식의 구분은 점차 현대사상의 기본 원칙이 되었고, 사실과 가

치의 구분으로 파생되었다. 베이컨은 타락에 대한 해석과 이와 관계된 그의 관점, 즉 자연의 운행에 대한 지식은 신의 계획에 대한 우리의 인식을 증진시킬 수 없다는 관점을 통해 이 구분을 완성했다. 자연은 마치 장인의 작품과 같아서 장인의 능력과 기술, 즉 그의 형상을 표현할 뿐이다. 이러한 베이컨의 주장 속에는 어떤 이원론이 숨어 있다. 그것은 한편으로 자연 통제의 정당성—역시 기술과 과학의 '도덕적 순수함'인—인데, 자연의 통제는 바로 기술과 과학으로 완성된다. 그러나 그것은 신에게서 소명을 받은 인간과 자연의 관계에서 야기된다. 다시 말해서 베이컨은 타락하기 전, 인간의 상태에 호소해 자연에 대한 인간의 통제를 정당화한 것이다. 다른 한편으로, 기술과 과학으로 자연 통제권을 되찾는 것은 순결한 상태의 회복에 전혀 도움이 되지 않는다. 왜냐 하면 그것은 종교 영역에서의 도덕적인 지식 및 신앙의 문제와는 전혀 무관하기 때문이다. 라이스는 신의 유산을 회복하는 것이 왜 도덕적 진보의 결과가 아니고 단지 과학의 진보의 결과일 수만 있느냐고 묻는다. William Leiss, *The Domination of Nature*(Montreal & Kingston: McGill-Queen's University Press, 1994), p. 52.

2) Joseph Ben-David, *The Scientist's Role in Society*(Englewood Cliffs, N. J.: Prentice Hall, 1971): 중국어 본은 趙佳苓 譯, 『科學家在社會中的角色』(四川人民出版社, 1988), pp. 151~152.

3) 딜타이(Wilhelm Dilthey)와 신칸트주의의 서남독일학파를 기점으로, 역사과학과 자연과학이 원칙적으로 다른 방법을 사용하는 것은 일반적인 관습이 되었다. 딜타이는 자연과학 특유의 인과론적 '해석' 방법을 역사와 인문과학 특유의 직관적 '이해' 방법과 구분했다. 그리고 더 나아가 빈델반트(Wilhelm Windelband)와 리케르트(Heinrich Rickert)는 확연히 다른 두 부분으로 실재를 분리했다. 신칸드학파는 자연을 법칙에 지배되는 사물의 존재로 이해하고, 이러한 관점을 자연과학의 '합법칙적' 성질과 대응시켰다. 그런데 역사는, 가치의 지배를 받으며 기본적으로 연관성은 없고, '개별성'만 있는 여러 사실들의 집합으로 여겨졌다. 따라서 단지 '서사성'만을 지닌 '개별 서사적' 방법으로만 그 사실들을 이해할 수 있으므로, 이에 따라 역사는 일체의 이성적 분석과 멀리 떨어진 피안의 것이 되고 말았다. Alfred Schmidt, 『馬克思的自然概念』(*Der Begriff der Natur in der Lehre von Marx*)(商務印書館, 1988), pp. 41~42. 참고.

4) 사상적 자원의 측면에서 콩트의 사회학 사상은 분명 중국의 과학 개념 형성에 영향을 미쳤지만, 스펜서 사회학이 중국 사상에 미친 영향만큼 직접적이지는 않았다. 호프스태터(Douglas R. Hofstadter)의 관점에 따르면 스펜서는 '방임적 개인주의'와 고전

경제학의 정통적 관념들을 갖춘 철학자였다.(Hofstadter, 『미국인의 사상 속의 사회진화론』[보스턴, 1955]; Benjamin I. Schwartz, 葉風美 譯, 『尋求富强: 嚴復與西方』[江蘇人民出版社, 1989], p. 53. 참고.)

5) 이 문제는 벤자민 슈월츠(Benjamin I. Schwartz)가 제일 먼저 제기했다. 예를 들어 『국부론』(國富論)의 원제는 *An Inquiry into the Nature and Causes of the Wealth of Nations*이며 애덤 스미스는 그 책 속의 한 장을 'How the Commerce of the Towns Contributed to the Improvement of the Country'라고 이름 지었다. Benjamin Schwartz, *In Search of Wealth and Power: Yen Fu and the West*(Cambridge, MA: Harvard University Press, 1964): 중국어 본은 葉風美 譯, 『尋求富强: 嚴復與西方』(江蘇人民出版社, 1989), p. 109.

6) Friedrich A. Von Hayek, *The Constitution of Liberty*(Chicago: The University of Chicago Press, 1960), p. 54.

7) 하이에크는 자생적인 질서와 중앙의 지도에 의한 실천을 서로 대립시켰다. 바로 이 점이 그의 이론적 추종자들이 시장/계획의 이원론으로 사회현상을 해석한 주요 원인이다. 그러나 하이에크 자신의 글을 보면, 그는 '자생적 질서'를 사회적 사건들 속에 숨겨진 질서로 볼 뿐, 그것을 '사회적 사건' 그 자체와 동일시하지는 않는다. Hayek, "Kinds of Rationalism," in *Studies in Philosophy, Politics and Economics*(Routledge & Kegan Paul, 1967), p. 71.

8) 예를 들어 로체(G. C. Roche III)는 다음과 같이 말했다. "우리는 하이에크의 통찰에 대해 특히 감사해야만 한다. 그는 자유와 사회조직, 자유와 법치(法治) 사이의 밀접한 관계를 우리에게 인식시켰다.······ '자생적 질서'라는 개념은 하이에크의 위대한 발견이며, 법학과 경제학의 근본 원리이다. 이 발견은 애덤 스미스와 그의 '보이지 않는 손'의 비유에까지 소급될 수 있다. 즉 '시장'은 인류 사회 내부의 자이로스코프(gyroscope)로서 부단히 자생적 질서를 생산하고 있는 것이다." "The Relevance of Friedrich A. Hayek," *Essay on Hayek*, ed. F. Machlup(Routledge & Kegan Paul, 1977), p. 10; 鄧正來, 「知與無知的知識觀: 哈耶克社會理論的再硏究」, 『自由與秩序: 哈耶克社會理論的研究』(南昌: 江西教育出版社, 1988), p. 76에서 재인용.

9) Alasdair MacIntyre, *After Virtue*(University of Notre Dame Press, 1984).

10) Thomas McCarthy, "Translator' Introduction"; Jürgen Habermas, *Legitimation Crisis*(Boston Press, 1975), p. X.

11) 퍼스 샬로트(Furth Charlotte)가 1987년 발표한 박사논문 『딩원쟝: 과학과 중국의

신문화』: *Ting Wen-jiang*(Harvard, 1970)는 후난 과학기술출판사(湖南科學技術出版社)에서 번역, 출판되었다. 그리고 궈잉이의 1987년 작 『중국 현대사상 속의 과학 지상주의』(中國現代思想中的唯科學主義): *Scientism in Chinese Thought 1900~1950*(Yale, 1965)는 쟝쑤 인민출판사(江蘇人民出版社)에서 출판되었다. 특히 궈잉이의 저서는 과학주의 범주를 사용하여 중국 현대사상 속의 과학관 및 다른 영역에서의 그 활용을 체계적으로 비판했는데, 오늘날의 중국 사상에 일정한 영향을 미쳤다고 본다.

12) 예를 들어 하이에크는 18세기 이후 이성이 점차 남용되었다는 일반적인 묘사가 전체주의 아래에서 이성이 쇠퇴했다는 논의를 필연적으로 유도했다고 말했다. 후자가 가리키는 것은 파시즘과 공산주의이다. 이런 설명은 그의 『과학의 반혁명』이라는 저서와 『노예의 길』의 내적 관계를 단적으로 드러낸다. *The Counter-Revolution of Science*(Indianapolis: Liberty Press, 1979), p. 11.

13) Friedrich A. Von Hayek, *The Road to Serfdom*(London: Routledge & K. Paul, 1976).

14) Friedrich A. Von Hayek, *Individualism and Economic Order*(Chicago: University of Chicago Press, 1969).

15) Karl Jaspers, 魏楚雄・兪新天 譯, 『歷史的起源與目標』(華夏出版社, 1989): *The Origin and Goal of History*(New Haven: Yale University Press, 1953).

16) 맥킨타이어는 마르쿠제가 단지 하이데거와 젠틸레(Giovanni Gentile)라는 아주 예외적인 두 인물에 근거해 그런 논단을 내렸다고 비판했다. 그는 빈 학파의 철학자들이 급진주의자 혹은 사회주의자로서 일치단결해 나치즘에 반대했다고 지적했다. 현상학자들의 정치적 경력 역시 양호했다. 이 논리에 의하면, 유럽에서건 중국에서건 전체주의에 대한 비판은 보통 마르크스주의의 사상 형식을 채택했다. 그렇다면 전술한 인물들이 유럽 사상의 합리주의 전통을 전체주의의 기원으로 보려 했다는 견해도 똑같이 의문을 낳는다. Alasdair MacIntyre, 邵一誕 譯, 『馬爾庫塞』(北京: 中國社會科學出版社, 1992); *Marcuse*(New York: The Viking Press, 1970).

17) Paul Feyerabend, 蘭征 譯, 『自由社會中的科學』(上海譯文出版社, 1990), pp. 77~78: *Science in a Free Society*(Verso Edition/NLB, 1982), 인용문에서 제시된 '문제 B'는 과학에 대한 어떤 논의에서도 제기될 수 있는 두 가지 문제 중의 하나이다. 그 두 문제는 다음과 같다. (A) 과학이란 무엇인가?—과학은 어떤 방식으로 수행되는가? 과학의 결과는 무엇인가? 과학의 기준・절차・결과는 기타 영역들의 기

준 · 절차 · 결과와 어떻게 다른가? (B) 과학이 진정으로 위대한 점은 어디에 있는가?—과학은 무엇 때문에 다른 형식들의 존재보다 우월하며 다른 기준을 사용하고 다른 결과를 획득하는가? 현대 과학은 무엇 때문에 아리스토텔레스학파의 과학, 혹은 북아메리카 호피(Hopi)족의 우주론보다 우월한가? 파이어아벤트는 우리가 '문제 B'에 대답할 때, 과학의 기준을 사용하여 과학과 상이한 학문을 판단해서는 안 된다고 지적한다. 문제 B에 답하려 할 때 우리는 바로 이 기준을 고찰하게 되는데 따라서 우리는 그것을 판단의 기초로 삼아서는 안 된다.(같은 책, p. 75.)

18) Bruno Latour and Steve Woolgar, *Laboratory Life: The Social Construction of Scientific Facts*(Beverly Hills and London: Sage Publications, 1979) p. 32.

19) 이것은 각각 브루노 라투어가 쓴 저작의 부제이다. 한 권은 『실험실의 생활』(*Laboratory Life*)이며, 다른 한 권은 『행동 속의 과학』(*Science in Action*)(Cambridge, Massachusetts: Harvard University Press, 1987)이다. 그의 『프랑스의 파스퇴르 멸균법』(*The Pasteurization of France*)(Cambridge, Massachusetts: Harvard University Press, 1988)도 똑같이 '과학인류학'의 방법을 따랐다.

20) 『행동 속의 과학』이라는 책에서 브루노 라투어와 스티브 울가는 과학적 사실의 구축 과정을 점검하기 위해 과학에 정통하지 못한 자가 마련한 실험실의 일반 조직을 소개하였다.(2장) 그래서 실험실의 부분적인 성과의 역사가 어떤 방식으로 '의심을 허용치 않는' 사실(a 'hard' fact)의 안정성에 이용되는지 밝혔다.(3장) 그리고 사실이 구축해 내는 거시적 과정의 일부와 사실이라는 단어의 배리를 분석하였고,(4장) 실험실의 구성원이 어떻게 그들의 사업과 구체적인 일을 위해 의의를 획득하는지 관찰했다.(5장)

21) 페미니스트들은 다음과 같이 단언한다. "경험주의적 도그마의 주장과는 정반대로 같은 종류의 분석 범주를 사용해 과학과 사회를 이해하는 것은 똑같이 유효하다.……물리학과 화학 내부에서 통상적으로 발생하는 신념에 대해 우리는 인류학 · 사회학 · 심리학 · 경제학 · 정치학 · 역사학의 연구를 해석하며 얻은 신념을 똑같이 적용하여 설명해야만 한다." 이것은 두 가지 단계를 포함한다. 즉 과학 지식을 비자연화(denaturalizing)하며 비자연화를 수행하는 역사학 · 비판이론 · 정신분석학 등의 방법을 신뢰한다. 페미니스트들은 생물학의 전범적 지위를 비판하며 선언한다. '비판과 반성의 사회과학'은 생물학보다 더욱 적절한 연구 모델을 다른 과학에 제공할 수 있다. Sandra Harding, *The Science Question in Feminism*(Ithaca: Cornell University Press, 1986), pp. 44, 92; David R. Shumway & Ellen Messer-Davi-

dow, "Disciplinarity: An Introduction," *Poetics Today* 12, 2(Summer, 1991)와 『學科·知識·權力』(牛津大學出版社, 1996), pp. 11~12. 참고.
22) 하이에크 사상의 변화에 대해서는 鄧正來, 『自由與秩序: 哈耶克社會理論的硏究』, pp. 105~106를 참고. 개념적 측면에서 하이에크의 변화를 관찰한 그는 그 변화가 '무지'의 개념을 도입해서 생겨났다고 인식했다. 그것은 '분리, 독립된 개인 지식관'에서 '무지'의 의미에서의 '암묵적 지식'(tacit knowledge)관으로 전환한 것이다. "예를 들어 '지식'·'의견'(opinions)·'신념'(beliefs)·'이념'(ideas) 등의 술어가 '무지'(ignorance)·'필연적 무지'(necessary ignorance)·'불가피한 무지'(inevitable ignorance) 등의 개념으로 대체되었다." 『과학의 반혁명』이란 책에서 하이에크는 여전히 지식·의견·신념·이념 등의 개념을 많이 사용했지만, 이 개념들은 그가 나중에 논증한 '필연적 무지' 개념의 전제가 되었다.
23) 하이에크의 『노예의 길』, 『개인주의와 경제 질서』의 중국어 번역본이 연이어 출판되었다. 그러나 그의 과학주의에 관한 저작은 아직 번역되지 않았다. 그래도 그의 저작들 사이에 존재하는 상호 증명 관계 덕분에 많은 독자들이 총체적 독서 이전에 벌써 이 책의 평이한 결론들을 받아들였다. 예를 들어 『개인주의와 경제 질서』 제1장 3절에서 하이에크는 영국 사상가의 '진정한 개인주의'와 프랑스 데카르트 학파의 개인주의를 대비해 말하고 있다. "만약 우리가 데카르트, 루소, 프랑스대혁명을 비롯해 다양한 성격의 설계자들이 사회문제 처리를 담당한다는 태도에 이르기까지 그러한 사회계약적 개인주의 혹은 사회제도에 대한 '기획' 이론의 발전을 추적해 본다면, 분명 흥미로운 사실을 발견할 것이다." 이 주장에 관한 주해에서 하이에크는 *Economica*(1942)에 실은 자신의 논문 「과학주의와 사회 연구」(Scientism and the Study of Society)를 언급했다. 그리고 뒤이은 문장에서 그는 다시 지적했다. "사회 기획의 이론은 필연적으로 다음과 같은 결론을 낳는다. 즉, 사회 과정이 인간 이성에 의해 통제되기만 한다면, 그것은 곧 인류의 목표를 위해 기능할 수 있다는 것이다. 이런 결론이 직접적으로 사회주의를 낳았다." 『과학의 반혁명』에 수록된 비교적 심각한 부분에 대해서는 아직까지 분석을 한 이가 없었다. 나는 여기에서 귀잉이의 저서가 아니라 하이에크의 저서를 분석 대상으로 하고 있는데, 한편으로는 과학주의 관련 이론을 좀더 정확하게 개괄하기 위해서이며, 다른 한편으로는 하이에크가 1980년대부터 현재까지 중국 지식계에 중요한 영향을 미쳤기 때문이다. 하이에크의 자유주의는 1989년 이후 전개된 급진주의와 영국 자유주의 관련 논의의 이론적 원천 중 하나였다. 하이에크는 자신의 저서에서 직접 계획경제와 사회제도 문제를 연

구하지는 않았지만, 사회과학 속의 과학주의에 대한 그의 연구에는 확실히 사회주의·전체주의·계획경제에 대한 사유가 내포되어 있다. 내가 본문에서 거론한 '과학주의 설명 모델'은 결코 하이에크의 이론을 가리키지는 않는다. 그것은 그의 이론에 따라 중국 역사를 해석한 사상사와 사회사의 모델을 의미한다. 하이에크의 이론과 비교해 '과학주의'에 대한 중국의 논의들은 마땅히 갖춰야 할 사상적 수준에 다다르지 못했으므로, 우리는 그 논의들과 하이에크의 이론을 동일선상에 놓아서는 안 된다. 그러나 이론적 측면에서 문제에 대한 우리의 관점을 분명히 하기 위해 하이에크의 이론을 직접 서술했고, 따라서 문제를 더욱 분명히 할 수 있는 것이다.

24) Hayek, 賈湛·文躍然 譯, 『個人主義與經濟秩序』(北京經濟學院出版社, 1989), p. 75. 고전 경제학에 대한 하이에크의 비판은 정곡을 찌르고 있다. 그러나 실증주의에 대한 비판은 여전히 자연과 사회라는 이원론을 기초로 한다. 내가 보기에, 문제는 이 자연과 사회의 분화 자체가 검토되어야만 할 대상이라는 데 있다. 왜냐 하면 자연이 과학의 대상이 되고 단지 주체와 객체의 이원적 관계 속에서만 자신을 구현하게 되었을 때, 자연의 성질에 근본적인 변화가 일어났기 때문이다. 과학기술 시대의 발달은 인간의 자연 이해의 변화와 밀접한 관계가 있다. 과학주의의 방어 논리가 바로 이 자연/사회라는 이원론이다.

25) Hayek, 같은 책, pp. 76~77.

26) 나중에 하이에크는 마이클 폴라니(Michael Polanyi)의 『개인 지식』(*Personal Knowledge*)의 영향을 받아 『감각의 질서』(*The Sensory Order*)(London: Routledge & Kegan Paul, 1952)에서는 인간의 정신 자체가 사회·문화적인 산물임을 인정했다. 그리고 지식이란 사실상 실천적인 지식이라고 생각하였다. 그렇지만 하이에크는 여전히 지식사회학의 개념을 거부했는데, 아무리 인간의 정신이 사회·문화적인 산물이라 하더라도 정신 그 자체와, 그것으로 하여금 분류를 수행케 하는 규칙들을 서로 분리시킬 수 있는 능력은 없다고 생각했기 때문이다. 그렇게 본다면 정신의 작용을 완전히 설명하는 것도 불가능하다.

27) Hayek, *New Studies in Philosophy, Politics, Economics and the History of Ideas*(Routledge & Kegan Paul, 1978), pp. 4~5. 하이에크의 자연/인간 이원론에 대한 분석은 鄧正來, 『社會秩序規則二元觀』(未刊稿), pp. 3~4. 참고.

28) Hayek, 같은 책, p. 96; 번역문은 鄧正來, 같은 책, p. 6에서 인용.

29) Hayek, *The Counter-Revolution of Science*, pp. 23~24.

30) 전통적인 사상은 방법상으로 줄곧 인간에 대한 관점과 의견을 연구하는 데 힘을 기

울였다. 그 원인은 단지 당시의 주요 학문이 신학 혹은 법학이어서만은 아니었다. 또한 사물의 이념이 초월적 실재를 내포하고 있으므로, 오직 이념을 연구해야만 진정 사물의 본질에 다가설 수 있다는 보편적 믿음 때문만도 아니었다. 인간은 항상 자신의 형상에 근거해 외부 세계를 해석한다. 그래서 외부 세계에 대한 관심은 결국 영혼을 설명하는 쪽으로 방향이 바뀐다. 같은 책, pp. 28~29.

31) 같은 책, pp. 38~39. 현대 과학의 주요 임무는 조직적인 실험을 통해 끊임없이 개념을 수정하고 재구성하는 것이며, 최종 목적은 보편적으로 적용 가능한 법칙을 얻어 내는 것이다. 이 과정에서 일상적 경험·감각·개념·관찰은 외부 세계에 대해 분류와 서열화를 행하는 새로운 방법에게 자리를 내줘야만 한다.

32) 하이에크는 과학 방법의 지평 속에서 발생한 '외부 세계'의 변화에 대해서는 분석하지 않았다. 그래서 후설과는 달리, 과학에 의해 재구성된 '외부 세계'와 일상적 생활 세계의 관계에 대해서도 분석하지 않았다. 그가 주목한 것은, 과학자들이 구축한 세계상이 어느 정도 사실과 부합되느냐 하는 문제가 아니었다. 그것보다는 과학자들이 만들어 낸 또 다른 세계가 어떻게 개체들을 자신의 일부분으로 변화시키는지가 더 중요했다. 주목할 것은 개념과 그 분류법이 혼란스럽고 무질서한 감각 및 지각 자료를 하나의 일관된 구조로 조직화해 정확한 지식의 경험 형식을 산출해 낸다는 사실이다. 이러한 관점은 본래 '통제'에 대한 반성을 불러일으키기 쉽다. 예컨대 호르크하이머는 "공리는 자기 한계에도 불구하고 스스로를 객관적이면서도 필연적인 것으로 구조화한다. 그것은 사상을 하나의 사물, 하나의 도구로 변질시키는데, 이것이 바로 자기 자신에 대한 공리 스스로의 명명이다."라고 지적했다. 그리고 사유의 연역 형식은 "등급과 강제를 반영하며", 최초로 지식 구조의 사회적 특성을 분명히 드러냈다고 하였다. "사유의 보편성은 추론에 의해 발전한다. 그런데 개념 영역의 통제는 곧 현실의 통제를 그 기초로 삼는다." 또한 논리적 범주는 특수에 대한 보편의 권력 행사를 가정하므로, 이와 같은 측면에서 "사회와 통제의 철저한 통일성"이 입증된다. 즉 인류 사회 속에서 개인은 전체에 복종한다는 보편적인 존재 논리가 입증된 셈이다.(Max Horkheimer and Theodor W. Adorno, *Dialectic of Enlightenment*, translated by John Cumming[New York: The Continuum Publishing Company, 1972], pp. 25, 20~29. 그러나 하이에크는 인식론적 측면에서 '이성'의 문제를 논해 과학 방법론의 성찰에서 과학 관련 사회이론이 발전할 수 있는 가능성을 일축하였다.

33) 하이에크는 사회과학의 대상을 설명하면서 다음과 같이 주장했다. "일정한 수준에서

인간은 역시 일정한 형상을 갖는다. 사유할 수 있고 이해될 수 있는 총체적 존재로서 인간의 조건은 대체로 비슷하다. 그러나 문자로 완성되는 과학의 실천에서 인간의 이성이 어떤 경미한 문제도 남김없이 다 해결할 수 있기 전까지는, 어떤 종류의 통계 수치로 우리의 심리적 사실을 설명하는 행위는 유보되어야 한다. 그리고 이것을 기초로 해서 정신적 현상이 이끄는 인간 행위에 대한 해석이 이뤄져야만 한다. 바로 이러한 사실에서 과학자들이 직접 처리할 수 없는 문제들이 나타난다. 과학이 여태껏 사용해 온 특수한 방법이 그런 문제들에 적용될 수 있는지는 여전히 명확하지 않기 때문이다. 여기에서 문제가 되는 것은 인간이 가진 외부 세계의 형상과 사실 사이의 거리가 아니다. 그것은 자신의 행위로 인해 얻은 관점과 개념의 지배 아래에서 인간이 어떻게 다른 인간들이 그 일부분으로 속하는 세계를 구성하느냐는 사실이다. '인간들이 갖고 있는 관점과 개념'이란 결코 외부 자연에 관한 그들의 지식만을 가리키지는 않는다. 그것은 그들 자신·타자·외부 세계, 즉 그들의 행위를 결정하는 모든 것들을 가리킨다. 여기에는 과학의 지식과 믿음까지 포함된다. 이것이 바로 사회 연구와 도덕과학이 그들을 소환하는 영역이다." 같은 책, p. 39; Hayek, "Scientism and the Study of Society," *Ecomomica*, 1942, pp. 277~278.

34) 예를 들어 인간의 노동 수단은 단순히 객관적 사실이라고 한정지을 수 없다. 그것은 인간의 태도에 따라 결정된다. '수단'의 수단됨은 행동하는 인간의 규정 속에서 구현된다.

35) 사회과학의 연구 대상은 인간의 역사이다. 따라서 사회과학의 이론적 서술의 유효성은 바로 인간 역사에 관한 서술에 있다. 만약 우리의 관찰 대상이 우리와 비슷한 정신을 갖고 있지 않다면, 그러한 역사 연구는 자연과학과 구별되기 힘들다. 그리고 인간의 표지(標識)에 대해 이야기할 때 우리는 늘 어떤 익숙한 정신적 범주의 존재를 암시하곤 한다. 이 점에 대해서는 데모크리토스(Democritus)의 "인간이란 모든 사람들이 알고 있는 그것이다."라는 말이 정확하다. Hayek, *The Counter-Revolution of Science*, pp. 138~139.

36) Hayek, 鄧正來 譯,『自由秩序原理』(北京: 三聯書店, 1998), pp. 19~20.

37) 이것은 Bloor의 말인데 Bruno Latour와 Steve Woolgar는 이 말을 그들의 저서인 *Laboratory Life: The Social Construction of Scientific Facts*(Beverly Hills & London: Sage Publications, 1979)의 권두에 적었다.

38) '필연적 무지'에 대한 하이에크의 설명은 그의 후기 사회이론에 집중되어 있다. 그러나 개인 지식의 한계에 관한 그의 초기 저작 속에서도 이 '무지'의 지식관으로 향

하는 통로를 발견할 수 있다. Hayek, 劉戟鋒·張來擧 譯, 『致命的自負』(北京: 東方出版社, 1991), p. 124; 『自由秩序原理』, p. 19.

39) 이러한 하이에크의 관점과 순수 경험론의 환원주의는 표면적으로 상충되지만, 자세히 분석해 보면 서로 내적인 연관성이 있다. 환원주의는 우리가 실재를 이해하기 위해서는 그것을 더 이상 나눌 수 없는 성분으로 환원해야 한다는 논리이다. 그리고 하이에크는 사회적 관념에서 개인 행위의 개념을 분리할 것을 강조한다. 이 두 주장은 집단적 관념의 배척에서 완전히 일치하며, 또한 집단적 관념의 배척을 사회계약론을 부정하는 논리로까지 발전시키는 데에서도 서로 일치한다. 벤덤(J. Bentham)의 주장을 예로 들어 보자. 그는 사람들이 편의상 여러 가지 사물을 하나의 명칭으로 묶지만, 엄격히 말해서 그 명칭들은 '허구'에 불과하다고 말했다. 물론 일부 허구적 관념들은 아주 유용하기도 하다. 우리는 그것들을 사용해 많은 것들을 동일한 종류에 귀속시켜 편리하게 묘사할 수 있다. 재산·사회·국가 등이 바로 그런 기능을 한다. 그러나 어떤 허구들은 오해를 불러일으키기 쉽다. 그것들은 본래 사물의 명칭이 아닌데도, 사람들은 그런 것처럼 그것들을 사용한다. 책임·권리·의무·명예·공동체 등이 그런 개념들에 포함된다. 만약 우리가 그것들을 자율적이며 독립적인 사물의 명칭으로 간주해 사용하면, 그것들은 곧바로 위험한 명사가 되고 만다. 모든 개체들은 본성적으로 자신의 이익을 추구한다. 따라서 공동체는 구성원 개개인의 이익을 벗어난 어떤 별도의 이익을 갖지 않는다. 벤덤은 일단 우리가 허구적 관념들의 본질을 설명할 수 있다면, 대부분의 사회문제는 저절로 해결되리라고 보았다. 만약 일반적인 관념들이 분석을 통해 그것들의 '요소들'로 분해될 수 있다면, 우리는 결국 정치 논리학의 이성적 어휘들을 한 장의 표로 정리할 수 있을 뿐더러, 그것을 기초로 안정된 '사상 구조'를 확립할 수 있을 것이다. 나는 여기에서 하이에크와 벤덤의 철학을 뒤섞어 논하고 싶은 생각은 없다. 하이에크는 벤덤이 애써 구상한 어떤 유토피아에나 적합할 법률적 프로그램에 찬성하지 않을 것이다. 또한 벤덤 사상 속의 권위주의와 간섭주의에도 찬동하지 않을 것이다. 왜냐 하면 벤덤은 표면적으로는 스미스와 리카르도의 자유주의 경제이론에 찬성했지만, 사실은 국가가 또 다른 방식으로 경제생활에 간섭하기를 원했기 때문이다. 그는 잉글랜드 은행의 국유화와 정부 기구를 주체로 하는 교육·연구의 통제를 희망했으며, 또한 정부가 가격을 확정하고 최저 임금을 보장해 줄 것을 주장했다. William Thomas, 李河 譯, 『穆勒』(中國社會科學出版社, 1992), pp. 11~12, 28: *Mill*(Oxford University Press, 1985). 참고.

40) 이와 대조해 보면 과학주의의 방법은 정반대이다. 그것은 개인 행위를 결정하는 주관적 개념에서 출발하기를 거부해 오히려 스스로 회피하려 했던 오류를 저지른다. 즉 집단들을 사실로 지목하는데, 그 집단들은 추상화 혹은 일반화된 이론적 결과에 불과한 것이다. 과학주의자들은 조직의 구체적 형식에 대해 초연하게 존재하는 추상적 사회 생산 능력이란 존재하지 않는다는 것을 이해하지 못한다. 사회 영역 속에서의 유일한 사실은 바로 구체적인 인간 존재뿐이다. 그들은 구체적인 목적을 위해 행동하고, 또한 행동 방법에 관한 구체적인 지식을 갖고 있다.

41) Herbert Marcuse, *One-Dimensional Man*(Boston: Beacon Press, 1964), p. 5.

42) MacIntyre, 邵一誕 譯, 『馬爾庫塞』(中國社會科學出版社, 1992), p. 82: *Marcuse*(New York: The Viking Press, 1970).

43) 하이에크는 객관주의적 과학이론의 잠재적 의미가 과학이 이미 우리에게 표명한 사항이라고 생각했다. 그것은 모든 사물이 궁극적으로 에너지로 환원될 수 있으며, 이에 따라 인간 역시 자신의 계획대로 각종 일들을 처리해야 함을 뜻한다. 그런데 이런 내용은 사물들의 구체적인 용도에 근거하지 않으며, 그것들을 추상적 에너지의 호환 단위로 간주해 취급하고 있다. 이밖에 더욱 보편적인 예를 들어보자. 사회적 생산품의 생산과 그 수량의 '객관적' 가능성은 그 생산품으로 하여금 물리적 사실로서의 가능성이 되게 한다. 사회적 생산품은 항상 전체 사회가 가정하는 '생산 능력'의 수량 예측 속에서 표현 기회를 얻는다. 사실, 인간의 객관적 수요에 대한 설명 역시 이와 유사하다. 여기에서 '객관적'이란 단지 명목에 불과하며, 그것이 실제로 표현하는 것은 특정인에 대해 사람들이 무엇을 요구해야 하느냐에 대한 관점이다.(Hayek, *The Counter-Revolution of Science*, pp. 91~92)

44) '객관주의'는 그러한 사실을 인정하지 않는다. 개념·이념 등의 정신적 실체를 비롯해 모든 정신 현상·감관 작용·이미지 등은 모두 대뇌가 수행하는 분류 활동으로 간주된다. 우리가 관찰하는 속성은 객체의 특징이 아니며, 외부 자극을 분류하고 조직하는 경로에 의존한다는 것이다. '객관주의'의 방법은 자연과학과 마찬가지로 인간 행위를 '사실적' 영역으로 본다.(같은 책, 5장, pp. 77~92.) 후설의 객관주의 비판을 평하면서 하버마스는 "그가 과학의 객관주의식 자기 이해를 비판하면서도 또 다른 객관주의의 제약을 받고 있으며, 그런 객관주의는 보통 전통적인 이론적 개념에 부속되어 있다."라고 말했다. 다시 말해서 실증주의에 대한 후설의 비판은 지식과 인간 성향 간의 관련성을 은폐하고 있다.(Habermas, 『知識與人類興趣: 一個槪觀』; 黃瑞祺, 『現代批判社會學』〔臺北: 巨流圖書公司, 1985〕, p. 251에서 재인용.) 사회

과학의 '객관주의'에 대한 하이에크의 비판은 일리가 있다. 그러나 그 비판이 자연과학의 '객관주의'에 대한 관점으로 나아가면 마찬가지로 지식과 인간 성향 사이의 관련성을 은폐하고 만다.

45) 다시 말해서 '집단주의'적 방법은 대상의 내부, 대상을 구성하는 요소(개인의 태도에 관한 지식)에서 출발해 사회를 이해하는 것이 아니다. 그것은 외부에서 직접 사회 전체를 관찰하는 것이다.(Hayek, 앞의 책, 6장, pp. 93~110.)

46) 하이에크는 역사주의를 과학주의의 산물로 보는 관점이 다소 의아하게 비쳐지리라고 예상했다. 왜냐하면 역사주의는 보통 자연과학적 모델과는 대립되는 방법으로 사회현상을 다루는 것으로 알려졌기 때문이다. 그러나 그는 여전히 역사주의를 과학주의의 전형적인 형태로 간주했다. 한편 그는 전통적 역사주의와 새로운 역사주의를 구별했다. 전통적 역사주의는 역사학자의 임무와 과학자의 임무를 대비해 역사의 이론과학적 가능성을 부정하며, 새로운 역사주의는 정반대로 사회현상을 관통하는 이론과학의 유일한 방법으로 역사를 지목한다고 주장했다. 그러나 이 두 가지 역사주의의 극단적 형식은 서로 가깝다. 왜냐하면 그것들은 역사학자들의 역사 연구 방법이 과학주의적 역사주의로 나아가기 위한 가능성을 열어 주었으며, 그런 역사주의의 시도가 바로 역사학을 일종의 '과학', 그것도 사회현상에 대한 유일한 과학이 되게 했기 때문이다. 하지만 하이에크는 여전히 버크(Edmund Burke)와 애덤 스미스를 대표로 하는 역사학파에 동감을 표시했다. 그는 사회체제가 의도적인 기획의 결과라고 보는 관점에 반대하고, 그것은 다수 인간의 고립적 행위들이 낳은 예기치 않은 결과라고 주장하면서, 구성주의 이론의 적용을 암시했다.(같은 책, 7장, pp. 111~140을 보라.)

47) 하이에크는, 역사주의는 역사학자들이 창조한 것이 아니라고 말한다. 역사주의는 전문화된 사회과학자들, 특히 자신들의 이론으로 통하는 경험적 노선을 찾기를 갈망한 경제학자들이 창조했다는 것이다. 그들에게서 역사학은 사회에 관한 과학의 원천이 되었다. 즉 역사학은 우리가 얻길 바라는 사회에 관한 이론적 지식을 산출할 수 있었는데, 예를 들어 역사 발전의 법칙 · 단계 · 제도 등이 그것이다.(같은 책, p. 114)

48) 헤겔 · 콩트, 특히 마르크스에서 좀바르트(Werner Sombart), 슈펭글러(Oswald Spengler)에 이르기까지 모두가 역사주의의 대표자들이다. 하이에크는 이러한 이론들, 특히 마르크스주의를 통해 과학주의가 광범위한 영향력을 미치게 되었다고 비판했다. 심지어 마르크스주의의 많은 적대자들까지도 과학주의의 개념에 따라 사고하게 되었다.

49) 하이에크는 지식사회학의 방법을 날카롭게 비판했다. 그는 지식사회학이 내부가 아니라 외부에서 세계를 관찰한다고 생각했다. 그는 만하임의 이론을 지목하면서 만약 현재적인 지식의 형성 조건과 그 결정적 요소를 우리가 알 수 있다면, 그 지식은 더 이상 현재적인 지식이 아니라고 말했다. 우리가 우리의 지식을 설명할 수 있다는 선언 역시 우리가 우리 자신이 아는 것보다 더 많은 것을 안다는 논리가 돼 버린다.(Hayek, *The Counter-Revolution of Science*, p. 159)
50) 하이에크는 방법론적 집단주의와 정치적 집단주의의 논리적인 차이를 인정하면서도, 양자 사이의 연대적 관계를 확신했다. 방법론적 집단주의가 없으면 정치적 집단주의도 자신의 지식의 기초를 박탈당할 수밖에 없다. 의식적인 개인 이성이 사회와 인간성의 모든 목표와 지식을 이해한다고 믿지 못한다면, 의식적 지향이 그 목표들을 성취할 수 있다는 신념은 기초를 잃고 말 것이다. 하나의 목표를 향한 지속적인 추구는 그것과 관련된 제도를 낳게 마련이며, 사회 성원들은 그 제도 속에서 단일한 주도적 정신의 단순한 도구가 돼 버린다. 그리고 모든 자발적 사회 세력 역시 파괴된다. 이것이 바로 하이에크가 주장한 과학 문명 시대의 위기이다.(같은 책, pp. 161~162)
51) 하이에크는 가격 협조 체계 자체가 인류가 심혈을 들여 고안한 결과라는 관점에 가장 반대한다. 가격체계는 인류가 우연히 발견한 것이며, 아직 완전히 이해하고 이용하지는 못하는 체계이기 때문이다.(Hayek, 賈湛·文躍然等 譯, 『個人主義與經濟秩序』(北京: 北京經濟學院出版社, 1989), p. 81.
52) 같은 책, pp. 70~80.
53) 같은 책, p. 83.
54) 하이에크는 노동 분업의 기원이 가격체계의 작용이라고 생각했다. 이것은 이론적으로 근거가 있는 주장이다. 하지만 모든 것을 어떤 방법의 결과로만 보고 역사 과정의 작용을 무시한 것은 그의 잘못이다.(같은 책, p. 83. 참고.)
55) John Herman Randall은 아리스토텔레스와 현대 이론의 비교에서 전자의 인식이 사물의 원인에 초점을 맞춘 데 비해, 후자는 세계의 개혁 방안에 대한 연구로서 주로 방식에 대한 물음임을 밝혔다.(John H. Randall, *Aristotle*[N.Y.: Columbia University Press, 1960], pp. 2~3.) 실제로 많은 학자들은 고대인의 자연 탐구가 반드시 자연을 정복하기 위한 기술적 동기와 관련된 것은 아니었다고 얘기해 왔다. 과학과 기술의 관계는 근대 이후에야 발전하기 시작했다.
56) Wemer Hisenberg, *Physics and Philosophy*, translated by Pomerans(A. J.

London: Hutchinson, 1958), pp. 196~197; *The Physicist's Conception of Nature*(N. Y.: Harper and Row, 1962), p. 24.
57) Latrell, 『科學和技術對文化的挑戰』(北京: 商務印書館, 1997), p. 2.
58) 단순한 비판은 늘 공정하지 못하게 마련이다. 하이에크는 과학 세계 안에서의 '자연'의 도구적 특징이야말로 아주 심각한 문제라고 지적했다. 예를 들어 그는 이렇게 말했다. "인간의 과학이 이미 형성했으며, 인간의 일상생활을 지도하고 있는 세계상 및 인간의 지각·개념은 연구의 객체가 아니라 완성되길 기다리는 도구이다. 과학은 과학과 인간의 관계와 이 둘이 관계되는 방식에 대해서는 관심이 없다. 하지만 그런 방식 속에서 현존하는 세계관은 인간의 행동을 지도한다. 사실, 과학은 바로 그 관계이거나 그 관계들을 변화시키는 지속적인 과정이다. 과학자는 자신이 객관적 사실을 연구할 때, 독립적으로 인간의 사고와 세계 속의 사물을 연구하려 한다고 강조한다. 그리고 그에게 인간들이 갖고 있는 외부 세계의 상은 늘 극복되어야 할 하나의 단계이다."(*The Counter-Revolution of Science*, pp. 38~39) 그런데 하이에크는 "외부 세계의 상은 늘 극복되어야 할 하나의 단계이다."라고 말한 후 뒤이어 그 '극복' 과정의 사회성을 분석하지 않았다. 또한 자신이 지적한 도구 개념도 통제 개념과 직접 연관시키지 않았다. 요컨대 하이에크 이론에는 과학과 기술을 연결시키는 필수적인 논술이 부족하다.
59) 이 문제에 관해서는 Mary Tiles and Oberdiek가 출판한 신작 *Living in a Technological Culture, Human tools and Human values*(London and New York: Routledge, 1995)에서 주목할 만한 논의가 이뤄졌다. 그들은 기술을 단순히 응용과학으로 보는 관점을 거부하며 이렇게 묻는다. "우리는 항상 기술의 시대에서 살고 있다고 말한다. 그렇다면 기술이란 개념은 어떤 의미를 포함하고 있는가? 또한 '기술 문화'에서 산다는 것은 무엇을 의미하는가?"(같은 책, p. 9) 기술과 과학은 결코 본디 연관성이 없었다. 기술이 과학을 활용한다거나, 혹은 그 자체로 과학의 활용이라는 것은 단지 현대의 해석일 뿐이다. 이런 의미에서 과학과 기술의 임시적인 연결은 일종의 '기술 문화'를 창조했으며, 이런 '기술 문화'는 현대의 문화와 그 이전의 문화를 구별한다.
60) 이것은 루카치가 『역사와 계급의식』이라는 책에서 제기한 유명한 관점으로 루카치는 다음과 같이 말했다. "자본주의 사회의 인간은 그 자신이 (계급으로서) 창조한 현실에 직면해 있다. 그리고 이 현실은 그에게서 소외된 자연 현상이다.…… 이런 개념은 근본적으로 부르주아 계급 분자들이 세계와의 관계 속에서 자기를 이해하는 것

에 달려 있는데, 자연이라는 단어는 이처럼 여러 의미를 포함한다. 우리는 일찍이 칸트의 가장 명확한 진술에 주목했지만, 갈릴레이 이후에 이미 통제로서 생겨난 '규칙 체계의 총화'라는 자연 개념은 본질적으로 변하지 않았다. 또한 이 개념이 자본주의 경제 체제의 산물이라는 것은 이미 여러 차례 증명되었다. 한편 이 개념과 병행해 발전한 또 하나의 자연 개념이 있는데, 그것은 완전히 다른 함의를 포함하며 가치 개념도 첫 번째 자연 개념과는 완전히 다르다."(Georg Lukacs, 張西平 譯, 『歷史和階級意識』〔重慶出版社〕, p. 152) 하지만 이 관점을 더욱 모범적으로 해설한 이는 마르크스이다. 마르크스는 『독일 이데올로기』에서 "우리는 단지 하나의 유일한 과학, 즉 역사과학만을 알고 있다. 역사는 두 측면으로 고찰될 수 있으며, 자연사와 인류사로 구획될 수 있다. 하지만 이 두 측면은 서로 밀접한 관계가 있다. 누군가 존재하기만 하면 자연사와 인류사는 곧 서로를 제약한다."(『馬克思恩格斯全集』 第3卷〔人民出版社, 1965〕, p. 20)라고 주장했다. 마르크스는 자연계와 인류의 대립이 의식적인 구조이며, 이런 이데올로기적 구조는 역사 속에서 자연에 대한 인간 생산의 관계를 배제한다고 말했다.

61) 자연에서 인간이 분화된 것은 인류가 형성되는 데에 필수적인 첫걸음이었다고 여겨진다. 그래서 원시 시대부터 인간과 자연 사이에는 어떤 대립이 존재하고 있었다. 그러나 이런 대립은 아직 자본주의 시대처럼 총체적 성격을 띠지는 않았다. 고대 사회의 신화와 무속적 세계관은 특수한 방식으로 인간과 자연의 관계를 표현하였다. 그런데 과학은 일상적 생활 세계와는 아주 다른 개념 체계를 수립했으며, 그런 뒤에야 비로소 그 체계와 생활 세계의 관계는 완전히 분리되었다.

62) 윌리엄 라이스의 다음 논의는 아주 설득력이 있다. 기술적 능력의 수준은 특정 역사 시기의 사회적 충돌이 채택하게 될 형식을 결정하는 중요한 요소이다. 이것이 바로 '인간의 자연 정복' 혹은 '인간의 자연 통치'에 대한 논의가 불합리한 까닭이다. 사실, 그런 사건에서 가정된 주체는 결코 존재하지 않는다. '인간'은 그저 추상이며 추상의 방식으로 사용되어 단지 하나의 사실, 즉 인간과 인간의 현실적인 폭력 투쟁에서 기술적인 도구가 부분적으로 작용한다는 사실을 은폐한다. 인간이라는 개념 속에 포함된 보편성—인류는 하나의 총체로서 평화로운 사회질서 안에서 서로 연대하고, 결국에는 자유로운 조건 아래 자신의 생존을 결정한다는 관념—은 아직 실현되지 않았다. Leiss, *The Domination of Nature*, pp. 121~122.

63) 아래의 인용문은 하이에크가 방법론적 측면에서 '인간' 혹은 '우리'(자연의 대립물)를 구성해 추상적 주체로 삼은 방식을 설명해 준다. 하이에크는 말했다. "그런데 이

사실의 결과는 무엇인가—인간은 지각과 개념을 통해 세계와 그 상호 관계를 이해하는 데, 이런 지각과 개념들은 모든 대상에 대해 똑같은 정신 구조 속에 조직된다. 이런 활동의 회로망에 대해 우리는 뭐라고 말할 수 있는가—그 회로망 속에서 인간들은 자신들이 소유한 지식(전술한 지각과 개념)의 지도를 받는다. 그래서 어떠한 시점에도 그 회로망의 대부분은 인간들에게 공통적이다. 비록 과학이 인간이 점유하는 외부 세계의 상을 수정하느라 여념이 없고, 과학에서 그런 상은 늘 잠정적이라 하더라도 다음의 사실만은 특정 사건의 거대한 원인이자 결과인 현실로서 결코 바뀌지 않았다. "인간들은 확정된 상을 갖고 있는데, 우리가 사유하고 이해할 수 있다고 생각하는 모든 존재상은 어느 정도 서로 유사하다."(*The Counter-Revolution of Science*, p. 39.)

64) 자연과 사회의 "이러한 분리는 인류 사회만큼이나 오래되었다. 그러나 오직 현대사회에 와서 그것은 인류의 행위를 지도하는 자각적 원칙의 지위에 올라섰다."(William Leiss, 『自然的統制』, p. 5.)

65) 하이에크는 자연과학 영역을 인간 이성의 통제를 받는 영역이라고 본 반면, 사회과학 영역은 '자연적', 혹은 '개인주의적' 영역이라고 생각했다. 즉 자연적인 교류 행위로 자유로운 사회를 형성한다고 본 것이다. 그러나 자기 통제를 할 수 없는 사회는 자연에 대한 자신의 끊임없는 약탈도 통제할 수 없다. 프랑크푸르트학파는 자연이 인간 이성의 통제를 받기는 하지만 자본주의 사회가 인간 스스로의 생활 과정에 의해 지배받는 까닭으로 그 이성은 비이성적·신비적·숙명적 성질을 갖는다고 주장했다. 예를 들어 호르크하이머는 자본주의가 낳은 무정부주의 상태를 이렇게 설명했다. "이 과정은 자각적 의지의 통제 아래 완성되는 게 아니라, 일종의 자연적 과정으로서 실현된다. 일상생활은 맹목적·우연적·편향적 형식을 통해 각 개인들과 각종 공업, 각 나라들의 혼란하고 무질서한 활동들에서 생겨난다."(「唯物主義和道德」, 『社會研究雜誌』 第2卷, 第2冊〔萊比錫, 1933〕, p. 167; A. Schmidt, 『馬克斯的自然槪念』〔商務印書館, 1988〕, p. 33에서 재인용.) 따라서 핵심적인 문제는 자연과 사회의 관계가 아니라 사회적 생산의 방식이다. 슈미트는 "아직 사회에 의해 조직되지 않은 자연 통제는 그 발전 수준을 떠나 여전히 자연에 귀속되어 있다."라고 말했다. 이런 관점은 지금까지 인류 사회의 역사를 '자연사적 과정'이라고 본 마르크스의 관점과 관련이 있다. 마르크스는 "경제학의 규칙은 모든……무계획적 생산 속에서의 인간의 지배력이 배제된 객관적 규칙으로서 자연적 규칙의 형태와 인간들을 대립시킨다."라고 주장했다.(『反杜林論』, 『馬克斯的自然槪念』, p. 35에서 재인용.) 슈미트는

이 주장에 대해 "마르크스는 '사회·경제 형태의 발전'을 일종의 '자연사적 과정'으로 보았다. 이것은 그가 엄격한 필연성에 근거하여 역사 과정을 취급했음을 의미하는데, 물론 심리적이거나 선험적으로 구성된 설명 원리와는 무관하다. 그는 개인의 활동 방식들을 객관적 과정의 각종 기능으로 이해했다. 지금까지의 역사 속에서 개인은 줄곧 자유로운 주체이기보다는 '경제적 범주의 인격화'로 출현했다는 것이다."라고 설명했다.(William Leiss, 앞의 책, p. 36.)

66) 鄧正來, 『社會秩序規則二元觀』(未刊稿), p. 3.
67) Hayek, 賈湛·文躍然 譯, 『個人主義與經濟秩序』(北京經濟學院出版社, 1989), pp. 80~81.
68) Karl Polanyi, "chapter 12: Birth of the Liberal Creed," "Chapter 13: Birth of the Liberal Creed(Continued): Class Interest and Social Change," *The Great Transformation, the political and economic origins of our time*(Boston: Beacon Press, 1957), pp. 135~162.
69) 羅峪平, 「人民幣怎樣跨世紀-訪中國銀行國際金融研究所所長陶禮明」, 『三聯生活週刊』1998年 第2期(1998年 1月 30日), 總第56期, p. 21.
70) Hayek, 앞의 책, p. 74.
71) 하이에크는 세 가지 측면에서 계획에 대해 논했다. 즉 "……중앙 계획은 하나의 통일된 계획에 따라 경제체제 전체를 관리한다. 그리고 경쟁이란 많은 독립된 개인들이 설정한 분산된 계획들을 의미하며, 그 양자 사이에 위치하는 것이 조직적 공업을 대표로 하는 계획이다. 이런 계획에 대해서는 많은 사람들이 얘기했는데, 일단 선호하는 사람이 거의 없다고 확인되는 경우, 그것이 바로 독점이다."(Hayek, 앞의 책, p. 76.)
72) 그래서 하이에크는 중앙 계획·개인 계획·조직 계획의 우열을 가르는 핵심적인 문제는 "바로 서로 다른 지식들의 중요성에 있다고 생각했다. 즉, 특정 개인이 지배할 수 있는 지식이 중요한가, 아니면 엄선된 전문가들의 권위 있는 기구에 의해 장악된 지식이 중요한가." 그는 당연히 개인 지식의 중요성을 강조했다. 이 지식은 "특정한 시간·장소와 관련된 지식으로 인정되며, 일반적인 의미로는 심지어 과학 지식의 축에도 들지 못한다. 그러나 바로 그런 측면에서 사실상 개인들은 다른 모든 사람들에 대해 저마다 어떤 우위를 갖는다. 왜냐 하면 그들은 각기 이용 가능한 유일무이한 정보를 파악하고 있으며, 그 정보에 근거한 방책은 오직 그들 한 사람, 한 사람만이 낼 수 있기 때문이다. 아니면 그들이 적극적으로 참여할 때, 비로소 그 정보는 이용될

수 있기 때문이다."(Hayek, 앞의 책, p. 76~77.)
73) 許寶强, 「反市場的資本主義」, 『香港社會科學學報』1997年 秋季, 第8期, p. 179를 참고. 그는 이 글에서 "이 두 가지 경제 학설(자유주의와 마르크스주의의 경제 학설)은 모두 현실의 자본주의가 이상적인 '자유 시장'이라는 가설을 받아들였다. 분석의 틀에서 똑같은 근원을 갖는 것이다. 이런 사실은 또한 '분석적 마르크스주의'가 (주로 결론에 대해) 주류 경제학을 사정없이 비판하면서도, 동시에 왜 주류 경제학이 발전시킨 도구들, 예컨대 일반 균형 모델(General Equilibrium Model)이나 합리적 선택(Rational Choice)을 쉽게 차용할 수 있는지를 암시해 준다."라고 지적했다.(Roemer, 1988; Gintis & Bowles, 1990을 볼 것.) 許寶强의 이런 주장은 분명히 John E. Roemer의 *Free to Lose: An Introduction to Marxist Economic Philosophy*(Cambridge, Mass: Harvard University Press, 1988)와 Herbert Gintis & Samuel Bowles의 *Democracy and Capitalism: Property, Community, and the Contradictions of Modern Social Thought*(London: Routledge & K. Paul, 1986)의 영향을 받았다. '반시장적 자본주의'에 대한 본문의 논의는 많은 부분, 그의 글을 근거로 했다.
74) 같은 논문, p. 178.
75) 하이에크는 애덤 스미스가 '경제인'의 가설을 책임질 수는 없다고 생각했다. 그리고 그 개념은 바로 '사회심리학자들'이 애덤 스미스를 오독한 결과라고 지적했으며, 아울러 그런 오해에 어떤 역사적 원인이 있음을 인정하였다. 사실, 19세기 고전 경제학자들, 특히 존 스튜어트 밀이나 허버트 스펜서는 프랑스와 영국의 전통에서 많은 영향을 받았다. "그래서 진정한 개인주의에 위배되는 모든 개념과 가설이 개인주의 이론의 기본적인 핵심으로 간주되었다." '경제인' 개념에 대한 하이에크의 비판은 "진정한 반합리주의적 개인주의와 허위의 합리주의적 개인주의 사이를" 가르는 분명한 구분에서 비롯되었다. 그는 '경제인'이라는 개념 자체가 곧 진정한 개인주의의 개념과 가설에 위배된다고 생각했다. 또한 그 개념은 많은 통속적 경제학자들이 "엄격한 이성적 행위라는 가설과 잘못된 이성주의 심리학을 근거로 얻은 결론이며, 따라서 큰 결함이 있다. 하지만 사실, 애덤 스미스와 그의 추종자들은 그런 가정을 한 적이 없었다.……스미스는 인류가 최적의 상황에서 잠정적으로 얻을 수 있는 성공에는 그다지 관심이 없었다. 그가 관심을 둔 것은 개인들이 최악의 상황에 처해 있을 때, 그들이 불미스러운 일을 저지를 수 있는 기회를 최대한 줄이는 일이었다. 스미스와 그의 동시대인들이 제기한 개인주의의 주요 가치는 악인들이 야기할 수 있는 파괴

행위를 최소화하는 제도가 아니라. 그런 점에 대해 사람들이 거의 언급하지 않는 것이었다."(Hayek, 『個人主義與經濟秩序』, p. 11~13)

76) Karl Polanyi, *The Livelihood of Man*, edited by Harry W. Pearson(New York: Academic Press, 1977), pp. 5~56을 보라. 중국 농촌에 대한 논의는 황쫑즈(黃宗智, Philip Huang)의 관련 저서를 참고했다. 예를 들어 『華北的小農經濟與社會變遷』(香港: 牛津大學出版社, 1994);『中國硏究的規範認識危機』(香港: 牛津大學出版社, 1994);『長江三角洲小農家庭與鄕村發展』(北京: 中華書局, 1992) 등이 있다. 이밖에도『讀書』1996年 第10期에 '鄕土中國的當代圖景'이라는 제목 아래 실린 논문들이 있는데, 그중에서도 중국 서북 지역 농촌에 관한 논문이 바로 이 문제를 다루고 있다.

77) Hannah Arendt, *The Human Condition*(Garden City & New York: Doubleday Anchor Books, 1959), 번역문은 汪暉·陳燕谷 主編,『文化與公共性』(北京: 三聯書店, 1998), pp. 74~75에서 재인용.

78) David Hamilton, "Adam Smith and the Moral Economy of the Classroom," *Journal of Curriculum Studies* 12(1980), pp. 281~298.

79) K. W. Hoskin & R. H. Macve, "Knowledge: Historical and Critical Studies," *Accounting as Discipline: The Overlooked Supplement*, Ellen Messer-Davidow et al eds.(University of Virginia, 1993), pp. 25~53. 중국어로 번역된 이 글의 제목은「社會學: 一門學科規訓」이며 『學科·知識·權力』, p. 85에서 참고. 이밖에도 같은 책에 실린 Keith W. Hoskin, "Education and the Genesis of Disciplinarity,"도 David Hamilton의 성과를 인용, 설명하고 있다. David Hamilton, 같은 책, pp. 23~55.

80) 같은 책, pp. 85~86.

81) Immanuel Wallerstein, *The Capitalist World-Economy, Essays*(England: Cambridge & New York: Cambridge University Press, 1979), p. 134.

82) Karl Polanyi, *The Great Transformation*(Boston: Beacon Press, 1957), p. 55. Fred Block과 Margaret R. Somers는 폴라니의 견해를 이용해 다음과 같이 지적하였다. "전국적 시장의 형성은 단지 어떤 국가 수립 전략들이 낳은 부산물이었다. 이 전략들 속에서 경제 발전은 국력의 기초로 간주되었다. 그런데 전국적 시장이 출현했다고 해서 시장 사회의 완전한 발전이 촉진되는 것은 아니다. 시장 사회가 완전히 발전하기 위해서는 다른 영역에 의존하는 개혁이 필요하다. 그것은 토지·화폐·노

동력의 상품화이다." 이 책의 중국어 본인 黃樹民・石佳音・廖立文 譯, 『巨變: 當代政治・經濟的起源』(臺北: 遠流出版社業股份有限公司, 1989), pp. 3~52. 참고. 이밖에도 Perry Anderson, *Lineages of the Absolutist State*(London: New Left Books, 1974); John Merrington, "Town and Country in the Transition to Capitalism," *New Left Review* 93(Sep.-Oct. 1975), pp. 71~72. 참고.

83) 노동력이란 상품은 임의로 축적할 수 있고, 무제한으로 사용하거나 혹은 사용하지 않을 수도 있다. 노동력의 이러한 특성들은 필연적으로 인류 개개인에게 영향을 미친다.―그들이 바로 이 상품의 담지자인 것이다. 노동력을 처리하는 것과 아울러 시장제도는 불가피하게 개개인의 생리적・심리적・도덕적 특성을 처리해야 한다. 문화제도의 보호막을 벗으면 인류도 이런 사회적 폭력의 영향 아래 사라질 것이다. 즉 그들은 죄악・시비・착란・범죄・기아 등 사회의 혼란 요소들의 희생자로서 죽고 말 것이다. 또한 자연은 붕괴해 원소로 환원되고 거리와 풍경은 훼손될 것이며, 하천은 오염되고 군사적 안전도 파괴되며 식품과 원료를 생산하는 능력도 파괴될 것이다. 마지막으로 시장에 의해 조절되는 구매력 역시 주기적으로 기업들을 소멸시킬 것이다. Polanyi, *The Great Transformation*, p. 73을 보라.

84) 같은 책, p. 76. 폴라니는 시장 사회의 기본 모순을 서술하면서, 다음과 같이 주장했다. "그중의 하나는 경제 자유주의의 원칙이다. 이 원칙의 목적은 자율적으로 조절되는 시장의 수립인데 상인 계급의 지지를 받으며 자유방임주의와 자유무역을 최대 수단으로 삼는다. 한편 또 다른 원칙은 사회 보장의 원칙이다. 그 목적은 인간・자연・생산 조직의 보호이며 시장제도에서 가장 직접 피해를 입는 사람들에 의해 지지된다. 그들은 불원진하게나마 주로 노동세급과 지수계급이라고 말할 수 있는데 이 원칙은 보호성 입법, 제한적 노동조합, 그리고 다른 간섭 도구들을 수단으로 한다." 같은 책, p. 132.

85) Fred L. Block, *Postindustrial Possiblilities: A Critique of Economic Discourse*(Berkeley & Oxford: University of California Press, 1990), pp. 56~59; 許寶强, 「反市場的資本主義」, 『香港社會科學學報』 1997年 秋季號 第8期 참고.

86) 예를 들어 미국의 국영 부문은 19세기 중엽에도 여전히 보잘 것 없었다. 그런데 20세기 중엽에 와서는 전국 임금 지출 총액의 11.7퍼센트를 차지하게 되었다. 기타 서구 복지국가들의 상황은 더욱 분명하다. 대기업 집단은 항상 내부적인 자원 조달로 시장 교역을 대체하며, 단기적 손실에도 독점력을 확대한다. 그것들의 경영 논리는

시장경제 원칙을 따르기는커녕 오히려 반시장적이다.(許寶强, 『反市場的資本主義』의 한 부분을 참고.) 쉬바오챵은 대기업 집단의 특징에 대해 이렇게 말한다. "대기업 집단은 흔히 내부의 자원을 조달하여 시장 교역을 대체한다. 동시에 단기적 손실을 무릅쓰고 자신의 독점력을 확대한다. 결론적으로 대기업 집단의 경영 논리는 시장 경쟁 원칙을 거스를 뿐만 아니라, 반시장적(anti-market)이다."(『香港社會科學學報』 1996年 秋季 第8期, p. 180.) 이런 관점은 하버마스가 『정당성 위기』라는 책에서 밝힌 기본 관점과 완전히 일치한다. 하버마스는 정당성의 시각으로 이런 반시장적 자본주의가 초래한 사회의 전면적인 위기를 서술하였다.

87) Fernand Braudel, 楊起 譯, 『資本主義的動力』(北京: 三聯書店, 1997.)
88) Braudel, 『資本主義的動力』, pp. 10, 43.
89) Polanyi, 앞의 책, pp. 137~139.
90) 쉬바오챵은 Paul Bairoch의 연구를 근거로 해서 지적하기를 유럽은 19세기와 20세기의 200년 중 단 1/4에 해당하는 1860년부터 1892년까지와 1970년 이후가 대외무역이 상대적으로 자유로운 시기라고 하였다. 나머지 3/4의 시간과 16세기부터 18세기에 이르는 '중상주의'의 황금시대에는 확실히 보호무역주의가 우세했다. 미국의 상황은 더욱 분명하다. Smoot Hawley 관세 법안이 실시된 후인 1932년, 미국의 평균 관세율은 59퍼센트 수준까지 상승하였다. 비록 그 이후에 지속적으로 관세율이 하락했지만, 비관세 보호 조치들, 예를 들어 '수출 자율 규제'(voluntary export restraint), '직물류 수출 제한 협정'(multifiber areement), '생산품 표준화 요구'(product standardization requirements) 등이 계속 증가했다. 『反市場的資本主義』, p. 182.
91) Polanyi, 앞의 책, p. 59. 후기의 장거리 무역은 당연히 일정한 영리 추구 성격을 갖는다. 그러나 중심부와 주변부의 종속 관계에서 국내시장의 발전은 여전히 쉽지 않다.
92) 브로델은 지금까지 계속되는 인류 사회의 기본 특징으로 불평등을 꼽았다. "인간은 사회적 동물이므로 어느 정도 사회집단의 피해자이다. 불평등과 신분제도가 없이는 집단 역시 존재할 수 없다. 경제적 불평등은 사회적 불평등의 필연적인 결과이다." Braudel, 顧良 · 張慧君 譯, 『資本主義論叢』(北京: 中央編譯出版社, 1997), p. 9.
93) 브로델은 '시장경제'와 '자본주의' 두 개념을 사용했는데, 그 목적은 그 두 영역을 구별하기 위해서였다. "이 두 종류의 활동—시장경제와 자본주의—은 18세기까지는 아직 미약했다. 그래서 인간 행동의 주요 부분은 물자를 조달하기 위한 생활의 광대한 범주에 포함되고 함몰되었다. 만약 시장경제가 널리 확산되어 이미 볼 만한 성

취를 이루었다고 말한다면, 그것은 신빙성이 부족하다. 한편 나는 맞건 틀리건 유럽의 구제도 아래의 현실을 '자본주의'라고 칭한다. 그 자본주의는 찬란하고 우수하기는 하지만 협소한 단계에 속해 있었다. 전체 경제생활을 장악하지 못했으며, 독창적이며 스스로 전파되는 '생산방식'—그 규칙의 실증 가능성은 예로 하자—을 창조하지 못했다. 사람들은 이 자본주의를 보통 상업자본주의라고 부른다. 그것은 전체 시장경제를 좌우하는 것과는 아직 거리가 멀었는데, 시장경제가 혹시 선결 조건을 갖추지 못했거나 부족했다 하더라도 역시 마찬가지였다. 하지만 돌이켜 말하자면 국내·국제·세계적 범위에서 자본주의가 맡은 역할은 이미 분명해졌다." Braudel, 『資本主義的動力』(北京: 三聯書店, 1997), pp. 29, 25~26.

94) Paul Bairoch, *Economics and World History-Miths and Paradoxes*(chicago: The University of Chicago Press, 1993), pp. 41~42, 172~173.

95) L. S. Stavrianos, 遲越·王紅生 譯, 『全球分裂』上冊(商務印書館, 1995), p. 17.

96) 그는 다음과 같은 예를 들었다. 주나라는 토지를 주고 자제들을 제후로 봉했는데, 그 자제들은 땅의 군주 겸 지주가 되었다. 뒤이어 제후들이 다시 자신의 자제들에게 땅을 나눠 주고, 그 자제들이 또 백성들에게 땅을 나눠 주고, 농사를 짓게 했다. 그런데 백성들은 스스로 토지를 소유할 수 없었으므로 단지 정치적·경제적 주인을 위해 농노가 될 수 있을 뿐이었다. 馮友蘭, 『中國哲學史』(上海: 商務印書館, 1934), pp. 32~33.

97) Polanyi, 앞의 책, p. 71.

98) 같은 책, pp. 135~150.

99) Hannah Arendt, *The Human Condition*(Garden & New York: Doubleday Anchor Books, 1959), pp. 59~60.

100) 中村哲, 「中國前近代史理論的重構」, 武漢大學中國三至九世紀硏究所 編, 『中國前近代史理論國際學術硏討會論文集』(武漢: 湖北人民出版社, 1997), p. 9.

101) 그는 다음과 같이 말했다. "아시아의 세 가지 공업 상품(방직물·도자기·금속)은 전체 인도양 지역에서 대량 무역으로 확산되었다. 심지어 멀리 지중해까지 팔려 나갔다. 상인들은 멀리 떨어진 시장과 지역적인 생산 사이에서 필수적인 유대 관계를 만들었다. 하지만 상인과 장인 사이의 매우 특수한 사회적·경제적 관계는 봉건주의적 생산방식에서 전(前) 자본주의적 생산방식으로 이행할 때 거치는 마르크스의 3단계 공식으로 귀납되지 않는다.……" 喬杜里, 「1800年以前亞洲的商業資本和工業生産」; Braudel, 顧良·張慧君 譯, 『資本主義論叢』(北京: 中央編譯出版社,

1997), pp. 18~19.
102) Braudel, 『資本主義的動力』, p. 84.
103) 같은 책, p. 85.
104) Immanuel Wallerstein, *The Modern World-System*(New York: Academic Press, 1974).
105) J. Habermas, *Communication and the Evolution of Society*, translated by Thomas McCarthy(Boston: Beacon Press, 1979), p. 190.
106) Mostafa Rejai는 Herbert Waltzer, Alan Engel 등과 공저한 책에서 다음과 같이 말했다. "식민지 민족주의의 기본 목표는 제국주의의 통치를 끝내는 데 있다. 그리고 자신들의 땅 위에 다른 주권 국가들과의 평등 관계에 입각한 민족국가를 세우는 데 있다."(Engel 等, 『意識形態與現代政治』, 張明貴 譯[臺北: 桂冠圖書股份有限公司, 1985], p. 51. 그러나 그와 식민지인들의 민족주의를 연구하는 많은 학자들은 식민지 민족주의의 폭력적인 경향(그들은 특히 프란츠 파농[Frantz Fanon]이 말한 "식민지인들은 폭력 속에서 자유를 발견하며, 폭력을 통해 자유를 찾아낸다."라는 언명에 주목한다.)에 더 많은 관심을 기울인다. 그런데 식민지가 외래 세력에 대항할 때의 제도 개설 및 그 동력의 문제에 대해서는 심화된 설명이 부족하다.
107) 翦伯贊 等, 『戊戌變法』第2冊(上海人民出版社, 1957), p. 145.
108) 蕭公權, 汪榮祖 譯, 『康有爲思想硏究』(臺北: 聯經出版社業公司, 1988), p. 285.
109) 같은 책, p. 319.
110) 黃宗羲, 「田制」 1, 2, 3 篇, 『明夷待訪錄』; 『黃宗羲全集』 第1冊(杭州: 浙江古籍出版社, 1985), pp. 22~35. 참고.
111) J. Habermas, *Communication and the Evolution of Society*, p. 182.
112) 이 문제를 제기한 것은 그런 지나치게 간략화된 이론 모델을 염두에 두어서이다. 결코 경제 이론과 정치 이론의 어떤 정당성을 논증하기 위해서가 아니다. 주목할 만한 것은 세계체제의 분석이 경제체제 분석을 중시하는 반면, 그런 세계체제를 기초로 하는 국가 이론은 자세히 분석하지 않는다는 점이다. 동아시아 국가들이 경제 발전에 미친 작용과 관련한 최근의 분석 역시 효율성의 관점, 즉 자본주의 경제의 조직과 발전의 측면에서 이뤄졌다. 소련·동유럽·중국 등 사회주의 국가의 국가적 실천에 대한 이론적 해석을 수립하는 문제는 여전히 해결되지 않은 상태이다.
113) Georg Lukacs, 張西平 譯, 『歷史和階級意識: 馬克思主義辨證法硏究』(重慶出版社, 1989), p. 247.

114) 같은 책, p. 63. 또한 그는 그런 사회에서 상업의 기능은 비교적 미약하며, 사회 각 부분의 자치 수준은 훨씬 높거나(예컨대 농촌 공동체 같은 경우), 아니면 단체의 경제생활 및 생활 과정 속에서 아무 기능도 하지 않는다고 지적했다. 이런 상황에서 조직화된 통일체인 국가는 사회의 현실 생활 속에서 매우 불안정한 지지 작용을 유지하며, 사회의 부분들은 단지 국가의 운명에 완전히 의존하는 '자연적' 존재 속에서 생활하게 된다. 이런 관점은 마르크스의 관점과 일치하는데, 마르크스는 다음과 같이 말했다. "이렇게 자급자족하는 공동체는 계속적으로 동일한 형식에 따라 자신을 재생산한다. 그리고 우연히 파괴될 경우에는 동일한 장소에서 동일한 명칭으로 재건된다. 이런 공동체의 단순한 생산 집단이 다음 내용의 비밀을 풀 열쇠를 제공한다.: 아시아 각 나라는 끊임없이 무너지고 복원되었으며 왕조와 시대가 늘 바뀌었다. 그런데 이와 정반대로 아시아 사회는 변화하지 않았다. 이런 사회의 기본 경제 요소의 구조는 정치적 동란으로 자극되지 않는다."『馬克思恩格斯全集』第23卷 (北京: 人民出版社, 1956), pp. 396~397.

115) J. Habermas, *Legitimation Crisis*, translated by Thomas McCarthy(Boston: Beacon Press, 1975.)

116) 하이에크의 개인주의가 강조한 것은 외부의 강제적인 간섭이 없는 개인들 사이의 이성이었으며, 하버마스는 '교류 행위' 연구에 역점을 두었다. 두 사람은 모두 사회 과학의 실증주의를 과학주의의 방법론적 근원으로 보았다. 하버마스는 이렇게 주장했다. "역사-과학 해석 역시 자연과학의 모델에 따라 일종의 과학주의적 의식을 구성할 수 있다. 심지어 입으로 전해져 내려온 과학사상도 이상화된 상식 속에서 사실의 우주를 집대성해 낸다. 인문과학(역사-과학 해석)이 이해의 방식으로 그 사실을 파악한다 해도, 그리고 보편적 규칙의 발견에 무관심하다 해도, 인문과학과 경험-분석의 과학은 공동의 방법론적 의식을 갖고 있다. 즉 이론적 관점으로 구조화된 현실을 (또는 현실의 구조를) 묘사하는 것이다." Habermas, 『知識與人類興趣: 一個槪觀』; 黃瑞祺, 『現代批判社會學』(臺北: 巨流圖書公司, 1985), pp. 247~248. 참고. 본문의 번역문은 曹衛東이 독일어 원문을 대조해 수정했음.

117) 시장경제의 '자연법칙'이라는 관념은 통제에 반대하는 견해를 나타낸다. 왜냐하면 이 법칙은 인위적인 것이 아닌 자연적인 것으로 간주되기 때문이다. 그러나 자본주의 경제의 위기는 이런 믿음을 깨고 광범위하게 관리되는 자본주의(즉, 국가가 광범위한 영역에서 시장을 조절·통제하는 자본주의)를 위한 길을 열었다. 윌리엄 라이스는 시장경제의 그런 '자연 법칙'을 고대 자연주의의 유물로 취급했다. 하지만

자본주의 자체가 자연주의적 행위 모델의 파괴에 의지해 모든 사회적 기초를 수립하였다. 고전 자연주의에서는 사회적 신분제를 자연의 질서로 간주했지만, 자본주의는 모든 인간이 완전히 평등하다는 관념을 발전시켰다. 또한 자연과 사회의 대립 관념을 발전시켜 사회와 '자연'을 분리시켰다. 이러한 분리는 사회적 교류에 대한 제약을 이완시키고, 생산력의 거대한 발전을 위해 조건을 창출하였다. 이것이 바로 자연 통제가 기본적인 사회 이데올로기로 발전한 역사적 배경이다. W. Leiss, *The Domination of Nature*, p. 182.

118) 이 문제에 대해서는 동아시아 경제 도약에 관한 논의들이 참고가 될 수 있다. 일반적으로 말해서 동아시아 경제 기적을 설명한 이론들은 대체로 두 부류로 나뉜다. 하나는 문화론이며 다른 하나는 제도론이다. 문화론자들은 베버의 명제를 재해석해 현대화에 대한 유교 문화의 긍정적 기능을 강조한다. 그리고 제도론자들은 유교 문화권 내부에서 일어난 발전의 차이를 들어 동아시아 경제 내에서의 제도 운용의 기능을 강조한다. 중국을 예로 들자면 1970년대 말부터 시작된 국가의 개혁·개방 정책의 실시는 큰 폭으로 제도와 정책을 바꿔 놓았으며, 경제 상황도 놀랄 만큼 빠르게 변화했다. 이런 상황은 곧 제도 운영의 틀을 통해서만 설명될 수 있다. 경제 과정에서 국가의 작용은 아주 복잡하다. 이 내용과 관련된 논의는 다음 자료들을 참고. 龐建國, 「'國家' 在東亞經濟轉化中的角色」; 蘇耀昌·趙永佳, 「綜論當前關于東亞發展的幾種觀點」; 羅金義·王章偉 編, 『奇迹背後: 解構東亞現代化』(牛津大學出版社, 1997), pp. 1~24, 25~56.

119) K. Marx, 『資本論』第3卷(北京: 人民出版社, 1963), p. 800. 더 나아가 엥겔스는 사회주의사회에서 인간은 최초로 "자연의 진정한 주인이 되는데, 왜냐 하면 그들은 자연에 의지해 자신의 사회화 과정의 주인이 되기 때문이다."라고 하였다. Friedrich Engels, *Anti-Duhring* (Moscow: Foreign Languages Publishing House, 1954), p. 392; *The Domination of Nature*, p. 85.

120) W. Leiss, *The Domination of Nature*, P. 85.

121) 맥킨타이어는 이렇게 논했다. "계획의 사상과 중앙 권력의 유효성에 대한 사상은 공교롭게도 계획이 확실히 비효율적이던(국소적인 지역을 제외하고) 역사적 시기에 헤게모니를 차지했다. 우리가 사는 시대에 가장 인상 깊은 정치적 사실은 정부에 강요되는 대다수 정책들의 우연적 성질이다. 이 우연적 성질은 통제 불가능한 각종 사건들의 연합적 작용으로 조성된다. 비록 집권자들은 계획의 사상이 그런 사건들을 지배한다고 생각하지만, 사실상 그것은 그들의 주관적 바람일 뿐이다." 또

한 그는 선진 공업사회가 불연속적이며 조화롭지 못한 사회이기 때문에 비기술적인 요소가 중요한 동인으로 작용할 수 있다고 지적했다. 정치적 전통·문화제도·정책 결정 행위는 모두 뜻밖에도 비교적 통일된 과거 사회보다 훨씬 큰 영향력을 낳을 수 있다. 또한 그런 요소들은 다양한 선진 공업사회가 역시 다양한 방향으로 변화하게 할 수도 있다. MacIntyre, 『馬爾庫塞』(北京: 中國社會科學出版社, 1992), pp. 92~93.

122) Stanley Aronowitz, *Science As Power*(Minneapolis: University of Minnesota Press, 1988). p. viii.

123) 자본주의적 사회관계의 보편화, 그리고 각종 문화·제도에 대한 과학기술의 전 세계적인 침투는 모두 현재의 자본주의가 나날이 자신을 낳은 역사에서 벗어나 그 자체의 형식을 갖추게 하고 있다. '전 지구적 자본주의'의 이런 반역사적 특징과 형식화라는 과학기술의 특징은 내적 연관성이 있는 것이다.

124) K. Jaspers, 『歷史的起源與目標』, p. 73.

125) Aronowitz, *Science As Power*, p. 34.

126) 같은 책, p. 34.

127) 같은 책, p. ix.

128) Michel Foucault, 嚴鋒 譯, 「關于權力的地理學」, 『權力的眼睛: 福柯訪談話錄』(上海人民出版社, 1997), pp. 202~203. 참고.

4장 세계 산출과 정당화의 지식 과학기술

1) Stanley Aronowitz, *Science As Power*, p. 29.

2) Ashis Nandy, "Introduction: Science as a Reason of State," *Science, Hegemony and Violence: A Requiem for Modernity*(Delhi: Oxford University Press, 1988), p. 2.

3) Mary Tiles and Hans Oberdiek, *Living in a Technological Culture, Human Tools and Human Values*(London and New York: Routledge), pp. 2~3.

4) 같은 책, p. 12.

5) 첫 번째 의문은 특히 마르크스 이론과 다윈 진화론의 관계, 즉 사회 법칙의 문제와 관련된다. 이것은 마르크스와 엥겔스 본인들도 인정한 것이다. 엥겔스는 "그는 현대사회가 경제적 측면으로 볼 때 또 다른 고도의 사회형태를 낳았음을 적극적으로 증명하

였다. 따라서 그가 사회적 관계의 영역에서 법칙으로 확립하려 한 것은, 단지 다윈이 자연사 영역에서 확립한 점진적 변혁의 과정과 동일했다."라고 말했다.(『馬克思恩格斯全集』第16卷〔北京: 人民出版社, 1956〕, p. 255.) 마르크스 자신도 이렇게 말했다. "다윈은 자연 변이의 역사, 즉 동식물의 생활에서 생산도구로서의 동식물의 기관이 어떻게 형성되었는지에 대해 주목했다. 사회적 인간들의 생산기관의 형성사, 즉 각각의 특수한 사회조직들이 갖는 물질적 기초의 형성사도 모두 주목할 만한 가치가 있다."(『馬克思恩格斯全集』第23卷(『資本論』)〔北京: 人民出版社, 1956〕, pp. 409~410.) 이 문제와 관련된 설명은 A. Schmidt, 『馬克思的自然槪念』第1章, pp. 5~95. 참고.

6) 마르크스의 견해는 무엇보다도 역사와 자연을 "서로 무관한 두 가지 '사물'"로 보지 않는 데서 시작되었다. 왜냐 하면 인간이 직면하고 있는 것들은 "역사적 자연과 자연적 역사"가 아닌 것이 없기 때문이다.(『馬克思恩格斯全集』第3卷(『德意志意識形態』)〔北京: 人民出版社, 1956〕, p. 44.) 따라서 그는 자연과학과 자신이 인간의 과학이라 칭한 역사과학의 합일을 기대한 것이다. "인간에 관한 과학이 장차 자연과학을 포괄하게 되는 것처럼, 자연과학도 뒷날 인간에 관한 과학을 포괄하게 될 것이다. 그것들은 하나의 과학이 될 것이다."(『1844年經濟學 哲學手稿』, p. 82; A. Schmidt, 『馬克思的自然槪念』, p. 43 참고.) 자유주의자들을 비롯해 포스트모더니스트들도 과학으로서의 마르크스주의를 비판했다. 예를 들어 푸코는 과학이 일종의 담론-권력의 관계라는 시각에서 그 문제를 분석했다. 푸코는 "당신이 애써 마르크스주의의 과학성을 증명할 때, 당신은 마르크스주의가 합리적 구조를 갖췄으며, 그것의 명제들이 실증 가능한 절차의 산물임을 순조롭게 보여 주려 하지 않는다. 사실, 당신이 하는 일은 아주 다르다. 마르크스주의 담론 및 그에 대한 지지에 권력의 효과를 부여하는 것이다. 중세 이후 서구에서는 줄곧 그런 권력의 효과를 과학과 과학 종사자들에게 부여했다."라고 말했다.(『權力的眼睛: 福柯談話錄』, p. 220.) 그의 계보학은 지식을 과학과 연관된 위계질서의 기획에 복속시키려는 시도에 반대한다. 그리고 그러한 압제에서 역사적 지식을 해방시키려고 노력하며, 아울러 역사적 지식이 이론적·통일적·형식적·과학적인 담론의 위협에 대항할 수 있게 한다. 원래 계보학은 국지적 지식에 대한 반항, 즉 과학의 지식 서열과 지식 권력의 효과에 대한 반항에서 수립되었다. 이것이 바로 무질서와 불연속성이라는 계보학의 기획이다. 따라서 그는 "만약 우리가 이것들을 두 가지 술어로 귀납한다면, '고고학'은 국지적 담론의 분석 방법을 가리키며 '계보학'은 국지적 담론에 대한 묘사를 바탕으로 수립된

전략이다. 억압된 지식은 이 전략을 통해 해방되어 활동을 전개한다."(Ibid, pp. 220~221.)라고 주장했다. 리오타르(Jean-François Lyotard)의 『포스트모던의 조건』(*The Post-modern Condition*)이라는 책이 분명한 예증이다. 아래의 관련 논의를 참고.

7) 이 점에 관해서는 Stanley Aronowitz, *Science as Power*의 1, 2장, pp. 35~87. 참고.
8) 『資本論』, 『馬克思恩格斯全集』 第23卷(北京: 人民出版社), p.12; A. Schmidt, 『馬克思的自然槪念』, p. 36. 참고. 전술한 마르크스의 관점이 바로 논쟁을 낳은 핵심이다. 사회가 자연 범주로 작용한다는 그의 관점은 확실히 반휴머니즘적이다. 주목할 만한 것은, 사회를 '자연'으로 본 그의 견해가 자본주의적 사회관계가 통제와 지배의 관계임을 명시한다는 것이다. 결코 사회 통제의 당위성을 주장한 것이 아니다. '자연' 범주로서의 사회 개념이 호소하는 것은 사회의 해방, 즉 통제와 지배 관계에서의 해방이다.
9) 『馬克思恩格斯全集』 第46卷(北京: 人民出版社, 1956), pp. 392~393.
10) 이어지는 글은 셸러와 하이데거가 모두 니체 사상을 계승했음을 언급한다. 예를 들어 니체는 「시대착오적 사상」에서 "두 번째 논문(1874년)은 우리의 과학 활동 방식이 갖는 위험성을 지적하며 그 방식이 생명의 요소를 침식하고 저해했음을 보여 준다.…… 생명은 그런 비인간적인 기어 장치·기계론·노동자의 '비인격화'·'노동 분업' 활동 등에 의해 야만화되었다.…… 이 논문은 금세기가 자부해 온 '역사적 의의'를 처음으로 일종의 병적 상태, 쇠퇴의 징조로 간주하였다."라고 말했다. Nietzsche, 張念東·凌素心 譯, 『權力意志』(商務印書館, 1991). p. 56.
11) Karl Mannheim, *Ideology and Utopia*(London: Routledge & Paul, 1966), p. 237.
12) 니체는 다음과 같이 주장했다. "과학―자연을 지배하고 개조하기 위한 개념―은 '수단'의 부류에 속한다. 하지만 인간의 '목적'과 '의지'는 총체를 목표로 하는 의도와 나란히 성장해야만 한다." "이제 더욱 광범위해진 통치의 산물을 언급한다면, 전례 없이 유익한 전제가 도출될 것이다. 그러나 그것이 가장 중요한 것은 아니다. 국제적인 종족 집단의 탄생은 이미 가능해졌으며 그들의 임무는 주인으로서의 종족, 즉 미래의 '지구의 주인'을 양성하는 것이다. 하나의 참신하고 거대한, 엄격한 자기 입법의 기초 위에 수립된 귀족 정체(政體)는 철학적 강자와 예술가의 폭군적인 의지를 천년간 통용되게 할 것이다. 그들은 고등한 인류이다. 또한 그들은 지구의 운명을 장악하고, 본연의 인간에 비추어 예술가를 빚어내기 위해 자신들의 염원·지식·부·영향력의 우세함에 의지해 민주주의적 유럽을 자신들의 가장 온순하고 영리한

도구로 삼을 것이다. 더 말할 여지도 없이 새롭게 정치를 학습해야 할 시대가 왔다."
『權力意志』, pp. 138, 215~216.

13) Scheler, 「哲學與現象學」, 『舍勒文選』(上海人民出版社, 卽出), p. 84. 셸러에 관한 논의는 Alfred Schutz, 江日新 譯, 「馬克斯・謝勒三論」(東大圖書公司, 1990); 江日新, 『馬克斯・謝勒』(東大圖書公司, 1990); William Leiss, 『自然的控制』第5章 참고.

14) Max Scheler, *Gesammelte Werke* Band 8 (*Die Wissensformen und die Gesellschaft*) 2nd edition(Bern: Francke Verlag, 1960), p. 122; Cf. William Leiss, *The Domination of Nature*, p. 109. 사실, 셸러가 통제와 과학을 관련시키는 방식은 푸코가 권력과 지식을 관련시키는 방식과 일맥상통한다. 양자는 모두 니체의 의지 개념에서 변환되어 나왔다. 하지만 다른 한편으로, 셸러의 견해 역시 마르크스의 영향을 받았다. 예를 든다면 그도 『지식의 실증론적 역사철학』에서 실증과학의 발달을 부르주아 시민사회와 관련지었다. 그는 지식의 운동 형식에 대한 실증주의자들의 서술을 비판하며 주장했다. "이 소수의 사람들이 갖고 있는 종교와 형이상학의 일정한 역사 시기 안에서의 쇠퇴는 사실상 시민계급 자본주의 시대의 몰락이다. 그런데 실증주의는 그것을 형이상학의 정신과 일반 종교가 '수명을 다하고 소멸하는' 보편적인 과정으로 보았다."(『舍勒文選』, 上海人民出版社, pp. 1070~1071.) 그는 또 다른 지면에서 "마르크스는 생산의 경제적 관계에 의거해 당시의 종교・형이상학 및 심지어 정신적 기질 자체를 설명하였다. 내가 보기에 그 세 가지 요소는 공동으로 모든 실증과학과 기술의 가능한 구조를 대부분 결정한다. 따라서 그것들은 두 번째 변수를 대표하며 이 변수는 인문과학을 통해서만 이해될 수 있다."라고 하였다. Max Scheler, *Problems of A Sociology of Knowledge*, Translated by Manfred S. Frings, Edited and with an Introduction by Kenneth W. Stikkers(London, Boston and Henley: Routledge & Kegan Paul Ltd, 1980), p. 103.

15) Max Scheler, *Gesammelte Werke* Band 8 (*Die Wissensformen und die Gesellschaft*), pp. 67, 122; Cf. William Leiss, *The Domination of Nature*, pp. 109~110. 셸러는 "……심지어 우리의 자연적 감관 세계의 가장 단순한 감각과 지각조차 이미 과학적으로 확정된 궤도에 의해 조형되어 있다. 우리의 충동과 지각의 방향은 바로 이 과학적 궤도 안에서 확정된다. 그러므로 실질적 자연과정의 상대적으로 불변하며 시간적으로 통일된 현상은, 상대적으로 변화하며 시간적으로 고립된 현상에 비해 훨씬 더 감각 및 지각을 통해 기록될 희망과 기회를 갖는다.……"라고

주장했다.

16) 하이데거는 "진리의 한 가지 형태로서 기술은 형이상학의 역사 속에서 수립되었다." 라고 말했다.(岡特·紹伊博爾德, 宋祖良 譯, 『海德格爾分析新時代的科技』(中國社會科學出版社, 1993.)) 셀러의 제자들은 기술과 과학기술의 세계 지배에 대한 하이데거의 저작이 셀러의 영향을 받았다고 생각했다. 또한 라이스는 그들 두 사람이 모두 니체의 영향을 받았다고 강조했다. William Leiss, *The Domination of Nature*, p. 105.

17) 岡特·紹伊博爾德, 宋祖良 譯, 『海德格爾分析新時代的科技』(中國社會科學出版社, 1993), pp. 24, 26, 28, 138.

18) 희랍 형이상학에서 '주체' 개념은 모든 존재자에게 적용되었지만, 새로운 시대의 '주체' 개념은 단지 인간에게만 적용된다. 이것은 인간이 더 이상 존재자 속의 존재자가 아니라 사물과 서로 대립되는 주체임을 의미한다. 자연의 대상화는 곧 주체와 객체의 양극화의 결과인 것이다.

19) William Leiss, *The Domination of Nature*, p. 117.

20) 마르크스의 사회관계/생산관계 개념과 하이데거의 세계 산출의 기술 개념, 그리고 베버·하버마스의 '합리성' / '합리화' 개념은 각기 서로 다른 이론적 지평을 구현했다. 현대성에 대한 그들의 태도 및 서술 방식의 차이는 심지어 심각한 대립 양상을 보이기도 한다. 하지만 이 개념들은 현대성 문제를 서술하고 있다는 점에서 전혀 상관성이 없지는 않으며, 그들은 모두 현대사회구조의 기술화라는 특징, 즉 어떤 계획이나 추산을 통해 효과를 획득하는 기능화 된 사회체제를 암시했다.

21) Braudel, 『資本主義的動力』, p. 45.

22) 경제 영역에서도 각종 '경제 세계'의 존재 유무는 현대의 자본주의 체제를 이해하는 데 도움이 된다. 월러스틴의 『현대 세계체제』(*The Modern World-System*)는 16세기에 들어 건립된 유럽 경제 세계 이외에 다른 경제 세계는 존재하지 않았다고 주장한다. 하지만 브로델은 이렇게 주장했다. "유럽인이 세계 전체를 인식하기 훨씬 이전에 중세, 심지어 고대부터 이미 세계는 다양한 수준으로 집중되고, 구조가 탄탄해진 경제 구역들로 나뉘어졌다. 다시 말하자면 여러 경제 세계가 공존했던 것이다.", "아주 완만하게 변형되어 온 경제체제는 우리에게 유서 깊은 세계 역사를 보여 준다. 우리는 그런 역사를 단순하게 언급할 수 있을 뿐이다. 왜냐 하면 우리는 여기에서 연구하는 문제를 통해 유럽에서 발전·성립된 각각의 경제 세계들이 어떤 측면에서 자본주의의 위기나 자본주의 자체의 발전을 보여 줄 수 있는지, 혹은 설명할 수 없는지를

해명하려 할 뿐이기 때문이다.⋯⋯ 그 경제 세계들은 당시에는 곧 유럽의 모델이었고, 나중에는 세계의 자본주의의 모델이 되었다."(Braudel, 『資本主義的動力』, pp. 55~56, 76.) 따라서 합리화 범주를 이용한 자본주의 연구의 한계는 다음과 같다. 현대 세계 내부의 차이, 자본주의 발달 과정 중 결코 기획되지 않은 부분들, 일찍부터 존재했으며 지금은 이미 자본주의에 침투된 부분들, 그리고 자본주의에 의해 창조된 부분들 등이다.

23) 浜下武志, 『朝貢システムと近代アジア』(岩波書店, 1997); 茂木敏夫, 『變容する近代アジアの國際秩序』(山川出版社, 1997).

24) Andre Gunder Frank, *ReORIENT: Global Economy in the Asian Age*(Berkeley: University of California Press, 1998).

25) Jürgen Habermas, "Technology and Science as 'Ideology'," *Jürgen Habermas on Society and Politics*, edited by Steven Seidman(Boston: Beacon Press, 1989), p. 239.

26) 베버의 이성 개념과 세 가지 자율적 범주에 대한 논의에서 우리는 그의 '합리성' 개념과 하이데거의 '기술' 개념이 갖는 구조적 유사성을 확인할 수 있다. 하이데거는 "현현된 근본 형식은⋯⋯간략하게 '기술'이라고 칭할 수 있다. 여기서 이 명칭은 존재자의 모든 영역(이 모든 영역은 항상 전체 존재자를 준비한다)을 포괄한다. 즉, 대상화된 자연과 처리되는 문화, 그리고 형성된 정치 및 상층부에 수립된 이상이다."(『海德格爾分析新時代的科技』, 207쪽에서 재인용-)라고 주장했다. 만약 그들의 견해를 셸러와 대비한다면, 셸러의 통제적 지식 개념은 단지 그들의 기술화 혹은 합리화의 지식 속의 한 측면에 대응될 뿐이다. 셸러는 세 가지 지식 유형의 차별성을 공고화하려고 했는데, 하이데거와 베버의 시각으로는, 현대에 그 세 가지 영역의 차별성은 비록 존재하기는 하지만 '기술화'나 '합리화' 범주 내의 분화에 속해있다.

27) Jürgen Habermas, "Modernity: an incomplete project," *The Anti-Aesthetic: Essays on Post-Modern Culture*, ed. H. Foster(Washington: Port Townsend, 1983). 이 문제에 관한 더욱 자세한 논의는 다음 책을 참고하라. "II, Max Weber's Theory of Rationalization," *The Theory of Communicative Action, volume one*, Translated by Thomas McCarthy (Boston: Becon Press, 1987), pp. 143 ~272. 특히 중요한 부분은 "3. Modernization as Societal Rationalization: The Role of the Protestant Ethic" pp. 216~242. 이 곳의 번역문은 차오웨이둥(曹衛東)을 통해 독일어 본과 대조.

28) Jürgen Habermas, *The Theory of Communicatative Action, Volume Two, Life and System: A Critique of Functionalist Reason*, translated by Thomas McCarthy(Boston: Beacon Press, 1987), p. 326.
29) 후설은 "계몽 시대의 이성주의가 지금 문제를 노출시켰다."라고 단언했지만 곧바로 "그들의 목적은 가장 일반적인 의미에서 절대로 우리들에게서 사라질 리 없다."라고 보완했다. 그 목적은 "순수이성의 기초 위에 건립된 인성"이다. 호르크하이머와 아도르노는 계몽주의를 애도하면서, 그것이 이성의 빛을 촉진시키기 위해 자연을 통제할 수 있는 새로운 과학기술을 창조했지만 반대로 캄캄한 어둠을 낳았다고 주장했다. 현재의 이성의 목표는 자연이 순수한 대상으로 환원될 수 있다는 신념에 뿌리를 두고 있지만, 그것은 어디까지나 양적인 확장에 불과하다. 세계상의 수학화·기계화는 17세기 과학에 의해 예측과 통제에 이용되었다. 후설의 견해에 따르면 우리는 그 과정에서 일련의 이원적 관계—영혼과 육체·수량과 질적 내용·수학적 관계와 인간적 관계—를 통해 '생활 세계'와의 관련성을 상실하였다. 프랑크푸르트학파는 그 논리적 결과가 바로 실증주의—인간 이성은 이것 자체에서 소외되었다—라고 보았다. Stanley Aronowitz, *Science as Power*, p. 7; Edmund Husserl, 『歐洲科學危機和超驗現象學』(上海譯文出版社, 1988).
30) Jürgen Habermas, *The Theory of Communicatative Action, Volume one*, p. 159.
31) Max Weber, "Religious Rejections of the World and Their Directions," *From Max Weber* in eds. H. H. Gerth and C. W. Mills(New York: Oxford Press, 1958), pp. 350-351.
32) 같은 책, p. 342.
33) Jürgen Habermas, *The Theory of Communicative Action, Volume one*, p. 161.
34) 같은 책, p. 162.
35) 같은 책, pp. 163~164.
36) 같은 책, pp. 165~166. 하버마스는 현대성 형성기의 서구 이성주의의 표현 형식을 도표로 설명하였다.(이 도표는 *The Theory of Communicative Action, Volume one*, p. 167에 있음. 번역문은 차오웨이둥이 독일어 번역본을 참조해 교열함).

현대성 발생 초기의 서구 이성주의의 표현 형식

인식 부문:	평가 부문:	표현 부문:
문화 현대 자연과학	합리적 자연법	자율적 예술
	프로테스탄티즘 윤리	

과학활동:	예술활동:	종교단체:
보통 법학, 법률 전문 훈련	대학 · 학원 · 실험실	생산 · 교역 · 수용과 예술 비평

사회 --

자본주의 경제   현대적 정부 기구   부르주아 핵가족

개인 --

생활 방식 속의 행위 구조와 가치 지향   반문화적 생활 방식의 행위 구조와 가치 지향

----

37) 같은 책, p. 167.
38) Max Horkheimer and Theodor W. Adorno, *Dialectic of Enlightenment*(New York: Seabury), p. 27.
39) A. Wellmer, *Critical Theory of Society*, pp. 130~131; Jürgen Habermas, *Legitimation Crisis*(Boston: Beacon Press, 1975), p. 125.
40) W. Leiss, *The Domination of Nature*, p. 208.
41) Jürgen Habermas, "Technology and Science as 'Ideology'," *Jürgen Habermas On Society And Politics, A Reader*, edited by Steven Seidman(Boston: Beacon Press), pp. 237~238.
42) Herbert Marcuse, *One-Dimensional Man*(Boston: Beacon Press), p. xv. 본문의 번역문은 모두 劉繼 譯, 『單向度的人』(上海譯文出版社, 1989). 참고.
43) 같은 책, p. 3.
44) Alasdair MacIntyre, *Marcuse*(New York: The Viking Press, 1970.) 중국어 본은 邵一誕 譯, 『馬爾庫塞』(中國社會科學出版社, 1992), pp. 5~6. 맥킨타이어는 전술한 마르쿠제의 관점이 유럽 사상사의 주요 인물들이 거친 개인 사상의 발전에서 영향을 받았다고 생각했다. 이탈리아의 유심주의 철학자인 젠틸레(Giovanni

Gentile)는 무솔리니(Benito Amilcare Andrea Mussolini)에게 보낸 편지에서 "제가 보기에 자유주의란 곧 법률을 운용함으로써 윤리적 실체인 국가의 강제력의 자유를 운용하는 자유주의에 불과합니다. 지금 이탈리아에서 이런 자유주의를 대표하는 것은 당신의 공개적인 적수들의 자유주의가 아니라 바로 당신 자신입니다."라고 말했다.

45) H. Marcuse, "Industrialization and Capitalism in the Work of Max Weber," *Negations: Essays in Critical Theory*, translated by Jeremy J. Shapiro(Boston, 1968), pp. 223~224.

46) H. Marcuse, *One-Dimensional Man*(Boston: Beacon Press), pp. 166~167, 236, 235, 154.

47) 마르쿠제는 "이 우주에서 기술이 인간에게 제공한 부자유의 거대한 합리화는 자주성의 실현과 자기 생활의 결정이 '기술적으로' 불가능하다는 것을 논증한다. 이런 부자유는 비합리적인 것으로도, 정치적인 것으로도 비치지 않는다. 그것은 기술 메커니즘에 대한 복종으로 표현된다. 이 기술 메커니즘은 인간의 안락함을 확대하고 생산력을 상승시켜 주었다. 따라서 기술합리성은 지배의 정당성을 은폐하는 것이 아니라 보호하며, 이성의 도구주의적 관점이 합리적 전제사회를 지향하게 했다."라고 주장했다. H. Maruse, *One-Dimensional Man; Jürgen Habermas On Society And Politics*, p. 239.

48) H. Marcuse, *One-Dimmensional Man*, p. 167.

49) J. Habermas, "Technology and Science as 'Ideology'," *On Society And Politics*, p. 241. 이밖에 참고할 책은, Arnold Gehlen, 何兆武·顧忠華 譯, 『科技時代的心靈: 工業社會的社會心理問題』(臺北: 巨流圖書公司, 1994), 第1章, pp. 13~36.

50) J. Habermas, 앞의 글, p. 250. 전술한 하버마스의 단언은 현대 자본주의의 생산양식에 대한 자신의 기본 관점에 뿌리를 두고 있다. 그는 다음과 같이 인식하였다. "이전 사회에서 자본주의 생산양식의 우월성은 두 가지 측면에 근거하였다. 하나는 경제 메커니즘의 수립인데, 이 메커니즘은 목적 합리적 행위가 하위 체계에 영구히 확산되도록 보장했다. 그리고 다른 하나는 경제적 정당성의 창출이었다. 이 정당성을 통해 정치제도의 선택은 합리성의 새로운 요구에 맞춰 결정되었다. 그리고 합리성의 이 새로운 요구는 발전 도상의 하위 제도들을 원동력으로 삼았다."(같은 책, p. 248). 애로노위츠도 이러한 과정에 대해 비슷한 분석을 했다. "……19세기 후기에……동력

의 지식적 기초는 물리와 화학이었다. 이 둘은 국가와 대기업이 출자하고 통제하는 대형 실험실에서 조직되었다. 따라서 과학 자체는 더 이상 자본주의의 신질서 및 그 공업 단계의 패권적 이데올로기만이 아니었다. 그것은 이미 생산의 담론 및 실천에 통합되었던 것이다.…… 과학 담론이 국가와 시민사회에 침투하면서 과학문화 역시 실험실 범위 밖으로 넘쳐 나왔다. 상업에서 결정은 반드시 계획을 제공하는 수학적 계산을 기초로 수립되었으며, 입법자 역시 과학적 훈련을 거친 전문가의 '통계 수치'에 근거해 법령을 반포하였다."(S. Aronowitz, *Science as Power*, p. 9.)

51) 하버마스는 "오늘날 사회과학은 더 이상 세계관의 기능을 감당할 수 없게 되었다. 반대로 사회과학은 객관주의적 역사철학이 최근에 유포한 질서에 관한 형이상학적 환상을 일소했고, 아울러 피할 수도 있었던 돌발적 사건을 조장하였다. 현재의 상태에서 사회과학은 돌발적 사건을 통제하는 기술적 지식을 사회에 제공하지 못한다. 사회과학 역시 강력한 이론 전략이 유명론적 의미에서 발생하는 명백한 돌발적 사건을 간과할 수 있다고 믿지 않는다. 또한 사회진화의 객관적 인과관계가 파악될 수 있다고도 믿지 않는다……."고 주장했다. *Legitimation Crisis*, p. 120.(이 책에 관련된 본문의 인용문은 모두 다음 책을 참고. 陳學明 譯, 『合法性危機』(臺北: 時報文化出版企業有限公司, 1994.)

52) 이 점은 리오타르 등이 이 개념을 폭넓게 사용한 것과는 사뭇 다르다. 이 점에 대해서는 이어지는 글에서 자세히 논할 것이다. 하버마스에게 정당화는 하나의 세계적 현상이다. 결코 부르주아 계급사회와 현대 국가에 국한된 현상이 아니다. 하지만 그것은 동시에 정치적 통치, 특히 국가와 밀접하게 관련된 현상이기도 한데, 정당성의 보유나 상실의 문제는 오직 정치 질서에서만 존재하기 때문이다. 예를 들어 다국적 기업이나 세계 시장에서는 정당화의 문제가 일어나지 않는다. 원시 사회 역시 마찬가지이다. 하버마스는 원시 사회가 친족 관계에 따라 조직되며, 이 사회에는 자연 및 사회질서를 설명하는 모종의 신화들이 존재한다고 생각했다. 그는 그 신화들이 부락 집단 성원들의 관계를(그리고 그 제약성을) 공고화하며 집단적 정체성을 보장한다고 보았다. 하지만 여기에서 신화적 세계관이 그 자체에 뒤따르는 정당성의 의미를 갖는다고 말하기는 곤란하다. 그것보다는 그것이 구성적 의미를 갖는다는 논리가 더 옳을 것이다. J. Habermas, "Legitimation Problems in the Modern State," *Communication and Evolution of Society*, pp. 178~179.

53) Thomas McCarthy, "Translator's Introduction,"; J. Habermas, *Communication and Evolution of Society*, translated by Thomas

McCarthy(Boston: Beacon Press, 1979), p. xxiv.
54) J. Habermas, *Communication and the Evolution of Society*, pp. 189~190. 그는 *Legitimation Crisis*에서는 기본적으로 국제 문제는 언급하지 않았다. 그러나 얼마 뒤에 쓴 "Legitimation Problems in the Modern State"에서는 이 점을 언급했는데, 월러스틴에게 뚜렷한 영향을 받았다. 그리고 하버마스의 이론이 줄곧 자신의 체계이론에 대한 견해와 관련되었다는 것을 설명할 필요가 있다. 체계이론의 주요 특징은 체계 내부의 관계를 분석하는 것인데, 그는 이 논문에서도 역시 '현대 국가 내부의' 정당화 문제를 분석했다. 하버마스는 정당화를 구현하지 못하는 상황에서는 어떤 정치체제도 성공적으로 대중의 지속적인 충성을 보장하지 못한다는 입장을 고수했다. 즉 성원들의 의지를 복종시킬 수 없다는 것이다. 이런 관점은 슈미트의 관점과 루만의 체계이론을 직접 겨냥하고 있다. 루만은 현대 국가에서 법률을 통한 정책 결정은 곧 동기가 없는 상황 아래 받아들여진다고 인식했다. 그런데 약간 다른 수준에서 우리는 이런 견해가 가치와 규범 획득, 그리고 국가 권위가 보호하는 사회 일체화를 통해 원칙적으로 체계의 일체화로 대체될 수 있다는 것을 발견한다. 즉 비규범적 사회구조(또는 메커니즘)에 의해 대체될 수 있다는 것이다. 이에 상응하는 단언은 다음과 같다: 체계의 실행은 정당화를 불필요한 것으로 만든다. 중립적이면서도 준수 가능한 국가 기계 혹은 경제체제의 효용(이 효용은 참여자에게 감지될 뿐만 아니라 평가된다) 자체가 곧 정당화의 효과를 가진다. Habermas, "Legitimation Problems in the Modern State," *Communication and Evolution of Society*, pp. 179~181.
55) Habermas, *Legitimation Crisis*, pp. 20·21. "현대 국가는 경제체제 분화의 결과로 이해될 수 있다. 그 경제체제는 시장—즉, 일종의 비중심화된 비정치적 수단인—을 통해 생산과정을 조절한다.…… 국가는 (아마도) 기업을 보조하는 경우를 제외하고는 스스로 생산에 종사하지 않는데,……국가의 발전은 부르주아 계급의 민법을 보장하고 화폐 메커니즘 및 그에 상응하는 기초적인 구조를 보장한다. 또한 비정치화된 경제 과정의 존속을 위한 선결 조건을 보장하는데 이 비정치화된 경제 과정 역시 도덕규범과 가치 지향의 속박에서 벗어나 있다." Habermas, "Legitimation Problems in the Modern State," *Communication and Evolution of Society*, p. 189.
56) 하버마스는 "현대 국가는 직접적으로 국가 질서상의 성취를 지향해 소속 체계와 주권 영역의 경계를 제거했다. 이 소속 체계는 교환관계를 통해 수립되는 체계 일체화

로서 가치·규범이 실현하는 사회 일체화를 대체했다."라고 말했다. 같은 책, pp. 189~190.
57) Habermas, *Legitimation Crisis*, p. 22. 하버마스는 다음과 같이 말했다. "계급 통치의 정치색이 미약해지면서, 사회의 통치 계급은 자신들이 더 이상 통치하고 있지 않다는 확신을 스스로에게 심어줘야 했다. 보편적 진리의 형태로 출현한 부르주아 이데올로기가 바로 그 임무를 맡았다. 첫 번째로 부르주아 이데올로기는 전통에 대한 비판을 기초로 해서 '과학적으로' 수립되었다. 다음 두 번째로 부르주아 이데올로기는 일종의 패러다임의 성격을 띠었다. 즉 그것은 그 사회 상태의 출현을 예견했으며, 그 사회의 발전 잠재력은 활발한 경제사회에 의해 애초부터 부정될 수 없었다." 같은 책, pp. 22~23.
58) 자유 자본주의 및 그 등가교환 원칙에 대한 하버마스의 서술은 상당히 이상화되어 있다. 그가 사전 설정한 '자유 시장' 모델은 거의 실현된 예가 없다. 許寶强, 「反市場 的資本主義」, 『香港社會科學學報』 1996年 秋季 第8期, pp. 179~180.
59) Habermas, 앞의 책, pp. 24~25. 하버마스는 이 문제에 대해 이렇게 분석했다. 자유 자본주의 사회에서 계급관계는 노동시장의 제도화에 힘입어 비정치화되었다. 그리고 시장은 이중의 기능을 담당하게 되었다. 첫째, 일종의 제어의 메커니즘으로서 화폐가 매개하는 사회적 노동 체계 안에서 작용하게 되었다. 둘째, 생산수단의 소유자와 고용 노동자 사이의 권력관계를 제도화하였다. 자본가의 사회적 권력이 이미 제도화되어 사적 노동계약의 형식으로 표출되는 교환관계가 되었기 때문에, 또한 개인이 창출하는 유효한 잉여가치에 대한 착취가 이미 정치적 의존을 대체했기 때문에 시장은 통제 기능 외에도 의식의 기능을 수행하게 되었다.
60) 하버마스는 과학과 기술 및 그 응용 관계가 자본주의 발전 과정에서 수립되었다고 생각했다. "이 관계에서 현대 과학은 독특한 기능을 담당했다. 진부한 철학적 과학들과는 달리 현대의 경제과학은 갈릴레이 이래로 하나의 방법론적 틀 속에서 발전했다. 즉 이 방법론적 틀에는 기술을 이용해 지배할 수 있는 선험적 관점이 반영되었다. 따라서 현대 과학이 낳은 지식은 그 형식(주관적 의지가 아닌)에 비춰 볼 때 기술적으로 이용 가능한 지식이었다. 비록 그 지식을 사용할 수 있는 가능성은 일반적으로 나중에서야 비로소 가시화되었지만, 과학과 기술의 상호 의존관계는 19세기 후반까지도 존재하지 않았다. 그때까지도 현대 과학은 기술의 발전을 가속화시키는 작용을 하지 않았으며, 당연히 합리화의 압력에도 공헌하지 못했다. 확실히 말해서 현대화 과정에 대한 과학의 작용은 간접적이었다. 현대 물리학은 철학적 관점을 동

원하여 자연과 사회, 그리고 그것들과 자연과학의 상보 관계를 설명했다. 17세기의 기계론적 세계관은 이로서 탄생했다고 말할 수 있다. 고전적 자연법은 바로 이 기계론적 세계관의 틀 속에서 재건되었으며, 17·18세기와 19세기 부르주아 혁명의 기초가 되었다. 부르주아 혁명은 최종적으로 낡은 통치의 정당성을 파괴하였다." Habermas, "Technology and Science as 'Ideology'" 앞의 책, p. 249. 여기의 번역문은 차오웨이둥을 통해 독일어 본과 대조.

61) Habermas, *Legitimation Crisis*, p. 33.

62) 하버마스는 과학이 이데올로기가 되는 과정을 정확하게 서술하였다. "……베버가 '세속화' 개념을 이용해 표현한 과정에는 두 가지 측면이 포함되어 있다. 첫 번째, 전통적 세계관과 객관성은 이미 (신화, 종교, 관습적 의례, 정당화된 형이상학, 의심할 여지없는 전통으로서의) 힘과 유효성을 상실했다. 그런데 그것들은 주관적 신념 체제와 윤리 안에서 재조직되었으며, 그 신념 체제와 윤리는 현대적 가치가 개개인을 설복시킬 수 있는 힘을 보장한다. 두 번째, 그것들은 어떤 이중 구조, 즉 전통에 대한 비판과 전통의 잔재에 대한 형식법 및 등가교환 원칙(이성주의의 자연법)에 의거한 재조직 안에서 조직되었다. 이미 아주 취약해진 기존의 정당성은 새로운 정당성에 의해 대체되었다. 후자는 세계에 관한 전통적 해석의 교조주의를 비판하는 과정에서 탄생했으며, 자신이 과학의 특성을 지닌다고 천명하였다. 하지만 그 신념 체제와 윤리는 정당화의 기능이 있으므로 분석을 불허하고, 대중의 의식에 파고드는 실제적 권력관계를 보유한다. 바로 이런 방식에 의해 엄격한 의미에서의 이데올로기가 출현하였다. 그것들은 현대 과학에 의해 은폐된 정당성으로 권력의 전통적 정당성을 대체하였다. 이데올로기는 이데올로기 비판의 부산물이다. 이런 의미에서 부르주아 계급 이전에 '이데올로기'는 존재하지 않았다." Habermas, "Technology and Science as 'Ideology'," 앞의 책, p. 249.

63) 정당성 강화의 요구는, 행정관리 업무가 증대되고 국가 활동이 새로운 기능을 하기 위해 대중의 충성을 유지해야 하기 때문에 발생한다. 동시에 정치체제 주변부의 변화 역시 문화 영역에 영향을 끼친다. 예컨대 원래 정치체제의 주변부라는 것이 당연시된 문화사업도 행정 계획 부문에 편입되었다. 하버마스는 사회적 난제들과는 무관한 전통이 연구 과제가 되었다고 특별히 제시하였다. 특정한 교육계획, 특히 커리큘럼은 행정 관리 기관이 직접 문화적 전통을 이용하는 한 가지 예이다. 행정 관리 계획의 수립은 바로 그것으로 스스로를 정당화하는 권력의 영역에서 전면적으로 정당성이 요구되는 상황을 초래한다. Habermas, *Legitimation Crisis*, pp. 71~72.

64) Habermas, *Legitimation Crisis*, p. 119.
65) 鄭川雄, 「『合法性危機』導讀」, 『合法性危機』(中譯本), p. ⅹⅳ. 참고.
66) 하버마스는 현대성에 관한 지배적인 철학적 관점이 주체론적 '의식철학'에 뿌리를 두고 있다고 지적했다. 그는 그런 철학적 전통에 반기를 드는 한편, '의사소통 행위'와 '상호 주관성'에 관한 이론을 서술하였다. 그가 선택한 방법은 곧 의식철학에서 언어철학으로 전환하는 것이었다. 바로 이 점을 기초로 해서 하버마스는 도구적 행위와 의사소통적 행위를 구분했다. Steven Best & Douglas Kellner, 朱元鴻等 譯, 『後現代理論: 批判的質疑』(*Postmodern Theory: Critical Interrogations*)(臺北: 巨流圖書公司, 1994.), pp. 292~293.
67) 리오타르는 사회체제 이론을 두 가지로 구분했다. 그중 하나인 파슨즈의 이론에서 사회체제는 낙관적 원리에 의해 지배된다. 왜냐 하면 그 원리는 복지국가가 보장하는 경제성장 및 사회적 풍요와 상응하기 때문이다. 그리고 다른 하나는 현대 독일 이론가들의 체계이론이다. 이 이론은 사람들을 절망하게 하는 기술 통치론이다.(루만) 개인 및 집단의 요구와 희망이 체계가 보장하는 기능과 맺는 조화로운 관계란 그 체계의 부차적인 기능적 요소에 불과하다. 그 체계의 진정한 목표 혹은 그것이 마치 계산기처럼 스스로를 기획하는 까닭은 단지 가장 우월한 전 지구적 수출·수입 관계를 수립하기 위해서이다. 다시 말해서 체계의 목표는 그 자신의 수행에 있는 것이다. 혹시 체계에 변화와 창조가 일어나거나 아니면 기능의 불균형으로 희망과 새로운 선택이 출현해도 실제 발생하는 것은 다름 아닌 체계의 내부적 조정에 불과하다. 또한 그 결과 역시 체계의 '활력'을 높이는 것일 수밖에 없다. Jean-François Lyotard, *The Post-modern Condition: A Report on Knowledge*(Minneapolis: University of Minnesota Press, 1984), pp. 11~12.
68) 바로 이러한 의미에서 리오타르는 사회의 기술 통치론과 그 미학적 비판(프랑크푸르트학파) 사이에 평행적·상보적 관계가 성립된다고 생각했다. 이 관계는 선진적인 사회가 경쟁력을 유지하기 위해(혹은 그 '합리성'을 우월화하기 위해) 필수적이다. 이런 관점은 『자본주의의 문화적 모순』이라는 책에서 다니엘 벨이 자본주의 체제에서의 '모더니즘'의 기능에 대해 표출한 관점과 유사하다.
69) Lyotard, 앞의 책, p. 13.
70) 같은 책, p. 5.
71) 같은 책, p. 5.
72) 리오타르는 대학의 기능의 변화를 다루면서 이 문제를 언급했다. "수행의 원칙이 항

상 엄격하게 어떤 정책을 따르지는 않는다 해도, 그것의 일반적 효능은 여전히 학술 기구의 권리 수행을 높이는 데 기여한다. 지식이 일단 스스로를(인간의 이상과 해방을) 목적으로 삼지 않게 되면, 지식의 전파 역시 더 이상 학자와 학생만의 책임이 아니게 된다. '대학의 특권'이란 개념은 이미 시대에 뒤떨어졌다."

73) 자유주의는 결코 자금 유통의 메커니즘에 반대하지 않는다. 이 메커니즘의 일부 경로들은 정책 수립에 쓰이며, 다른 일부 경로들은 채무 결제에 쓰인다. 지식의 유통 역시 비슷한 특징이 있다. 그중 어떤 것들은 정책 결정자에 의해 사용되며, 다른 어떤 것들은 사회적 계약에 따라 개인이 영구적 채무를 갚는 데 쓰인다. 같은 책, p. 6.

74) 같은 책, p. 66. 리오타르는 상호 이해를 달성하는 경로, 즉 '대화'의 두 가지 전제를 분석하였다. 첫 번째, 언어 게임이 이질적이며, 또한 이질적인 화용법의 규칙을 따르는 상황에서 참여자는 보편적으로 적용되는 언어 게임의 규칙과 규범을 수립하고 일치를 달성할 수 있다. 두 번째, 이성적 토론의 목표는 상호 이해의 수립이다. 하지만 리오타르는 과학의 화용법을 분석하면서, 상호 이해란 토론의 한 상태일 뿐 목표가 아니라고 지적했다. 사실 그것의 목표는 반대로 배리라는 것이다. 이 이중적 관찰(규칙의 이질성과 이의의 모색)은 하버마스의 연구에 숨겨진 믿음—하나의 집단적(보편적) 주체로서의 인간성은 보편적 해방을 추구하며, 그 방식은 모든 언어 게임 속의 '절차'를 제어하는 한편 보편적 해방에 대한 그 작용을 토대로 모든 진술의 정당성을 결정한다는 것—을 파괴했다. 리오타르는 이렇게 말했다. "대화는 하버마스가 루만의 안정적 체계이론에 반대하기 위한 궁극적 무기이다. 비록 명분은 좋지만 관점은 옳지 않다. 상호 이해는 시대착오적이며 회의적인 가치이지만, 반대로 정의는 가치로서 시대착오적이거나 회의적이지 않다. 따라서 우리는 정의의 관념과 실천에 도달해야만 하며 이 정의의 이념과 실천은 상호 이해와는 아무 관계도 없다."

75) 같은 책, pp. 16~17. 당연히 그는 제도가 정보의 전파를 제한한다는 사실을 인정한다. 그러나 그것은 결코 제도가 수립되기만 하면 영구적으로 언어의 변동을 제한한다는 것을 의미하지는 않는다. 오히려 그런 제한들 자체가 제도 안, 혹은 제도 밖의 언어적 책략의 결과일 수 있다.

76) 같은 책, pp. 60~61.

77) 같은 책, pp. 61~65. 리오타르는 이렇게 주장했다. "사회의 화용법은 과학의 화용법이 갖는 단순성을 갖지 않는다.…… 모든 언어 게임들을 위해 메타 규범적 일반 법칙이 설정될 수 있다고 믿을 만한 근거는 없다. 또한 어떤 수정 가능한 상호 이해 —예컨대 과학 공동체 내부의, 특정 시점에서 활력을 갖고 있는 상호 이해—가 메타

규범(이것은 사회 전체에 유통되는 진술의 총체를 규제한다.) 전체를 포괄할 수 있다고 믿을 만한 근거도 없다. 사실상 현대에 정당성의 서사—전통적인 것이든 '현대적'인 것이든—가 몰락한 것은 그런 신념의 폐기와 관련이 있다. 바로 상호 이해의 부재로 인해 '체계'의 이데올로기와 그것의 총체적 설정이 그 빈자리를 차지하려 한 것이다……." "따라서 하버마스의 방향—논쟁이나 대화를 통해 보편적 상호 이해를 추구하는—을 따르게 되면, 정당화에 대한 우리의 연구는 불가능해질 뿐만 아니라 신중함을 잃게 된다."

78) 같은 책, p. 66.
79) 같은 책, pp. 57~58.
80) P. B. Medawar의 말을 인용한 그의 주장에 따르면, 과학자의 최고 성과는 관점을 갖는 것이다. 과학적 방법이 존재하지 않는다면, 과학자는 곧 이야기의 구술자일 뿐이다. 혹 다른 점이 있다면, 그는 반드시 자신의 이야기를 증명해야 한다는 것이다. 같은 책, p. 60.
81) 같은 책, p. 66. 리오타르는 동시에 이 진화 과정의 모호함을 인정했다. 체계가 이 잠정적 계약을 지지하는 것은 그 자체의 강력한 융통성과 원가 절감, 그리고 동인(動因)에 수반되는 그것의 창조적 활동 덕분이다. 이 모든 것들이 조작성을 높이는 데 기여한다. 아무튼 여기에서는 의심할 여지없이 일종의 '순수한' 선택이 체계를 향해 제기된다: 현재 우리는 모두 알고 있다. 1970년대가 끝나면서 그런 선택에 치중한 노력들도 끝나 버렸음을. 이는 그 체계가 대체될 것임을 상징한다.
82) 같은 책, p. 61.
83) S. Best & D. Kellner, 『後現代理論: 批判的質疑』, pp. 216~220.
84) Seyla Benhabib, "Epistemologies of Postmodernism," *New German Critique*, 33(Fall), p. 111. S. Best & D. Kellner, 앞의 책, p. 302.
85) 같은 책, p. 220.
86) 브로델의 이 결론은 직접적으로 레닌의 관점을 비판한다. 레닌은 『자본주의의 최고 단계로서의 제국주의』라는 책에서 자유경쟁이 완전히 지배적 위치를 차지했던 구자본주의에서 가장 전형적인 것은 상품 수출이었다고 주장했다. 그런데 독점이 지배적 위치를 점하고 있는 최신의 자본주의에서 전형적인 것은 곧 자본 수출이다. 하버마스 등이 묘사한 자유 자본주의와 과학기술적 자본주의의 구별은 자본주의 발전이 독점으로 나아간다는 레닌의 주장과 일맥상통한다. Braudel, 『資本主義的動力』, p. 78.
87) Lyotard, *The Postmodern Explained*, translated by D. Barry et. al.(Minneapo-

lis: University of Minnesota Press, 1992), p. 20.
88) S. Best & D. Kellner, 앞의 책, p. 305.
89) Fredric Jameson, "*Foreword to The Postmodern Condition*,"; Jean-François Lyotard, *The Post-modern Condition*, p. x. 그러나 Steven Best & Douglas Kellner의 견해에 따르면, 리오타르와 하버마스 및 그의 추종자들 사이의 논쟁이 리오타르와 프랑크푸르트학파 사이의 유사성을 가리고 있다고 한다. 예를 들어 메타 서사와 현대성의 정당화 서사에 대한 리오타르의 비판은 프랑크푸르트학파가 수행한 이데올로기 비판의 조작 방식들과 유사하다. 그들은 다음과 같은 의문을 제기했다. 제도·기존의 규범·가치 및 지배계급이 통제하는 사회질서를 정당화하는 이데올로기를 제외하고, 과연 무엇이 갖가지 서사들을 정당화시킬 수 있는가? 또한 리오타르가 비판한 특정한 메타 서사—헤겔의 정신철학·자유주의·목적론적 마르크스주의—도 프랑크푸르트학파가 비판한 이데올로기와 유사하다. 그리고 그들은 모두 오늘날 자본주의 사회가 지배적 위치를 점하고 있는 정당화 원칙에 대해 비판하였다. 특히 문화·경험·일상생활 등의 영역에 과학의 진리성의 기준이 강요되는 것에 반대함으로써 '도구적 이성의 비판'이라는 경향을 띠었다. Steven Best & Douglas Kellner, 앞의 책, pp. 303~310.
90) 하버마스와 포스트모더니즘 이론의 논쟁에 대해서는 Jacques Derrida, George Bataille, Michel Foucault의 논문 몇 편을 참고. *The Philosophical Discourse of Modernity*, Translated by Frederick Lawrence(Cambridge, Mass.: The MIT Press, 1987), pp. 161~184, 211~237, 238~293.
91) Ludwig Wittgenstein, *On Certainty*(Oxford, 1969). Paul Feyerabend, 蘭征 譯, 『自由社會中的科學』(上海譯文出版社, 1990), p. 4: *Science In A Free Society*(Verso Edition/NLB, 1982.)
92) Lyotard, *The Post-modern Condition*, pp. 8~9.
93) 여기에서 리오타르는 직접적으로 문화적 패권에 관한 논의로 들어가지는 않는다. 하지만 문제의 논리는 이미 분명하게 드러난다. 만약 과학 공동체와 그것이 규칙을 세우는 방식이 '아는 자'와 '모르는 자'를 확정할 수 있다면 그 규칙과 그것의 메커니즘은 (과학 공동체로부터 민족국가에 이르기까지) 곧 문화의 차등적 질서를 구분해낼 수 있다. 이런 의미에서 탈정당화에 대한 리오타르의 분석 역시 문화적 패권의 산출과 자기 해체의 내적 논리를 설명하는 데 도움이 된다.
94) Lyotard, 앞의 책, pp. 62~63.

95) 서사는 자신이 서술한 사회가 자체적 판단 기준을 수립하게 하며, 그 판단 기준에 따라 어떤 행위들이 사회의 용인을 받을 수 있는지 판정하도록 이끈다.
96) 리오타르는 이야기꾼의 서사 행위를 예로 든다. 그런 서사들은 모두 "이야기를 하지요……", "들어 보세요……" 등의 고정된 공식을 취한다.
97) 현대적 지식과 비교해 전통적 서사는 언제나 행동하고, 말하고, 듣는 방식을 미리 알고 있으며, 그것들로 사회 공동체가 자신 및 환경과 맺고 있는 관계를 표명한다. 다시 말해서 그런 서사들을 매개로 해서 사회적 계약을 구성하는 화용론적 규칙들이 전파될 수 있었다.
98) 서사 행위의 그런 특수한 시간적 서사 속에는 서사 지식의 기능과 규범적 구조 기능 사이의 일치가 존재한다. 또한 여러 가지 지식 능력의 통일성과 사회적 조절 사이의 일치도 존재한다. 바로 이런 단순화된 서사에 의지해 집단은 자신의 과거를 회상할 필요가 없어진다. 그리고 그 집단은 서사의 의미 속에 존재할 수 있을 뿐만 아니라, 이야기의 행위들을 반복해 자신의 사회적 계약의 근거를 찾아낼 수 있다. 그리하여 시간에 대한 전통 사회의 감각에 영향을 미쳤다. 이야기 속의 인물은 과거에 속할지도 모르지만 그(그녀)는 언제나 현실 속에서 반복되는 행위들과 서로 동반하여 나타났다.
99) Lyotard, 앞의 책, pp. 18~23.
100) 같은 책, p. 27. 리오타르는 서사 지식과 과학 지식이 각기 합법적 절차를 가지며 서로 부정할 수 없다고 지적했다. 서사 지식은 자신의 정당성 문제에 별로 관심을 두지 않지만 과학 지식은 그렇지 않다. 그러므로 서사 지식은 늘 과학 지식을 서사 문화들 속의 한 변이체로 보고 그에 대해 관용적 태도를 취하지만, 과학 지식은 전혀 다르다. 과학자는 서사적 진술의 유효성에 대해 의문을 제기한다. 왜냐 하면 그것은 논증과 근거가 없기 때문이다. 그는 그 서사 지식들이 다양한 심적 상태—야만성·원시성·낙후성—와 선입견·습속·권위·이데올로기 등으로 구성되었다고 결론짓는다. "이 불평등한 관계는 서로 다른 게임 규칙의 내재적 결과이다.…… 이것이 바로 서양 문명 초기의 문화 제국주의의 역사이다.…… 문화 제국주의는 제국주의의 다른 형식들과는 달리 정당성 요구의 통제를 받는다."
101) 같은 책, pp. 27~29. 그는 예를 들어, 뭔가를 발견한 과학자가 매스컴과 접촉하는 경우, 대부분 과학과는 무관한 서사시 같은 역사를 이야기한다고 지적했다. 과학자들은 서사의 규칙을 사용해 진술을 한다. 이 점은 매스컴의 운영자에게 영향을 미칠 뿐만 아니라, 과학자 자신의 감각에 대해서도 어떤 작용을 한다. 이것은 과학 지식과 '통속적 지식'의 관계와 관련이 있다. 더 나아가 그는 국가가 막대한 경비를

들여 과학을 서사시로 분장시키는 것은 곧, 국가 자체의 신뢰성 역시 그 서사시를 기반으로 하기 때문이며, 국가는 그 서사시를 이용해 국가정책에 대한 대중의 동의를 얻는다고 지적했다.

102) 같은 책, pp. 30~31. 리오타르는 원래 진보의 개념이 의미하는 것은 누적되는 지식의 운동이며, 현재 그 개념은 발전해 새로운 사회의 사회적·정치적 주제가 되었다고 분석했다. 국민이 정의와 비정의를 논의하는 방식은 과학자들의 공동체가 진리와 오류를 논의하는 방식과 완전히 일치한다. 그리고 국민이 민법을 추가시키는 것은 과학자가 과학 법칙을 추가하는 것과 동일하다. 게다가 그들이 상호 이해의 규칙을 가다듬는 것 역시 과학자의 새로운 패러다임 창조와 마찬가지로 이미 습득한 지식에 근거해 규칙들을 개조하는 것이다. 법률의 정의(正義)는 자연법칙에 순응해 수립되는 것이 아니다. 그것은 국민들—법률의 제약을 받는 국민들—에 의해 정해진다. 여기에서 국민은 과학적 주체의 패러다임에 따라 구축된 추상적 주체이며, 그 존재는 국민 그 자신을 심의하고 채택하는 체제에 의존한다. 그리고 이 체제는 때로는 국가 전체이며, 때로는 국가의 일부분이기도 하다. 이처럼 국가의 문제와 지식의 문제는 함께 뒤엉켜 있다.

103) 일찍이 1970년에 하버마스는 「기술 진보와 사회적 생활 세계」를 통해 똑같은 문제를 분석했다. 그가 택한 예는 독일의 대학 체제였다. 그는 다음과 같이 지적했다. "정부·책략·행정 등 실천적 문제들은 비교적 이른 시기에도 기술적 지식의 응용을 거쳐 상당 부분 처리되었다.……", "19세기에 어떤 이는 과학이 두 갈래 경로를 거쳐 생활 행위 속에 파고든다고 주장했다. 그 두 경로는 과학 정보의 기술적 응용과 교육·문화 과정이다. 독일의 대학 체제(위로 훔볼드[Humboldt]의 개혁에까지 소급될 수 있는) 안에서 우리는 여전히 현실에 맞지 않는 환상, 즉 과학이 학생 개개인의 전 생애에 걸친 교육과정을 거쳐 그들의 행동을 방향짓는 힘이라는 생각을 고집한다. 나는 피히테(Fichte)가 '지식을 일로 전환시키자'고 말한 이미지가 더 이상 개인 교육 영역에서는 실천될 수 없다고 생각한다. 단지 정치와 연관된 차원에서만 실현될 수 있다. 그 차원에서 기술적으로 응용 가능한 지식은 우리 생활 세계의 맥락 속으로 전환될 수 있다." 이 글의 번역문은 다음 책에 실려 있다. 黃瑞祺,『現代批判社會學』(臺北: 巨流圖書公司, 1985), pp. 270~271.

104) 리오타르는 이런 정당성 서사가 주로 초등교육에 적용되며, 중등교육과 고등교육에는 영향력이 크지 않다고 지적했다. 예컨대 고등교육과 그 방식에 대한 나폴레옹의 태도가 국가의 안정을 위해 행정적·전문적 기능을 낳았다고 보통 여겨져 왔다.

이 관점은 자유 서사의 컨텍스트 속에서는 국가의 정당성이 국가 자체가 아닌, 국민들에게서 비롯된다는 사실을 소홀히 하였다. 따라서 제국의 정치가 국가 공무원과 시민사회의 관리자를 낳도록 고등교육체제를 설계했을 지라도, 총체로서의 국가는 반드시 새로운 지식 영역을 국민에게 전파함으로써 자유를 획득하려 했기 때문에, 이 과정은 대표와 전문가를 통해서만 작용할 수 있었다. 이 원리는 과학 메커니즘의 형성에도 작용하였다. 국가는 국민을 길들이기 위한 직접적인 통제권을 설정할 때마다, 민족의 이름으로 자유의 서사에 호소했다. 그 목적은 국가가 정한 진보의 노선에 따라 국민들이 전진하게 하는 것이었다. Lyotard, 앞의 책, p. 32.

105) 같은 책, p. 32. 이 두 차원의 관계는 칸트가 지식과 의지를 구분해 생긴 균열을 떠오르게 한다. 그것은 인지적 진리의 언어 게임과 윤리적·사회적·정치적 실천의 언어 게임 사이의 충돌이다.

106) 리오타르는 헤겔의 『백과전서』야말로 곧 그러한 총체성의 기획이며, 피히테·셸링 역시 체계적 이념으로 동일한 사상을 표현했다고 지적했다. 같은 책, p. 33.

107) 독일 유심론의 백과전서가 바로 이 생명―주체의 보편적 '역사'의 서사이다. 이 이야기의 발화자는 특수한 전통적 지식에 국한된 인물이거나 전공의 틀 속에 위치한 과학자 집단일 수 없다. 그는 하나의 메타 주체(metasubject)이다. 그는 경험과학 담론의 정당성을 논증하며, 아울러 세속적 문화 기관의 정당성까지 정립한다. 이런 메타 서사를 통해 지식은 처음으로 자신 안에서(자신의 효용 안에서가 아닌) 스스로의 정당성을 발견했으며, 국가와 사회가 무엇인지 규정할 수 있는 권력을 부여받았다. 그런데 이런 지식은 자연·사회·정치와 관련된 실증적 지식일 뿐만 아니라, 지식의 지식, 즉 사변적 지식이 되었다. 이 서사에서 어떤 지식 담론의 가치는 진리가 아닌 '정신'의 발전 과정에서 그것이 차지하는 위치에 달려 있었다. 예를 들어 대학의 기능은 "지식 영역 전체를 개방해 모든 지식의 원리와 기초를 상세히 설명하는 것이었다." 그런데 창조적인 과학적 능력은 '사변적 정신'(the speculative spirit)에서 비롯되며 여기에서 '사변'은 과학 담론의 정당화를 논증하는 담론이다. '사변적' 철학은 반드시 학문들의 통일성을 회복시켜야만 했으며, 그 학문들은 실험실과 대학 예과 교육에서 이미 각종 분과 학문들로 분리되어 있었다. 다시 말해서 이성적 서사 혹은 메타 서사의 언어 게임 속에서 그 분과 학문들은 통합되어 정신 형성 과정 안의 어떤 단편들이 되었다. 같은 책, pp. 33~35.

108) 리오타르는 이렇게 생각했다. "현대사회와 문화―탈산업사회와 포스트모던 문화―에서의 지식의 정당성 문제는 다양한 술어로 서술될 수 있다. 거대 서사는 이미

신뢰성을 상실했다. 그것이 어떤 통일적 모델을 채용한다 해도, 혹은 사변적 서사나 해방의 서사로 나타난다 해도." 리오타르는 서사의 관점에서 탈정당화가 프랑크푸르트학파나 하버마스와 다르다고 분석했다. 그들은 모두 탈정당화가 과학기술의 진보로 인한 목적과 수단의 뒤바뀜이라고 생각하였다. 혹은 그것이 사회에 대한 케인즈주의의 새로운 기획에서 비롯되었다고 생각했다. 같은 책, pp. 37~38.

109) 이 부분은 다음과 같은 내용을 의미하고 있다. 스스로를 정당화하는 과학은 진정한 과학이 아니다. 그리고 만약 과학의 정당화 담론이 일종의 전(前) 과학적 지식 형식이라면 그것 역시 권력의 이데올로기나 도구적 위치로 전락할 것이다. 예컨대 다음의 사변적 진술을 참고할 수 있다. "과학적 진술이 지식이 되는 것은 바로 그것이 발전의 보편적 과정 속에서 일정한 위치를 차지하는 데 달려 있다." 그러므로 자기 증명이 지식이 되기 위해서는 먼저 그러한 보편적인 역사 과정이 존재하고, 자신이 바로 그 과정의 한 표현이라는 것을 증명해야 한다. 이 전제는 사변적 언어 게임과 분리될 수 없다. 사변적 언어 게임이 없으면, 정당화의 언어는 정당되지 못한다. 그리고 과학 역시 아무런 의의도 갖지 못하게 될 것이다. 같은 책, pp. 38~39.

110) 같은 책, p. 39. 리오타르는 19세기 말 이후 과학의 '위기'는 결코 기술 진보의 결과인 과학의 확산과 자본주의의 확장에서 나온 것이 아니라고 보았다. 차라리 그것은 지식의 정당성 원칙의 어떤 내적 파탄을 대표한다. 사변적 게임 내부에도 그런 파탄이 존재하고 있다. 백과전서적 지식의 네트워크는 사분오열되었으며, 그로 인해 분과별 지식의 질서가 해체되었다. 즉 각 분과 학문들 사이의 전통적 구분에 의문이 제기되었고, 분과 학문적 규범도 소실되었다. 그리하여 분과 학문들은 서로 경계가 교차되고 있으며 새로운 영역이 탄생하였다. 또한 기존의 파빌은 새로운 연구소와 기금에 자리를 넘겨주었고, 대학들은 자신들의 사변적 정당성의 기능을 상실하였다. 연구의 책임은 이미 완성된 지식을 전수하는 것으로 대체되었으며, 대학의 교수법은 연구자의 양성이 아닌, 교사의 복제만을 보장하게 되었다.

111) 같은 책, pp. 40~41. 리오타르는 비트겐슈타인의 비유를 이용해, 언어는 각종 거리·광장·가옥이 꽉 들어찬 고성(古城)과 같으며, 다양한 시기의 건축물들이 신구 혼합의 양상을 보인다고 하였다. 새로운 언어에는 화학 기호·미적분 기호·기계 언어·게임이론 모형 등이 속속 편입되어 구언어의 주변을 이루고 있다. 그 모든 언어들을 다 이해하는 사람은 없으므로 보편적 메타언어는 있을 수 없다. 또한 시스템-분과의 기획이 실패하고, 해방의 목적은 과학과 아무 관계가 없는 것으로 판명되었다. 우리는 실증주의적 지식 속에 침잠하거나 혹은 전문적인 분과 학문에

몰입하게 되었으며, 박식한 이가 과학자가 되고, 연구는 쇠퇴하고 점점 세분화되고 있다. 따라서 그 누구도 지식 전체를 파악할 수 없으며, 사변적이거나 인문주의적인 철학은 정당화의 책임을 철회할 것을 강요받았다. 이런 모든 상황은 일종의 비관인 분위기를 조성하였고, 많은 예술가들과 철학자들이 '탈정당화'의 중책을 맡고자 시도하였다. 그러나 리오타르는 우리가 '탈정당화'를 애도할 필요는 없다고 보았다. 그는 비트겐슈타인이 이미 언어 게임에 대한 자신의 연구를 통해 수행성(performativity)의 기초 위에 서지 않은 정당화를 구상하였다고 지적했다. 이것이 바로 포스트모더니티의 전모이다. 대부분의 사람들은 사라진 서사로 인해 슬퍼하지 않았다. 그들은 자신들의 언어적 실천과 의사소통 행위에서 정당성을 획득할 수 있다고 믿었다.

112) 과학 지식의 두 가지 중요한 특징은 바로 과학 연구 방법의 신축성, 즉 과학 언어의 다원성에서 비롯되었다. 과학은 일종의 실용적 게임이라는 특징이 있다. 즉 새로운 가설이 받아들여질 가능성은 참여자의 어떤 계약에 달려 있다.

113) Lyotard, 앞의 책, pp. 42~43. 그는 과학적 진술의 추론 과정에서 이 점을 보여 주었다. 그는 지시적 진술이 '참'을 언명할 때는 이미 하나의 전제가 존재한다고 지적했다. 즉 공리 체계가 정립되면 진술은 그 공리 체계 속에서 확정되고 설명될 수 있으며, 모든 참여자들이 그 진술을 이해하고 그 진술이 이미 형식적으로 사람들을 만족시킨다는 사실을 받아들인다. 다른 과학에서도 유사한 분석이 적용된다. 그 과학들의 상태는 어떤 언어의 존재에 의해 결정되며, 그 언어의 기능적 규칙은 스스로 증명될 수 없다. 단지 전문가들의 상호 이해일 뿐이다. 그 규칙들은 적어도 어떤 규칙들이면서 일종의 요구이다. 그런데 이 요구는 곧 일종의 명령의 모델이다.

114) 자본주의는 자체의 방식으로 과학 연구에 투자한다. 예컨대 각종 기금을 설립하고, 대학 및 기타 연구 기관에 자금을 지원한다. 이러한 조건에서 증거의 산출은 더 이상 진리 획득이 목적이 아니다. 그것은 또 다른 언어 게임의 통제 아래 투입/산출의 효능을 목적으로 삼는다. 국가 및 기업은 모두 이상주의와 휴머니즘의 정당화 서사를 포기하고, 새로운 목적에 정당성을 제공해야 하는 것이다. 국가와 기업이 과학자·기술 요원·설비를 포섭하는 것은 진리 발견을 위해서가 아니라 권력을 획득하기 위해서이다. 같은 책, p. 46.

115) 같은 책, pp. 46~53. 이 절차는 다음과 같은 틀 속에서 수행된다. '실재'가 과학적 진술에 증거를 제공하는 이상 그것은 그 결과를 이용해 사법·윤리·정치의 성질에 규범과 전제를 제공하기도 한다. 그러므로 사람들은 '실재'를 통제해 그 모든 게

임들을 통제할 수 있다. 이것이 바로 기술적 능력이 발휘되는 영역이다. 만약 사람들이 과학 지식과 정책의 권위에 가까이 갈 수 있다면, 기술도 덩달아 증진될 것이다. 이것이 곧 정당화가 어떻게든 권력에 의지해 완성되는 과정이다. 한편 위에서 서술한 상황은 교육의 변화에서도 선명하게 드러난다. 탈정당화 상황에서 대학을 향한 사회의 요구는 어떤 이상의 창조가 아니라 기술의 발명이다. 그리고 민족 해방의 엘리트 육성이 아니라 각종 전문가들의 배출이다. 학술적 지식은 컴퓨터 언어로 바뀌었으며, 기존 지식 체제의 와해는 새로운 학제 간 통합을 불러왔다. 하지만 그런 학제간 통합의 목표는 정신의 해방이 아니라 생산 효율성의 제고이다.

116) Max Weber, 錢永祥編 譯, 「學術作爲一種志業」, 『韋伯選集Ⅰ』(臺北: 允晨文化實業股份有限公司, 1985), p. 123. 헌트는 다음과 같이 설명한다. "현대적 지식은 결코 인격과 체험에 기초를 두지 않으며, 각종 방법과 기교, 다양한 실천의 방식들로 이루어져 있다. 그것들이 배치되어 더욱 광범위한 생활 영역이 계산 가능한 범위 안에 편입되었으며, 인간들은 (양적) 진보의 순수히 기술적인 목표 아래 놓이게 되었다. 이러한 맥락에서 베버는 학문이 그 자체로 하나의 직업을 구성할 수 있는지에 관한 문제를 제기한 것이다." 「充當一種志業的人格」, 香港嶺南學院飜譯組·文化/社會硏究譯叢編委會 編, 『學科·知識·權力』(牛津大學出版社, 1996), p. 139.

117) Max Weber, 「學術作爲一種志業」, 『韋伯選集Ⅰ』, pp. 126~127.

118) 같은 책, p. 146.

119) Ian Hunter, "Personality as a Vocation: The Political Rationality of the Humanities," *Foucault's New domain*, M. Gane and T. Johnson eds.(Routledge, 1991), pp. 153~192; 『學科·知識·權力』, pp. 139~140.

120) Alasdair MacIntyre, *After Virtue*(中譯本), pp. 216, 272.

121) 'discipline'이란 단어는 규범·규율·분과 학문·교육·징계·교육 등으로 번역될 수 있다. 류베이청(劉北成)과 양위엔잉(楊遠嬰)은 Discipline and Punish라는 제목의 책을 '훈육과 처벌'이라고 번역하고, 책 안에서도 '훈육'이라는 단어로 'discipline'을 번역했다. 이런 번역법은 비교적 정확하다고 할 수 있다. 'discipline'의 어원은 인도-유럽어 어근에서 비롯되었는데, 그리스어의 'didasko'(가르침), 라틴어의 'disco'(배움)와 마찬가지이다. 고대 라틴어의 'disciplina'는 이미 그 자체로 지식(지식 체제)과 권력(아이들의 규율·군기〔軍紀〕)의 의미를 겸했다.(Keith W. Hoskin & Richard H. Macve, "Accounting and the Examina-

tion: A Genealogy of Disciplinary Power," *Accounting, Organizations and Society*, Nov. 1986, p. 107.). 초서(Geoffrey Chaucer) 시대에 'discipline'은 각 부문의 지식들, 특히 의학·법률·신학 등 신흥 대학의 '고등 학문 분야'를 가리켰다. 『옥스포드 영어사전』에 따르면 'discipline'(분과 학문/훈육)은 문하생과 학자에게, 'doctrine'(교의)은 박사와 교사에게 속한다. 그러므로 '분과 학문/훈육'은 실습이나 연습과 관련이 있으며, 교의는 추상적 이론에 속한다. 이런 구별에 근거해 우리는 분과 학문이라는 개념이 왜 경험적 방법을 기초로 하고, 객관성에 호소하는 새 학문 분야를 서술하는 데 사용되는지 이해할 수 있다. 어떤 연구 범위를 학문의 한 분야로 일컫는 것은 곧 그것이 결코 도그마에 의지해 정립된 것이 아니며, 그 권위가 어느 개인이나 파벌에서 비롯되지 않고 보편적으로 받아들여지는 방법과 진리를 기반으로 한다는 것을 말해 준다. 또한 'discipline'은 수도원의 규칙이나 군대·학교의 훈련 방법을 가리키기도 한다. 이 두 가지 함의가 뒤얽혀 어떤 지식 부문에서 가르침을 받는 것, 즉 훈육을 받아 최종적으로 규율을 갖춘다거나 자기 규제(self-mastery)가 가능한 소양을 얻는 것을 의미하게 되었다.(David R. Shumway, David R. & Messer-Davidow, Ellen, 「學科規訓制度導論」, 『學科·知識·權力』, pp. 1~2.)

122) Michel Foucault, *Discipline and Punish: The Birth of the Prison*, translated from the French by Alan Sheridan(N. Y.: Pantheon Books, 1975), p. 23.
123) 같은 책, p. 24.
124) "따라서 '권력-지식 관계'에 대한 분석은 권력 체제와 관련이 있거나, 혹은 무관한 지식 주체를 기초로 수립되어서는 안 된다. 반대로 인식 주체·인식 대상·인식 형식은 권력-지식의 기본적 함의들과 그 역사적 변화가 낳은 여러 반응 효과들이라고 간주되어야 한다. 요컨대 인식 주체의 활동이 권력에 이바지하거나 권력에 반항하는 지식 체제를 낳는 것이 아니다. 반대로 권력—지식과 권력—지식을 관철하고 구성하는 과정 및 투쟁이 지식의 형식과 그 가능성의 영역을 결정한다." 같은 책, pp. 27~28.
125) 같은 책, p. 215.
126) 같은 책, p. 216. '원형 감시'(panopticism)라는 개념은 벤덤(Jeremy Bentham)의 원형 감시적 건축물(Panopticon)에서 기원한다. 감옥의 개혁에 힘을 기울인 벤덤은 원형식의 감시가 쉬운 감옥을 고안했다. 즉 사방에 둥글게 건물이 배치되고, 그 중심에 조망 탑이 세워지며, 조망 탑 안에는 역시 사방으로 큰 창문이 설치되어 빙 둘러싸인 건물들과 마주 보게 되어 있다. 또한 건물 안은 작은 감방들로 무수히

나뉘어 있으며, 건물의 횡단면에 걸쳐 있는 각 감방들은 모두 창문이 두 개이다. 이러한 감옥은 전통적인 감옥의 세 가지 기능, 즉 봉쇄·차광·은폐의 기능을 혁신했다. 푸코는 이 개념을 이용해 일찍이 나병 환자를 다룬 풍속 탄압과 '대감금'의 형식과 구별되는 훈육 메커니즘을 지칭하였다. 그 주된 결과는 다음과 같다. 수감자나 관리자에게 의식적이고 지속적인 습관적 상태가 만들어져 권력이 자동적으로 기능을 발휘할 수 있게 되었다. 이러한 배치의 결과로 감시는 권력의 어떤 지속적인 반응 효과가 되었다. 즉 행동에서 권력이 단속적으로 존재하게 되었다. 이러한 권력의 완성은 권력의 실제 운용을 더 이상 불필요한 것으로 만들어야 했으며, 원형 감시적 건축물은 권력의 그런 실제적 운용과는 독립된 권력관계의 메커니즘을 창조하고 유지해야 했다. 결국 수감자(우리는 여기에서 병사·학생·환자 등에까지 확장할 수 있다.)는 어떤 권력 상태에 의해 제약을 받아야 하며, 그들 자신이 바로 그 권력 상태의 담지체가 된다. 같은 책, pp. 200~202.

127) 같은 책, p. 222.
128) 같은 책, p. 222.
129) 푸코는 이렇게 주장했다. "위대한 경험적 지식은 세계 만물을 망라했으며, '사실'을 관찰·묘사·수집하는 불명확한 담론의 질서로 '만물'을 서술했다.(당시에 서구 세계는 동일한 세계에 대한 정치적·경제적 정복을 막 시작했다.) 이 위대한 경험적 지식은 의심할 여지없이 종교 재판에서 자신의 수행 모델을 찾아냈다.—현재 우리의 느슨한 분위기가 종교 법정의 그 중요한 발명을 잊혀지게 했다." 같은 책, p. 226.
130) 같은 책, p. 226.
131) Michel Foucault, *The Archaeology of Knowledge*, translated by A. M. Sheridan Smith(New York: Pantheon, 1972), p. 224.
132) Roger Geiger, *To Advance Knowledge: The Growth of the American Research University, 1900~1940*(New York: Oxford University Press, 1986), p. 29.
133) 나는 여기에서 페미니스트들의 지식 문제를 논할 수는 없다. "대부분의 페미니스트들은 지식과 그것을 내부에서 생성시키는 사회구조가 상호 구성적 관계라는 것을 믿는다. 예를 들어 페미니즘적 지식은 '여성이 학문 분야 내부의 존재이면서 동시에 외부적 존재라는 사실에서 촉발되었다. 그녀들의 신분이 불러온 모순은 그녀들의 의식과 행동 사이에 균열을 낳았다. 아울러 비판적인 대화와 창조적 지식의 새로운 원천을 마련했다.'" D. R. Shumway & E. Messer-Davidow, 『學科規訓制

度導論』, 『學科·知識·權力』, pp. 16~17.

134) 피에르 부르디외(Pierre Bourdieu)는 다음과 같이 말했다. "경제의 내재 법칙을 보편적인, 그리고 보편적으로 인식 가능하면서도 완전하고 실천적인 준칙으로 변화시킴으로써 이성적 행위 이론은 어떤 사실을 망각하였다(동시에 은폐하였다). 그 사실은 곧 '이성적인', 더 타당한 말로 표현하면, 합리적인 아비투스야말로 완전한 경제적 실천의 선결 조건이라는 점이다. 그런데 이 경제적 실천은 바로 특정한 경제적 조건의 산물이며, 이 경제적 조건은 경제 자본과 문화 자본에 대한 최소한의 점유로 정의된다. 또한 이 경제 자본과 문화 자본의 최소한의 점유는 '잠재적 기회'를 이해하고 장악하기 위해 필수적이다. 이 잠재적 기회들은 형식적으로는 모두를 향해 열려 있으며, 그 '추상적' 행위자들에게 모든 능력과 아비투스를 부여하는 것처럼 보이지만……오직 명확한 사회경제적 조건에서만 그것들을 획득할 수 있다." 『文化資本與社會煉金術』, p. 172.

135) J. Habermas, *Legitimation Crisis*, pp. 117~118. 현대 종교는 대부분 세계에 대한 인식론적 해석을 포기하고, 단지 도덕적 윤리의 기능만을 담당하고 있다. 사실상 분화를 특징으로 하는 합리적 사회 과정의 일부로 변화된 것이다.

136) H. Schelsk, *Der Mensch in der deutschen Soziologie*(Düsseldorf, 1959), S. 96ff; Habermas, *Legitimation Crisis*, p. 126.

137) S. Aronowitz, *Science as Power*, pp. 20~21.

138) 1923년에 생화학자이자 유전학자인 할데인(J. B. Haldane)은 캠브리지 대학의 이교도 협회에서 「다이달로스, 혹은 과학과 미래」라는 글을 발표했다. 그는 "응용과학은 자신의 불공정한 측면을 과장하는 데 치중해 지나치게 극단화되고 용인될 수 없는 지경에 이르렀다."라고 말했으며 과학자의 임무는 "인간의 힘을 확대해 자연을 능가하게 하고, 나아가 냉혹한 사실적 논리의 강제 아래 중심적인 국제 정부를 수립하는 것이다."라고 주장했다. Leiss, 『自然的控制』, p. 5.

139) 예를 들어 청일전쟁 후반, 청나라 정부는 일본과 불평등조약을 체결했다. 옌푸는 「원강(原强)·속편」을 발표해 다음과 같이 주장했다. "나는 평생 동안 전쟁을 말하는 자를 가장 싫어했다.…… 태만하게 마지못해 싸운다면 곧 되갚을 수도 없으니 전쟁에는 오직 처음과 끝이 있어야 한다. 절대로 화해를 구해서는 안 된다. 대체로 화해를 하면 망하게 마련이니 싸워야만 훗날을 기약할 수 있다." 『嚴復集』 第1冊 (中華書局, 1986), p. 39.

140) 리오타르는 많은 이론가들이 사회규범의 해체와 사회조직의 파편화를 개탄하고 있

다고 했다. 그들은 각종 정통 서사의 해체가 사회를 분해해 부유하는 원자들의 덩어리로 만들었다고 생각한다. 리오타르는 그들이 이미 소멸한 '유기적' 사회에 대한 미련을 떨치지 못하고 있다고 비판한다. Lyotard, *The Post-modern Condition*, p. 65.

141) 『말과 사물』에서 푸코는 '에피스테메'(episteme)의 분석을 통해 '에피스테메'의 네 가지 대비 관계를 수립하였다. 그는 현대인의 탄생에 대해 논하면서 다음과 같이 지적하였다. "현대인—생리·노동·담론적 존재 속에서 규정될 수 있는 인간—은 단지 유한자(finitude)의 형상화일 수밖에 없다. 현대 문화가 인간을 구상할 수 있었던 것은, 그것이 유한자 자체를 기초로 해 그 유한자를 구상할 수 있었기 때문이다.······ 르네상스의 '인문주의'와 고전적 '이성주의'는 분명히 인류(human beings)가 세계 질서 속에서 특권적 지위를 차지할 수 있게 해 주었다. 하지만 그것들은 인간(man)을 구상하지는 못했다." 푸코는 현대인에 대한 이해가 '지식의 대상이면서 동시에 지식의 주체'라는 이중적 역할 위에 수립되었으며 그 이원성은 세 가지 서로 다른 이원적 관계—경험과 선험의 이원성, 의식과 무의식의 이원성, 기원의 후퇴와 회귀의 이원성—를 통해 구현된다고 지적했다. *The Order of Things, An Archaeology of the Human Sciences*, Unidentified collective translation(London: Tavistock Publications), pp. 308, 312; 劉北成 編著, 『福柯思想肖像』第7章(北京師範大學出版社, 1995), pp. 113~141). 참고.

142) 마르크스는 자본주의적 생산관계가 각종 문화를 무너뜨리고 재구성한다는 것을 지적해 자본주의가 역사 속의 반역사적 힘이라는 것을 은유적으로 표현했다. 자유 자본주의기 말기꺽 자본주의로 이행됨에 따라 과학기술의 발전은 자본주의의 그런 반문화적·반역사적 성질을 한층 강화했다. 이에 상응해 현대 자본주의에 대한 각종 연구들 역시 점차 반문화적·반역사적 특징을 띠어 가고 있다.

143) 베버 이론과 현대성 문제의 관계는, 졸고 「韋伯與中國的現代性問題」, 『學人』第6輯, 1994. 참고.

144) J. Habermas, *The Philosophical Discourse of Modernity*(Cambridge, Mass.: MIT Press), p. 2.

145) J. Habermas, *The Philosophical Discourse of Modernity*, p. 383; 『後現代理論: 批判的質疑』, pp. 295~296. 참고.

146) 예컨대 『지식과 인간의 성향: 하나의 개관』에서 하버마스는 세 가지 인지적 성향, 즉 기술적 성향·실천적 성향·비판적 성향을 분류했으며, 나아가 세 가지 과학의

존재, 즉 경험적-분석적 과학, 역사적-해석적 과학, 비판적 과학과 정보 · 해석 · 비판이라는 세 종류의 지식도 추론해 냈다. 심지어 그는 사회 · 문화생활의 세 가지 요소—노동 · 언어 · 권력—에서 전술한 세 가지 인지적 성향을 끌어냈다. 하버마스는 바로 이러한 분류법을 기초로 비판적 과학과 비판이론을 위해 정당성의 논증을 제공했다.『現代批判社會學』, pp. 234~263. 참고.

147) Max Scheler,「論知識的實證論的歷史哲學(三級規律)」,『舍勒文選』(上海人民出版社, 卽出), p. 1067.

148) Max Scheler, 같은 책, p. 1071.

149) Max Scheler, *Problems of A Sociology of Knowledge*, translated by Manfred S. Frings, Edited and with an Intrduction by Kenneth W. Stikkers(London: Routledge & Kegan Paul Ltd. 1980), pp. 103~104.

150) 또한 셸러는 그리스의 형이상학과 종교가 원칙적으로 이 세계 및 이 세계의 자연과 존재를 긍정하기는 했지만, 그것들은 결코 인간의 노동 · 건축 · 질서 · 예언의 대상이 아니었다고 지적했다. 또한 인간이 계속해야만 하는 어떤 신적 창조나 건설 행위의 목표도 아니었다. 반대로 그리스 형이상학과 종교에서 세계는 관찰 · 사유 · 사랑의 대상이 될 수 있는, 생명이 있는 고귀한 에너지 형식이었다. 따라서 강력한 의지와, 기계적 생산기술과 연관된 어떠한 긍정적 가치도 배제했다. 이것은 풍부한 순수 수학과 자연에 대한 탐구가 발전된 이후에도 마찬가지였다. 역시 고대 중국과 이집트에서도 실증과학(천문학 · 수학 · 의학 등)이 존재했다. 그 지식들과 거대한 기술적 수요는 왕조의 지리적 여건, 예컨대 나일 강과 양자 강, 그리고 황하의 치수와 밀접한 관련이 있었다. 하지만 그렇다 하더라도 고대 중국과 이집트는 방법론적이며 조직적이고 우주의 총체와 그 분류가 포함된 실증과학을 발전시키지 못했다. M. Scheler, *Problems of A Sociology of Knowledge*, pp. 103~104.

151) Max Scheler,「論知識的實證論的歷史哲學(三級規律)」,『舍勒文選』, p. 1071.

152) 셸러는 다음과 같이 지적했다. 형이상학은 '무한한 과정'이란 없다고 단언한다. 왜냐하면 '무한한 과정'이란 오직 관찰 · 귀납 · 연역을 통해서만 나타나기 때문이다. '진보'의 누적은 실증과학의 본질에 속하지만, 형이상학은 당연히 속하지 않는다. 마찬가지로 형이상학 역시 '진보'의 부수적 현상을 갖지 않으며, 이전의 '단계적 과학'을 평가절하한다.『舍勒文選』, p. 1072.

153) 彼得 · 溫奇,『社會科學的觀念』(倫敦, 1958), pp. 15, 126;『自由社會中的科學』, p. 4에서 재인용.

154) 菲利浦斯, 『信仰和哲學硏究』(倫敦, 1970), p. 132: 같은 책, p. 4에서 재인용.
155) Thomas S. Kuhn, *The Structure of Scientific Revolutions*(Second Edition, Enlarged, The University of Chicago Press, Ltd. 1970), p. 94.
156) Paul Feyerabend, 『自由社會中的科學』, p. 72.
157) 石田一良, 王勇 譯, 『文化史學: 理論與方法』(杭州: 浙江人民出版社, 1989), p. 277.
158) 같은 책, pp. 276~277.
159) 廣瀨炎窓, 『約言或問』, p. 277.
160) 같은 책, pp. 277~278.
161) 기술 통치의 관점 역시 사실과 가치 · 인지와 규칙 · 이론과 실천의 이원론을 기반으로 한다. 일찍이 파이어아벤트는 이성과 실천의 관계에 대해 세 가지 관점을 개괄했다. 첫 번째는 관념론적 관점이다. 이 관점은 이성이 실천을 지도하며, 자신의 요구에 따라 실천을 구현한다고 생각한다. 이성의 권위는 결코 실천에 의존하지 않는다는 것이다. 다음 두 번째는 자연주의적 관점이다. 이 관점은 역사와 과학이 이미 도달 가능한 완벽한 수준에 이르렀으며, 머릿속의 명확한 합리적 이론들로 과학이나 사회를 재편하려다가 혼란을 빚어낼 수 있다고 생각한다. 이성은 단지 실천의 작용 방식을 묘사하고 그 숨은 원리를 설명할 수 있을 뿐이다. 한편 파이어아벤트 자신은 이성과 실천을 다르게 보지 않았다. 그는 이 두 가지를 하나의 변증법적 과정을 이루는 부분들로 파악했다. 실천에 의해 지도되지 않는 이성은 인간을 오도하며, 실천은 이성이 뒷받침되어 크게 개선될 수 있다. 이런 까닭에 파이어아벤트는 세 번째 관점, 즉 상호 작용론적 관점을 세시했나. 즉, 이성적 표준은 보편석으로 적용되지 않는다. 그것은 스스로의 한계를 가지며 그 한계는 실천을 통해 드러나야만 한다. 또한 실천은 다양한 표준을 채용해서 개선될 수 있다. 蘭征 譯, 『自由社會中的科學』(上海譯文出版社, 1990), pp. 2~3.
162) J. Habermas, 『技術進步與社會生活世界』, 黃瑞祺 譯, 『現代批判社會學』(臺北: 巨流圖書公司, 1985), p. 270. 번역문은 차오웨이둥이 독일어 원문에 따라 상세하게 교정.
163) 같은 책, p. 269.
164) Bourdieu, 『文化資本與社會煉金術』(上海人民出版社, 1997), p. 168. '아비투스' 개념과 마찬가지로 전통적 지식의 방식과 현대사상의 관계로부터 어떤 개념들의 함의를 해석할 경우, 그 개념들의 참신한 요소에 대한 의문을 불러일으킬 수 있다.

어떤 학자는 부르디외의 '아비투스' 개념이 과도한 결정론적 색채를 띠고 있는 게 아닌가 의문을 제기하였다. "만약 아비투스가 '전략적-생성적 원칙이 행위자들에게 예상 밖의 부단한 변화에 대응케 하는 형식'이라면, 또한 아비투스가 세계에 대한 지속적인 객관적 구조의 조합에서 생성된다면, 마지막으로 그것이 통제하는 즉흥적 창조 자체도 그 구조들의 '통제'를 받는다면, 과연 혁신과 행동의 요소는 어디에서 비롯되는가?" 부르디외는 이렇게 대답했다. "아비투스는 결코 어떤 사람들이 해독해 낸 운명이 아니다. 아비투스는 역사적 산물로서 어떤 개방적인 성향 체계이다. 이 체계는 끊임없이 경험에 의존하며, 이로 인해 구조를 강화하거나 변화시키는 방식으로 역시 끊임없이 경험의 영향을 받는다. 이 체계는 지속성을 갖지만 그렇다고 영구적이지는 않다!⋯⋯그러한 가능성으로 아비투스는 명확한 사회적 조건과 연관되는 사회의 운명 속에 각인된다. 그 가능성은 바로 경험이 아비투스를 공고화할 수 있다는 것이다. 왜냐 하면 통계학적으로 볼 때 대다수의 사람들은 최초로 그들의 아비투스를 형성한 환경과 아주 유사한 상황들을 반드시 만나기 때문이다." 같은 책, pp. 179~181.

165) A. MacIntyre, *After Virtue*, pp. 106~107: 중국어 본은 『德性之後』, 龔群 · 戴揚毅 譯(北京: 中國社會科學出版社, 1995), p. 135.

166) 하버마스는 소멸 과정에 있는 전통적 세계관과 과학적 규칙 체계 사이에는 인식론적 차이가 존재한다고 지적했다. 그리고 과학적 · 체계적 규칙은 보편적인 정규 학교 교육을 통해 구속력을 갖게 되며, 일종의 실증된 공공의식으로서 행위에 작용하는 심리적 합병증으로 침전된다고 주장했다. J. Habermas, *Legitimation Crisis*, p. 80.

5장 승인의 정치 · 만민법 · 자유주의의 위기

1) Samuel Huntington, 「文明的衝突?」, 『二十一世紀』 1993年 10月號, 總第19期, p. 9.
2) Jürgen Habermas, "Struggles for Recognition in the democratic constitutional state," *Multiculturalism: Examining the Politics of Recognition*, edited and introduced by Amy Gutmann(Princeton, N. J.: Princeton University Press, 1994), pp. 116~117.
3) Arjun Appadurai, "Disjuncture and difference in the global cultural

economy," *Public Culture*, Vol. 2(Spring 1990), p. 5.
4) 같은 책, p. 1.
5) 같은 책, pp. 2~3.
6) 같은 책, p. 13.
7) 예를 들어 "외국에 거주하는 인도인들은 확실히 인도 국내외의 각종 이익에 이용되어 복잡한 금융 네트워크와 종교적 정체성을 형성했다. 해외 인도인의 문화적 재생산과 종교적 근본주의의 국내 정치는 이 네트워크 속에서 관계를 맺는다." 같은 책, p. 11.
8) Jürgen Habermas, *Multiculturalism*, p. 118.
9) Makler, "Martinelli, and Smelser, Introduction," *The New International Economy*, pp. 26~27.
10) 마사오 미요시는 이렇게 지적했다. "세계의 각 충돌 지역에서 막 각성한 이 주체들은 해체 기능을 담당할 뿐만 아니라, 해체의 대상이 되기도 한다. 그들의 목적은 자주적 국가 건설이 아니라, 정치·경제적 기획에서의 국가의 책임 수행을 부정하는 것이다. 통일된 정치·경제적 실체가 위기에 빠진 후부터 종족 집단과 종족 특성은 사람들의 피신처가 되었다. 또한 전 지구화가 한층 진전되면서, 신종족주의는 순식간에 변화하는 이 난해한 시대에 그 야만스러운 단순성과 환원주의로 그 매력을 뽐내고 있다. 그런데 모든 분리주의의 열망은……경제문제로 인한 불안의 그림자로 뒤덮여 있다. 이 '민족주의자'들은 독립과 순결성을 추구하는 과정에서 경제가 미치는 작용을 충분히 인식하지 못하고 있다."
Masao Miyoshi, "A Borderless World? From Colonialism to Transnationalism and the Decline of the Nation-State," *Critical Inquiry*(Summer 1993), p. 744.
11) 같은 책, pp. 726, 731~732. 미요시는 사이드(Edward Said)의 저서 『문화와 제국주의』(*Culture and Imperialism*)(New York, 1993)의 주요 관점을 거듭 표명한다. 그것은 현대 서구의 자아 설정과 그 식민지들 사이의 내적 관계이다. "민족국가의 신화(대의제 정부가 통치하는 공동체에 대한 신념)와 문명 전파의 신화(야만적 이교도들에 대해 항해가·탐험가 들의 종족 우월감)는 상호 보완과 필요 불가결의 관계이다." 16세기부터 20세기 중엽까지의 서구 민족주의의 발전은 민족국가가 흥기하고 발전한 과정과 일치하는데, 이것은 결코 우연이 아니다.
12) 예를 들어 그는 냉전 시기 미국의 국방 예산 및 그것과 정부의 경제 과정에서의 역할을 분석해 이러한 결론을 얻었다. "미국 국방성은 일본 통산성에 비견될 수 있다. 중앙 계획적 경제정책의 수립과 실시를 책임지고 있다. 따라서 국가의 안전 문제는 본

질적으로 경제문제라고 자신 있게 말할 수 있다." 같은 책, p. 773.
13) 1970년대 이전에, 다국적기업이란 주로 미국의 다국적기업들을 가리켰다. 이는 미국이 서방 세계 전체의 이익을 위해 세계 질서를 통제하려 한 엄중한 사명과 관계가 있다. 그러나 1970년대 이후에는 유럽과 일본의 다국적기업들이 급속히 성장했고 유럽 공동체 및 북미와 동아시아 국가들이 국제적인 투자 네트워크를 형성했다. 세계은행의 통계에 따르면 120개 국가 중 64개 국가가 국민총생산액이 100억 달러에 미치지 못한다. 그런데 유엔의 1985~1986년도의 보고에서 보이듯, 광업과 제조업에 종사하는 다국적기업의 일 년 판매액은 100억 달러를 상회하고 있다. 같은 책, pp. 739~740.
14) 같은 책, p. 742.
15) 상품 유통의 작용으로 소비자는 이미 일종의 기호로 바뀌고 말았다. 진정으로 소비 과정을 결정하는 것은 소비자의 요구가 아니라 생산자의 요구이다. 그러므로 소비 주체 역시 생산자와 생산을 구성하는 각종 힘들의 어떤 구성물이 되었다. 애퍼듀라이의 설명 모델은 복잡하고 변증법적이지만 결정적인 문제들에서는 더욱 철저한 설명이 요구된다. 예컨대 왜 어떤 원형질들은 현재 세계의 유동적 힘이 되지 못하는데 비해 다른 원형질들은 활발히 활동하고 있는가? 전 지구적 자본의 흐름은 심각한 동질화 현상을 포함한다. 그런데 이질화의 힘은 왜 표면적인 경제적 이익이나 정치적 이익을 완전히 돌파하고 나타나지 못하는가? 더 나아가 이러한 문제도 해결되어야 한다. 종족 정치가 확실히 원형질 구성의 활동이라면, 우리는 그 특수한 차이성의 추구 혹은 정체성의 정치의 정당성을 어떻게 단정할 수 있는가?
16) Arjun Appadurai, *Public Culture*, Vol. 2, No. 2(Spring, 1990), pp. 7~11.
17) Arif Dirlik, "The Postcolonial Aura: Third World Criticism in the Age of Global Capitalism," *Critical Inquiry* 20(Winter 1994), p. 331. 딜릭의 비판 전략은 탈식민주의의 이론적 관점에 대한 비판이 아니다. 그것은 탈식민주의 담론의 생산과정과 탈식민주의 이론의 관계에서 출발해 이 이론을 설명하고, 또한 특별히 탈식민주의 이론의 생산자와 자본주의라는 근본 조건 사이의 관계에 주목한다. 다시 말해서 딜릭은 탈식민주의가 제삼세계 지식인들이 제1세계로 진입하는 시점에 탄생했다고 생각했다. 또한 그들의 차이성에 관한 요구와 민족주의 비판은 그 자체로 전 지구화 과정의 한 부분이라는 것이다. 하지만 탈식민주의 지식인들은 애써 자신들과 전 지구적 자본주의 간의 관계를 회피한다. 프로벨(Folker Frobel) 등이 묘사한 '신국제 노동 분업'이 실례가 될 수 있다. 그것은 생산의 초국가화, 하도급 계약을 통한

생산과정의 전 지구화,(동종 상품인 경우에도 가능) 신기술의 작용으로 나타난 자본의 새로운 유동성, 그리고 사회적·정치적 간섭을 벗어나 부단히 그 위치를 바꾸는 유연한 생산 등이다.

18) 탈식민주의 지식인들은 이렇게 생각한다. "민족주의는 오리엔탈리즘의 사유를 전복하고 역사 및 주체의 지위를 종속국에게 부여하지만 동시에 식민주의의 도움을 받아야만 제도화할 수 있는 이성과 진보의 질서를 긍정한다. 그리고 마르크스주의자들이 식민주의를 경멸하는 데 사용하는 비판의 틀은 보편주의적인 생산방식의 서사이다. 이와 반대로 탈식민주의 비판은 서양의 특수한 역정을 제도화하고 역사의 자격으로 타자를 점유하는 유럽 중심주의를 무너뜨리는 데 목적이 있다.…… 이처럼 지배 담론을 폭로하는 과정에서 형성된 비판은 서양이 통치한 역사 안에도, 또한 그 바깥에도 존재하지 않는 공간을 점거하고 그것과 접선의 관계(tangential relation)를 유지한다." Gyan Prakash, "Postcolonial Criticism and Indian Historiography," *Social Text*, No.31/32(1992): 8.

19) 구트만(Amy Gutmann)은 다음과 같이 말했다. "우리는 지금 자유주의 정치 이론에 대한 공동체주의의 비판이 부흥하는 것을 목도하고 있다. 1960년대의 비판과 마찬가지로 1980년대의 이 비판은 가망 없이 잘못된 개인주의로 빠져든 자유주의를 비난하고 있다. 하지만 이 새로운 비판의 물결은 이전의 비판처럼 단순하거나 중복되지 않는다. 비교적 이른 시기의 비판이 마르크스에 의해 촉발되었다고 한다면, 최근의 비판은 아리스토텔레스와 헤겔에 의해서 촉발되었다. 아리스토텔레스는 정의란 "특정한 공동체에 뿌리를 두며, 그 공동체를 기본적으로 유지시키는 것은 인간의 선과 공동체의 선에 대한 공동의 이해라고 생각했다." 이러한 아리스토텔레스식의 이념이 롤스, 노직(Robert Nozick)에 대한 맥킨타이어의 비판에 정보를 제공했으며, 또한 테일러가 '원자론적' 자유주의자들을 공격하게 했다. 테일러는 그들이 "사회에 대한 개체와 그 권리의 우선성을 보위하려 한다."고 질책하였다. 또한 인간을 역사의 제약을 받는 존재로 간주하는 헤겔식의 인간 개념은 곧 엔젤(Robert Angel)과 샌들(Michael Sandel)이 인간을 자유롭고 이성적인 존재로 보는 관점을 배척하는 데 도움을 주었다."

20) Charles Taylor, *The Politics of Recognition, Multiculturalism: Exanmining the Politics of Recognition*, edited and intrduced by Amy Gutmann(Princeton, N. F.: Princeton University Press, 1994), p. 52.

21) 같은 책, p. 61.

22) 같은 책, p. 62.
23) 같은 책, p. 27.
24) 같은 책, p. 51.
25) 같은 책, p. 31
26) 같은 책, pp. 36~37.
27) 같은 책, p. 38.
28) 같은 책, p. 43.
29) 같은 책, p. 68.
30) Jürgen Habermas, *Multiculturalism*(1994), p. 137.
31) 같은 책, p. 143.
32) 같은 책, pp. 146~147.
33) 같은 책, p. 112.
34) 같은 책, p. 113.
35) 같은 책, pp. 107, 113.
36) 같은 책, p. 114.
37) 같은 책, p. 124.
38) 같은 책, p. 126.
39) 같은 책, pp. 128~129.
40) 같은 책, p. 134.
41) 같은 책, p. 134.
42) John Rawls, *Political Liberalism*(New York: Columbia University Press), 1993.
43) John Rawls, "The Law of Peoples," *Critical Inquiry*(Autumn, 1993).
44) Huntington: 「文明的衝突?」, 『二十一世紀』 1993年10月號, 總第19期, p. 5.
45) 같은 책, p. 6.
46) R. J. Vincent, *Human Rights and International Relations*(Cambridge, 1986), p. 27.
47) John Rawls, "The Law of Peoples," p. 60.
48) John Rawls, *A Theory of Justice*(London & New York: Oxford University Press, 1971), p. viii.
49) John Rawls, *Political Liberalism*, p. vx.

50) 같은 책, p. xvi.
51) 같은 책, p. xv.
52) John Rawls, "The Law of Peoples," pp. 37~38. 특별히 지적해야 할 것은, 롤스의 '인권' 개념이 주로 법률이 수호해야 할 기본권을 가리킨다는 사실이다. 그것은 예컨대 생존권·안전보장·사유재산권 및 법치의 각종 기본 요소 등이다. 또한 특정한 양심의 자유와 결사의 자유, 그리고 이민의 권리 등도 포함된다. 이러한 인권 개념은 공동의 선이 갖는 정의 개념과 해석, 그리고 사법적 질서를 수호하는 관리들의 진실한 염원을 전제로 한다. 그런데 이런 함의들은 결코 자유 개념을 필요로 하지 않는다. 예를 들어 사람들은 무엇보다도 먼저 국민이며 사회의 자유롭고 평등한 구성원으로서 국민의 모든 기본권을 갖는다. 더 나아가 논한다면 그 함의들은 사람들이 사회 속에서 책임감을 갖춘 성원이 되길 요구한다. 그래서 그들이 도덕적 의무와 책임에 따라 결단을 내리고 행동하길 바란다. 그래서 롤스는 이렇게 단언했다. "만약 인권을 이 조건들에서 나온 결과물로 사고한다면, 그것을 우리의 서구적 전통이나 특수한 자유에만 적합한 것으로 판단하고 수용하지 않는 것 자체가 불가능해진다. 이로부터 말한다면 인권은 정치적으로 중립적이다." 같은 책, p. 57.
53) 같은 책, p. 38.
54) 같은 책, p. 39.
55) 롤스는 이렇게 말했다. 국제법은 "현존하는, 혹은 확정된 법률 질서이다. 하지만 어떤 면에서는 불완전할 수도 있고 통상적인 국내법의 특징인, 효과적 제재 방안이 결여될 수도 있다. 반대로 만민법은 일련의 정치적 개념이며 권리와 정의, 그리고 보편적 선의 원칙들을 갖는다. 이 원칙들은 곧 사유주의적 정의 개념의 전체 내용이다. 그리고 만민법은 국제법에 대한 자신의 확장과 적응으로 인해 소환되는데, 그것은 국제법적 판단이 참조해야만 하는 개념과 원칙이다." "만민법과 국가법은 당연히 명쾌하게 구별되어야 한다. 국내 사회의 기본 구조에 적용되는 정의의 원칙과 이 구조를 구현하는 정치·사회·법률 제도 사이의 구별은 이해하기에 그리 어렵지 않다. 민민법과 국가법의 구별은 바로 이런 사정과 동일하다." 같은 책, p. 43.
56) 롤스는 이렇게 지적했다. "세 가지 중요한 조건이 있다. 첫 번째, 원초적 상태는 공정하게, 혹은 합리적으로 각 국민들을 대표한다. 두 번째, 원초적 상태는 그들이 이성이 있음을 표시한다. 마지막으로 세 번째, 원초적 상태는 그들이 적절한 이유에 근거해 가능한 원칙들 사이에서 결단을 내리는 것을 표시한다. 아래의 세 가지 측면에서 우리는 아래와 같은 세 가지 조건이 만족될 수 있다고 믿는다. 원초적 상태 속에서

그들이 나타내는 지위는 대칭적이며 평등한 지위이다.…… 다음으로, 대표자의 목적이 될 수 있는 한 사람들의 기본적인 이익을 모색하는 것이다. 이로부터 그가 이성적 국민의 대표자로서 나타났음이 판명된다. 마지막으로, 그는 적절한 이유에 따라 결단을 수행하는 국민의 대표자이다.…… 무지의 베일은 곧 그들의 대표자가 부적절한 것으로 판단되는 이유를 모색하지 못하도록 방지한다." 같은 책, p. 45.

57) 같은 책, pp. 40~41.
58) 같은 책, pp. 42~43.
59) 같은 책, p. 55.
60) 롤스는 만민법을 추리, 연역하는 과정에서 두 가지 상황, 즉 이상적 상황과 비이상적 상황을 구분했다. 이상적 상황에서 그는 오직 양호한 두 종류의 국내 사회—자유 사회와 계층 사회—만이 있다고 가정했다. 하지만 비이상적 상황에서는 합리적 만민법을 거절하고 준수하지 않는 다른 국가들도 존재한다.
61) 롤스는 『정의론』에서 '민주주의의 평등과 차등의 원칙'의 문제를 논했다. 하지만 여기에서의 차등 원칙은 결코 집단의 고유성 문제를 보장하지 못한다.(John Rawls, *Theory of Justice*, pp. 75~82.) 사실상 만민법의 범위 안에서 롤스는 차등 원칙이 민주 사회의 국내적 정의에만 적용된다고 생각했다. 차등 원칙은 각 사회들 간의 순탄치 못한 상황이라는, 이 보편적 문제를 해결할 수 없다는 것이다.(John Rawls, *The Law of Peoples*, p. 62.)
62) Benjamin Lee, "Toward a critical internationalism," *Public Culture*(Spring 1995).
63) Jürgen Habermas, "Reconciliation through the public use of reason: remarks on John Rawls's political liberalism," *The Journal of Philosophy*(March, 1995). 롤스와 하버마스의 논쟁에 대해서는, 何懷宏, 「尋求共識: 從『正義論』到『政治自由主義』」, 『讀書』 1996年 第6期. 참고.
64) 같은 책.
65) Bruce Ackerman, "Political liberalisms," *The Journal of Philosophy*(July 1994). 액커만의 평론과 롤스의 '무지의 베일'의 가설에 관한 하버마스의 논의는 萬俊人, 「政治自由主義的現代建構」 참고.
66) John Rawls, *Political Liberalism*, p. xx.
67) 사실상 롤스는 『정치적 자유주의』에서 '정치적 정의' 개념과 서구의 사상 전통 사이의 역사적 연관성을 반복해서 언급했다. 그뿐만 아니라 바로 그 전통 속에서 '정치적

정의' 개념을 해석하기도 했다. 한편 하버마스의 비판에 대응하면서 그는 '공정성으로서의 정의'가 자유주의의 전통과 민주 사회의 정치 문화에 속한다고 인정했다. 그리고 '공정성으로서의 정의'는 형식적이며 보편일 수 없는, 반드시 실질적인 것이라고 주장했다. John Rawls, "Reply to Habermas," *The Journal of Philosophy*(March, 1995).

68) John Rawls, "The Law of Peoples," pp. 66~67.
69) 같은 책, p. 48.
70) Jürgen Habermas, *The Structural Transformation of Public Sphere*(Cambridge, Massachusetts: The MIT Press, 1991), p. 53.
71) Taylor, 「公民與國家之間的距離」, 『二十一世紀』 1997年 4月號, pp. 4~5.
72) Taylor, 「公民與國家之間的距離」, p. 6.
73) Jürgen Habermas, *The Structural Transformation of Public Sphere*, p. 181.
74) Jürgen Habermas, 「公共領域」(1964); 汪暉 譯, 『天涯』 1997年 第3期 참고. 또한, *The Structural Transformation of Public Sphere*, pp. 27~56. 참고.
75) Ibid.
76) Jürgen Habermas, "Struggles for Recognition in the democratic constitutional state," *Multiculturalism*, pp. 146~147.
77) *Ethnicity: Theory and Experience*, edited by Nathan Glazer and Daniel P. Moynihan, With the assistance of Corinne Saposs Schelling(Cambridge, Mass: Harvard University Press, 1975); 東來, 「Ethnicity(族性): 從國內政治到國際政治」, 『讀書』 1996年 第8期, pp. 13~14에서 번역문을 인용.
78) Jürgen Habermas, *The Structural Transformation of Public Sphere*, p. 55.
79) 같은 책, p. 56.
80) Hannah Arendt, *The Human Condition*(Garden City & New York: Doubleday Anchor Books, 1959), p. 48.
81) 같은 책, p. 35.
82) 같은 책, p. 37.
83) 같은 책, p. 38.
84) 같은 책, p. 53.
85) 같은 책, p. 59~60.
86) Jürgen Habermas, "Struggles for Recognition in the democratic

constitutional state," *Multiculturalism: Examining the Politics of Recognition*, edited and introduced by Amy Gutmann(Princeton, N. J.: Princeton University Press, 1994), pp. 108~109.

6장 중국의 인문 담론

1) 중국의 마르크스주의와 계몽주의에 관한 분석은 이 책의 「오늘날 중국의 사상동향과 현대성 문제」를 참고하길 바람. 그 글 중 몇 대목을 인용했으며, 더 심화된 논증은 하지 않았다.
2), 3) 상세한 분석을 보려면 「오늘날 중국의 사상 동향과 현대성 문제」를 참고.

참고 문헌
何干之, 『中國啓蒙運動史』(上海: 生活書店, 1947).
胡先驌譯, 「白璧德中西人文教育談」, 『學衡』1922年 第3期, pp. 1~12.
Michel Foucault, "What is Enlightenment?" *The Foucault Reader*, edited by Paul Rabinow(NY: Pantheon Books, 1984).

부록
학술과 사회에 대한 재검토

1) 賀麥曉, 「布迪厄的文學社會學思想」, 『讀書』1996年 11期 참고.
2) Stanley Aronowitz, *Science as power: Discourse and Ideology in Modern Society*(Minneapolis: University of Minnesota Press, 1988).
3) Jügen Habermas, "Modernity: an incomplete project", Foster, H.(ed), *The Anti-aesthetic: Essays on Postmodern Culture*(Washington: Port Townsend, 1983); *The Theory of Communicative Action*, Volume One, translated by Thomas McCarthy(Boston Press, 1984), pp. 168~185.
4) Jügen Habermas, *The Philosophical Discourse of Modernity*, translated by Frederic G. Lawrence(Massachusetts: The MIT Cambridge, 1987), p. 83.

원문 출처

서문
1999년 3월 7일에 초고를 완성한 후, 9월 5일 베이징 시바허베이리(西壩河北里)에서 고쳐 썼다.

1부

1장 현대성 문제에 관한 대담
1998년 8월 4일, 『중국도서상보』(中國圖書商報)의 커카이쥔(柯凱軍) 기자와 나눈 대담을 새롭게 정리한 것으로, 『천애』(天涯) 1999년 제1기에 실렸다.

2장 오늘날 중국의 사상 동향과 현대성 문제
1994년 베이징에서 초고를 작성했으며, 이후 1997년 홍콩에서 고쳐 썼다. 『창작과비평』(제86호, 1994년 겨울호)에 「중국 사회주의와 근대성 문제」(이욱연 옮김)라는 제목으로 처음 발표되었고, 그 후 『천애』 1997년 第5期와 『문예쟁명』(文藝爭鳴) 1998년 第6期에 발표되었다. 이후 『당대비평』(제10, 11호, 2000년 봄, 여름호, 이희옥 옮김), 『새로운 아시아를 상상한다』(창비, 2003, 이욱연 외 옮김)에도 번역되어 실렸다.

3장 '과학주의'와 사회이론의 몇 가지 문제
『천애』 1998년 第6期에 발표했다.

4장 세계 산출과 정당화의 지식 과학기술
1997년 3월~5월, 홍콩에서 썼다. 제목을 바꾸고 좀 다듬어서 『전략과 관리』(戰略與管理) 1999년 第3期에 발표했다.

5장 승인의 정치, 만민법, 자유주의의 위기
1997년 초여름, 홍콩에서 쓴 글로, 『21世紀』 1997년 8월호에 발표했다.

6장 중국의 인문 담론
어바인(Irvine)에서 열린 '인문 담론'에 관한 회의를 위해 1995년에 썼다.
"Identity and Public Culture, Critical Essays" in *Cultural Studies*, edited by Stephen C. K. Chan(Hong Kong: Oxford University Press, 1997), pp. 368~384.

7장 1990년대 문화 연구와 문화 비평
1995년 초에 베이징에서 쓴 글로 『영화예술』(電影藝術) 1995년 第1期에 실렸다.

8장 현대사상의 배리
『왕후이 자선집』(汪暉自選集)(廣西師範大學出版社, 1997년)의 서문으로, 1995년 10월 20일 베이징에서 썼다.

9장 개인 연구, 작업 등에 관한 대담
한국의 『역사비평』 기획으로 홍콩의 중문 대학에서 박사후 과정을 하고 있던 조경란과 왕후이가 1997년 여름에 나눈 대담이다. 『역사비평』(제38호, 1997년 가을호)에 「중국 지식인의 학문적 고뇌와 21세기의 동아시아」라는 제목으로 실린 후 가필해 중국의 『학술사상평론』(學術思想評論, 1998)에도 실었다. 이 책에 실린 내용은 그 내용 중 일부이다.

2부

1장 죽은 불 다시 살아나
천수위(陳敘谕), 『은원록: 루쉰과 그의 논적 문선』(恩怨錄: 魯迅和他的論敵文選)(今日中國出版社, 1996)의 서문으로 1996년 9월 11일, 베이징에서 썼다.

2장 경계 없는 글쓰기
위화(余華)의 『나는 자신을 믿을 수 있는가』(我能否相信自己)(華藝出版社, 1999)의 서문이며, 1998년 11월 19일에 썼다.

3장 절망 이후
『아무것도 없는 곳에서의 방황: '5·4'와 그 메아리』(無地彷徨: '五四'及其回聲)(浙江文藝出版社, 1994)의 서문이며, 1992년 3월 24일에 썼다.

부록

『절망에 대한 반항』 신판 서문
『絶望反抗』(浙江文藝出版社, 1994)의 신판 서문으로 1998년 겨울, 베이징에서 썼다.

『상하이: 도시·사회·문화』 서문
汪暉, 余國良 편, 『上海: 城市·社會與文化』(香港中文大學出版社, 1998)의 서문으로 1997년 가을, 홍콩에서 썼다.

『1990년대 포스트학 논쟁』 서문
張頤武, 『九十年代的後學論爭』(香港中文大學出版社, 1998)의 서문으로 1997년 가을, 홍콩에서 썼다.

학술과 사회에 대한 재검토
덩정라이, 『중국 사회과학의 자율성에 관한 사고』(關于中國社會科學自主性的思考)(上海三聯書店, 2000)에 대한 논평으로 1996년 가을, 베이징에서 썼다.

『유학의 지역화』에 대한 서평

이 글은 중국 런민(人民) 대학에서 열린, 양녠췬(楊念群)의 『유학의 지역화』(儒學地域化)(北京三聯書店, 1997)에 관한 토론회에서 발표한 필자의 발언을 근거로 해 정리하고 완성했다.

옮긴이의 말

지난 밤 베이징의 건조한 겨울 하늘에 반가운 싸락눈이 내렸다. 덥수룩한 남자들이 어둡고 미끄러운 차도 위로 용케도 이륜, 삼륜 자전거를 몰고 어디론가 흘러가고 있었다. 나는 코트 주머니 깊숙이 손을 찌른 채 서점에서 돌아오는 길이었다. 설을 코앞에 둔 기리는 한산했다. 한 가라오케에서 내놓은 스피커에서 이문세의 노래가 요란하게 울려 퍼졌다.

저녁에 들른 베이징 최대의 서점, '도서대하'(圖書大廈)의 인문 부문에서 왕후이 선생의 『중국 현대사상의 흥기』(中國現代思想的興起)가 베스트셀러 목록에 오른 것을 보았다. 왕 선생의 15년에 걸친 사상사 연구가 결실을 본 것이다. 이 책의 출간은, 역자가 이 책을 번역하기 시작한 2000년도에 이미 예고된 바 있었다. 그 후 벌써 4년이 흘렀다. 욕심만으로 달려들어 끊어졌다 이어지기가 일쑤였던 번역이 2년, 그리고 출판사의 사정으로 출간을 기다려야 했던 기간이 2년, 합해서 4년 만에 『죽은 불 다시 살아나』가 비로소 햇빛을 보게 되었다. 이 책은 좀 더 일찍 출간돼야 했었다. 이 책이 쓰인 시대적 컨텍스트로부터 좀 멀어진 시점에서 독자들에게 소개된다는 느낌이 없지 않다. 하지만 이 책이 다루는 주제들—중국적 모더니티, 과학주의 설명 모델에 대한 비판, 자유주의와 문화 다원주의, 기술 통치와 전지구화—이 동시대적 화두로서 여전히 유효하며, 왕후이 선생의 날카로운 관점도 빛이 바래지 않았다는 확신이 있어 그나마 위안을 삼는다.

일주일 전, 중국에 도착해 『영원히 포기하지 않을 거야』(永不言棄)라는 청춘 드라마에 재미를 붙였다. 농구를 좋아하는 고등학생 남녀들의 순정 이야기인 이 드라마를 보고 있으면 기분이 꽤 묘하다. 기본적으로 타이완에서 제작되고, 그곳 배우들을 기용했음에도 대사에서 타이완 사람들의 독특한 말투가 느껴지지 않는다. 거의 완벽한 대륙의 표준어이다. 대륙에서 방송될 것을 미리 계산하고 대비한 것일까. 그리고 방송 내내 흘러나오는 배경음악들은 그야말로 '다국적'이다. 대륙, 타이완, 일본, 한국, 미국의 대중가요가 컷마다 번갈아가며 배치되어 있다. 자막도 없이 흐르는 보아의 노래를 듣고 깜짝 놀랄 수밖에 없었다. 전 지구적 자본주의 혹은 시장주의, 그로 인한 전 지구적 문화 소통, 탈이데올로기 등등 왕후이 선생이 거론한 별의별 용어들이 섣불리 머릿속을 맴돌았다. 중국의 국수주의를 비판하는 한국은 도리어 대중문화에서는 중국보다 훨씬 더 국수주의적이다.

타이완의 독립열에 군사행동을 경고하면서, 버젓이 안방에서 타이완 드라마를 방영하는 중국. 미국의 패권주의를 경계하고, 영어식 전문용어를 굳이 한자어로 바꾸면서도 매년 엄청난 구미 유학생을 송출하는 중국. 천안문 사건으로 미국에 망명한 시인 베이다오(北島)의 작품을 국내에 출간해 주는 융통성을 보이면서도, 여전히 언론사와 출판사의 개인 소유를 엄금하는 중국. 역자에게 이 나라는 상호 모순되는 요소들이 하나로 뭉쳐진 거대한 의문 덩어리이다. 아마도 역자 같은 이들에게 주어진 소임은 그 덩어리를 풀어헤쳐 낱낱의 요소들을 해석하고 국내의 독자들과 공유하는 일일 것이다.

이 후기에서 이 책에 대한 전문적인 해설을 할 생각도, 할 능력도 없다. 본서의 번역과 교정 과정에서 이미 기진해 버린 탓이기도 하다. 그저 본문과 해제를 향한 독자들의 혜안을 믿는다. 마지막으로 난해하고 방대한 원고의 교열과 편집을 맡아주신 삼인 출판사 편집부와 역자에게 본서의 번역을 소개해 주신 한신대 유세종 선생님께 감사의 마음을 전한다. 본서는 잘 짜였지만 이리저리 풀어 헤쳐져 매듭을 찾기 힘든 그물과 같다. 불가피하게 지적될 수 있는 오역들은 전적으로 역자의 몫이며, 향후 따끔한 질책을 바란다.

2005년 2월
베이징 우다오커우(五道口)에서

해제 | 꺼진 불씨를 되지펴 현대성과 대결하기

백승욱(중앙대학교 사회학과)

그 자신의 표현처럼 왕후이는 1980년대의 산물이다. 중국의 1980년대는 과거로는 중국 사회주의의 역사적 경험과 문화대혁명의 파장 속에 이어져 있고, 다른 한편 미래로는 1990년대에 본격적으로 전개되는 중국의 '신자유주의적 개조'의 준비기로, 온갖 모순과 관점들이 뒤엉켜 있고, 중국의 지식인에게는 "회의의 시대이면서도 격정과 희망이 충만한 시대"였다. 마치 현대성에 대한 왕후이의 태도처럼 그것은 배리(悖論)와 균열의 시기였다. 과거의 짐을 걸머진 그 세대 다른 이들과 마찬가지로 비판적 지식인으로 성장해 온 왕후이의 여정도 그리 평탄하지는 않았다. 문화대혁명의 파장 속에서 중·고등학교를 다녔고, 다른 이들에 비해 짧은 기간이었을지 모르지만, 1978년 대학이 신입생 모집을 재개하기 이전에 2년간 상산하향(上山下鄉)의 일환으로 공장 생활을 하며 기층의 삶을 함께 했으며, 1989년 천안문 시위에 가담했다가 조사를 받고 농촌으로 쫓겨 가 농민들의 삶 속에서 자신의 사상적 뿌리를 되돌아보는 절실한 경험을 한 적도 있다.(왕후이,『새로운 아시아를 상상한다』[창비, 2003]를 참고할 것.) 그의 연구사와 관심 영역을 보더라도 잘 짜여진 전문적 분과 학문의 교과과정을 따라 교육을 받았다기보다는, 스스로 중국과 각 세계의 비판적 사상들과 직접 대화하면서 자신의 사고를 형성해 온 특이한 경력을 지니고 있다. 그는 문학, 특히 루쉰 연구로 출발했지만, 철학, 사상사, 때로는 사회학이나 정치학, 경제학까지 넘나들며 이제 불가능해 보이던 진정한 의미의 새로운 '보편적 지식인'상의 부활을 보여 주기까지 하고 있다.

중국 사상사 연구자로 알려진 왕후이는 1990년대 중반 「오늘날 중국의 사상 동향과 현대성 문제」를 발표해 현실 사회문제에 개입하면서 논쟁의 중심인물로 떠올라 이른바 '신좌파'라는 이름을 얻었다. 그에게 이는 어찌 보면 의도하지 않았을 만큼 급작스런 전환이었겠지만, 달리 보면 그가 문학 연구자로서 루쉰에게 '현대성'의 배리를 발견한 출발점부터 이미 자신의 문제의식의 핵심에 중국의 현재 사회적 모순과 문제의 근원을 찾으려는 관심이 숨어 있었고, 그것이 1990년대라는 시점을 만나 자연스럽게 볼 수 있다. 현실에 대한 직접적 발언과 사상사 연구와 이론적 탐색은 늘 긴장 관계 속에서 유지되고 있는 그의 학문 여정의 두 축인데, 사상사 연구는 현실에 대한 발언을 위한 우회로이자 그 발언의 깊이를 마련하는 숙성소이다. 현실에 대한 발언과 긴장은 과거의 사상사에 대한 연구가 결코 과거 속에 매몰되지 않고, 끊임없이 '현대성'의 문제 속에서 살아나도록 만드는 감시자가 된다.(왕후이·백승욱(대담), 「근대성의 역설: 중국, 근대성, 전 지구화」,『진보평론』제6호, 2000년 가을호를 참고할 것.)

그의 사상적 출발점인 1980년대는 1989년 6월 4일, 천안문 사건이라는 비극적 결말로 끝났다. 그러나 이는 종료 점이 아니라 새로운 성찰의 출발점이자, 그가 중국 사회의 사상적 논쟁에 개입하는 새로운 계기이기도 했다. 1980년대 중국 사상계를 주도한 것은 문화혁명과 중국 사회주의의 역사적 경험에 대한 즉자적 부정으로서 '신계몽주의'였다. 그 시기 신계몽주의라는 이름 아래 서로 상충되는 이질적인 사고들이 모여 있었는데, 대체로 중국 사회주의 역사의 문제를 '현대성의 과잉'이 아니라 '현대성의 부재'와 계몽의 부재로 인식한 것이었다. 그런 성향은 천안문 사건을 겪으면서 더 강화되어, 1990년대 들어 그 자유주의적 외양이 아주 단순한 구도로 정리되면서 단순한 이분법적 틀을 통해 현 시기의 사회적 문제를 재단하려는 시도가 늘어나게 된다. 중국 현대사의 비극을 '구망'(求亡)과 '계몽'의 대립으로 구획짓는 논의가 더 단순화되어, 전통 대 현대, 시장 대 계획, 개인 대 국가라는 이분법을 통한 중국의 문제 획정이 일반적인 논의의 틀로 폭넓게 수용된 것이다. 중국 사회주의와 문화대혁명의 과거사는 모두 구망의 과잉, 봉건적 전통의 과잉, 계획의 과잉, 국가의 과잉으로 질책되고, 그 대신 그 대립 점에서 계몽과 현대성, 시장과 개인이 새로운 희망으로 떠올랐다.

왕후이는 바로 이런 이분법과 이 이분법의 밑바탕에 있는 현대성에 대한 신화를 비판한 것이다. 왕후이는 이렇게 이분법 속에서 시장주의와 개인주의를 찬양하는 '자유주의'자를 비판하면서, 그들이 제기하는 이분법이 타당한지 문제 삼고, 그런 이분법 뒤에 은폐되고 있는 현대성의 모순이 무엇인지를 드러낸다. 왕후이는 중국에서 자유주의는 단지 자유주의에 대한 우상숭배일 뿐이지 자유주의에 대한 진지한 검토를 회피하고 있다고 비판하는데, 그 이유는 이런 '자유주의자'들의 문제 제기가 현실의 문제에 뿌리를 두고 있지 않고 규범적 형태로 제기되기 때문에, 현실의 불평등과 불공정의 문제에 눈을 감고, 결국 자유주의 자체를 폐기하고 국가주의와 비민주로 경도되는, 이데올로기적으로 매우 부정적인 함의를 강화하기 때문이라는 것이다. 자유주의가 자유주의 위기의 근원을 파악할 수 없는 이유는, 우리가 겪고 있는 현대성의 위기가 어디서 비롯되는지를 진지하게 분석해 보려고 하지 않기 때문이다. 따라서 현대성의 해방의 지평을 확대하는 것이 아니라, 현대성의 퇴행의 측면이 강화되고 국가주의로 회귀하게 된다. 왕후이는 어떤 '주의'의 규범적 타당성에 대해 논쟁을 벌이는 것이 아니라, 그것이 현실 속에서 제대로 작용할 수 있는지, 그렇지 않다면 그 현실적 이유가 무엇인지를 묻는 사회적 실천의 맥락으로 문제 제기 방식을 전환한다.

이처럼 자유주의의 위기와 한계에 직면해 왕후이가 제기하는 쟁점은 '현대성'(또는 우리가 일반적으로 사용하는 용법에 따르자면 '근대성')의 문제, 현대성의 모순과 배리, 균열이라는 문제이고, 현대성의 뿌리와 모순을 좀더 깊이 천착해야 한다는 주장이다. 왕후이는 현대성이 해방의 가능성과 동시에 억압의 현실성을 담고 있는 아주 역설적인 현상임을 강조한다. 그리고 이런 이중성이 동시에 진행되며, 그중에서도 억압적 측면이 더 강해지는 이유를 역사적인 계보 분석을 통해 밝혀내려 한다. 그가 현대성에 관심을 갖는 방식은 이중적인데, 그것은 현대성의 지식에 대한 검토이면서 현대의 사회 과정에 대한 검토이다.

현대성의 특징은 아주 역설적이라는 것이다. 앞서 비판한 이분법으로 돌아가 보자. 중국의 자유주의자들은 중국 사회주의가 봉건적 한계를 벗어나지 못한 전근대적 기획이었고, 중국의 과제는 미완의 현대를 달성하는 것이라고 주장한다. 왕후이는 이를 비판하면서 오히려 중국의 사회주의 경험은 철저하게 현대의 기획이고, 바로 그 현대성의 모순의 발현이 아니었냐는 역설적인 질문을 던진다. 그런 점에서 마오쩌둥의 기획은 자본주의적 현대성에 반대하는 또 다른 현대성의 기획이었다는 것이며, 그런 중국 사회주의의 위기는 현대성의 위기 발현의 일부분이고, 따라서 미완의 현대라는 구호를 통해 극복될 수 있는 성격의 것이 아니라는 것이다. 중국 사회주의를 계획의 과잉과 시장의 부재, 그리고 국가의 과잉과 개인의 부재로 보는 자유주의 논법은 현대성이 실제로 어떻게 등장했는가에 대한 역사적 관점의 무지에서 비롯된 것이다. 역사적으로 볼 때 시장과 계획은 결코 분리되지 않았으며, 사회와 시장 모두 국가의 기획 속에서 현대성의 산물로 등장했음을 알 수 있다. 시장과 계획이 대립한다는 외양은 특정한 역사적 상황에서 이 두 측면 중 어느 쪽이 더 부각되었는가라는 문제일 뿐이지, 계획이 없는 자율적인 시장(좀 더 정확히 말해서 시장 사회)은 불가능하며, 특히 전 지구적 시야에서 볼 때 시장 없는 계획이란 존재한 적이 없었음을 왕후이는 강조한다.

왕후이는 현대성의 문제를 몇 가지로 나누어 접근하고 있고, 그 각각의 문제에 대해 자유주의자가 충분히 그 뿌리를 밝혀내지 못하고 있음을 보여 준다. 그가 첫 번째로 주목하는 현대성의 문제는 과학성과 과학주의 모델, 과학주의적 실전이다. 이는 시장 대 계획의 이분법과도 연관되는데, 왕후이는 과학주의의 신봉이 곧 국가사회주의 같은 전제주의를 낳았다는 하이에크식의 자유주의적 비판을 내적으로 분석하는 작업을 통해 이 문제를 다른 관점에서 검토하고 있다. 왕후이는 자연과 사회를 대립시키는 이분법의 전통을 검토하면서 과학 그 자체도 사회적으로 구성되는 것임을 밝히고, 현대 세계에서 과학주의의 사회적 구성의 맥락을 살펴보고 있다. 현대 세계에서 과학이 중립적이고 그 이용에서만 문제 되는 것이 아니라, 과학은 그 자체로 이데올로기로 성립하며, 이 때문에 과학자가 자신의 언어와 개념에서 '사회적 요소'를 배제하는 과정 자체를 사회적 현상으로 검토할 필요성이 있다는 것이다. "어떤 의미에서 나는 과학을 자본주의 체제의 정당성의 근원이자 그 체제 자체의 형식으로 간주하고 있다. 과학은 더 이상 국가의 도구가 아니라 국가의 이성이 되었다." 과학은 현대사회가 스스로를 개량하는 지속적인 구성 과정 속에서 국가의 이성이 되었으며, 이는 '발전'과 더불어 가장 중요한 현대성 체제의 정당성의 근거가 된다. 과학주의 설명 모델은 "자연과학과 사회과학을 구분해 자연에 대한 '사회'의 통제력을 보장했을 뿐 아니라, '사회'가 자연 통제를 두고 다투는 과정에서 빚어내는 충돌을 은폐하였다." 하이에크 류의 자유주의는 과학주의에서 보이는 이성의 남용을 비판하면서도 자율적·사회적 통제를 긍정하는 이중성을 보이고 있다는 것을 알 수 있는데, 이처럼 과학의 자율성 신화는 시장의 자율성의 신화와 동전의 양면을 이루고 있으며, 앞에서 언급한 이분법들을 지탱하는 근거가 되고 있다. 왕후이가 보기에 도구적 이성을 비판하는 하버마스의 자유주의조차도 이 한계를 넘어서지 못하는데, 현대성을 모순과 균열, 역설로 보는 대신 미완의 기획으로 보는 그의 한계는 여기서 비롯된다.

    과학주의 실천을 사회적 맥락 속에 자리 매김하지 못하는 이론적 공백은 자율적 시장 사회의 신화로 나타나며, 이것이 왕후이가 현대성을 비판하는 두 번째 논점이다. 그는 자본주의가 시장 사회의 상부구조로 독점이라는 브로델의 주장을 받아들여, 투명하고 비독점적인 시장과 구분되는 자본주의적 시장 사회는 그 자체로 정치와 경제가 통합된 영역으로, 강력한 국가의 지원 아래 소수의 독점으로 성립되어 왔음을 보여 준다. 시장이나 사회 모두 국가 계획의 일부였고, 그 때문에 그것은 자주성이나 자율성의 범주가 될 수 없는 것이다. 시장경제는 자연적 진화의 결과가 아니라, 계획된 것과 같은 만들어진 고안물이다. 경제와 정치가 분리된다는 신화는 현대성의 가장 강력한 신화의 하나일 뿐이다. 자유주의의 위기가 나타나는 것은 충분히 자율적인 시장 사회가 보장되지 않아서가 아니라, 시장 그 자체가 자율적일 수 없는데다가 더더구나 전 지구화 아래에서 초민족적 자본이 세계경제를 좌우하는 상황에서 시장이 더욱 강력한 정치적 힘에 의해 움직이기 때문이며, 시장 사회는 사회적 불평등과 불공정을 촉발하는 핵심 동력이 되고 있기 때문이다. 과학의 자율성에 대한 신화는 시장의 자율성에 대한 신화로 이어지며, 이는 '발전'에 내재한 과학주의적 실천과 국가주의, 전 지구적 차원의 불평등성과 식민주의적 논리를 볼 수 없게 만드는 요인이 된다.

세 번째로 이런 현대성의 모순은 민주주의에 대한 위협으로도 작동하고 있다. 왕후이는 이와 관련해 공공성에 대한 담론을 깊이 검토한다. 앞서 시장 대 계획이나 국가 대 사회라는 이분법을 비판하는 데서도 암시되고 있듯이, 왕후이는 국가에서 분리된 자율적 시민사회의 신화에 대해서도 비판하고 있다. 시민사회 그 자체가 국가의 기획으로 성립한 것이라 할 때, 이런 이분법을 전제로 한 공공 영역이나 공공성의 담론은 무력할 수밖에 없는 것이다. 왕후이는 특히 체계가 생활 세계를 식민화한다는 하버마스의 공공성 이론을 여러 측면에서 검토하는데, 그는 하버마스의 정당성 위기론의 한계를 시장/계획, 국가/사회의 이원론의 한계에서 찾아내고 있다. 또한 이러한 현대성과 자유주의의 복원에 기반한 공공성 담론은 현대성의 민족국가라는 틀이 문제시되고 있고, 정체성의 정치를 넘어서는 차이의 정치 또는 승인 정치라는 문제 제기가 나타나는 현 상황에서 훨씬 더 취약해질 수밖에 없다는 것이다. 국경을 넘나드는 이주자가 늘어남에 따라 생기는 차이의 승인의 문제는 자유주의가 해결하지 못하는 가장 취약한 고리의 하나라는 것이 드러나기 때문이다.

중국 사상사 연구자로서 왕후이는 현대성에 대한 서구의 논의를 검토하는 이러한 우회로를 거쳐 다시 중국의 현대성 문제로 돌아온다. 그가 중국의 현대성에 대해 묻는 질문은 이중적이다. 하나는 중국 사회주의가 현대성과 관련해 어떤 위상에 갖는가 하는 것이고, 다른 하나는 중국의 역사 속에서 현대성의 담론이 어떻게 형성되어 왔고, 중국 지식인들은 현대성의 문제를 어떻게 인식했는가를 탐구하는 것이다. 사회주의 문제와 관련해서 그는 그것을 반현대성의 현대성이라고 분석했으며, 앞서 말했듯 사회주의가 자본주의와 마찬가지로 현대성의 모순과 역설을 공유한다고 주장했다. 다른 한 축인 중국의 역사 속에서 현대성 담론의 문제를 분석하면서 왕후이는 '역설'이라는 관점에서 현대성 문제에 접근하고 있다. 왕후이는 루쉰을 먼저 모순과 역설의 사상가로 이해하면서 출발하는데, 즉, 루쉰은 현대성 속에서 해방의 측면과 억압의 측면을 동시에 찾아냈다는 것이다. 이는 루쉰보다 앞 세대이자 루쉰의 사상에 영향을 중 장타이옌이나 옌푸의 경우도 마찬가지이다. 왕후이는 이들이 현대성의 문제를 검토할 때, 국가 대 개인이나 시장 대 계획이라는 이분법에 빠지지 않았으며, 반드시 국가로 환원되지 않는 다양한 근원에서 비롯하는 현대성의 억압적 측면을 강조했다는데 주목한다.

중국의 역사와 현실로 돌아와 현대성의 문제를 살펴보면서, 왕후이가 제기하는 또 하나의 질문은 서양과 동양의 이분법 또한 근본적으로 전복할 필요가 있다는 것이다. 서양의 거울상이거나 서양의 지체된 역사로서 동양의 현대성을 파악하는 것이 아니라, 양자를 아우르는 교류와 상호 작용으로서 현대성을 보아야 한다는 것이다. 서양의 현대성이라는 것 자체가 동양과 무관하게 떨어져서 등장한 것이 아니라, 이미 긴밀하게 얽혀 있던 동양과 서양의 교류와 특정한 역사적 상황 아래 상호적 영향에 대한 대응으로 형성되었으며, 그 이후 현대 세계의 전개 과정에서도 양자의 상호 관계는 분리할 수 없을 만큼 밀접하게 얽혀 있었던 것이다. 이런 상호 작용으로서 현대성을 보는 시각은 현대성 문제를 반성하는 새로운 출발점이 될 수 있다. 이는 서구 중심주의의 보편주의적 일원론에서 벗어나는 동시에 다원론적 문명관의 본질주의에서도 벗어나, 단선적이지도 않고 그렇다고 단순하게 순환적이지도 않은 역사관을 발전시킬 필요성을 제시하며, 예정되지 않으면서 모순적이고 역설적인, 구성되는 현대성이라는 문제의식을 개발할 필요성을 제시한다.

여기에서 왕후이의 작업은 두 방향으로 뻗어나간다. 한편에서 그는 현대성의 모순을 전 지구적 차원에서 탐구하고 세계체제적 계기들을 적극적으로 수용하며, 중국 내에서는 신계몽주의의 신자유주의로 전환하는 맥락을 드러내려는 노력을 전개하고 있다. 이는 자유주의가 놓치고 은폐하고 있는 쟁점을 드러내려는 그의 노력의 연장선에 놓여 있다. 다른 한편 그는 중국 역사 속에서 현대성의 계기와 현대성의 모순에 대한 인식을 과거의 역사적 시점으로까지 확대하는데, 그 뿌리는 명나라나 송나라 시기의 천리(天理)에 이르고 있고, 다른 한편으로 역사적 제도로서 제국 시기의 정치적 틀에 대한 재해석으로까지 확대되고 있다. 현대성이 교류와 상호 작용, 그리고 역설의 문제로 파악될 때 현대성 문제의 뿌리는 반드시 서구에 있는 것이 아니며, 그 현대성의 중국적 뿌리와 중국적 변용의 역사가 되짚어져야 하기 때문이다. 그리고 그는 이렇게 되돌아본 역사 속에서 자리 매김된 역설로서의 현대성 문제가 밝혀질 때 비로소 동아시아의 소통의 기반도 마련될 수 있다는 본다.

이러한 이런 이유들 때문에 왕후이의 기획은 "죽은 불의 되살아남"이 된다. 우리는 그 죽은 불의 연원이 적어도 삼중적임을 발견한다. 어찌 보면 잊혀진 듯하고, 그럼에도 잊혀질 수 없는 세 가지 연원이 있는 꺼져 있는 불씨를 왕후이는 되살리고 있다. 첫째는 우리가 알던 사상적 자원들이다. 자유주의, 마르크스주의, 현대성 등등의 이름으로 전해지고 있지만 대부분 박제가 된 사상사의 자원들 속에서 왕후이는 현대성의 모순을 토론할 자원을 다시 발견한다. 두 번째는 중국의 사회주의의 경험이다. 현대성의 모순은 단지 서적과 이론 속에서만 있는 것이 아니라, 그 현실적 기획 속에서 훨씬 더 복잡해진다. 가장 반현대적인 기획 속에 있는, 현대성의 딜레마로 나타난 중국 사회주의의 역사적 경험은 또 다른 '꺼진 불씨'이지만 앞으로 중국뿐 아니라 세계 전체의 많은 이들에게 끊임없이 새로운 문제를 던질 자원으로 되살아난다. 세 번째는 좀 더 긴 시간의 중국 역사, 특히 사상사의 자원이다. 이 또 하나의 꺼진 불씨는 현대성의 모순을 동양과 서양이라는 부당한 이분법을 가로질러서 소통할 수 있게 하는 자원이 된다. 이렇게 왕후이가 되지핀 꺼진 불씨들은 우리에게 새로운 말 걸기를 시작하고 있고, 이제 우리가 거기에 대답하면서 우리 주변에 꺼진 듯 보이는 소중한 불씨의 자원들을 찾아내야 할 때이다.

찾아보기

ㄱ

가격체계 141, 142, 163, 164, 172, 173, 544
가라타니 고진(柄谷行人) 51
가오얼타이(高爾泰) 525
가와바타 야스나리(川端康成) 455
가정청부제(家庭聯産承包制) 95
가타리(Flelix Guattari) 223
간섭주의 77, 78, 180, 186, 193, 541
『갑인』(甲寅) 42
『개인주의와 경제 질서』 146, 147, 163, 537
객관주의 151, 161~163, 542, 543, 566
거대 서사 38, 39, 245, 248, 249, 251, 254, 263, 267, 269, 495, 576
거대한 변환(great transformation) 185, 186
『거대한 변환: 오늘날의 정치와 경제의 기원』 73

「검은 피부의 아테나」(黑色的雅典娜) 50
겔렌(Arnold Gehlen) 235
『계몽이란 무엇인가』 37, 352, 353
계몽주의 104, 112, 126, 365, 475, 506, 526; 계몽주의 운동 56, 65, 137, 145, 146, 205, 266, 298, 337, 355, 358, 365, 402, 403
고염무(顧炎武) 195, 518
『공공논총』(公共論叢) 123
공공성 80, 297, 339~350, 361; 공공성의 상실 297, 341, 344~348; 문화와 공공성 347
공동체주의 308, 319, 589
공영달(孔穎達) 357
공융(孔融) 434
과학사회학 152, 210, 211
『과학의 반혁명』 146, 153, 154, 535, 537
과학주의: ―개념 43, 136, 137, 141, 142,

153, 173, 234, 236 ; ―설명 모델 147~150, 159, 167~170, 202~208 ; ―운동 137, 138, 207
관전(官田) 소유제 196
광라이단(廣瀨炎) 285
「광인일기」(狂人日記) 430
괴테(Johann Wolfgang von Goethe) 276
「구분진화론」(俱分進化論) 46
구성이론→구성주의
구성주의 155, 162, 171, 332, 543
구준(顧準) 527
『구토』 256
『국부론』 178, 534
귀쑹다오(郭嵩燾) 191
귀잉이(郭穎頤) 136, 483, 535, 537
권리 자유주의 308, 309, 311, 318, 319, 321
그람시(Antonio Gramsci) 432, 435
그리스 사상 51, 156
근대 중국사 25, 211, 477
글레이저(Nathan Glazer) 343
글로벌리즘(globalism) 181, 405
금문경학(今文經學) 515
기강의 말(綱紀之說) 382, 386
기능적 합리성 241

ㄴ·ㄷ

「나그네」(過客) 428, 473, 490
난디(Ashis Nandi) 210, 211, 213
네오마르크스주의 160, 280
『노예의 길』 146, 535, 537
『No!라고 말할 수 있는 중국』 130
다이이(戴逸) 511, 517, 519

다카하시 노부유키(高橋信幸) 396
다케우치 요시미(竹內好) 428
담론 구성체(discursive formation) 207
대동사상(大同思想) 93
『대동서』(大同書) 93
대약진(大躍進) 91
대중주의 45
덩샤오핑(鄧小平) 498
덩정라이(鄧正來) 123, 501~510, 597
데리다(Jacques Derrida) 51, 479
『도덕감정론』 178
도브롤류보프(Nikolai A. Dobrolyubov) 451
도스토예프스키(Fyodor Mikhailovich Dostoevskii) 447, 451, 459
도잠(陶潛) 435
『독서』(讀書) 15, 50, 52, 124, 351, 367, 371, 376, 443, 529
『동방』(東方) 123, 530
『두 문화』 288
드워킨(Ronald Dworkin) 309
들뢰즈(Gilles Deleuze) 223
『들풀』(野草) 467, 472, 492
등가교환 172, 202, 234, 239, 240, 241, 245, 249, 271, 274, 275, 407, 568, 569
「등하만필」(燈下漫筆) 428
딜릭(Arif Dirlik) 305, 588
딩원쟝(丁文江) 136, 519

ㄹ

량수밍(梁漱明) 283, 392
량즈핑(梁治平) 509, 517, 519

량치차오(梁啓超) 41, 46, 200, 213, 276, 287, 292, 398, 484, 485, 515, 516, 519
러시아대혁명 327
러시아적 태도 448, 452~461
레벤슨(Joseph R. Levenson) 476
레이건-대처주의(Reagan-Thatcherism) 62
로머(John Roemer) 117
로브그리예(Alain Robbe-Grillet) 454
록스버러(Ian Roxborough) 72
롤스(John Rawls) 20, 68, 297, 309~311, 326~339, 349, 589~592
루만(Niklas Luhmann) 238, 242, 246, 260, 567, 570, 571
루쉰(魯迅) 42, 46, 49, 383, 407, 415~440, 450, 466~479, 481, 486, 489~493, 528, 597
류봉록(劉逢祿) 515
류샤오펑(劉小楓) 528
류스페이(劉師培) 195
류쥔닝(劉軍寧) 123
류짜이푸(劉再復) 528
류허(劉禾) 50
류후이(劉輝) 489
리다자오(李大釗) 481
『리바이어던』 178
리수레이(李書磊) 123
『리오리엔트: 아시아 시대의 전 지구적 경제』 54
리오타르(Jean-Francois Lyotard) 38, 39, 214, 234, 242~260, 263, 267, 269, 273~275, 281, 290, 559, 566, 570~578, 582

리이닝(厲以寧) 527
리쩌허우(李澤厚) 528
리카도(David Ricardo) 193
리펑청(李鵬程) 525
린뤄산(林羅山) 285

■

마루야마 노보루(丸山昇) 479
마르쿠제(Herbert Marcuse) 147, 160, 161, 231~236, 535, 564, 565
마르크스(Karl Heinrich Marx) 35, 42~44, 90, 97, 98, 117, 119, 128, 162, 173, 187, 188, 204, 209, 214~216, 220, 235, 236, 243, 271, 283, 345, 349, 364, 365, 369, 460, 525~527, 543~548, 553~561, 583, 589
마사오 미요시(三好將夫) 302, 587
마오쩌둥(毛澤東) 47, 91~94, 97, 98, 103, 111, 364~366, 379, 466, 516, 526
마젠중(馬建忠) 191
마크브(R. H. Macve) 179
마페이원(馬沛文) 526
「만민법」 295, 326~339, 591, 592, 596
만하임(Karl Mannheim) 216, 544
맥킨타이어(Alasdair MacIntyre) 143, 161, 263, 291, 535, 556, 564, 589
머튼(Robert Merton) 210
메이지유신(明治維新) 191, 192
『명이대방록』(明夷待訪錄) 195, 518
모기 토시오(茂木敏夫) 188
모옌(莫言) 456
모이니한(Danile Patrick Moynihan) 343
목련극(木蓮戱) 425

「목매어 죽은 여자 귀신」(女吊) 415, 416, 423, 426
몰아-세움틀(Ge-stell) 218
무물의 진(無物之陣) 17, 430, 473
「무상」(無常) 423~426
무솔리니(Benito Amilcare Andrea Mussolini) 565
무지의 베일(the veil of ignorance) 332~336, 592
『문명의 충돌』 127, 326, 327, 329, 335
『문예쟁명』(文藝爭鳴) 17, 595
문화대혁명 41, 93, 94, 99, 379, 391, 396, 466, 525, 527
문화열(文化熱) 371
『문화와 공공성』(文化與公共性) 57, 64, 339
문화적 다원주의 54, 296, 298, 305~308, 311~315, 326~328, 335, 337
문화적 합리화 224~228
「문화편향론」(文化偏至論) 46, 422
미야자키 이치시다(宮岐市定) 53
미조구치 유우조오(溝口雄三) 484, 518
『민보』(民報) 514
민생주의(民生主義) 47, 93
민족주의 47, 50, 51, 69, 92, 101, 106, 114, 130~132, 202, 208, 283, 298, 302, 306, 307, 314, 325, 364, 395, 401~405, 481, 482, 588; 민족주의 운동 131, 300, 302, 316, 404, 495; 중국의 민족주의 95, 130
민족해방운동 131, 198, 299, 349, 404
『민주적 법치국가에서의 승인 투쟁』 317

ㅂ

바이런(George Gordon Byron) 492
바흐친(Mikhail M. Bakhtin) 425, 447
박학(朴學) 515
반(反)과학운동 213
반(反)현대성→현대성
반(反)세계(counter-world) 226
발전주의 65, 69~75, 211
방법론적 개인주의 151, 160~163, 174, 249
배리: 루쉰의 배리 423, 466~478, 492; 중국 사상의 배리 93, 94, 195, 277, 286, 292, 388; 현대성의 배리 43, 49, 143, 224, 248, 292, 389, 491, 492; 화용론적 배리 248, 246, 247, 248
배비트(Irving Babbitt) 359
백과전서파 154
백화문(白話文) 386, 471
버날(Martin Bernal) 51
벌린(Isaish Berlin) 448, 450~452, 459
베르그송(Henri Bergson) 42, 214
베스트(Steven Best) 249
베이다오(北島) 527
벤-데이비드(Joseph Ben-David) 136
벤덤(J. Bentham) 541, 580
벤자민 슈월츠(Benjamin I. Schwartz) 534
벤하빕(Seyla Benhabib) 249
벨(Daniel Bell) 245, 570
벨린스키(Vissarion G. Belinskii) 451
변법자강운동(變法自彊運動) 193, 194
보드리야르(Jean Baudrillard) 223
보르헤스(Jorge Luis Borges) 452, 454, 455

보이지 않는 손(invisible hand) 176, 184, 534
보통화(普通話) 386
『봉건론』(封建論) 196, 518
「부랑배의 변천」(流氓的變遷) 419, 421
부르디외(Pierre Bourdieu) 289, 501~503, 581, 585, 586
분리주의 397, 587; 분리주의 운동 296, 301, 302, 309, 325, 340; 종족 분리주의 302, 303; 퀘벡의 분리주의 운동 309, 316
분석적 마르크스주의 116~118, 549
불간섭주의 147, 350
브로델(Fernad Braudel) 55, 61, 121, 122, 129, 182~184, 189, 221, 222, 249, 407, 408, 517, 552, 561, 572
브루노 라투어(Bruno latour) 152, 536
블락(Fred Block) 181
비판 법학 117, 118
빠스(Octavio Paz) 44
뿌리 찾기 문학(尋根文學) 144, 470

ㅅ

4대 현대화 373
사르트르(Jean-Paul Sartre) 104, 256, 459, 528
사마천(司馬遷) 419
사상해방운동 44, 97, 101, 144, 364, 480, 526, 527
사이드(Edward Said) 42, 587
사회동역학(social dynamics) 169
사회민주주의 56, 66, 349
사회보장운동 47, 56, 129, 404, 409

사회보장제도 62
사회적 다윈주의(Social Darwinism) 70
『사회 텍스트』(Social Text) 17
『살아간다는 것』(活着) 441
상주학파(常州學派) 515, 516
상호 주관성(intersubjectivity) 319, 356, 570
생시몽(Duc de Saint-Simon) 154
샤오궁취엔(蕭公權) 191
샬로트(Charlotte Furth) 534
성찰성(reflexivity) 437, 438, 502, 505, 507
세보르스키(Adam Przeworski) 117
『세상사는 연기와 같다』(世事如煙) 443, 454
세속화 41, 45, 222, 224, 302, 569; 세속화 과정 36, 43, 222; 세속화 운동 98, 365
『세카이』(世界) 17, 63
셸러(Max Scheler) 209, 216~219, 220, 281, 282, 559~562, 584
셸링(Friedrich Wilhelm Joseph von Schelling) 276, 576
소수민족 47, 57, 198, 298, 308, 321, 323, 342
『수호지』(水滸志) 420
순종주의(conformism) 177
쉐푸청(薛福成) 191
쉬바오창(許寶强) 181, 183, 552
슈티르너(Max Stirner) 468, 469, 475, 491, 492
슐츠(Bruno Shulz) 455, 456, 458, 459
슘페터(Joseph Schumpeter) 238
스노우(Charles Percy Snow) 288
스메들리(Agnes Smedley) 416

찾아보기 | 617

스미스(Adam Smith) 78, 140, 176, 178, 179, 184, 193, 534, 541, 543, 549
스키너(G. William Skinner) 512
스타브리아노스(L. S. Stavrianos) 185
스티글리츠(Joseph E. Stiglitz) 77
스펜서(Herbert Spencer) 70, 140, 533, 549
승인의 정치(politics of recognition) 295, 308, 309, 312, 313, 317, 320, 322, 325, 328, 334, 586, 596
『시공안』(施公案) 420
시민사회 45, 122, 123, 125, 140, 172, 189, 193, 197, 199, 201, 238, 241, 243, 244, 247, 340, 345, 350, 378
시장 사회주의 189
시장제도 20, 61, 63, 84, 173, 176, 177, 179, 180, 182, 186, 188, 191, 239, 551
신계몽주의: 중국의 신계몽주의 98~105, 112~115, 126, 402
신문화운동 → 5·4운동
신사지주제도(紳士地主制度) 194
신시기 466, 470
신월파(新月派) 419
신유가(新儒家) 55, 145, 283
신정(新政) 194
『신조』(新潮) 42
신좌파(新左派) 19, 20, 22~24, 31, 64
신진화론 117, 118
『신청년』(新青年) 42, 136, 359, 360
신해혁명(辛亥革命) 195, 431, 475, 513
『15~18세기, 물질문명·경제·자본주의』 55

쑤리(蘇力) 512
쑤원(蘇文) 525, 530
쑨빙야오(孫炳耀) 528
쑨예팡(孫治芳) 527
쑨원(孫文) 47, 49, 75, 92, 93, 195
쑨위(孫郁) 489
쑨창쟝(孫長江) 526, 527

ㅇ

아렌트(Hannah Arendt) 64, 177, 187, 345~348
아르치바셰프(Mikhail Petrovich Artsybashev) 468, 469, 475, 492
아민(Samir Amin) 72, 131
아비투스(habitus) 289, 503, 582, 585, 586
아큐(阿Q) 432, 435
애로노위츠(Stanley Aronowitz) 206, 207, 210, 504, 565
애퍼듀라이(Arjun Appadurai) 58, 298, 301, 304, 588
액커만(Bruce Ackerman) 309, 335, 592
앤더슨(B. Anderson) 300
야스퍼스(Karl Theodor Jaspers) 146, 147, 205, 232
양녠췬(楊念群) 511~515, 517, 598
양명학(陽明學) 283, 518
양무파(洋務派) 475
양핑(楊平) 123
엘먼(Benjamin A. Elman) 512, 515, 516, 518
『역경』(易經) 353, 357
『역사의 기원과 목표』 146, 147
역사적 중간물 → 중간물

역사주의 152, 162, 163, 543
영미 자유주의 100, 137, 365
예세닌(Sergei Aleksandrovich Esenin) 427
예융친(葉永蓁) 419
옌푸(嚴復) 41, 42, 46, 49, 200, 213, 287, 292, 398, 401, 405, 406, 485, 582
5・4(신문화)운동 42, 65, 136, 354, 358, 431, 480
5・4시기 136, 149, 359~361, 372, 375, 391, 393, 402, 431, 480~483
『오리엔탈리즘』 43, 307, 379, 589
오이켄(Rudolf Christoph Eucken) 214
왕궈웨이(王國維) 382, 383, 387
왕뤄수이(王若水) 525, 526
왕샤오밍(王曉明) 491
왕서우창(王守常) 123, 394, 397
왕쉬(王朔) 374
왕신(王信) 466
왕양밍(王陽明) 277, 457, 485, 518
왕옌(王焱) 123
왕융계(工龍溪) 457
왕지성(王吉勝) 489
왕챵화(王强華) 526
왕푸런(王富仁) 470
우즈후이(吳稚暉) 136, 146
우창 봉기(武昌起義) 513
우청밍(吳承明) 188
울가(Steve Woolgar) 152, 536
『원도』(原道) 123
원샹(文祥) 193
원초적 상태(the original position) 332~336, 591

월러스틴(Immanuel Wallerstein) 51, 55, 121, 222, 561, 567
위뤄커(遇羅克) 24
위안스카이(袁世凱) 431
위화(余華) 441~461, 597
윌리엄스(Raymond Williams) 69
유교 자본주의 105, 106, 410, 411
유기적 지식인(organic intellectual) 435, 436, 440
유산 정치(heritage politics) 301
의사소통 행위 241, 242, 246, 249, 250, 273, 280, 319, 356
의화단(義和團)적 배타주의 26
「이것과 저것」(這個與那個) 429, 431
「이러한 전사」(這樣的戰士) 17, 430
『이데올로기와 유토피아』 216
이성의 남용(the abuse of reason) 159, 161, 163, 166, 171, 205
『인간의 조건』 348, 540
인민공사(人民公社) 91, 107, 108
인민주의 176
『일본서목지』(日本書目志) 191

ㅈ

자기 충실성(authenticity) 313, 314, 315
자딘(George Jardine) 178
자유민권운동 57
자유방임주의(Laissez-faire) 147, 184, 551
자유 시장 61, 62, 77, 78, 140, 176, 179~183, 186, 190, 203, 234, 274, 411
「자화상에 부치는 시」(自題小像) 27
장쉰(張勳)의 복벽 431
『장씨총서』(章氏叢書) 417

장유가(莊有可) 515
장이머우(張藝謀) 379
장존여(莊存與) 515
장쥔리(張君勵) 80, 485
장타이옌(章太炎) 46, 49, 93, 213, 275, 287, 292, 388, 398, 407, 417, 490, 491
저우시루이(周錫瑞) 512
저우양(周揚) 525
『전략과 관리』(戰略與管理) 123, 596
정관잉(鄭觀應) 191, 193
정전제도(井田制度) 185
정체성: 문화적 정체성 334, 381~383; 역사적 정체성 482; 정체성의 정치 298, 299, 312, 313; 현대적 정체성 309, 314, 381
『정치적 자유주의』 311, 326, 329~332, 335~337, 592
제삼세계 56, 60, 70~72, 190, 317, 342, 377, 380, 588
제임스(William James) 214, 277
젠틸레(Giovanni Gentile) 535, 564
종족 정치 304, 305, 325, 588
종족 중심주의 305
종페이장(鐘沛璋) 123
주관주의(subjectivism) 160, 161, 226
주정린(朱正琳) 123
주희(朱熹) 485, 512, 518
「죽음」(死)
중간물 445, 469~471, 474, ; —개념 468, 469, 471; 역사적 —471~473
『중국사회과학계간』(中國社會科學季刊) 123

중국동맹회(中國同盟會) 514
『중국소설사략』(中國小說史略) 434
「중국인은 자신감을 잃어버렸는가」(中國人失掉自信力了嗎) 429
중화성(中華性) 48, 49, 114
직업으로서의 학문 85, 251, 260~262, 264, 268
진다청(大成) 394
진준(陳遵) 419
집단주의 108, 109, 152, 163, 171, 175, 492, 543; 신집단주의 107, 108; 방법론적 집단주의 162, 544

ㅊ

차이의 정치 298, 308, 311~317, 402
『참고소식』(參考消息) 63
『1844년의 경제학·철학 초고』 97, 365
천도관(天道觀) 484
천두슈(陳獨秀) 136, 146, 481, 485
천밍(陳明) 123
천안문 사건 84, 482
『천애』(天涯) 16, 17, 493, 595, 596
『천연론』(天演論) 41, 42
천옌구(陳燕谷) 57, 394
천옌커(陳演恪) 382
천츠(陳熾) 191
천핑위엔(陳平原) 123, 394, 395, 397
첸리췬(錢理群) 15
첸카이거(陳凱歌) 379
『춘추번로』(春秋繁露) 30
친자오잉(秦朝英) 123
친후이(秦暉) 528
『칠협오의』(七俠五義) 420

ㅋ·ㅌ

카프카(Franz Kafka) 455, 458, 463
칼리니스쿠(Matei Calinescu) 36, 45
캉유웨이(康有爲) 93, 191~194, 485, 515, 516
커카이쥔(柯凱軍) 595
켈너(Douglas Kellner) 249
코오즈츠 미츠요시(高筒光義) 396
코헨(Paul A. Cohen) 517
콜롬비아학파 210
콜비츠(Kaethe Kollwitz) 416
콩트(A. Conte) 154, 216, 242, 281, 533, 543
쿤(Thomas S. Kuhn) 210, 273, 285
쿤(Philip A. Kuhn) 518
타고르(Rabindranath Tagore) 214
탄쓰퉁(譚嗣同) 485
탈식민주의 305~307, 379, 588, 589
탈영토화(deterritorialization) 300~302
탈은폐(Entbergung) 217, 218
탈정당화(Delegitimation) 237, 251, 252, 254, 258~260, 573, 576~579
탈주술화(disenchantment) 222, 223, 225, 229, 230
탕타오(唐弢) 470, 493
태평천국(太平天國) 193, 495, 513
테일러(Charles Taylor) 296, 309, 311~322, 325, 334, 340, 589
토인비 473
토지 사유제 195
토지청부제도(承包制) 94
톨스토이(Lev Nikolaevich Tolstoi) 452, 459

투르게네프(Ivan S. Turgenev) 451

ㅍ

파슨즈(Talcot Parsons) 70, 220, 225, 235, 238, 242, 570
「파악성론」(破惡聲論) 46, 407
파이어아벤트(Paul Feyerabed) 150, 285, 536, 585
『패왕별희』(霸王別姬) 379
『팽공안』(彭公案) 420
펑여우란(馮友蘭) 185
페어뱅크(John King Fairbank) 512, 513
페이정칭(費正淸) 517
페퇴피(Sandor Petöfi) 27
『펠리페 2세의 지중해와 지중해 세계』 55
평등의 승인 313, 314
평등의 정치 315, 326, 327
『포스트모더니티의 조건』 39
『포스트모던의 조건』 242, 559
포스트모더니즘: 35, 39, 45, 74, 387, 497, 498, 573; 중국의 포스트모더니즘 48, 113~116
포스트콜로니얼리즘 113, 114, 497
포스트학 113, 497~499, 597
포이에르바하(Ludwig Feuerbach) 97, 365
포크너(William C. Faulkner) 447, 455, 486
포퍼(Karl Raimund Popper) 146, 147, 156, 214, 232
폴라니(Karl Polanyi) 73, 147, 173, 179, 180, 183, 185, 186, 190, 192, 409, 523, 550, 551
푸러스(傅樂詩) 483

푸코(Michel Foucault) 37, 38, 207, 208, 214, 223, 251, 261, 264, 266~268, 292, 352~355, 479, 512, 519, 558, 560, 581, 583
『프랑수아 라블레의 작품과 중세 및 르네상스 시대의 민중 문화』 425
프랑스대혁명 302, 327, 475, 537
프랑스적 태도 448~450, 453, 455~457, 459, 461
프랑크(Andre Gunder Frank) 54, 221
프랑크푸르트학파 214, 220, 224, 229, 230, 235, 245, 278, 280, 547, 563, 570, 573, 576
프레드릭 제임슨(Fredric Jameson) 380, 498
프레비쉬(Raul Prebisch) 72
프로테스탄트 윤리 227, 228, 279

ㅎ

하마시타 다케시(浜下武志) 188, 221
하버마스(Jürgen Habermas) 36, 39, 40, 41, 75, 122, 124, 125, 199, 202, 203, 220~228, 234~252, 272~274, 280, 281, 288, 290, 296, 298, 309, 317~326, 335, 336, 341, 342, 344, 347, 356, 378, 505, 506, 531, 542, 552, 555, 561~577, 583, 584, 586, 592
하비(David Harvey) 39
하안(何晏) 434
하이젠베르그(Werner Hisenberg) 168
『학인』(學人) 14, 42, 85, 123, 391~401, 406, 509, 518
『학형』(學衡) 42, 359, 360

『한문학사요강』(漢文學史要綱) 434
해밀턴(David Hamilton) 178, 179
『핵심어』 69, 305, 355
향진(鄕鎭)기업 96, 107, 108, 110, 117, 120; 향진기업 현대화론 109
허웨이야(何偉亞) 52
허웨이팡(賀衛方) 123
헌터(Ian Hunter) 262
헌팅턴(Samuel P. Huntington) 127, 296, 297, 326~329, 338, 479
헤겔(Georg Wilhelm Friedrich Hegel) 36, 42, 46, 154, 162, 309, 543, 573, 576, 589
헤르더(Johann Gottfried von Herder) 276, 314
헤르첸(A. J. Herzen) 68, 459
헤밍웨이(Ernest M. Hemingway) 455
헨리 루이스 게이츠 주니어(Henry Louis Gates, Jr.) 315
현대성(modernity): 반(反)현대성 44, 46~49, 94, 360, 364; 중국의 현대성 93, 100, 109, 112, 113, 133, 211, 387; 현대성의 위기; 133, 235, 276, 479
「현대성, 미완의 기획」 39
『현대성의 다섯 얼굴』 36
『현대성의 철학적 담론』 36
현대화 과정 41, 47, 54, 88~90, 93, 103, 106, 111, 145, 229, 279, 363, 386, 388, 403, 410, 435, 437, 523, 568
현대화 운동 71, 72, 92~94, 112, 171, 271, 400~403, 435, 436
현대화 이데올로기 89~98, 101, 104, 105, 106, 113, 126, 129, 144, 363, 364,

365, 366, 410
현대화 이론 69, 70, 90, 91, 99, 108, 119, 235, 279, 363, 512, 514
호스킨(K. W. Hoskin) 179
혹스(Michel Hockx) 502
홉스(Thomas Hobbes) 178
『홍등』(大紅燈籠高高掛) 379
홍슈취엔(洪秀全) 193, 516
『홍콩사회과학학보』(香港社會科學學報) 17
화용론 246, 248, 250, 252, 255, 259
황종희(黃宗羲) 195, 196, 518
황쭝즈(黃宗智) 188, 512, 524, 530, 550
황핑(黃平) 69, 529
황핑시엔(黃平先) 377

후설(Edmund Husserl) 143, 224, 539, 542, 563
후스(胡適) 136, 146, 419, 485
후챠오무(胡喬木) 525
후푸밍(胡福明) 526
후한민(胡漢民) 195
훈육(discipline): 훈육 메커니즘 38, 265~268, 270, 364, 581; 훈육제도 179, 251~270
휴머니즘(人道主義) 38, 43, 53, 65, 97, 98, 99, 353, 453, 492, 526, 578; 마르크스주의적 휴머니즘 65, 97, 98, 99, 525, 526
흄(David Hume) 139, 142